【新版】

統一思想要綱

頭翼思想

統一思想研究院

創始者　**文鮮明先生**

まえがき

一九九〇年代を迎えて世界はかってないほどの大変動を遂げた。世界赤化を標榜《ひょうぼう》し、二十世紀の世界を震撼《しんかん》させたソ連帝国が、一九九一年八月の保守派クーデターを契機として消滅するという衝撃的な事態を迎えたのである。そしてソ連を引き継いだロシア共和国のエリツィン大統領は、翌一九九二年六月、アメリカを訪問し、上下両院合同会議において、「共産主義は死んだ」と宣言し、「わが国で共産主義を二度と復活させることは許されない」と明言した。

しかし共産主義から解放された旧ソ連は、いまだ行くべき方向を失ったまま、混乱と経済的破《は》綻《たん》から立ち直ることができないでいる。また依然として共産主義を掲げる中国等においては、経済の改革・解放を目指しながら同時に社会主義制度と共産党独裁を堅持するという矛盾を抱えたままでいる。一方、民主主義世界の旗手であるアメリカは、湾岸戦争勝利の栄光もつかの間、厖《ぼう》大《だい》な赤字経済によろめき、急速に指導力を失いつつあるのである。

共産主義の理想は地に落ち、民主主義世界にも強力なリーダーがいなくなった今、世界中で民族や宗教の対立による紛争、経済摩擦等が噴出し、このような混乱に乗じて各種の復古主義までも台頭している。しかもその上にエイズの蔓延《まんえん》、途上国における貧困・飢餓と相まって、人類の未来に暗い影を落としている。

このような混乱と不安の中で、世界は今、人類を導く新しい理念と指導力を切に求めているの

ているのである。

であるが、その中で、文鮮明《ムンソンミョン》先生夫妻の推進される統一運動が唯一の希望の光として輝き始めているのである。

統一思想は文先生の思想であり、統一運動の理念であるが、神主義または頭翼思想とも呼ばれている。神主義とは、神の真理と愛を核心とする思想という意味であり、頭翼思想とは、右翼でもなく左翼でもなく、より高い次元において両者を包容する思想という意味である。神の愛を中心とした新しい価値観による愛の精神をもって、左の思想である共産主義からは、憎悪心、闘争心や物質主義を取り除き、右の思想である民主主義からは、利己主義、自己中心主義を取り除いて、対立する両者を和解せしめ、共同して、神と人類の宿願である理想世界の実現に向かって進むように導いてゆくための思想が、神主義であり、頭翼思想であり、統一思想である。さらにまた統一思想は、人類の親であり、すべての宗教を設立された最高の中心である神の、真なる愛によって、対立する諸民族や諸宗教を和解せしめて、人類一家族の理念を実施すると同時に、人類のあらゆる難問題を根本的に解決することによって、永遠なる神の愛の理想世界を実現しようとする神の思想である。したがって、いかなる難問題であっても統一思想（神主義）を適用すれば、たやすくかつ根本的に解決されうるのである。

筆者は今日まで、弟子の立場から、文先生から教わったことを思想的に整理する作業を文先生の指示と指導のもとで行ってきた。かつて数多くの人生問題を抱えて、人生の道を煩悶《はんもん》してきた筆者は、一九五六年に入教後、文先生の教えを受け、その中に人生の問題を根本的に解決する数多くの驚くべき真理があることを見いだした。その時、筆者に映った文先生の姿は真理の宝庫であり、思想の泉であられた。一度み言《ことば》が始まったら何時間も継続して思想の泉水が限りなく流れてきたのである。教えられるその真理の思想に陶酔《とうすい》して時間のたつのも分からなかったことも数多くあったのである。それほどに、そのみ言のすべてが筆者には真に貴くて貴重なものであった。

しかし、「三斗の玉もつないでこそ宝」ということわざがあるように、文先生の貴重な教えも、聞いただけで放置してしまえば、あたかも結ばれていない宝石がたやすく紛失するように、貴重な一つ一つのみ言も、記憶の世界から、その一部がすぐ消えてしまうのではなかろうかという心配を取り去ることができなかった。また人生の問題に悩んだ筆者が、この真理の思想によって救われたのであるから、この真理と思想の玉を結んで、かつての筆者のように悩んでいる多くの人々に真理の玉のレースとして与えたかったのである。それで貴重な宝石をつなぐような心境で、教えていただいた数々のみ言を整理する作業を始めたのである。

そうするうちに、一九七二年の夏、文先生の指示に従って日本での韓日教授親善学術会議に参加する機会があり、その時、日本統一教会の知性的な幹部たちにその間整理した内容を講義したのであるが、意外な好反応に接するようになった。そして帰国してからすぐ文先生に報告申し上げると、その間整理した内容を本にして出版しなさいという指示と同時に、五～七個の分科から構成される統一思想研究院を創立し、み言を引き続き整理しながら思想運動を展開せよという指示を下されたのであった。そこで文先生の思想を再整理しながら一九七三年に、親筆による『統一思想要綱』の表題を掲げて、統一思想研究院の名前で第一版を出版したのである。

したがって本書の内容は、すべて筆者が草創期からの文《ムン》先生の思想を文先生の指導のもとに整理したものであることは言うまでもないのである。言い換えれば、本書が筆者の名前でなく統一思想研究院の名前で出版されたのは、本書の内容がすべて文先生の思想であるからである。これは文先生の「統一原理」を、文先生の指導のもとに執筆した劉《ユ》孝《ヒョウ》元《ウォン》協会長が、自分の名前で出さないで、教会（世界基督教統一神霊協会）の名前で出したのと同じことである。

ところでここで明らかにしておきたいことは、第一はこの本の中に整理された体系化それ自体が統一思想ではなく、文先生の思想自体が統一思想であり、体系化は先生の思想の一つの記述形式にすぎないということである。第二は今まで文先生から教わった思想をなるべく正確に伝えようと思いながらも、能力の限界のため、筆者としては表現の正確を期することはとても難しく、そのため出版された内容の中には読者にとって理解しがたい部分が多くあったということである。

しかるに統一思想は偉大な思想家としての文先生の理論体系であるから、思想に関心のある学者に読んでもらう必要性があった。そのために、幾人かの国外の学者たちに本が送られたのであった。ところがその中には意外な反応があった。著者の名前を表さないで本を出すということは、読者に対して失礼であるばかりでなく、思想の発表において、しばしば起こりうる論争を避けようとする無責任なことであるというものであった。そこで文先生に、先生の思想を学者の世界に広めるためには、まず学者たちに読んでもらうことが必要であるから、そのためには誤った表現や文章に対する責任（文責）を負うべき当事者として、やむなく筆者の名前で出版せざるをえないということを申し上げたのである。それでその後、日本語版（『統一思想解説』と『統一思想概要』）と英語版（*Explaining Unification Thought* と*Fundamentals of Unification Thought*）はすべて筆者の名前で出版したのである。

ところが、ここに全く予期しない結果が現れた。それは序言の中で、この本の内容はすべて文先生の思想であるということを明確に紹介したにもかかわらず、あたかも筆者の思想であるかのように誤解する学者たちが少なからずあったということである。このことはいたく筆者の心を痛めたのである。しかし最近になって、文先生の思想を専攻した弟子たちが多く現れた。すなわち文先生の思想を継承した統一主義の学者たちが少なからず現れて、学生たちに統一思想を講義するまでになり、統一思想に関する論争にも十分に対処しうるようになった。このような状況の現在に至っては、もはや筆者の名前を表記する必要は全くなくなった。しかし、そうであっても著者を文鮮明《ムンソンミョン》先生にすることも適当でないように思われる。それは読者に対しては、大体において文責の必要がなくなったとしても、本書の内容は天の思想である文先生の深奥《しんおう》な思想の一部にすぎず、またその一部さえも天的な権威を損なわないほど完璧《かんぺき》な代筆となったとは、とても思えないからである。

その上に思想を整理し体系化するのに必須な要件の一つは、一つの思想部門を体系化するとき、その部門に関する従来の学者たちの思想を比較検討し、彼らの思想よりも統一思想が優れていることを論証することであるが、その作業もまた完璧になされたという自信をもてなかったからである。

ここで『原理講論』を書かれた劉孝元元協会長が、その内容がみな文先生の統一原理であるにもかかわらず、文《ムン》先生の名義で発行できなかった心境が思い起こされるのである。それで『原理講論』が世界基督教統一神霊協会の名前で発行されたように、統一思想を収録した本書（『統一思想要綱』）も、文先生の許可を得て、初版と同様に、今回からは国の内外を問わず、「統一思想研究院」の名前で発行するようになったのである。

ただし今回は、文先生の指示に従って書名のもとに副題（「頭翼思想」）を付けることにした。『統一思想要綱』の初版が出てから文先生は機会ある度ごとにより深い真理を教えてくださったのであり、その度ごとにそれを整理し思想の体系の中に入れてきたのである。それで今回発刊された新版は初版に比べるとその内容が著しく増大したのである。

ここでさらに一言つけ加えておきたい。統一思想の偉大性を証明するために、同じ部門の従来の哲学の要点も紹介したのであるが、読者によっては従来の哲学をあまりに簡単に取り扱ったのではないかという疑問が生じるかもしれない。しかしそれは本書の目的が既存の哲学を紹介するところにあるのではなく、限られた紙面の中で統一思想を正しく紹介するところにあったためであるということを明らかにしておきたいのである。

統一思想はあらゆる思想分野を扱っているが、その思想の展開の順序は神の創造の順序に従って配列された。つまり統一思想は神を出発点としているために宇宙を創造された神に関する理論として、最初に原相論を扱い、次に神の創造において人間より万物が先に創造されたので、万物に関する理論として存在論を扱った。万物の次に人間が創造された。したがって第三の部門は、本然の人間に関する理論である本性論になる。

神はアダムを創造なさり、獣と鳥をアダムのところに連れてこられた（創世記二・一九―二〇）。

アダムはこれらを見て名をつけたが、これは人間がそのとき万物に関心をもって見つめながら、認識し、思考したことを意味する。したがって第四と第五に扱う部門は、認識の理論である認識論と思考の理論である論理学である。

アダムとエバは三大祝福を完成することになっていたが、それは創造理想の世界を実現するために人格を完成することを意味していた。創造理想の世界はこのような人格を完成した人たちによる神の愛を中心とした価値観の世界である。したがって第六の部門は価値論となる。アダムとエバが責任分担を果たして完成すれば、成長期間における彼らの体験を子女たちに教えることによって、子女たちは彼らより軽い責任分担で成長して、第一祝福を完成することができるようになっていた。したがって第七の部門は教育論となる。ところで第一祝福は第二祝福、第三祝福とともに三大祝福をなしているので、教育論は第二祝福と第三祝福の教育的側面をも扱っている。

人間は成長すれば結婚して創造本然の家庭を築くようになるので、八番目には家庭の規範の学としての倫理論を扱う。次は万物主管である。人間は万物を愛で主管し、万物は人間に美を返すようになっている。したがって九番目には芸術論を扱う。ところで主管とは、万物主管だけでなく、すべての実践を意味するので、経済、政治、社会、文化などが主管の概念に含まれる。統一思想はまだ政治、経済などは扱っていないが、それらの時代的変遷の側面である歴史を扱っている。したがって十番目は歴史論となる。

以上のすべての分野に一貫して作用している不変の法則があるが、この法則の理論が十一番目の方法論である。方法論はその性格上、原相論の次に入れるべきであったが、既存思想の方法論と比較する必要があるために最後にした。以上が統一思想の十一の部門の配列の本来の順序である。ところでそのうち、認識論と論理学は、初心者にとって難解な従来の認識論や論理学も扱わざるをえないので、便宜上これらを後のほうに回して、方法論の前に入れたのである。

ついでながら、上述のごとく本書の内容は今まで発表された文先生の思想の主要部分を整理しただけであって、文《ムン》先生によって、今後、より深く、より新しい真理が続々と発表されることが予想される。それで必要があれば、文先生の指示によってその新しい部分はその時その時に追加されると思われる。終わりに、この書物が、世界の統一と平和のために、筆舌に尽くしがたい迫害のもとで、その一生涯を捧げてこられた文先生の思想を、より深く体系的に理解しようとされる読者の皆様方に一助とならんことを切に願いつつ、まえがきとした次第である。

筆者

一九九三年四月

新版　統一思想要綱（頭翼思想）……目次

第三章 本性論

第八章　歴史論……467

第十章 論理学

付　録

第一章　原相論

すでに序文において述べたように、統一思想は人類のすべての難問題を根本的に解決することによって、人類を永遠に救うために現れた思想である。ところで、そのような難問題の根本的な解決は、神の属性に関して正確に、また十分に理解することによってのみ可能である。

神の属性に関する理論が原相論である。ここで「原相」とは、原因的存在である神の属性という意味である。神の属性には形の側面と、性質、性稟《せいひん》、能力などの機能的な側面がある。前者を「神相」といい、後者を「神性」という。

従来のキリスト教やイスラム教においても、神の属性を様々に表現してきた。すなわち、全知、全能、遍在性、至善、至美、至真、正義、愛、創造主、審判主などと表現してきた。統一思想の立場から見ても、このような性稟は神の属性に違いない。しかし、神の属性をこのようにとらえるだけでは、現実問題の根本的な解決は不可能である。

統一思想から見るとき、従来のこのような神の属性は神性である。ところが神にはこのような神性のほかに、より重要な属性があるのであり、それが神相である。統一原理でいう「神の二性性相」が、まさにそれである。神の神相と神性を共に、そして正確に理解することによってのみ、人生問題、社会問題、歴史問題、世界問題などの現実問題の根本的な解決が可能になる。

統一思想で扱う神の神相とは、二種類の二性性相（性相と形状、陽性と陰性）と個別相をいい、神の神性とは、心情、ロゴス、創造性をいう。本原相論では「原相の内容」という題目で神相と神性の一つ一つの内容を説明し、「原相の構造」という題目で神相のうち、特に性相と形状の相互関係を扱うことにする。

一　原相の内容

原相の内容とは神の属性の一つ一つの内容をいうが、ここに神相である性相と形状、陽性と陰性、個別相と、神性である心情、ロゴス、創造性のそれぞれの内容を詳細に、そして具体的に説明することにする。まず神相、次に神性を扱う。

(一)　神　相

神相は神の属性の形《かたち》の側面をいう。神は人間の目には見えないが、一定の形または形に成りうる可能性または規定性をもっている。それが神相である。神相には、性相と形状、陽性と陰性の二種類の二性性相と個別相があるが、まず性相と形状について扱うことにする。

(1) 性相と形状

神は性相と形状の二性性相をその属性としてもっているが、被造物の性相と形状と区別するために、神の性相と形状を本性相と本形状ともいう。神と万物の関係は創造主と被造物の関係であるが、この関係を原因と結果の関係とも見ることができる。したがって、本性相は被造物の無形的、機能的な側面の根本原因であり、本形状は被造物の有形的、質料的な側面の根本原因である。

神と人間との関係は父子の関係であり、相似の創造によって互いに似ているために、本性相は人間の心に相当し、本形状は人間の体に相当する。ところで、この両者は分離されている別々の属性ではなくて、互いに相対的および相補的な関係で中和（調和）をなして、一つに統一されている。[1]『原理講論』に「神は本性相と本形状の二性性相の中和的主体である」（四六頁）とあるのは、そのことを意味するのである。したがって正確にいえば、神相は本性相と本形状が中和をなした状態なのである。

本体論の観点から見るとき、このような神相観は唯心論でも唯物論でもなく、唯一論または統一論である。なぜなら唯心論は本性相だけが宇宙の根本と見る立場に相当し、唯物論は本形状だけが宇宙の根本と見る立場に相当するからである。次に、性相と形状のそれぞれの内容について詳細に説明することにする。

1　性相（本性相）

本性相と被造物

神の性相は人間に例えると心に相当し（したがって性相は神の心である）、それがすべての被造物の無形的、機能的な側面の根本原因となっている。すなわち人間の心、動物の本能、植物の生命、鉱物の物理化学的作用性の根本原因である。言い換えれば、神の性相が次元を異にしながら、時間、空間の世界に展開したのが鉱物の物理化学的作用性、植物の生命、動物の本能、人間の心なのである。創造が相似の創造であるからである。

したがってこれは、たとえ極めて低い次元であるとしても、鉱物のような無機物においても神の性相が宿っていることを意味し、植物においては、神の性相が生命の形態でより高い心的機能として現れ（最近、植物にも人間の心に反応する心的作用があることが実験を通じて知られている）、動物の段階においては、肉心（本能）の形態でさらに高い心的機能として現れることを意味する。最近の学者たちの研究によれば、動物にも人間の場合と同様に知情意の機能、すなわち意識があることが明らかにされている（ただし動物が人間と違うのは、動物には人間のような自我意識がないということである）。

本性相の内部構造

神の性相はさらに内的性相と内的形状という二つの部分からなっている。内的性相は機能的部分すなわち主体的部分をいい、内的形状は対象的部分をいう。次に神の内的性相と内的形状を理解しやすくするために、人間の場合を例にして説明する（人間の心は神の心と似ているからである）。

内的性相

内的性相すなわち機能的部分とは知情意の機能をいう。知的機能は認識の能力であって、感性、悟性、理性の機能をいう。情的機能は情感性、すなわち喜怒哀楽などの感情を感ずる能力をいう。意的機能は意欲性、すなわち欲求や決心、決断する能力をいう。このような機能は内的形状に能動的に作用するから、内的性相は内的形状に対して主体的部分となっている。知的機能における感性とは、五官に映るままに知る能力、直感的に認識する能力を意味し、悟性とは、論理的に原因や理由を問いながら知る能力であり、理性とは、普遍的真理を求める能力、または概念化の能力をいう。

この三つの機能をニュートンが万有引力を発見する過程を例に取って説明すれば次のようになる。万有引力の発見に際して、ニュートンは初めにリンゴが落下する事実をそのまま認識し、次にリンゴが落下する原因を考えて大地とリンゴが互いに引き合っていることを理解し、さらにその後、いろいろな実験や観察などの研究を通じて、地球とリンゴだけでなく、宇宙内の質量をもっているすべての物体が互いに引き合っていることを知るようになったのである。このとき、初めの段階の認識が感性的認識であり、第二の段階の認識が悟性的認識であり、第三の段階の認識が理性的認識すなわち普遍的認識なのである。

内的形状

内的形状は本性相内の対象的部分をいうが、それはいくつかの形の要素から成り立っている。そのうち重要なものは観念、概念、原則、数理である。

① 観 念

観念は性相の中にある被造物一つ一つの具体的な表象、すなわち映像をいう。人間は経験を通じて客観世界の事物一つ一つの具体的な姿を心の中に映像としてもっているが、その映像がまさに観念である。人間の場合は経験を通じて観念を得るが、神は絶対者であるために本来から無数の観念をもっていたと見るのである。

② 概 念

概念は抽象的な映像、すなわち一群の観念に共通的に含まれた要素を映像化したものをいう。例えば犬、鶏、牛、馬、豚などの観念において、共通の要素は「感覚をもって運動する性質」であるが、これを映像化させれば「動物」という抽象的な形を得るようになる。それが概念である。概念には種概念と類概念がある。

③　原　則

原則は被造世界の自然法則および規範（価値法則）の根本原因となる法則であって、数多くの自然法則と規範は、この原則がそれぞれの自然現象と人間生活を通じて現れる表現形態なのである。あたかも植物において、一粒の種が発芽して幹と枝が伸び、数多くの葉が繁るように、一つの原則から数多くの法則（自然法則と規範）が現れるようになったと見るのである。

④　数　理

数理は数的原理という意味であって、自然界の数的現象の究極的原因をいう。すなわち内的形状の中には数的現象の根源となる無数の数、数値、計算法などが観念として含まれているのであり、それが数理である。ピタゴラス（Pythagoras, ca.570-496 B.C.）が「万物の根本は数である」というときの数の概念、また量子力学の大成に貢献したイギリスの物理学者のディラック（P. Dirac, 1902-1984）が「神は高度の数学者であり、宇宙を構成する時、極めて高級な数学を使用した」[2]というときの数の概念は、すべて内的形状の数理に該当するということができる。

内的形状の原理的および聖書的根拠

次は以上の内的形状に関する理論が、統一原理および聖書のどこにその根拠があるかを明らかにする。

①　内的形状

「内性は目に見ることはできないが、必ずある種のかたちをもっているから、それに似て、外形も目に見える何らかのかたちとして現れているのである。そこで、前者を性相といい、後者を形状と名づける」（『原理講論』四四頁）。これは目に見える形より前に、性相の中に、すでに形があることを意味するものであり、その性相の中の形がまさに内的形状である。

②　観念と概念

「神は自分のかたちに人を創造された。すなわち、神のかたちに創造し、男と女とに創造された」（創世記一・二七）。神は六日間で万物を創造されたが、一日の創造を終えるとき、「そのようになった」（創世記一・七、九、一一）、「見て、良しとされた」（創世記一・四、一〇、一二、一八、二一、二五）と言われたが、これは、心の中にもっていた観念や概念のとおりに、被造物が造られたことを意味する。

③　原則（原理）

「（神は）原理によって被造世界を創造され、その原則に従って摂理を行い給う」（『原理講論』一三二頁）、「神は原理の主管者としていまし給い」（同上、七九頁）、「神は原理によって創造された人間を、愛で主管しなければならない」（同上、一一三頁）などに見られるように、神は原則（原理）を立てたのち、人間と万物を創造されたのである。

④　数　理

「被造世界は神の本性相と本形状とが数理的な原則によって、実体的に展開されたものである」（同上、七七頁）、「神は数理性をもっておられる」（同上、七七頁）、「神は数理的にも存在し給う方である」（同上、四四四頁）などに見られるように、神は被造世界を数理的に創造されたのである。このように内的形状を成している形の要素は、みな統一原理（『原理講論』）と聖書にその根拠があることが分かる。

以上は神の本性相内の機能的部分（内的性相）と対象的部分（内的形状）を人間の心に例えながら説明したものである。本性相をこのように詳細に扱うのは、現実問題の解決のためである。例えば内的性相である知情意の機能が心情を中心として作用するとき、愛を基礎とした真美善の価値観が成立するようになる。知情意に対応する価値が真美善である。そして内的形状は知情意の対象的部分であると同時に、本形状とともに、被造物の有形的部分の根本原因になっている。この事実から、現実生活においては、衣食住の物質的生活よりも真美善の価値の生活を優先しなければならないという論理が導かれるのである。

2　形状（本形状）

次は神の形状（本形状）について説明することにする。

本形状と被造物

神の形状（本形状）を人間に例えれば体に相当するものであり、それはすべての被造物の有形的な要素（側面）の根本原因である。すなわち人間の体、動物の体、植物の細胞・組織、鉱物の原子・分子などの究極的原因なのである。言い換えれば、神の本形状が次元を異にしながら、時間・空間の世界に展開されたものが鉱物の原子・分子であり、植物の細胞・組織であり、動物の体であり、人間の体なのである。これもまた相似の創造によるものである。

このように被造物の有形的要素の根本原因が神の形状であるが、この被造物の有形的要素の根本原因には二つの側面がある。一つは素材（質料）的要素であり、もう一つは無限の形態を取ることのできる可能性（無限応形性《おうけいせい》）である（万物の形態自体の根本原因は内的形状にある）。

ここで「無限な形態を取ることのできる可能性」（無限応形性）を水の場合を例に取って比喩《ひゆ》的に説明する。水自体は他の万物と違って一定の形態がない。しかし容器によっていろいろな形態を現す。三角形の容器では三角形として、四角形の容器では四角形として、円形の容器では円形として現れる。このように水が無形なのは、実はいかなる容器の形態にも応ずる無限な応形性をもっているからである。すなわち水が無形なのは実は無限形であるためである。同様に、神の本形状も、それ自体は一定の形態がないが、いかなる形態の映像にも応ずることのできる応形性、すなわち無限応形性をもっているのである。このように被造物の有形的要素の根本原因には素材的要素と無限応形性の二つがあるが、この二つがまさに神の形状の内容である。

人間の創作活動は、心が構想した型に一致するように可視的な素材（彫刻の場合、石膏《せっこう》または大理石）を変形させる作業であると見ることができる。言い換えれば、創作とは、構想の型に素材を一致させる作業であるということができる。神の創造の場合もこれと同じであるといえる。すなわち、本性相内の内的形状の型または鋳型《いがた》に無限応形性をもった素材的要素を与えて、一定の具体的な形態を備えさせる作業を創造ということができるのである。

本形状と科学

被造物の有形的側面の根本原因である素材的要素とは、要するに科学の対象である物質の根本原因であるが、素材的要素と科学はいかなる関係にあるのであろうか。

今日の科学は、物質の根本原因は素粒子の前段階としてのエネルギー（物理的エネルギー）であり、そのエネルギーは粒子性と波動性を帯びていると見ている。しかし科学は結果の世界、現象の世界だけを研究の対象としているために、それは究極的な第一原因ではありえない。本原相論は、その究極的原因をまさに本形状であると見るのである。したがって本形状とは、科学的に表現すればエネルギーの前段階であって、それは「前段階エネルギー」（Prior-stage Energy）、または簡単に「前エネルギー」[3]（Pre-Energy）ということができるであろう。

本形状と力

神の創造において、本形状である前エネルギーから授受作用（後述）によって、二つの力（エネルギー）が発生すると見る。その一つは「形成エネルギー」（Forming Energy）であり、他の一つは「作用エネルギー」（Acting Energy）である。

形成エネルギーは直ちに粒子化して物質的素材となり、万物を形成するのであるが、作用エネルギーは、万物に作用して、万物相互間に授け受ける力（例：求心力と遠心力）を引き起こす。その力を統一思想では原力（Prime Force）と呼ぶ。そして原力が万物を通じて作用力として現れるとき、その作用力を万有原力（Universal Prime Force）と呼ぶのである。[4]

本形状から授受作用によって形成エネルギーおよび作用エネルギーが発生するとき、愛の根源である心情が授受作用の土台となるために、発生する二つのエネルギーは単純な物理的なエネルギーではなく、物理的エネルギーと愛の力との複合物なのである。したがって原力にも万有原力にも、愛の力が含まれているのである（文《ムン》先生は一九七四年五月の「希望の日晩餐会」での講演以後、しばしば「万有原力にも愛の力が作用する」と語っておられる。）

性相と形状の異同性

次は、性相と形状が本質的に同質的なのか異質的なのかという、性相と形状の異同性について調べてみることにする。先に述べた「性相と形状の二性性相論」は、一般哲学上の本体論から見るとき、いかなる立場になるのであろうか。すなわち「性相と形状の二性性相論」は、一元論なのか二元論なのか、唯物論なのか唯心論（観念論）なのか。

ここで一元論とは、宇宙の始元が物質であると主張する一元論的唯物論か、宇宙の始元が精神であると主張する一元論的唯心論（観念論）をいう。マルクスの唯物論は前者に属し、ヘーゲルの観念論は後者に属する。そして二元論とは物質と精神がそれぞれ別個のものでありながら宇宙生成の根源になっていると見る立場である。思惟（精神）と延長（物質）の二つの実体を認めるデカルトの物心二元論がその例である。

それでは統一思想の「性相と形状の二性性相論」は一元論なのだろうか、二元論なのだろうか。すなわち原相の性相と形状は本来、同質的なものだろうか、異質的なものだろうか。ここで、もしそれらが全く異質的なものだとすれば、神は二元論的存在となってしまう。

この問題を理解するためには、本性相と本形状は異質的な二つの要素か、あるいは同質的な要素の二つの表現態なのかを調べてみればよい。結論から言えば、本性相と本形状は同質的な要素の二つの表現態なのである。

これはあたかも水蒸気と氷が、水（H_2O）の二つの表現態であるのと同じである。水において、水分子の引力と斥力が釣り合っているが、熱を加えて斥力が優勢になれば気化して水蒸気となり、気温が氷点下に下がって、引力が優勢になれば氷となる。水蒸気や氷はいずれも水の表現態、すなわち水分子の引力と斥力の相互関係の表現様式にすぎないのである。したがって両者は全く異質的なものではない。

同様に、神の性相と形状も、神の絶対属性すなわち同質的要素の二つの表現態なのである。絶対属性とは、エネルギー的な心、あるいは心的なエネルギーのことである。つまりエネルギーと心は全く別のものでなくて、本来は一つになっている。この絶対属性が創造において分かれたのが、神の心としての性相と、神の体としての形状なのである。⑤

性相は心的要素から成っているが、そこにはエネルギー的要素も備わっている。ただ心的要素がエネルギー的要素より多いだけである。また形状はエネルギー的要素から成っているが、そこには心的要素も備わっていて、エネルギー的要素が心的要素より多いだけである。そのように性相と形状は全く異質的なものではない。両者はいずれも、共通に心的要素とエネルギー的要素をもっているのである。

被造世界において、性相と形状は精神と物質として、互いに異質的なものとして現れるが、そこにも共通の要素がある。例えば心にもエネルギーがあるが、そのことを示す例として次のようなものがある。カエルなどから採取した、神経のついている骨格筋（神経筋標本）において、神経に電気的刺激を与えると筋肉は収縮する。一方われわれは、心によって手や足の筋肉を動かす。すなわち心が神経を刺激し筋肉を動かしている。これは、心にも物質的なエネルギー（電気エネルギー）と同様のエネルギーがあるということを意味している。催眠術で他人の体を動かすことができるということも、心にエネルギーがあることを示している。

一方、エネルギー自体にも性相的要素が宿っているといえる。最近の科学によれば、物質的真空状態において、エネルギーが振動して素粒子が形成されるが、そのときエネルギーの振動は連続的ではなく、段階的である。ちょうど音楽において音階があるように、エネルギーが段階的に振動し、その結果、段階的に規格の異なる素粒子が現れるというのである。これは、あたかも音階が人間の心によって定められたように、エネルギーの背後にも性相があって、振動の段階を定

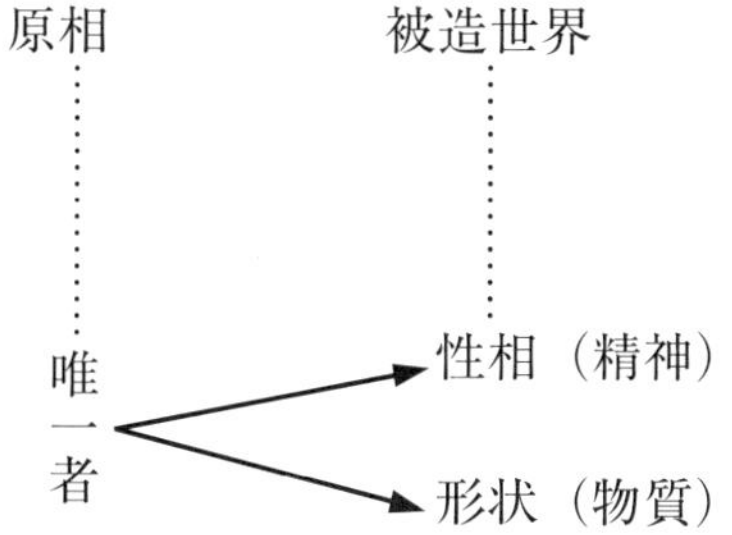

図1―1　唯一論から見た性相と形状の異同性

めていると見ざるをえないのである。

そのように性相の中にも形状的要素があり、形状の中にも性相的要素があるのである。したがって、原相において性相と形状は一つに統一されているのである。本質的に同一な絶対属性から性相と形状の差異が生じ、創造を通じてその属性が被造世界に現れるとき、異質な二つの要素となるのである。これを比喩《ひゆ》的に表現すれば、一つの点から二つの方向に二つの直線が引けるのと同じである。そのとき、一つの直線は性相（精神）に対応し、他の直線は形状（物質）に対応するのである（図1―1）。

聖書には、被造物を通じて神の性質を知ることができると記録されている（ローマ一・二〇）。被造物を見れば、心と体、本能と肉身、生命と細胞・組織などの両面性があるから、絶対原因者である神の属性にも両面性があると帰納法的に見ることができる。これを「神の二性性相」と呼ぶ。しかしすでに述べたように、神において二性性相は、実は一つに統一されているのである。この事実を『原理講論』では、「神は本性相と本形状の二性性相の中和的主体である」と表現している。このような観点を本体論から見るとき、「統一論」[6]となる。そして神の絶対属性それ自体を表現するとき、「唯一論」[7]となるのである。

アリストテレス（Aristotelēs, 384-322 B.C.）によれば、実体は形相（eidos）と質料（hylē）から成っている。形相とは実体をしてまさにそのようにせしめている本質をいい、質料は実体を成している素材をいう。西洋哲学の基本的な概念となったアリストテレスの形相と質料は統一思想の性相と形状に相当する。しかしそこには、次のような点で根本的な差異がある。

アリストテレスによれば、形相と質料を究極にまでさかのぼると純粋形相（第一形相）と第一質料に達する。ここで純粋形相が神であるが、それは質料のない純粋な活動であり、思惟それ自体であるとされる。すなわちアリストテレスにおいて、神は純粋な思惟、または思惟の思惟（ノエシス・ノエセオース）であった。ところで、第一質料は神から完全に独立していた。したがって、アリストテレスの本体論は二元論であった。また第一質料を神から独立したものと見ている点で、その本体論は、神をすべての存在の創造主と見るキリスト教の神観とも異なっていた。

トマス・アクィナス（T. Aquinas, 1225-1274）はアリストテレスに従って、同様に純粋形相または思惟の思惟を神と見た。また彼はアウグスティヌス（A. Augustinus, 354-430）と同様に、神は無から世界を創造したと主張した。神は質料を含む一切の創造主であり、神には質料的要素がないために、「無からの創造」（creatio ex nihilo）を主張せざるをえなかったのである。しかし無から物質が生じるという教義は、宇宙がエネルギーによって造られていると見る現代科学の立場からは受け入れがたい主張である。

デカルト（R.Descartes, 1596-1650）は、神と精神と物体（物質）を三つの実体と見た。究極的には神が唯一なる実体であるが、被造世界における精神と物体は神に依存しながらも相互に完全に独立している実体であるとして二元論を主張した。その結果、精神と物体はいかにして相互作用をするのか、説明が困難になった。デカルトの二元論を受け継いだゲーリンクス（A. Geulincx, 1624-1669）は、互いに独立した異質的な精神と身体の間に、いかにして相互作用が可能なのかという問題を解決するために、神が両者の間を媒介すると説明した。つまり精神や身体の一方において起きる運動を契機として、神が他方において、それに対応する運動を起こすというのであり、これを機会原因論(8)（occasionalism）と呼ぶ。しかしこれは方便的な説明にすぎないのであり、今日では誰も目をくれないものである。すなわち精神と物質を完全に異質的な存在と見たデカルトの観点に問題があったのである。

このように西洋思想がとらえた形相と質料、または精神と物質の概念には、説明の困難な問題があったのである。このような難点を解決したのが統一思想の性相と形状の概念、すなわち「本性相と本形状は同一なる本質的要素の二つの表現態である」という理論である。以上で、神相の「性相と形状」に関する説明を終える。次は、もう一つの神相である「陽性と陰性」に関して説明する。

(2) 陽性と陰性

陽性と陰性も二性性相である

陽性と陰性も神の二性性相である。しかし、同じく二性性相である性相と形状とは次元が違っている。性相と形状は神の直接的な属性であるが、陽性と陰性は神の間接的な属性であり、直接的には性相と形状の属性である。すなわち陽性と陰性は、性相の属性であると同時に形状の属性である。言い換えれば、神の性相も陽性と陰性を属性としてもっており、神の形状も陽性と陰性を属性としてもっているのである。

陽性と陰性の二性性相は、性相と形状の二性性相と同様に中和をなしている。『原理講論』に「神は陽性と陰性の二性性相の中和的主体であられる」とあるのは、このことを意味しているのである。この中和の概念も、性相と形状の中和と同様に、調和、統一を意味し、創造が構想される以前には一なる状態にあったのである。この一なる状態が創造において陽的属性と陰的属性に分化したと見るのである。その意味で東洋哲学の易学において「太極生両儀」(太極から陰陽が生まれた)というのは正しい言葉である。

ところで、陽性と陰性の概念は易学の陽と陰の概念と似ているが、必ずしも一致するのではない。東洋的な概念としては、陽は光、明るさを意味し、陰は蔭《かげ》、暗さを意味する。この基本的な概念が拡大適用されて、いろいろな意味に使われている。すなわち、陽は太陽、山、天、昼、硬い、熱い、高いなどの意味に、陰は月、谷、地、夜、軟らかい、冷たい、低いなどの意味に使われている。

しかし統一思想から見るとき、陽性と陰性は性相と形状の属性であるために、被造世界において、性相と形状は個体または実体を構成しているが、陽性と陰性は実体の属性として現れているだけである。例えば太陽（個体）は性相と形状の統一体であって、太陽の光の「明るさ」が陽である。同様に月それ自体は性相と形状から成る個体（実体）であって、月の反射光の明るさの「淡さ」が陰なのである。

ここで統一思想の実体の概念について説明する。統一思想の実体は、もちろん統一原理の実体の概念に由来するものである。統一原理には「実体基台」、「実体献祭」、「実体聖殿」、「実体世界」、「実体相」、「実体対象」、「実体路程」など、実体と関連した用語が多く使われているが、そこで実体とは、被造物、個体、肉身をもった人間、物質的存在などの意味をもつ用語である。

ところで、人間を含めたすべての被造物は、性相と形状の合性体（統一体）である。言い換えれば、被造物において性相と形状はそれぞれ個体（実体）の構成部分になっているのである。そして、性相や形状それ自体もまた実体としての性格をもっている。あたかも自動車も製作物（実体）であり、自動車の構成部分である部品（例：タイヤ、トランスミッションなど）も製作物（実体）であるのと同じである。したがって統一思想においては、人間の性相と形状は実体の概念に含まれるのである。

原相において、陽性と陰性をそれぞれ本陽性と本陰性ともいう（『原理講論』四六頁）。原相の「本性相と本形状」および「本陽性と本陰性」に似ているのが人間の「性相と形状」と「陽性と

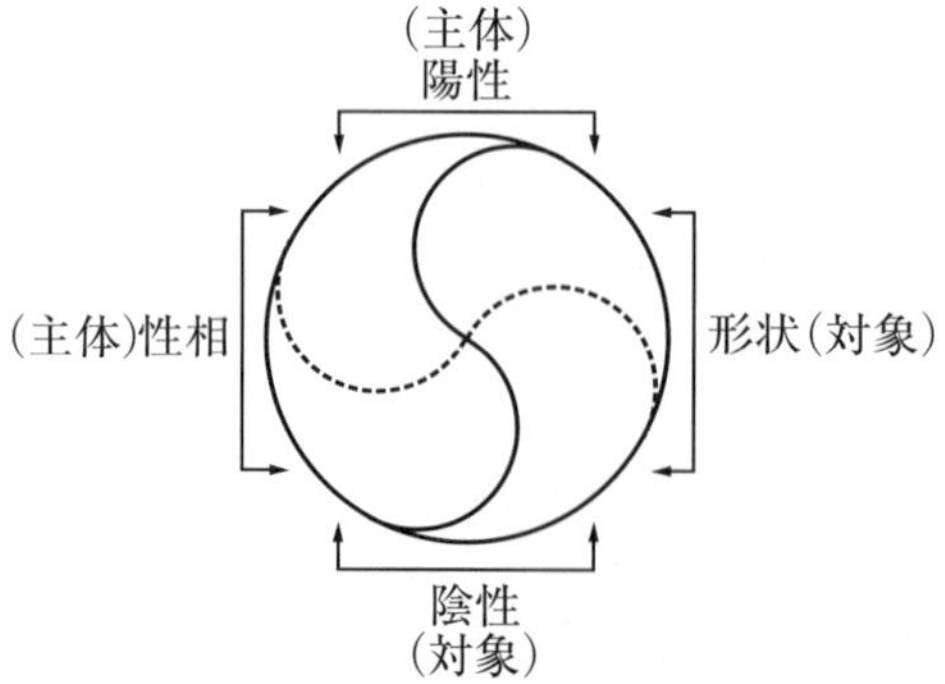

図1―2　原相における性相・形状と陽性・陰性の二性性相

陰性」である。すでに述べたように、被造世界では性相と形状は共に実体の性格をもっており、陽性と陰性は実体としての性相と形状（またはその合性体である個体）の属性となっている。そのことを原相において示したのが図1―2である。

原相における性相と形状および陽性と陰性の関係を正確に知るためには、人間における実体としての性相と形状、そしてその属性としての陽性と陰性の関係を調べてみればよい。人間の場合の性相と形状および陽性と陰性の関係をまとめると、表1―1のようになる。

そこに示されるように、性相（心）の知情意の機能にもそれぞれ属性として陽性と陰性がある。例えば知的機能には明晰《めいせき》、判明などの陽的な面と、模糊《もこ》、混同などの陰的な面があり、情的機能には愉快、喜びなどの陽的な面と不快、悲しみなどの陰的な面がある。意的機能にも積極的、創造的などの陽的な面と、消極的、保守的などの陰的な面がある。そして形状（肉身）においても陽的な面（隆起部、突出《とっしゅつ》部）と陰的な面（陥没《かんぼつ》部、孔穴《こうけつ》部）があるのは言うまでもない。

ここで明らかにしておきたいのは、ここに示したのは人間の場合にのみいえることであるということである。神は心情を中心とした

		陽　性	陰　性
性相	知	明晰, 記憶, 想起力, 判明, 才致	模糊,忘却,記銘力,混同,生真面目
	情	愉快, 騒がしい, 喜び, 興奮	不快, 静粛, 悲しみ, 沈着
	意	積極的, 攻撃的, 創造的, 軽率性	消極的, 包容的, 保守的, 慎重性
形状		隆起部, 突出部, 凸部, 表面	陥没部, 孔穴部, 凹部, 裏面

表1—1　性相・形状の属性としての陽性・陰性（人間の場合）

原因的存在であって、創造前の神の性相と形状の属性である陽性と陰性は、ただ調和的な変化を起こす可能性としてのみ存在しているだけである。そして創造が始まれば、その可能性としての陽性と陰性が表面化されて、知情意の機能に調和のある変化を起こし、形状にも調和的な変化をもたらすのである。

陽性・陰性と男子・女子との関係

ここで問題となるのは、陽性・陰性と男子・女子との関係である。東洋では古来、男子を陽、女子を陰と表現する場合が多かった。しかし統一思想では男子を「陽性実体」、女子を「陰性実体」という。表面的に見ると東洋の男女観と統一思想の男女観は同じように見えるが、実際は同じではない。

統一思想から見るとき、男子は陽性を帯びた「性相と形状の統一体」であり、女子は陰性を帯びた「性相と形状の統一体」である。したがって男子を「陽性実体」、女子を「陰性実体」と表現するのである（『原理講論』四八頁）。

ここで特に指摘することは、男子を「陽性実体」というときの陽性と、女子を「陰性実体」というときの陰性が、表1—1で示される陽性と陰性とは必ずしも一致しないということである。すなわち、性相においても形状においても、表1―1で示される陽性と陰性の特性は男女間で異なっているのである。そのことを具体的に説明すれば、次のようになる。

まず、形状における陽性と陰性の男女間での差異を説明する。形状すなわち体において、男女は共に、陽性である隆起部、突出部や、陰性である陥没部、孔穴部をもっているが、男女間でそれらに差異があるのである。男子は突出部（陽性）がもう一つあり、女子は孔穴部（陰性）がもう一つある。また身長においても、臀部《でんぶ》の大きさにおいても、男女間で差異がある。したがって形状における陽性と陰性の男女間での差異は量的差異である。すなわち、男子は陽性が量的により多く、女子は陰性が量的により多いのである。

それでは性相においてはどうであろうか。性相における陽性と陰性の男女間での差異は、量的差異ではなく質的差異である（量的にはむしろ男女間で差異はない）。例えば性相の知において、男女は共に明晰さ（陽）をもっているが、その明晰《めいせき》さの質が男女間で異なるのである。男子の明晰さは包括的な場合が多く、女子の明晰さは縮小指向的な場合が多い。才致《さいち》においても同様である。また性相の情の悲しみ（陰）において、過度な場合、男子の悲しみは悲痛に変わりやすく、女子の悲しみは悲哀に変わりやすい。性相の意における積極性（陽）の場合、男子の積極性は相手に硬い感触を与えやすいが、女子の積極性は相手に軟らかい感触を与えやすい。男女間のこのような差異が質的差異である。これをまとめると表1―2のようになる。

このように性相において、陽性にも陰性にも男女間で質的差異があるのである。これを声楽に

			男　　子	女　　子
陽性	知	明　晰 才　致	包括性 大胆さ	縮小指向的 細密さ
陽性	意	積極性	硬　性	軟　性
陰性	情	悲しみ	悲　痛 無表情	悲　哀 たやすく涙を流す

表1—2　男女間における陽性・陰性の質的差異

例えると、高音には男子（テノール）と女子（ソプラノ）の差異があり、低音にも男子（バス）と女子（アルト）の差異があるのと同じである。

このように性相における陽性と陰性は、男女間において質的差異を表すのであるが、男子の陽性と陰性をまとめて男性的、女子の陽性と陰性をまとめて女性的であると表現する。したがってここに、「男性的な陽陰」と「女性的な陽陰」という概念が成立するのである。

ここにおいて、次のような疑問が生ずるかもしれない。すなわち形状においては男女間の差異が量的差異であるから、男子を陽性実体、女子を陰性実体と見るのは理解できるが、性相においては、男女の差異が質的差異だけで、量的には男女は全く同じ陽陰をもっているのに、なぜ男子を陽性実体、女子を陰性実体というのか、という疑問である。

それは男女間の陽陰の差異が量的であれ質的であれ、その差異の関係は主体と対象の関係であるということから解決される。後述するように、主体と対象の関係は積極性と消極性、能動性と受動性、外向性と内向性の関係である。ここに性相（知情意）の陽陰の男女間の質的差異においても、男性の陽と女性の陽の関係、および男性の陰と女性の陰の関係は、すべて主体と対象の関係になっているのである。

すなわち、知的機能の陽において、男性の明晰の包括性と女性の明晰の縮小指向性が主体と対象の関係であり、情的機能の陰において、男性の悲痛と女性の悲哀の関係も主体と対象の関係である。また意的機能の陽において、男性の積極的の硬性と女性の積極性の軟性の関係も主体と対象の関係なのである。これは男女間の陽陰の質的差異は量的差異の場合と同様に主体と対象の関係なのであって、男性と女性の関係が陽と陰の関係であることを意味するのである。以上で男を陽性実体、女を陰性実体と呼ぶ理由を明らかにした。

性相・形状の属性としての陽性・陰性と現実問題の解決

以上で陽性・陰性は性相・形状の属性であることが明らかにされたと思う。ところで、このことがなぜ重要かといえば、それがまた現実問題解決の基準となるためである。ここで現実問題とは、男女間の問題、すなわち性道徳の退廃、夫婦間の不和、家庭破壊などの問題をいう。

陽性・陰性が性相・形状の属性であるということは、性相・形状と陽性・陰性の関係が実体と属性との関係であることを意味する。実体と属性において先次的に重要なのは実体である。属性がよりどころとする根拠が実体であるからである。実体がなくては属性は無意味である。そのように性相・形状は陽性・陰性が「よりどころとする根拠」としての実体であり、性相・形状がなくては陽性・陰性は無意味なものになってしまうのである。

人間において、性相・形状の問題とは、現実的には性相・形状の統一をいうのであって、それは心と体の統一、生心と肉心の統一、すなわち人格の完成を意味する。そして人間において、陽性と陰性の問題は現実的には男子と女子の結合を意味するのである。ここで「人格の完成」と「男女間の結合」の関係が問題となるが、「陽性・陰性が性相・形状の属性である」という命題に従うならば、男女は結婚する前にまず人格を完成しなければならないという論理が成立するのである。

統一原理の三大祝福（個性完成、家庭完成、主管性完成）において、個性完成（人格完成）が家庭完成（夫婦の結合）より前に置かれた根拠は、まさにこの「陽性・陰性は性相・形状の属性である」という命題にあったのである。『大学』の八条目の中の「修身、斉家《せいか》、治国、平天下」において、修身を斉家より前に置いたのも、『大学』の著者が無意識のうちにこの命題を感知したためであると見なければならない。

今日、男女関係に関連した各種の社会問題（性道徳の退廃、家庭の不和、離婚、家庭破壊など）が続出しているが、これらはすべて家庭完成の前に個性完成が成されなかったこと、すなわち斉家の前に修身が成されなかったことに由来しているのである。

言い換えれば、今日、最も難しい現実問題の一つである男女問題は、男女共に家庭完成の前に（結婚前に）人格を完成することによって、つまり斉家する前に修身することによって、初めて解決することができるのである。このように「陽性・陰性が性相・形状の属性である」という命題は、現実問題の解決のまた一つの基準となっているのである。

(3) 個別相

個別相とは何か

上述した性相・形状および陽性・陰性は神の二性性相であって、この二種の相対的属性は、あまねく被造世界に展開されて、普遍的にすべての個体の中に現れている。聖書に「神の見えない性質、すなわち、神の永遠の力と神性〔および神相〕とは、天地創造このかた被造物において知られていて、明らかに認められるからである」(ローマ一・二〇)と記録されているのは、この事実を言っているのである。このように、万物はみな普遍的に性相・形状および陽性・陰性をもっている。したがって神の性相・形状および陽性・陰性を「普遍相」という。

一方で、万物は独特な性質をもっている。鉱物、植物、動物にいろいろな種類があるのもそのためである。天体も、恒星であれ惑星であれ、みな特性をもっている。特に人間の場合、個人ごとに独特の性質をもっている。すなわち、体格、体質、容貌《ようぼう》、性格、気質など、個人ごとに異なっているのである。

万物と人間のこのような個別的な特性の原因の所在は、神の本性相の内部の内的形状にある。このような個別的な特性の原因を「個別相」という。言い換えれば、神の属性の中にある個別相が被造物の個体または種類ごとに現れたものを被造物の個別相という。そして人間においては個人ごとに特性が異なるために、人間の個別相を「個人別個別相」といい、万物においては種類によって特性が異なるために、万物の個別相を「種類別個別相」という。すなわち人間においては個別相は個人ごとの特性をいうが、万物（動物、植物、鉱物）の個別相は、一定の種類の特性すなわち種差（特に最下位の種差）をいう。それは、人間は神の喜びの対象および神の子女として造られているのに対して、万物は人間の喜びの対象として造られているからである。

個別相と普遍相

ここで被造物の普遍相と個別相との関係を明らかにする。個別相は個体の特性であるとしても、普遍相と別個の特性ではなくて、普遍相それ自体が個別化されたものである。例えば人間の顔（容貌）がそれぞれ違うのは、顔という形状（普遍相）が個別化され特殊化されたものであり、人間の個性がそれぞれ異なるのは、性格、気質という性相（普遍相）が個別化され、特殊化されたものである。そのように人間において個別相とは、個人ごとに普遍相が個別化されたものであり、その他の被造物においては、種類ごとに普遍相が個別化されたものである。

被造物において、このように普遍相の個別化が個別相であるのは、神の内的形状の中にある被造物に対する個別化の要因すなわち個別相が、神の性相・形状および陽性・陰性を個別化させる要因として作用しているからである。ここで神の普遍相を「原普遍相」といい、神の内的形状の中にある個別相を「原個別相」とも呼ぶ。したがって被造物の普遍相と個別相は、原普遍相と原個別相にそれぞれ対応しているのである。

個別相と突然変異

次に個別相と遺伝子の関係について述べる。進化論から見るとき、一般的に生物の種差としての個別相の出現は、突然変異による新形質の出現と見ることができる。そして人間の個性としての個別相の出現は、父のＤＮＡと母のＤＮＡの多様な混合または組み合せによる遺伝として見ることができる。

しかし統一思想では、進化論は創造過程の現象論的な把握にすぎないと見るために、生物における突然変異による新形質の出現は、実は突然変異の方式を取った新しい個別相の創造なのであり、人間における父母のＤＮＡの混合による新形質の出現も、実はＤＮＡの遺伝情報の混合の方式を通じた人間の新個別相の創造と見るのである。より正確にいえば、生物や人間の新しい個別相の創造とは、神の内的形状にある一定の原個別相を、これに対応する被造物に新個別相として付与することである、と見るのである。

個別相と環境

個別相をもった個体が成長するためには、環境との間に不断の授受関係を結ばざるをえない。すなわち個別相をもった個体は、環境との授受作用によって変化しながら成長し、発展する。これは授受作用の結果によって必ず合性体または新生体（変化体）が形成されるという授受法の原則によるのである。

したがって個体の特性（個別相）は原則的に先天的なものであるが、その個別相の一部が環境要因によって変化するので、あたかもその特性が後天的に形成されたかのように感じられる場合がある。同一の環境要因によって現れる特性にも、個人ごとに差異があるのが見られるが、これは環境に適応する方式（授受作用の方式）にも個人差があるからである。その個人差も個別相に基因する個人差である。このように、個別相の一部が変形されて後天的に形成された特性のように現れたものを「個別変相」という。

人間個性の尊貴性

およそ被造物の特徴は、神の属性の個別相に由来するものであって、みな尊いものであるが、特に人間の個性はいっそう尊厳なものであり、神聖であり、貴重なものである。人間は万物に対する主管主であると同時に、霊人体と肉身から成る二重体であって、肉身の死後にも霊人体が永生するからである。すなわち人間は地上においても天上においても、その個性を通じて愛を実践しながら創造理想を実現するようになっているために、人間の本然の個性はそれほど尊貴なものであり、神聖なものである。人道主義も人間の個性の尊貴性を主張しているが、個人の特性の神来性《しんらいせい》が認められない限り、そのような主張によっては、人間を動物視する唯物論的人間観を克服するのは難しい。そのような意味で個別相に関する理論も、なぜ人間の個性が尊重されなければならないかという、また一つの現実問題の解決の基準になるのである。

以上で神相に関する説明を終わり、次は神性について説明する。

(二) 神性

神の属性には、先に述べたように形の側面もあるが、機能、性質、能力の側面もある。それが神性である。従来のキリスト教やイスラム教でいう全知、全能、遍在性、至善、至真、至美、公義、愛、創造主、審判主、ロゴスなどは、そのまま神性に関する概念であり、統一思想ももちろん、そのような概念を神性の表現として認めている。

しかし現実問題の解決という観点から見るとき、そのような概念は形（神相）の側面を扱っていないという点だけでなく、大部分が創造と直接関連した内容を含んでいないという点で、そのままでは現実問題の解決に大きな助けとはならない。統一思想は現実問題の解決に直接関連する神性として、心情、ロゴス、創造性の三つを挙げている。その中でも心情が最も重要であり、それは今までいかなる宗教も扱わなかった神性である。次に、これらの神性の概念を説明し、それがいかに現実問題を解決しうるかを明らかにする。

(1) 心情

心情とは何か

心情は神の性相の最も核心となる部分であって、「愛を通じて喜ぼうとする情的な衝動」である。心情のそのような概念を正しく理解する助けとなるように、人間の場合を例として説明する。

人間は誰でも生まれながらにして喜びを追求する。喜ぼうとしない人は一人もいないであろう。人間は誰でも幸福を求めているが、それがまさにその証拠である。そのように人間はいつも、喜びを得ようとする衝動、喜びたいという衝動をもって生きている。それにもかかわらず、今日まで大部分の人々が真の喜び、永遠の喜びを得ることができないでいることもまた事実である。

それは人間がたいてい、金銭や権力、地位や学識の中に喜びを探そうとするからである。それでは真の喜び、永遠な喜びはいかにして得られるであろうか、それは愛（真の愛）の生活を通じてのみ得られるのである。愛の生活とは、他人のために生きる愛他的な奉仕生活、すなわち他人に温情を施《ほどこ》して喜ばせようとする生活をいう。

心情は情的衝動である

ここで「情的な衝動」について説明する。情的な衝動とは内部からわきあがる抑えがたい願望または欲望を意味する。普通の願望や欲望は意志で抑えることができるが、情的な衝動は人間の意志では抑えられないのである。

われわれは喜ぼうとする衝動（欲望）が抑えがたいということを、日常の体験を通じてよく知っている。人間が金をもうけよう、地位を得よう、学識を広めよう、権力を得ようとするのも喜ぼうとする衝動のためであり、子供たちが何事にも好奇心をもって熱心に学ぼうとするのも喜ぼうとする衝動のためであり、甚だしくは犯罪行為までも、方向が間違っているだけで、その動機はやはり喜ぼうとする衝動にあるのである。

そのように喜ぼうとする衝動（欲望）は抑えがたいものである。欲望は達成されてこそ満たされる。しかるに大部分の人間にとって、喜ぼうとする欲望が満たされないでいるのは、喜びは愛を通じてしか得られないということが分かっていないからである。そして喜びが愛を通じてしか得られないのは、その喜びの根拠が神にあるからである。

神は心情である

神は心情すなわち愛を通じて喜ぼうとする情的な衝動をもっているが、そのような神の衝動は人間の衝動とは比較にもならないほど抑えがたいものであった。人間は相似の法則に従って、そのような神の心情を受け継いだので、たとえ堕落して愛を喪失したとしても、喜ぼうとする衝動はそのまま残っている。ゆえに、情的な衝動を抑えることは難しいのである。

ところで神において、喜ぼうとする情的な衝動は、愛そうとする衝動によって支えられている。真の喜びは真の愛を通じなければ得られないからである。したがって、愛そうとする衝動は喜ぼうとする衝動よりも強いのである。愛の衝動は愛さずにはいられない欲望を意味する。そして愛さずにはいられないということは、愛の対象をもたずにはいられないことを意味する。

そのような愛の衝動によって喜ぼうとする衝動が触発される。したがって愛の衝動が一次的なものであり、喜びの衝動は二次的なものである。ゆえに愛は決して喜びのための手段ではなく、ただ無条件的な衝動なのである。そして愛の必然的な結果が喜びである。したがって愛と喜びは表裏の関係にあり、喜ぼうとする衝動も実は愛そうとする衝動が表面化したものにすぎない。

ゆえに神の心情は、「限りなく愛そうとする情的な衝動」であるとも表現することができる。愛には必ず対象が必要である。特に神の愛は抑えられない衝動であるから、その愛の対象が絶対的に必要であった。したがって創造は必然的、不可避的であり、決して偶発的なものではなかった。

宇宙創造と心情

そのように心情が動機となり、神は愛の対象として人間と万物を創造されたのである。人間は神の直接的な愛の対象として、万物は神の間接的な愛の対象として創造された。万物が神の間接的な対象であるということは、直接的には万物は人間の愛の対象であることを意味する。そして創造の動機から見るとき、人間と万物は神の愛の対象であるが、結果から見るとき、人間と万物は神の喜びの対象なのである。

このように心情を動機とする宇宙創造の理論（心情動機説）は創造説が正しいか生成説が正しいかという一つの現実問題を解決することになる。すなわち、宇宙の発生に関する従来の創造説と生成説の論争に終止符を打つ結果になるのである。そして生成説（プロティノスの流出説、ヘーゲルの絶対精神の自己展開説、ガモフのビッグバン説、儒教の天生万物説など）では、現実の罪悪や混乱などの否定的側面までも自然発生によるものとされて、その解決の道がふさがれているが、正しい創造説では、そのような否定的側面を根本的に除去することができるのである。

心情と文化

次に、「心情は神の性相の核心である」という命題から心情と文化の関係について説明する。神の性相は内的性相と内的形状から成っているが、内的性相は内的形状より内的である。そして心情は内的性相よりさらに内的である。このような関係は、創造本然の人間の性相においても同じである。それを図で表せば、図1—3のようになる。

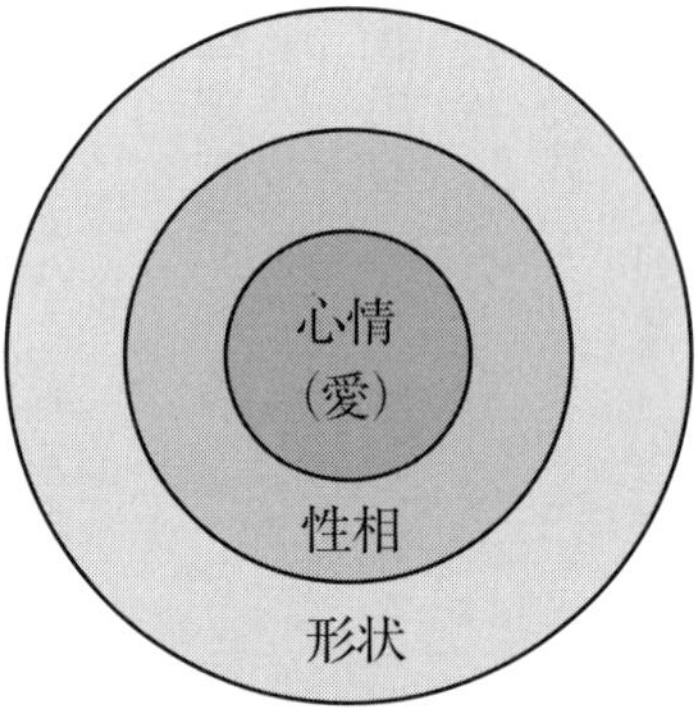

図1—3　心情を中心とした性相と形状

これは心情が人間の知的活動、情的活動、意的活動の原動力となることを意味する。すなわち心情は情的な衝動力であり、その衝動力が知的機能、情的機能、意的機能を絶えず刺激することによって現れる活動がまさに知的活動、情的活動、意的活動なのである。

人間の知的活動によって、哲学、科学をはじめとする様々な学問分野が発達するようになり、情的活動によって、絵画、音楽、彫刻、建築などの芸術分野が発達するようになり、意的活動によって、宗教、倫理、道徳、教育などの規範分野が発達するようになる。

創造本然の人間によって構成される社会においては、知情意の活動の原動力が心情であり愛であるゆえに、学問も芸術も規範も、すべて心情が動機となり、愛の実現がその目標となる。[9]ところで学問分野、芸術分野、規範分野の総和、すなわち人間の知情意の活動の成果の総和が文化である。したがって創造本然の文化は心情を動機とし、愛の実現を目標として成立するのであり、そのような文化は永遠に続くようになる。そのような文化を統一思想では心情文化、愛の文化、または中和文化と呼ぶ。

しかしながら人間始祖の堕落によって、人類の文化は様々な否定的な側面をもつ非原理的な文化となり、興亡を繰り返しながら今日に至った。これは人間の性相の核心である心情が利己心によって遮られ、心情の衝動力が利己心のための衝動力になってしまったからである。

そのように混乱を重ねる今日の文化を正す道は、利己心を追放し、性相の核心の位置に心情の衝動力を再び活性化させることによって、すべての文化の領域を心情を動機として、愛の実現を目標とするように転換させることである。すなわち心情文化、愛の文化を創建することである。このことは「心情は神の性相の核心である」という命題が、今日の危機から文化をいかに救うかというまた一つの現実問題解決の基準になることを意味するのである。

心情と原力

最後に心情と原力について説明する。宇宙万物はいったん創造されたのちにも、絶えず神から一定の力を受けている。被造物はこの力を受けて個体間においても力を授受している。前者は縦的な力であり、後者は横的な力である。統一思想では前者を原力といい、後者を万有原力という。[10]

ところでこの原力も、実は原相内の授受作用、すなわち性相と形状の授受作用によって形成された新生体である。具体的にいえば、性相内の心情の衝動力と形状内の前エネルギー（Pre-Energy）との授受作用によって形成された新しい力が原力（Prime Force）である。その力が、万物に作用して、横的な万有原力（Universal Prime Force）として現れて、万物相互間の授受作用を起こすのである。したがって万有原力は神の原力の延長なのである。[11]

万有原力が心情の衝動力と前エネルギーによって形成された原力の延長であるということは、宇宙内の万物相互間には、物理学的な力のみならず愛の力も作用していることを意味する。[12] したがって人間が互いに愛し合うのは、そうしても、しなくても良いというような、恣意《しい》的なものではなく、人間ならば誰でも従わなくてはならない天道なのである。

このように「心情と原力の関係」に関する理論も、また一つの現実問題の解決の基準となることが分かる。すなわち「人間は必ず他人を愛する必要があるのか」、「時によっては闘争（暴力）が必要な時もあるのではないか」、「敵を愛すべきか、打ち倒すべきか」というような現実問題に対する解答がこの理論の中にあることが分かる。

(2) ロゴス

ロゴスとは何か

ロゴスとは、統一原理によれば言《ことば》または理法を意味する（『原理講論』二六五頁）。ヨハネによる福音書には、神の言によって万物が創造されたことが次のように表現されている。「初めに言があった。言は神と共にあった。言は神であった。この言は初めに神と共にあった。すべてのものは、これによってできた。できたもののうち、一つとしてこれによらないものはなかった」(ヨハネ一・一―三)。

統一思想から見れば、ロゴスを言というとき、それは神の思考、構想、計画を意味し、ロゴスを理法というとき、それは理性と法則を意味する。ここで理性とは、本性相内の内的性相の知的機能に属する理性を意味するのであるが、万物を創造したロゴスの一部である理性は、人間の理性とは次元が異なっている。人間の理性は自由性をもった知的能力であると同時に、概念化の能力または普遍的な真理追求の能力であるが、ロゴス内の理性は、ただ自由性をもった思考力であり、知的能力なのである。

そしてロゴスのもう一つの側面である法則は、自由性や目的性が排除された純粋な機械性、必然性だけをもつものである。法則は、時と場所を超越して、いつどこでも、たがわずに作用する規則的なものである。すなわち、機械装置である時計の時針や分針が、いつどこでも一定の時を刻むのと同様なものが法則の規則性、機械性なのである。

ロゴスとは理法である

理法とは、このような理性と法則の統一を意味する。ここでは主として、そのような理法としてのロゴスを扱う。それはそうすることによって、また一つの現実問題の解決の基準を立てるためである。現実問題とは、今日、社会の大混乱の原因となっている価値観の崩壊をいかに収拾するかという問題である。

『原理講論』には、ロゴスは神の対象であると同時に二性性相（ロゴスの二性性相）をもっているとされている（二六五頁）。これはロゴスが神の二性性相に似た一種の被造物であり新生体であることを意味するのであって、ロゴスは「性相と形状の合性体」と同様なものであると理解することができる。

しかし、ロゴスは神の言《ことば》、構想であって、それによって万物が創造されたのであるから、ロゴスそれ自体が万物と全く同じ被造物ではありえない。神の二性性相に似た神の対象であるロゴスは思考の結果物である。すなわち、それは「完成された構想」を意味するものであり、神の心に描かれた一種の設計図である。われわれが建物を造るとき、まずその建物に対する詳細な設計図を作成するように、神が万物を創造されるときにも、まず万物一つ一つの創造に関する具体的な青写真または計画が作られるようになる。それがまさにロゴスなのである。

ところで設計図は建築物ではないとしても、それ自体は製作物すなわち結果物であることに違いない。同じように、ロゴスも構想であり設計図である以上、やはり結果物であり、新生体であり、一種の被造物なのである。被造物はすべて神の二性性相に似ている。それでは新生体としてのロゴスは、神のいかなる二性性相に似たのであろうか。それがまさに本性相内の内的性相と内的形状である。(13)

言い換えれば、内的性相と内的形状が一定の目的を中心として統一されている状態がまさにロゴスの二性性相なのである。あたかも神において、本性相と本形状が中和（統一）をなす状態が神相であるのと同様である。ところでロゴスは言であると同時に理法でもある。それでは、ロゴスを理法として理解するとき、ロゴスの二性性相とは具体的にいかなるものであろうか。それはまさに理性と法則である。理性と法則の関係は内的性相と内的形状の関係と同じであって、内的性相と内的形状の関係は後述するように主体と対象の関係であるから、理性と法則の関係は主体と対象の関係になっている。

ロゴスは理性と法則の統一体

理性と法則の統一としてのロゴスによって万物が創造されたために、すべての被造物には理性的要素と法則的要素が統一的に含まれている。したがって万物が存在し、運動するとき、必ずこの両者が統一的に作用する。ただし低次元の万物であればあるほど、法則的要素がより多く作用し、高次元であればあるほど、理性的要素がより多く作用する。

最も低次元である鉱物においては、法則的要素だけで理性的要素は全くないようであり、最も高次元である人間においては、理性的要素だけで法則的要素は全くないようであるが、実際は両者共に理性的要素および法則的要素が統一的に作用しているのである。

したがって万物の存在と運動は、自由性と必然性の統一であり、目的性と機械性の統一である。すなわち必然性の中に自由性が作用し、機械性の中に目的性が作用するのである。ところで今まで、自由と必然の関係は二律背反の関係にあるように理解されてきた。それはあたかも解放と拘束が正反対の概念であるように、自由と必然も正反対の概念であるように感じられたからである。

しかし統一思想は、ロゴスの概念に関して、理性と法則を二律背反の関係とは見ないで、むしろ統一の関係と見るのである。比喩《ひゆ》的に言えば、それは列車がレールの上を走ることと同じである。列車がレールの上を走るということは必ず守らなければならない規則（法則）であって、万一、レールから外れると、列車自体が破壊されるだけでなく、近隣の人々や建物に被害を与えるのである。ゆえに列車は必ずレールの上を走らなくてはならないのである。そのような観点から見て、列車の運行は順法的であり、必然的である。しかしいくらレールの上を走るといっても、速く走るか、ゆっくり走るかは機関車（機関士）の自由である。したがって列車の運行は全く必然的なもののように思われるが、実際は自由性と必然性の統一なのである。

もう一つの例を挙げて説明しよう。自動車の運転手は青信号の時には前進し、赤信号の時には停止するが、これは交通規則として誰もが守らなければならない必然性である。しかし、いったん青信号になったのちには、交通安全に支障にならない限り、速度は自由に調整することができる。したがって自動車の運転も自由性と必然性の統一なのである(14)。

以上、列車の運行や自動車の運転において、自由性と必然性が統一の関係にあることを明らかにしたが、ロゴスにおける理性（自由性）と法則（必然性）も同様に統一の関係にあるのである。そのように、ロゴスの二性性相としての理性と法則は二律背反でなくて統一であることを知ることができる。

ロゴスが理性と法則の統一であるために、ロゴスを通じて創造された万物は、大きくは天体から小さくは原子に至るまで、すべて例外なく、理性と法則の統一的存在である。すなわち万物は、すべて理性と法則、自由性と必然性、目的性と機械性の統一によって存在し、運動し、発展しているのである。

この事実は今日の一部の科学者の見解とも一致している。例えば検流計（ポリグラフ）の付着実験による植物心理の確認（バクスター効果[15]）や、ジャン・シャロン（Jean Charon, 1920-1998）の複素相対論における電子や光子内の記憶と思考のメカニズムの確認[16]などがそうである。すなわち、植物にも心があり、電子にも思考のメカニズムがあるということは、すべての被造物の中に理性と法則、自由性と必然性が作用していることを示しているのである。

ロゴスそして自由と放縦

次は、ロゴスと関連して自由と放縦《ほうじゅう》の真の意味を明らかにする。自由と放縦に関する正しい認識によって、また一つの現実問題が解決されるからである。今日、自由の名のもとになされている様々な秩序破壊行為と、これに伴う社会混乱に対する効果的な対策は何かということが問題になっているが、この問題を解くためには、まず自由と放縦の真の意味が明らかにされなければならない。

『原理講論』には「原理を離れた自由はない」（一二五頁）、「責任のない自由はあり得ない」（一二五頁）、「実績のない自由はない」（一二六頁）と書かれている。これを言い換えれば、自由の条件は「原理内にあること」、「責任を負うこと」、「実績をあげること」の三つになる。ここで「原理を離れる」というのは、「原則すなわち法則を離れる」という意味であり、「責任を負う」とは、自身の責任分担の完遂を意味すると同時に、創造目的の完成を意味するのであり、「実績をあげる」とは、創造目的を完成し、善の結果をもたらすことを意味するのである（一二六頁）。ところで責任分担の完遂や、創造目的の完成や、善の結果をもたらすことは、すべて広い意味の原理的な行為であり、天道に従うことであり、法則（規範）に従うことなのである。

したがって自由に関する三つの要件、すなわち「原理内にあること」、「責任を負うこと」、「実績をあげること」は、一言で「自由とは原理内での自由である」と表現することができるのであり、結局、真の自由は法則性、必然性との統一においてのみ成立するという結論になる。ここで法則とは、自然においては自然法則であり、人間生活においては価値法則（規範）である。価値とか規範は秩序のもとにおいてのみ成立する。それゆえ規範を無視するとか、秩序を破壊する行為は、本然の世界では決して自由ではないのである。

自由とは、厳密な意味では選択の自由であるが、その選択は理性によってなされる。したがって、自由は理性から出発して実践に移るのである。そのとき、自由を実践しようとする心が生まれるが、それが自由意志であり、その意志によって自由が実践されれば、その実践行為が自由行動になる。これが『原理講論』（一二五頁）にある自由意志、自由行動の概念の内容である。

かくして理性の自由による選択や、自由意志や、自由行動はみな恣意《しい》的なものであってはならず、必ず原理内で、すなわち法則（価値法則）の枠の中で、必然性との統一のもとでなされなければならない。そのように自由は理性の自由であり、理性は法則との統一のもとでのみ作用するようになっている。したがって本然の自由は理法すなわちロゴスの中でのみ成立することができ、ロゴスを離れては存立することはできない。よく法則は自由を拘束するもののように考えられているが、それは法則と自由の原理的な意味を知らないことからくる錯覚《さっかく》なのである。

ところで、本然の法則や自由はみな愛の実現のためのものである。すなわち愛の中での法則であり自由である。真の愛は生命と喜びの源泉である。したがって本然の世界では、喜びの中で、法則に従いながら自由に行動するのである。それは、ロゴスが心情を土台として形成されるからである。

ロゴスを離れた恣意的な思考や恣意的な行動は似非《えせ》自由であり、それはまさに放縦である。自由と放縦はその意味が全く異なる。自由は善の結果をもたらす建設的な概念であるが、放縦は悪の結果をもたらす破壊的な概念である。そのように自由と放縦は厳密に区別されるものであるが、よく混同されたり、錯覚されている。それは自由の真の根拠であるロゴスに関する理解がないからである。ロゴスの意味を正しく理解すれば、自由の真の意味を知るようになり、したがって自由の名のもとでのあらゆる放縦が避けられ、ついには社会混乱の収拾も可能になるであろう。このようにロゴスに関する理論も、現実問題解決のまた一つの基準になるのである。

ロゴスおよび心情と愛

終わりに、ロゴスと心情と愛の関係について述べる。すでに明らかにしたように、ロゴスは言《ことば》または構想であると同時に理法である。ところで言（構想）と理法は別のものではない。言の中にその一部として理法が含まれているのである。あたかも生物を扱う生物学の中にその一分科として生理学が含まれているのと同じである。すなわち生物学は解剖学、生化学、生態学、発生学、分析学、生理学など、いろいろな分科に分類されるが、その中の一分科が生理学であるように、創造に関する神の無限なる量と種類を内容とする言の中の小さな一部分が理法なのであり、それは言の中の万物の相互作用または相互関係の基準に関する部分なのである。

言と理法は別個のものではないばかりでなく、言の土台となっている心情は、同時に理法の土台になっている。あたかも有機体の現象の研究が生物学のすべての分科に共通であるように、創造における神の心情が構想と理法の共通基盤となっているのである。

心情は愛を通じて喜ぼうとする情的な衝動である。心情が創造において言と理法の土台となっているということは、被造物全体の構造、存在、変化、運動、発展など、すべての現象が、愛の衝動によって支えられていることを意味する。したがって自然法則であれ、価値法則であれ、必ずその背後に愛が作用しており、また作用しなければならない。一般的に自然法則は物理化学的な法則だけであると理解されているが、それは不完全な理解であって、必ずそこには、たとえそれぞれ次元は異なるとしても、愛が作用しているのである。人間相互間の価値法則（規範）には、愛がより顕著に作用しなければならないのは言うまでもない。

先にロゴスの解説において、主として理性と法則、したがって自由性と必然性に関して扱ったが、理法の作用においては、理法それ自体に劣らず愛が重要であり、愛は重要度において理法を凌駕《りょうが》することさえあるのである。

愛のない理法だけの生活は、規律の中だけで生きる兵営のように、冷えやすく、中身のない粃《しいな》のようにしおれやすいのである。温かい愛の中で守られる理法の生活においてのみ、初めて百花が咲き乱れ、蜂《はち》や蝶《ちょう》が群舞する春の園の平和が訪れてくるのである。このことは家庭に真の平和をもたらす真の方案は何かという、また一つの現実問題解決の基準になるのである。すなわち心情を土台とするロゴスの理論は、家庭に対する真の平和樹立の方案にもなるのである。

（3）創造性

創造性とは何か

創造性は一般的に「新しいものを作る性質」と定義されている。統一原理において、創造性を一般的な意味にも解釈しているが、それよりは「創造の能力」として理解している。それは『原理講論』において「神の創造の能力」と「神の創造性」を同じ意味で使っているのを見ても知ることができる（七九頁）。

ところで、神の創造性をそのように創造の性質とか創造の能力として理解するだけでは正確な理解となりえない。すでに明らかにしたように、神の属性を理解する目的は現実問題を根本的に解決することにある。したがって、神に関するすべての理解は正確で具体的でなくてはならない。創造性に関しても同じである。したがって創造に関する常識的な理解だけでは神の創造性を正確に把握《はあく》するのは困難である。ここに神の創造の特性、または要件が明らかにされる必要があるのである。

神の創造は偶発的なものではなく、自然発生的なものではさらにない。それは抑えることのできない必然的な動機によってなされたのであり、明白な合目的的な意図によってなされたのであった。そのような創造がいわゆる「心情を動機とした創造」（心情動機説）である。

創造には、創造目的を中心とした内的および外的な四位基台または授受作用が必ず形成されなければならない。したがって、神の創造性は具体的には「目的を中心とした内的および外的な四位基台形成の能力」と定義される。これを人間の、新しい製品をつくるという創造に例えて説明すれば、内的四位基台形成は、構想すること、新しいアイデアを開発すること、したがって青写真の作成を意味し、外的四位基台形成は、その青写真に従って人間（主体）が機械と原料（対象）を適切に用いて新製品（新生体）を造ることを意味するのである。

神において、内的四位基台の形成は、目的を中心とするロゴスの形成であり、外的四位基台形成は、目的を中心として性相と形状が授受作用をして万物を造ることである。したがって神の創造性はそのような内的および外的四位基台形成の能力であり、言い換えれば「ロゴスの形成に続いて万物を形成する能力」である。神の創造性の概念をこのように詳細に扱うのは、創造に関連したいろいろな現実的な問題（例えば公害問題、軍備制限ないし撤廃《てっぱい》問題、科学と芸術の方向性の問題など）の根本的解決の基準を定立するためである。

人間の創造性

次は、人間の創造性に関して説明する。人間にも新しい物を作る能力すなわち創造性がある。これは相似の法則に従って、神の創造性が人間に与えられたものである。ところで人間は元来、相似の法則によって造られたので、人間の創造性は神の創造性に完全に似るように、すなわち神の創造性を引き継ぐようになっていた（『原理講論』七九、一一四、一二五九頁）。しかし、堕落によって人間の創造性は神の創造性に不完全に似るようになったのである。

人間の創造性が神の創造性に似るということは、神が創造性を人間に賦与《ふよ》することを意味する（同上、一三二、一二五九頁）。それでは、神はなぜ人間に創造性を賦与しようとされたのであろうか。それは人間を「万物世界に対する主管位に立たせて」（同上、一三二頁）、「万物を主管し得る資格を得させるため」（同上、一一四、一三二頁）であった。ここで万物主管とは、万物を貴く思いながら、万物を願うように扱うことをいう。つまり人間が愛の心をもって、いろいろな事物を扱うことを万物主管というが、そこには人間生活のほとんどすべての領域が含まれる。例えば経済、産業、科学、芸術などがすべて万物主管の概念に含まれる。地上の人間は肉身をもって生きるために、ほとんどすべての生活領域において物質を扱っている。したがって人間生活全体が万物主管の生活であるといっても過言ではないのである。

ところで本然の万物主管は、神の創造性を受け継がなくては不可能である。本然の主管とは、愛をもって創意的に事物を扱いながら行う行為、例えば耕作、製作、生産、改造、建設、発明、保管、運送、貯蔵、芸術創作などの行為をいう。そのような経済、産業、科学、芸術などの活動だけでなく、ひいては宗教生活、政治生活までも、それが愛をもって物を扱う限りにおいて、本然の万物主管に含まれる。そのように本然の人間においては、事物を扱うのに、愛とともに新しい創案（構想）が絶えず要求されるために、本然の主管のためには神の創造性が必要になるのである。

人間は堕落しなかったならば、そのような神の創造性に完全に似ることができ、したがって本然の万物主管が可能となったことであろう。ところが人間始祖の堕落によって、人間は本然の姿を失ってしまった。したがって、人間が引き継いだ創造性は不完全なものになり、万物主管も不完全な非原理的なものになってしまった。

ここに次のような疑問が生ずるかもしれない。すなわち「神が相似の法則によって人間を創造したとすれば、人間は生まれる時から本然の創造性をもっていたであろうし、したがって堕落とは関係なく、その創造性は持続されたのではないか。実際、今日、科学技術者たちは立派な創造の能力を発揮しているではないか」という疑問である。

相似の創造

ここで、相似の創造が時空の世界では具体的にどのように現れるかを説明する。神の創造とは、要するに被造物である一つ一つの万物が時空の世界に出現することを意味する。したがって神の構想の段階では、創造が超時間、超空間的になされたとしても、被造物が時空の世界に出現するに際しては、小さな、未熟な、幼い段階から出発して、一定の時間的経路を経ながら一定の大きさまで成長しなければならない。そして一定の大きさの段階にまで完成したのちに、神の構想または属性に完全に似るようになるのである。その時までの期間は未完成段階であり、神の姿に似ていく過程的期間であって、統一原理はこの期間のことを成長期間といい、蘇生《そせい》期、長成期、完成期の三段階（秩序的三段階）に区分している（『原理講論』七七頁）。

人間はこのような成長過程において、長成期の完成級の段階で堕落したのであった（同上、七八頁）。したがって神の創造性を受け継ぐに際しても、本然の創造性の三分の二程度だけを受け継いだのであり、科学者たちがいくら天才的な創造力を発揮するといっても、本来神が人間に賦《ふ》与《よ》しようとした創造性に比較すれば、はるかに及ばないといわざるをえない。

ところで、被造物の中で堕落したのは人間だけである。万物は堕落しないでみな完成し、それぞれの次元において神の属性に似ているのである。ここで次のような疑問が生ずるであろう。すなわち万物の霊長であるといわれる人間が、なぜ霊長らしくなく堕落したのかという疑問である。それは、万物が原理自体の主管性または自律性だけで成長するようになっているのに対して、人間には、成長において、原理の自律性、主管性のほかに責任分担が要求されたからである。

創造性と責任分担

ここで原理自体の自律性とは有機体の生命力をいい、主管性とは生命力の環境に対する影響力をいう。例えば一本の木が成長するのは、その内部の生命力のためであり、主管性はその木の生命力が周囲に及ぼす影響をいうのである。人間の成長の場合にも、この原理自体の自律性と主管性が作用する。しかし人間においては、肉身だけが自律性と主管性によって成長するのであり、霊人体はそうではない。霊人体の成長には別の次元の条件が要求される。それが責任分担を完遂することである。

ここで明らかにしたいことは、霊人体の成長とは、肉身の場合のように霊人体の身長が大きくなることを意味するのではない。霊人体は肉身に密着しているので、肉身の成長に従って自動的に大きくなるようになってはいるが、ここでいう霊人体の成長とは、霊人体の霊性の成熟のことであり、それは人格の向上、心情基準の向上を意味する。要するに、神の愛を実践しうる心の姿勢の成長が、霊人体の成長なのである。

このような霊人体の成長は、ただ責任分担を完遂することによってのみなされる。ここで責任分担の完遂とは、神に対する信仰を堅持し、戒めを固く守る中で、誰の助けも受けないで、内的外的に加えられる数多くの試練を自らの判断と決心で克服しながら、愛の実践を継続することをいう。

神も干渉することができず、父母もいない状況で、そのような責任分担を果たすということは大変難しいことであったが、アダムとエバはそのような責任をすべて果たさなければならなかった。しかしアダムとエバはそのような責任分担を果たすことができず、結局、サタンの誘惑に陥って堕落してしまった。それでは神はなぜ失敗しうるような責任分担をアダムとエバに負わせたのであろうか。万物のように、たやすく成長しうるようにすることもできたのではないであろうか。

それは人間に万物に対する主管の資格を与えるためであり、人間を万物の主管主にするためであった（創世記一・二八、『原理講論』一三二頁）。主管とは、自分の所有物や自分が創造したものだけを主管するのが原則であり、他人の所有物や他人の創造物は主管しえないようになっている。ことに人間は万物よりあとに創造されたのであるから、万物の所有者にも創造者にもなりえないはずである。しかし神は、人間を神の子として造られたために、人間に御自身の創造主の資格を譲り与え、主管主として立てようとされたのである。そのために人間が一定の条件を立てるようにせしめて、それによって人間も神の宇宙創造に同参《どうさん》したものと認めようとされたのである。

人間の完成と責任分担

その条件とは、アダムとエバが自己を完成させることである。すなわちアダムとエバが誰の助けも受けないで自己を完成させれば、神はアダムとエバが宇宙を創造したのと同様な資格をもつものと見なそうとされたのであった。なぜならば、価値から見るとき、人間一人の価値は宇宙全体の価値と同じだからである。すなわち人間は宇宙（天宙）を総合した実体相であり（『原理講論』六〇、六一、八四頁）、小宇宙（同上、八四頁）であり、また人間が完成することによって初めて宇宙創造も完成するからである。イエスが「たとい人が全世界をもうけても、自分の命を損したら、なんの得になろうか。また、人はどんな代価を払って、その命を買いもどすことができようか」（マタイ一六・二六）と言われたのも、そのような立場からである。したがってアダムとエバが自ら自身を完成させれば、価値的に見て、アダムとエバは宇宙を創造したのと同等な立場に立つことになるのである。

創造は、創造者自身の責任のもとでなされる。神が宇宙を創造されるのに神自身の責任のもとでなされた。そしてアダムとエバが自身を完成させることは、創造主たるべきアダムとエバ自身の責任なのであった。そのような理由のために、神はアダムとエバに責任分担を負わせたのである。

しかし神は愛の神であるゆえに、一〇〇パーセントの責任をアダムとエバに負わせたのではなかった。人間の成長の大部分の責任は神が負い、アダムとエバには五パーセントという非常に小さな責任を負わせて、その五パーセントの責任分担を果たしさえすれば、彼らが一〇〇パーセントの責任全体を果たしたものと見なそうとされたのであった。そのような神の大きな恵みにもかかわらず、アダムとエバは責任分担を果たすことができずに堕落してしまった。そのために結局、神の創造性を完全に受け継ぐことができなくなったのである。

万一、人間が堕落しなかったならば、いかなる結果になったであろうか。人間が堕落しないで完成したならば、まず神の心情、すなわち愛を通じて喜びを得ようとする情的な衝動をそのまま受け継いで、神が愛の神であるように人間は愛の人間になったであろう。そして心情を中心とした神の創造性を完全に受け継ぐようになったであろう。

これはすべての主管活動が、心情を土台とし、愛を中心とした活動になることを意味する。すでに述べたように、政治、経済、産業、科学、芸術、宗教などは、物質を扱う限りにおいて、すべて主管活動であるが、そのような活動が神から受け継いだ創造性（完全な創造性）に基づいた愛の主管活動に変わるようになるのである。(17)

本然の創造性と文化活動

心情の衝動力を動機とする知情意の活動の成果の総和を文化（心情文化）というが、その知情意の活動がみな物質を扱うという点において共通であるために、文化活動は結局、創造性による主管活動であると見ることができる。

ところで今日の世界を見るとき、世界の文化は急速に没落しつつある。政治、経済、社会、科学、芸術、教育、言論、倫理、道徳、宗教など、すべての分野において方向感覚を喪失したまま、混乱の渦の中に陥っているのである。ここで何らかの画期的な方案が立てられない限り、この没落していく文化を救出することはほとんど絶望的であると言わざるをえない。

長い間、鉄のカーテンに閉ざされたまま強力な基盤を維持してきた共産主義独裁体制が、資本主義体制との対決において、開放を契機として崩れ始め、今日、資本主義方式の導入を急いでいる現実を見つめて、ある者は資本主義の経済体制と科学技術の優越性を誇るかもしれない。しかしそれは近視眼的な錯誤《さくご》である。なぜなら資本主義経済の構造的矛盾による労使紛争、貧富の格差の増大とそれに伴う価値観の崩壊現象、社会的犯罪の氾濫、そして科学技術の尖端《せんたん》化に伴う犯罪技術の尖端化、産業の発達に伴う公害の増大などは、資本主義の固疾《こしつ》的な病弊《びょうへい》であって、それらは遠からず、必ずや資本主義を衰退させる要因となることを知らないでいるからである。

万物主管という観点から見るとき、今日の文化的危機の根本原因は、遠く人類歴史の始めまでさかのぼって探さなければならない。それは人間始祖の堕落によって人間が神の創造性だけでなく神の心情と愛を完全に受け継ぐことができなかったことによって、自己中心的な存在となり、利己主義が広がるようになったことにあるのである。

したがって今日の文化を危機から救う唯一の道は、自己中心主義、利己主義を清算し、すべての創造活動、主管活動を神の愛を中心として展開することである。すなわち世界の各界各層のすべての指導者たちが神の愛を中心として活動するようになるとき、今日の政治、経済、社会、教育、科学、宗教、思想、芸術、言論など、様々な文化領域の交錯《こうさく》した難問題が、根本的にそして統一的に解決され、ここに新しい真の平和な文化が花咲くようになるであろう。それは共産主義文化でもなく、資本主義文化でもない新しい形態の文化であり、それがまさに心情文化、愛の文化であり、中和文化なのである。このように神の創造性に関する理論もまた現実問題解決の基準となっていることを知ることができるであろう。以上で原相の内容に関する説明をすべて終える。

二　原相の構造

次は原相の構造について説明する。原相の内容では、神相と神性の一つ一つの属性の内容を扱ったが、原相の構造では、神相である性相と形状、陽性と陰性のうち、主として性相と形状の相互関係を扱おうとするのである。それは神の属性を正確に知るためだけでなく、関係を中心とした、いろいろな現実問題を根本的に解決する基準を見いだすためなのである。

(一)　授受作用と四位基台

(1) 性相と形状の授受作用

性相と形状の相対的関係

『原理講論』の創造原理には、万物は「性相と形状による二性性相の相対的関係によって存在しており」（四四頁）、また「陽性と陰性の二性性相の相対的関係を結ぶことによって存在するようになる」（四三頁）と書かれている。これは万物の第一原因である神が性相と形状および陽性と陰性の二性性相の中和的主体であるからである（四六頁）。言い換えれば、万物は相似の法則によって創造されたのであるから、みな例外なく神の二性性相に似ているのである。

ここで相対的関係とは、二つの要素や二つの個体が互いに向かい合う関係をいう。例えば二人の人間が対話するとき、または商品を売買するとき、対話や売買がなされる前に、二人が互いに向かい合う関係がまず成立しなければならない。それが相対的関係である。そしてそのような相対的関係は、必ず相互肯定的な関係でなければならず、相互否定的であってはならない[18]。

そのような相対的関係が結ばれるとき、何かを授受する現象が起こる。人間は相互に絶えず、言葉、金銭、力、影響、愛などを授け受けしている。自然界では天体間の万有引力、動物と植物間の二酸化炭素と酸素の交換などが行われている。そのように両者が何かを与え受ける現象を授受作用という。ところで相対的関係が成立したからといって、必ず授受作用が行われるのではない。両者の間に相対基準が造成されなければならない。相対基準とは、共通の基準すなわち共通要素または共通目的を中心として結ばれた相対的関係を意味する。したがって正確にいえば、相対的関係が成立して相対基準が造成されれば、その時に授受作用が行われるのである。

神の性相（本性相）と形状（本形状）の間にも、この原則によって授受作用が行われる。すなわち性相と形状は共通要素（心情または創造目的）を中心として相対的関係を結び、相対基準を造成して授受作用を持続するのである。性相が形状に与えるのは観念的なものと心情的なものであり、形状が性相に与えるのはエネルギー的要素（前エネルギー）である。このような性相と形状の授受作用によって、神の属性は中和体（合性体）を成しているか、被造物（新生体）を生じるのである。

性相と形状の授受作用とは何か

原相において、性相と形状が相対的関係を結べば、授受作用が行われるが、すでに述べたように、そのとき、必ず一定の共通要素が中心となって相対基準が造成されなければならない。神において、中心となる共通要素は心情またはその心情を土台とした創造目的である。そして授受作用を行えば、必ず一定の結果を得るようになる。そのように性相と形状の授受作用には必ず一定の中心と一定の結果が伴うのである。心情が中心のとき、結果として合性体または統一体が現れ、目的が中心のとき、結果として新生体または繁殖体が現れる。ここで合性体とは一つに統一された形態をいい、新生体とは創造された万物（人間を含む）をいう。したがって原相において、新生体の出現は万物の創造を意味するのである。

合性体と新生体の概念

ここで被造世界における合性体と新生体の概念を説明する。被造世界において、合性体は万物の存在、生存、存続、統一、空間運動、現状維持などを意味し、新生体は新しく出現または産出される結果物を意味するのであり、新しい性質や特性、あるいはそのような性質や特性をもった新要素、新個体、新現象を意味する。このような新生体の出現は、被造世界においては、とりもなおさず発展を意味するのである。

被造世界において、万物が存在、生存、存続し、運動、発展する現象が現れるのは、大きくは天体から小さくは原子に至るまで、無数の個体相互間において、原相内の性相と形状の間の授受作用と同様な授受作用が行われているからである。これは創造の相似の原則に従って、個々の万物は神の属性に似ており、万物の相互関係と相互作用は原相の構造、すなわち性相と形状の相対的関係と授受作用に似ているからなのである。言い換えれば、すべての被造物が存在、生存、運動、発展するためには、必ず原相内の授受作用に似なければならないのである。

授受作用の特徴は円満性、調和性、円滑性である

原相内の授受作用は、心情を中心とするときも、目的を中心とするときも、円満性、円和性、調和性、円滑性《えんかつせい》がその特徴である。心情は愛を通じて喜ぼうとする情的な衝動であり、心情は愛の源泉である。したがって心情が中心の時には愛がわき出るようになる。その愛の授受作用が円満なのである。目的が中心のときも同じである。創造目的は心情を土台として立てられるからである。

そのように原相内の授受作用は円満性、調和性、円滑性をその特徴とするために、そこには矛盾、対立、相衝《そうしょう》のような現象は存在することができない。言い換えれば相互作用に矛盾、対立が現れるのは、そこに心情や目的のような共通要素としての中心がないためであり、愛がないからである。つまり外的にいくら授受作用を行っても、愛が中心とならない限り、その作用は調和性、

円和性を現すことができず、むしろ対立、相衝《そうしょう》が現れやすいのである。

この原相における授受作用の円和性、調和性の理論は、数多くの現実問題の解決のまた一つの基準となる。なぜならば今日の世界の大混乱は、数多くの相対的関係が相衝的な関係になっているところにその原因があるからである。すなわち国家と国家との関係、イデオロギーとイデオロギーの関係、共産陣営と自由陣営の関係、民族と民族の関係、宗教と宗教の関係、政党と政党の関係、労使関係、師弟関係、父母と子女との関係、夫婦関係、対人関係など、無数の「相対的関係」が相衝現象を現しているのである。このような無数の相衝関係の累積《るいせき》が、今日、世界の大混乱を引き起こしているのである。したがって、このような世界的な混乱を収拾する道は、相衝的な相対的関係を円和の関係、調和の関係に転換させることであり、そのためには各相対的関係が神の愛を中心とした授受作用の関係にならなくてはならないのである。それゆえ原相内の授受作用の円満性、調和性、円滑性の理論は、また一つの現実問題解決の基準となるのである。

(2) 四位基台の形成および主体と対象

四位基台とは何か

性相と形状の授受作用には、先に述べたように必ず中心(心情または目的)と結果(合性体または新生体)[19]が伴うために、授受作用には必ず中心、性相、形状、結果の四つの要素が関連するようになる。この四つの要素の相互関係は位置の関係である。すなわち授受作用において、中心、

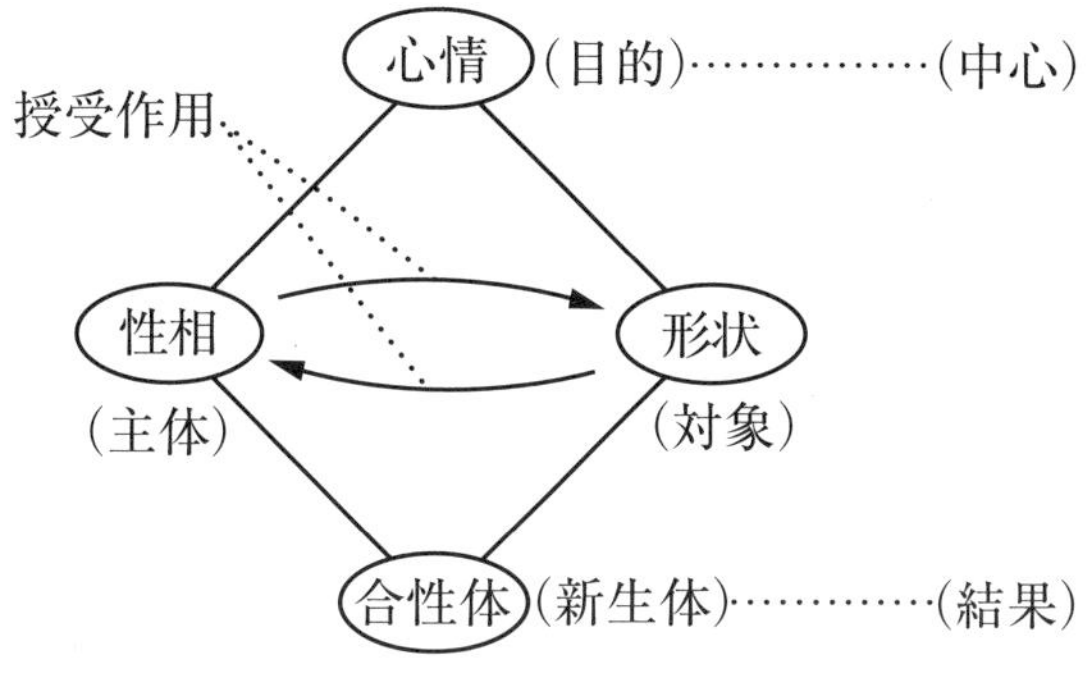

図1—4　授受作用と四位基台

性相、形状、結果は一定の位置を占めたあと、互いに関係を結んでいると見るのである。授受作用がなされるときの、このような四つの位置の土台を四位基台という。授受作用は、原相においても被造世界においても、またいかなる類型の授受作用であっても、例外なく、この四位基台を土台として行われる。したがって、この四位基台は人間を含む万物が存在するための存在基台でもある。原相における授受作用と四位基台を図で表すと図1—4のようになる。

性相と形状が授受作用をするとき、両者は同格ではない。すなわち格位が異なるのである。ここで格位とは資格上の位置をいうが、資格とは主管に関する資格を意味するのである(『原理講論』一三一頁)。実際、格位とは能動性に関する位置をいうのであって、性相と形状が格位が異なるということは、性相は形状に対して能動的な位置にあり、形状は性相に対して受動的な位置にあることを意味するのである。そのとき、能動的位置にある要素や個体を主体といい、受動的な位置にある要素や個体を対象という。したがって性相と形状の授受作用において、性相が主体、形状が対象の立場になるのである。

四位基台とは、中心、主体、対象、結果の四つの位置からなる基台であって、いかなる授受作用も必ずこの四つの位置からなる四位基台に基づいて行われる。四位基台に基づいてあらゆる授受作用が行われるということは、いかなる授受作用においても、中心、主体、対象、結果という四つの位置は固定不変であるが、その位置に立てられる実際の要素は様々であることを意味する。

例えば家庭的四位基台において、中心の位置には家訓や家法あるいは祖父母が立てられ、主体の位置には父が、対象の位置には母が、そして結果の位置には家庭の平和や子女の繁殖などが立てられる。また主管的四位基台、例えば企業活動においては、中心の位置には企業の目標や理念が立てられ、主体の位置にはいろいろな人的要素（管理職や従業員）、対象の位置には物的要素（機械、原資材）、そして結果の位置には生産物（商品）が立てられるようになる。また太陽系においては、中心は創造目的、主体は太陽、対象は惑星、結果は太陽系である。人間においては、中心は創造目的、主体は心、対象は体、結果は人間（心身一体）である。このように四位基台において、実際に立てられる要素（定着物という）は様々であるが、四つの位置だけは常に中心、主体、対象、結果として固定不変なのである。[20]

主体と対象の概念

次は、主体と対象の概念をより具体的に説明する。そうすることによって授受作用の性格がより具体的に把握されるからである。先に主体は「能動的」な位置にあり、対象は「受動的」な位置にあるといったが、これをもう少し具体的に説明すれば、主体が「中心的」なとき、対象はそれに対して「依存的」であり、主体が「動的」なとき、対象はそれに対して「静的」であり、主体が「積極的」なとき、対象はそれに対して「消極的」であり、主体が「創造的」なとき、対象はそれに対して「保守的」である。そして主体が「外向的」なときには対象は「内向的」である。

被造世界において、大きくは天体から小さくは原子に至るまで、このような主体と対象の関係は限りなく多い。例えば太陽系における太陽と惑星の関係、原子における陽子と電子の関係は中心的と依存的の関係であり、動物の親と子、保護者と被保護者の関係は動的と静的の関係であり、指導する者と指導される者、与える者と受ける者の関係は積極性と消極性の関係または能動性と受動性の関係である。また家庭生活において、絶えず家庭の繁栄を図る夫は、創造的または外向的であり、家庭を内的に、こまめに切り盛りしていく妻は、それに対して保守的または内向的である。

ところで被造世界において、主体と対象の概念は相対的なものである。たとえ一個体が主体であるといっても、その個体の上位者に対しては対象となり、たとえ一個体が対象であるといっても、その個体の下位者に対しては主体となるのである。

主体と対象の格位は異なる

そのように主体は対象に対して相対的に中心的、動的、積極的、創造的、能動的、外向的であり、対象は主体に対して依存的、静的、消極的、保守的、受動的、内向的である。被造世界における、そのような主体と対象の差異の根源は原相内の四位基台の主体と対象の格位の差異にあるのである。

主体と対象の間においてのみ授受作用が行われる。すなわち格位の差がある所に授受作用が行われる。言い換えれば、二つの要素または個体が同格の場合は授受作用が行われず、むしろ反発が起こりやすいのである。陽電気と陽電気の間に行われる反発がその例である。

主体と対象の格位の差は秩序を意味する。したがって秩序のある所においてのみ授受作用が行われるという結論になる。このような主体と対象の授受作用の理論は現実問題解決のまた一つの基準となる。すでに指摘したように、今日、世界は収拾のつかない大混乱に陥りつつあるが、その理由はほとんどすべての相対的関係が円満な授受関係になりえず、相衝《そうしょう》関係になってしまったからである。言い換えれば、相対的関係が主体と対象の関係にならないで、主体と主体の反発の関係になってしまったからである。

したがって、世界の混乱を収拾する道は秩序を正すことであり、秩序を正すためには主体と主体の相衝的な関係を調和的な関係に転換させなければならない。そのためには、主体と対象の関係の必然性または当為性が明らかにされなければならない。ここに主体と対象の関係の基準または根拠が必要となる。それがまさに原相内の四位基台理論、または主体と対象の授受作用の理論なのである。このようにして、原相における主体と対象に関する理論も現実問題解決の基準となることが分かる。

相対物と対立物

最後に、主体と対象に関連して、相対物と対立物の概念について述べる。主体と対象の原理的関係は目的を中心とした相対的関係であるために、調和的であり、相衝的ではない。二つの要素または二つの個体の関係が調和的であるとき、この二つの要素または個体を統一思想では相対物といい、その関係が相衝的であるときはこの二つの要素または個体を対立物という。相対物の間には調和があって発展がなされるが、対立物の間には相衝と闘争があって発展が停止するか、破《は》綻《たん》をきたすだけである。共産主義は矛盾の理論、対立物の理論である唯物弁証法によって、政治、経済、社会、文化を変革しようとしたために、結局収拾のつかない破綻をきたしてしまったのである。

目的を中心とした相対物（主体と対象）の授受作用によって発展はなされるのであり、目的のない対立物の相衝作用によっては決して発展はなされない。このようにして相対物の理論は、今日の共産主義の混乱のみならず、自由世界の混乱までも根本的に収拾する方案になる。したがって、相対物の理論もまた一つの現実問題解決の基準になるのである。次は、四位基台の種類に関して説明する。

(二)　四位基台の構成

(1)　四位基台の構成要素

すでに指摘したように、原相における性相と形状の授受作用は中心によって二つの結果を生じる。一つは合性体であり、他の一つは新生体である。すなわち心情が中心の時は合性体となり、目的（創造目的）が中心の時は新生体を生じる。このような二つの結果は、被造物相互間の授受作用においても同じである。被造物の授受作用が原相内の授受作用に似ているからである。

これは、授受作用に二つの種類があることを意味する。すなわち心情が中心で結果が合性体である場合の授受作用と、目的が中心で結果が新生体である場合の授受作用がそれである。前者は性相と形状が授受作用をして中和体を成す場合であり（『原理講論』四七頁）、後者は性相と形状が授受作用をして神の実体対象を繁殖する場合（同上、五四頁）、すなわち万物を創造する場合をいう。これを図に表すと図1―5のようになる。

このような授受作用は被造物、特に人間においても現れる。人間は心と体の統一体であるが、それは目的（創造目的）を中心として性相と形状が授受作用によって合性体を成している状態である。また人間は心において構想し、その構想に従って手と道具を動かして絵を描いたり彫刻を彫ったりする。これを原理的に表現すれば、目的（作品を造ろうとする目的）を中心として性相と形状が授受作用をして新生体を造るということである。

合性体を成す場合の授受作用において、授受作用の前後の性相と形状は本質的に異なったものではない。すなわち性相も形状も授受作用の前後で同じである。ただ両者が結合して一つに統一されただけである。例えば男女の結婚において、男は結婚の前にも後にも同一の男であり、女も結婚の前にも後にも同一の女である。ただ違うのは、結婚後は男女が一体になったという点である。ところが新生体を成す場合の授受作用においては、授受作用をする前の性相と形状と、授受

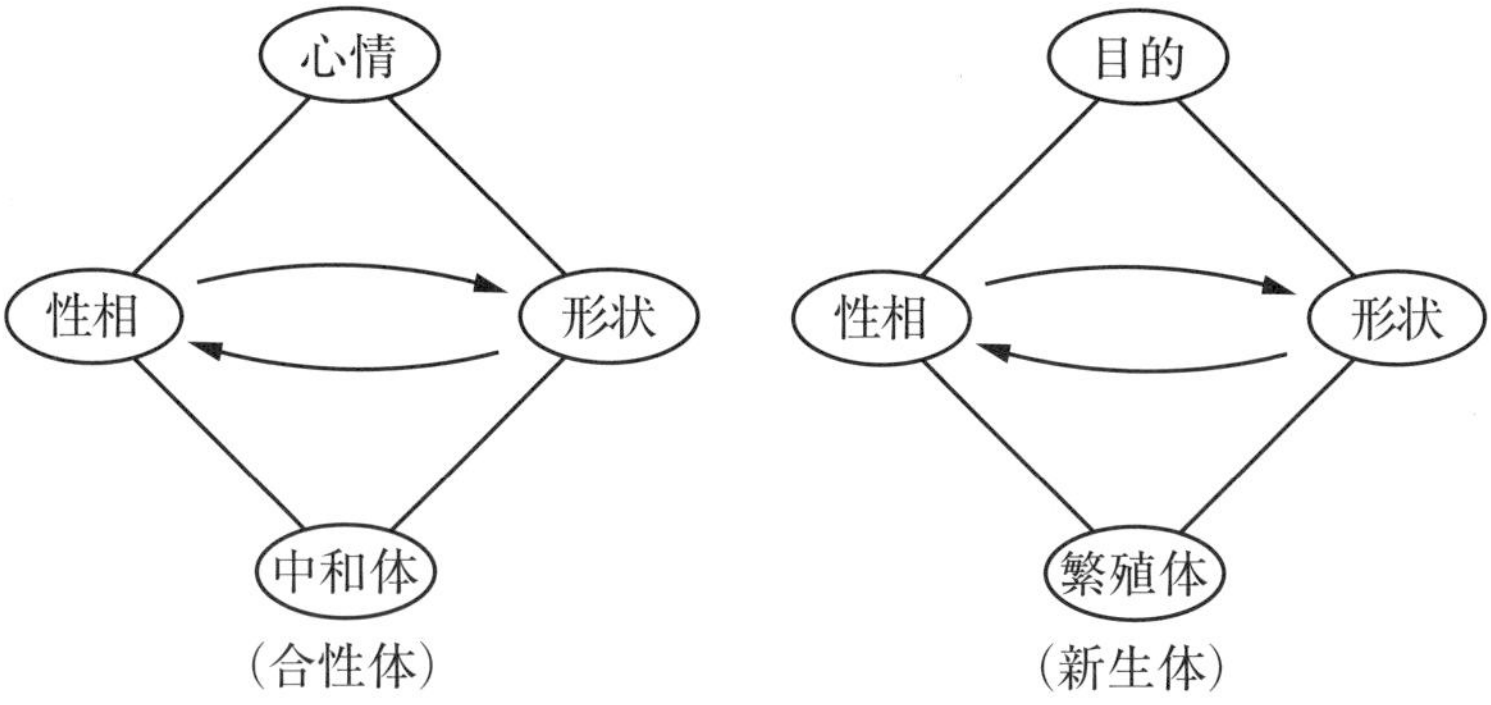

図1―5　原相における心情中心の授受作用と目的中心の授受作用

作用をした後に現れた結果とは本質的に異なっている。授受作用の結果、新生体が造られるからである。

ここで前者すなわち合性体を成す場合の授受作用を自己同一的授受作用または簡単に自同的授受作用といい、後者すなわち新生体を生じる場合の授受作用を発展的授受作用という。この両者を変化と運動という観点から見るとき、前者は授受作用の前後で性相と形状が変化しないから静的授受作用ともいい、後者は授受作用によって変化した結果として新生体が現れるから動的授受作用ともいう。

ところで、性相と形状の授受作用は、位置という観点から見るとき、実は主体と対象間の授受作用なのであり、それに中心と結果の位置を含めると、主体と対象の授受作用は結局、四位基台形成なのである。したがって位置的に見るとき、自同的授受作用は自同的四位基台となるのであり、発展的授受作用は発展的四位基台となるのである。このようにして四位基台には合性体を成す自同的四位基台と、新生体を成す発展的四位基台の二つの種類があることが分かる。

(2) 内的四位基台と外的四位基台

ところで四位基台には、そのほかにまた異なる二種類の四位基台がある。それが内的四位基台と外的四位基台である。この二種類の四位基台は授受作用に内的授受作用と外的授受作用があることから説明される。

「原相の内容」において、本性相は機能的部分と対象的部分の二つの部分から成っていることと、機能的部分を内的性相、対象的部分を内的形状と呼ぶことを明らかにした。すなわち本性相の内部に性相と形状があるということである。

本性相を中心として見るとき、その内部にも性相（内的性相）と形状（内的形状）があり、外部にも性相（本性相）と形状（本形状）があるということになる。性相と形状が共通要素を中心として相対的関係を結べば必ず授受作用が行われる。したがって外部の本性相と本形状の間のみならず、内部の内的性相と内的形状の間にも授受作用が行われる。前者を外的授受作用といい、後者を内的授受作用という。この内的授受作用にも中心（心情または目的）と結果（合性体または新生体）が含まれるのはもちろんである。内的授受作用によって内的四位基台が、外的授受作用によって外的四位基台が形成される。これを図に表すと図1―6のようになる。

本性相を中心とする内外の授受作用は、人間においては内的生活と外的生活に相当する。内的生活とは内面生活すなわち精神生活を意味し、外的生活とは他人と接触しながら行う社会生活をいう。内的生活も授受作用であり外的生活も授受作用であるが、内的生活は心の内部で行われる

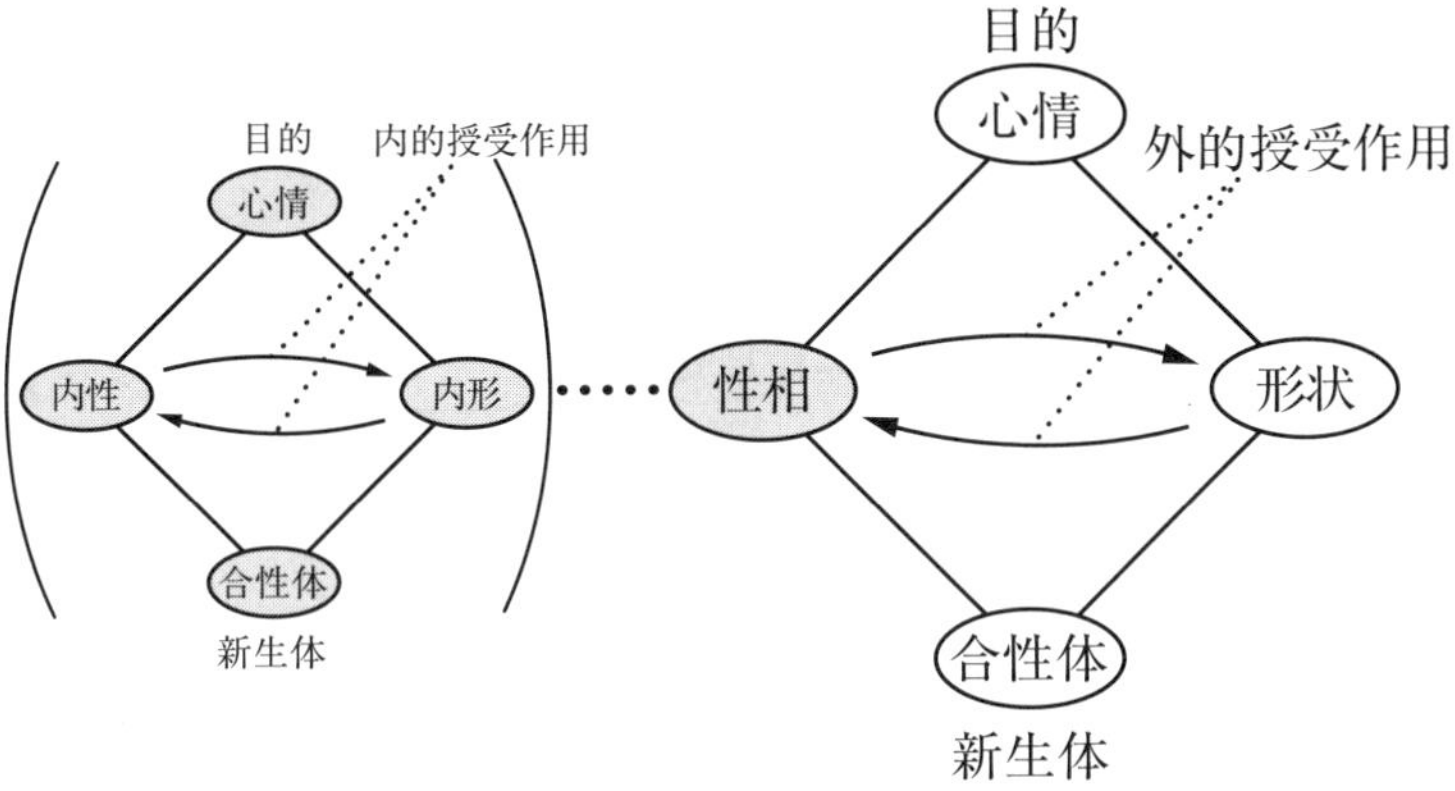

図1—6　内的四位基台と外的四位基台

授受作用すなわち内的授受作用であり、外的生活は他人との間に行われる授受作用すなわち外的授受作用である。そして、その由来がまさに原相の本性相の内的授受作用と外的授受作用なのである。このように本性相に由来する内的および外的授受作用は、人間のみならず、すべての被造物の個体において例外なく現れているのである。

すでに述べたように、性相と形状の関係は主体と対象の関係であり、中心と結果を含めた主体と対象の授受作用は四位基台形成であった。したがって位置的に見るとき、内的授受作用は内的四位基台を意味し、外的授受作用は外的四位基台を意味する。すなわち、本性相は内外に四位基台を形成しているのである。原相における性相を中心として見た、このような内的四位基台と外的四位基台の構造を「原相の二段構造」と呼ぶ。そして被造物も原相の構造に似て、個体ごとに内外に四位基台を形成しているので、それを「存在の二段構造」というのである。

(3) 原相の二段構造と存在の二段構造

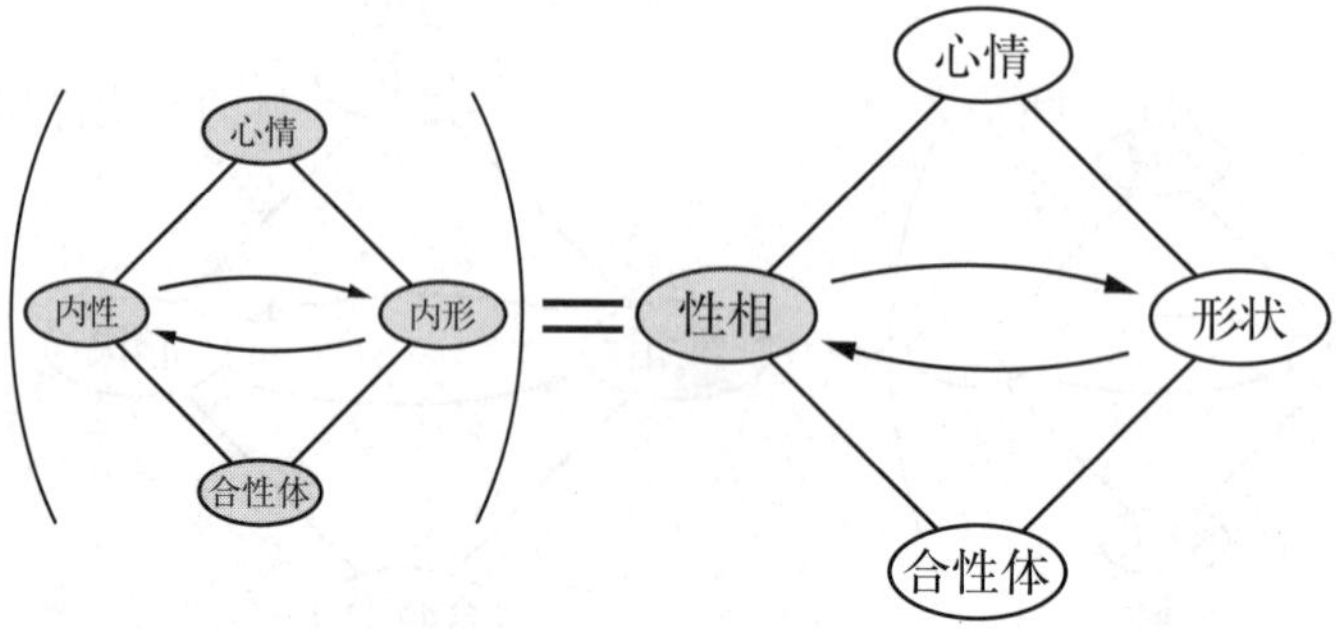

図1—7　原相の二段構造

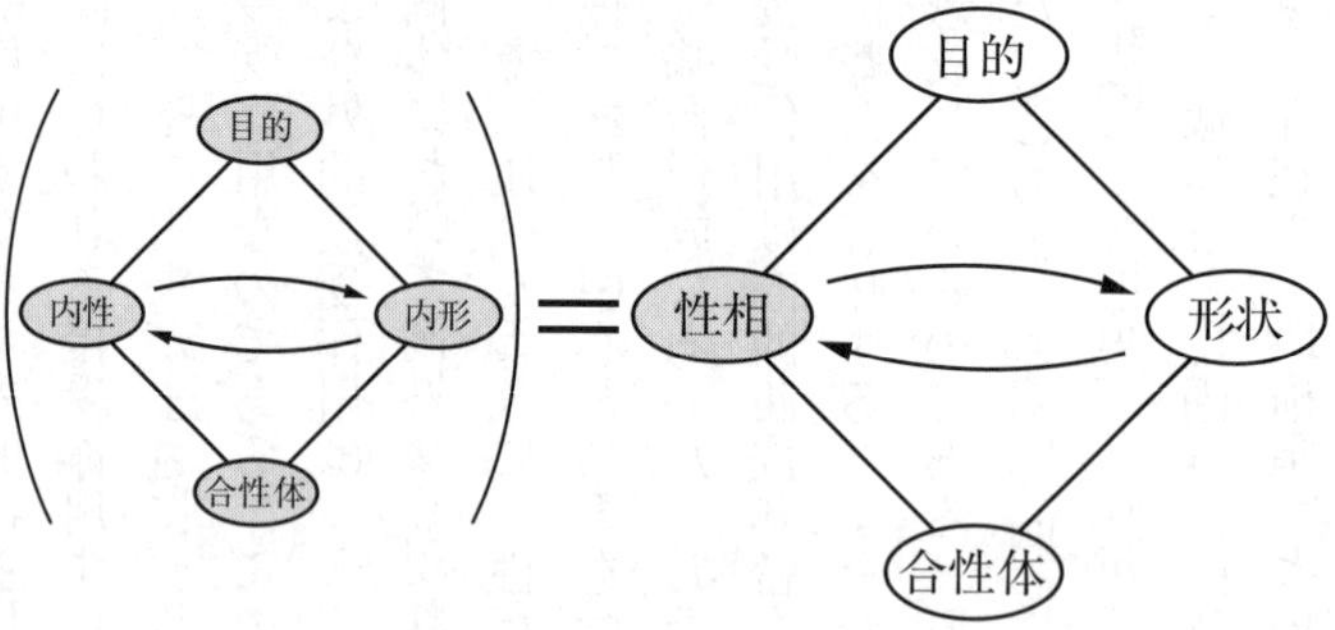

図1—8　存在の二段構造

すべての被造物は例外なく本性相に由来した内的および外的授受作用を現している。言い換えれば、すべての被造物が存在するために、例外なく内的四位基台および外的四位基台を形成しているのである。原相における授受作用は、心情または創造目的を中心とした円満で調和的な相互作用である。したがって万物は例外なく創造目的を中心として、円満な内的および外的な授受作用をなして内的および外的な四位基台を形成している(21)。ところが人間は内的生活（精神生活）すなわち内的四位基台と外的生活（社会生活）すなわち外的四位基台の形成において、心情（愛）や創造目的を中心とすることができず、自己中心になってしまい、相衝《そうしょう》、葛藤《かっとう》、対立、闘争、紛争などの社会混乱を引き起こしているのである。

したがってこのような性格の社会混乱（現実問題）を根本的に収拾する道は、人間が内的および外的に本然の四位基台を形成することである。つまり本性相を中心とした内的四位基台および外的四位基台の理論もまた現実問題解決の基準になるのである。そのように、原相内の内的四位基台および外的四位基台は被造物の存在方式の基準となっているのである。

以上、原相における内的および外的な四位基台から成る「原相の二段構造」と、被造物における内外の四位基台から成る「存在の二段構造」について説明した。創造の相似の法則によって「存在の二段構造」は「原相の二段構造」に似ているのである。これらを図で表せば、図１—７および図１—８のようになる。

(三)　四位基台の種類

それでは、再び本論に戻って四位基台の種類を扱うことにする。先に四位基台には自同的四位基台と発展的四位基台のほかに、内的四位基台と外的四位基台という異なる二種類の四位基台があることを明らかにした。したがって四位基台は四種類あるという結論になるのである。実際には、これらが互いに組み合った次のような四位基台が形成されている。すなわち内的自同的四位基台、外的自同的四位基台、内的発展的四位基台、外的発展的四位基台である。それらは図で表せば図1—9のようになる。次に、それらについて説明することにする。

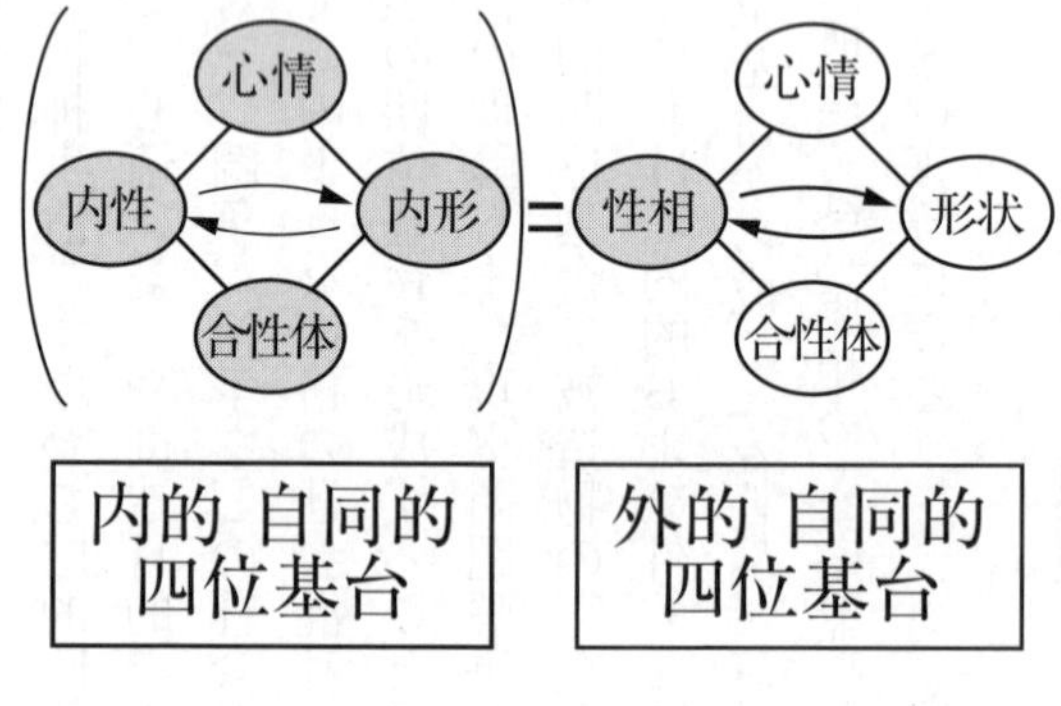

図1—9　四位基台の種類

（１）内的自同的四位基台

内的自同的四位基台は、内的四位基台と自同的四位基台が組み合わさったものである。すなわち、本性相の内部の内的四位基台が自己同一性つまり不変性をもつようになったものをいう。

自同的四位基台とは、性相と形状が授受作用を行ったのち、その結果として合性体または統一体を成す四位基台を意味する。ところが、そのような四位基台が実は内外に同時に形成されるのである。例えば人間の場合、誰でも考えながら生活しているが、考えるということは内的に内的性相と内的形状が授受作用をすること、すなわち内的四位基台の形成を意味する。そして生活するとは、外的に他人と授受作用をすること、すなわち外的四位基台の形成を意味するのである。

ここでの「考え」とは漠然とした非生産的な考えであって、その考えの結果はただ心の一つの状態であるだけである。すなわち内的性相と内的形状の合性体であるだけである。そのような合性体を成す四位基台が自同的四位基台であるが、それが内的に心の中で成されるので内的自同的四位基台となるのである。

被造物の内的自同的四位基台において、その中心は心情または創造目的であり[22]、主体と対象の授受作用は円満に調和的になされ、その結果は合性体（統一体）である。すべての被造物は例外なく他者と授受作用をしているが、そのとき必ず被造物の内部において授受作用が行われ、四位基台が形成される。そのような被造物の内的自同的四位基台の原型が、本性相内の内的自同的四位基台なのである。

(2) 外的自同的四位基台

外的自同的四位基台は、外的四位基台と自同的四位基台が一つに組み合わさったものである。すなわち本性相の外部の(本性相と本形状の)外的四位基台が自己同一性(不変性)を帯びるようになったものをいい、神が万物を創造する直前の属性の状態、すなわち性相と形状が中和を成した状態を意味するのである。われわれは家庭的にも社会的にも他人と関係を結んで助け合い、頼り合いながら生きている。そのときの四位基台がまさに外的自同的四位基台である。

ただし、その時、内的自同的四位基台が伴うようになる。その良い例が夫婦生活である。夫と妻がそれぞれ内的生活すなわち内的自同的四位基台を成しながら、その土台の上で互いに協助し和合して夫婦一体(合性体)を成しているのであり、それが外的自同的四位基台の形成である。そのように外的自同的四位基台は内的自同的四位基台と不可分の関係をもっており、内的自同的四位基台の土台の上に外的自同的四位基台が成立するのである。

次は、万物相互間の実例として太陽と地球の例を挙げてみよう。太陽と地球は万有原力(万有引力)を授け受けながら授受作用を行っている[23]。そのとき、太陽が主体であり地球は対象である。したがって太陽は地球に対して中心的であり、地球は太陽に対して依存的である。

被造世界において、授受作用は原則的に、対象が主体を中心として回る円環運動として現れる。それは、原相内の性相と形状の授受作用の円和性を象徴的に表現しているのである。言い換えれば、被造世界において一定の円環運動が起れば、そこには必ず主体と対象間の授受作用がなされているのである。

太陽と地球の関係において、地球は太陽を中心に回りながら（公転）、地球自体も回っている（自転）。これは地球と太陽系の自己同一性を維持するためなのである。すなわち地球は自転を通じて自体の存立（自己同一性）を維持し、公転を通じて太陽と共に太陽系全体の存立（自己同一性）を維持している。地球のこのような自転と公転は、内的に地球の内部で自己同一性の維持のための授受作用が行われ、外的に太陽との間に自己同一性の維持のための授受作用が行われていることを示しているのである。一方で太陽は、太陽として自転し自己の同一性を維持しながら、同時に地球に対しては主体として地球の中心となって地球を主管しているのである。すなわち地球に万有原力（万有引力）と光を与え、地球の公転を助けながら、地球上の生物を生かしているのである。それだけでなく、銀河系の中心に対しては対象となって銀河系の周辺を公転している。そのように太陽と地球の例を見るとき、そこに内的自同的四位基台と外的自同的四位基台が同時に造成されていることを知ることができる。それは両者が不可分の関係にあるからである。

このような内的自同性の維持と外的自同性の維持を現す円環運動、すなわち自転と公転は、本然の人間生活においても同じである。ただし人間生活は精神と精神の関係を中心とした生活であるために、円環運動は物理的な運動ではなくて、原相の場合と同じように愛を中心とした円満性、調和性、円滑性を帯びた授受作用を意味する。したがって内的な自己同一性（内的自同的四位基台）の維持は、愛を中心として他人と和解しながら、よりよく他人に奉仕しようとする心の姿勢として現れる。外的な自己同一性（外的自同的四位基台）の維持は、対象においては、主体を中心とする公転運動として現れる。すなわち、主体に対する感謝に満ちた従順さとして現れる。主体においては、対象に対する主管は真理の力と愛の光として現れる。すなわち、対象をよく教えながら継続して愛を施す姿として現れる。

以上は、本然の世界において造成される内的自同的四位基台と外的自同的四位基台に対する説明であるが、今日の堕落した社会では、その模範的な例をほとんど見いだすことができないようになった。そして価値観の総体的な崩壊と社会的犯罪の増大を招いているのである。言い換えれば、原相の内的および外的な自同的四位基台理論は現実問題の解決のまた一つの重要な基準となるのである。[24]

(3) 内的発展的四位基台

内的発展的四位基台は、内的四位基台と発展的四位基台が組み合わさったものである。すなわち本性相内の内的四位基台が発展性、運動性を帯びるようになったものをいう。[25] ここに発展的四位基台とは、創造目的を中心として主体と対象が授受作用を行い、新生体を生じるときの四位基台を意味する。

四位基台は内外において形成される。しかし自同的四位基台の場合とは違って、発展的四位基台の場合、同時的ではなくて継時的である。すなわち、まず内的な発展的四位基台が形成され、続いて外的な発展的四位基台が形成される。

内的発展的四位基台は創造において最初に形成される四位基台である。例えば人間が製品を作るとか作品を作るとき、まず心で構想し、計画を立てる。次にその構想や計画に従って道具や機械を使用して製品（作品）を製作（創作）する。そのように構想の段階が先であり、製作の段階が後である。構想は心で行うために内的であり、製作は道具や機械を使用しながら行うために外的である。構想も製作も授受作用による四位基台の造成である。そして構想した結果も新生体であり、製作した製品も新生体である。ここに構想は漠然たる構想でなく、一定の製品を製作しようとする明確な目標に基づいた構想である。製作の場合も同様である。

したがって構想段階の四位基台や製作段階の四位基台は、いずれも目的を中心とした四位基台である。そのように目的と新生体を伴った四位基台が発展的四位基台であるが、それが内外の二段階として形成される。初めの構想段階が内的発展的四位基台、次の製作段階が外的発展的四位基台である。

人間の製作活動において、まず構想が立てられるのは、その原型が「原相の構造」にあるからである。それがまさに本性相内の目的を中心とした内的性相と内的形状の授受作用であり、ロゴスを形成する内的発展的四位基台なのである。そのように、原相の内的発展的四位基台が被造物のすべての内的発展的四位基台の原型となっているのである[26]。

それでは本性相内の内的発展的四位基台に関して、さらに詳しく説明することにする。そのために「中心＝目的」、「主体＝内的性相」、「対象＝内的形状」、「内的授受作用」、「結果＝構想」などの項目に分けて説明する。

1　中心＝目的

内的発展的四位基台の中心は目的（創造目的）であるが、それは心情、すなわち愛そうとする情的な衝動に基づいた創造目的である。そのように神の創造は心情を動機としているために、創造の目的は愛の対象を立てて、被造世界に愛を実現することである。そうすることによって神は喜びと慰めを得ようとされた。人間は神の直接的な愛の対象として造られ、万物は人間の愛の対象として造られた。したがって人間の被造目的は、人間が互いに愛し合い、万物を愛することによって、神に喜びと慰めを与えることにあり、万物の被造目的は、互いに調和しながら人間に美と喜びを与えることにあるのである。しかし、堕落のために人間は互いに愛し合うことができなくなり、万物も愛せなくなった。そして、万物の美しさも全面的には受け入れることができないようになった。そのため神を悲しませ、万物を苦しめるような結果となったのである（ローマ八・二二）。

人間は、創造の相似の法則に従って神に似るように造られた。創造目的においても同じである。すなわち人間のすべての創造活動（制作、生産、創作など）の目的は、神の創造目的に従って神の愛を実現することである。しかし、堕落によって人間は自己中心的になり、神の愛を実現することができなくなった。そして天道に背いた結果となり、人間社会は混乱に陥るようになった。したがって今日の世界的大混乱を収拾する方案の一つは、すべての創造活動において、その目的を神の創造目的に一致させるようにすることである。したがって内的発展的四位基台の中心である目的に関する理論も、現実問題解決のまた一つの基準となるのである。

2　主体＝内的性相

内的性相とは何か

内的発展的四位基台において、主体の立場にある要素は内的性相である。内的性相とは知情意の機能であるが、この三つの機能はそれぞれ別個の独立した機能ではなく、互いに連結されている。知的機能にも情と意が含まれており、情的機能にも知と意が含まれており、意的機能にも知と情が含まれているのである。すなわち三つの機能は統一されていて、その統一体がある時は知的機能をより多く発揮し、ある時は情的機能をより多く発揮し、ある時は意的機能をより多く発揮するのである。知情意の機能というとき、このような性格の三機能として理解する必要がある。そして内的発展的四位基台形成において、神はこのような性格の三機能を発揮したと見られるのである。

そのように知情意の三機能の性格を理解するとき、現実世界において、知情意の三機能に対応する本然の真美善の価値も共通要素をもっていることが分かる。さらにこの真美善の三つの価値に対応する文化の三大領域（科学・哲学などの学問分野、芸術分野、宗教・道徳分野）も共通要素をもっており、それらの中間領域もあることが分かるのである。

この事実は創造と関連して現実的に重要な意味をもつ。すなわちそれは、神が創造において心情を動機として創造目的を立て、その目的を中心として知情意の三機能を総動員して、全力投入しながら創造をなされたことを意味するからである（文《ムン》先生は「神は天地創造において自身を全力投入した」と語られている）。それればかりでなく、再創造においても知情意の機能をすべて集中させたことを意味するのである。さらには復帰歴史において、特に末世的な混乱が続く今日、知情意のそれぞれに対応する科学、哲学などの学問分野、音楽、舞踊、絵画、彫刻、文化、詩などの芸術分野、宗教、道徳、倫理などの規範分野の三大文化分野は、神の創造理想世界の実現、すなわち統一文化世界、心情文化世界の創建に総動員されなければならないことを意味するのである。

それにもかかわらず、今日、すべての文化領域は方向感覚を喪失しているだけでなく、次第により低俗な方向に堕ちていっている。ここに共産主義や金日成《キムイルソン》主体思想のような似非《えせ》改革思想が浸透して、すべての文化領域、特に芸術分野に対して、プロレタリア芸術とか民衆芸術などと言いながら、より低俗化させ、不毛化させているのである。それは背後のサタンのなせるわざである。

したがって今日、文化領域に携わっているすべての知性人、学者たちの使命が明白になってくる。それは神の創造目的を正しく理解し、創造目的を実現し、創造理想世界を建設するために、すなわち統一文化（心情文化）世界を創建するために総決起し、総進軍しなければならないということである。このように見るとき、創造に際して、原相の内的発展的四位基台の形成において、内的性相である知情意の三機能が目的を中心に総動員されたという事実も、現実問題の解決の重要な基準になっていることが分かる。

内的性相は肉心と生心の統一体である

ここに付言したいことは、人間の知情意には肉身と霊人体の知情意が共に含まれているという事実である。人間は肉身と霊人体の二重体（統一体）であるために、人間の心（本心）も肉心と生心の統一体である。したがって内的性相においても、肉身の知情意の機能と生心の知情意の機能とが複合的に統一されているのである。

肉心の知的機能は感覚と知覚の程度であり、せいぜい若干の悟性的機能を現すにすぎない。しかし生心の知的機能は感性、悟性、理性をみなもっており、普遍的真理を体得することもできる。生心はまた自己を認識し反省する能力、すなわち自我意識をもっている。大脳生理学者のジョン・エックルスや生物学者のアンドレ・グド＝ペロのような科学者が、人間にだけ自我意識があると言ったのは、人間には生心があるからなのである。

肉心の情的機能も生心の情的機能に比べれば低次元である。肉心の情的機能は生心と同じように喜怒哀楽を感じ、限られた範囲内では愛他心も発揮する。しかし生心の情的機能は高次元であって、それゆえ人間は芸術生活をすることができる。自己の命まで捧げて民族や人類を愛するのも人間が生心をもっているからなのである。

肉心の意的機能も生心の意的機能に比べれば低次元である。意的機能は意欲性であって、創造目的（個体目的と全体目的）を達成しようとする実践心（実践力）または決断心（決断力）をいう。動物の創造目的は主に物質生活（食べる、生きる、子を生むなど）を通じて達成されるが、人間の創造目的は肉身生活を基盤としながら精神生活（真美善の価値の生活）を通じて達成される。したがって意的機能においても、動物と人間の間には顕著な差異があるのである。すなわち動物の意的機能は衣食住と性に関するものであるが、人間の意的機能は肉心の意的機能と生心の意的機能が合わさったものである。しかも本然の人間においては生心の機能が肉心の機能より優位にあるために、人間の意的機能は先次的に価値（精神的価値）を追求し後次的に物質生活を追求するのである。

以上、人間の知情意の機能は、肉心の知情意と生心の知情意の統一されたものであるということを明らかにした。すなわち知的機能は二つの心（肉心と生心）の知的機能の統一であり、情的機能も、意的機能も、二つの心のそれぞれの機能の統一なのである。さらにこのように統一された知的機能、情的機能、意的機能の三つの機能までも、互いに分離されているのでなく、統一されているのである。統一思想の認識論においては、この内的性相の統一された側面を特に取り上げて、これを「霊的統覚《とうかく》」と呼んでいる。生心を中心として統一された認識能力という意味である。そして、このように内的性相を知情意の統一体と見る観点は、自由の問題に対して、伝統的な未解決の問題に解決を与えているのである。(27)

3　対象＝内的形状

内的形状とは何か

次は内的発展的四位基台において、対象の立場にある内的形状について説明する。すでに述べたように、内的形状は本性相内にある形の部分であって、観念、概念、原則、数理などである。

観念とは、すでに創造されたか、または将来、創造される被造物の一つ一つの具体的な表象（映像）である。概念は、一群の観念に共通した要素を心の中に映像化したものである。原則は、被造世界の自然法則と規範法則などの根本原因となる法則である。そして数理は、数的原理として自然界の数的現象の究極的原因である。

それでは内的形状を成している要素を創造と関連させてみよう。内的形状は、神の宇宙創造において、いかなる役割を果たしたのであろうか。比喩《ひゆ》的に言えば、鋳型《いがた》の役割を果たしたのである。鋳型とは、溶けた金属の液体（融解液）を注いで製品を造るときの型を意味する。創造において、融解液に相当するものが本形状、すなわち前エネルギーである。つまり、あたかも人間が鉄の融解液を鋳型に注いで鉄製品を造るように、神は内的形状という霊的鋳型に本形状という霊的液体を注ぎ入れるような方式で万物を造られたと見るのである(28)。

内的形状は一種の鋳型である

ところで、神の内的形状内の鋳型は人工の鋳型とは異なり、外見のみの鋳型ではない。それは内容、すなわち細密な内部構造までも備えた鋳型である。人間の創造に際しての鋳型は、五臓六腑《ごぞうろっぷ》をはじめ、各種の器官、組織、細胞に至るまでの細密な構造を備えた鋳型であり、創造においてそのような鋳型の役割をなしたのが内的形状内の観念、概念、原則、数理などであると見るのである。われわれが万物を見るとき、大小に限らず、種類別に限らず、万物は必ず一定の形をもっており、一定の種類に従って共通性をもっており、一定の法則が作用し、一定の数的内容をもっていることを見ることができる。これはあたかも鉄製品の形がその鋳型に似るように、万物はみな霊的鋳型である内的形状に似たものであると見るのである。

以上説明した内的形状は、創造に直接関連したもの、すなわち被造物の直接的模型となったものである。しかし、そのほかに創造の模型とは無関係な観念、概念、原則、数理はいくらでもあるということを明らかにしておきたい。例えば「神」、「私」、「父母」、「美」、「理想」、「目的」などの観念や概念は、時空の世界に万物として造られることはないのである。これらは創造と間接的に関連はあるが、直接的に被造物になることはできないものである。

4　内的授受作用

内的授受作用とは何か

本性相内において、新生体の形成のための授受作用によって内的発展的四位基台が形成されるが、そのときの授受作用が内的授受作用である。この授受作用もやはり主体と対象間の授受作用であって、それは内的性相である知情意の統一的機能と内的形状との授受作用を意味する。もちろん創造目的を中心とした授受作用である。この内的授受作用は要するに「考えること」、「思考すること」、「構想すること」を意味する。なぜならば本性相は神の心であり、その心の中でなされる授受作用であるからである。

ここで、「考えること」をなぜ授受作用と見るのであろうか。われわれが常識的に知っている考えとは、次のような機能を果たす心の作用である。すなわち記憶、回想、判断、関心、計画、意見、理解、想像、推測、推理、希望、思索、瞑想、解釈などの心の作用である。甚だしくは妄想までも心に現れる現象であるから、やはり考えの概念に含めることができるであろう。

このような心の現象（考え）は、過去に経験したことに対する考え、現在の状況に対する考え、そして未来のことに対する考えの三種類に区分することができる。過去に経験したことに対する考えとは、記憶に関することであり、現在の状況に対する考えとは、意見、推測、理解などに関することであり、未来のことに対する考えとは、計画、希望、理想などに関することである。ここで指摘すべきことは、いかなる考えも、あらかじめ心の中に一定量の観念（映像）が入っていなければ成立しないという事実である。そのような心の観念はひとえに経験を通じてのみ形成される。すなわち、われわれが目を閉じても、心の中で鳥を考え、花を考えることができるのは、実際に過去に鳥や花を見た経験があるからである。

観念の操作

考えるのに一定量の観念が必要であるということは何を意味するのであろうか。過去のことを思い出す考えだけでなく、現在のことを考察し、未来のことを見通す考えまでも、すべて過去に一度経験した観念をもつことによってのみ可能であるということを意味するのである。したがって過去の経験が豊かであるほど、すなわち経験した観念が多いほど、多く考えることができる。これはあたかも、貯蓄を多くしておけば、いつでも必要な時に引き出して生計を増やすことができるのと同じである。またわれわれが家財道具を多く倉庫に蓄えておけば、いつでも必要な時に引き出して使うことができるのと同じである。われわれが知識を学び見聞を広げるのも、結局は記憶の倉庫にいろいろな観念を多く貯蔵するためであり、実際、たくさん貯蔵されているのである。そのように、考えるとは、倉庫から貯蔵物を引き出して必要な時に適切に使用するように、記憶の倉庫から観念を取り出していろいろと扱うことを意味するのである。そのようなプロセスを統一思想では「観念の操作」という。

観念とは、心に保管されている表象または映像のことであるが、それぞれの事物に対する映像のような簡単なものを単純観念といい、単純観念が二つ以上複合されたものを複合観念という（ただし、これは比較上の相対的な概念である）。ここで操作とは、機械のようなものをあれこれ扱うことを意味する。すなわち、必要な部品や機械を貯蔵所から取り出すこと、必要な機械と機械を連結させること、必要に応じて機械を構成部分に分解すること、部品を集めて新しい機械を組み立てること、機械の母体はそのままにしておいて二つの部品の位置を交換すること、いろいろな機械を連結させて一つに統一することなどの作業を意味するのである。

観念の操作は授受作用である

機械の操作の場合と同様な方式で観念を扱うことが観念の操作である。すなわち、まず機械の取り出しに相当する観念の操作が「想起」であり、機械の連結の操作に相当するのが観念と観念の「連合」または「複合」であり、機械の分解に相当するのが観念の「分析」であり、新しい機械の組み立てに相当するのが新しい観念の「構成」であり、部品の位置の交換に相当するのが観念の「換位」であり、いろいろな機械の連結、統一に該当するのが観念の「総合」である。そのほかに、重要な観念操作の一つに、一定の観念を「そうでない」と否定することもあるが、これを「換質」という。要約すれば、観念の操作とは、過去に経験したいろいろな観念の中から必要なものを用いて、想起、連合、分析、構成、綜合、換位、換質などを行うことをいう。

想起は過去の経験の中から必要な観念を取り出すことであり、連合は一つの観念を考えるとき、それによって他の観念が連想されることである（例えば父を考える時に母が連想される）。いくつかの小さな観念が集まって大きな観念を成すのが構成である（例えば、土台、礎石《そせき》、柱、桁《けた》、梁《はり》、大梁、たる木、屋根、部屋などの観念が集まって、家屋という大きな観念が構成される）。ある観念を小さい観念に区分するのが分析である（例えば、人体は神経系統、消化器系統、感覚器官、循環器系統、呼吸器系統、筋肉組織、秘尿器、内分泌腺《ぶんぴせん》、リンパ系統などから成っているという時の細分する方式）。分析したいろいろな観念を再び一つの大きな観念に総合する方式が総合である（例えば、神経系統、消化器系統、感覚器官、循環器系統、呼吸器、泌尿器などが合一したものが人体であるというときの思考方式）。一つの判断の意味を変えないようにしながら主語と述語を換える操作を換位という（例えば、「すべてのAはBである」を「あるBはAである」とすること）。そして一つの肯定判断を否定判断にするとき、その述語を矛盾概念に換えて意味が変らないようにする操作を換質という（例えば、「AはBである」を「Aは非Bでない」とすること）。

説明が少し長くなったが、「考え」が内的授受作用であることを理解するのに助けになるよう

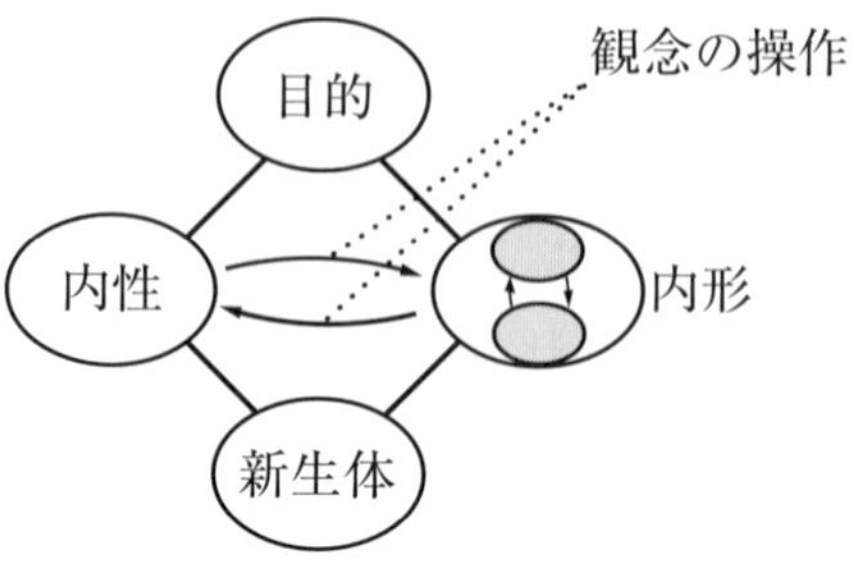

図1―10　観念の操作

にするためであった。

授受作用の類型

以上で、いろいろな種類の考え（回想、判断、意見、想像、理解、推理など）が、いろいろな方式の観念操作にすぎなかったことが理解できよう。そして観念操作とは、まさに授受作用のことである（図1―10参照）。そのことを具体的に説明する。

観念の操作が授受作用であるということを理解するためには、まず授受作用の類型を理解する必要がある。それは両側意識型（第一型）、片側意識型（第二型）、無自覚型（第三型）、他律型（第四型）、対比型（対照型：第五型）の五つの型の授受作用をいう。

両側意識型とは、主体と対象が共に意識をもって行う授受作用をいう。片側意識型とは、主体だけが意識をもっており、対象は無機物あるいは無生命の存在であるとき、その両者の間で行われる授受作用をいう。無自覚型とは、主体と対象の間で、無意識的に行われる授受作用（例えば、動物と植物間の二酸化炭素と酸素の交換）をいう。他律型とは、両者が共に無生命の存在であって、第三者から与えられた力によって行う授受作用（例えば、製作者の意志に従って動く機械）をいうのである。

そして対比型とは、認識または判断の場合に形成されるものである。そのとき片側意識型の場合と同様に主体だけが意識をもっているが、主体が複数の対象あるいは対象の複数の要素を比較しながら認識（判断）するのである。例えば、道を歩いている一組の男女を眺めて、二人の年齢や身ぶりなどを比較または対照してみて彼らが夫婦であると判断すること、店で商品を眺めて比較しながら良いものを選ぶこと、緑の森の中に赤い瓦《かわら》屋根の家があるのを見て調和の美を感じることなどは、みな対比型の授受作用である。対比による判断は主体が一方的に行っているが、それが授受作用であるのは、主体は対象に関心をもち、対象は主体に自身の姿を見せることによって、授け受ける作用になるからである。

考え（思考）も対比型の授受作用である

先に考え（思考）は授受作用であると説明したが、実はこの対比型の授受作用であったのである。すなわち人間の場合、心の中で知情意の統一体である霊的統覚《とうかく》（内的性相）が主体となって、内的形状の中の経験から得られたいろいろな観念を対比しているのである。霊的統覚が対比するとき、二つの要素の中の一つを主体として、他の一つを対象として両者を対比するのであり、そこにおいて、霊的統覚の関心が両者の間を往来するために、内的形状内の対比される任意の二つの要素間の作用も一種の授受作用と見られるのである（それは狭い意味での対比型の授受作用でされる任意の二要素間の作用も対比型の授受作用なのである。

授受作用（対比）の結果はどうなるであろうか。両者が完全に一致する場合もあり、ただ似ている場合もあり、一致しない場合もある。時には正反対になる場合もある。また両者が対応関係になる場合もあり、そうでないこともある。そして授受作用は目的を中心としてなされるために、目的によっても結果は異なる。そのような多様な結果を予想しながら、霊的統覚はできるだけ一定の方向へ授受作用を調整していく。これがまさに考えるということの内容なのである。考えには、回想、理解、判断、推理、希望などいろいろあるが、それらは授受作用の目的と対比の方式の違いによるのである。そのようにして、多様な考えが水が流れるように継続的につながっていくのである。

ところでこの考えの流れは、いったんまとめられる。すなわち創造しようとする被造物の鋳型《いがた》（模型）になる観念（単純観念と複合観念）が決められる。それを「鋳型性観念」と呼ぶことにする。これは対比型の授受作用によって新生体が形成されたことを意味する。すなわち創造に関する鋳型は新生体としての「新生観念」なのである。しかしこれはまだロゴス（構想）としての新生体ではなく、その前段階である。したがってこれを「前ロゴス」（Pre-logos）または「前構想」ということができよう。新生観念である鋳型性観念は、その観念に必要な概念、原則、数理などの要素をみな備えており、緻密《ちみつ》な内部構造までも備えた具体的な観念なのである。そのように新生観念が形成される段階が内的授受作用の初期段階である。そして実際の被造物に対するロゴス（構想）は後期段階において立てられるのである。

目的が中心である

以上で、考えとは心の中で行われる内的授受作用であることを明らかにしたが、それは授受作用であるために目的が中心となっている。人間の考えには目的のない漠然としたものも少なくないが、神は創造の神であるから、神の考え（構想）には初めから目的があった。それがまさに心情に基づいた創造目的（全体目的と個体目的）であった。

神が創造を考える前段階、すなわち心情を中心とした四位基台（自同的四位基台）だけの段階もあったが、心情は抑えがたい情的な衝動であるために、自同的四位基台の上に必然的に創造目的が立てられ、発展的四位基台が形成されたと見なければならない。創造後にも自同的四位基台（神の不変性、絶対性）が発展的四位基台の土台となっているという事実がそのことを裏づけている。そのように神の構想は、目的があって立てられたのである。

これは、とても重要な事実を示している。なぜならば、これもまた現実問題解決の重要な一つの基準となるからである。すなわち人間は、いかなる考えでもするようにはなっていないこと、本然の人間においては、必ず心情を動機として、創造目的の達成のために考えるようになっていることを意味するのである。したがって今日の社会的混乱を収拾するためには、自己中心的な恣《し》意《い》的な思考パターンを捨てて、本然の思考パターンに戻り、愛を動機とした創造目的の実現すなわち地上天国実現のために考え、行動しなければならないのである[29]。

5　結果＝構想

結果とは何か

次は結果、すなわち構想について説明する。内的発展的四位基台の結果の位置に立てられる構想とは、具体的にいかなるものであろうか。すでに「内的授受作用」においても構想を扱ったが、その構想は「考える」という意味の構想、すなわち内的授受作用と同じ意味の構想であった。しかし、ここでいう構想は、考えた結果としての構想であって、ヨハネによる福音書一章一節にある言《ことば》すなわちロゴスを意味する。それは神性の一つであるロゴスのことである。神性のロゴスのところですでに構想と理法に関して説明した。それにもかかわらず、ここで再び論ずるのは、そこで扱ったのは構想（言）としてのロゴスというよりは理法としてのロゴスであって、ここで少し説明を補充する必要があるからである。そこでロゴスに関して要点を再び紹介し、続いて若干の補充を行うことにする。

『原理講論』によればロゴスは言または理法であるが、言は構想、思考、計画などであり、理法は理性と法則の統一である。理性には自由性と目的性があり、法則性には必然性と機械性がある。したがって理性と法則の統一である理法は、自由性と必然性の統一、目的性と機械性の統一でもある。そのような理法によって宇宙万物が創造されたために、万物の中に理法が入っており、万物相互間にも、理法が作用している。そして自然界に作用している理法が自然法則であり、人間生活で守られなければならない理法が価値法則（規範）なのである。

自由性と必然性の統一が理法であるということは、自由は必然つまり法則の中での自由であり原理の中での自由であること、すなわち原理の中での理性の選択の自由であることを意味する。したがって原理や法則を無視した自由は実は放縦である。すでに述べたように、言も理法も共にロゴスであるが、言の一部が理法なのである。また理法は言と共に、神の二性性相に似た神の対象であるから（『原理講論』二六五頁）、一種の新生体であり、被造物である。そして創造は心情を動機としているから、理法も愛が土台となっているということ、したがって自然法則や価値法則の背後にも愛が作用しているということも明らかにしたのである。さらに、日常生活において理法は必ず守られなければならないが、温かい愛の中で理法が守られる生活であってこそ、そこに初めて百花が咲き乱れる春の園のような平和が訪れるということも明らかにしたのである。

構想としてのロゴス

以上が神性で扱ったロゴスの要点である。しかし、そこでは主として理法としてのロゴスを扱ったのであり、言すなわち構想としてのロゴスのことは詳細には扱わなかった。そこで構想としてのロゴスに関して具体的に説明することにする。

すでに内的授受作用の説明の中でも構想を扱ったが、それは新生体（結果物）としての構想ではなく、主として考えるという意味の構想、すなわち授受作用としての構想、観念の操作としての構想であった。そのとき、観念の操作の意味をもつ構想のほかに、新生体の意味をもつ「前構想」という概念についても、すでに触れた。すなわち創造を目的とした対比型の授受作用の結果、形成された新生体としての、概念、原則、数理などを備えた、緻密《ちみつ》な内部構造をもった、よりいっそう具体化された鋳型《いがた》（霊的鋳型）、つまり模型としての新生観念（鋳型性観念）について述べた。

しかしそのような構想は、神が宇宙を創造した言としての構想ではなくて、ただその前段階にすぎないのである。それは写真と同じような静的映像にすぎず、映画のような生動《せいどう》感のある動的映像ではない。それは文字どおりの設計図である。しかし、神が宇宙を創造した言《ことば》であるロゴスは生命が入っている生きた新生体であり、生きた構想なのである。ヨハネによる福音書一章にはその事実が次のように書かれている。「初めに言があった。言は神と共にあった。言は神であった。この言は初めに神と共にあった。すべてのものはこれによってできた。……この言に命があった。そしてこの命は人の光であった」（ヨハネ一・一―四）。

ロゴスは構想体である

そのように万物を創造した言は、生命をもった生動する構想体であった。それは観念の操作の段階で形成された新生体としての緻密な内部構造を備えた新生観念（鋳型性観念）に生命が与えられて、動的性格を帯びるようになったものである。では、いかにして静的な性格をもった新生観念が動的性格を帯びるようになったのであろうか。内的授受作用における初期と後期の二段階の過程によってそうなったのである。すなわち霊的統覚《とうかく》（知情意の統一体）と内的形状との授受作用に初期段階と後期段階の二つの段階があるのである。その初期段階において、観念の操作によって新生観念（前構想）が形成される。そして後期段階において、心情（愛）の力によって知情意の機能が注入され、新生観念が活力すなわち生命を得るようになって、完成された構想として現れるのである。

ここで明らかにしなければならないことは、知情意の中に可能性として含まれていた陽性と陰性が、後期段階において表面化されて、知情意の機能の発現に調和的な変化を起こすという事実である。そのようにして完成された構想が神の対象であるロゴスであり、二性性相を統一的にもったロゴス、つまり「ロゴスの二性性相」（『原理講論』二六五頁）なのである。それがまさに宇宙を創造した言としてのロゴスであり、内的発展的四位基台の結果である構想なのである。

ロゴスの二性性相とは、内的性相と内的形状の二要素がロゴスの次元と種類によって、必要なだけ内包されていることを意味する。すなわち内的性相である知情意の機能と、内的形状である観念、概念、原則（法則）、数理などが、創造される万物の次元と種類に従って、それぞれ各様にロゴスの中に含まれている。それは内的授受作用の後期の段階において、すでに観念の操作によって形成された前構想の中に、心情の衝動力によって知情意の機能がそれぞれ次元を異にしながら注入され、前構想を活性化させたということである。[30]

6　内的発展的四位基台説明の要約

以上で内的発展的四位基台に関する説明をひとまず終える。しかし説明が長すぎたり、滑らかでなかった点がなきにしもあらずである。そこで理解を助けるために、その内容を要約して再び紹介することにする。

内的発展的四位基台の中心

内的発展的四位基台は、創造において外的発展的四位基台の前に造られる四位基台である。四位基台の中心である目的は心情に基づいて立てられるが、それは愛の対象として人間をつくり、人間を通じて愛を実現しようとすることである。したがって人間の被造目的は互いに愛し合うのはもちろん、神を愛し万物を愛することにあるのである。しかし堕落することによって、そのような人間になれなかったために、今日の大混乱が引き起こされているのである。したがってこのような混乱を収拾する道は、すべての人間の目的を本然の被造目的に一致させることである。

内的発展的四位基台の主体

内的発展的四位基台の主体の位置に立つのは内的性相である知情意の三機能であるが、その三機能は統一を成している。そしてその三機能に対応して真美善の三価値が立てられ、三価値に対応して三大文化領域が立てられる。神は宇宙創造において創造目的を実現しようと知情意のすべての機能を投入し、全力投入された。それゆえ今日の危機に瀕している文化を救い、新文化を創造するためには、三大文化領域の知性人や学者たちは統一された理念を中心として立ち上がらなければならない。人間の知情意は肉心の知情意と生心の知情意が統一された統一心である。同時に、知情意も統一されており、その統一の面を特に強調した場合、知情意の統一体を霊的統覚《とうかく》という。それが人間をして霊的存在たらしめ、同時に、自我意識をもつようにせしめているのである。肉心の機能は衣食住および性の生活すなわち物質生活を追求するものであり、生心の機能は真美善の価値生活を追求するものである。そこにおいて、生心による価値生活の追求を先次的にし、肉心による物質生活の追求を後次的にするのが本然の人間の生活の姿勢なのである。

内的発展的四位基台の対象

内的発展的四位基台の対象の位置にあるのは内的形状である。すなわち観念、概念、原則、数理などの形の要素である。その中で概念、原則、数理などは創造において、みな観念の中に統一されている。そしてその観念は鋳型《いがた》のような役割をしている。そのとき、単純観念が鋳型になったり、複合観念が鋳型になったりする。創造において、鋳型（霊的鋳型）は緻密な内部構造をもっている。そして鋳型に注がれる融液（霊的融液）に相当するものが前エネルギーすなわち本形状である。創造に関連する鋳型の数は無数にあり、それぞれ形が異なっている。その一つ一つが個別相なのである。個別相は人間においては個人ごとの個別相であるから、鋳型の役割は一回限りで終わる。しかし万物の個別相は種ごとのものであるから、一つの鋳型は一つの種全体の創造を網羅《もうら》しているのである。

内的授受作用

内的発展的四位基台の内的授受作用は、目的を中心とした内的性相と内的形状との授受作用であるが、それは考えること、構想することを意味する。考えにはいろいろな種類があるが、大きく分けて、過去に関する考え（記憶、回想など）、現在に関連した考え（意見、判断、推理など）、未来に関する考え（計画、希望、理想など）に類別することができる。考えの最も基本要素は観念すなわち心の中に蓄えられた映像であって、考えとはこの観念をいろいろ操作する過程なのである。観念の操作には、想起、連合（複合）、分析、総合、構成、換位、換質などのいろいろな方式がある。

内的発展的四位基台における内的授受作用とは、要するに観念操作のことである。授受作用は主体である内的性相（霊的統覚《とうかく》）と対象である内的形状との間で行われるが、それは対象内のいろいろな観念をいろいろな方式で操作することである。観念の操作は観念と観念の対比を通じて行われる。すなわち内的授受作用には観念と観念の対比が伴っている。したがって、これは主体（霊的統覚）と対象（内的形状）間の授受作用であるが、対比的性格を帯びた片側意識型の授受作用であり、一種の対比型の授受作用なのである。

内的発展的四位基台の結果

最後に、結果の位置に立てられる構想について要約する。結果としての構想は内的授受作用で扱った構想とは異なっている。後者は考えるということ、すなわち作用を意味し、前者は授受作用の結果として現れた新生体を意味するのである。その新生体としての構想がまさにロゴスであり、万物を創造した神の言《ことば》である。

内的授受作用には初期と後期の二段階があるが、初期の段階では内的形状内の観念の操作によって新生観念が形成される。それは一種の新生体であり構想であるが、それは構想の前段階としての前構想であって、生動性のない静的映像にすぎない。宇宙を創造した言としての構想は生命が入っている生きた新生体である。それは内的授受作用の後期段階において、心情の衝動力によって霊的統覚である知情意の機能が新生観念に注入されることによって、その観念が活性化され、生命を得るようになり、完成された構想として現れたものである。その構想がまさに二性性相をもったロゴスなのである。その構想の中には理法の要素も含まれている。理法は理性と法則の統一であり、自由性と必然性の統一であるが、それに関しては神性のロゴスのところで比較的詳細に扱ったので、ここでは省略することにする。

(4) 外的発展的四位基台

1　外的発展的四位基台とは何か

これは、外的四位基台と発展的四位基台を組み合わせたものであって、本性相の外部での授受作用すなわち本性相と本形状の授受作用の土台となっている外的四位基台が発展性、運動性を帯びるようになったものをいう。

すでに述べたように、発展とは、新しい性質をもつ個体すなわち新生体が生まれることをいう(発展は創造を結果の面から把握した概念である)。したがって発展的四位基台とは、創造目的を中心として主体と対象が授受作用を行い新生体を生じる時の四位基台を意味するのである。そのように外的発展的四位基台は、本性相の外部に形成された外的四位基台が発展性を帯びることによって、発展的四位基台になったものである。

先に述べたように外的発展的四位基台は、内的発展的四位基台に続いて形成される。すなわち本性相を中心として見るとき、自同的四位基台の場合と同じように、発展的四位基台も本性相の内外で形成されるが、自同的四位基台の場合のように同時的ではなく継続的である。まず内的な基台が形成され、次に外的な基台が形成されるのである。

2 内的発展的四位基台の基盤の上に形成される

四位基台とは、要するに心情または目的を中心として授受作用を行い、結果が生じる現象を空間的概念として表現したものである。したがって、内的および外的発展的四位基台も授受作用として理解すればよい。発展とは、創造を結果の面から把握した概念であるから、発展的四位基台を理解するためには、創造や製作がいかになされるかを調べればよいのである。そのことを人間の場合を例に取って説明する。

人間は何かを造ろうとするとき、まず心において構想する。例えば家を建てようとすれば、一定の目的を立てて、構想し、計画書や青写真を作る。計画書や青写真は構想を忘れないように紙面に表しただけで、やはり構想なのである。それが先に述べた内的授受作用、すなわち創造の第一段階である。

次に、創造の第二段階が始まる。これは構想に従って建築資材を用いて建築工事を行うことである。そして一定の時間ののちに、目的とした建物を完成する。そのように建築資材を用いて、構想どおりに家を建てることも授受作用であるが、これは心の外で行われる授受作用であるから外的授受作用である。

考えられた構想も以前にはなかった新しいものであり、造られた建物も以前にはなかった新しいものであって、いずれも新生体である。そのような新生体の出現は動機から見れば創造であり、結果から見れば発展である。外的授受作用において、主体は構想（実際は構想をもった人間、またはその人間を代理した他の人間）であり、対象は建築資材などである。そして主体と対象の授受作用が建築工事の遂行であり、授受作用の結果が完成された建物である。

画家が絵を描く場合を例に挙げよう。画家はまず一定の目的を立てて、構想する。時にはその構想を素描《そびょう》として表すこともある。それが第一段階である。構想が終われば、第二段階の作業が開始される。すなわち画幅《がふく》、筆、絵の具、画架《がか》などの画具《がぐ》を使いながら、画家は構想したとおりの絵を描く。そして絵が完成する。

ここにおいて第一段階の構想も授受作用であり、第二段階の絵を描くことも授受作用である。そして第一段階の構想も、第二段階の絵も、いずれも以前にはなかった新しい結果であるから新生体である。そのように、絵を描くことも創造であり発展なのである。

3　すべての創造は二段階の発展的四位基台によってなされる

ここで、次のような事実が明らかになる。第一に、創造には必ず二段階の過程があるということである。第二に、第一段階は内的な構想の段階であり、第二段階は外的な作業の段階であるということである。第三に、二段階の授受作用がいずれも同一の目的を中心として成され、必ずその結果として新生体を造るということである。ここで、第一段階は内的発展的授受作用の段階であり、第二段階は外的発展的授受作用の段階である。

このような一連の原則はすべての創造活動に適用される。すなわち生産、製作、発明、芸術など、いかなる種類の創造活動にも例外なく適用される。それは、その基準が神の原相にあったからである。それが本性相の内外の授受作用、すなわち内的発展的授受作用と外的発展的授受作用である。神はまず一定の目的を立てて、万物の創造を構想したあと、材料に相当する形状（前エネルギー）を用いて、構想したとおりに万物を造られた。ここで神が構想する段階が内的発展的授受作用の段階であり、実際に万物を造る段階が外的発展的授受作用の段階である。

以上、人間の創造や製作には必ずその前に構想がなければならないということ、したがって外的発展的授受作用には必ずその前に内的発展的授受作用がなければならないということを明らかにした。そして人間の構想の時の授受作用の原型は、神の原相内の授受作用であったのである。

原相内の授受作用は、必ず四位基台を土台として行われる。それゆえ四位基台の別名が授受作用であり、授受作用の別名が四位基台である。したがって神の創造において、内的発展的授受作

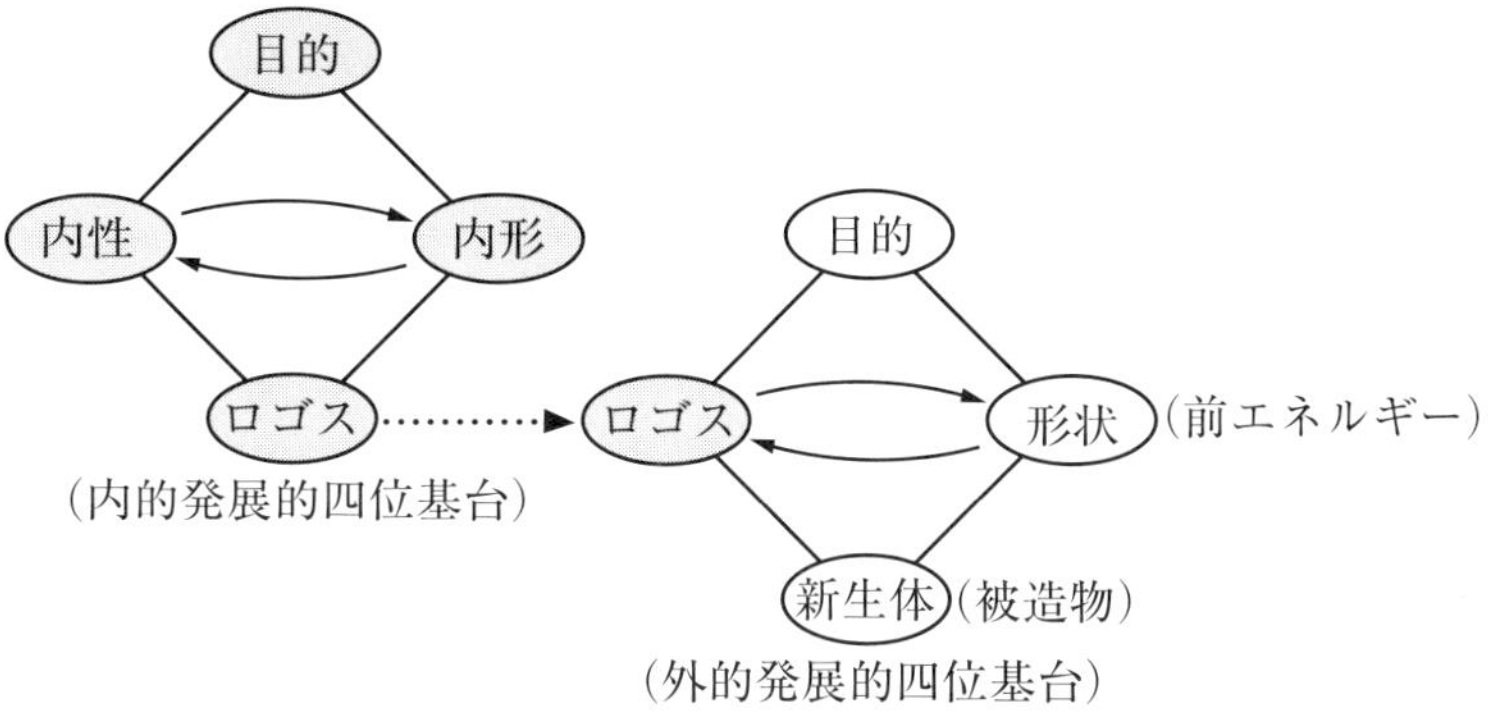

図１—１１　創造の二段構造

用が必ず外的発展的授受作用に先行するということは、内的発展的四位基台が必ず外的発展的四位基台に先行して形成されることを意味するのである。言い換えれば、創造においては必ず内的発展的四位基台と外的発展的四位基台が連続的に形成されるのである。これを「原相の創造の二段構造」という。これを図に表せば図１—11のようになる。人間の場合、現実的な創造活動の時にも、内的および外的な四位基台が連続的に形成される。そして人間の創造活動において、連続的に形成される二段階の四位基台を「現実的な創造の二段構造」というのである。

ここで次のような疑問が生ずるかもしれない。すなわち「創造には必ずまず構想が立てられなければならない」というように、分かりやすく表現すればよいのに、なぜ内的発展的四位基台とか、外的発展的四位基台とか、二段構造などの難しい表現を使うのか、統一思想はなぜ分かりやすい言葉も難しく表現しようとするのか、という疑問である。結論から言えば、それは統一思想が天宙の根本原理を扱っているからである。

根本原理とは、霊界と地上界を問わず、存在世界に現れるすべての現象に共通に適用される根本理致《りち》をいう。この根本理致すなわち原理は深くて広い内容を含んでいるが、それを表す用語はできるだけ簡単なものでなくてはならない。その例の一つが「二性性相」すなわち「性相と形状」である。この用語は人間の心と体を表す用語であるだけでなく、動物、植物、鉱物、さらには霊人体や霊界のすべての存在がもっている相対的属性を表す用語である。そのように二性性相の意味は大変深くて広いのである。しかし二性性相の用語はそのままでは理解しがたいので、易しく詳細に説明する必要があるのである。そして時には例えや比喩《ひゆ》も必要である。統一思想において扱う根本原理は五官で感じられない神と霊的世界に関するものが大部分であるから、なおさらそうである。

ところで、例えや比喩を挙げながら行う説明は、ただ根本原理を明らかにする手段にすぎず、根本原理それ自体ではない。根本原理それ自体はあくまでも神の「二性性相」または「性相と形状」なのである。同様に、「授受作用」、「四位基台」、「二段構造」なども根本原理に関する概念すなわち基本概念であるので、それらの用語を取り除くことはできない。「内的発展的四位基台」、「外的発展的四位基台」、「創造の二段構造」なども、そのような根本原理を含んだ概念である。

さらには「一分一秒を惜しみながら生きなければならないこの忙しい時に、そのような難しい概念をわれわれが学ばなくてはならない必要がどこにあるのか」という疑問もありうるであろう。それは、そのような基本概念を正しく把握することによってのみ、現実のいろいろな難問題を根本的に解決することのできる基準が明らかになるからである。

4　外的発展的四位基台の構成要素

次は、再び本論に戻って、「外的発展的四位基台」の説明を継続する。先に人間の創造活動において、外的発展的四位基台は必ず内的発展的四位基台の次の段階として形成されるので、そのような二段階過程を「現実的な創造の二段構造」といったが、神の創造においても、同様な創造の二段構造が形成される。本性相の内外において形成される内的発展的四位基台と外的発展的四位基台がそれである。これは原相内において創造の時に形成される四位基台であるから、「原相の創造の二段構造」という。

原相内の内的発展的四位基台については、すでに「内的発展的四位基台」の項目で詳細に説明したので、ここでは説明を省略する。ただ内的発展的四位基台の四つの位置において、中心の位置には目的が立てられ、主体の位置には内的性相（霊的統覚《とうかく》）、対象の位置には内的形状、結果の位置には構想が新生体として立てられるということと、主体と対象の授受作用は考える過程すなわち観念の操作の過程であるということを想起するだけにする。

原相内の外的発展的四位基台も四つの位置、すなわち中心、主体、対象、結果から成るのはもちろんであるが､そのとき中心は内的な四位基台の場合と同様に心情に基づいた創造目的であり、主体は本性相であり、対象は本形状である。そして授受作用によって形成される結果は新生体としての被造物である。次にこの四つの位置、すなわち中心、主体、対象、結果の位置にそれぞれ立てられるところの、目的、本性相、本形状および被造物に関して具体的に説明することにする。

目的は、内的発展的授受作用の場合の目的すなわち創造目的と同じであるから、ここでは省略し、主体＝本性相、対象＝本形状、外的授受作用、結果＝被造物の項目に分けて説明する。

主体＝本性相

原相の外的発展的四位基台は本性相と本形状との授受作用の基台である。ここに本性相が主体の立場にあるのは言うまでもないが、本性相は、具体的にいかなるものであろうか。それはまさに、内的発展的四位基台の結果の立場にある構想である。すなわち目的を中心として内的性相と内的形状が内的授受作用を行って、新生体として現れたみ言《ことば》であり、ロゴスであり、構想である。ここに内的授受作用は考えること、すなわち思考の過程である。

すでに述べたように、内的授受作用の過程には前段階と後段階の二段階がある。前段階は観念の操作が進行する過程であって、そこにおいて前構想が形成される。そしてあとの段階では霊的統覚から知情意の機能が、その属性である陽性・陰性の影響を受けながら前構想に注入されて、前構想が生命をもつ完成した構想として現れるようになるのである。そのようにして完成した構想がまさに二性性相をもつロゴスなのである。そのようにしてロゴスは新生体として本性相の内部に形成されたものであるが、主体（本性相）と対象（本形状）の授受作用において、霊的統覚《とうかく》に保持されながら、主体として作用するのである。

ここで明らかにしておきたいことは、内的授受作用によって内的性相である霊的統覚（知情意の統一体）が内的形状内に形成された新生観念に注入されるとしても、霊的統覚自体は本来無限性を帯びた機能であるから、その一部が新生観念の中に注入されたのちにも、依然として内的性相としての知情意の統一的機能はそのまま維持しているということである。したがって本性相と本形状間の授受作用において、主体としての本性相は霊的統覚に保持された状態にあるロゴスなのである。

対象＝本形状

すでに「神相」のところで説明したように、本形状は無限応形性の究極的な質料的要素である。質料的要素とは、被造物の有形的要素の根本原因を意味し、無限応形性とは、あたかも水の場合と同じように、いかなる形態でも取ることのできる可能性を意味するのである。

質料的要素は物質の根本原因であるが、科学の限界を超えた究極的原因なので、統一思想ではこれを前段階エネルギー、または簡単に前エネルギーと呼んでいる。次に述べるように、水が容器に注がれれば容器の形態を取るように、本形状が本性相の構想の鋳型（霊的鋳型）の中に注入されて、現実的な万物として造られるようになるのである。

外的授受作用

次は、外的授受作用について説明する。神の性相と形状の授受作用によって万物が創造されたという統一原理や統一思想の主張が正しいことを明らかにしようとするのである。[31] 外的授受作用も四位基台を土台として行われる。そのとき分かれていた主体と対象が再び合わさって一つの新生体、すなわち万物になるというように説明したが、それはあくまでも理解を助けるための方便的な説明であった。神は時間と空間を超越しているから、神の世界には内外、上下、遠近、広狭がない。大中小もなく無限大と無限小が同じである。また先後がないので過去、現在、未来がなく、永遠と瞬間が同じである。

時空を超越した神の世界で授受作用が行われているのであるが、その授受作用を説明の便宜上（理解の便宜上）、主体と対象が同一空間を重畳《ちょうじょう》的に占めながら授受作用を行っていると見ることができる。例えば、人間の霊人体（主体）と肉身（対象）は、空間的に離れていたものが一つになったというのではなく、本来から同一の空間を重畳的に占めていながら授受作用をしているが、それと同じだということができよう。そのような観点から、原相内の外的授受作用を同一空間を重畳的に占めている主体と対象間の授受作用と見て、また授受作用によって生じた新生体である被造物もやはり同一空間を重畳的に占めていると見て、論理を展開することにする。

すでに述べたように、外的発展的四位基台の主体である本性相は霊的統覚《とうかく》に保持された状態にある新生体としてのロゴスであり、対象である本形状は無限応形性をもった前エネルギーである。このような主体と対象が重畳して同一空間を占めたまま授受作用を行い、新生体である被造物（例えば、馬のような動物）を産出（創造）するようになるが、そのとき産出された被造物も同一の空間を重畳的に占めると見るのである。以上で授受作用が行われる四位基台の四つの位置は、分かれている四つの位置ではなく、四つの定着物を重ねている一つの位置である。その一つの位置において、互いに重なったまま、目的を中心として主体と対象が授受作用を行い、その結果物として被造物が生じたと見るのである。

それでは授受作用の具体的な内容を説明することにする。重畳した状態での授受作用とは、本形状である前エネルギーが本性相内に形成された構想（ロゴス）の鋳型《いがた》（霊的鋳型）の中にしみ込むということである。先に述べたように、本性相内の内的授受作用の初段階において形成された緻密《ちみつ》な内部構造を備えた新生観念としての鋳型性観念が、次の段階で心情の衝動によって生命を賦与されて現れたものが完成した構想であった。この完成した構想は生命をもつ鋳型性観念であり、生きている鋳型である[32]。この鋳型は初期段階の緻密な内部構造を備えた鋳型性観念が後期段階で活力を与えられたものである。しかしいくら活力を与えられたとしても、そしていくら内部構造が緻密であるとしても、鋳型（霊的鋳型）であることには違いない。したがって実際の鋳型に鉄の融解液を注入して鉄製品を造る場合と同じく、この鋳型性観念の中にも必ず融解液に相当する本形状の質料（前エネルギー）が注入されうる空間があるようになっているのである。

言い換えれば、鋳型の空間は必ず融解液が入って満たされるようになっているのである。本性相と本形状の間にこのような現象が行われるとき、それがまさに授受作用なのである。すなわち本性相の鋳型性観念内の緻密な空間に、本形状の質料的要素が浸透して満たすのが授受作用なのである（そのとき、本形状の中に可能性として潜在していた属性である陽性と陰性が表面化され、質料的要素の浸透の流れに調和的な変化を起こす）。なぜこのような現象が授受作用になるかといえば、本性相は鋳型の空間でもって本形状に質料の浸透の機会を提供し、本形状は質料でもって空間を満たすことによって、その空間の存在目的を果たすようになるからである。

以上、理解を助けるためにいささか模型的に表現したが、このような作用が同一の位置において、主体と対象が重畳《ちょうじょう》した状態でなされたのである。これが神の宇宙創造において、原相の内部でなされた外的発展的授受作用の真の内容であったのである。

ここで一つ付け加えることは、この授受作用は片側意識型の授受作用であるということである。なぜならこの授受作用において、主体は知情意の統一体である霊的統覚《とうかく》（鋳型《いがた》性観念を含む）であり、対象は本形状（質料）であるからである。

結果＝被造物

結果としての被造物は、創造目的を中心として本性相と本形状が授受作用をすることによって形成された新生体である。それが『原理解説』（一九五七年、韓国語版）に書かれた「被造世界は二性性相の主体としておられる神の本性相と本形状が創造原理によって形象的または象徴的な実体として展開された……神の実体対象である」（二五頁）という文章の中の「実体対象」であり、「神の二性性相をかたどった個性真理体」（同上、二五頁）であり、「主体と対象の二性性相の実体的展開によって創造された被造物」（同上、二四頁）なのである。そして『原理講論』に書かれた「被造物はすべて、無形の主体としていまし給う神の二性性相に分立された、神の実体対象である」（四七―四八頁）というときの「実体対象」なのであり、「このような実体対象を我々は個性真理体と称する」（同上、四八頁）というときの「個性真理体」なのである。

そこにおいて統一原理（『原理解説』および『原理講論』）でいう「実体対象」や「個性真理体」

という概念は、被造物を見る観点によって表現を異にする概念である。「実体対象」は、客観的、物質的側面を浮き上がらせた概念であり、ロゴスのように心に描かれた観念的な対象ではなくて、三次元の空間的要素を備えた客観的、物質的な対象であるという意味である。それに対して「個性真理体」は、被造物が神の二性性相に似たものであるという側面を浮き上がらせた概念である。被造物はすべて相似の法則によって創造されたために、例外なく個性真理体なのである。

相似と外的授受作用

被造物が神の二性性相をかたどったというとき、外的授受作用の観点から見て、その相似の内容は具体的にいかなるものであろうか。すでに説明したように、被造物は本性相と本形状が創造目的を中心として授受作用をした結果として現れた新生体であった。そのとき、本性相は生きている鋳型性観念を保持した霊的統覚、または霊的統覚に保持された生きている鋳型性観念であり、本形状は質料的要素である。そして生きている鋳型性観念がロゴス、すなわち二性性相を帯びたロゴスである。

ロゴスの二性性相とは内的性相と内的形状の二要素をいうが、そこにおいて内的性相は知情意の機能であり、内的形状は観念の操作によって形成された新生観念としての鋳型性観念を意味する。すなわちロゴスは知情意の機能と鋳型性観念が複合された新生体なのである。したがって最終の新生体である被造物の中に含まれた本性相の部分は、内的性相に相当する霊的統覚の一部としての知情意の機能と、内的形状に相当する鋳型性観念である。そして本形状の質料的要素はそのますべて被造物に含まれている。それが「鋳型《いがた》性観念の緻密な空間の中に本形状の質料的要素が浸透した」ということの意味なのである。そのように外的授受作用によって、本性相の要素と本形状の要素が被造物を構成したのである。

ここで一つ明らかにしておきたいことは、本性相と本形状はその属性である陽性（本陽性）と陰性（本陰性）を帯びながら被造物を構成したという事実である。そうして被造物はすべて、神の本性相と本形状の要素と、本陽性と本陰性の要素を帯びるようになったのである。

そして、本性相の中に含まれた鋳型性観念はそのまま個別相でもあった。結局、被造物は神の属性（本性相と本形状、本陽性と本陰性、個別相）をみな引き受けたという結論になる。そのような被造物（個体）を個性真理体という。それが統一原理でいう「被造物は神の二性性相をかたどった個性真理体である」ということの内容なのである。

ロゴスと被造物の関係

次は、ロゴスと被造物の関係について述べる。聖書には、神が万物を言《ことば》でもって造られたと記録されているが（ヨハネ一・一―三）、その言がまさにロゴスであった（『原理講論』二六五頁）。ところが『原理講論』には、「ロゴスは神の対象」であり、「ロゴスの主体である神が、二性性相としておられるので、その対象であるロゴスも、やはり二性性相とならざるを得ない」（同上、二六五頁）、「もし、ロゴスが二性性相になっていないならば、ロゴスで創造された被造物も、二性性相になっているはずがない」（同上、二六五頁）とある。これは被造物の二性性相はロゴスの二性性相に似ており、ロゴスの二性性相は神の二性性相に似ているということを意味する。したがってロゴスの二性性相と神の二性性相が完全に同一なものであるかのような印象を受ける。しかし統一思想から見るとき、神の二性性相は本性相と本形状であるが、ロゴスの二性性相は内的性相と内的形状である。すなわち神の二性性相とロゴスの二性性相は同じではない。したがって被造物が神の二性性相に似るというのは、神の本性相と本形状に似るという意味であり、ロゴスの二性性相に似るということは、ロゴスの内的性相と内的形状に似るという意味なのである。ここで万物が似ているロゴスの内的性相と内的形状とは、具体的にいかなるものであろうか。

すでに述べたように、ロゴスは、内的授受作用の後期段階において霊的統覚の一部が前段階で形成された新生観念（鋳型性観念）に注入されることによって生じた完成した構想であり、生きた構想であった。したがってロゴスの内的性相は、鋳型性観念の中に注入された一部の知情意の機能であり、内的形状は鋳型性観念それ自体なのである[33]。そのような内容をもつ内的性相と内的形状がロゴスの二性性相である。『原理講論』において、被造物の二性性相はロゴスの二性性相に似ているというときのロゴスの二性性相とは、まさにそのような内容の二性性相であったのである。

ここで指摘するのは、空間的な三次元の実体である被造物の姿がそのままロゴスの二性性相に似ているのではないということである。ロゴスは生きた構想であり、活力を帯びた観念にすぎない。それは動く映像のようなものであり、夢の中で会うようなものである。人間や万物がロゴスの二性性相に似ているということは、そのような生きた映像に似ていることを意味する。夢の中の人間や万物は物質的な体をもっていないが、その他の面では現実の人間や万物と似ている。それが物質的な体まで備えた存在になるためには、神の二性性相に似なければならない。すなわち神の本性相と本形状に似なければならないのである。

それでは、いかにすれば神の本性相と本形状に似るようになるのであろうか。それは外的授受作用によって、本形状である質料的要素（前エネルギー）が本性相である生きた鋳型《いがた》の緻密《ちみつ》な空間の中へ浸透することによって、似るようになるのである。そのような授受作用を通じて、動く映像が物質的な体を備えるようになり、現実的な実体となるのである。そしてそのとき被造物は、神の二性性相に似た被造物となるのである。

以上で神の二性性相とロゴスの二性性相が具体的にどのように違うか、明らかにされたと思う。それと同時に、被造物が神の二性性相に似ているという場合と、ロゴスの二性性相に似ているという場合の、その違いも明らかになったと思う。次は、授受作用に関連した正分合作用について説明する。

(四) 正分合作用

正分合作用とは何か?

すでに述べたように授受作用は四位基台を土台として行われる。すなわち授受作用がなされるには、必ず中心と主体と対象および結果の四つの位置が立てられなければならない。言い換えれ

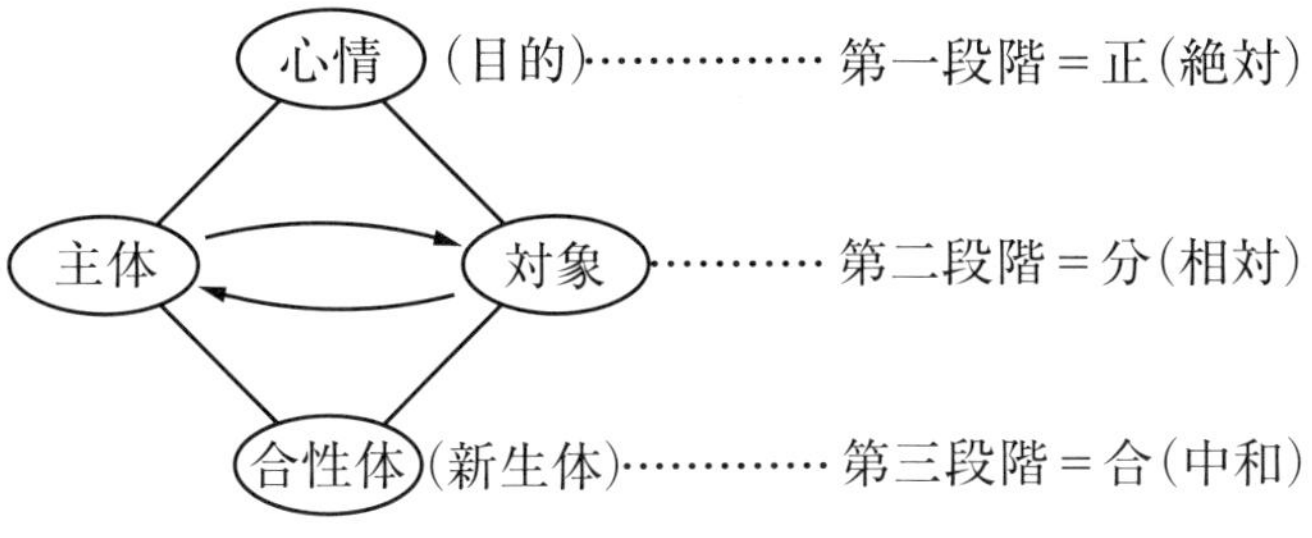

図1―12　正分合作用

ば、授受作用の現象を空間的側面から把握した概念が四位基台である。ところですべての現象は空間性と時間性をもっている。したがって授受作用の現象も時間的側面から把握することができるのであり、時間的に把握した概念が正分合作用である。つまり、授受作用を四位基台が定立される時間的順序に従って扱った概念が正分合作用なのである。まず中心が定められ、次に主体と対象が定められ、最後に結果が定められるというように授受作用を三段階過程から把握した概念が正分合作用である。これを図で表せば図1―12のようになる。

『原理講論』に「四位基台は正分合作用によって、神、夫婦、子女の三段階をもって完成されるのであるから、三段階原則の根本となる」(五五頁)とあるのも、四位基台は授受作用の空間的把握であり、正分合作用は時間的把握であることを示している[34]。したがって正分合作用の内容は、授受作用の場合と全く同じである。すなわち心情を土台とした目的を中心として、主体と対象が円満で調和的な相互作用を行うことによって合性体または新生体を成すという内容は、授受作用の場合と完全に一致しているのである。したがって正分合作用の種類も授受作用の種類と対応しているのであって、内的自同的正分合作用、外的自同的正分合作用、内的発展的正分合作用、外的発展的正分合作用という四種類の正分合作用があるのである。

正分合と正反合

時間性を帯びた正分合作用の概念は、特に共産主義の唯物弁証法との比較において意義がある。共産主義の哲学は唯物弁証法に基づいているが、それは自然の発展に関する理論であって、矛盾の法則、量から質への転化の法則、否定の否定の法則の三つの法則から成っている。これらはヘーゲルの観念弁証法から弁証法を受け継いで、それを唯物論と結びつけたものとして知られている。ヘーゲルはさらに弁証法が進行する形式も提示している。それが正―反―合、または定立―反定立―総合、または肯定―否定―否定の否定の三段階形式である。

マルクス主義はこのヘーゲルの弁証法の形式を批判的に継承して、自然と歴史の発展を説明するのに用いた。すなわち事物の発展において、事物（肯定または正）は必ずその内部に自体を否定する要素（反）をもつようになり、両者が対立するようになるが（この状態を矛盾という）、その対立（矛盾）は再び否定されて（否定の否定）、いっそう高い段階に止揚される（合）と説明している。これが正―反―合、または肯定―否定―否定の否定、あるいは定立―反定立―総合の三段階の弁証法的な進行形式である。ここで止揚とは、事物が否定され、さらに否定されるとき、その事物の中の肯定的要素は保存されて新しい段階へと高められることをいう。

鶏卵からひよこが孵化《ふか》する過程を考えてみよう。鶏卵がひよこになるには、正としての鶏卵は、その内部にそれ自体を否定する要素（反）である胚子を持つようになり、その胚子が大きくなるにつれて両者の対立（矛盾）も大きくなる。そしてついにこの矛盾が止揚されて、鶏卵は否定される。そのとき、肯定的要素である黄身、白身は養分として胚子に吸収されて（保存、止揚されて）、ひよことして孵化される（合）。

マルクス主義はこの正―反―合の形式を社会発展の説明にも適用する。例えば資本主義から社会主義へと発展する過程の説明に正―反―合の形式を適用して、次のように主張する。すなわち、資本主義社会（正）は必ず内部にそれ自体を否定する要素であるプロレタリア階級（反）をもつようになる。プロレタリア階級の成長に従って階級対立（矛盾）は激化し、ついに資本主義体制は破れる。そのとき資本主義の肯定的成果（経済成長、技術発展など）はそのまま保存されながら、よりいっそう高い段階である社会主義（合）へ移行するというのである。

正反合理論の批判

それでは正反合の形式を批判し、それが正しいか誤りかを明らかにしよう。その正誤の基準は自然や社会の発展の事実がこの正反合の形式と一致するか否かにある。マルクス主義は長い間、唯物弁証法を科学であると主張してきた。ゆえに弁証法の進行形式も客観的な事実と一致する科学的な形式であると見なければならない。そしてまた、マルクス主義哲学は現実問題（資本主義の構造的矛盾と病弊）を解決するために現れたと主張する哲学でもあるのである。

ところが唯物弁証法も、弁証法の進行形式の理論も、共に客観的事実と一致しないことが明らかにされた。そして現実問題の解決にも失敗してしまった。これは唯物弁証法も、弁証法の進行形式の理論も、共に間違いであったことを証明するものである。次に、そのことをより具体的に説明することにする。

まず鶏卵の孵化《ふか》の事実を分析しながら、この正反合の形式を批判することにする。第一に、鶏卵内の胚は鶏卵の発展のために、のちに否定的要素として発生したものではなくて、殻や白身や黄身と同じく、初めから鶏卵の一部であったのである。したがって胚は自身もその一部である鶏卵を否定することはできない。もし胚が鶏卵を否定しようとすれば、初めから鶏卵の中にあるのではなくて、途中で鶏卵の中に対立として生じたものでなくてはならない。そうであってこそ正反合の本来の意味に合うのである。ところが実際は、胚は初めから鶏卵の一部としてあったのである。

第二に、黄身と白身が胚の養分として保存されていることは明らかに肯定であるにもかかわらず、否定として扱うのは筋道の通らない無理な主張である。第三に、孵化の瞬間に殻が破れて、すなわち否定されて、胚が新しい段階のひよこになるのではないということである。事実は、すでに完成したひよこ（新しい段階のひよこ）が、くちばしでつついて殻を破って出てくるのである。以上のことにより、鶏卵の孵化の事実は弁証法的発展の正反合形式に合わないことが分かる。

次は社会発展に適用した正反合の発展理論を批判する。資本主義社会（正）がその内部のプロレタリア階級（反）と対立することによって、よりいっそう高い段階である社会主義社会（合）へ移行するということ、そのとき資本主義社会の成果がそのまま保存されるということも、実際の歴史的事実と合わなかった。第一に、英国や米国、フランス、日本などの資本主義の発達した国家がまず社会主義社会に移行しなければならなかった。しかし、そうならなかっただけでなく、この公式が適用されない後進国において社会主義が立てられたのである。第二に、後進国に社会主義が立てられるとき、革命に先立って、わずかながら芽生えていた資本主義の成果が保存されるどころか、むしろ損傷を受けて、経済は後退する結果になってしまったのである。レーニンが革命後、新経済政策を行わざるをえなかった理由もそこにあったのであり、鄧小平《とうしょうへい》が文化大革命後、中国経済の破綻《はたん》を自認した理由もここにあったのである。

このように見るとき、弁証法的進行の正反合形式を社会発展に適用した理論も、実際の歴史的事実と合わなかったことが分かる。特に最近に至り、東ヨーロッパの社会主義国はもちろん、資本主義国家より、いっそう発展しているはずであった社会主義の宗主国であるソ連までも、経済的破綻をきたし、その結果ついに崩壊してしまったのである。この事実は、唯物弁証法の正反合の発展形式がいかに虚偽的なものであるか、よく示しているのである。このように、自然現象とも合わず、歴史的事実とも合わない唯物弁証法の正反合の発展形式理論は、現実問題の解決に完全に失敗してしまったのである。

正反合理論と現実問題の解決の失敗

それでは、正反合の理論はなぜ現実問題の解決に失敗したのであろうか。その原因を分析することにする。

失敗の第一の原因は、この正反合の形式において目的が立てられなかったためである。目的のない発展は、定められた方向がないために、あてどもないものとならざるをえない。鶏卵の場合、ひよことという目標（目的）が定められており、適当な温度と湿度が与えられれば、その目標の方向に発展運動が行われて、ついにその目標に到達するのである。目標（目的）がないところには発展はありえないのである。社会発展においても目的がなく、正と反の対立のみであれば、そこにたとえ発展運動が起きたとしても、あてどもないものとならざるをえない。すなわち資本主義社会において、資本家の目的は利潤を極大化することであり、労働者の目的は賃金の引き上げと待遇の改善を実現することであって、ごく少数の一部の職業革命家だけが社会主義を目標としているのである。したがって社会全体の発展という面から見るとき、両階級の対立は共通目的のない対立となり、三段階形式による新しい段階への到達は初めから期待しがたかったのである。

失敗の第二の原因は、正と反の関係を対立、矛盾、闘争の関係と見ることによって、協助や和合を阻害する結果を招いたからである。社会の発展は、社会の構成員である人間と人間の円満な協助関係においてなされるのである。ところが哲学的に発展の法則（弁証法）と形式（正反合）を対立、矛盾、闘争の関係によるものと規定してしまった。したがってすべての人間関係は矛盾、敵対の関係であるというのが常識のようになってしまい、和合や協助はむしろ非正常的、異例なもののように感じられるまでになったのである。このような社会環境において、いかにして発展がなされるであろうか。万一、その社会の中に、協助によって発展がなされるという思想をもった人がいたとすれば、彼は思想的異質感のために疎外されるか、またはその社会に抵抗するようになるであろう。

発展は調和的な協助関係によってなされるということは、そのまま自然の発展にも適用される命題である。例えば先に述べた鶏卵の孵化の場合、胚、黄身、白身、殻が、ひよこを生むという共通目的のもとで、互いに協助し合いながら相互作用を行うことによって、初めてひよこが生まれるのである。

そのように自然界の発展や社会の発展は、必ず共通の目的または目標を中心として、いろいろな要素または個体の間に円満な協助と協力の関係が成立することによってなされるのである。ところがマルクス主義の正反合の理論では、目的も協助関係も認めなかったために、その理論は偽りとなり、現実問題の解決にも失敗してしまったのである。

ここで正反合の代案が正分合作用であることが理解されるであろう。正分合作用の理論は授受作用の理論であり、四位基台の理論である。この正分合作用の三段階過程においてのみ、目的を中心とした円満な相互協助関係が成立し、その結果として、合である新生体が現れるのであって、それがまさに発展なのである。

ところで、ここで指摘しておきたいのは、正反合の三段階と正分合の三段階は決して対応するものではないということである。三段階という点で同じであるだけで、両者の正の概念も異なり、反と分の概念も異なり、両者の合の概念も異なっているのである。正反合の正は事物を意味するが、正分合の正は目的や心情を意味している。また正反合の反は正である事物に対立する否定的要素を意味するが、正分合の分は分立物または相対物という意味の、相対的関係にある主体と対象をいう。そして正反合の合は対立物が対立を止揚して一つに総合されることを意味するが、正分合の合は主体と対象の授受作用によって、それまでになかった新しい個体（新生体）が現れることを意味するのである。

こうして授受作用（発展的授受作用）を時間的に把握した概念である正分合の理論が、発展に関する現実問題の解決に失敗したマルクス主義の正反合の理論に対する唯一の代案であることが分かる。以上で原相の主要な内容に関する説明を終える。次は、原相構造に関連した事項である原相構造の統一性と創造理想について説明する。

(五) 原相構造の統一性

すでに述べたように、原相構造とは、神相における性相と形状の相互関係であり、その関係が明らかにされることによって、多くの現実問題の根本的な解決が可能になったのである。それは大部分の現実的な難問題は関係上の問題であって、関係の正しい基準から逸脱したことによって引き起こされた問題であったからである。言い換えれば、原相構造が明らかにされることによって、関係の本然の基準が明らかになったために、すべての問題が根本的に、また恒久的に、解決されるようになったということである。ここで原相構造に関してつけ加えることは、原相の説明において、なぜ構造という概念が必要なのかということと、構造という面から見た原相の真の姿はいかなるものかということである。

本来、構造という用語は、一定の材料によって造られた構成物、例えば建築物や機械などに関して、その材料の相互関係を表すときに用いられる。また、いろいろな有形物の仕組みを分析して研究するときに用いられる。例えば人体構造、社会構造、経済構造、分子構造、原子構造などがその例である。すなわち事物を分析し、研究するとき、構造の概念が必要なときが多いのである。そのような側面を拡大適用すれば、意識や精神など無形的存在を分析するのにも使うことができるであろう。実際、意識構造とか精神構造という用語が使われているのである。

無形なる神の属性の関係を調べるのに構造の概念を使用したのは、まさにそのような立場からである。すなわち構造の概念を用いることによって、神の属性、特に性相と形状との関係を詳細に分析することができるからである。しかし、いくらそうであっても、そして性相と形状の相対的関係にいろいろな種類があるとしても、原相の世界は時空を超越した世界である。それでは構造概念または時空概念から類推する原相の真の姿は、いかなるものであろうか。

それは一言で、統一性であると表現するしかない。空間がないために位置がなく、したがって前後、左右、上下がなく、内外、広狭、遠近がなく、三角形、四角形などの空間もない。無限大と無限小が同じであり、すべての空間が一つの点にすべて重畳《ちょうじょう》されている多重畳の世界である。それと同時に、上下、前後、左右、内外が限りなく広がっている世界である。

また、原相の世界は時間のない世界である。したがって時間観念から類推すれば、過去、現在、未来が今の瞬間に合わさっている。それはあたかも、映画のフィルムの一巻きの中に過去、現在、未来がみな入っているのと同じである。時間も瞬間の中に合わさっている。すなわち瞬間の中に永遠があり、瞬間が永遠へつながっているのである。したがって瞬間と永遠が同じである。これは、原相の世界が一つの状態（性相と形状、陽性と陰性が統一された状態）の純粋持続であることを意味する。いわば「状態の純粋持続」が原相世界の時間である。

要約すれば、原相の世界は純粋な「統一体」である。空間と時間だけでなく、その他のすべての現象（堕落と関連した非原理的な現象は除いて）の原因が、重畳的に一点に統一されている世界である。言い換えれば、時間、空間をはじめとする宇宙内のすべての現象は、この統一された一点から発生したのである。あたかも一点から上下、前後、左右に無限に長い直線を無限に多く引くことができるように、この統一性から時空の世界が上下、前後、左右に無限に広がっているのである。

それゆえ宇宙がいくら広大無辺で、宇宙の現象や運動がいくら複雑であるとしても、その時空と現象を支配している基本原理は、この一点、すなわち統一性にあるのである。それが統一の原理であり、授受作用の原理であり、愛の原理である。例えば授受作用の土台である四位基台という一点（原点）から空間が展開されたのであり、正分合作用という一点から時間が展開されたのである。

（六）創造理想

創造理想とは何か

創造理想が原相構造と関連があるのは、それが四位基台の中心である創造目的と直接関連しているからである。一般的に理想とは、人間が希望または念願することが完全に実現された状態をいう。それでは人間は、なぜ希望し念願するのであろうか。喜びを得るためである。では喜びはいかなる時に生ずるのであろうか。愛が実現された時である。なぜならば喜びの土台が心情の衝動性、つまり愛の衝動性にあるからである。統一原理では、神の喜びがいかなる時に生ずるかということに対して、次のように書かれている。

「このように被造物が善の対象になることを願われたのは、神がそれを見て喜ばれるためである」(『原理講論』六四頁)。

「創造目的は喜びにあるのであり、喜びは欲望を満たす時に感ずるものだからである」(同上、一一八頁)。

「自己の性相と形状のとおりに展開された対象があって、それからくる刺激によって自体の性相と形状とを相対的に感ずるとき、ここに初めて喜びが生ずるのである」(同上、六五頁)。

「神が被造世界を創造なさった目的は……三大祝福のみ言《ことば》を成就して、天国をつくることにより、善の目的が完成されたのを見て、喜び、楽しまれるところにあったのである」(同上、六四―六五頁)。

以上を要約すれば、神が被造世界を創造された目的は喜びを得ることにあるが、その喜びは被造物が善の対象になるとき、欲望が満たされるとき、被造物が自身に似るとき、そして善の目的を完成したときに感じられるのである。すなわち、神の喜びは、第一に被造物が善の対象になって神に似ることによって神の欲望が満たされるときに生じるのであり、第二に神と被造物との間に互いに相補的な関係が成立するときに生じるのである。欲望が満たされるということは、希望が遂げられ、念願が成就することを意味する。つまり神の理想が実現されることを意味する。そして善の対象になるということは、愛の対象になることを意味する。善の土台が愛であるからである。そして神に似るということは、心情を中心とした神の性相と形状の調和的な授受作用の姿に似るということであり、神の愛の実践者となることを意味する。『原理講論』の「神の創造目的は、愛によってのみ完成することができるのである」（一〇一頁）という記録も、そのことを意味するのである。ここで神の創造理想とは何か、明らかになる。それは「神が創造されたとき、意図（希望）されたことが完全に実現された状態」であり、未来において、「神に似た人間によって神の愛が完全に実現された状態」である。

創造目的と創造理想の差違

ここで神の創造目的と創造理想の差異について明らかにする。創造目的は統一原理に書かれているように、喜びを得ることにあった。喜びは欲望が満たされる時に生ずる。欲望の充足とは要するに希望が成し遂げられることであり、念願の成就である。神の念願の成就とは、まさに神の創造理想の実現である。したがって神の欲望の充足も、神の喜びも、創造理想が実現された時に成し遂げられるという結論になる。結局、神の創造目的は創造理想の実現にあるのである。次のような統一原理の記録がその事実を示している。すなわち「このように神の創造目的が完成されたならば、罪の影さえも見えない理想世界が地上に実現されたはずである」（六九頁）という文章がそれである。

ここで参考のために、人間の創造目的と万物の創造目的の差異について考えてみることにする。神が人間と万物を創造された目的は被造物を見て喜ぼうとされることにあった。しかし直接的な喜び、刺激的で愛情の細やかな喜びは、人間においてのみ感じられるようになっていたのである。神は万物からも喜びを感じるが、その喜びは人間のように刺激的なものになりえず、しかも人間が創造され完成したのちに、人間を通じて間接的に感じるようになっていたのである。人間は神の形象的実体対象であり、万物は神の象徴的実体対象であるからである（『原理講論』五八頁）。それは、万物は人間の直接的な喜びの対象として造られたことを意味している。統一原理にはそれに関連した次のような記録がある。「万物世界はどこまでも、人間の性相と形状とを実体として展開したその対象である。それゆえに、神を中心とする人間は、その実体対象である万物世界からくる刺激によって、自体の性相と形状とを相対的に感ずることができるために、喜ぶことができるのである」（六八―六九頁）。

万物が創造目的をもつというとき、個別相が種類によって異なるように、その創造目的は種類ごとに異なると思われるが、統一原理にはそれに関しては述べられていない。例えば、花の創造目的と鳥の創造目的は同じではないにもかかわらず、それに関して説明がない。それは明らかに個別的な創造目的もあるが、そのことを一つ一つ明らかにする必要がないからである。花の創造目的は花の色の美しさでもって視覚を通じて人間に喜びを与えることであり、鳥の創造目的は鳥の声の美しさでもって聴覚を通じて人間に喜びを与えることであるが、人間に喜びを与えるという点においては同じである。統一原理においては、その共通点だけを万物の創造目的と見なしているのである。

創造目的と創造理想の概念は異なる

以上、創造目的に関して述べたが、『原理講論』ではこの創造目的の用語が、本来の意味で使われるほかに、被造目的、創造理想の意味にも使用されている場合があることを指摘する。創造目的の本来の意味は、すでに明らかにしたように、「神が被造物をみて喜ぼうとすること」であった。すなわち創造目的は、「創造者である神が立てた目的」であると同時に「創造の時に立てた目的」なのである。ところで『原理講論』には、この創造目的が被造目的の意味にも使用されている。例えば「創造目的を完成した人間」(一七八、二五六頁)がそうであるが、これは「被造目的を完成した人間」という意味である。なぜなら創造目的は創造者の目的であり、神が「喜びを感ずること」であり、被造目的は人間が「喜びを返すこと」であるからである。

人間が時計を製造する目的は「時間を知る」ことにある。一方、製造された時計は「人間に時間を知らせる」ようになっている。これは時計の立場から見れば被造目的である。製造目的と被造目的は異なっている。同様に、創造目的と被造目的も異なるのである。人間がなすのは「喜びを感ずること」(創造目的)ではなく「喜びを返すこと」(被造目的)なのである。この事実は次の記録、すなわち「神は人間の堕落によって、創造目的を完成することができなかった」(二四〇頁)という場合の創造目的と比較すれば、さらに確実になる。ここで創造目的は明らかに「神が喜びを感ずること」を意味するもので、先の「創造目的を完成した人間」における創造目的とは、その意味が異なることが分かるのである。

次は、創造目的が創造理想の意味として使用されている例を挙げてみよう。「堕落人間をして、メシヤのための基台を立てるようにし、その基台の上でメシヤを迎えさせることにより、創造目的を完成しようとされた神の摂理は、既にアダム家庭から始められた」（二八一頁）と書かれているが、この引用文中の「創造目的」を「喜びを感じようとすること」と解釈するのは少し不自然である。創造理想の意味、すなわち「神の愛が完全に実現された状態」と解釈するのが無難である。次の文章と比較してみれば、その事実がより明らかになる。すなわち「イエスが再臨なさるときには、必ず、神の創造理想を地上に実現できるようになり、決してその理想が地上から取り除かれることはないということを見せてくださったのである」（三〇八頁）という文章にある「創造理想」と、先の文中の「創造目的の完成」は、その意図する内容が同じなのである。後者の文の中の「創造理想」を創造目的の意味に解釈するのは不自然であり、むしろ先の文中の「創造目的」を創造理想と解釈するのが無難であろう。

そのように『原理講論』では、創造目的という用語がしばしば被造目的の意味に使われたり、創造理想の意味にも使われているが、統一思想ではこれらの概念を明白に区別して用いている。ただし区別の必要のないとき、例えば創造目的としても良く、被造目的としても良いとき、または時によって人為的な目的を用いなくてはならないときには、目的として表示している。

以上、創造理想と創造目的の概念の差異を明らかにした。要するに、創造理想は「設定された目標が達成されている時の状態」をいい、創造目的はその「設定された目標」だけをいう。そしてすでに述べたように、創造理想は未来において、「神に似た人間によって神の愛が完全に実現された状態」である。それに対して創造目的は「対象をみて喜ぼうとすること」であり、将来「到達しようとする目標」である。文法上の時制で表現すれば、創造目的は未来形であり、創造理想は未来完了形であるということができる。結局、創造理想は「創造目的が達成されている状態」なのである。そして創造目的は創造理想の実現を通じて達成されるのである。

創造理想とは神の愛が完全に実現された状態である

それでは「神の愛が完全に実現された状態」は、具体的にいかなる状態なのだろうか。結論から言えば、それは「理想人間、理想家庭、理想社会、理想世界が実現された状態」をいう。ここで理想人間とは、心と体が一つとなって、神の性相と形状の中和体に似た理想的な男性と女性をいい、神の愛を万人と万物に施すことのできる男性と女性、神を真の父母として奉ることのできる男性と女性をいう。そのような人間は「天の父が完全であられるように、あなたがたも完全な者となりなさい」（マタイ五・四八）というみ言《ことば》を成就した人間である。そしてそれは「唯一無二の存在」であり、「全被造世界の主人」であり、「天宙的な価値の存在」なのである（『原理講論』二五六頁）。

そのような理想人間である男女が結婚して、神の陽性と陰性の中和体に似た夫婦を成すのが理想家庭である。そのような家庭は、その中に愛があふれるのみならず、隣人、社会、国家、世界を愛し、万物までも愛し、神を真の父母として奉る家庭になるのである。そして理想家庭が集って社会を成すとき、その社会はまた神の姿に似た社会となって、その中に愛があふれるのみならず、外的には他の社会と愛で和合しながら、神を真の父母として奉るようになる。それが理想社会である。次に理想社会が集って世界を成すとき、その世界はまた神の姿に似た世界となって、すべての人類が、神を人類の真の父母として奉りながら、兄弟姉妹の関係を結んで、愛に満ちた永遠なる平和と繁栄と幸福生活をするようになる。それがまさに理想世界である。それは歴史の始まりから、数多くの聖賢、義人、哲人たちが夢見た理想郷であった。

愛は真善美の価値を通じて具体的に実現される。したがって理想世界は価値の世界、すなわち真実生活、倫理生活、芸術生活の三大生活領域を基盤とした統一世界であると同時に、神の愛が経済、政治、宗教（倫理）において実践される共生共栄共義主義社会なのである。それがすなわち地上天国である。創造理想とは、このような理想人間、理想家庭、理想社会、理想世界が未来に実現された状態をいうのである。そのような状態が実現されたとき、すなわち創造理想が実現されたとき、初めて神の創造目的が、すなわち永遠なる喜びを得ようとした初めの願望が達成されるようになるのである。以上で創造理想に関する説明を終える。

最後に「従来の本体論と統一思想」という題目で、従来のいくつかの本体論（統一思想の原相論に相当するもの）の要点を簡単に紹介して、それらが現実問題解決にいかに失敗したか、寸評式に示す。統一思想が現実問題の解決の基準になるということが、よりいっそう明確に理解されると思われるからである。（統一思想から見た神の存在証明については注を参照のこと）[35]。

三　従来の本体論と統一思想

神または宇宙の根源に関する理論、すなわち本体論は、一般的に思想体系の基礎を成すものとして知られている。したがって現実問題にいかに対処するかということも、大概、本体論によってその糸口を探すことができるのである。それではいくつかの本体論の要点を簡単に紹介しながら、それらと現実問題との関係を明らかにする。

アウグスティヌスおよびトマス・アクィナスの神観

アウグスティヌスは神を精神と見て、その神が無から質料をつくり出し、世界を創造したと主張した。アリストテレスの形相と質料の原理を継承したトマス・アクィナスは、質料をもたない純粋形相の中で最高のものを神とした。アウグスティヌスと同様に、トマスも神は世界を無から創造したと見た。

このような神に対する理解は、現実問題といかに連結するのであろうか。このような神観は、精神を根源的なもの、物質を二次的なものと見るから、物質的な現実世界を二次的なものとして軽視し、精神の世界、霊的な世界のみを重要視する傾向があった。そして、死後の世界における救いのみを重要視する救援観が長くキリスト教を支配してきたのである。ところが現実には、物質を無視した生活は不可能である。そのためにキリスト教徒の生活は、信仰上では物質生活を軽視しながら、現実的には物質生活を追求せざるをえないという相互矛盾の立場に立たざるをえなかった。そのように、キリスト教の神観では地上の現実問題の解決は初めから不可能であったのである。地上の問題は、大部分が物質問題と関係しているからである。

キリスト教の神観が現実問題の解決に失敗せざるをえなかった根本原因は、第一に、神を精神だけの存在と見て、物質の根源を無としたことにあり、第二に、創造の動機と目的が不明なことにあった。

理気説

宋代の新儒学において、周《しゅう》濂渓《れんけい》（1017-73）は宇宙の根源を太《たい》極《きょく》であるといい、張《ちょう》横渠《おうきょ》（1020-77）は太虚《たいきょ》であるといった。これらはみな、陰陽の統一体としての気のことであった。気とは質料といってもよいものである。したがって、これは唯物論に近いものであった。

しかるに程《てい》伊《い》川《せん》（1033-1107）によって、万物はすべて理と気から構成されているとする理気説が唱えられ、のちに朱《しゅ》子《し》（1130-1200）によって大成された。理とは現象の背後にある無形の本体を意味し、気とは質料を意味した。朱子は、理と気のうち、理がより本質的なものであると見て、理は天地の法則であるのみならず、人間の内にある法則でもあると説いた。すなわち天地の従っている法則と人間社会の倫理法則は、同一の理の現れであると見たのである。

このような思想に基づいた現実生活の営みの方向は、天地の法則に合わせようとするために調和の維持に重点を置くようになり、社会的な倫理に基づいた秩序維持に偏重するようになった。

またすべてを法則に委ねるあまり、自然や社会の変化や混乱に対して傍観的態度をとる傾向が生まれ、自然を支配し、社会を発展させようとする創造的、主管的な生き方、すなわち能動的な改革の方式は軽視される傾向が生じた。理気説においても現実問題を解決しえなかったのである。その失敗の根本原因は、なぜ太極や理気から万物が生まれるようになったのか、その動機と目的が明らかでなかったところにあるのである。

ヘーゲルの絶対精神

ヘーゲル（G.W.F. Hegel, 1770-1831）によれば、宇宙の根源は絶対精神としての神である。神は絶対精神でありながら、同時にロゴスであり概念であった。概念は矛盾を媒介としながら、正反合の三段階の弁証法的発展形式に従って自己発展していくとヘーゲルは考えた。概念が自己発展して理念の段階にまで至ると、自己を疎外（否定）して自然として現れる。やがて理念は弁証法的発展を通じて人間として現れるが、人間を通じて理念は自身を回復し、数多くの段階の発展過程を経たのちに、最後に絶対精神として自己を実現する。すなわち最初に出発した自己自身（絶対精神）に復帰する。したがって人間の歴史は概念（ロゴス）の自己実現の過程である。そして理性国家の段階に至ったとき、自由が最高度に実現され、人間社会は最も合理的な姿になると考えた。

このようなヘーゲルの哲学に従えば、世界と歴史はロゴスの自己実現の過程であるから、人間社会は弁証法的発展形式に従って必然的に合理的な姿になるようになっていた。彼はこのような方式に従ってプロシアに理性国家が実現すると信じていた。したがって結果的に、非合理的な現実を必然の法則に任せて、傍観してもよいという立場になってしまったのである。

また自然を理念の他在形式として見る彼の自然観は一種の汎神論になっているのであり[36]、現実問題の解決はいっそう難しくなっている。それはかりでなく、それはたやすく無神論的なヒューマニズムや唯物論に転換しうる素地をもっていた。さらに矛盾を発展の契機と見ることによって、マルクス主義のような闘争理論を生じせしめる素地をもっていたのである。つまり、ヘーゲルの哲学はプロシア社会の現実問題の解決に失敗したのであり、かえってマルクス主義のような無神論哲学を出現させる結果を招いてしまったのである。それは彼が神をロゴスと見て、創造を弁証法による自己発展であると見たところに原因があるのである。

ショーペンハウアーの盲目的意志

ショーペンハウアー（A. Schopenhauer, 1788-1860）は、ヘーゲルの合理主義・理性主義に反対して、世界の本質は非合理的なものであり、何の目的もなく盲目的に作用する意志であるといい、それを「盲目的な生への意志」（Blinder Wille zum Leben）と呼んだ。人間はこの盲目的な意志によって左右されながら、ただひたすら生きるべく強いられている。そのために人間は常に何かを求めながら、満足することなく生きているのである。満足と幸福はつかの間の経験にすぎず、真に存在するのは不満と苦痛であって、この世界は本質的に「苦の世界」であるといった。

このようなショーペンハウアーの観点から必然的に生じる思想が厭世《えんせい》主義（ペシミズム）であ

った。すなわち彼は芸術的観照や、宗教的禁欲生活によって、苦悩の世界からの救いを試みたが、それは現実問題の解決はおろか、かえって現実からの逃避《とうひ》の理論になってしまったのである。

ショーペンハウアーが現実問題の解決に失敗したのは、第一に、神の創造と救いの摂理の真の内容が分からなかったためであり、第二に、この世界が悪の支配する世界であることが分からなかったためである。

ニーチェの権力意志

ショーペンハウアーが世界の本質は盲目的な生への意志であるといって、生に対して悲観的態度を取ったのに対して、ニーチェ（F. Nietzsche, 1848-1900）は世界の本質を「権力への意志」（Wille zur Macht）であるとして、徹底的に生を肯定する態度を取った。ニーチェによれば、世界の本質は盲目的な意志ではなく、強くなろう、支配したいという強力な意志、すなわち権力への意志である。ニーチェは権力への意志を体現した理想像として「超人《ちょうじん》」を立てて、人間は超人を目指して、生の苦痛に耐えながら、いかなる運命にも耐えていかなければならないと主張した。同時に彼は、「神は死んだ」と宣言して、キリスト教を根本的に否定した。キリスト教道徳は強者を否定する奴隷道徳であって、生の本質に敵対するものと考えたのである。

その結果、伝統的な価値観が全面的に否定された。そればかりでなく、ニーチェの権力意志の思想は、力による現実問題の解決へとつながった。それでのちに、ヒトラーやムッソリーニなどが、ニーチェの思想を権力維持のために利用することになったのである。つまり、ニーチェも現実問題の解決に失敗したのである。

ニーチェの失敗は、言うまでもなく、真の神を否定したことにある。彼が否定しなければならなかった神は、偽りの神であって真の神ではなかった。ところが彼が知っていた神は偽りの神であって真の神でなかったにもかかわらず、彼は真の神までも否定してしまったのである。結局、彼は初めから失敗せざるをえなかったのである。

マルクスの弁証法的唯物論

マルクス（K. Marx, 1818-83）は弁証法的唯物論の立場から、世界の本質は物質であり、事物の中にある矛盾（対立物）の闘争によって世界は発展していると主張した。したがって社会の変革は、宗教や正義の力によってではなく、階級闘争によって、暴力的に、物質的な生産関係を変革することによってなされると主張した。弁証法的唯物論による革命理論も、現実問題の解決の一つの方案であった。

マルクスによれば、人間は支配階級か被支配階級のどちらかに属する階級的存在であるとされた。そして人間は、被支配階級であるプロレタリアートの側に立って革命に参加するときにのみ、人格的価値が認められるのである。そこには人格を絶対的なものとして尊重する価値観はなかった。したがってマルクス主義の指導者は、革命において利用価値がない人間、あるいは革命に反対する人間を何ら良心の呵責《かしゃく》なく虐殺《ぎゃくさつ》することができたのである。

そして今日、マルクス主義に基づいた共産主義体制は、東ヨーロッパやソ連においてついに崩壊してしまった。マルクスの弁証法的唯物論による革命理論も現実問題の解決に完全に失敗したのである。その原因は、第一に真の神を知らず無条件に神を否定したためであり、第二に暴力は必ず暴力を生むという天理を無視して、暴力による改革を主張したためである。

統一思想の本体論

以上見たように、宇宙の根源をいかに把握するか、あるいは神の属性をいかに理解するかによって、人間観、社会観、歴史観が変わり、それによって現実問題の解決の方法が変わるのである。したがって正しい神観、正しい本体論を立てることによって、現実の人生問題、社会問題、歴史問題を正しく、そして根本的に解決することができるという結論になるのである。

統一思想の本体論すなわち原相論によれば、神の最も核心的な属性は心情である。心情を中心として、性相の内部で内的性相（知情意）と内的形状（観念、概念など）が授受作用を行い、さらに性相と形状（質料）が授受作用を行っている。そのようにして神は存在しているのである。そして心情によって目的が立てられると、授受作用は発展的に進行し、創造がなされるのである。

しかるに従来の本体論では、理性が中心であったり、意志が中心であったり、概念が中心であったり、物質が中心であったりした。そして精神または物質だけが実体であるという一元論が現れたり、精神と物質が両方とも宇宙の実体であるという二元論が現れたのであった。統一思想から見るとき、従来の本体論は神の属性の実相を正しく把握しえず、また属性相互間の関係を正しくとらえることができなかったのである。

統一思想の本体論によって、神の創造の動機と目的、神の属性の一つ一つの内容が詳細に明らかにされ、属性の構造まで正確にまた具体的に紹介されることによって、現実問題の根本的な解決の基準が確立されるようになった。今残されている問題は、世界の指導者たちがそのことを理解し実践することである。

第二章　存在論

一般哲学でいう存在論のギリシア語の原語はOntologiaであり、それはonta（存在するもの）とlogos（論理）の合成語であって、存在論は存在に関する根本問題を研究する哲学の一つの部門をいうのである。しかし統一存在論は、統一原理を基本にして、すべての存在が神によって創造された被造物であると見る立場であり、被造物の属性（共通の属性）は何であり、被造物はいかに存在し、またそれはいかなる運動をしているか、ということを扱う部門である。

本存在論は、すべての被造物をその対象としている。したがって人間も被造物であるので、本存在論の対象であるのはもちろんである。しかし人間は万物の主管主であって、万物とはその格位が違うので、人間に関しては特に本性論においてさらに詳細に論ずることにする。したがって本存在論は、主として万物に関する理論であるということができる。

原相論は神に関する理論であるが、存在論は万物に関する説明を通じて原相論を裏づける理論である。つまり原相論は統一原理に基づいた演繹《えんえき》的な理論であるために、そこで説明された神の属性が、実際にどのように万物の中に現れているか、また現れているとすればどのように現れているか、ということを明らかにするのが本存在論なのである。そして、もし万物の中にそのような神の属性が普遍的に現れている事実が明らかにされれば、原相論の真理性がよりいっそう保証されるのである。言い換えれば、万物の属性を扱う存在論は無形の見えない神の属性を可視的に確認する理論であるということができる。

今日、自然科学は急速な発展を遂げたが、ほとんどの場合において、科学者たちは神のことを考えず、ただ客観的に自然界を観察しただけであった。しかし相似の法則によって万物が創造されたために、自然を観察した科学的事実が神の属性と対応するということが明らかにされれば、自然科学はむしろ原相論を裏づけるという論理が成立するようになる。実際、今日までの自然科学の成果が神に関する理論を裏づけるという事実が本存在論において証明されるであろう。

統一原理によれば、人間は神に似せて造られ（創世記一・二七）、万物は人間に似せて造られた。神は宇宙の創造に先立って、心の中でまず神に似せて人間の像（姿）を描いたのである。そして次に、その人間の像を標本として、それに似せて万物を一つ一つ創造されたのである。これを「相似の創造」という。そして、このような創造の法則を「相似の法則」という。

ところが万物は、今も昔も本来の姿をそのままもっているが、人間は堕落によって本来の姿を失ってしまったために、人間によって構成された社会も本来の姿を失い、非正常的な状態におかれるようになった。したがって現実の人間と社会そのままでは「存在の問題」と「関係の問題」の解決の道を見いだすことはできない。そこで聖人や哲人たちは、空の星の運行や、自然万物の消長《しょうちょう》、変化や、四季の変遷の中で悟った理論でもって、彼らの教えを打ち立てたのである。しかし彼らは、なぜ人間と社会を救済する真理が自然界を通して得られるのかを知ることはできず、ただ直感的にそのような真理を悟っただけであった。

統一原理によれば、万物は本然の人間の姿を標本として造られたものであるから、自然界を通じて本来の人間と社会の姿を知ることができるのである。原相論において、神の属性を正しく理解することが、人間や社会の諸問題を解決することのできる鍵となることを説明した。しかるに創造は相似の創造であるために、神の属性だけでなく、万物の属性を正しく理解すれば、これもまた現実問題の解決の鍵となるのはもちろんである。したがって、存在論も現実問題を解決するまた一つの基準となる思想部門なのである。

本存在論では、万物一つ一つの個体を存在者という。したがって存在論は存在者に関する説明であり理論であるということができる。そして存在者に関する説明を「個性真理体」と「連体」という二項目に分けて行うことにする。

ここで個性真理体とは、神の属性、すなわち原相の内容にそのまま似た個体のことをいうのであり、一個体を他の個体との関係を考えずに、独立的に扱う時の被造物をいう。しかし実際は、すべての個体は相互間に密接な関係を結んで存在する。そこで一個体を他の個体との関係から見るとき、その個体を連体という。したがって連体は、相互関連性をもつ個性真理体をいうのである。

被造物（存在者）は神に似せて造られたから、すべての被造物の姿は神相に似ている。しかるに神相には普遍相と個別相があるので、すべての個体は原相に似て、普遍相と個別相をもっている。ここで普遍相とは性相と形状および陽性と陰性をいい、個別相とは各個体がもっている特性をいう。まず個性真理体の普遍相、すなわち性相と形状、陽性と陰性について説明する。

一　個性真理体

(一)　性相と形状

すべての被造物は、何よりもまず原相に似た属性として性相と形状の二側面をもっている。性相は機能、性質などの見えない無形的な側面であり、形状は質料、構造、形態などの有形的な側面である。

まず鉱物においては、性相は物理化学的作用性であり、形状は原子や分子によって構成された物質の構造、形態などである。

植物には、植物特有の性相と形状がある。植物の性相は生命であり、形状は細胞および細胞によって構成される組織、構造、すなわち植物の形体である。生命は形体の中に潜在する意識であり、目的性と方向性をもっている。そして生命の機能は、植物の形体を制御しつつ成長させていく能力、すなわち自律性である。植物はこのような植物特有の性相と形状をもちながら、同時に鉱物次元の性相的要素と形状的要素をも含んでいる。つまり植物は、鉱物質をその中に含んでいるのである。

動物においては、植物よりもさらに次元の高い動物に特有な性相と形状がある。動物の性相とは本能をいう。そして動物の形状とは、感覚器官や神経を含む構造や形態などである。動物もやは鉱物質をもっているのであって、鉱物次元の性相と形状を含んでいる。さらに植物次元の性相と形状をも含んでいる。動物の細胞や組織は、みなこの植物次元で作用しているのである。

　人間は、霊人体と肉身からなる二重的存在である。したがって人間は、動物よりもさらに次元の高い、特有の性相と形状をもっている。人間に特有な性相とは、霊人体の心である生心であり、特有な形状とは霊人体の体である霊体である。そして人間の肉身においては、性相は肉心であり形状は肉体である。

　人間の肉体の中には鉱物質が含まれている。したがって人間は、鉱物次元の性相と形状をもっている。また人間は、細胞や組織からできており、植物次元の性相と形状をもっている。また動物と同じように、人間は感覚器官や神経を含んだ構造と形態をもっており、動物次元の性相と形状をもっているのである。人間の中にある動物次元の性相、すなわち本能的な心を肉心という。こうして人間の心は本能としての肉心と、霊人体の心である生心から構成されているのである。ここで肉心の機能は衣食住や性の生活を追求し、生心の機能は真善美と愛の価値を追求する。生心と肉心が合性一体化したものが、まさに人間の本然の心（本心）である。

　ここで人間の霊人体について説明する。肉身は万物と同じ要素からできており、一定の期間中にだけ生存する。一方、霊人体は肉身と変わりない姿をしているが、肉眼では見ることのできない霊的要素からできていて、永遠に生存する。肉身が死ぬとき、あたかも古くなった衣服を脱ぎ捨てるように、霊人体は肉身を脱ぎ捨てて、霊界において永遠に生きるのである。霊人体も性相と形状の二性性相になっているが、霊人体の性相が生心であり、形状が霊体である。霊人体の感

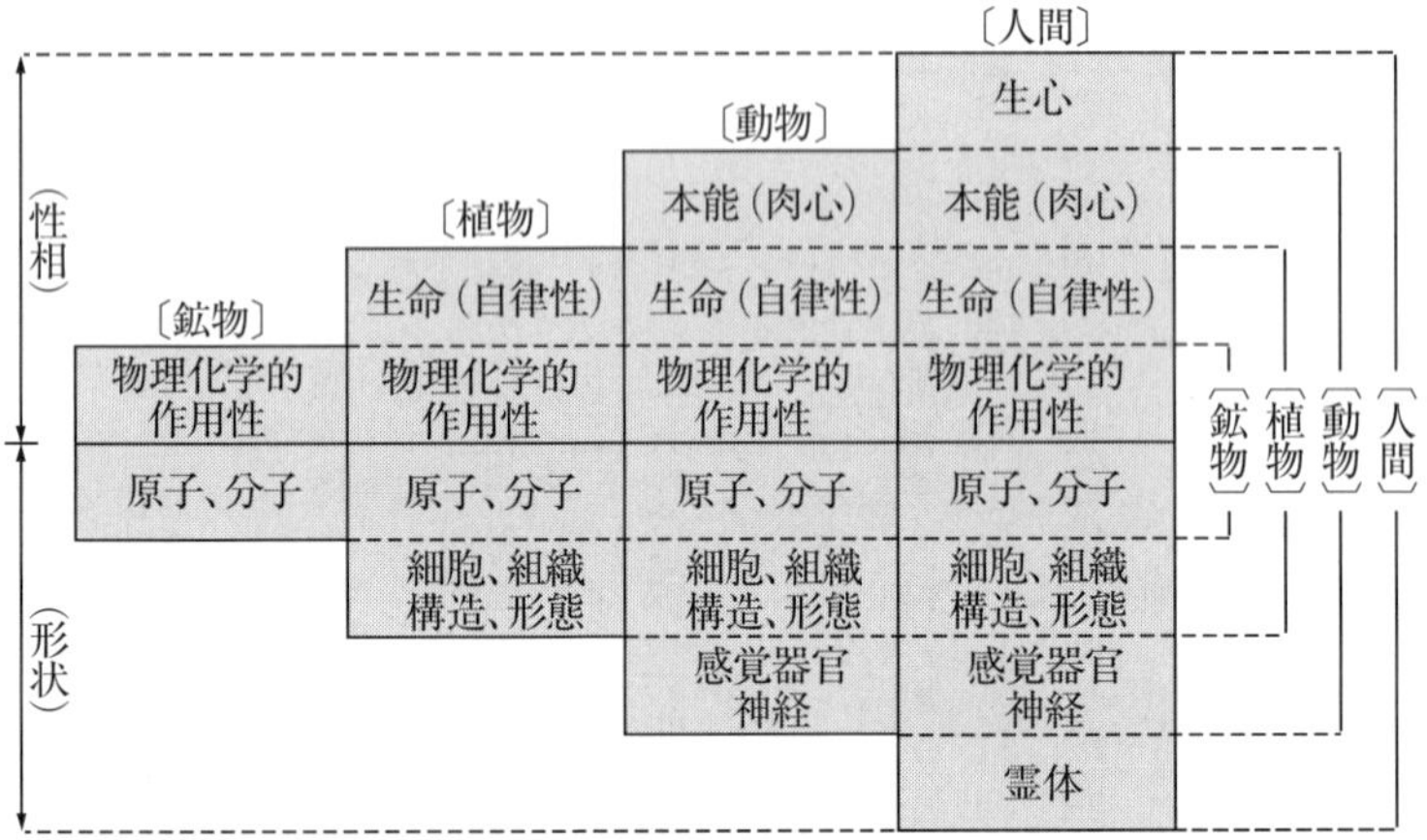

図2―1　存在者の性相・形状の階層的構造

性は肉身生活の中で、肉身との相対関係において発達する。

すなわち霊人体の感性は肉身を土台として成長する。したがって人間が地上で神の愛を実践して他界すれば、霊人体は充満した愛の中で永遠に喜びの生活を営むようになる。逆に地上で悪なる生活を営むならば、死後、悪なる霊界にとどまるようになり、苦しみの生活を送るようになるのである。

人間は鉱物、植物、動物の性相と形状をみなもっている。そしてその上に、さらに次元の高い性相と形状、すなわち霊人体の性相と形状をもっている。そのように人間は万物の要素をみな総合的にもっているために、人間は万物の総合実体相または小宇宙であるという。以上説明したことにより、鉱物、植物、動物、人間と存在者の格位が高まるにつれて、性相と形状の内容が階層的に増大していくことが分かる。これを「存在者における性相と形状の階層的構造」といい、図で表せば図2―1のようになる。

ここで留意すべきことは、神の宇宙創造において、鉱物、植物、動物、人間の順序で創造するとき、新しい次元の特有な性相と形状を前段階の被造物に加えながら創造を継続し、最後に最高の次元の人間の性相と形状を造ったのではないということである。神は創造に際して、心の中にまず性相と形状の統一体である人間を構想された。その人間の性相と形状から、次々に一定の要素を捨象《しゃしょう》し、次元を低めながら、動物、植物、鉱物を構想されたのである。しかし時間と空間内における実際の創造は、その逆の方向に、鉱物から始まって、植物、動物、人間の順序で行われたのである。これを結果的に見るとき、人間の性相と形状は、鉱物、植物、動物のそれぞれ特有な性相と形状が積み重なってできたように見えるのである。人間の性相と形状が階層的構造を成しているということは、次のような重要な事実を暗示している。

第一に、人間の性相は階層性をもちながら、同時に連続性をもっているということである。すなわち人間の心は生心と肉心から成っているが、生心と肉心には互いに連なっている。したがって生心によって肉心をコントロールすることができるのである。また人間の心は、生命とも連なっている。通常、心は自律神経をコントロールすることはできないが、訓練によってそれが可能となることが知られている。例えばヨガの行者は、瞑想によって心臓の鼓動を自由に変化させたり、時には止めることさえできるのである(1)。そして心は、体内の鉱物質の性相とも通じているのである。

人間の心はまた、対内的だけでなく対外的にも、他の動物や植物の性相とも通じ合っている。例えば人間は念力によって、物理的手段を用いることなく、動物や植物はもちろん鉱物にまでその影響を及ぼすことができるということも、明らかにされている。[2] 動物、植物、鉱物が人間の心に反応するということも知られている。植物の場合、アメリカの嘘《うそ》発見器の検査官であるクリーブ・バクスターが確認した「バクスター効果」がその一つの例である。[3] そして、鉱物や素粒子も自体内に思考力をもっているのではないかという推測までなされているのである。[4]

第二に、人間の性相と形状の階層的構造は、生命の問題に関して重要な事実を示唆《しさ》している。今日まで、無神論者と有神論者は神の実在に関して絶えず論争を続けてきた。その度ごとに、有神論者たちは「神なしに生命が造られることはない。神だけが生命を造ることができる」と言って無神論を制圧してきたのである。いくら自然科学が発達しても、生命の起源に関する限り、自然科学は合理的な論証を提示することはできなかった。そして長い間、生命の起源の問題は有神論が成立しうる唯一のよりどころであった。ところが今日、その唯一の拠点が無神論によって破壊されている。科学者が生命を造りうる段階に至ったと主張するようになったからである。

では、果たして科学者は生命を造ることができるのであろうか。今日の生物学によれば、細胞の染色体に含まれるＤＮＡ（デオキシリボ核酸）はアデニン、グアニン、シトシン、チミンという四種類の塩基を含んでいるが、この四種類の塩基の配列が生物の設計図というべき遺伝情報になっている。この遺伝情報に基づいて生物の構造や機能が決定されているのである。結局、ＤＮＡによって生命体が造られているという結論になる。そして今日、科学者がＤＮＡを合成しうるという段階にまで至った。したがって唯物論者たちは、生命現象を説明するのに神の存在は全く必要ないと主張する。結局、神はもとより存在しないというのである。

ところで科学者がＤＮＡを合成するということは、果たして生命を造ることを意味するのであろうか。統一思想から見れば、科学者がいくらＤＮＡを合成したとしても、それは生命体の形状面を造ったにすぎない。生命のより根本的な要素は生命体の性相である。したがって科学者が造りえるのは、生命それ自体ではなく、生命を担うところの担荷体《たんかたい》にすぎないのである。人間においても、形状である肉身は性相である霊人体を担っているのであって、肉身は父母に由来するが、霊人体は神に由来するのである。同様に、ＤＮＡが科学者に由来しうるとしても（すなわち科学者がＤＮＡを造ったとしても）、生命それ自体は神に由来するのである。

ラジオと音声について考えてみよう。ラジオは放送局から来る電波を捕らえて音波に変化させる装置にすぎない。したがって科学者がラジオを造ったとしても、科学者が音声を造ったわけではない。音声は放送局から電波に乗ってくるものだからである。それと同じように、たとえ科学者がＤＮＡを造ったとしても、それは生命を宿す装置を造ったにすぎないのであって、生命そのものを造ったとはいえないのである。

宇宙は生命が充満している生命の場であるが、それは神の性相に由来するものである。そこで生命を捕らえる装置さえあれば、生命がそこに現れるのである。その装置にあたるのがＤＮＡという特殊な分子なのである。「性相と形状の階層的構造」から、そのような結論が導かれるのである。

（二）陽性と陰性

陽性と陰性も二性性相である

次は、個性真理体の陽性と陰性について説明する。原相論で述べたように、陽性と陰性も神の二性性相であるが、それは性相と形状の属性である。つまり性相にも陽性と陰性があり、形状にも陽性と陰性があるということである。

まず、人間の性相と形状における属性としての陽性と陰性について説明する。人間の性相は心であるが、心には知情意の三機能がある。この知情意のそれぞれの機能に陽的な面と陰的な面があるのである。

知の陽的な面は、明晰《めいせき》、記憶、想起力、判明、才知などである。それに対して知の陰的な面は、模糊《もこ》、忘却《ぼうきゃく》、記銘《きめい》力、混同、生真面目《きまじめ》などをいう。情の陽的な面は、愉快、騒がしい、喜び、興奮などであり、情の陰的な面は、不快、静粛《せいしゅく》、悲しみ、沈着などである。意においては、積極的、攻撃的、創造的、軽率性などが陽的な面で、消極的、包容的、保守的、慎重《しんちょう》性などが陰的な面である。

形状すなわち体においては、隆起した部分、突き出した部分、凸部《とつぶ》、表面などが陽的な面であり、陥没した部分、孔穴部《こうけつぶ》、凹部《おうぶ》、裏面などが陰的な面である。以上の内容を整理すれば、表2—1のようになる。

		陽　性	陰　性
性相	知	明晰、記憶、想起力、判明、才致	模糊、忘却、記銘力、混同、生真面目
	情	愉快、騒がしい、喜び、興奮	不快、静粛、悲しみ、沈着
	意	積極的、攻撃的、創造的、軽率性	消極的、包容的、保守的、慎重性
形　状		隆起した部分、突き出した部分、凸部、表面	陥没した部分、孔穴部、凹部、裏面

表2―1　性相・形状の属性としての陽性・陰性（人間の場合）

動物、植物、鉱物においても、それぞれ性相に陽性と陰性があり、形状に陽性と陰性がある。動物には活発に行動する時と、そうでない時がある。植物には成長する時と枯れる時があり、花が咲く時と散る時があり、幹は上に向かい、根は地中に向かっている。そして鉱物においては、物理化学的作用性が活発に進行する時と、そうでない時がある。これらがそれぞれ性相面における陽性と陰性である。形状面にも陽性と陰性の現象が現れる。形状の突出部と孔穴部、高と低、表と裏、明と暗、剛と柔、動と静、清と濁、熱さと冷たさ、昼と夜、夏と冬、天と地、山と谷などが陽陰の例である。

以上、個性真理体の性相と形状における陽性と陰性について説明した。ところで各個性真理体において、性相と形状はこのように陽性と陰性を属性としてもっているが、ある個体は陽性をより多く表し、他の個体は陰性をより多く表している。前者を陽性実体といい、後者を陰性実体という。人間における男と女、動物における雄と雌、植物における雄しべと雌しべ、分子における陽イオンと陰イオン、原子における陽子と電子がその例である。単細胞のバクテリアにも雄と雌があるといわれている。(5)

人間の場合の陽性実体と陰性実体

陽性実体と陰性実体は特に人間において、それぞれ男子と女子を表す概念としてよく用いられる。それでは人間の場合、陽性実体と陰性実体とは具体的にいかなるものであろうか。それに関してはすでに原相論において詳しく説明したが、ここで再びその要点を述べる。

形状（身体）において、男と女の陽陰の差異は明らかであって、それは量的差異である。すなわち男の身体は女の身体に比べて陽的な要素がより多く、女の身体は男の身体に比べて陰的な要素がより多いのである。それに対して性相（知情意の心）における男女間の差異は質的な差異である。

すでに説明したように、男女共に、知にも情にも意にも陽陰があるが、それぞれの陽陰には男女間で質的な差異があるのである。例えば陽的な知の陽である明晰《めいせき》の場合、男女共に明晰さをもっているが、男女で明晰さの質が異なるのである。男の明晰さは包括的な場合が多く、女のそれは分析的または縮小指向的な場合が多い。また陰的な情である悲しみの場合、男の悲しみは悲痛（激しい悲しみ）の傾向があり、女の悲しみは悲哀（繊細な悲しみ）の場合が多い。そして陽的な意である積極性の場合、男の積極性は硬い感触を与え、女の積極性は軟い感触を与えるのである。性相におけるこのような男女間の差異が質的差異である。

理解の便宜上、声楽の例を挙げてみよう。声楽において、男のテノールと女のソプラノは共に高音（陽）であるが、それらは互いに質的に異なっている。また男のバスと女のアルトは共に低音（陰）であるが、それらも互いに質的に異なっているのである。男と女における、性相の属性である陽性と陰性には、そのように質的に差があるのである。そのために男には男らしさが現れ、女には女らしさが現れるのである。

次に、宇宙の創造の過程において、いかに陽陰の作用が働いてきたかを見てみよう。神の創造は、陽陰の調和を活用した一種の壮大な芸術作品の創作に比喩《ひゆ》することができる。すなわち調和という面から見るとき、神は「天地創造」という一つの壮大な交響曲を演奏してきたと見ることができるのである。神は大爆発（ビッグバン）より始めて、(6) 銀河系を造り、太陽系を造り、地球を造られた。そして地球上において、植物、動物を造り、最後に人間を造られた。そのとき、交響曲の演奏において、音の高低、強弱、長短、陽的な楽器と陰的な楽器の演奏など、いろいろな陽陰が調和して作用しているのと同様に、宇宙創造の過程においても、無数の陽陰の調和が作用してきたと見るのである。

銀河系には約二千億の恒星があるが、それらは渦巻き状に配列されている。星の密なところが陽であり、まばらなところが陰である。地球には陸と海ができたが、陸が陽で海が陰である。山と谷、昼と夜、朝と夕、夏と冬なども陽陰の調和である。このように数多くの陽陰の調和が絡み合うことにより、宇宙が形成され、地球が形成され、生物が発生し、人間が出現したのである。

人間の活動も陽陰の作用によって行われている。夫婦の調和によって、家庭が維持される。美術創作においても、線の屈曲《くっきょく》、色の明暗、濃淡、量感の大小などの陽陰の調和が必要である。

このように、宇宙の創造においても、人間社会の活動においても、陽性と陰性の調和が性相と形状を通じて現れているのである。このような陽陰の調和的な作用は変化や発展のために、そして美を表すために、なくてはならない要素である。ここに神が陽性と陰性を性相と形状の属性としたのは、陽性と陰性を通して調和と美を表すためであるという結論になるのである。

(三) 個性真理体の個別相

個性真理体は性相と形状、および陽性と陰性の普遍相のほかに、個体ごとに独特な属性をもっている。それが個性真理体の個別相であって、原相の個別相（原個別相）に由来しているのはもちろんである。

普遍相の個別化

個別相は普遍相と別個の属性でなく、普遍相それ自体が特殊化、個別化されたものである。すなわち普遍相は性相と形状、陽性と陰性であるが、これらの属性が個体ごとに異なって現れるのが、まさに個別相なのである。

人間の場合、個人ごとに性格（性相）が違い、体格や容貌《ようぼう》（形状）が異なっている。また性相の陽陰や形状の陽陰も個人ごとに異なっている。例えば同じ喜び（情の陽）であっても、人によってその表現方法がそれぞれ異なっており、悲しみ（情の陰）においても同様である。鼻は体の陽的な部分であるが、鼻の高さと形は人によってそれぞれ異なっている。体の陰的な部分である耳の穴を見ても、その大きさとか形はやはり人によって異なっているのである。このように個別相は、普遍相それ自体が個別化されたものである。

種差と個別相

一定の事物が共通にもつ性質を徴表《ちょうひょう》（Merkmal）といい、同一の類概念に属する種概念のうちで、ある種概念に現れる特有の徴表を種差《しゅさ》（specific difference）という。例えば「人」は「犬」や「猫」と同じように「動物」という類概念に属する種概念であるが、「人」という種概念に独特な徴表である「理性的」というのが人間の種差である。（統一思想から見るとき、徴表や種差も、共に普遍相の特殊化であることはもちろんである。）したがって、ある生物の徴表は、いろいろな段階の種差が合わさったものとなっているのである。

例えば一人の人間を考えてみよう。人間は生物でありながら、植物ではない動物の徴表すなわち種差をもっている。また動物として、無脊椎《せきつい》動物ではない脊椎動物の種差をもっている。また脊椎動物として、魚類や爬虫《はちゅう》類ではない哺乳《ほにゅう》類の種差をもっている。また哺乳類として、食肉類や齧歯《げっし》類ではない霊長類の種差をもっている。また霊長類として、テナガザルなどではないヒト科（Homonidae）の種差をもっている。またヒト科として、いわゆる猿人ではないヒト属（Homo）としての種差をもっている。またヒト属として、いわゆる原人ではないホモ・サピエンスの種差（理性的であるということ）をもっている。

このように人間の徴表にはおよそ、界（Kingdom）、門（phylum）、綱（class）、目《もく》（order）、科（family）、属（genus）、種（species）の七段階の種差が含まれている。そしてこのような七段階の種差の基盤のうえに、個人の特性すなわち個別相が立てられているのである。すなわち七段階の種差を土台とする個人の特性が人間の個別相である。

ところで人間における七段階の種差は、生物学者たちが便宜的にそのように分けただけであって、神はそのように、いろいろな種差を重ねながら人間を造られたのではない。『原理講論』に「神は人間を創造する前に、未来において創造される人間の性相と形状とを形象的に展開して、万物世界を創造された」（六七頁）とあるように、神は天宙の創造に際して、一番最後に造るべき人間を、心の中で一番初めに構想されたのである。

神は一番最初に構想した人間を標準として、動物、植物、鉱物の順で考えられたのである。すなわち構想した人間を標本として、動物を考え、次に植物を、その次に鉱物を考えられたのである。そのように、構想においては、人間、動物、植物、鉱物（天体）という順序で、下向式に考えられた。ところが実際に被造世界を造る順序はその逆であった。すなわち鉱物（天体）、植物、動物、人間の順序で、上向式に造られたのである。

神は人間の構想に際して、いくつかの種差を重ねながら構想されたのではない。一度にすべての属性（性相と形状、陽性と陰性）をもった人間を構想されたのである。しかも抽象的な人間ではなくて、具体的な個別相をもった人間、アダムとエバを心に描かれたのである。次に人間から一定の性質と要素を省略し、変形しながら、いろいろな動物を考えられた。次に動物の一定の性質と要素を省略し、変形しながら、いろいろな植物を構想された。また植物の一定の性質と要素を省略し、変形しながら、いろいろな天体と鉱物を構想された。そのような下向式の構想における一段階の構想、例えば動物の段階の構想においても、高級なものから始まって、そこから一定の性質と要素を省略または変形しながら、次第に低級な動物を構想されたのである（植物においても同様である）。したがって創造の結果だけを見れば、人間において、いろいろな段階の動物の種差が重なっているように見えるのである。

ここで留意すべきことは、分子、原子、素粒子など微視世界において、個体の個別相は、その個体が属する種類の種差（特性）と同一であるということである。例えば水の分子は、どんな分子であれ、同じ形態と化学的性質をもっている。原子においても同じであり、素粒子においても同じである。すなわち微視世界においては種差と個別相が一致すると見るのである。素粒子や素粒子はより高い次元の個体の構成要素になっているからである。原子や素粒子からできている山河や宇宙の無数の天体にはそれぞれに個別相があるが、構成要素としての鉱物それ自体は、やはり種差がそのまま個別相となっているのである。

これは植物や動物においても同じである。すなわち種類の特性がそのまま個別相となるのである。例えば木槿《むくげ》の特性はそのまま、すべての木槿の個別相となり、一定の種類の鶏の特性は、そのまま同種のすべての鶏の個別相となる。そのように人間においては、個人ごとに個別相が異なるが、人間以外の万物は種類によって個別相が異なるのである。

個別相と環境

人間において、個別相とは個体が生まれつきもっている特性であるが、個別相にも環境によって変わる側面がある。それは原相がそうであったように、すべての個体は、存在または運動において、自己同一性と発展性（変化性）の両面を同時に現すからである。言い換えれば、人間は不変性（自己同一性）と可変性（発展性）の統一的存在として存在し、成長するのである。その中で不変的な側面が本質的であって、変化する側面は二次的なものである。個別相を遺伝学から見れば、遺伝形質に該当するということができる。この個別相が個体の成長過程において、環境との不断の授受作用を通じて部分的に変化していくのである。個別相のうち、このように変化する部分、または変化した部分を個別変相という。この個別相の可変的な部分は、遺伝学上の獲得形質に相当するといえる。

ソ連のルイセンコ（T.D. Lysenko, 1898-1976）は、春化処理（低温処理）によって、秋蒔《ま》き小麦を春蒔き小麦に変える実験を通じて、環境によって生物の特性が変化すると主張した。そして不変的な形質が遺伝子によって子孫に伝えられるとするメンデル・モルガンの遺伝子説を形而上学として否定した。生物の本来的な不変性を否定し、環境によって変化する面だけを強調したのである。このルイセンコの説は、スターリン（J.V. Stalin, 1879-1953）によって認められ、高く評価されて、それまでのメンデル・モルガン派の学者たちは反動として追放されるまでに至った。

しかし、やがてルイセンコ学説の誤りが外国の学者たちの研究によって確認され、メンデル・

モルガンの学説の正当性が再び認められることになった。結局、ルイセンコ主義は唯物弁証法を合理化するための御用学説であることが暴露されたのである。こうした事実から見ても、万物は不変性と可変性の統一的存在であることを確認することができるのである。

個別相に関連して、環境が人間を規定するかという問題がある。共産主義は、人間の性格は環境によって規定されると主張しており、例えばレーニン（V.I. Lenin, 1870-1924）の革命家的人物としての指導能力は当時のロシアの状況から生まれた産物であるという。しかしながら統一思想から見るとき、人間はあくまでも環境に対して主体であり、主管主である。すなわち生まれつき突出した個性と能力をもった人間が、一定の環境条件が成熟したとき、その環境を収拾するために指導者（主体）として現れると見るのである。したがってロシア革命の場合、レーニンは本来、突出した能力の持ち主として生まれ、国の内外の条件が成熟した時に、持って生まれた能力を発揮して、環境を収拾しながらロシアを共産主義革命へと率いていったと見るべきである。

これを個別相という概念で表現すれば、環境は人間の個別相における可変的な部分に影響を与えるだけで、個別相全体が環境によって規定されるのではないのである。

二 連体

(一) 連体とは何か

構造から見た連体

すでに述べたように、個性真理体とは、その内部に主体と対象の相対的要素があって、両者が目的を中心として授受作用をして、合性一体化したものである。ところでこの個性真理体は、さらに外的に他の個性真理体と主体と対象の関係を結んで授受作用を行う。そのとき、この個体(個性真理体)を特に連体という。言い換えれば、内的四位基台を成している一個体が、他の個体と関係を結んで外的四位基台を形成した時の個体、すなわち「原相の二段構造」に似た個性真理体を連体というのである。

目的から見た連体

目的という立場から見た場合、すべての個体は必ず個体目的と全体目的という二重目的をもっている。そのような個体を連体という。個体目的とは、個体として生存を維持し、発展しようとする目的をいい、全体目的とは、全体の生存と発展に寄与しようとする目的をいう。

次に、被造世界における、素粒子から宇宙に至る個体の系列を見てみよう。素粒子は素粒子としての存在を維持しながら、原子（全体）を形成するために存在している。原子は原子としての存在を維持しながら、分子（全体）を形成するために存在している。分子は分子としての存在を維持しながら、細胞（全体）を形成するために存在している。細胞は細胞としての存在を維持しながら、生物の組織や器官（全体）を形成するために存在している。原子や分子は鉱物（全体）を形成し、さらに地球（全体）を形成するためにも存在している。地球は地球自体を維持しながら、太陽系（全体）を形成するために存在している。また太陽系は太陽系自体を維持しながら、銀河系（全体）のために存在している。銀河系は銀河系自体を維持しながら、宇宙（全体）のために存在している。さらに宇宙は宇宙として存在しながら、人間（全体）のために存在しているのである。

人間は外形では極めて小さな存在であるが、その価値は全宇宙を総合したものより大きい。宇宙が人間のために存在するのはそのためである。そのように、被造物はみな全体目的と個体目的をもっている。そして被造万物の全体目的において最高の全体目的は、人間のために存在することにある。例えば地球は太陽系を形成するという目的をもっているが、同時に人間の住み家になるという目的をもっている。また微視世界の電子は、原子を形成するために原子核の周りを回っているが、それは同時に人間のためにも（人間の主管の対象である万物をつくるために）回っているのである。そのように素粒子から宇宙に至るまで、各級の被造物は、より上位の被造物を構成するために存在しながら、同時に人間のために存在しているのであるが、前者を形状的な全体目的、後者を性相的な全体目的という。

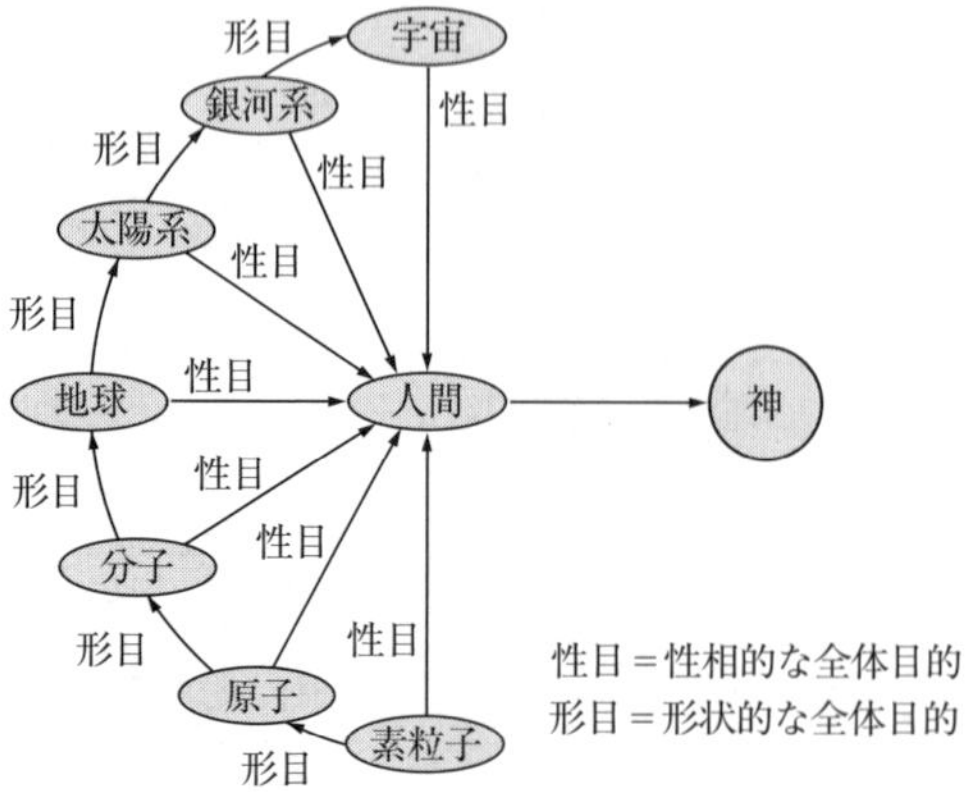

図２―２　被造物の全体目的の系列

さらに人間の全体目的は神のために生きるということである。そのように素粒子から宇宙、人間に至るまで、すべての被造物は二重目的をもった連体として存在しているのである。そのような関係を表したものが図２―２である。

関係の方向性から見た連体

原相に内的四位基台と外的四位基台の二段構造があるように、被造世界においても、すべての個体は二段構造を成して、授受作用を行って存在している。すなわち個性真理体として内的四位基台を維持しながら、同時に他の個性真理体と外的四位基台を成しており、その基台の上で、共通目的を中心として授受作用を行っている。それが存在の二段構造である。

外的四位基台の形成において、人間は上下、前後、左右の六方向に授受作用を行う。私を中心として見るとき、上の方には父母や上司や年長者がおり、下の方には子女や部下や年少者がいる。前には、先生や先輩

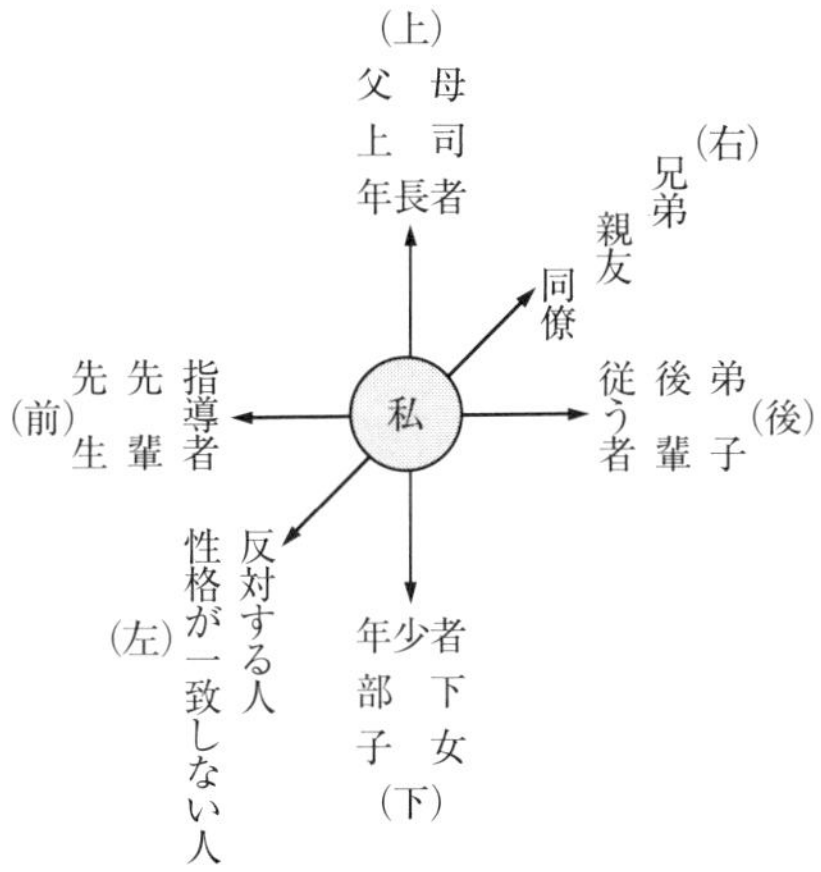

図２―３　連体としての人間の上下、前後、左右の関連性

や指導者がおり、後ろには弟子や後輩や自分に従う者がいる。右の方には兄弟や親友、同僚などがおり、左の方には自分と意見の合わない人、反対する人、性格が一致しない人がいる。このように人間は六方向において他人と関係を結んで存在する。これは人間のみならず万物においても同じである。このように六方向に関係を結んでいる個体もまた連体である。特に人間がそうなのであって、それを図で表すと図２―３のようになる。

人間はまた自然環境とも関係を結んでいる。例えば非常に遠い星からも、人間は何らかの影響を受けている。宇宙線が人間の生理作用に影響を及ぼしているのは、よく知られている事実である。人間が鉱物、植物、動物と密接な関係をもっているのは言うまでもない。そういう意味においても人間は連体である。

格位から見た連体

これに関しては「存在格位」のところで説明する。

唯物弁証法と相互関連性

連体と関連して、共産主義の唯物弁証法の主要概念の一つである「相互関連性」を批判することにする。スターリンは「形而上学とは反対に、弁証法は、自然を、たがいに切り離され、たがいに孤立し、たがいに依存しない諸対象、諸現象の偶然的な集積とみなさないで、関連のある、一つの全体とみなすものであって、この全体では諸対象、諸現象は、たがいに有機的に結びつき、たがいに依存しあい、たがいに制約しあっていると見る」(7)と、事物の相互関連性を強調し、事物を個別的にのみ見る立場を形而上学といって批判した。

統一思想から見た場合、すべての存在は神の二性性相に似せて造られたので、個性真理体として存在するのみならず、連体として、他の個性真理体と直接的、間接的につながっている。唯物弁証法は、そのことを、ただ相互関連性という言葉で表現しているだけである。

しかも唯物弁証法は、事物の相互関連性を認めるだけであって、なぜこのような関連性をもっているかということは、全く説明していないし、また説明することはできない。しかるに長い間、共産主義者たちは、この相互関連性の理論をもって、世界の労働者たちは革命のために団結しなくてはならないと主張してきたのである。これは論理の飛躍と言わざるをえない。

それに対して統一思想は、連体の概念でもって、すべての事物は目的を中心として、直接的間接的に、上下、前後、左右に必ず他者と相互関連をもっていると説明する。したがって相互関連性は必然的なものである。ゆえに全宇宙は、相互関係性をもった無数に多くの個体からなる巨大な有機体なのである。

(二) 主体と対象

先に個性真理体は性相と形状、陽性と陰性の普遍相をもつことを説明したが、性相と形状も、陽性と陰性も、共に主体と対象の関係にある。ところで被造物である個性真理体は、性相と形状、陽性と陰性以外にもう一つの主体と対象の相対的要素をもつ。それが主要素と従要素(または主個体と従個体)である。これは被造世界が時空的性格を帯びているところから生じるものである。

例えば家庭における父母と子女、学校における先生と生徒、太陽系における太陽と地球、細胞における核と細胞質などは、性相と形状の関係でもなければ、陽性と陰性の関係でもない。これらは主要素と従要素の関係、または主個体と従個体の関係である。これらの関係もまた主体と対象の関係である。このように個性真理体においては、性相と形状、陽性と陰性、主要素と従要素(主個体と従個体)という三つの主体と対象の関係が成立しているのであり、これらはすべて神の二性性相における主体と対象の関係に似たものである。

それでは主体と対象の性格はいかなるものであろうか。主体は対象に対して、中心的、積極的、動的、創造的、能動的、外向的であり、対象は主体に対して依存的、消極的、静的、保守的、受動的、内向的である。ところで、そのような主体と対象の関係において、一定の主体的要素と対象的要素が一時に様々な相対的関係をみなもつというわけではない。主として、一対の相対的関係をもつのである。すなわち、主体が中心的なとき対象は依存的になり、主体が積極的なとき対象は消極的になり、主体が外向的なとき対象は内向的になる。以上のような特徴を要約して、主体は主管的であり、対象は被主管的であると表現するのである。

被造世界における個性真理体の系列

存在者は必ず性相と形状、陽性と陰性、主要素と従要素（主個体と従個体）などの、主体と対象の相対的要素をもっている。その事実を被造世界の各級の個性真理体、すなわち極大世界の天宙から極微世界の素粒子に至る系列の、各級の個性真理体を例を挙げて説明する。

天宙はいくら大きくても、それもまた一個の個性真理体である。それは霊界と宇宙（地上界）から成っている。霊界は目に見えない宇宙であり、地上界は目に見える宇宙であるが、これらが主体と対象の関係になっている。この場合、霊界と地上界の関係は、人間の霊人体と肉身の関係と同様に、性相と形状という意味での主体と対象である。

次に宇宙を見れば、これも一つの個性真理体である。宇宙には中心があり、その中心を約二千億の銀河（星雲）が回っている。その場合、宇宙の中心にある部分が主要素で、多くの銀河は従要素である。その主要素と従要素も主体と対象である。それから銀河系も一つの個性真理体である。われわれの住んでいる銀河系は中心核を成している恒星群（核恒星系）とそれを取り囲む約二千億の星（恒星）の大集団から成っているが、中心核と恒星は主要素と従要素であって、主体と対象の関係にある。

太陽は銀河系の中の恒星の一つであるが、太陽系も一つの個性真理体である。太陽系は太陽と九つの惑星から成っているが、太陽と惑星は主要素と従要素であって主体と対象の関係を結んでいる。太陽系の惑星の中の一つである地球も一つの個性真理体であるが、地球には中心部（核）と地殻・地表がある。これも主要素と従要素であり、主体と対象の関係である。

地表も一つの個性真理体と見ることができる。地表には自然万物と人間が住んでいる。人間は主要素であり、自然は従要素である。そして人間は国家を形成しているが、国家は政府と国民という主要素と従要素から成る個性真理体である。国家の単位である家庭も一つの個性真理体であるが、家庭は父母と子女や、夫と妻の関係から成っている。父母と子女はそれぞれ主個体と従個体としての主体と対象の関係であり、夫と妻は陽性と陰性の個体として、やはり主体と対象の関係にある。そして個々の人間も個性真理体であって、霊人体と肉身から成っている。この場合、霊人体と肉身は性相と形状の関係であり、やはり主体と対象の関係である。

それから肉身も個性真理体として、脳と肢体の主要素と従要素から成っている。そして肉身は細胞からできているが、個々の細胞はそれぞれ個性真理体であって、核と細胞質という主要素と従要素から成っている。細胞核もまた一つの個性真理体であって、染色体と核液という主要素と従要素から成っている。染色体も一つの個性真理体であって、核酸（ＤＮＡ）とタンパク質という主要素と従要素から成っている。核酸もまた一つの分子であり、やはり個性真理体であるが、主要素である塩基と、従要素である糖・リン酸から成っている。塩基や糖・リン酸を形成しているのは原子である。原子も一つの個性真理体であって、二種の素粒子すなわち陽子（核）と電子

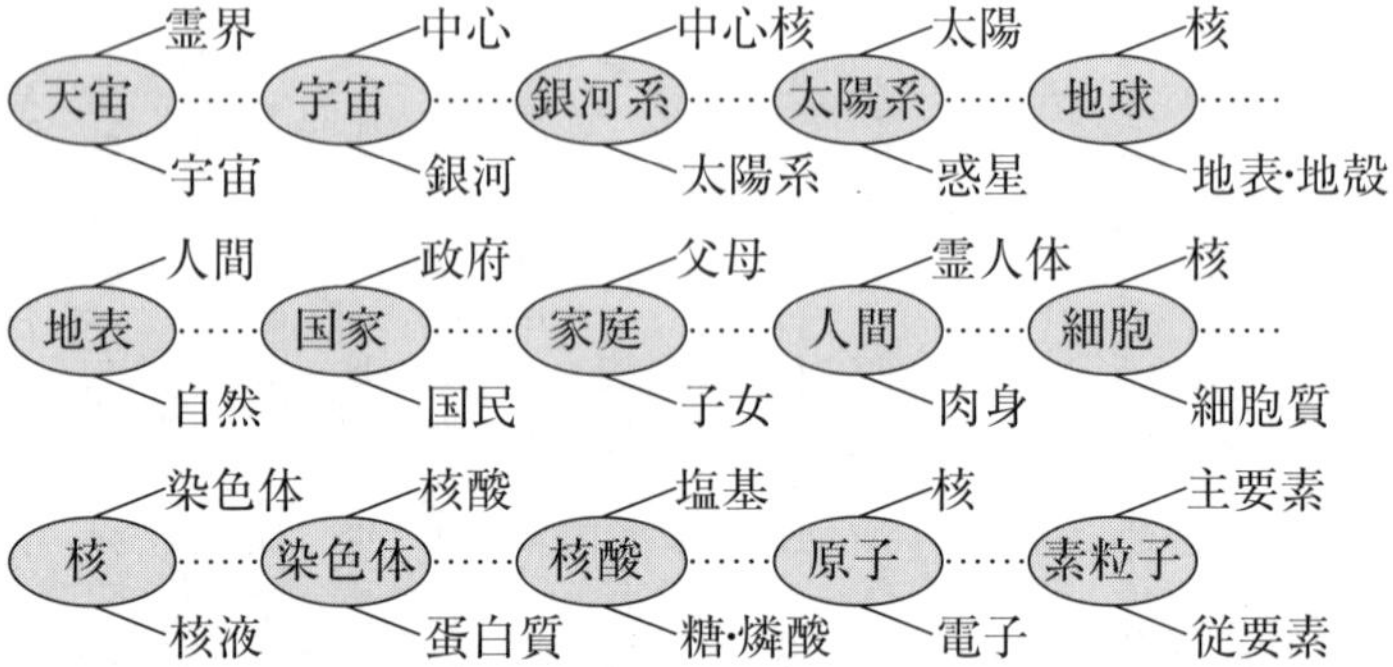

図２—４　個性真理体の系列と各級個性真理体における相対的要素

という主要素と従要素からできている。そして素粒子もさらに低次元の主要素と従要素から成っていると見ることができる。

このように、被造世界は小さくは素粒子から大きくは天宙に至るまで、いろいろな階層の数多くの個性真理体があり、それらがみな主体と対象の相対的要素から成っているのである。ところで一つの個性真理体は、それより上位の個性真理体から見るときには、その上位の個性真理体の構成要素にすぎない。例えば太陽系は太陽と惑星から構成される個性真理体であるが、銀河系という上位の個性真理体から見れば、銀河系の一つの構成要素にすぎないのである。したがって「個性真理体」は相対的な概念である。さらに「主体と対象」も相対的な概念である。例えば太陽は太陽系の中では惑星に対して主体であるが、銀河系においては中心核（核恒星系）に対して対象になっているのである。個性真理体の系列と各個性真理体における主体と対象の相対要素を表すと、図２—４のようになる。

主体と対象の類型

統一思想でいう主体と対象の概念は、従来の哲学における主体と対象の概念と必ずしも同じではない。ここでその違いを明らかにする。

従来の哲学において、例えば認識論では、主体は認識する人の意識または認識する自我を意味し、対象は認識されるもの、すなわち意識の中にある対象（概念）と意識の外にある対象（物体）を意味している（認識論では、一般的に主観と客観という用語が用いられている）。存在論的ないし実践的な意味の主体とは、意識をもった存在者（人間）をいい、対象とは、主体が対している存在をいう。要するに、従来の哲学でいう主体と対象の関係は、意識ないし人間とそれが対している物との関係を意味していたのである。

ところが統一思想における主体と対象の概念は、それとは違って、人間と物との関係ばかりではなく、人間と人間の関係や、物と物の関係においても適用される。そして主体と対象の関係には次のようないくつかの類型がある。

①　本来型

これは神の創造から見て、永遠に成立する、普遍的な主体と対象の関係をいう。例えば親と子、夫と妻、教師と生徒、恒星と惑星、細胞核と細胞質、原子核と電子などの関係がその例である。

②　暫定型

これは暫定《ざんてい》的に成立する主体と対象であり、日常生活において頻繁《ひんぱん》に起こる関係である。例えば、講義の行われている間だけ成立する講師と受講者の関係がそうである。本来型の主体と対象の関係においても、場合によっては主体と対象が逆転する場合がある。例えば家庭において、夫が不在の時や病気の時は、妻が夫に代わって主体（家長）の責任をもつ場合があり、父母が老衰したり病気の時は、子供が父母に代わって家庭の責任をもつ場合がある。そういう場合は暫定型の主体と対象の関係である。しかしそういう場合でも、本来型が完全に消えたのではなくて、本来型を基盤とした暫定型なのである。

③　交互型

人間相互間の対象に見られるように、主体と対象が交互に変化する場合、両者の関係を交互型という。例えば話し手は主体であり、聞き手は対象であるが、対話が継続している間、話し手と聞き手は交互に代わる場合が多いのである。

④　不定型

どちらが主体でどちらが対象か、人間が恣意《しい》的に決定する場合があるが、その場合の主体と対象の関係を不定型という。客観的に定められていないという意味である。動物と植物の関係において、動物は炭酸ガスを放出して植物に与え、植物は酸素を放出して動物に与えている。ここで酸素の流れから見るとき、植物が主体であり、炭酸ガスの流れから見るとき、動物が主体である。どちらに重点を置くかによって、すなわち判断者の意志によって主体と対象の関係が変わる。そのような場合が不定型の主体と対象である。

授受作用

二つの個体が共通の目的を中心として主体と対象の相対関係を結ぶと、一定の要素または力を授け受ける作用が起きる。その作用を授受作用という。その作用によって二つの個体（事物）は存続し、運動し、変化し、発展する。

例えば学校において、新入生が入学手続をすれば、その時から教師と学生の間に相対関係が成立するようになる。相対関係とは、互いに対している関係である。その相対関係の基盤の上で、教師は教え、学生は学ぶのであるが、それが授受作用である。その授受作用によって、知識や技術が伝達され、学生たちの人格が陶冶《とうや》されるのである。そのようにして教師は生きがいを感じ、学生は先生に感謝するのである。また若い男女が何かのきっかけで知り合ったり、見合いをしたりして婚約し、結婚して家庭を築いて互いに愛し合うようになる。そのとき、見合いをしたり、婚約をすることは、相対関係を形成することであり、結婚して愛し合うことは授受作用をすることである。また太陽と惑星は四十六億年前から相対関係を結んでおり、それ以来、今日に至るまで、万有引力によって、力を授受しているのである。それも授受作用である。そのようにして惑星は太陽の周囲を回っているのである。

原相論で述べたように、神の属性において、心情を中心として性相と形状が授受作用をなして、中和体または合性体を成している。これは永遠に自存性を維持する自己同一的な側面である。そして原相には、目的（創造目的）を中心として、性相と形状が授受作用を行って繁殖体または新生体を生ずるという側面もある。これは変化、発展的な側面である。前者の場合が自同的授受作用であり、後者の場合が発展的授受作用である。

同様に、被造世界の授受作用においても、自同的授受作用と発展的授受作用の二側面がある。被造世界は相似の法則によって原相の属性に似せて創造されたからである。例えば銀河系を見ると、中心の核恒星系とそれを中心とした約二千億の恒星の間に授受作用が行われている。そこにおいて、凸レンズ型の銀河系の姿はいつも一定である。またすべての星が一定の軌道を保ちながら回転運動をしているが、これも銀河系の不変な一側面である。ところで銀河系は初めはゆっくり回転していたが、次第に回転の速度が速くなったといわれている。また銀河系の中では絶えず古い星が死を迎え、新しい星が誕生している。そのように銀河系には常に変化する面もある。したがって銀河系における授受作用にも、自己同一的なものと発展的なものとの二つの側面があることが分かる。

また原相論で述べたように、神の性相の内部では、二つの内的要素すなわち内的性相と内的形状がある。この二つの内的要素が心情または目的を中心として主体と対象の関係を結んで授受作用をすれば、合性体または新生体を生じる。それが内的授受作用である。そして性相（本性相）

と形状（本形状）が、心情または目的を中心として授受作用を行い、合性体または新生体を成すことが外的授受作用である。神におけるこのような内的授受作用と外的授受作用の二段作用は、同時に二段の四位基台を成すので、これを原相の二段構造ともいうのである。この二段構造は、そのまま被造世界にも適用される。そして人間を含むすべての被造物は、必ず内的に主体と対象の二要素をもつと同時に、外的にも他者と共に主体と対象の関係を結んでいるのである。

例えば人間と万物の関係において、人間は内的性相と内的形状の授受作用、すなわち内的授受作用を行いながら（思考しながら）、外的授受作用によって、万物を認識し、主管しているのである。そのとき、人間の内部において行われている授受作用を内的授受作用といい、人間と万物との授受作用を外的授受作用というのである。

授受作用にはいろいろな類型があるが、これは主体と対象が、意志または意識をもっているか否かによって区別される類型である。授受作用の類型には次のようなものがある。

①　両側意識型

学校の授業において先生が主体、生徒は対象であるが、両者共に意識をもって授受作用を行っている。このような例を両側意識型の授受作用という。人間と人間の授受作用のみならず、人間と動物、動物と動物においても、双方が意志または目的意識をもって授受作用を行う場合が多い。その場合も、両側意識型の授受作用である。

② 片側意識型

先生がチョークで黒板に字を書いているとき、先生とチョークの間に授受作用が行われている。その場合、先生は意識をもっているが、チョークはそうではない。このように、一方（主体）は意識をもっているが、他方（対象）はただ受動的である場合、これを片側意識型の授受作用という。

③ 無自覚型

動物は呼吸作用において、植物から放出された酸素を吸収し炭酸ガスを出している。一方、植物は、光合成作用を行うとき、動物が放出した炭酸ガスを吸収しながら酸素を出している。そのとき、動物は意識的に植物のために炭酸ガスを出しているのではなく、植物も意識的に動物のために酸素を出しているのではない。両方共に無意識のうちに、炭酸ガスと酸素を交換しているのである。そのように、主体と対象の両者あるいは一方（主体）が意識をもっていながらも、互いに無自覚的に授受作用を行っている場合を、無自覚型の授受作用という。

④ 他律型

主体と対象が共に意識をもたず、第三者の意志によって、他律的に授受作用を行うように仕向けられている場合を他律型の授受作用という。例えば太陽（主体）と地球（対象）の授受作用がそうである。太陽と地球は共に無意識のまま、神の創造目的（意志）に従って、他律的に授受作用を行っているのである。また時計において、いろいろな部品が互いに授受作用をすることによって時間を表示しているが、それは時計を造った人間の意志によって、そのように動くように設計されたからである。このような授受作用を他律型の授受作用という。

⑤ 対比型

人間が二つあるいは多数の事物を対比（対照）して、それらの間に調和を発見するとき、人間はそれらが授受作用を行っていると主観的に見なす。これを対比型または対照型の授受作用という。対比型の授受作用において、人間は意識的または無意識的に、一方の要素を主体に、他の要素を対象に想定して、対比を行うことにより、その二つの要素が授受作用をなしているものと見なすのである。したがって、このような授受作用は主観的な授受作用である。

この対比型の授受作用を特に意図的に行う場合が、芸術の創作や鑑賞活動である。芸術家は作品を創るとき、色と色、光と影などを調和するように調節する。また鑑賞者が作品に対するとき、作品の中のいろいろの物理的要素を対比して、調和を見いだそうとするのである。

思考においても対比型の授受作用が見られる。例えば「この花はバラである」という判断は、「この花」を主体、「バラ」を対象として、対比することによってなされる、と見ることができる。認識においては、外界の対象からくる形、色、香りなどの感性的内容と、人間主体のもっている原型すなわち一定の観念が対比されて認識がなされる。認識論においては、特にこの対比過程を照合というが、これもやはり対比型の授受作用である。

相対物と対立物

個性真理体の中には必ず主体と対象の相対的要素があることを説明したが、そのような相対的要素を簡単に「相対物」と表現する。主体と対象の相対物は目的を中心として相対関係を結び、円満な授受作用を行って合性体を成したり、繁殖体を生じているのである（統一思想では授受作用の法則を簡単に「授受法」という）。一方、唯物弁証法はすべての事物の中には必ず「対立物」または「矛盾」が含まれており、事物は対立物の闘争によって発展していると主張する。統一思想の主張するように、事物は相対物の円満な授受作用によって、発展しているのであろうか。あるいは唯物弁証法の主張するように、事物は対立物の闘争によって発展しているのであろうか。

すべての事物の中に、必ず二つの要素があるということにおいては、統一思想と唯物弁証法は一致している。しかし発展に関しては両者の主張は異なる。その両者の主張のいずれが正しいかは、事物の中に内在する二つの要素の関係を検討して見れば分かる。すなわち、二つの要素の間に共通目的があるかどうかが分かればよい。もし共通目的があることが確認されれば、二つの要素は相対物であり、なければ対立物であるといえよう。また二つの要素の相互作用が調和的なものであるか、あるいは闘争的なものであるかを検討してみて、調和的であれば授受作用であり、そうでなければ弁証法的な作用である。そしてまた、二つの要素の格位が同じかどうかを明らかにすることによっても両者の区別を確定できるのである。

マルクスは、事物は弁証法によって発展すると主張したが、その実例としては人間社会の問題を提示しただけであった。すなわち対立物の闘争によって発展している自然万物の実例は一つも挙げなかった。マルクスのそのような弱点を補うために、エンゲルスが自然科学を研究して、その成果を『自然弁証法』と『反デューリング論』において明らかにしたのであった。その中で、彼は「自然は弁証法の検証[8]」であるという結論を出している。自然現象は例外なく弁証法に従っているというのである。

ところがエンゲルスが実例として挙げた自然現象をよく検討してみれば、そこには闘争は全く見られない。かえって共通目的を中心とした調和的な作用だけがあるのを見いだすばかりである（そのことについて、詳細な例証は紙面の関係のために省略する）。したがって自然は「弁証法の検証」でなく、かえって「授受法の検証」になっているのである。ただ人間社会において、人間始祖の堕落のために、人類歴史始まって以来、数多くの闘争が展開されてきたのである。

（三）　存在様相

次は、存在者がいかなる様式で存在しているかということ、すなわち存在様相について説明する。被造物の存在様相は運動であるが、それは時間、空間内における物理的運動をいう。それゆえ存在様相は被造世界のみに成立する時空的な概念である。神は絶対者であるので、神が時空的性格を帯びた運動をするということはありえない。したがって、原相の存在様相という概念は成立しない。しかし、被造世界の存在様相に対応する原型は原相内にあるのである。

(1) 円環運動

被造世界において、主体と対象の関係にある二つの要素または個体が目的を中心として授受作用をすれば、その結果として合性体が生じると同時に運動が始まる。その際、中心の目的は存在者ではない。また合性体は授受作用の結果として生じる状態にすぎない。したがって授受作用において、実際に運動に参加するのは主体と対象の二つの要素（個体）だけである。そのとき授受作用の中心（目的）は主体と対象の中間にあるのではなく、主体の中にある。したがって授受作用による運動は、主体を中心とした円環運動として現れるようになる。これを図で表せば図2―5のようになる。

例えば原子においては電子が核を中心に回っており、太陽系においては惑星が太陽を中心に回っている。授受作用の中心である目的が核や太陽にあるからである。

それでは被造世界において、主体と対象はなぜこのような運動を行うのであろうか。神の世界には時間も空間もなく、運動はありえない。しかし、たとえ神に円環運動のような存在様相はないにしても、被造世界の円環運動の原型が神にあるはずである。それが性相と形状の授受作用の円満性、円和性、円滑《えんかつ》性である。すなわち原相では性相と形状が心情（目的）を中心として円満な授受作用をなしているが、この授受作用の円満性あるいは円和性が、時間・空間の世界に象徴的に展開されたのがまさに円環運動なのである。

万物世界は、神の属性の象徴的な表現体である。例えば海の広さは神の心の広さを象徴したも

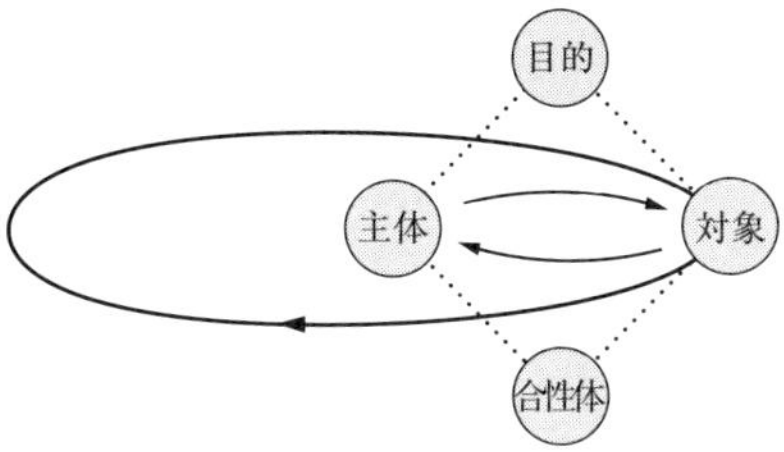

図２—５　授受作用による円環運動

のであり、太陽の熱は神の愛の温かさを象徴し、太陽の光は神の真理の明るさを象徴している。同様に、被造世界の円環運動も神の中の何かを象徴しているのであって、それが原相内の授受作用の円和性なのである。授受作用の円和性は、心情を中心とする愛の表現である。すなわち授受作用の円和性の表現である円形は、同時に愛の表現でもある。そのように、愛は角のないものであり、円形で表現することができる。したがって、原相をもし図で表すとするならば、円形または球形となるのである。

神は無形であって一定の姿はない。その代わり、神はどんな姿にでも現れうる可能性として存在しているのである。すなわち、神は無形にして無限形である。これは水に例えることができる。水には一定の形はないが、四角の器に入れれば四角に、三角の器に入れれば三角に、丸い器に入れれば丸くなる。器によってどんな形にもなる。すなわち無限形である。しかし水の代表的な形は何かといえば、球形である。それは水滴が球形であることから分かる。

同様に、神は時には波のような姿として、時には風の姿として、また時には炎のような姿で現れる。しかし代表的な形があるとするならば、それは球形である。そういう意味において、原相は円形あるいは球形で表されるのである。万物も原相に似て、すべて基本的な形態は球形を成している。原子や、地球、月、太陽、星などはみな球形をしている。植物の種や、動物の卵も、基本的にみな球形である。

万物の運動が円環運動であるというのは、原相の授受作用の円和性に似ているからであるが、それはまた原相自体の球形性あるいは円形性に似ているからでもあるのである。

主体と対象が授受作用するとき円環運動がなされるが、それにはもう一つの理由がある。それは円環運動が授受作用の表現形態であるからである。もし対象が主体を中心に回らないで直線的に運動するならば、やがて対象は主体から離れてしまうので、主体と対象は授受作用ができなくなってしまう。授受作用ができなければ被造物は存在できなくなる。授受作用によってのみ、生存（存続）と繁殖（発展）と統一の力が現れるからである。したがって主体と対象が授受作用を行うために、対象は主体と関係をもたなければならず、そのためには対象は主体の周りを回らざるをえないのである。

（2） 自転運動と公転運動

次は、自転運動と公転運動について説明する。いかなる個体であれ、円環運動をなすに際して、必ず自転運動と公転運動という二通りの運動を同時に行うようになる。すべての個体は個性真理体でありながら、連体であるからである。つまり、すべての個体は内的に授受作用を行いながら、同時に外的にも授受作用を行っている。そのとき、この二つの授受作用に対応する、二通りの円環運動が生じるのである。内的授受作用による円環運動が自転運動であり、外的授受作用による円環運動が公転運動である。

例えば地球は自転しながら太陽を中心に公転しており、電子も自転しながら原子核を中心に公転している。被造物において、このように自転運動と公転運動が同時に行われるのは、万物の内外の運動（授受作用）が原相における内的授受作用の円和性と外的授受作用の円和性に似ているからである。

ところで、この内的および外的授受作用に際して、内的四位基台および外的四位基台が目的を中心として形成される（被造物の場合、原相とは違い、いかなる四位基台においても、その中心に目的が立てられる）。そしてこの内的および外的四位基台形成において、結果が合性体である場合と新生体である場合がある。ここでは結果が合性体である場合だけを調べてみよう。

原相において、授受作用の結果が合性体である場合、内的授受作用と外的授受作用によって内的自同的四位基台と外的自同四位基台が形成されるが、それが「原相の二段構造」である。被造物もそのような原相の四位基台構造に似て内的自同的四位基台と外的自同的四位基台を成しているが、それが「存在の二段構造」である。授受作用は四位基台を土台にして行われるのであり、授受作用を行うと必ず円環運動が現れる。したがって内的および外的四位基台において、内的および外的授受作用が行われると同時に内的および外的な円環運動がなされるのである。そのとき、内的円環運動が自転運動であり、外的円環運動が公転運動なのである。

（3）円環運動の諸形態

ところで被造世界において、実際に空間的な円環運動を行っているのは、天体と原子内の素粒子だけであり、その他の万物においては文字どおりの円環運動をしていない場合がある。例えば植物は一定の位置に固定されているのであり、動物も動いてはいるが、必ずしも円環運動をしているわけではない。しかしそのような場合も、存在様相の基本形はやはり円環運動であり、ただそれが変形されて他の形態を取るようになっているにすぎない。そのように被造物の円環運動が変形されている理由は、各被造物の創造目的すなわち全体目的と個体目的を効果的に達成するためである。そして実際に現れる円環運動の形態には、基本的円環運動、変形した円環運動、精神的円環運動という三つの類型があるのである。

基本的円環運動

基本的円環運動には、空間的円環運動と時間的円環運動の二類型がある。

①　空間的円環運動

これは物理的、反復的な円環運動であり、天体と素粒子の自転運動および公転運動がその例である。すなわち原相内の自同的授受作用が空間的性格を帯びて現れたものである。これは文字どおりの円環運動であるが、常にほとんど同じ軌道を回っているので反復運動でもある。

②　時間的円環運動（螺旋形運動）

これは生物のライフサイクル（生活史）の反復と継代現象のことをいう。植物の場合、一粒の種から芽が出て、成長し、花を咲かせ、果実（新しい種）を実らせるが、そのとき、新しい種は初めの種より数が増えている。この種が再び地に蒔《ま》かれれば、芽を出し、成長し、また新しい果実（種）を実らせる。動物の場合も同様である。受精卵が成長して子になり、子が成長して親になり、再び新しい受精卵ができる。この新しい受精卵がまた大きくなって親になる。このように植物も、動物も、ライフサイクルを繰り返しながら、すなわち代を受け継ぎながら種族を保存しているのである。このような種族保存のための継代現象も一種の円環運動であるが、この運動は目的性、時間性、段階性を伴うのがその特徴である。これを特に螺旋形《らせんけい》運動といい、図に表せば図2―6のようになる。

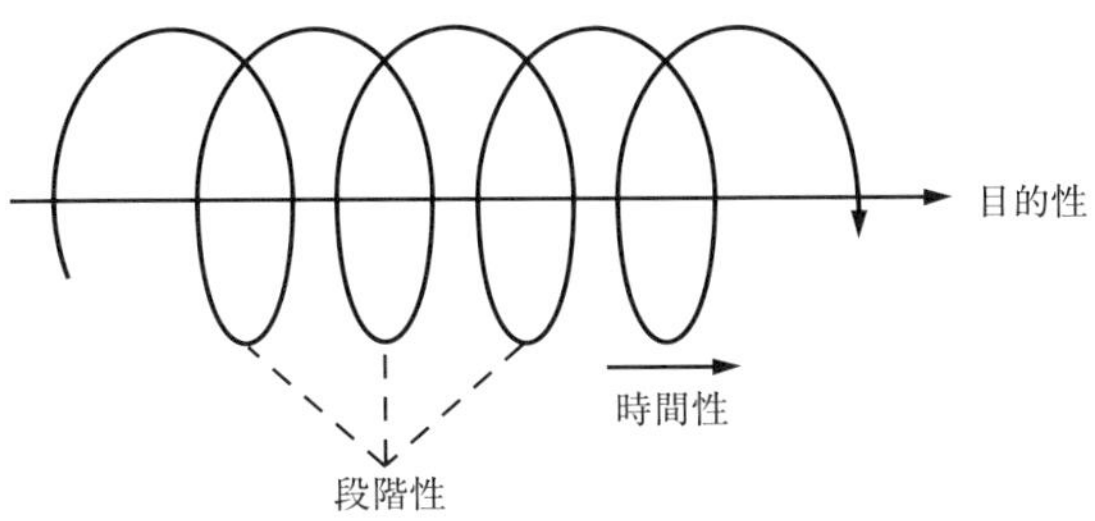

図2―6　螺旋形運動（時間的円環運動）

ここで生物の螺旋形運動、つまり種族の保存と繁殖の意味を明らかにすることにする。万物は人間の喜びの対象であると同時に、主管の対象である。したがって結論的にいえば、万物の種族保存と繁殖は人間の不断の継代と繁殖に対応するためのものなのである。人間の肉身は永遠なる存在ではなく、霊人体のみが永生する。すなわち肉身を土台として霊人体が完成すれば、肉身の死後、成熟した霊人体は霊界で永遠に生きるようになっている（ただし人間の堕落によって、今日まで、人間は霊人体が未完成のまま、霊界に行っている）。霊人体の完成とは、創造目的を完成することであり、人間が成長して人格を完成し、結婚して子女を繁殖し、万物を主管すること、すなわち三大祝福の完成を意味するのである。

地上に住んでいる人間の肉身は一定の寿命をもっているが、肉身は繁殖を通じて次の世代につながっている。そして万物は、そのような地上の人間の喜びと主管の対象となるために、やはり代を受け継ぎながら種を保存し、繁殖するようになっているのである。このような時間的円環運動は、原相内の発展的授受作用が主として時間的、継起的な性格を帯びて現れたものである(9)。

変形した円環運動

変形した円環運動には、固定性運動と代替《だいたい》性運動の二つの類型がある。

① 固定性運動

これは、円環運動が一個体の創造目的を遂行するために固定化されたものである。あたかも静止衛星が、その目的遂行のために、一定の位置に固定されているのと同じである。人間が住んでいる地球の場合、地球を構成している多くの原子が勝手に運動するならば、地球はガス状態になってしまう。そうすると、そこに人間は住むことはできない。地球が人間の住む所となるためには、原子と原子が固く結合して、固定され、固い地殻を形成しなければならない。したがって地球を構成している原子は、人間の住む環境を造るために（全体目的のために）、円環運動の形態を変えて固定化せざるをえないのである。

生物体の各組織を構成している細胞も、みな互いに結合し、固定されている。例えば動物の心臓をつくっている細胞は互いに固く結合しているが、これは心臓の機能である伸縮作用（全体目的）をなすためである。もし細胞同士が互いに離れて運動するとすれば、心臓はその機能を果すことができない。

② 代替性運動

動物においては、体を構成している細胞が直接、円環運動をしない代わりに、血液とリンパが体内を巡って細胞と細胞を連結させており、それによって細胞が互いに円環運動をなすのと同じ効果を現している。植物においても、導管と師管《しかん》を通じて養分が体内を巡って細胞と細胞を連結させている。そうすることによって、細胞が円環運動をなすのと同じ効果を現しているのである。このように血液とリンパ、または養分が流通しながら、細胞の円環運動を代身することを代替性円環運動あるいは代替性運動という。また地球においても、マントルの対流とかプレート（地球表面の岩盤）の移動なども、代替性運動と見ることができる。また経済生活における商品や貨幣の流通も、やはり代替性運動に属する円環運動と見ることができる。

精神的円環運動

人間において、生心と肉心の授受作用は物理的な円環運動ではない。生心の願うままに肉心が呼応するという意味で、精神的な円環運動である。また家庭や社会における人間と人間の円満な授受作用は、主体が願うように対象が呼応するという意味で、やはり精神的な円環運動である。例えば父母と子女の授受作用において、父母が子女を愛してよく指導すれば、子女は父母の意によく従うようになる。そのとき、子女が父母の意によく従うことが精神的な円環運動である。

（4）成長と発展運動

統一思想の発展観

ここで成長と発展の概念を説明することにする。それは統一思想の発展観を明らかにするためである。生物は生命をもっているが、生命とは、原理の自律性と主管性のことであり、生物体に潜在する意識性をもつエネルギー（またはエネルギーをもつ意識）のことである。生物の成長は、この生命すなわち原理の自律性と主管性に基因するが、それは生物体に潜在している、意識とエネルギーの統一物（意識性エネルギー）なのであり、この意識性エネルギーの運動がまさに生命運動なのである。

自律性とは、他から強いられるのでなくて、自ら進んで決定する能力である。地球は太陽を中心として回っているが、それはただ機械的に法則に従っているだけである。しかし生命は、機械的に法則に従いながらも、時には自らを制御しつつ、様々な環境の変化に対処する。そのようにして成長しているが、それが原理の自律性である。

一方、原理の主管性とは、周囲に対して影響を与える作用をいう。植物において、種を土に蒔《ま》けば、芽が出て、茎が伸び、葉が出るというように成長するが、その成長する力そのものは原理の自律性である。同時に、植物は周囲に影響を与えながら成長する。[10] 動物に酸素を供給するとか、花を咲かせて蜂《はち》や蝶《ちょう》を呼ぶことなどがそれである。それが原理の主管性である。そのように生命を成長という面から見た場合には自律性であり、周囲に影響を与えるという面から見れば主管性である。

そのような生命による生物の成長運動がまさに発展運動である。ところで被造物にはすべて被造目的（創造目的）が与えられている。生物に被造目的が与えられているということは、生物の中の生命が、その目的を意識しているということを意味する。したがって生物の成長は、初めから目標（目的の達成）を目指す運動なのである。

発展には目標と方向があるが、それは生命によって定められている。すなわち植物の場合、種の中に生命があり、その生命が種をして木と果実を目標にして成長するように作用するのである。また動物の卵（受精卵）の中にはやはり生命があり、卵が成体を目標にして成長するように作用するのである。

ここで宇宙の発展の場合を考えてみよう。ビッグバン説によれば、約百五十億年前、宇宙は極めて高温で高密度の一点に凝集した状態から大爆発によって生まれ、膨脹を始めた。膨脹しながら渦を巻いている熱いガスが、やがて冷えて凝縮し、多くの銀河が形成され、それぞれの銀河の中でたくさんの星（恒星）が誕生した。そして星のなかには惑星に囲まれていたものもあったが、その惑星の一つが地球であった。地球上に生命が発生し、ついに人間が現れた。

これが今日知られている科学的な宇宙の発展観の骨子である。ところでこの宇宙の発展は生物の成長（発展）とどのように違うのだろうか。生物とは違って、単純な物理化学的法則による発展なのか、それとも生物の場合のように、生命による発展なのだろうか。

宇宙の発展を比較的短期間の過程から扱うとき、宇宙の発展は単純な物理化学的法則による発展としか見ることはできない。しかし数十億年という長い期間を一つの発展過程として見るとき、宇宙は物理化学的法則に従いながら、一定の方向に向かって進行してきたことが分かる。すなわち宇宙の発展には一定の目標があったことが分かるのである。目標とは、宇宙の主管主である人間の出現を意味する。つまり宇宙は人類の出現を目指して発展してきたのである。宇宙の発展にこのような方向性を与えたのは、宇宙の背後に潜在していた意識であり、それを「宇宙意識」あるいは「宇宙生命」と呼ぶのである。

植物の種（生命体）が発芽し、成長し、実を結ぶように、宇宙の発展においても、初めに宇宙的な種（生命体）があり、それが今日まで膨脹しながら成長してきたのであり、その成長の最終的な実が人間であると見ることができる。つまり果実が果樹の成長の目標であるように、人間が宇宙の発展の目標であった。先に成長は生物だけにある現象だと言ったが、百五十億年という長い時間の目で宇宙を見れば、宇宙全体が一つの巨大な有機体として成長してきたと見ることができるのである。

共産主義の発展観

次は、共産主義の発展観について調べてみることにする。発展は一定の目標に向かう、目的をもった不可逆的な運動である。ところが共産主義は、発展を目的をもった運動であるとは決して言わない。すなわち共産主義は、発展は事物の内部の矛盾によってなされるのであり、そこには法則性と必然性だけが認められるだけであるといって、目的を否定する。なぜだろうか。目的を立てうるのは意志とか理性しかないからである。そして宇宙が生まれる前に、目的を立てた理性があるとすれば、その理性はまさに神のものにほかならない。そうすれば結局、神を認めざるをえなくなるのであり、神を認めるようになれば、無神論である共産主義は破綻《はたん》するために、彼らはどんなことがあっても、目的だけは認めようとしないのである。

それに対して統一思想は、発展において必然性と法則性を認めるのみならず、そこには必ず目的性があることを主張する。発展の主体は生命であり、生命は目的性をもつ意識性のエネルギーであるからである。発展における法則性、必然性は、みなこの目的の実現のためにある。すなわち法則性と必然性は、万物がその目的を達成するように、万物に与えられたものである。

原相論によれば、神の性相において、内的性相（理性）と内的形状（法則）が目的を中心として授受作用を行ってロゴスが生じた。ロゴスは理性と法則の統一体であるが、法則は神の宇宙創造に先立って、創造目的の実現のために、神の内的形状の中に準備されていたのである。

唯物論者は宇宙の発展において目的性を否定するために、人間は単に法則の必然性によって生まれた無目的な存在でしかない。したがって人間は偶然的存在にすぎず、そのような人間には価値生活や道徳生活はすべて無意味なものとなる。そのような世界は、力の強いものだけが生きる、弱肉強食の世界となるしかない。

共産主義の運動観

共産主義は物質を「運動する物質」としてとらえている。エンゲルス（F. Engels, 1820-95）は次のように言っている。「運動は物質の存在様式である。運動のない物質はいつどこにもなかったし、またありえない。……運動のない物質が考えられないのは、物質のない運動が考えられないのと同じである」(11)。共産主義がこのように、運動を物質の存在様式であると主張するのは、神の存在を否定するためである。宇宙を巨大な機械としてとらえたニュートンは、その機械を造り、始動させた存在として神を認めた。そのように物質と運動を切り離して考えると、運動は物質以外の他の存在、すなわち神のような存在によって引き起こされたと見ざるをえなくなるのである。それで共産主義者たちは、そのような形而上学的な運動観を防ぐために、運動は物質が本来備えている存在様式であると主張したのである。

統一思想から見れば、主体と対象の授受作用によって事物は存在し、運動している。したがって運動は万物の存在様式に違いないのである。そして運動は一個体のみに属している存在様式ではなくて、主体と対象が授受作用をするときに現れる現象である。

ところで主体と対象の授受作用は、創造目的を実現するための作用である。したがって運動は結局、創造目的を実現するためにあるのである。例えば地球は、人間が住むことのできる環境をつくるという創造目的を実現するために、内的授受作用と外的授受作用をしており、そのために自転運動と公転運動をしているのである。

共産主義は運動は物質の存在様式であるというが、なぜ物質はそのような存在様式をもつのか、そしてその運動の形態はいかなるものかについて、何も説明しない。ただ事物は対立物の闘争によって運動していると主張するだけである。

(四)　存在格位

すべての個体には、必ずそれぞれの存在位置が与えられている。そのとき個体に与えられている位置のことを存在格位という。一個体は他の個体とともに主体と対象の関係、すなわち授受の関係を結んでいるが、そこに主体と対象の格位の差が生じるのである。

連体から見た存在格位

一個体は個性真理体であると同時に連体であるために、対象の位置（対象格位）にありながら、同時に主体の位置（主体格位）にもある。その結果、数多くの個体が上下、前後、左右に連結されて、位置（格位）の系列を成すのである。その位置の系列がすなわち秩序である。このような主体格位と対象格位の系列、すなわち連体の系列は、原相における主体と対象の格位が、三次元の空間の世界である被造世界に展開してできたものである。

宇宙には無数に多くの星があるが、それらがみな連体であるために、格位の差異を通じて授受作用を行いながら、一大秩序体系を形成している。そのような宇宙の秩序は原相の二段構造に似た存在の二段構造が、連続的、段階的に拡大し、形成されたものなのである。連体は二重目的体でもあり、宇宙のすべての存在は連結されているのである。かくして宇宙は一大有機体となっているのである。そのような有機体秩序の最上位に人間が位置しており、人間の上に神が位置しているのである。

縦的秩序と横的秩序

宇宙の秩序には縦的な秩序と横的な秩序がある。宇宙の縦的秩序の例を挙げれば、次のようである。月（衛星）と地球（惑星）は対象と主体の関係で授受作用を行っている。また地球は太陽と授受作用を行って、他の惑星と共に太陽系を形成しているが、そのとき、地球が対象で太陽が主体である。次に太陽は他の多くの恒星と共に銀河系の中心にある核恒星系と授受作用を行って銀河系を形成している。そのとき、太陽は対象で銀河系の中心である核恒星系は主体である。さらに銀河系は他の多くの銀河系と共に宇宙の中心部と授受作用をして、宇宙全体を形成している。そのとき、銀河系は対象で宇宙の中心部が主体である。このような衛星、惑星、恒星、核恒星系、宇宙の中心からなる系列が宇宙の縦的な秩序である。

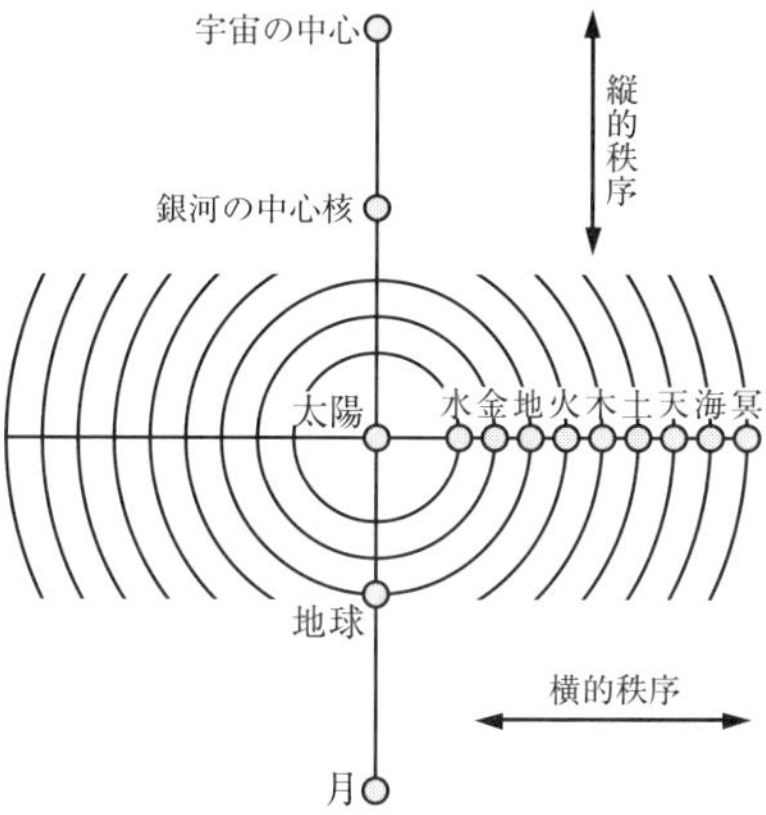

図2―7　宇宙の縦的な秩序と横的な秩序

次は、宇宙の横的な秩序の例を挙げてみよう。太陽系を見ると、太陽を中心として水星、金星、地球、火星、木星、土星、天王星、海王星、冥王星という、九つの惑星が横的に秩序正しく配列している。太陽を中心としたこれらの惑星間の配列が太陽系における横的な秩序である。このような横的秩序が惑星をもつ他の恒星にも現れているのはもちろんである。太陽系の太陽を中心とした縦的な秩序と横的な秩序を図に表すと図2―7のようになる

宇宙秩序と家庭秩序

家庭も、宇宙のような秩序体系を成しているのが、その本来の姿である。家庭には孫、子女、父母、祖父母、曾《そう》祖父母という縦的な秩序と、父母を中心とした子女たちの兄弟姉妹の序列としての横的な秩序があるのである。家庭の縦的な秩序と横的な秩序を図で表せば、図2―8のようになる。

構成要素という観点から見れば、人間は小宇宙で

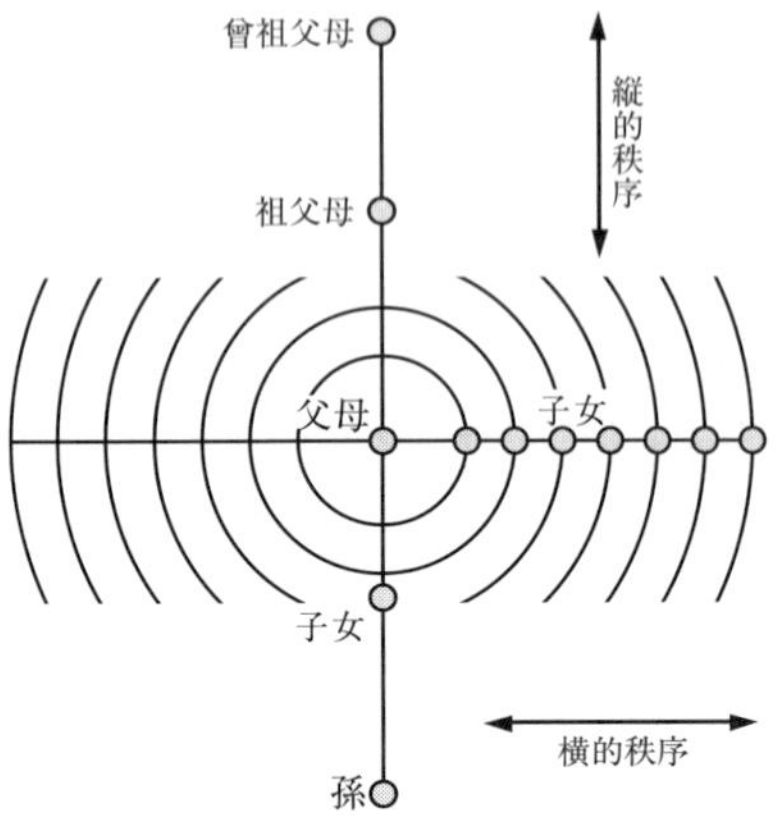

図2—8　家庭の縦的な秩序と横的な秩序

あり、宇宙の縮小体である。そして秩序という観点から見れば、家庭は宇宙の縮小体であり、宇宙は家庭の拡大型である。一つの銀河系の中には、太陽系のような惑星系が無数にあり、また宇宙には銀河系が無数にあると言われている。したがって宇宙は無数の天体家庭の集合体であると見ることができる。

ところで宇宙において、円満な授受作用によって秩序が維持されている。太陽系では、太陽を中心にした九つの惑星が、太陽との授受作用によって、それぞれ一定の軌道を回りながら円盤形を保っている。銀河系は、約二千億の恒星から成っているが、それらの恒星は銀河系の中心にある核恒星系との授受作用によって、それぞれ一定の軌道を回りながら、全体が凸レンズ状の形を成している。また宇宙には約二千億の銀河があるが、それぞれの銀河が宇宙の中心と授受作用を行いながら、一定の軌道を回り、宇宙全体の統一を成しているのである。

このような宇宙の秩序が家庭にも適用される。宇宙において、天体相互間の円満で調和的な授受作用（天道）によって、宇宙の秩序と平和が維持されるように、家庭においても家族相互間の円満で調和的な授受作用の法則、すなわち愛の道理によって、家庭の秩序と平和が維持されなければならない。この愛の道理がまさに倫理であり、天道に対応する家庭の規範である。ところが人間の堕落のために、家庭は本来の秩序の姿を失ってしまった。それゆえ家庭倫理が破綻《はたん》し、不和が生じるようになったのであり、家庭の延長であり、拡大型である社会にも絶えず混乱が引き起こされているのである。

（五）　宇宙の法則

宇宙を支配している法則（真理）は天道ともいわれるが、それは主体と対象の円満な授受作用のことである。宇宙の授受作用の法則には、次のような七つの特徴または小法則がある。

①　相対性

すべての存在は、それ自体の内部に主体と対象の相対的要素をもつばかりでなく、外的に他の存在と主体と対象の相対関係を結んでいる。これが相対性である。そのような相対性をもたなければ、万物は存在することも、発展することもできない。

主体と対象の相対的要素は、必ず共通の目的をもっており、その目的を中心として、授受作用を行っている。

③ 秩序性と位置性

すべての個体には各自が存在する位置、すなわち格位が与えられており、そのような格位によって、一定の秩序を維持している。

④ 調和性

主体と対象の授受作用は円和性であり、調和的であって、そこには対立とか闘争はありえない。神の愛が常に作用しているからである。

⑤ 個別性と関係性

すべての個体は、個性真理体でありながら同時に連体を成している。したがって各個体は固有の特性（個別性）をもちながら、他の個体と一定の関係をもって、相互作用を行っている。

⑥ 自己同一性と発展性

すべての個体は一生を通じて変わらない本質、すなわち自己同一性を維持しながら、同時に、成長とともに変化し発展する面、すなわち発展性をもっている。宇宙もそうである。

⑦ 円環運動性

主体と対象の授受作用において、対象は主体を中心として回り、空間的または時間的に円環運動を行っている。

このような宇宙の小法則は、ロゴスの作用であるということができる。ところで、ロゴスは法則でありながら、心情を土台とした理性を含んでいる。したがって、ロゴスの背後には愛が作用しているのである。それは神が宇宙をロゴスで創造されるとき、心情と愛が創造の動機であったからである。したがって文《ムン》先生は、宇宙には物理的な力だけでなく、愛の力も共に作用していると言われるのである。

宇宙の法則が個人に適用されれば道徳となり、家庭に適用されれば倫理となる。すなわち宇宙の法則と道徳および倫理の法則は対応関係にあるのである。家庭を拡大したのが社会である。したがって、社会にも天道に対応する社会倫理が立てられなければならない。

宇宙の法則に違反すれば、個体は存在できなくなる。例えば太陽系の惑星の一つが軌道を外れれば、その惑星は自己の存在を維持できなくなるのみならず、太陽系に一大異変が生じるであろう。それと同じように、家庭や社会においても、人々が倫理法則に違反すれば、破壊と混乱が生ずるしかないのである。したがって混乱した社会を救うためには、倫理法則を確立することが何より緊急な課題なのである。

ところが従来の宗教や思想に基づいた倫理論は、論理的な説明がないために、分析的で理性的な現代人にとっては説得力がなく、今日、大衆の関心をほとんど引くことができなくなっている。それに対して統一思想は、倫理法則は人間が恣意《しい》的に作った法則ではなく、宇宙の法則に対応する必然的なものであることを明らかにし、倫理と道徳の実践の当為性を教えている。その内容については価値論や倫理論で詳しく述べることにする。

最後に、統一思想の立場から宇宙法則に関する共産主義の見解を検討することにする。共産主義は弁証法的宇宙観であるから、宇宙の運動、変化、発展は事物に内在する矛盾あるいは対立物の闘争によってなされると主張する。そして人間社会が発展するためにも、闘争すなわち階級闘争が必要であるという。レーニンは『哲学ノート』の中で、「対立物の統一（一致・同一性・均衡）は条件的、一時的、経過的、相対的である。互いに排除しあう対立物の闘争は、発展、運動が絶対的であるように、絶対的である」[12]といい、「発展は対立物の『闘争』である」[13]とまで断言している。

このように共産主義は、対立物の闘争によって事物は発展していると主張しているが、実際に、宇宙にはそういう現象を発見することはできない。宇宙は今日まで、調和をなしながら発展してきたのである。科学者たちが宇宙を観察してみれば、星の爆発のような現象を発見するが、それは部分的な破壊現象であるだけで、決して宇宙の全体的な現象ではない。それは生物体において、古くなった細胞が消え、新しい細胞が出現する現象と同じであって、新しい星の誕生のために、古くなった星が消えていく過程なのである。

動物の世界は弱肉強食の世界であるから、動物界に限ってのみ、対立物の闘争理論が合うのではないかと考えるかもしれない。例えば、蛇はカエルを食べ、猫はネズミを食べている。共産主義はこういう事実をもって、人間社会の闘争理論を合理化しようとするかもしれない。しかし蛇とカエルや、猫とネズミの場合、互いに種が違う動物同士の闘いである。分類学上から見れば、生物は界、門、綱、目《もく》、科、属、種に分類される。猫とネズミの場合、目において、猫は食肉類、ネズミは齧歯《げっし》類に属している。猫とネズミは目から違っているのである。蛇とカエルの場合、綱において、蛇は爬虫《はちゅう》類、カエルは両棲類に属している。蛇とカエルは綱から違っているのである。すなわち、ある動物がある動物を殺すという場合、その二つの動物は分類学上、少なくとも、互いに種が違っているのである。

自然界では同じ種に属する動物同士が、戦うとしても、殺し合うようなことは極めてまれである。猫はネズミを食べるが、猫同士が殺し合うことはない。蛇はカエルを食べるが、同じ蛇を食べないのである。しかし人類はホモ・サピエンスとして、同じ種に属していながらも、人間同士が互いに奪い合い、殺し合っている。したがって自然界における弱肉強食の現象をもって、人間社会の闘争を正当化することはできないのである。

ライオンの群れに、新しい雄のライオンを入れると、その群れのボスの間に闘いが起きる。しかし、それはボスを決めるための闘いであり、秩序を立てるための闘いである。いったん強弱が決定されれば、弱者はすぐ強者の前に屈服して戦いは終わる。このような戦いは、人間が人間を殺すような闘争とは本質的に異なっている。そのように、自然界には人間社会の闘争を合理化する現象は全く見られないのである。

人間同士が奪い合い、殺し合うような行為は、人間が堕落した結果、その性質が自己中心的になったために生じたのである。したがって人間が本来の状態に帰れば、人間社会の闘争は見られなくなるであろう。また人間が堕落しなかったならば、人間は万物の主管主となり、自然界を愛をもって主管するようになっていたのである。[14]

そのようにして、共産主義がいうように、自然界の発展において、決して矛盾の法則や対立物の闘争の法則が作用しているのではなく、かえって、相対物（主体と対象）間の調和ある授受の法則が作用しているだけである。

第三章　本性論

本性論は人間の本来の姿、すなわち堕落していない本性的人間を扱う哲学部門である。原相論と存在論において述べたように、人類は長い歴史の期間を通じて、人生と宇宙の根本問題を解決するために苦悶《くもん》してきた。特に今日、共産主義の消滅後の新たな混乱の中で、南北問題、人種紛争、宗教紛争、領土紛争、不正腐敗の拡散、伝統的価値観の崩壊による各種犯罪の蔓延《まんえん》など、数えきれない数多くの問題が、対立と葛藤《かっとう》、闘争と戦争に結びつきながら、世界は混乱の渦の中に陥っているのである。このような問題は結局、「存在の問題」と「関係の問題」に大別されるのであるが、それはいかにして解決されるのであろうか。

一方、人類歴史の中には、現実の人間の姿に満足しないで、漠然とではあるが、人間の本来的な姿があるだろうという考えから、彼らなりの解答を見いだそうとした人たちがいた。彼らはまさしく宗教家であり、哲学者たちであった。彼らは「人間とは何か」という問題に直面しながら、いかにすれば本来の人間の姿を回復することができるか、その道を追究してきたのである。

紀元前五世紀ごろ、インドのカビラ城に生まれた釈迦《しゃか》は、修道、苦行の生活を通じて道を悟った。すなわち、人間は本来、仏性《ぶっしょう》をもっているにもかかわらず、無明《むみょう》によって煩悩《ぼんのう》に縛られ苦痛に陥るようになったということを悟った。そして人間は修道生活を通じて本性を回復しなければならないと説いた。

イエスも三十余年の生涯において、人生問題を深く探求した結果、人間は罪人であること、そして神の子であるイエスを信ずることによって、再び生まれなければならないと説いた。そしてユダヤの人々に向かって「天国は近づいた。悔い改めよ」と叫んだのである。彼はパレスチナの各地を巡りながら、教えを広めるために全力を尽したが、実権を握っていた当時の政治や宗教の壁を越えることができず、結局、十字架の刑に処せられてしまった。

ソクラテスは当時のポリス社会の末期的な混乱相を直視し、真の知を愛することが人間の真の生き方であると説き、「汝《なんじ》自身を知れ」と叫んだ。プラトンは善のイデアを認識することが最高の生活であるといった。そして、アリストテレスは人間を人間たらしめているのは理性であるが、人間の徳はポリスにおける共同生活において実現されると考え、人間は社会的動物（ポリス的動物）であるといった。ギリシアの哲学者の人間観は、おしなべて人間の本質は理性であり、理性を十分に働かせれば、人間は理想の姿になるというものであった。

中世時代において、キリスト教が西欧社会の人間の精神を支配した。キリスト教の人間観は、人間は罪人であり、イエスを信ずることによって救われるというものであった。そのような立場から見るとき、人間の理性は人間の救いと平和な生活の実現に役立たないと見なされることもあった。ところが近代に至ると、再び人間の理性を重視する思潮が現れた。デカルトは、人間は理性的存在であって、理性でもってのみ正しい知識を得ることができるといい、「われ思う、ゆえにわれあり」（Cogito, ergo sum）という有名な命題を残した。そしてカントは、人間は実践理性の命ずる道徳的義務の声に従う人格的存在であるといい、人間は誘惑や欲望に負けないで理性に従って生きるべきであると説いた。

ヘーゲルも人間を理性的存在であると見た。ヘーゲルによれば、歴史とは理性が世界の中で自らを実現する過程であり、歴史の発展とともに、理性の本質である自由が実現されるのである。そのようなヘーゲルの説によれば、近代国家（理性国家）の成立とともに、人間と世界は合理的な姿になるはずであった。ところが現実において、実際の人間は人間らしさを喪失したままであり、世界は非合理的なままであった。

このようなヘーゲルの極端な理性主義に反対したのがキルケゴールであった。キルケゴールは、世界の発展とともに人間は合理的な存在になるというヘーゲルの主張に反対し、人間は現実社会において、真の人間性を失った平均的人間にすぎないと主張した。したがって、大衆から離れて、単独者として、主体的に人生を切り開くとき、初めて真の人間性が回復されるのである。そのように現実の人間を本性を失った人間としてとらえ、主体的に人間性を取り戻そうとする考え方が、それ以後、実存主義思想として展開された。それに関しては、のちに再び述べることにする。

また、ヘーゲルの理性主義に反対して、人間を感性的人間としてとらえたのがフォイエルバッハであった。フォイエルバッハによると、人間は類的本質である理性、意志、心情（愛）をもつ類的存在であるが、人間はその類的本質を自分から分離して、対象化し、それを神として崇《あが》めるようになった。そのようにして人間は人間性を喪失するようになったと見たのであった。したがって、人間が本性（類的本質）を取り戻す道は対象化した神を否定すること、すなわち宗教を否定することによってのみ可能であると主張した。

そしてヘーゲルの自由の実現の思想から出発して、人間の真なる解放を主張したのがマルクスであった。マルクス当時の初期資本主義社会において、労働者の生活は悲惨であった。彼らは長時間の労働を余儀《よぎ》なくされ、しかも最低の生活を維持するのも難しい程度の賃金しかもらえなかった。労働者の間では病気と犯罪が蔓延《まんえん》しており、彼らは人間性を奪われていた。一方、資本家は裕福な生活をしていたが、労働者を無慈悲に搾取し、抑圧しており、彼らも本来の人間性を失っているとマルクスは考えた。人間解放に立ち上がったマルクスは、初め、人間による人間性の回復というフォイエルバッハの人間主義から出発したが、やがて人間は類的存在であるのみならず、生産活動をする社会的、物質的、歴史的存在であり、人間の本質は労働の自由であると考えるようになった。しかるに資本主義社会において、労働者は労働生産物をすべて資本家に奪われており、労働そのものが自分の意志ではなく資本家の意のままになっている。そこに労働者の人間性の喪失があるとマルクスは考えたのである。

労働者を解放するためには、労働者を搾取する資本主義社会を打倒しなくてはならない。そうすることによって資本家もまた人間性を回復するとマルクスは考えたのである。そして彼は、唯物論の立場から、人間の意識を規定しているのは社会の土台である生産関係であると主張し、資本主義の経済体制を暴力的に変革しなくてはならないと結論したのであった。ところが、マルクスの理論に従って革命を起こして成立した共産主義国家は、自由の抑圧と人間性の蹂躙《じゅうりん》の甚だしい独裁社会となって、人間はますます本来の姿を喪失してしまった。これはマルクスが人間疎外の原因の把握において、そして人間疎外を解決する方法において、大きな間違いを犯したことを意味しているのである。

ところで、人間の疎外は過去の共産主義社会だけの問題ではない。資本主義社会においても、個人主義と物質中心主義が蔓延し、自分で考えたことはどんなことでもやってもよいという利己的な考え方が広まり、ますます人間性は失われているのである。

人間学がすべての学問と思想の根本であると考えたマックス・シェーラー（Max Scheler, 1874-1928）は、『哲学的世界観』の中の「人間と歴史」において、人間を思考する知性人（homo sapiens）、道具を制作し使用する工作人（homo faber）、そして宗教人（homo religiosus）の三つの類型に分類した。そのほかに人間を経済人（homo economicus）、自由人（homo liberalis）、国家人（homo nationalis）などと見る立場もあった。しかし、それらはいずれも人間の姿をとらえていなかったのである。

このように、人間とは何であり、人生とは何であるかという問題は、人類歴史が始まって以来、数多くの宗教家や哲学者たちによって、その解決が試みられたが、すべてが失敗に終わったのである。そして人生を正しく生きようとしたが人生の真の意味が分からず、虚無な人生を悲観して自殺した人も数多くいるのである。韓国の尹心悳《ユンシンドク》、日本の藤村操《みさお》などがその代表的な例である。

このような歴史的に未解決の人間の問題を根本的に解決しようとして、その生涯をかけて歩んでこられた方がいらっしゃる。その方がまさに文鮮明《ムンソンミョン》先生である。そして文先生は、統一原理において明らかにされたように、人間は、たとえ本来の姿を失って惨めな存在になっているとしても、本来、みな神の子であると宣言されたのである。

人間は神に似せて造られたが、人間始祖の堕落によって、神とは関係のない存在となってしまった。しかし神のみ言《ことば》に従って生きて、神の愛を受けるようになれば、本来の姿を取り戻すことができるのである。本章では、人間の堕落の問題や人間性の回復の方法について論ずるのではなくて（それに関しては『原理講論』の「堕落論」と「復帰原理」を参照のこと）、ただ本来の人間の姿はいかなるものかを論ずることにする。人間の本来の姿は神相に似た神相的存在であり、神性に似た神性的存在である。そして原相の格位性に似た格位的存在である。次に、これらに関して詳しく論ずることにする。

一　神相的存在

原相が性相と形状、陽性と陰性の普遍相、および個別相をもっているように、そのような原相に似た本然の人間も、例外なく性相と形状、陽性と陰性の普遍相、および個別相をもっている。このような存在を神相的存在という。まず人間が神の性相と形状に似たという点について見ることにする。

(一)　性相と形状の統一体

人間が神の性相と形状に似るということは、人間が心と体の二重体、すなわち性相と形状の統一体であることを意味する。

人間の性相と形状には四つの類型がある。まず第一に、人間は宇宙を総合した実体相である。すなわち人間は性相と形状において、それぞれ動物、植物、鉱物の性相と形状の要素をみなもっている。第二に、人間は霊人体と肉身の二重的存在である。第三に、人間は心と体が統一を成している心身統一体である。そして第四に、人間は生心と肉心の二重心の統一体として、二重心的存在である。

ここで人間が本来の姿を失ったという観点から見るとき、第四の生心と肉心の二重心的存在という点が特に重要である。したがって本項で扱う「性相と形状の統一体」は、まさに「生心と肉心の統一体」と同じ意味になる。ここで生心と肉心が両者共に心であるにもかかわらず、生心と肉心の関係を性相と形状の関係としたのは、生心は霊人体（性相）の心であり、肉心は肉身（形状）の心であって、生心と肉心の関係は霊人体と肉身の関係と同じであるからである。次に、生心と肉心の機能について説明する。

生心の機能は真善美と愛の生活、すなわち価値生活を追求する。ここで愛は、生命の源泉であると同時に真善美の基盤である。したがって、愛を中心とした真善美の生活が価値の生活である。

人間の価値生活には自分自身が価値を追求して喜ぶという面もあるが、価値を実現して他人を喜ばせるというのがより本質的な面である。したがって価値生活とは「ために生きる」愛の生活、すなわち家庭のため、民族のため、国家のため、人類のために生きる愛の生活なのである。そして究極的には神のために生きるということである。一方、衣食住と性の生活、つまり物質的な生活を追求するのが肉心の機能である。物質生活は個人を中心とした生活である。

生心と肉心は本来、主体と対象の関係にある。霊人体が主体であり、肉身が対象であるからである。したがって肉心が生心に従うのが本来の姿である。生心と肉心が合性一体化したものが人間の心であるが、生心が主体、肉心が対象の関係にあるときの人間の心を本心という。肉心が生心に従うということは、価値を追求して実現する生活を第一義的に、物質を追求する生活を第二義的にするということである。言い換えれば、価値生活が目的であり、衣食住の生活はその目的を実現するための手段である。そればかりでなく、肉心が生心に従い、その機能をよく果たせば、霊人体と肉身は互いに共鳴する。この状態が人格を完成した状態、すなわち本然の人間の姿である。

ところが人間は堕落したために、生心と肉心の本来の関係を維持することができなくなってしまった。対象であるべき肉心が主体の立場に立ち、主体であるべき生心が対象の立場に立ってしまったのである。そのために衣食住の生活が目的となってしまい、価値生活は衣食住のための手段となり、二次的なものとなってしまった。すなわち、人を愛することや真善美の行為が、富を得るとか地位を得るなどの目的のためになされるようになったのである。今日、日常的な人間生活において、価値生活が全くないのではないが、多くの場合、価値生活を自己中心的な物質生活のための手段としているのである。それは肉心が主体、生心が対象になったからである。

このように生心と肉心の本来の関係が逆転してしまったのが人間の実態である。したがって人間の本来の姿を回復するためには、この逆転した関係を元に戻さなくてはならない。それが人間が修道生活をしなければならない必然的理由である。そのため今日まで、すべての宗教において、まず自己との闘いに勝利せよと教えたのである。

例えば孔子は「己れに克《かっ》て礼に復《かえ》る」（克己復礼）といい、イエスは「自分の十字架を負って私に従ってきなさい」とか、「人はパンだけで生きるものではなく、神の口から出る一つ一つの言《ことば》で生きる」と語られたのであった。そして自己との闘いに勝つために人々は断食、徹夜祈祷などの修道生活を行わなくてはならなかったのである。

そのように肉心を生心に屈伏させながら、真善美の生活を優先し、衣食住の生活をあとにして生きていくのが生心と肉心の統一である。しかし人間は堕落したために、肉心が生心を抑え自己中心的な衣食住の生活を行うようになったのである。そしてそこから人間のすべての苦痛と不幸が生じたのである。

本心は生心と肉心が授受作用をして合性一体化したものである。それが神の性相内の内的四位基台に似た状態である。それゆえ本心の先次的な機能は、生心による愛の生活であり、真善美の価値を追求する生活である。したがって人間はまさに愛的人間（homo amans）なのである。価値の生活とは、真実の生活であり、倫理的・道徳的生活であり、芸術的生活である。そして本心の後次的な機能は肉心による衣食住の生活、すなわち物質的生活を追求することである。

(二) 陽性と陰性の調和体

陽性と陰性は性相と形状の属性であるが、本性論でいう陽性と陰性とは陽性実体、陰性実体としての夫婦のことをいう。

夫婦はいかに生きるべきか、家庭はいかにあるべきかという問題は、古今東西を問わず重要な問題であった。動物も、植物も、鉱物も、みな陽陰の結合によって存在し繁殖している。万物がそうであるから、人間における陽陰の結合すなわち夫婦の結合も、単純な男女の肉体的な結合であると見やすい。だがそれは夫婦を生物学的な観点から見る立場である。そのような立場に立てば、今日の先進諸国のように、男女が簡単に結婚しては簡単に離婚するというようになり、結婚の神聖性や永遠性は失われやすいのである。しかしそれは本来の夫婦の姿ではない。

男と女はなぜ存在するのか、結婚は何のためにするのかという問題に対して、今まで真の解答がなかった。そのため一生、独身生活を貫くという人も少なくなかったのである。この問題に対して、統一思想は明瞭《めいりょう》な答えを与えている。

第一に、本然の夫婦はそれぞれ神の陽性と陰性の二性性相中の一性を代表する存在である。したがって夫婦の結合は、陽性・陰性をもつ神の顕現《けんげん》を意味するのである。夫婦が神を中心として横的に愛し合うとき、神の縦的な愛がそこに臨在するようになり、ここに愛の相乗作用による生命の創造がなされるようになるのである。

第二に、本然の夫婦の結合は神の創造過程の最後の段階であるため、それはまさに宇宙創造の完了を意味するのである。したがってアダム・エバが堕落しなければ、アダム・エバの完成とともに宇宙の創造は完了したはずであった。しかし、アダム・エバが完成しなかったために、宇宙創造は完了しなかった。だから、今日まで神は再創造の摂理をなされてきたのである。再創造とは、堕落した人間をして、個性を完成せしめ、さらに夫婦として完成せしめるということである。人間は万物の主管主として造られたが、男一人では、あるいは女一人では、主管主となることはできない。夫婦として完成して、初めて人間は万物の主管主となるのである。そしてその時、宇宙創造が完了するのである。

第三に、本然の夫婦はそれぞれ人類の半分を代表する存在である。したがって夫婦の結合は、人類の統一を意味するのである。すなわち夫婦においては、夫は全人類の男性を代表しており、妻は全人類の女性を代表しているのである。現在、世界の総人口は約六十億人といわれている。したがって、それぞれ三十億人を代表する価値をもっているのが夫であり、妻である。

第四に、本然の夫婦はそれぞれ家庭の半分を代表する存在であり、したがって夫婦の結合は家庭の完成を意味するのである。家庭において、夫はすべての男性を代表し、妻はすべての女性を代表する立場であるからである。

以上のような立場から見るとき、夫が妻を愛し、妻が夫を愛するということは、その家庭における神の顕現と宇宙創造の完了を意味し、人類の統一と家庭の完成を意味する。このように夫婦の結合は、実に神聖にして尊い結合なのである。(1)

ところで夫婦の調和は家庭的四位基台の形成を通じてなされる。家庭的四位基台の形成とは、創造の時に人間に与えられた第二祝福の完成を意味するものであるが、それは神を中心として人格的に完成した夫と妻が相対基準を造成し、愛と美を授け受けることによってなされる。そのとき夫婦の一体化は、原相内の主体と対象の調和に似るようになる。すなわち原相の自同的四位基台に似るのである。そして夫婦の子女繁殖は神の人間創造に似ているが、それは原相の発展的四位基台に似ているのである。そのとき、夫婦はそれぞれ本心に従って生きながら、互いに調和を成すのである。

本心に従って生きるということは原相の内的四位基台に似ることであり、互いに調和を成すということは原相の外的四位基台に似ることである。夫婦がそれぞれ完全に原相の姿に似て人格者として成熟したのち、創造目的を中心として互いに愛を授け受ける授受作用を行うようになれば、神の愛がそこに臨在するようになる。家庭は夫婦の横的愛と神の縦的愛が合致するところであるからである。そのように神の愛を中心として完成した家庭が集まって社会を成し、さらに進んで国家、世界をこの地上に立てるようになれば、それがまさに地上天国であり、神の創造理想を完成した世界となるのである。

原相論において明らかにしたように、神の創造理想を完成した世界とは、本然の秩序を通じて実現される愛の世界をいう。ここで、秩序と愛に関して述べることにする。人間は宇宙の縮小体であるが、家庭も宇宙の縮小体である。そのとき、人間は構成要素から見た宇宙の縮小体であり、家庭は秩序から見た宇宙の縮小体なのである。

家庭が秩序から見た宇宙の縮小体であるということは、宇宙の縦的秩序と横的秩序に似て、家庭にも縮小された形態としての縦的秩序と横的秩序があるということを意味する。家庭における縦的秩序とは、祖父母→父母→子女→孫とつながる秩序のことをいうのであり、横的秩序とは夫婦間そして兄弟姉妹間の秩序をいう。愛はこのような秩序を通じて実現される。そして愛には縦的愛と横的愛があるのである。縦的愛とは、父母の子女に対する下向愛と、子女の父母に対する上向愛であり、横的愛とは、夫婦間の愛、子女相互間の愛などの水平愛である。

このような愛の基本形を土台として、縦的価値と横的価値の基本となる家庭倫理が成立する。縦的価値とは、父母の子女に対する愛である慈愛であり、子女の父母に対する愛である孝誠である。横的価値とは、夫婦間の愛である和愛であり、子女相互間の愛である友愛である。こうして倫理は、家庭を基盤とする家族構成員の相互間で守られなければならない行為の規範となるのである（これに関しては、倫理論において詳細に論ずる）。こうした家庭倫理を社会、企業、学校などに拡大したものが、それぞれ社会倫理、企業倫理、学校倫理であり、隣人愛、民族愛、怨讐《おんしゅう》に対する愛、自然保護運動などは、みな家庭倫理を土台としたものである。

このような観点から、本性から見た人間観を一言で表現するとすれば、愛的人間となるのである。ところが堕落によって、人間は人格的に完成できなかった。そして未完成のアダムとエバは、本然の夫婦となることはできなかった。すなわち夫婦は神の愛を中心として一つになることができず、神を喪失してしまった。そして宇宙創造は未完了の状態のまま、今日まで続いてきたのである。

今日、家庭問題や社会問題が深刻になっているが、これらは夫婦の姿がみな本来的でないところにその原因がある。そのために家庭と社会が乱れ、国家と世界が混乱に陥っている。したがって夫婦が和愛によって調和を成して一つになるということは、まさに世界の統一と直結する必須不可欠の前提条件となるのである。したがって夫婦の和愛の問題は、社会問題や世界問題を解く鍵であるといえる。

(三) 個性体

神は宇宙の創造において、まず完成した人間の姿を構想され、それを標準として実体対象として被造世界を展開された。したがって被造万物は原因者である神の原相に象徴的に似た個性体であり、人間は原相に形象的に似た個性体である。個性体とは、原相の個別相に似た個性真理体という意味である。

個性真理体は普遍相と個別相をもつ個体であるが、個別相に重点を置いて扱うときの個性真理体を個性体というのである。個性体としての人間の個別相は、動物や植物とは違って、個人ごとにその個別相が顕著であり、顔や性格などが人によって異なるのはそのためである。したがって動物や植物においては種類別の個別相であるが、人間においては個人別の個別相である。

そのように神が、人間に個人ごとに独特な個別相を与えたのは、人間一人一人から特有の刺激的な喜びを得るためであった。したがって人間は、特有の個性をもって神に最高の喜びを返す最高の価値をもつ存在である。そのような個別相も人間の本性の一つである。ところでこのような個別相は、次のような三つの側面において、人間の特性として現れる。

第一の特性は、容貌《ようぼう》上の特性である。世界に六十億の人間がいても、同じ容貌や体格をもつ人は一人もいない。第二の特性は、行動上の特性である。人間の行動の様式は一人一人みな異なっている。行動は心の直接の現れであるから、容貌を形状の特性とすれば、行動は性相の特性の現れであるということができる。第三の特性は、創作上の特性である。芸術の創作だけでなく、創造性を発揮するすべての活動はみな創作の概念に含まれる。そういう意味で、創造性を発揮して一日を生きたとすれば、その一日の生活の足跡は一つの作品となるのである。このような意味の創作もまた人によって異なるのである。そればかりでなく人間の一生の足跡も、一つの作品（生の作品）なのである。

したがって神は、本性的な人間の一人一人の容貌を見て喜ばれ、行動を見て喜ばれ、また作品を見て喜ばれるのである。神が個々の人間を見て喜ばれるということは、個々の人間が容貌や行動や創作でもって、神に固有の美を返すことを意味する。それが個性美である。したがって個性美とは、容貌上の個性美であり、行動上の個性美であり、創作上の個性美である。

父母が子女を見るとき、特性においてどの子も美しく愛らしいと思う。子女は父母の表現体であるからである。同様に、神が人間に対するとき、その人間の容貌、行動、創作活動において、美しさを感じて喜ばれるのである。そのような人間の個性は、神から来たもの、すなわち神来性《しんらいせい》のものであるために尊いのである。人間が人間の個性を尊く思い、相互に尊重しなければならない理由はまさにその点にあるのである。

ところが人間の堕落によって、今日まで人間の個性は無視され、人権が蹂躪《じゅうりん》される場合が多かった。特に独裁社会においては、なおさらそうであった。共産主義社会がその顕著な例であった。共産主義は唯物論を根拠として、人間の個性を環境の産物と見て軽視したのである。人道主義は人間の個性の尊重を主張した。しかし、なぜ人間の個性が尊重されなければならないのかということに対して、人道主義には哲学的な答えがないために、哲学をもつ共産主義の批判に耐えることができなかった。それに対して統一思想は、人間の個性は偶然的なものでもなく、環境の産物でもなく、神の個別相に由来するもの、すなわち神来性であるから、尊貴なものであるという確固たる神学的・哲学的根拠を提示しているのである。

二　神性的存在

人間はまた神の神性に似ている。神性には、全知、全能、心情（愛）、遍在性、生命、真、善、美、正義、ロゴス、創造性などいろいろなものがあるが、その中で重要なものを三つだけを扱うことにする。その三つは、現実問題の解決に特に重要な属性であるからである。それが心情、ロゴス、創造性である。そのような三つの神性に似ているという側面から人間を見ると、人間は心情的存在であり、ロゴス的存在であり、創造的存在である。これらに関して、次に詳細に説明することにする。

(一) 心情的存在

心情は、原相論において明らかにしたように「愛を通じて喜びを得ようとする情的な衝動」である。心情はまた、「愛の源泉」であり、「愛さずにはいられない情的な衝動」であり、原相の核心をなしている。したがって心情は、性相の核心となっているのである。そればかりでなく、心情は神において人格の核心である。イエスが「あなたがたの天の父が完全であられるように、あなたがたも完全な者となりなさい」(マタイ五・四八)といわれたのは、人間が神の人格、すなわち神の心情に似るようにという教えである。

人間においても、心情は人格の核心となる。したがって人格の完成は、神の心情を体恤《たいじゅつ》するとき、初めて可能となるである。神の心情を体恤することによって人格を完成した人間が、まさに心情的存在である。

人間が神の心情を継続的に体恤すると、ついには神の心情を完全に相続するようになる。そのような人間は、自然に人や万物を愛したくなる。愛さなければ、かえって心が苦しくなるのである。堕落人間は、人を愛することを難しく感じるが、神の心情と一致すれば、生活そのものが愛となる。愛があれば、持てる者は持たざる者に与えるようになる。愛は自己中心的なものではないからである。したがって貧富の差や搾取などは、自然に消滅するようになる。そのような愛の効果は愛の平準化作用に起因するのである。そのように人間が心情的存在であるということは、人間が愛の生活を行う存在であるということである。したがって人間は、愛的人間（homo amans）なのである。

心情は人格の核心であるから、人間が心情的存在であるということは人格的存在であることを意味する。それは心情を中心として生心と肉心が円満な授受作用を行うようになることを意味し、さらに心情を中心として知情意の機能が均衡的に発達するようになることを意味する。

堕落した人間において、生心の機能が弱く肉心が生心を主管している場合が多い。また理性（知的能力）が非常に発達していても、情的に未熟であったり、善を行おうとする意志力が乏しかったりする場合がある。しかし人間が神の心情を相続して心情的存在になれば、知情意は均衡的に発達し、また生心が主体の立場から肉心を主管しながら、生心と肉心が円満な授受作用を行うようになるのである。

心情はまた、性相の核心として、知情意の機能を刺激する原動力である。知情意はそれぞれ真美善を追求する機能である。すなわち知は認識する能力であって、真の価値を追求し、情は喜怒哀楽を感じる能力であって、美の価値を追求し、意は決意する能力であって、善の価値を追求するのである。そしてこれらの価値の追求はすべて本来、心情を動機としてなされるのである。知的活動によって真理を追求すれば、その成果は科学、哲学などの学問として現れる。情的活動によって美を追求すれば、その成果は芸術として現れる。意的活動によって善を追求すれば、その成果は道徳、倫理などとして現れる。

政治、経済、法律、言論、スポーツなども、みな知情意の活動の成果である。したがって心情は、

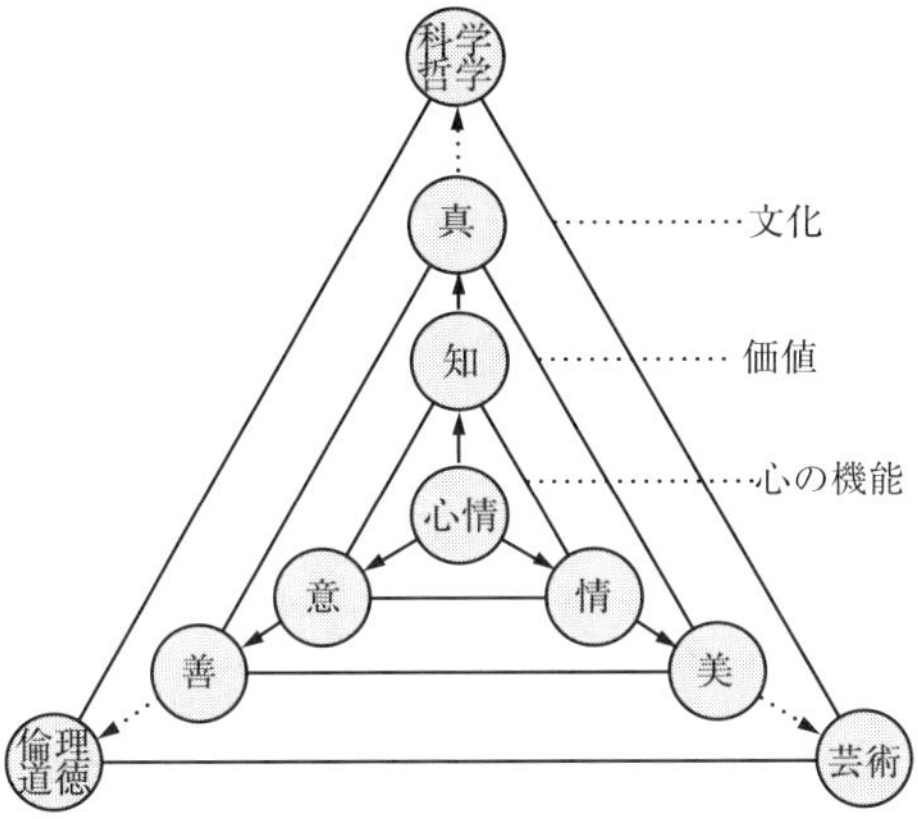

図3―1　心情中心の知情意と価値と文化の関係

知情意を中心としたすべての文化活動全体の原動力となるのであり、特に芸術活動の原動力となっている。そしてこのような知情意の活動の成果の総合が、まさに文化なのである。本然の世界においては、心情的な人間（愛の人間）が文化活動の主役となる。以上の内容を図で表現すれば、図3―1のようになる。

　このように心情は、文化活動の原動力である。したがって人間が実現しなくてはならない文化は本来、心情文化であった。それが真の文化であり、神がアダムを通じて実現しようとされたアダム文化であった。しかしアダムの堕落によって、心情文化は実現されず、今日に至るまで利己心を基盤とした文化、すなわち知的活動、情的活動、意的活動が統一されない分裂した文化が築かれてきたのであった。

　例えば経済活動において、今日まで金もうけが最高の目的と見なされる場合が多かった。しかし、本然の世界では、他の人々が貧しい生活をしているのに、自分だけ裕福な生活をすれば心が苦しくなる。

それでお金をたくさんもうければ、隣人や社会に施そうとするのである。すなわち、企業活動を通じて神の愛を実践しようとするのである。経済のみならず、その他のすべての領域においても、人々は愛を実現しようとする。そうして、心情文化、愛の文化が立てられるのである。そのとき、知的活動、情的活動、意的活動は愛を中心として統一されるようになる。それが統一文化である。そのように、愛の文化は統一文化なのである。

今日まで人類は真の文化、恒久的な文化を実現しようと何度も試みてきたが、結局は失敗に終わってしまった。人類歴史において、いろいろな文化が興亡盛衰を重ねてきた事実が、そのことを証明している。それは真なる文化、恒久的な文化がいかなるものか、分からなかったからである。共産主義方式の中国の文化運動である「文化大革命」もその一例であった。唯物弁証法の立場から、労働を基盤とした文化が真なる文化であると見なして、行われた文化革命であったが、その結果、人間性の抑圧と近代化の遅れと経済の破綻《はたん》を招いただけであった。真なる文化とは、心情を中心とした文化である。文《ムン》先生が唱えている新文化革命とは、まさにそのような心情文化の建設運動なのである。

ここで文化と文明の概念に関して説明する。知情意の活動の成果の総和を科学や技術などの物質的側面から見るとき、それを文明といい、特に宗教、芸術などの精神的側面から見るとき、それを文化というのである。しかし、人間の活動の成果を精神面と物質面に明確に区別することは容易ではないために、一般的に文化と文明を同じ意味で使う場合が多い。統一思想においても、一般の場合と同様に、文化と文明を同一の意味で使用する場合が多い。

(二) ロゴス的存在

ロゴスという言葉は原相論において明らかにしたように、原相内において創造目的を中心とした内的授受作用の産物、すなわち新生体を意味する。ここで、創造目的は心情が基盤となっているために、ロゴスにおいても心情がその基盤となっている。

宇宙はそのようなロゴスによって造られ、ロゴスに従いながら運行している。すなわち、ロゴスによって支えられている。そして人間もロゴスによって造られ、ロゴスに従って生きるようになっているのであり、人間はロゴス的存在である。

ロゴスとは、すでに述べたように、原相の性相において、目的を中心として内的性相と内的形状が授受作用を行ってできた新生体であるが、内的性相の中の理性と内的形状の中の法則が特に重要な働きをなしているから、ロゴスは理性と法則の統一体としての理法になるのである。したがって人間がロゴス的存在であるとは、人間が理法的存在であることを意味するのである。ここにおいて、理性と法則の特性はそれぞれ自由性と必然性であるから、ロゴス的存在であるということは、自由性と必然性を統一的にもっている存在であることを意味する。すなわち人間は、自由意志に基づいて行動する理性的存在でありながら、法則（規範）に従って生きる規範的存在なのである。

今日、人間は自由なのだから、法則（規範）に従って生きるのは一種の束縛《そくばく》であるといって、法則を否定する考え方が蔓延《まんえん》している。しかし、真の自由は法則を守るところにある。しかも自ら進んで守るところにある。法則を無視した自由は放縦《ほうじゅう》であって、破滅をもたらすしかないからである。例えば、列車はレールの上にあることによって、早く走ったり遅く走ったりすることができる。また前に進んだり、後ろに戻ったりすることもできる。けれどもレールを外れると、列車は全く走れなくなる。すなわち、列車は軌道の上にあるとき、初めて自由があるのである。軌道を外れると列車も破壊されるし、人間や家々にも莫大《ばくだい》な被害を与えるのである。

それと同じように、人間も規範に従って生きるときに真の自由が得られるのである。孔子は『論語』において、「心の欲する所に従えども、矩《のり》をこえず」[2]といったが、それは孔子が七十歳になって、ようやく自由意志と法則を統一した完全なロゴス的存在になることができたことを意味するのである。

人間はロゴス的存在であるから、法則に従おうとするのが本来の姿である。人間の守るべき法則とは、宇宙に作用している法則、すなわち授受作用の法則のことである。ところで原相においてロゴスが形成されるとき、その動機は心情であった。したがって宇宙の法則は本来、心情を動機としたものであり、愛の実現を目的としたものなのである。

存在論で述べたように、家庭は宇宙の秩序体系の縮小体である。したがって宇宙に縦的、横的な秩序があるように、家庭においても、縦的、横的な秩序がある。縦的秩序と横的秩序に対応する規範（価値）が縦的規範（縦的価値）と横的規範（横的価値）である。家庭における縦的規範とは、父母と子女の間における規範であり、横的規範とは、兄弟姉妹の関係、および夫婦の関係における規範である。また人間には個人として守るべき規範、すなわち個人的規範もある。それは個人としての人格を完成し維持するための規範である。（これら縦的規範、横的規範、個人的規範については、価値論と倫理論において詳しく説明することにする。）

家庭におけるこのような規範は、社会や国家にそのまま拡大適用される。結局、家庭の規範は、社会や国家が守るべき規範の根本となっているのである。しかし堕落によって、人間はロゴス的存在になれなかった。その結果、社会も国家も混乱状態に陥ってしまったのである。人間がロゴス的存在としての本性を回復するとき、家庭も社会も国家も本来の秩序をもった姿に帰ることができる。

（三）創造的存在

神は、その創造の能力すなわち創造性によって宇宙を造ったが、その創造の能力を人間にも与えられた。それゆえ人間は、創造性を発揮して、今日まで科学や技術を発達させてきたのである。

それでは、創造性とは具体的に何であろうか。神の創造性は心情を基盤とした創造の能力である。すでに原相論で明らかにしたように、宇宙の創造に際して、原相内部には次のような二段階の授受作用が行われた。第一は、内的授受作用であり、第二は、外的授受作用である。内的授受作用は心情によって立てられた目的を中心として、内的性相と内的形状の間に行われる授受作用であり、その授受作用によってロゴスが形成された。そして外的授受作用は同じ目的を中心として、ロゴスと形状（本形状）の間に行われる授受作用であり、その授受作用によって被造物が生成したのである。この二段階の授受作用は、二段階の発展的四位基台の形成を意味する。したがって神の創造性とは、結局、この二段階の発展的四位基台の形成能力、すなわち内的発展的四位基台および外的発展的四位基台の形成の能力なのである。

人間も同様に、何かを造るとき、まず目的を立てて、設計をしたり、構想を練ったりする。すなわち内的授受作用を行う。そして次に、その構想に従って物を造る。すなわち外的授受作用を行うのである。神が人間に創造性を与えられたのは、人間が心情に基づいて、愛でもって万物を主管するためであった。主管とは、物的対象（自然万物、財貨など）や人的対象を扱ったり、治めることを意味するが、特に万物主管は物質を扱うこと、すなわち管理、処理、保存などを意味する。産業活動（一次産業、二次産業、三次産業）や政治、経済、科学、芸術など、物質を扱う一切の活動は、みな万物主管に含まれる。神の愛をもってこのような主管活動をするのが本然の主管である。すなわち人間が神の創造性を完全に受け継いでいたならば、これらの活動はみな神の愛を中心として営まれるようになっていたのである。

神は人間を創造し、万物を治めよ、主管せよといわれた（創世記一・二八）。ところで、人間が神のみ言《ことば》に従って万物を主管しようとするならば、万物を主管することのできる主管主としての資格を備えなければならない。神は大主管主であるために、人間を主管することのできる資格として創造性を備えているが、同様に、人間も万物を主管することのできる主管主としての資格を備えるためには、神の創造性をもたなければならない。したがって神は、人間に創造性をもたせるために、成長期間を置いて、人間が責任分担を完遂することによって人格的に完成するようにされたのである。それゆえ人間は、その成長期間を通じて完成することによってのみ、神の創造性を与えられ、万物を主管することのできる資格を得るようになっているのである[3]。

ところで、本来、主管とは自分が造ったもの（自分のもの）を主管するのであって、他人が造ったもの（他人のもの）を勝手に主管することはできない。したがって、万物の創造が終わったあとに造られた人間は、そのままでは万物を主管することはできないのである。しかし、人間は神の子女として造られたために、また子女は成長すれば父母の権限を相続することができるために、神はアダム・エバをして主管権を相続することのできる条件を立てさせるようにされた。すなわち、責任分担を果たしながら成長するように命令されたのである。その条件とは、人間も宇宙の創造偉業に参加したということと同一の価値の条件をいうのであり、それがまさに人間が自らの責任分担のもとで自身を完成させることであった。

人間は万物を総合した実体相であり、小宇宙であって、人間一人の価値は宇宙の価値に匹敵するものである。したがって、人間が自分の責任分担で自身を完成させれば、その努力は宇宙を完成させたこと（創造したこと）と同一の価値の努力となるのである。それが、まさに神がアダム・エバに責任分担を果たすようにせしめられた理由であった。すなわち神は、アダム・エバに神の創造の偉業に参加したという条件を立てさせるために、彼らが責任分担を全うすることによって完成するようにされたのである。したがって、神はアダム・エバの成長期間において、善悪を知る木の実を取って食べてはならない（性的関係を結んではならないということ：『原理講論』一〇三頁）という戒めを与えたのちには、彼らの行為に対して、一切、干渉されなかったのである。もし干渉すれば、人間の責任分担を神自らが無視する立場になり、未完成なアダム・エバをして万物を主管させるという矛盾を招くからである。しかしアダム・エバは、その戒めを守ることができなかったので、万物を主管する資格を得ることができなかったのである。

その結果、人間は神の創造性を受け継ぐことができなくなり、自己中心的な理性に基づいた創造を行うようになった。それで個人レベルの創造の場合は自分の利益を先に考え、家庭レベルの創造の場合は自分の家庭の利益だけを考え、国家レベルの場合は自分の国家の利益だけを優先的に考えるようになった。そうして創造活動はほとんど自己中心的になってしまったのである。また人間は、長い間、自然はどうなってもよいという考え方をもち続けてきた。その結果、自然破壊や公害、殺戮《さつりく》兵器の開発など、様々な問題が生じるようになったのである。

それゆえこのような問題を解決するためには、人間が心情を中心とした本来の創造性を発揮するようにならなくてはならないのである。心情が創造性の中心となるということは、愛を動機として創造が行われなくてはならないということを意味し、正しい価値観に基づいて創造活動がなされなければならないことを意味する。したがって科学者は、科学者である前にまず価値的な人間、すなわち人格者でなければならないのである。言い換えれば、倫理が自然科学の基盤とならなくてはならないのである。

ところが近代以後、科学者たちは客観的な事実だけを探求し、一切の価値観を排除してきた。

その結果、今日のような混乱状態となった。「科学の統一に関する国際会議」が開かれる度に、文先生《ムン》が科学者たちに価値観を扱うように強調されるのは、科学者たちが真の創造性を回復するようになるためである。すなわち、「自然を愛し、人間の価値性を再考し、すべての人類が愛し合い、そして愛の根源としての神を探す」[4]という前提のもとに、科学者たちが真なる創造性をもつように願われるためである。

三　格位的存在

人間はまた原相の主体と対象の関係性に似て、主体格位と対象格位をもっている。人間はまず子女として父母の前に対象の位置にあるが、成長すれば父母になり、子女に対して主体の位置に立つ。また社会生活においても、下位の職位から出発して次第に上位の職位に上っていく。したがって人間は、まず対象格位にあり、次第に主体格位に移っていくのである。

(一)　対象格位と主体

対象格位は、主体の主管を受ける立場であると同時に、主体に喜びを返すことにその意義がある。人間は、神の喜びの対象として造られた。したがって、神に対して対象格位にある人間の生活の第一次的な意義は、神を喜ばせるところにある。

そのように人間は、まず神に対して対象の位置に立っているために、神を代身する位置に対しても対象格位に立つようになる。神を代身する位置とは、例えば次のようなものがある。すなわち国民に対する大統領や国王、子女に対する父母、生徒に対する先生、部下に対する上司、そして個人に対する全体などである。言い換えれば、人間が神の対象であるように、国民は大統領や国王の対象であり、子供は父母の対象であり、生徒は先生の対象であり、部下は上司の対象であり、個人は全体の対象なのである。

人間はいろいろな主体と関連を結びながら生きていくのであるが、対象格位にある人間は主体の主管を受ける立場にあるために、対象として主体に対する一定の心的態度が要求される。それが対象意識である。まず神に対する人間の対象意識は、神に侍る心、すなわち侍奉《じほう》心と忠誠心である。国家に対する国民の対象意識は、忠誠心である。子女の父母に対する対象意識は、孝誠心(孝行心)である。先生に対する生徒の対象意識は、尊敬心または服従心である。上司に対する部下の対象意識は、服従心である。全体に対する個人の対象意識は、奉仕の心である。そしておのおの主体に対する対象の共通した対象意識は、温柔《おんじゅう》と謙遜《けんそん》、そしてために生きようとする心である。

ところで堕落世界において、歴史上、多くの独裁者が現れて、大衆の対象意識を利用しながら、あたかも真なる主体であるかのように振る舞って、国民の尊敬や支持を受けてきた。例えば、ヒトラー、スターリン、毛沢東、チャウシェスクなどがその代表的な人物である。しかし、偽りの主体は、たとえ一時的に大衆から歓迎されたとしても、結局は大衆の支持を失わざるをえなくなる。それは、歴史が証明する事実である。

人間は、神の子女として創造されたから、神に侍り、忠誠を尽し、神を喜ばせようとする対象意識を、意識的、無意識的に心の奥深くにもっている。このような対象意識は、神のみ旨のためなら生命までも捧げようとする心さえ誘発するのである。宗教人たちの殉教精神が、まさにその例である。偉大な指導者に従う者の中には、その指導者のためには生命まで喜んで捧げる場合がしばしばあるが、そのような例は、真の主体（神の代身の立場）に対する対象意識が極端に現れた例なのである。ところが一般大衆には、誰が真の主体なのか分らない場合が多い。そこで独裁者のような偽りの主体を真なる主体であると錯覚して、盲目的に従い、その結果、人類社会に害悪を及ぼすのを助長するというようなことがしばしばあったのである。したがって、真の主体を求めるということは難しいことであるが、とても重要なことである。

対象意識は、倫理の本質的な要素である。ところが今日の社会では、対象意識がほとんど麻痺《まひ》し、主体の権威が無視され、ここに主体と対象の秩序が消え、その結果、社会は混乱状態に陥って倫理不在の状態になってしまった。したがって、社会倫理の確立のためには、まず確固とした対象意識を立てる意識改革が何よりも必要である。

(二)　主体格位と対象

主体格位は、対象を主管する位置である。本来、人間は成長して完成すれば、万物に対して主体の位置、すなわち万物を主管する位置に立つようになる。ところで、ここでいう主体格位は、人間対人間の関係における主体の位置のことをいう。すでに述べたように、人間生活において主体の例には次のようなものがある。家庭において父母は子女に対して主体である。学校では先生は生徒に対して主体である。会社では上司は部下に対して主体である。国家では政府は国民に対して主体である。また全体は個人に対して主体である。主体が対象を主管するに際して、一定の心的態度が要求されるが、それが主体意識である。

第一に、主体は対象に対して絶えず関心をもたなくてはならない。今日、人間の疎外が社会的に深刻な問題として提起されているが、それは主体の位置にいる人たちが、末端の対象の位置にいる人たちに関心をもたないというところに起因しているのである。対象に関心をもたないということは、主体が対象に責任をもたないことを意味する。そうすれば対象は主体に不信を抱き、主体に従わなくなるのである。したがって主体には、主管する対象に忘却地帯があってはならないのである。

第二に、主体は対象を愛さなくてはならない。一般的には、上司が部下に命令したり、対象を支配するということが、主体意識のように考えられやすいが、本当はそうではない。真の主管とは対象を能動的に愛するということである。愛は幸福と理想、喜びと生命の源泉であるために、主体が対象を愛するとき、対象は主体に忠誠を尽くし、服従するようになる。したがって、神が対象である人間を愛されるように、主体は対象を愛さなくてはならないのである。

第三に、主体は適切な権威をもたなくてはならない。主体が愛をもって部下を主管（統率）するとき、一定の権威なしに同情ばかりしたら、部下には、頼もしい上司というイメージが薄れると同時に、緊張感がなくなり、働こうとする意欲が低下する。したがって主体は適切な権威をもちながら対象を愛することが必要である。愛には、春のように温かい愛もあるが、冬の冷たさのような厳格な愛も必要なのである。このような権威を備えた厳格な愛は、対象の主体に対する信頼度と所属感を高め、上司への服従心と仕事に対する意欲を高めるのである。ここに「権威を備えた厳格な愛」とは、「愛を内包した権威」でもある。

このように、主体には一定の権威が必要であるが、過度の権威意識はかえって良くない。そのような権威には愛は宿ることはできないからである。過度に強く権威が働くと、部下は萎縮《いしゅく》して創造性を発揮できなくなる。上司が部下をしかっても、部下が有り難さを感じて、その叱責《しっせき》に従順になるような権威が真の権威であり、それがまさに愛を内包した権威なのである。

神においてもそうである。神は愛の神であるが、同時に権威の神でもあられるのである。例えば神は、アブラハムが鳩と羊と牝牛《めうし》の献祭に失敗したとき、アブラハムに息子イサクを生けにえとして捧げるように命令された。そしてアブラハムがその命令に従順に従ってイサクを捧げようとしたとき、神は「あなたが神を恐れる者であることをわたしは今知った」（創世記二二・一二）といわれた。これは「今まで、あなたは私が恐ろしい権威の神であることを知らないでいたので、それを悟らせるために、あなたの子供をいけにえとして捧げるようにしたのだ」という意味が含まれているのである。そのように神は、人間が神を愛の神として安易に考えたり、みだりに対することを決して願われないのであり、かえって恐ろしく思うことを願われる場合があるのである。

神は、権威の神であられるからである。

最後に、万物に対する人間の主体格位について説明する。すでに述べたように、愛は心情を基盤としているために、人間が完成して神の心情を相続すれば、心情を基盤として神の創造性を発揮し、万物を主管するようになるのである。すなわち神の愛をもって万物を主管するようになるのである。そのとき、人間は真の意味で、万物に対する主体格位に立つのである。

ところでマルクス主義は、生産手段を国有化し計画経済を行うようになれば、「人間は自然に対する真の意識的な主人となる」[5]と言った。計画経済を実施することによって、人間は万物主管の主体格位に立つようになると見たのである。愛によってではなく、経済の改革によって人間が万物主管の格位に立つようになるというのである。しかし過去の数十年間、ソ連や中国等において、経済政策が失敗し、生産性の停滞等によって経済が破綻《はたん》したのは、共産主義が万物主管に完全に失敗したということである。それは、マルクス主義の物質主義的人間観の限界を現すものであり、物質主義的な人間は万物に対して真の主体格位に立てない事実を示しているのである。

(三) 連体意識と民主主義

人間は社会生活において、実際は、同時に主体格位と対象格位に立っている。それは人間が連体であるためである。そのように人間は主体格位と対象格位を兼ね備えた存在、つまり二重格位をもった存在である。それを連体格位という。連体格位は二重目的、すなわち全体目的と個体目的をもっている。例えば、職場において、部署の長（課長や部長）は部下に対して主体格位にあるが、同時に、彼は自分の上司に対しては対象格位にあるのである。職場において最高の主体の位置にある人であっても、神に対しては対象格位にあるから、人間は厳密に言って、誰でも連体格位にあるのである。連体格位において取るべき心の姿勢は、対象意識と主体意識を兼ね備えるということであるが、これを連体意識という。

先に述べたように、人間はまず対象格位にあり、次に主体格位に立つようになる。したがって連体意識において、対象意識が優先されなければならない。つまり主体意識は、対象意識の基盤の上に立てられるのが本来の姿である。ところが堕落人間において、人間は主体の位置に立つとき、概して主体意識を優先するようになる。その典型的な例が独裁者たちである。独裁者たちは自分が最高であると考え、何でも自分の意のままにしようとする。しかし本然の社会では、指導者はたとえ最高の位置にあったとしても、常に神の前に対象の位置にあることを意識し、謙遜《けんそん》さを忘れないのである。

次に、民主主義における連体意識について考えてみよう。民主主義の基本原理は多数決主義と権利の平等の思想であるが、この権利の平等の思想はロック（J. Locke, 1632-1704）の自然権の思想に基づいている。ホッブズ（T. Hobbes, 1588-1679）においては、人間の自然状態は「万人の万人に対する闘争」の状態であったが、ロックは、自然状態において自然法が存在しているから、人間は自由で平等な状態にあると説明した。そして自然状態における人間は、平等な自然の権利――生命、自由、財産に対する権利――をもつとした(6)。

この自然権の思想の土台となったのは、古代ギリシアの自然法（自然の定める普遍的な法）の思想であった。この自然法のもとでの権利の平等の思想が、近代民主主義原則の成立の動機となったのである。ここで権利の平等とは、個々人の権利の平等を意味するのはもちろんである。

ところで平等の思想は、本来、キリスト教の「神の前の平等」の思想からきたものである。すなわち人間の平等な権利は、神から与えられたものであり、国家から与えられたものではないということであった。そのような平等の思想が近代民主主義の成立の真の根拠になっていた。神の前の平等とは「主体である神の前における、対象としての人間の平等」を意味するものであった。すなわち平等の思想は本来、対象意識の思想であり、したがって秩序意識の思想であった。

そのように民主主義は、本来、対象意識を基盤として出発したのであった。ところが、民主主義が発達するにしたがって、神は次第に人々の関心から消えるようになり、個人の権利が強調されることによって、対象意識がなくなっていった。そして今日、人々は主として主体意識だけをもつようになった。その結果、人間と人間の関係は主体意識だけをもつ人間の関係、すなわち主体と主体の関係に変質してしまい、今日のような秩序不在の時代が到来するようになった。主体と主体の関係は本質的に相克的な関係なのである。

民主主義は成立後、かなりの間、比較的健全な発展を続けてきた。それはキリスト教の精神によって、人々が神の前での対象意識をもつことができたからである。ところがその後、科学の発達と唯物思想の拡大の影響を受けて、キリスト教は世俗化していき、それとともに人類の精神を指導する能力も消えていった。そのうえ、社会の急速な産業化とともに、価値観は多元化していったのである。

そのような社会環境の変化とともに、民主主義の権利の平等の思想は、神の前での対象の平等から、法の前での主体の平等の思想に変質していった。その結果、本来からもっていた民主主義の主体と主体の相克的な要因が表面化して、種々の社会的混乱が現れたのである。すでに述べたように、主体と主体との相互関係は互いに相克の関係である。プラス電気とプラス電気が互いに排斥し合うのは、その例である。

したがって権利の平等の思想は、キリスト教の愛のような調節機能がない限り、必然的に相《そう》衝《しょう》現象を起こすのである。今日、世界の至る所で起きている紛争、衝突、戦争、憎悪など、様々な不和現象はすべて主体と主体間の相克作用の現れである。

言い換えれば、民主主義の権利の平等の思想は初めから相克要因を抱えて出発したのであり、したがって時が来れば、その相克作用は必ず表面化する宿命をもっていたのである。そして今日、潜在していた相克作用が表面化するに至った。今日、すべての民主主義社会において、殺人、強盗、放火、テロ、破壊、麻薬中毒、不正腐敗、性道徳の退廃、離婚率の増大、家庭の崩壊、麻薬中毒、エイズの拡大、性犯罪の蔓延《まんえん》などが起きているが、それらはすべて民主主義の相克的要因に基づいて起きている、価値観の崩壊現象なのである。

したがって民主主義社会の価値観の崩壊問題を解決する鍵は、再び対象意識を復活させることである。そのためには人類の真の主体である神を再び迎えなければならない。そして民主主義が出発した時の本来の精神、すなわち人間は神の前に平等であるという思想に帰らなくてはならない。したがって、現代の人々が神を受け入れられるように、神の実在を合理的に証明することが何よりも必要となるのである。

そして人々が神を正しく信じるようになれば、上位者を尊敬するようになり、上位者も下位者を愛でもって指導するようになる。そればかりでなく、政府は国民を愛するようになり、国民は政府に忠誠を尽くすようになるのである。そうして神を失った民主主義が神を中心とした民主主義になるとき、今日の民主主義の病弊《びょうへい》が根本的に解決されるのである。統一思想は神を中心とした民主主義のことを「天父を中心とした兄弟主義」ともいう。これを簡単に、「天父主義」または「兄弟主義」とも呼ぶ。父母のない兄弟はありえないし、兄弟を離れた父母もありえない。すなわち全人類は真の父母である神の真の愛を中心として、愛の兄弟姉妹となるのである。

最後に、万物に対する人間の主管について述べることにする。神は人間に三大祝福の一つとして万物主管を命じられた。したがって、人間は堕落しないで完成したならば万物の主管格位に立つことができたのである。万物主管とは、万物の霊長としての人間が単に万物を支配することを意味するのではない。産業（第一次、第二次、第三次産業）活動をはじめ、すべての経済活動、製造活動、技術活動がみなこの主管に属する。それでは、このような万物主管における人間の心的態度はどうあるべきであろうか。それは、万物に対して愛の心をもつことである。それは、温情をもって万物を大切にすることである。すなわち、愛によって万物を扱い、治めるのである。そのような主管は、天道に従う主管であるために万物も喜ぶのである。

四　結　論

以上、説明したように人間は本来、神相的存在であり、神性的存在であり、格位的存在である。これが「人間とは何か」という古くからの哲学的な問いに対する統一思想の解答である。結論として、以上の人間の本性に関する理論を要約すれば次のようになる。

①　人間は神相に似た性相と形状の統一体である。
②　人間は神相に似た陽性と陰性の調和体である。
③　人間は神相に似た個性体である。
④　人間は神性に似た心情的存在、愛を実践する人格的存在、すなわち愛的人間（homo amans）である。
⑤　人間は神性に似たロゴス的存在、天道に従って生きる規範的存在である。
⑥　人間は神性に似た創造的存在、心情を中心とした万物主管主である。
⑦　人間は二重目的と連体意識をもった格位的存在である。

このように偉大な内容をもつ貴く聖なる存在が人間の本来の姿である。その中でも、最も本質的な人間の本性を挙げれば、人間は心情的存在である。今日までの代表的な人間観としては、理性を人間の本性であるとする知性人（homo sapiens）とか、道具を作って使用することを人間の本性とする工作人（homo faber）などがあった。前者に属する人間観がギリシア哲学や近代合理主義哲学であり、後者に属する人間観がマルクス主義やプラグマティズムである。それに対して統一思想は、人間の本質は心情または愛であるとして、愛的人間（homo amans）を主張するのである。

五　統一思想から見た実存主義の人間観

本来の人間のあり方を追究した代表的な哲学者たちが実存主義者である。実存主義者によれば、人間は現実社会において、本来の姿を失って、絶望し、不安にとらわれている。そこで彼らは、いかにしたら人間は絶望や不安から解放されるか、生涯をかけて追究したのである。ここでは代表的な五名の実存哲学者の主張を簡単に紹介しながら、統一思想の人間観と比較してみることにする。そうすることによって、本性論の理解をより深めることができると思われるからである。

(一)　キルケゴール

キルケゴールの人間観

キルケゴール（Søren Kierkegaad, 1813-55）は、人間とは何かと自問し、「人間は精神である。

精神とは何であるか。精神とは自己である。自己とは何であるか。自己とは自己自身にかかわる一つの関係である」⑺と答えている。それでは、このような関係を措定《そてい》した者は誰か。それは自己以外の第三者でなければならない。それがすなわち神であるという。したがって、本来的自己とは神の前に立つ自己である。

ところが、本来、神と関係を結んで生きなければならない人間が、神から離れてしまった。そのいきさつは『不安の概念』の中に、聖書の創世記の物語を分析しながら、次のように書かれている。初めにアダムは平和と安息の状態にいたが、同時にそれは不安（Angst）な状態であった。神がアダムに「善悪を知る木から取って食べてはならない」と告げられたとき、アダムの中に自由の可能性が自覚された。そしてこの自由の可能性がアダムを不安に陥れた。そしてアダムが自由の深淵《しんえん》をのぞき見ることによって、めまい（Schwindel）を感じて、自己にとりすがった。そこに原罪が成立したのである。

その結果、人間は自己自身に対する関係のうちに分裂が起こり、絶望（Verzweifelung）に陥ってしまった。ところが人間は、その絶望を外から自分の身に降り懸かってくる何かのように思って、自分自身の力で絶望を取り除こうと努力する。けれども、それでは決して絶望を取り除くことはできない。信仰によって、神との関係を回復することによってのみ、本来の自己関係を取り戻すことができ、絶望から逃れることができるのである。

彼は「公衆は一切であって無である。あらゆる勢力のうちで最も危険なもの、そして最も無意味なものである」⑻といって、大衆の無責任さと良心のなさを批判した。そして人間が真の人間性を実現するためには、非人間的な大衆の世界から離れて、単独者として、ただ一人で神の前に立たなくてはならないと主張した。そして彼は、人間が本来的自己に帰っていく段階を実存の三段階として、次のように説明した。

第一の段階は、「美的実存の段階」である。この段階の人間は、ただ直接的に、あるがままに感性的な要求に従って、機智《きち》をもって生きようとするのであり、この段階の人間にとって人生の目的は享楽である。これはエロス的愛を追求する審美家、誘惑者の立場である。しかし、享楽の瞬間は継続して反復することは不可能であり、結局は倦怠《けんたい》と不安にとらわれる。そこで人間は挫折し、絶望する。しかし、決断によって次の段階に向かう。

第二の段階は、「倫理的実存の段階」である。この段階の人間は、良心を善悪の判断基準として生きようとする。すなわち責任感と義務感をもって善良な市民として生きようとする。しかし人間はいくら努力しても、全く良心に従って生きることはできない。そこで彼は再び挫折し絶望する。そして新しい決断によって次の段階に向かう。

第三の段階は、「宗教的実存の段階」である。信仰をもって、神の前にただ一人で立つ段階であり、そこで初めて人間は真の実存となる。この段階に入るには飛躍が必要である。それは知性では理解することができない逆説（パラドックス）を信じることによって可能である。例えば人倫に反する神の命令に服従して、息子のイサクを供え物として捧げたアブラハムの信仰や、永遠なる神が有限な時間の中で受肉し、人間（イエス）となって現れたというような、非合理的なことを信じるということである。そのような飛躍を通じて、初めて神との関係を回復することができるのである。アブラハムが人倫に反する神の命令に服従して、息子イサクを供え物として捧げようとした行為を、キルケゴールは宗教的な生の典型と見たのである。

そうして、神を中心とした実存、すなわち本来の自己になった人間が、「自分を愛するようにあなたの隣人を愛せよ」というイエスの言葉に従って、神を媒介とした愛によって互いに愛し合うとき、そのような「愛のわざ」によって、真の社会が成立すると彼は見たのである。

統一思想から見たキルケゴールの人間観

キルケゴールは、人間が神から離れることによって、「自己自身にかかわる関係」に分裂が起こり、不安と絶望に陥ったという。「自己自身にかかわる関係」とは、統一思想から見れば、心と体、あるいは生心と肉心の関係ということができよう。したがって「自己自身にかかわる関係」に分裂が起きたということは、人間が神から離れることによって、心と体が分裂してしまったことを意味するのである。言い換えれば、本来的自己においては、神を中心として心と体が一つになっていたのである。それでは、いかにしたら心と体は一つになることができるだろうか。それは神の心情を中心として、人間の生心と肉心が主体と対象の関係を回復して、円満な授受作用を行うことによって可能になるのである。

キルケゴールは、人間は単独者として神の前に立つとき、絶対者（神）に対して絶対的な関係に立つという。この単独者は統一思想における人間の本性の「個性体」に相当する概念である。しかし彼は、単独者はなぜ絶対的なものであるか説明していない。統一思想から見れば、人間の

「個性体」が絶対的なのは、人間が絶対者である神の個別相に似ているからである。このようにキルケゴールの「関係性」と「単独性」は、統一思想の「心と体の統一的関係」と「個性体」の概念に相当するのである。

しかし統一思想から見るとき、このような理解は人間の本性のすべてに対する理解ではない。人間の本性の最も本質的な側面は心情的存在である。また人間は単独者として、すなわち個性体として神の前に立つというだけでは不完全な人間の理解である。男女が結婚して、夫婦として神の前に立つとき、初めて人間は完全なものとなるのである。人間は陽性と陰性の調和体であるからである。人間はまたロゴス的存在であり、創造的存在でもある。さらに主体性と対象性を共に備えた格位的存在でもある。単独者として、ひとり神の前に立つという彼の人間観は、真摯《しんし》であるけれども、孤独で寂しいものとなっている。

人間はなぜ、神から離れるようになったのであろうか。その原因が明らかにならない限り、本来の自己、すなわち神の創造された状態の人間に帰ることは不可能である。キルケゴールは、アダムが自由の可能性からきた不安によって罪に落ちたといった。果たして、そうであろうか。統一原理によれば、自由や不安は堕落の原因ではない。人間始祖アダムとエバは、神のみ言《ことば》を守らず天使長の誘惑に従って愛の方向性を間違ってしまったのである。すなわち、彼らは非原理的な愛の力によって堕落したのである。アダムとエバが神のみ言を守らないで脱線しようとするとき、彼らの本心の自由は、神の戒めを破ることに対する不安感を生ぜしめたのであり、その不安感は、かえって彼らが脱線しないように作用したのである。しかし非原理的な愛の力はこの不安感を抑え、彼らが堕落線を越えるようにさせたのである。こうした堕落の結果、人類は神から離れるようになり、そのため戒めを守らなかったことに対する罪悪感と、神からの愛の断絶によって、不安と絶望に陥るようになったのである。したがって堕落の問題を正しく解決しない限り、人間の不安と絶望の問題は根本的には解決できないのである。

キルケゴールの神の愛に関する概念も漠然としている。神の愛とは、温情をもって対象に対して無限に与えようとする情的な衝動である心情から生じるのであって、その神の愛が地上に現れるときに、方向性をもつ愛として現れる。すなわち、まず家庭を基盤として父母の愛、夫婦の愛、子女の愛、兄弟の愛などの分性的な愛として現れる。それがいろいろな方向に拡大されて、人類愛、民族愛、隣人愛、動物に対する愛、自然への愛などとして現れるのである。そのように神の愛には具体的な内容と方向性があるのであり、漠然とした愛ではないのである。

キルケゴールは、人間が本来の姿を回復するためには、大衆の虚偽と闘って神に帰らなくてはならないと訴えた。それは社会の迫害や嘲笑《ちょうしょう》に耐えながら神にまみえようとした彼自身の歩みを反映したものであり、真実な信仰者になるように当時の宗教者たちに訴えた忠告でもあり、高く評価すべきである。

彼は二十七歳の時、十歳年下のレギーネ・オルセンと婚約したが、結婚によって彼女を不幸に陥れるのではないかという不安のために、また恋愛よりも次元の高い理想的な愛を実現しようとして、その一年後に一方的に婚約を破棄した。そのために、彼は社会的に非難されることとなったのであるが、統一思想から見るとき、彼は人格を完成した上で、神を中心とした真なる男女の愛を実現することを願ったと見ることができる。本来の人間像を捜し出そうとしたキルケゴールの方向性は、基本的には統一思想の立場と一致していたといえる。

(二) ニーチェ

ニーチェの人間観

キルケゴールは、人間は神の前に立つとき本来的自己になると言ったが、ニーチェ(Friedrich Nietsche, 1844-1900)はその反対に、神への信仰から解放されるとき、人間は初めて本来的自己になると主張した。

ニーチェは、当時のヨーロッパ社会における人間の水平化、倭小化《わいしょうか》を嘆き、その原因をキリスト教の人間観にあると見た。キリスト教は、生を否定して禁欲主義を説き、人間の価値を彼岸《ひがん》に置いた。また万人は神の前に平等であると説いた。その結果、人間のはつらつとした生命力を失わせ、強い人間を引きずり下ろして、人間を平均化したと見たのである。

そこでニーチェは、「神は死んだ」(Gott ist tot)と宣言し、キリスト教を攻撃した。キリスト教の道徳は、神や霊魂という概念でもって生と肉体を抑圧し、生の現実を否定的に見ることによって、強い人間への道を閉ざし、弱者や苦しむ者に肩入れをしていると考え、彼はそのようなキリスト教の道徳を奴隷道徳と呼んだ。そしてキリスト教的な愛の生活、精神的な生活を退けて、本能による生活、生命が欲求するままの生活を全面的に肯定した。

生命とは、成長しようとする力であり、発展しようとする力である。彼は「およそ生あるものの見いだされるところに、わたしは力への意志をも見いだした。そして服従して仕えるものの意志のなかにも、わたしは主人であろうとする意志を見いだしたのだ」[9]といって、人間のあらゆる行為の根底には、より強大になろうとする「権力への意志」（Wille zur Macht）が存在していると説いた。そして、キリスト教の奴隷道徳に代わるところの、権力の大きさを価値基準とする君主道徳（英雄道徳）を打ち立てた。彼は、善と悪の基準について次のようにいっている。


善とは何か？　―権力の感情を、権力への意志を、権力自身を人間において高めるすべてのもの。

悪とは何か？　―弱さから由来するすべてのもの。

幸福とは何か？　―権力が成長するということの、抵抗が超克されるということの感情。

…………

弱者や出来そこないどもは徹底的に没落すべきである。これすなわち、私たちの人間愛の第一命題。そしてそのうえ彼らの徹底的没落に助力してやるべきである。なんらかの背徳にもまして有害なものは何か？　――すべての出来そこないや弱者どもへの同情を実行すること―キリスト教。[10]

君主道徳による理想的人間像が「超人」（Übermensch）である。超人とは、人間の可能性を極限にまで実現し尽くした存在であり、権力の意志の体現者である。超人の可能性は、あらゆる生の苦痛に耐え、生を絶対的に肯定するところにある。生を絶対的に肯定するとは、「一切は行き、一切は帰る。存在の車輪は永遠にまわっている」[11]という永劫回帰《えいごうかいき》の思想、すなわち世界は目的もなく意味もない永遠の繰り返しであるという思想に耐えることである。それはいかなる運命にも耐えることを意味する。そしてそれは「必然なものを美としてみること」、「運命を愛すること」によって可能であるといい、「運命の愛」（amor fati）を説いた。

統一思想から見たニーチェの人間観

キリスト教の極度な来世主義によって、人間は現実の生活を尊重することができなくなり弱体化したとニーチェは考えたが、人間の本性を回復しようと苦悩したニーチェの真摯《しんし》な努力は、それなりに高く評価されるべきである。ニーチェの主張は、キリスト教に対する一つの讒訴《ざんそ》であり、警告であった。すなわちキリスト教がその本来の精神から離れているとニーチェは考えた。ニーチェが見たキリスト教の神は、高い所に座して、良いことをした者には死後の復活を約束し、悪いことをした者には罰を与えるというように、審判の神であり、彼岸《ひがん》的な神であった。しかしニーチェが非難したのはイエスの教えそのものではなくて、イエスの教えを彼岸主義に変えてしまったパウロであった[12]。

統一思想から見れば、神は現世を否定して高い所にだけいます彼岸的な神ではない。神の創造目的は死後の世界における天国ではなく、地上天国の実現である。そして地上に天国が建設されるとき、地上で天国生活を体験した人々が、死後、天上天国を造るようになっているのである。イエスの使命も本来は地上天国の実現であった。したがって、イエスの教えをパウロが彼岸主義に変質させたというニーチェの主張には一理あるといえる。しかし、ユダヤ民族の不信仰によってイエスが十字架にかかることにより、救いが霊的なものとなり、現世においては、人間は絶えず悪の主体であるサタンの侵入を受けざるをえなくなったのも事実である。だからパウロを非難するあまり、キリスト教そのものを否定し、神の死まで宣言することは誤りである。

次に、すべての生あるものには権力への意志があるというニーチェの主張について検討する。創世記に書かれているように、神は人間に「すべてのものを治めよ」という祝福を与えられた。すなわち神は人間に主管性を与えられたのである。したがって支配欲（主管欲）それ自体は神より与えられた人間の本性の一つである。この支配（主管）の位置は、統一思想から見れば、人間の本性の一つである「主体格位」に相当するものである。しかるに主体格位のところで述べたように、本来の主管は愛による主管なのであって、力による主管ではない。すなわち主管性を発揮する前提条件として、人間は神の心情を中心として人格を完成し、家庭生活において愛の倫理を実践しなければならない。そのような基台の上で、真の主管性が発揮されるようになるのである。ところがニーチェは、そのような基盤を無視して、ただ「権力への意志」だけを全面に出してしまった。そこにニーチェのまた一つの誤りがあったのである。

ニーチェは、キリスト教の道徳は強者を否定する弱者の道徳であるといったが、決してそうではない。人間が真の主管性を発揮するようになるために、キリスト教は真の愛を教えようとしたのである。そのために人間は、肉体の本能的欲望を通じて作用してくる悪の力と闘わなければならない。肉体の本能的欲望それ自体は悪ではないが、堕落人間は霊人体の心霊基準が未完成の状態にあるために、そのような人間が肉体の本能的欲望に従って生きると、悪（サタン）の力に支配されてしまう。霊人体の心霊基準が高まり、生心が肉心を主管するようになるとき、初めて肉体の営みは善なるものとなるのである。

ところがニーチェは、精神、愛、理性を無視し、肉体、本能、生命を重視せよと主張した。すなわち人間の霊人体を無視してしまった。人間において霊人体を無視した場合、何が残るであろうか。動物的な肉身だけが残る。すなわちニーチェは人間を動物の格位にまで引き下ろすという結果を招いたのであった。したがって、人間に強大になれということは、それは猛獣になれというこ とでしかない。それは神が創造しようとされた真なる人間の姿ではない。人間を本来の姿に導こうという彼の努力は高く評価されなければならないが、その方案が全く間違っていた。人間は「性相と形状の統一体」であり、性相が主体、形状が対象であるのに、ニーチェは人間の形状面のみを重視し、性相的な面を無視したのである。しかしキリスト教信者たちが、イエスが地上天国を実現しようとして来られたことを知らないで、ややもすると、地上の生活を軽視する傾向があることに対してニーチェが警告を発した点は、高く評価されてもよいであろう。

(三) ヤスパース

ヤスパースの人間観

ヤスパース（Karl Jaspers, 1883-1969）における実存とは、個としての自分に真に目覚めた人間のあり方をいう。すなわち「実存とは決して客観となることのないものであり、私がそれにもとづいて考え、かつ行動するところの根源であり……実存とは自己自身にかかわり、そうすることで超越者にかかわるものである」[13]という。これは基本的にキルケゴールと同じ考え方である。

まだ超越者（Transzendenz）または包括者（Das Umgreifende）を見いだしえない実存、すなわち本来の存在を捜していく過程にある実存のことを「可能的実存」（mögliche Existenz）という。一般的に、人間はいろいろな状況の中に生きている可能的実存であるが、その状況に対処しながら能動的に生きていくことができる。しかしヤスパースは、死（Tod）、苦悩（Leiden）、闘争（Kampf）、負い目（Schuld）などの「われわれがのりこえることができず変更することができないような状況が存在する」[14]と指摘し、それを「限界状況」（Grenzsituation）と呼ぶ。

人間は永遠に生きることを願いながら、誰も、死を免れることはできない。死は自己の存在の否定である。また人生には肉体的苦痛、病気、老衰、飢えなどの苦悩がある。また人間は生きる限り、闘争を避けることはできない。そして己の存在が他者を排斥するという負い目を受けながら生きているのである。

こういう限界状況において、人間は自らの有限性を自覚して、絶望し、挫折せざるをえない。そのとき、この挫折をどのように経験するかによって、人間がどのような存在になるかが決定する。限界状況を逃げないで、挫折を直視し、黙々とそして誠実にそれを引き受けるとき、「世界存在をこえて本来的に存在するものが感じられるようになる」[15]のである。

すなわち、それまで無意味なものと思われた自然の背後に、歴史の背後に、哲学の背後に、芸術の背後に、超越者すなわち神がいて、われわれを包容し、何かをわれわれに語りかけていることが忽然《こつぜん》と分かってくる。そのとき、超越者は直接的に現れるのではなくて、暗号として現れる。超越者が、自然、歴史、哲学、芸術などを通じて、暗号として現れて、人間に語りかけてくるのである。そして限界状況において挫折を体験した者が、その暗号を説くことができる。これを「暗号解読」（Chiffredeutung）という。このようにして、人間は暗号を読み取ることによって、ただ一人で超越者に向かって立つようになるのである。これがすなわち、人間が真の自己の実存に目覚めるということである。

そのようにして神に出会ってから、人間は他人との交わりにおいて愛の実践を行う。互いに対等の立場に立って、それぞれの自立性を認めながら互いに愛し合うのが、本来の人間の生き方であり、他人との交わりを通して、実存が完成されるのである。ヤスパースは次のようにいっている。「一切の目的の意味に最終的な根拠を与えるところの哲学の目的、つまり、存在を内的に覚知し愛を開明し安らぎを完成するという目的は、交わりにおいてこそはじめて達成されるのである」[16]。実存の交わりは、緊張の関係であり、愛の闘いである。[17]

統一思想から見たヤスパースの人間観

ヤスパースは、人間は通常、まだ超越者を見いだしえない可能的実存であるが、限界状況を通過することによって、超越者にかかわる実存、すなわち本来の自己になるという。しかし、なぜ人間は通常、可能的実存として超越者から離れたままでいるのであろうか。またなぜ人間は、限界状況を通じるときに、超越者に出会うようになるのであろうか。ヤスパースはそのことについて明らかにしていない。しかし、そのことが明らかにされない限り、本来の自己は何かということも、またいかにして本来の自己を回復するかということも、具体的に分からないのである。

統一原理によれば、人間は創造目的を完成するように創造された。創造目的の完成とは、三大祝福の完成、すなわち人格の完成、家庭の完成、主管性の完成を意味する。ところが人間始祖のアダムとエバは成長の過程において、神のみ言《ことば》を守らず、人格が未完成のまま堕落したのであり、非原理的な愛を中心として夫婦となり、罪の子女を繁殖してしまった。その結果、すべての人類は神から離れるようになったのである。したがって人間が非原理的な愛を捨てて、神に帰り、神の愛を中心として創造目的を完成することが、本来的自己の回復の道である。

人間の本性は、人間が創造目的を実現するときに現れるようになっている。ヤスパースは、キルケゴールと同様に、自己自身にかかわりながら超越者にかかわる存在となることが実存であるといったが、それは統一思想から見るとき、三大祝福のうちの第一祝福である人格完成だけを扱ったのである。すなわち人間の本性の「性相と形状の統一体」を扱っていたのである。ヤスパースは他人との交わりにおいて愛を実践しなければならないというが、その愛はやはり、キルケゴールの場合と同様に、漠然としていたのである。

真の愛（神の愛）は、温情をもって対象に限りなく与えようとする情的な衝動である。この愛が家庭を通じて、四対象に向かう愛（父母に対する子女の愛、夫婦間の愛、子女に対する父母の愛、子女相互間の愛）として分性的に現れる。その四対象の愛が基本となるとき、他人との交わりにおける愛は円満になるのである。ヤスパースは実存の交わりは緊張の関係であり、愛の戦いであるという。しかし統一思想から見るとき、愛の本質は喜びである。したがって本来の愛は、決して緊張とか戦いとして表現される性質のものではない。

次の問題は、なぜ限界状況を通じることによって、人間は超越者と出会うようになるのかということである。ヤスパースは人間が限界状況に直面して、挫折を直視し、誠実にそれを引き受けることによって、神に出会うという。しかし限界状況に直面して、挫折を誠実に受け止めた人の中には、ニーチェのように神からいっそう離れていった人もあり、キルケゴールのように、神にいっそう近づいた人もいる。なぜそのようなことが起こるのであろうか。その理由はヤスパースの哲学では明らかにされていない。

人間は神のみ言《ことば》を守らないで神から離れてしまい、悪の主体であるサタンの主管下におかれてしまった。したがって無条件に神のもとへ帰ることはできない。何らかの贖罪《しょくざい》の条件（蕩減《とうげん》条件）を立てることによってのみ、神のもとへ帰ってゆくのである。したがってヤスパースの限界状況における絶望と挫折は、蕩減条件に相当するものであり、その条件が全うされることによって、人間は神に近づいていくのである。しかし、そのような限界状況において苦痛を耐え抜きながらも、「求めよ、そうすれば与えられるであろう、捜せ、そうすれば見いだすであろう」（マタイ七・七）とあるように、自らをむなしくして絶対的な主体（神）を求めようとする対象意識をもたなくてはならない。自己中心的な主体意識だけをもっていたり、怨念《おんねん》や復讐《ふくしゅう》心を抱き続けている限り、いくら限界状況を通じても、神に出会うことはないのである。

ヤスパースは挫折の暗号を解読することによって人間は超越者に出会うというが、暗号解読によって知りえる神は、象徴としての神にすぎず、それだけでは神の姿を理解することはできない。神の創造目的と人間堕落の事実を知り、信仰生活を通じて、神の三大祝福の実現に努めなければならない。そうすることによって、人間は神の心情を体恤《たいじゅつ》することができ、真の実存（本然の自我）となるのである。

（四）ハイデッガー

ハイデッガーの人間観

ハイデッガー（Martin Heidegger, 1889-1976）は人間を「現存在」（Dasein）と規定したが、近代の哲学のように、人間を世界に向かって立っている自我とは見なさなかった。現存在は、現在そこにいる個々の人間の存在（Sein）のことをいう。すなわち現存在は、世界の中にあって、他の存在者と関係を結び、関心をもって自分の周りに気を配り、他人に気をつかいながら、生活しているのである。ハイデッガーは現存在のこのような根本的なあり方を「世界内存在」（In-der-Welt-Sein）としてとらえた。世界の中にあるということは、人間はどこから来て、どこへ行くのかも知らないまま、さいころのように世の中に投げ出されているということを意味する。人間はこの地上に生まれようとして生まれたのではなく、あとで気づいてみると、この世に投げ出されていたことを悟るようになったというのである。この状態を被投性《ひとうせい》（Geworfenheit）または事実性（Faktizität）という。

人間は通常、日常生活において、周囲の意見や事情に自分を合わせていく間に、自己の主体性を喪失していく。これが本来の自己を喪失した、いわゆる「ひと」（Das Man）の立場である。(18)「ひと」は日常生活の中で、おしゃべりにふけり、好奇心のとりこになり、曖昧《あいまい》さのうちに安住している。これを現存在の頽落《たいらく》（Verfallen）という。

理由もなく世界の中に投げ出されている現存在は不安（Angst）の中にあるが、その不安の由来を突き詰めると、結局、死への不安に至る。しかし人間は、不安の中で漠然と未来を待つのではなく、「死への存在」（Sein zum Tode）であることを積極的に受け止めて、真剣に未来に向かって決意して生きるとき、本来の自己に向かうことができるのである。そのようにして、人間は未来に向かって自ら自己を投げかける、すなわち自己の未来をかけるのであり、これを投企《とうき》（Entwurf）という。そして、このような現存在の性質を実存性（Existenz）という。

そのとき、何を基準として自己を投げかけるのであろうか。良心の呼び声（Ruf）である。良心の呼び声とは、頽落せる自己から本来の自己に帰ることを求める内なる呼び声である。ハイデッガーは良心の呼び声について、次のようにいっている。「このよび声は疑いもなく、世界のうちでわたしとともにあるところの他人からくるものではない。良心のよび声は、わたしのうちから、しかもわたしを超えたところから現れるのである」[19]。

ハイデッガーはまた、現存在の存在の意味を時間性（Zeitlichkeit）において把握している。現存在のあり方は、投げかけるという面から見れば「自己に先だってある」のであり、投げ出されているという面から見れば「すでになかにある」のであり、関心をもって環境に気を配り、他人に気をつかっているという面から見れば、存在者の「かたわらにある」のである。これらの三つの契機を時間性に照らしてみると、それぞれ未来（Zukunft）、既存（過去）（Gewesenheit）、現在（Gegenwart）に相当するのである。

人間は世界から離れて孤立した自己に向かうのではない。過去を引き受けながら、現在の頽落から自己を救済するために、未来の可能性に向かって、良心の呼び声に耳を傾けながら進んでゆくのである。これがハイデッガーの時間性から見た人間観である。

統一思想から見たハイデッガーの人間観

ハイデッガーは、人間は世界内存在であり、本来の自己を喪失した「ひと」であり、その特性は不安であるという。しかし、なぜ人間は本来の自己を喪失したのか、また本来の自己はどのようなものかが、明らかにされていない。本来の自己に向かって、自らを投げるというが、その目標とすべき人間像が不明であれば、間違いなく本来の自己に向かっているのか確かめようがない。

彼は良心の呼び声が人間に本来の自己に帰るように導いているという。しかし、これは問題の解決とはいえない。人間は良心に従って生きなければならないということは常識に属することであり、その常識的なことを、哲学的に表現したにすぎないからである。神を認めない世界では、結局、ニーチェのように本能的な生命に従って生きるか、ハイデッガーのように良心に従って生きるか、そのいずれかを取るしかないのである。

統一思想から見るとき、良心に従って生きるだけでは不十分である。人間は本心に従って生きなければならない。良心は各自が善であると考えるものを指向しているため、人によって良心の基準も異なる。したがって良心に従って生きるとき、本来の自己に向かっているかどうか保証はない。神を基準とする本心に従って生きるとき、人間は初めて本来の人間に向かっていくのである。

ハイデッガーは、人間は漠然と未来を待つのではなく、真剣に未来に向かって決意するとき、不安から救われるという。しかし、未来の自己の姿が明らかになっていないのに、どうして不安から救われることができるのであろうか。統一思想から見れば、不安の原因は神の愛から離れたことにある。したがって、人間は神に立ち帰り、神の心情を体恤《たいじゅつ》して、心情的存在となるとき、初めて不安から解放され、平安と喜びにあふれるようになるのである。

彼は、死をも決意された死として受け入れるとき、死への不安が乗り越えられるという。しかし、それでもって死への不安を解決したとはいえない。統一思想から見れば、人間は霊人体と肉身の統一体、すなわち性相と形状の統一体であり、肉身を土台にして霊人体が成熟するようになっている。人間が地上の肉身生活を通じて創造目的を完成すれば、成熟した霊人体は肉身の死後、霊界で永遠に生きる。したがって、人間は「死への存在」ではなく「永生への存在」である。それゆえ肉身の死は昆虫の脱皮に相当する現象にすぎない。死の不安は、死の意義に対する無知からくるものであり、また自己の未完成を、意識的にせよ、無意識的にせよ、感じとるところからくるものである。

ハイデッガーはさらに、人間（現存在）は時間性をもつという。すなわち人間は過去を引き受けて、現在の頽落《たいらく》から離れ、未来に向かって投企しなければならないというが、その理由が明らかにされていない。統一原理によれば、人間はアダムとエバの堕落以来、血統的に原罪を受け継いだだけでなく、先祖の犯した遺伝罪や、人類や民族が共通に責任を持たなければならない連帯罪を背負っている。したがって人間は、そのような罪を清算するための条件（蕩減《とうげん》条件）を立てながら、本来の自己と本来の世界を復帰する課業を使命として与えられているのである。

この課業は人間一代において成就されるものではない。子孫代々バトンを継承しながら成されるものである。すなわち、人間は過去の祖先たちが果たしえないで残してきた蕩減条件を引き受けながら、現在の私において清算し、さらに未来の子孫に対して復帰の基盤を引き継がせるのである。これが統一思想から見た、人間が時間性をもつことの真の意味である。

(五) サルトル

サルトルの人間観

かつてドストエフスキーが、「もし神が存在しなければ、どんなことでも可能であろう」といったが、サルトル(Jean Paul Sartre, 1905-80)の哲学はまさに、そのような神の実在に対する否定から出発したのであった。ハイデッガーが神なき実存を主張したが、サルトルはさらに一歩進んで、神を否定する実存を説いた。彼は、そのことを「実存は本質に先立つ」という言葉で表現し、次のように説明している。

実存が本質に先立つとは……人間はまず先に存在し、世界中で出会われ、世界内に不意に姿をあらわし、そのあとで定義されるものだということを意味するのである。実存主義の考える人間が定義不可能であるのは、人間は最初は何ものでもないからである。人間はあとになってはじめて人間となるのであり、人間はみずからがつくったところのものになるのである。このように、人間の本性は存在しない。その本性を考える神が存在しないからである。[20]

道具は作られる前に、すでにその製作者によって、その用途や目的、すなわち本質が決定される。したがって本質が存在に先行する。同様に、もし神が存在し、神の観念に基づいて人間が造られたのであるとすれば、人間においても、本質が存在に先行するといえる。しかし神を否定するサルトルにとって、人間の本質は最初から決定されていない。人間は本質からでなく、無から出現したのである。

次に彼は、「実存は主体性である」という。人間は無から現れた偶然的存在であって、誰によっても規定されない。したがって人間は自ら自分のあり方を計画し、自らを選択するのである。それが彼のいう主体性の意味である。すなわち共産党員になろうが、キリスト教徒になろうが、結婚を望もうが、自分自身で自分のあり方を選択するのである。

サルトルによれば、このような実存の根本的性格は「不安」である。人間は自らを選択するが、それは同時に、「各人はみずからを選ぶことによって、全人類を選択する」[21]ことを意味する。したがって、自分を選択するということは、全人類に対して責任を負うということであり、そこにわれわれの不安があるという。しかしながら、不安は行動を妨げるものではなく、かえって行動の条件そのものであり、行動そのものの一部であるという。

人間はまた、「自由」なる存在である。実存が本質に先立つ人間は、何ものによっても決定されず、どんなことでも許されているからである。しかし自由であるとは、自己の行為について一切の責任は自分にあるということであり、そのような意味で自由であることは、人間にとって重荷であり、「人間は自由であるように呪《のろ》われている」[22]のである。つまり人間は自由なるがゆえに不安なのである。彼は次のように述べている。

人間は自由である。人間は自由そのものである。もし一方において神が存在しないとすれば、われわれは自分の行いを正当化する価値や命令を目の前に見出すことはできない。こうしてわれわれは、われわれの背後にもまた前方にも、明白な価値の領域に、正当化のための理由も逃げ口上ももってはいないのである。われわれは逃げ口上もなく孤独である。そのことは私は、人間は自由の刑に処せられていると表現したい。[23]

人間が主体性であるとするなら、人間はその主体性を発揮せざるをえないし、そうするためには主管されるべき対象がなくてはならない。ところで存在には「即自存在」(être-en-soi)と「対自存在」(être-pour-soi)がある。即自存在とは、それ自体においてある万物のことであり、対自存在とは、自己意識をもつ人間である。ここで人間が主体性を発揮するにあたって、即自存在(万物)を対象とする場合は問題はないが、対自存在(人間)に対する場合は問題が生じる。私が主体性を主張するのみならず、他人もまた主体性を主張するからである。

人間が他の人間に対しているとき、その人間存在を「対他存在」(être-pour-autrui)、すなわち他者に対している存在であるという。対他存在の根本的構造は、「まなざしを向ける者」となるか、「まなざしを向けられる者」となるか、あるいは「他者が私にとって対象である」か、「私が他者にとって対象である」かという関係である。[24] すなわち人間関係は絶えざる相克関係となるのである。彼は次のように述べている。

それゆえ、人間存在は、「他人を超越するか、もしくは、他人によって超越されるか」というこのディレンマから脱出しようとこころみても、むだである。意識個体相互間の関係の本質は共同存在（Mitsein）ではなくて、相克（conflit）である。[25]

統一思想から見たサルトルの人間観

サルトルは、人間において「実存は本質に先立つ」といい、人間は自らをつくるという。ハイデッガーも、同様に、人間は未来に向かって投企しなくてはならないというが、ハイデッガーの場合には、「良心の呼び声」が漠然とながらも、人間を本来の自己へと導いていた。しかしサルトルの場合には、本来の自己というものが完全に否定されているのである。これは神から完全に離れてしまったことからくる当然の結果である。もし、サルトルの主張を受け入れるならば、人間にとっては善悪の基準は完全になくなるであろう。いかなる行為をしても、自らの責任で決断したといえば、それだけで合理化されてしまうからである。そうなると人間社会は倫理不在の社会とならざるをえなくなる。

サルトルはまた「人間は主体性である」といった。それに対して統一思想は「人間は主体性であると同時に対象性である」こと、すなわち人間の本性は「主体格位」であると同時に「対象格位」であることを主張する。サルトルのいう主体性とは、自由に自らを選択するということ、また他者を対象化するということを意味している。しかし統一思想のいう主体性は、愛によって対象を主管する能力をいうのである。真の主体性を発揮するためには、人間はまず対象性を確立しなければならない。すなわち、まず対象格位に立ちながら対象意識をもたなければならない。このような対象格位の段階を経て成長または昇進し、ついには主体格位に立ち主体性を発揮するようになるのである。

さらにサルトルによれば、人間相互の関係は主体性と主体性の相克の関係、あるいは自由と自由の相克の関係である。これはホッブズの「万人の万人に対する闘争」に通じる思想であって、明らかに、誤った主体観であり、誤った自由観である。このような主体観や自由観によっては、民主主義社会の混乱を解決することはできない。人間が主体性と対象性の両側面を備えるとき、それによって主体と対象の円満な授受関係が結ばれるようになる。そのとき、初めて平和な世界が実現するのである。

さらに、サルトルは人間は自由であるように呪《のろ》われているという。しかし統一思想から見れば、自由とは呪われたものではない。自由は原理を離れてはありえず、原理は真の愛を実現するための規範である。したがって真の自由は、愛を実現するための自由なのである。

第四章　価値論

今日の時代は大混乱の時代であり、大喪失の時代であると規定することができる。戦争と紛争は絶えることなく、テロ、破壊、放火、拉致《らち》、殺人、麻薬中毒、アルコール中毒、性道徳の退廃、家庭の崩壊、不正腐敗、搾取、抑圧、謀略、詐欺、中傷など、数え切れない悪徳現象が世界を覆っている。このような大混乱の渦中において、人類の貴重な精神的財産がほとんど失われつつある。人格の尊厳性の喪失、伝統の喪失、生命の尊貴性の喪失、人間相互間の信頼性の喪失、父母や教師の権威の喪失などがそうである。

このような混乱と喪失をもたらした根本原因は何であろうか。それがまさに伝統的な価値観が崩壊したということである。つまり真、善、美に対する伝統的な観点が失われてしまったのである。中でも特に善に対する観念が消え失せて、倫理観、道徳観が急速に崩壊しているのである。それではこのような価値観の崩壊の原因は何であろうか。

第一に、経済、政治、社会、教育、芸術など、すべての分野において、神を排除し、宗教を軽視してきたためである。伝統的価値観のほとんどが、宗教的基盤の上に成立しているために、この基盤が崩れた価値観は必然的に崩壊するしかないのである。

第二に、唯物論や無神論、特に共産主義理論の浸透による価値観の破壊のためである。共産主義は人間を二つの階級に分けて、人と人の間の対立を煽《あお》り、不信感を増大せしめ、徹底的な敵愾《てきがい》心《しん》を起こさせようとした。そのとき、共産主義は伝統的な価値観を封建的であるとか、体制維持のための道具だといって批判し、価値観の崩壊を図ったのである。

第三に、宗教相互間の対立や思想相互間の対立のためである。そのような対立が価値観の崩壊を加速せしめたのである。価値観は宗教や思想の基盤の上に立てられるので、宗教や思想に対立があれば、人々は価値観を相対的なものと見るようになる。したがって、必ずしも一定の価値観に従わなくてもよいというような考え方が広がったのである。

第四に、中世以後伝わってきた伝統的な宗教（儒教、仏教、キリスト教、イスラム教）の徳目が、科学的な思考方式をもっている現代人を説得するのに失敗したためである。伝統的な宗教の教えの中には、非科学的な内容が少なくはなく、したがって科学に対して絶対的な信頼をもっている現代人には、そのような宗教的価値観は受け入れがたいのである。

伝統的価値観の崩壊の原因をこのように分析するとき、ここに必然的に新しい価値観の定立が要求される。というのは新しい価値観の定立なしには、やがて到来する未来の理想世界に備えることができないからである。それでは、新しい価値観はいかなるものでなければならないであろうか。それはまず、すべての既存の宗教の根本的な教えと、すべての思想の価値観を包容しうるものでなくてはならない。それはまた、唯物論や無神論を克服しうる価値観でなくてはならないし、科学をも包容し、科学を指導しうる価値観でなくてはならない。そのような内容をもつ価値観とは、絶対者である神の真の愛を中心とした絶対的価値観である。それがまさに未来社会に対備するために、今日、切に要求される新しい価値観である。

それでは、われわれが対備しなくてはならない未来社会は、具体的にどのような社会なのか考察してみよう。未来社会は本来の人間によって建設される社会であるが、本来の人間とは、神の心情、神の愛をもった人格の完成者のことである。ここで人格とは、心情を中心として知情意の機能が均衡的に発達した品格のことである。したがって未来社会は、神の心情を中心として、知情意の機能が調和的に発達した人間によって構成される社会である。ここに新しい価値とは、本来の知情意の機能に対応する価値のことである。

知情意の機能はそれぞれ真美善の価値を追求するが、それによって真実社会、芸術社会、倫理社会が実現される。ここで真実社会は真の価値を追求することによって実現される偽りのない真なる社会をいい、芸術社会は美の価値を追求することによって実現される美の社会をいい、倫理社会は善の価値を追求することによって実現される善の社会をいう。真実社会を実現するための理論として必要なのが教育論であり、芸術社会を実現するための理論として必要なのが芸術論であり、倫理社会を実現するための理論として必要なのが倫理論である。価値論は真美善の価値を総合的に扱う部門であって、これら三つの理論の総論となる。

未来社会はそのような真美善の価値が実現する社会となるだけでなく、科学の発達によって経済は高度の成長を成し遂げ、経済問題は完全に解決された豊かな社会が実現される。したがって、そのような社会に住む人々の生活は、価値を実現しながら価値を楽しむ生活になるのである。

心情を中心として真美善の価値が実現した社会が、すなわち心情文化の社会であり、統一文化の社会である。

以上で未来社会に備えるために新しい価値観が必要であることについて説明した。ところが新しい価値観は未来社会に備えるために必要であるだけでなく、今日の現実世界の混乱を収拾するためにも必要である。すでに述べたように、今日の現実世界は様々な要因によって、価値観が総体的に崩壊しつつあるが、これを収拾するためには健全な価値観の再定立が切に要求されるのである。

新しい価値観は文化の統一のためにも必要とされる。今日の世界の混乱を究極的に収拾するためには、いろいろな伝統文化の統一が必要である。ところが様々な文化はそれぞれ一定の宗教または思想を土台としている。そしてそのような宗教や思想は一定の価値観をもっている。したがって文化の統一のためには、様々な価値観の統一、例えばキリスト教価値観、仏教価値観、儒教価値観などの統一が要求されるし、また東洋と西洋の文化的価値観の統一が必要である。したがって、ここにおいても、すべての価値観を包容しうる新しい価値観の提示が要求されるのである。

一　価値論および価値の意味

新しい価値観を提示する前に、まず価値論と価値の意味が何であるかについて説明する。

価値論の意味

価値論は一般に経済学、倫理学などの分野においても扱われるが、哲学においては主として価値哲学のことをいう。すなわち価値一般に関する理論を扱う哲学部門である。価値論は近代に至って哲学体系の一部門となったが、あとで述べるように、その内容はたとえ断片的であっても古代においても発見されるのであり、カントが事実問題と価値問題を区別したのち、価値論は哲学上の重要な課題として提起されるようになった。

特にロッツェ（Rudolph H. Lotze, 1817-1881）が存在と価値を分離したのち、存在の世界に価値の世界を対置させると同時に、存在の世界は知性によって把握されるが価値の世界は感情によって把握されると主張し、哲学に価値概念を取り入れることによって、価値哲学の始祖となった。

価値とは何か

価値という言葉は本来は経済生活から出たものであるため、主に経済的価値を意味するが、今日に至って、この言葉が一般化し、社会、政治、法律、道徳、芸術、学問、宗教など人間生活のほぼ全般にわたって使われている。統一思想では、価値を大きくは物質的価値と精神的価値に区分する。物質的価値とは、商品価値のように生活資料の価値を意味し、精神価値は知情意の機能に対応する真美善の価値をいう。本価値論では、そのうち精神的価値を扱っている。

一般的に価値という概念を正確に定義するのは不可能であるとして、価値現象を通じて分析するほかないとされるが[1]、本価値論では、価値は主体（主観）の欲望を充足させる対象の性質であると規定する。すなわち、ある対象があって、それが主体の欲望や願いを充足させる性質をもつとき、その主体が認める対象の性質を価値という。つまり価値は主体が認める対象価値であって、主体に認められなければ、それは現実のものとはならないのである。例えば、ここに美しい花があったとしよう。主体がこの花の美しさを認めなかったならば、その花の価値は現れないのである。そのように価値が現れるためには、主体が対象の性質を認めて評価する過程が必要である。

欲　望

価値とは、すでに述べたように、主体の欲望を充足させる対象の性質をいうのであるが、ここで価値を論ずるためには、まず主体のもっている欲望について分析しなければならない。ところが今日まで、価値（物質的価値を含めて）を扱った思想家たちは、人間の欲望の問題を排除して、価値現象だけを客観的に扱ってきた。しかしそれは根のない木、または土台のない建築のようなものであって脆弱《ぜいじゃく》さを免れなかった。根のない木は枯れるしかなく、土台のない建築物は倒れるしかないからである。ゆえに今日、既存の思想体系はいろいろな社会問題の解決において、その無力さを露呈しているのである。

例えば物質的価値を扱う経済理論においても、現在の経済の混乱を解決するのに、ほとんど役立たなくなってしまった。そして労使関係が企業実績に及ぼす影響など、これまでの経済学者が予想もできなかった多くの問題が、続々と起きているのである。なぜそのような結果になったのであろうか。それは従来の経済学者たちが人間の欲望を正しく分析しなかったからである。経済学者たちは経済活動の動機が欲望であることを知りながら、その欲望を分析しなかったので、結局、彼らの理論は土台のない建物のようになってしまったのである。したがって、ここでは現れた現象を正しく理解するために、欲望の分析から始めるのであるが、それに先立ってまず価値論の統一原理的な根拠を扱うことにする。

二　価値論の原理的根拠

統一原理によれば、人間は性相と形状の統一体であって、目的と欲望をもっている。欲望はもちろん神から賦与された創造本性（『原理講論』一一八頁）である。そして目的も欲望もそれぞれ二重性を帯びている。こうした事実を根拠として統一価値論が成立するのである。

性相・形状と二性目的

創造された人間には一定の被造目的（神の創造目的）が与えられている。こうした被造目的をもつ人間は二性性相の統一体である（すなわち霊人体と肉身の二重体であり、生心と肉心の二重心的存在である）。人間に被造目的が与えられているということは、人間の性相にも目的が与えられており、形状にも目的が与えられていることを意味する。前者を性相的目的といい、後者を形状的目的という。この両者を合わせて「二性目的」とも呼ぶ。二性性相に対応する目的という意味である。

性相は生心を意味し形状は肉心を意味するために、性相的目的とは生心がもっている目的であり、形状的目的とは肉心がもっている目的である。したがって性相的目的とは、生心の目的である真善美愛の生活を営むことを意味し、形状的目的とは肉心の目的である衣食住性の生活を営むことを意味するのである。

性相・形状と二性欲望

人間は性相と形状の統一体であり、生心と肉心の二重心的存在であるために、目的と同様に、欲望にも性相的欲望と形状的欲望がある。これを「二性欲望」と呼ぶことにする。「二性目的」と同様に、二性性相に対応する欲望という意味である。性相的欲望とは、生心の欲望としての真善美愛の生活に関する欲望であり、形状的欲望とは、肉心の欲望としての衣食住性の生活に関する欲望である。

二重目的と二重欲望

統一原理によれば、人間はまた全体目的と個体目的という二重目的をもつ連体である（『原理講論』六五頁）。これは性相（生心）も全体目的と個体目的をもっており、形状（肉心）も全体目的と個体目的をもっていることを意味する。すなわち性相的目的にも全体目的と個体目的があり、形状的目的にも全体目的と個体目的があることを意味する。

ところで欲望とは、与えられた目的を達成しようとする心の衝動である。したがって欲望には、全体目的を達成しようとする欲望と個体目的を達成しようとする欲望がある。前者を価値実現欲といい、後者を価値追求欲という。この両者を合わせて「二重価値欲」と呼ぶ。これは性相的欲望と形状的欲望が、それぞれ二重目的を実現するための二重欲望、すなわち価値実現欲と価値追求欲をもっていることを意味する。それゆえ性相的欲望にも価値実現欲と価値追求欲があり、形状的欲望にも価値実現欲と価値追求欲があるのである。

ここで二重目的および二重欲望と関連して、二重価値について説明する。目的に二重目的があり、欲望に二重欲望があるように、価値にも二重価値がある。それが実現価値と追求価値である。価値実現欲によって実現しようとする価値、または実現された価値が「実現価値」であり、価値追求欲によって追求しようとする価値、または追求された価値が「追求価値」である。このような二重目的と二重欲望と二重価値は、互いに対応関係にあるのである。

欲望の由来と創造目的

ところで、人間の欲望は何のためにあるのだろうか。それはすでに述べたように、創造目的を実現するためにあるのである。神の創造目的とは、神においては、対象（人間と万物）から喜びを得るということである。しかし被造物の立場から見れば、その創造目的は被造目的のことである。特に人間は、神に美を返し、神を喜ばせるということにその目的があるので、人間の創造された目的すなわち人間の被造目的は、人間が、生育し、繁殖し、万物を主管するという三大祝福を成就することによって達成される。したがって人間の創造目的（被造目的）とは、とりもなお

二性性相	二重心	目　　的		欲　　望		価　　値	
		二性目的	二重目的	二性欲望	二重欲望	二性価値	二重価値
性相	生心	性相的目的	全体目的 個体目的	性相的欲望	価値実現欲 価値追求欲	性相的価値	実現価値 追求価値
形状	肉心	形状的目的	全体目的 個体目的	形状的欲望	価値実現欲 価値追求欲	形状的価値	実現価値 追求価値

表４―１　欲望、目的、価値の二重性

さず三大祝福を完成するということを意味するのである。

神が人間を創造されたとき、人間に目的だけを与えて欲望を与えなければ、人間は、せいぜい、ただ「創造目的がある」、「三大祝福がある」ということが分かるだけで、実践の当為性を感じることはできなかったはずである。だから神は、人間にその目的を実現していくための衝動的な意欲――やってみたい、得てみたいという心の衝動性――を与えなければならなかった。その衝動性が欲望である。したがって人間は、生まれながらに創造目的（被造目的）、すなわち三大祝福を達成しようとする内的な衝動を感じながら、成長していくのである。そしてこのような欲望の基盤になっているのが心情である。

人間は、全体目的と個体目的の二重目的をもつ連体である。したがって創造目的の実現は、全体目的と個体目的を実現することである。人間の全体目的とは、真の愛を実現すること、すなわち家庭、社会、民族、国家、世界、そして究極的には人類の父母である神に奉仕することであり、人類と神を喜ばせようとすることである。そして個体目的とは、個体が自己の成長のために生き、自己の喜びを求めようとすることである。人間のみならず、万物もすべて、全体のための目的と個体のための目的という二重目的をもっている。それが創造目的の二重性、すなわち被造目的の二重性である。

万物と人間では創造目的の達成の仕方が異なっている。無機物は法則に従って、植物は自律性（生命）に従って、動物は本能に従って、それぞれの創造目的を達成する。しかし人間の場合は、神から与えられた欲望に従って、自由意志をもって自らの責任で創造目的を達成するのである。すでに述べたように、欲望とは与えられた目的を達成しようとする心の衝動のことである。

目的に全体目的と個体目的の二重目的があるように、それに対応して欲望にも価値実現欲と価値追求欲の二重欲望がある。そしてこの二重目的と二重欲望に対応する価値が実現価値と追求価値の二重価値である。以上のことを二性目的、二性欲望、二性価値と関連づけて、その相互関係を表すと、表４―１のようになる。

三　価値の種類

性相的価値

価値とは、主体の欲望を充足させる対象の性質である。性相と形状の二重的存在である人間の欲望に性相的欲望と形状的欲望があるから、価値にも性相的欲望を充足させる性相的価値と形状的欲望を充足させる形状的価値がある（表４―１）。性相的欲望を充足させる性相的価値は真善美と愛であるが、実は、愛は価値そのものというよりは真善美の価値の基盤である。真善美は、心の三機能である知情意に対応する価値である。すなわち主体が対象のもつ価値的要素を評価するとき、知情意の三機能に従って、それぞれ異なるものとして判断するのが真美善の価値なのである。

形状的価値

一方、形状的欲望を充足させる価値とは、衣食住の生活資料の価値、すなわち物質的価値（商品価値）のことをいう。物質的価値は肉身生活のための価値であり、肉心の欲望を充足させる価値である。肉身の生活は、霊人体を成長せしめ、三大祝福を完成せしめるための土台となっているために、形状的価値は性相的価値の実現に際して必要条件となっている。

ここで愛は真善美の価値の基盤であるということについて、具体的に述べる。主体が対象を愛すれば愛するほど、また対象が主体を愛すれば愛するほど、主体にとって対象は、いっそう真に、美しく、善に見える。例えば父母が子女を愛するほど、また子女が父母を愛するほど、父母にとって子女は美しく見える。そして子女が美しく見えれば、父母は子女をもっと愛したくなるのである。真と善においても同じである。父母が子女を愛するほど、また子女が父母を愛するほど、子女はもっと真に、また善に見える。すなわち愛を土台にして真善美が成立するのである。もちろん愛なしに真善美が感じられるときもある。しかし、厳密にいえば、そのときにも実は無意識のうちに、主体の潜在意識の中に愛が宿っているのである。

そのように愛は価値の源泉であり、基盤である。愛がなければ真なる価値は現れない。したがって、われわれが神の心情を体恤《たいじゅつ》し、愛の生活をするならば、今までに経験したものより、はるかに輝かしい価値を体験し、実現することができるようになるのである。

以上、価値には性相的価値と形状的価値があるということを明らかにしたが、本価値論では、主として性相的価値を扱うのである。

四　価値の本質

価値の本質的要素と現実的価値

価値には対象がもっている性質としての価値と、主体と対象の間で決定される価値の二つの価値がある。前者を潜在的価値、後者を現実的価値という。先に価値とは主体の欲望を充足させる対象の性質であるといったのは、潜在的価値のことである。価値は必ず現実的に評価されるものであり、評価は主体と対象の間の授受作用によってなされる。その評価（授受作用）によって決定される価値が現実的価値である。

潜在的価値、すなわち対象がもっている性質とは、価値の本質的要素であり、対象がもっている内容、属性、条件などをいう。真善美の価値それ自体が対象に与えられているのではなく、そのような価値となりうる要素（本質的要素）として対象の中に潜在しているのである。それが対象がもっている潜在的価値である。

潜在的価値（本質的要素）

それでは価値の本質、すなわち価値の本質的要素とは、具体的にいかなるものであろうか。それは対象のもっている創造目的と、対象の中にある相対的要素の相互間の調和である。すべての被造物には、必ず創造目的（被造目的）がある。例えば、花には美でもって人間を喜ばせようという創造目的がある。人間が造った芸術作品や商品の場合でも、必ず造られた目的がある。

それから相対的要素の調和とは、主体的要素と対象的要素の調和のことである。万物は個性真理体であるために、原相に似て必ずその内部に性相と形状、陽性と陰性、主要素と従要素などの、主体的要素と対象的要素の相対的要素が宿っている。この相対的要素の間には、必ず授受作用による調和が現れる。その時の授受作用は、対比型の授受作用である。そのように、創造目的を中心として相対的要素が調和している状態、それがまさに価値の本質である。

五　現実的価値の決定と価値基準

価値の決定

価値は、主体である人間と対象である万物との相対的関係において、つまり授受作用によって決定または評価されるのであるが、対象の備えるべき条件（対象的条件）は、すでに述べたように、創造目的を中心とした相対的要素相互間の調和である。一方、主体にも備えなければならな

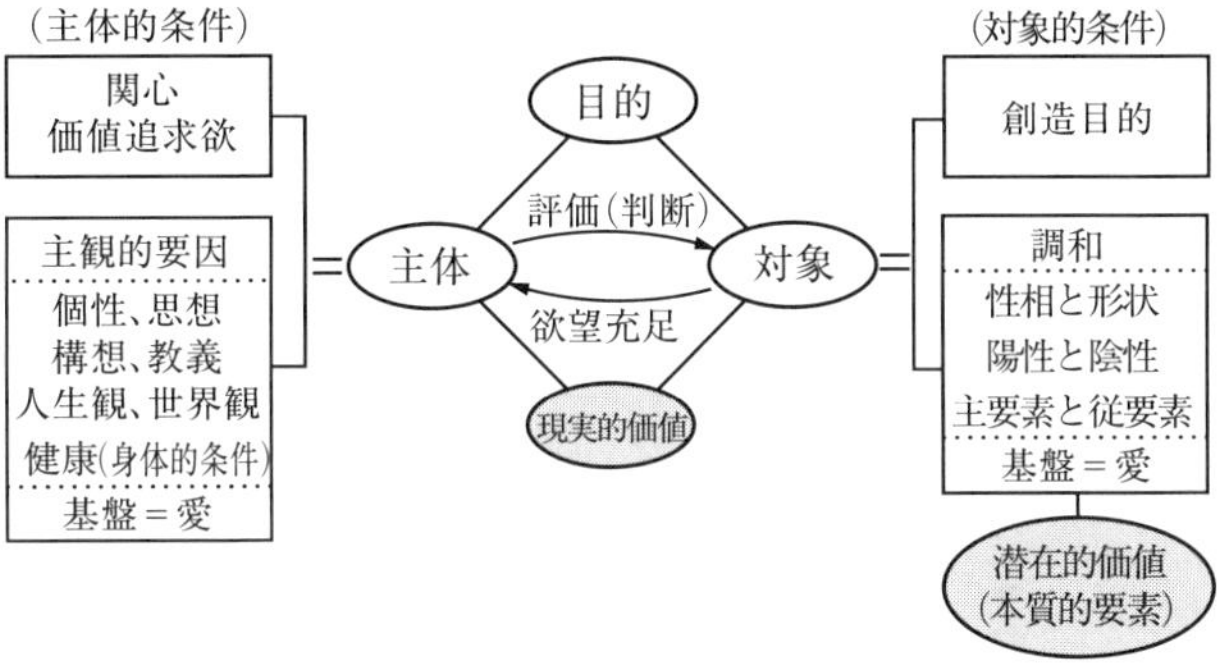

図4―1　価値の決定

い条件（主体的条件）がある。まず主体が、価値追求欲と対象への関心をもつことが価値決定の前提条件となっている。そして価値の決定を左右するのが、主観的要因として、主体のもっている思想、趣味、個性、教養、人生観、歴史観、世界観などである。主体のもつべきこのような関心、価値追求欲、および主観的要素が主体的条件である。現実的価値は、この主体的条件と対象的条件の相対関係において決定されるのである（図4―1）。

　すなわち主体的条件と対象的条件が成立するとき、そこに授受作用が行われ、具体的な価値が決定される。具体的な価値が決定されるとは、価値の量と質が決定されるという意味である。価値の量とは、花の場合、「とても美しい」とか「あまり美しくない」というような、価値評価の量的な側面をいう。また価値には質的な側面もある。例えば、芸術論で述べるように、美には、優雅《ゆうが》美とか、畏敬《いけい》美、荘厳《そうごん》美、滑稽《こっけい》美などいろいろなニュアンスの美があるが、それが質的な側面から見た美の価値である。

主観作用

すでに述べたように、価値を決定するのに主観的要因が大きく作用する。すなわち主体の思想、世界観、趣味、個性、教養などの主体的条件が対象に反映されて（対象的条件につけ加えられて）、主体だけが感じる特有な現実的価値が決定されるのである。

例えば同じ月を見ても、ある人には悲しく見え、またある人には美しく見えることがある。また同じ人が見ても、悲しい時に見れば月も悲しく見え、気分が良い時に見れば月も美しく見える。主体の心のもち方によって美に差異が生ずるのである。それは美に関してだけでなく、善や真の価値に関しても同様である。そしてそれは商品価値に関しても言えることである。そのように主観が対象に反映することによって、量的にも質的にも価値の差異が生ずるのであるが、そのような主体的条件の作用を「主観作用」という。つまり主体の主観が対象に反映される作用である。

これは美学におけるリップス（T. Lipps, 1851-1914）の「感情移入」に相当する。感情移入とは、自然風景を見るときや芸術作品を鑑賞するとき、自己の感情や構想を対象に投射し、それを鑑賞することをいう。このような主観作用の例を二三挙げてみよう。まず文先生《ムン》のみ言《ことば》の中から例を挙げよう。

神の子があなたにハンカチーフを与えたと考えてみよう。そのハンカチーフは金よりも価値が多く、生命よりも価値が多い。またその他のどのようなものよりも価値が大きい。もしもあなたが本当に神の子であるならば、あなたがどのようにみすぼらしい所に住んでいようとも、そこは宮殿である。その時は衣服は問題ではない。われわれの寝ているその場所も問題ではない。なぜならば、われわれはすでに富者となっているからである。われわれは神の王子たちである。[2]

このみ言は、心の中で神の子であるという自覚をもつならば、粗末な小屋も、そのまま宮殿のように立派に見えるという意味であり、主観作用の適切な例である。聖書には「神の国は、実にあなたがたのただ中にあるのだ」（ルカ一七・二一）という聖句があるが、これもまた主観作用の例である。また仏教には三界唯心所現《さんがいゆいしんしょげん》という言葉がある。これは三界、すなわち世界全体のあらゆる現象は、心の現れ出たものであるという意味である。[3]これも主観作用の例である。

価値の基準

①　相対的基準

主観作用のために、価値の決定（評価）は人によって異なるものとして現れる。しかし主体的条件に共通性が多い時には、価値評価にも一致点が多くなり、同じ宗教や同じ思想をもつ人たちの間での価値評価の結果はほとんど一致する。例えば儒教の徳目である「父母への孝行」は、儒教社会ではいつも一致した評価であり、普遍的な善である。

このことは宗教や思想が同じ社会では、価値観の統一が可能であることを意味する。ローマの平和（Pax Romana）の時代には、ストア哲学が一般化したために、克己的精神と世界市民主義が支配的な統一的な価値観であった。また中国の唐の時代や韓半島の統一新羅の時代には、仏教が国教であったために仏教的な道徳が中心的な価値観であった。またキリスト教国家であるアメリカ合衆国においては、キリスト教（新教）の道徳観が国民の統一的な価値観となっているのである。

ところが互いに異なる宗教や異なる文化の背景をもつ社会の間には、価値観の差異が現れる。例えばヒンドゥー教では、牛肉を食べることは禁じられているが、イスラム教では豚肉を食べることが禁じられている。また共産主義のいう平和観と自由主義世界のいう平和観は、その概念が全く違っていた。

そのように共通の宗教や思想をもっている地域や社会における価値観は、国民の間でほとんど一致しているが、宗教や思想が異なるときには、価値観は一致しなくなる場合があり、そのとき価値観の一致は一定の範囲にとどまる。そして共通の価値評価の基準が一定の範囲に限られるとき、そのような価値評価の基準を相対的基準というのである。

②　絶対的基準

価値の相対的基準でもっては全人類の価値観を統一することはできない。価値観の相違による対立や闘争をなくすことはできないからである。したがって全人類の真の平和が定着するためには、宗教的な差異、文化的な差異、思想的な差異、民族的な差異などを克服することのできる評価基準、すなわち全人類に共通な価値評価の基準が立てられなくてはならない。そのような価値評価の基準が絶対的基準である。

それでは、そのような絶対的基準はいかにして立てることができるであろうか。そのためにはすべての宗教、すべての文化、すべての思想、すべての民族などを存在せしめた根源者が一つであることを明らかにし、その根源者に由来するいろいろな共通性を発見すればよい。存在論で述べたように、宇宙万物は千態万象であるが、一定の法則によって秩序整然と運行しており、またすべての万物は共通した属性をもっている。それは宇宙万物が神に似せて造られているからである。地球上の数多くの宗教、文化、思想、民族は、それぞれ価値観が異なっているのが普通であるとしても、それらを生じせしめた根源者は一つしかないとすれば、そこには根源者に由来する共通性が必ずあるはずである。

今日まで数多くの宗教が現れたが、決して、それぞれの教祖たちが自分勝手に宗教をつくりあげたのではなかった。神は最終的に全人類を救うために、一定の時代に、一定の地域に、一定の教祖を立てて、まずもって、その時代、その地域の人々を善なる方向へ導こうとされたのである。すなわち神は時や場所によって、言語、習慣、環境の異なる人々に対して、その時代、その地域に適した宗教を立てて救いの摂理を展開されたのである。

そこで各宗教の共通性を発見するためには、すべての宗教を立てた根源者がまさに唯一の神であることを明らかにしなければならない。宇宙万物の根源者をユダヤ教ではヤーウェ、イスラム教ではアッラー、ヒンドゥー教ではブラフマン、仏教では真如《しんにょ》、儒教では天といっているが、これはキリスト教でいう神と同一の存在である。ところがこれらの各宗教は、根源者の属性について明らかにしていない。例えば儒教では天が具体的にいかなるものであるか、明らかにできていないし、仏教における真如においても、ヒンドゥー教のブラフマンにおいてもそうである。またキリスト教の神にしても、ユダヤ教のヤーウェ、イスラム教のアッラーにおいても、同様である。

そればかりでなく、これらの各宗教の根源者がなぜ人間と宇宙を創造されたのか明らかにされていないし、悲惨な人類社会をなぜ一日も早く、一時に救うことができなかったのかということも明らかにされていない。そのように各宗教の根源者はベールに包まれていて、漠然と認識されてきたのである。そして各宗教の根源者に関する説明はその根源者の一面だけをとらえたにすぎなかったために、各宗教の根源者が互いに異なるように見えたのである。

これらの各宗教の根源者が、結局は同一なる存在であることを証明するためには、その根源者がいかなる方か、正確に知らなくてはならない。すなわち神の属性、創造目的、宇宙創造の法則（ロゴス）などを正しく理解しなくてはならない。そうすれば、各宗教は同一なる神によって立てられた兄弟の宗教であることが分かるようになる。そして長い間の対立と闘争の関係を清算して、互いに和解し、愛し合うようになるのである。結局、神がいかなる方かを正確に知ることが、問題解決の鍵となるのである。文化、思想、民族に関しても同様である。すべての文化、思想、民族を発生せしめた根源者が同一の存在であることが分かれば、文化の共通性、思想の共通性、民族の共通性なども明らかになってくるのである。

それでは価値評価の絶対的基準となりうる共通性とは、具体的にいかなるものであろうか。それがすなわち神の真の愛（絶対的愛）と神の真の真理（絶対的真理）である。神は愛を通じて喜びを得るために人間を創造されたのである。そのような神の愛は、キリスト教のアガペー、仏教の慈悲、儒教の仁、イスラム教の慈愛などとして表現される。結局、すべての宗教の愛の教えは一なる神の愛に由来するのである。神の愛は人間において、家庭を通じて、父母の愛、夫婦の愛、子女の愛という三対象の愛として現れる（子女の愛を子女の父母に対する愛と子女相互間の愛に分けると四対象の愛になる）。キリスト教の隣人愛の実践、仏教の慈悲の実践、儒教における仁の実践、イスラム教における慈愛の実践などは、みなこの三対象の愛の実現であったのである。

そして永遠性をもつ神が宇宙を創造されたために、宇宙の運行を支配する真理（理法）は永遠普遍である。宇宙における共通な普遍的事実とは、宇宙のすべての存在者は、自分のために存在しているのではなく、他のため、全体のため、そして神のために存在しているということである。すなわち「ために生きる存在」であるということである。したがって普遍的な善悪の基準は、他人（人類）のために生きるか、自己中心的に生きるかということである。[4]

③　絶対的基準と人間の個性

このようにして神の真の愛と真の真理によって、価値決定の絶対的基準が立てられ、世界万民の価値判断（決定）が一致するようになる。それではそのとき人間の個性はどうなるのであろうか。価値判断は個人の主観的な要因によってなされるのだから、個性によって価値評価に必ず差異が生じるはずなのに、ここに絶対的基準のもとに価値評価が一致するとすれば、個人の個性は無視されるのではないかという疑問が生じるであろう。しかし、絶対的基準において価値判断が一致化されるとしても、個性が無視されるとか、なくなるのではなく、そのまま生かされるのである。

人間は個性真理体であるために、神の普遍相（共通性）と個別相（特殊性）に似ており、また連体であるために、全体目的と個体目的をもっている。したがって、価値評価の絶対的基準は普遍相（性相、生心、心情、ロゴス）と全体目的に基づいた評価基準であり、主観作用は個別相および個体目的に基づいた評価基準なのである。

したがって、いくら絶対的基準によって絶対的価値が決められるとしても、主観作用による個人差は当然あるのである。言い換えれば、絶対価値とは個人差を含んだ普遍価値である。それは、あたかも個性真理体が個別相を含んだ普遍相をもつ個体であるのと同じである。そして全体目的を優先させながら個体目的を追求し、普遍相をもちながら個別相を現すのが人間である。

絶対的基準における価値評価においても、このような人間の個性に基づいた主観作用を免れることはできない。しかし、あくまでも共通性を基盤としての差異性である。そして、そこには差異性による価値観の混乱はありえない。なぜならば、その時の差異は質的な差異ではなく量的な差異だからである。

例えば善の判断の場合、「貧しい人を助ける」というのは、宗教や思想を問わず善として判断される。それを悪と判断（質的判断）する人は理想世界にはありえない。しかし判断する人によっては、その善が「大いに善である」、「中程度の善である」、「普通の善である」などのように、量的な評価の差異がありうるのである。美や真の判断においても同じである。

価値評価の絶対的基準とは、要するに質的判断の一致をいうのである。ところが堕落社会は利己主義の社会であるために、質的判断の差異すら生じるようになり、その結果、しばしば価値観に混乱が生じるのである。

ここに、新しい価値観の定立ならびに価値観の統一が可能になる。すなわち価値観の個別性を生かしながら、価値評価の基準を絶対的愛と絶対真理を中心として一致化させるのである。新しい価値観とは、そのような神の絶対的愛と絶対的真理を基盤とした価値観である。この新しい価値観における価値がまさに絶対的価値である(5)。そのような絶対的価値をもって、すべての価値観を和合し、調和せしめることができる。それがまさに価値観の統一である。このような価値観の統一には、神の属性、創造目的、心情、愛、ロゴスなどに関する正確な理解が前提にされなければならない。宗教統一、思想統一は、そのような価値観の統一をもって可能になるのである。

六　従来の価値観の脆弱性《ぜいじゃくせい》

すでに述べたように、今日の価値観の崩壊の原因の一つは従来の価値観——主として宗教的価値観——が説得力を失ったことにある。それでは、いかにして従来の価値観は説得力を失ったのであろうか。

キリスト教の価値観の脆弱性《ぜいじゃくせい》

キリスト教には、次のような聖句に表される立派な徳目がある。

「自分を愛するように、あなたの隣り人を愛せよ」（マタイ二二・三九）
「敵を愛し、迫害する者のために祈れ」（マタイ五・四四）
「何事でも人々からしてほしいと望むことは、人々にもそのとおりにせよ」
（マタイ七・一二）

「こころの貧しい人たちはさいわいである。天国は彼らのものである。

悲しんでいる人たちはさいわいである。彼らはなぐさめられるであろう。

柔和な人たちはさいわいである。彼らは地を受けつぐであろう。

義に飢えかわいている人たちはさいわいである。彼らは飽きたりるようになるであろう。

あわれみ深い人たちはさいわいである。彼らはあわれみを受けるであろう。

心の清い人たちはさいわいである。彼らは神を見るであろう。

平和をつくりだす人たちはさいわいである。彼らは神の子とよばれるであろう。

義のために迫害されてきた人たちはさいわいである。天国は彼らのものである」

（山上の垂訓、マタイ五章）


「このようにいつまでも存続するものは信仰と希望と愛とこの三つである。このうちで最も

大いなるものは愛である」（第一コリント一三・一三）

「御霊の実は、愛、喜び、平和、寛容、慈愛、善意、忠実、柔和、自制であって、これらを否定する立法はない」（ガラテヤ五・二二―二三）

ところで「愛は人の徳を高める」（第一コリント八・一）とあるように、徳目の基礎になっているのが愛である。そして「愛は神から出たものである。……神は愛である」（第一ヨハネ四・七―八）とあるように、愛の基礎になっているのが神である。

ところが近代に至って、ニーチェ、フォイエルバッハ、マルクス、ラッセル、サルトルなどによって、神の存在が否定された。そして神を否定するそのような思想に対して、キリスト教は有効的に対処できなかった。すなわち有神論と無神論の理論的対決において、キリスト教は敗北を重ねてきたのである。その結果、多くの若者たちが無神論のとりこになってしまった。

さらにキリスト教価値観に対する共産主義の意図的な挑戦があった。共産主義は、キリスト教のいう絶対的愛とか人類愛を否定し、真の愛は階級愛または同志愛であると主張した。利害が対立している社会において、階級を越える愛はありえないと見るからである。人間はプロレタリアートの側に立つか、ブルジョアジーの側に立つか、二者択一である。したがって、人類愛といっても、それは言葉だけのことであって、実際には階級社会において人類愛を実践することはできないと主張したのである。

このような主張を聞けば、確かに階級愛のほうが現実的であり、キリスト教の愛は観念的であるかのように思われる。ことに愛の源泉である神の存在に確信がもてないというような状態では、従来のキリスト教の神観または愛観に説得力がありえないのは、あまりにも当然である。

また今日、第三世界において解放神学や従属理論が台頭したのも無理のないことであった。解放神学によれば、イエスはその時代の抑圧された人々、貧しい人々を救うために来られた方であり、革命家であった。したがって真のキリスト者は社会革命のために立ち上がらなくてはならないと説いた。そしてキリスト者の貧民への同情が、共産主義の階級愛と符合して、現実問題の解決において共産主義と提携《ていけい》する必要さえあるという主張までなされたのである(6)。

従属理論によれば、第三世界の貧困は先進諸国と第三世界との構造的矛盾からくる必然的な結果であって、第三世界が貧困から解放されるためには、第三世界は先進諸国すなわち資本主義諸国と対決しなければならないと説いた。そして解放神学と同様に、従属理論も共産主義との提携を図ったのである(7)。

解放神学や従属理論には、共産主義のような確固たる哲学、歴史観、経済理論がない。したがって、結局は共産主義に引き込まれていかざるをえない。ところがキリスト教は、このような事態に対して、何ら適切な処置を講ずることができなかったのである。

儒教の価値観の脆弱性《ぜいじゃくせい》

儒教には次のような徳目がある。

①　五　倫…古来、「父子親あり、君臣義あり、夫婦別あり、長幼序あり、朋友《ほうゆう》信あり」の五つは人倫の基礎とされ、孟子によってさらに強調された。

②　四　徳…孟子は仁義礼智の四徳を説いた。のちに漢の董仲舒《とうちゅうじょ》はこれに信を加えて、仁義礼智信という五常の道を立てた。

③　四　端…孟子によれば、惻隠《そくいん》の心（他人を思いやる心）、羞悪《しゅうお》の心（不義を憎む心）、辞譲《じじょう》の心（譲り合う心）、是非《ぜひ》の心（善悪を分別する心）を四端《したん》というが、それぞれが仁義礼智の基本であると見なした。

④　八条目…格物《かくぶつ》、致知《ちち》、誠意《せいい》、正心《せいしん》、修身《しゅうしん》、斉家《さいか》、治国《ちこく》、平天下《へいてんか》(8)

⑤　忠　孝

これらの徳目の基礎となっているのは仁であり、仁の基礎になっているのが天であった。(9) ところが儒教において、天とは何か、明確に説明されていないのである。

共産主義者は、「土台と上部構造」の理論を適用して、儒教の教えは封建時代において、支配階級が一般大衆を従順に従わしめるために作り上げた階級支配の合理化のための手段にすぎず、したがって今日の権利の平等と多数決の原則を旨とする民主主義社会には合わないといって、儒教を批判した。その結果、儒教の徳目は今日ほとんど顧みられなくなった。しかも社会が都市化し、家庭が核家族化するにつれて、儒教的価値観はいっそう崩壊しつつあり、その結果、社会の無秩序と混乱が加重されたのである。

仏教の価値観の脆弱性《ぜいじゃくせい》

仏教の根本的な徳目は慈悲であるが、慈悲を実践するためには、修行生活が必要である。人間は修行生活を通じて声聞《しょうもん》（仏陀《ぶっだ》の説法を聞き四諦《したい》の道理を悟り、自ら修行完成者である阿羅漢《あらかん》の弟子となることを理想とする仏道修行者）、縁覚《えんかく》（仏陀の教えによらないで、自ら不生不滅の真理を悟り、自由の境地に到達した聖者）を通過し、菩薩《ぼさつ》（成仏するために修行に励む人の総称として、上に対しては仏陀に従い、下に対しては一切の衆生《しゅじょう》を教化する仏陀に次ぐ聖人）、仏陀（自ら仏教の大道を悟った聖人）に至るのであるが、菩薩、仏陀の段階で慈悲を実践するようになる。声聞、縁覚では、まだ慈悲を実践するような段階ではない。

人間は、世の中のすべての事物が変化すること、すなわち無常であることを自覚せず、現実の生活に執着《しゅうちゃく》している。それが苦の原因である。したがって苦しみを滅するためには、修行生活を通じて執着を去らなくてはならない。執着から離れ、苦しみから解き放たれることがすなわち解脱《げだつ》である。そのように解脱して無我の境地に入って、初めて真に慈悲を実践することができるというのである。

釈迦《しゃか》の思想を体系化したのが四諦八正道《したいはっしょうどう》の教えである。四諦とは、苦諦《くたい》、集諦《じったい》、滅諦《めったい》、道諦《どうたい》をいう。苦諦とは、現世の生はみな苦しみであるという教えである。集諦とは、苦しみの原因は執着（渇愛《かつあい》）であるという教えである。滅諦は、涅槃《ねはん》の境地（悟りの境地）を理想とする内容であり、苦しみから脱するためには執着を捨て去らなければならないという教えである。そして道

諦は、涅槃に至る正しい修行の道があるという教えである。その道が八正道であるが、そこには次のような八つの徳目がある

①正《しょう》見《けん》……すべての偏見を捨てて、万物の真相を正しく判断せよ。
②正《しょう》思《し》……正しく考えなさい。
③正《しょう》語《ご》……正しく話しなさい。
④正《しょう》業《ごう》……殺生や盗みをしてはならない。
⑤正《しょう》命《みょう》　正法に従って正しい生活を行いなさい。
⑥正《しょう》精《しょう》進《じん》……一心に努力して、まだ起きていない悪を生じさせないようにして善を生じさせるようにしなさい。
⑦正《しょう》念《ねん》……雑念を離れて真理を求める心をいつも忘れてはならない。
⑧正《しょう》定《じょう》……煩悩による乱れた考えを捨てて、精神を正しく集中させ心を安定させなさい。

人間に苦しみが生じてきた原因を追求し、十二項目の系列を立てたのが十二因縁《いんねん》（十二縁起《えんぎ》）の教えである。それによれば、人間の苦しみの根本原因は渇愛《かつあい》であり、渇愛の奥に無明《むみょう》があるという。無明とは、真如《しんにょ》に対する無知であり、苦痛や煩悩《ぼんのう》は本来のものではないということを悟らないことである。この無明から一切の煩悩が生ずるというのである。

大乗仏教において、菩薩になるために守らなくてはならない六つの徳目があるが、それが次のような六波羅蜜《ろくはらみつ》（六波羅蜜多《ろくはらみった》）である。

①布施《ふせ》……慈悲心をもって、他人に無条件に施すこと。
②持戒《じかい》……戒律を守ること。
③忍辱《にんにく》……迫害を耐えること。
④精進《しょうじん》……仏道をたゆまず実践すること。
⑤禅定《ぜんじょう》……精神を統一すること。
⑥智慧《ちえ》……正しいこと正しくないこと、善悪、是非を判断すること。

以上の八正道や六波羅蜜などの徳目の根本になっているのが慈悲である。そして慈悲の基礎になっているのが、宇宙の本体としての真如《しんにょ》である。(10)ところが今日、仏教の価値観も説得力を失っている。その原因は、仏教の教理に次のような問題点があるからである。すなわち、宇宙の本体であるという真如が具体的にいかなるものか明らかでないこと、諸法（宇宙万象）がいかにして生成（縁起）したか不明であること、無明はなぜ生じたかということに対する根本的解明がないこと、現実問題（人生問題、社会問題、歴史問題）の根本的解決は修道だけでは不可能であること、修行生活が現実問題の解決につながっていないことなどである。

その上に、共産主義による挑戦があった。共産主義者たちは次のように攻撃した。「現実社会には搾取、抑圧、貧富の格差、社会悪が充満しているが、その原因は無明にあるのではなくて、資本主義社会の体制的矛盾にあるのだ。仏教の修行は個人の救済のためであり、それは現実からの逃避、問題解決の回避ではないか。現実の問題を解決しないで修行するのは偽善でしかない」。そのように攻撃されると、仏教は他の宗教と同様、有効的な反論を提示できなかったのである。

イスラム教の価値観の脆弱性《ぜいじゃくせい》

イスラム教では、預言者の中ではマホメットが最も偉大であり、経典の中ではコーランが最も完全だと信じているが、アブラハム、モーセ、イエスなどをマホメットと共に預言者として信じている。そして、コーラン以外に、モーセ五書、ダビデの詩篇、イエスの福音書も経典としている。したがってイスラム教の徳目には、ユダヤ教やキリスト教の徳目と共通する点が多いのである。(11)

イスラム教には、六信と五行という信仰と実践の教えがある。六信とは、神、天使、経典、預言者、来世、天命に対する信仰をいい、五行とは、信仰告白、礼拝、断食、喜捨《きしゃ》、巡礼を行うことをいう。

信仰の対象はアッラーの神であって、アッラーは絶対、唯一であり、創造主であり、支配者である。アッラーはいかなる神であるかという問いに対して、イスラム教の神学者たちは九十九の属性を挙げているが、その中で最も基本的な属性としては「慈悲ぶかい」、「慈愛あまねき」を挙げることができる。(12)したがって、イスラム教の徳目の中で最も基本的なものは慈悲または慈愛であるということができる。

このようにイスラム教の価値観には、本来、他宗教の価値観との共通性、調和性をもっているのであるが、現実においては、今日までイスラム教派内での教派間の争い、他宗派との戦いなど深刻な対立が多く見られた。そしてそのような対立に乗じながら、共産主義が浸透してきたのである。共産主義者たちは次のように批判した。「イスラム教のいう人類愛は現実的にはありえない。イスラム教派間の争いがそれを証明しているではないか。階級社会においては階級愛があるだけである」。こうして共産主義者たちは、イスラム教と他宗教との対立を利用しながら、一部のイスラム教国家を親共または容共に導いたのである。

そのようにイスラム教は内的に教派間において対立が見られるのみならず、外的に他の宗教（例えばユダヤ教、キリスト教）とも昔から深刻な対立関係にあったのである。同じ宗教の教派同士で、そして、共に神の創造と摂理を信ずる他の宗教とも深刻な対立を呈することは、それ自体、他の人々に対してイスラム教の価値観の説得力を喪失させているのである。

人道主義価値観の脆弱性《ぜいじゃくせい》

人道主義（humanitarianism）はヒューマニズム（humanism、人本主義）と同じ意味で用いられる場合が多い。しかし厳密にいえば、人道主義とヒューマニズムは区別される。ヒューマニズムが人間の解放を目標として、人格の自主性を追求した思潮であったのに対して、人道主義には倫理的な色彩が強く、人間の尊重、博愛主義、四海同胞主義などを主張している。人間には動物とは異なって人間らしさがある。したがってすべての人間は尊重されなければならない、といった漠然とした考え方が人道主義である。しかし、人道主義において人間は何かという基本問題が明確に解明されていないのである。

したがって人道主義は、共産主義の攻撃に対して弱点を現してきた。例えば人道主義的な経済人がいるとする。共産主義者は彼に次のようにいう。「あなたは自分が知らないうちに労働者を搾取しているのだ。すべての人々がともに喜ぶことのできる豊かな社会をつくるべきではないか」。また人間として何より大切なことは、知識をもつことだと考えている青年がいるとする。すると共産主義者がやって来て彼にいう。「あなたは何のために勉強しているのか。自分の出世ばかり考えてはいけない。それは結局、ブルジョアジーのために奉仕する結果になるのだ。われわれは人民のために生きるべきではないか」。そのように批判されれば、良心的な青年であれば反論するのが難しく、共産主義者にはならないにしても、心の中では、共産主義理論には一理あると考えるようになるのである。そのように、人道主義的な価値観をもっている人たちは、共産主義者の攻撃に対してなすべきところがなかった。そして、今まで多くの人道主義者たちが共産主義にあざむかれたのであった。しかし、共産主義が崩壊した今日に至り、彼らは結局、共産主義が誤りであったことを悟ったのである。

以上、従来の価値観が今日、説得力を失ってしまった経緯《けいい》が明らかになったと思う。それゆえ伝統的な価値観を回復する道は、確固とした神観の上に新しい価値観を定立することである。

七　新しい価値観の定立

すでに述べたように、新しい価値観とは絶対的な価値観をいう。価値観の崩壊していく今日、新しい価値観の定立が何よりも重要であるが、相対的価値観でもってこの崩壊現象を防ぐのは、ほとんど不可能である。したがって、それは絶対的価値観によらなければならない。絶対的価値観は、絶対者である神がいかなる属性をもっておられ、またいかなる目的（創造目的）と法則（ロゴス）でもって人間と宇宙を創造されたのかということを明らかにした基盤の上に立てられる価値観である。

神は愛を通じて喜びを得ようとして、愛の対象として人間を創造された。また人間を喜ばせるために、人間の愛の対象として万物を創造された。絶対的価値とは、このような神の愛（絶対的愛）を基盤として立てられた真善美の価値、すなわち絶対的真、絶対的善、絶対的美をいうのである。そのように新しい価値観は、絶対的愛を基盤として成立するのである。

ところで価値観の統一とは、価値（特に善の価値）の判断基準を一致させることである。そのためには、すべての宗教の徳目が絶対的価値の様々な表現形態であること、したがって、すべての徳目は絶対的愛を実現するためにあるという事実を明らかにする必要があるのである。

このような観点から見るとき、新しい価値観は従来のキリスト教、儒教、仏教、イスラム教などの価値観を完全に否定して、全く新しく立てられるのではないのである。従来の価値観の基盤が崩れたのだから、二度と崩れない確固たるものとして立て直し、従来の価値観を蘇生《そせい》させることができるものとして立てられるのが新しい価値観である。そのような新しい価値観の絶対性を保証するために、次のような神学的、哲学的、歴史的根拠を提示する。

神学的根拠の提示

神学的根拠の問題とは、宇宙の絶対者、すなわちキリスト教の「神」、儒教の「天」、仏教の「真如《しんにょ》」、イスラム教の「アッラー」などが、実際に存在するのかどうか、そしてその相互の関係はどうなのかという問題である。

そのような問題が解決するためには、絶対者なる神が、なぜ人間と宇宙を創造されたかという、従来の宗教において明らかにされていない未解決の問題がまず解明されなくてはならない。原相論ですでに明らかにしたように、それはまさに神が心情の神だからである。心情とは「愛を通じて喜びを得ようとする情的な衝動」である。その衝動のために、神は愛の対象として人間を造り、人間の住む環境として宇宙を造られたのである。すなわち神を心情の神として規定することによって、神の宇宙創造に対する必然的な理由が合理的に説明されるのである。それだけでなく、神が存在する事実を確認する重要な根拠となるのである。

ところで神は人間が神の姿に似るように成長することを願われた。そのとき、神の喜びが最高に実現されるからである。そのために神は人間に三大祝福を与えられた。すなわち人間が人格を完成し、家庭を完成し、主管性を完成するようにせしめられたのである。したがって、神の創造目的は人間が三大祝福を完成することによって成就するのである。このような観点から見るとき、すべての宗教の徳目は三大祝福を完成し神の創造目的を実現するというところに、その趣旨があることが分かるのである。

哲学的根拠の提示

キリスト教や儒教、仏教、イスラム教などの従来の価値観は、紀元前六世紀ごろから紀元七世紀にかけて現れたものである。当時、国民は君主の命令を無条件に受け入れなければならなかった。生きるためには、その道しかなかったのである。それに当時の人々には理論的に批判する能力はほとんどなかったために、権威の前に無条件に従順するのは当然であった。したがって孔子、釈迦《しゃか》、イエス、マホメットなどの権威ある人たちの教えに対しても、人々は無条件に従うという社会であった。だから、その時代の価値観を現代の合理的、論理的な思考方式をもった人々にそのまま適用することには無理がある。そこで現代の知識人たちが受け入れることのできる合理的な説明方式でもって、それらの価値観を現代人に伝える必要があるのである。

それでは、現代の人々に受け入れられる方式とはいかなるものであろうか。それは自然科学的な方法である。倫理的徳目であっても、それが科学的な法則によって裏づけられるとしたら、そのような徳目は現代の知識人たちに容易に受け入れられるのである。

自然を研究して、そこから価値観や人生観を発見するということは、古代ギリシアや東洋においても、よく行われてきたことであった。例えば朱子は、自然法則はそのまま人間社会において倫理法則になるといい、自然法則と倫理法則の対応性を主張した。現代に至ってはマルクス主義者たちが、自然法則を間違ってとらえているとはいえ、やはり自然法則と社会法則（社会生活の規範）の同一性を強調しながら、自然も社会も弁証法に従って発展していると主張したのであった。

そこで新しい価値観を立てるにあたって、自然や宇宙の観察を通じて、そこに作用している根本的な法則を見いだしたのちに、そこから価値観を導き出すという方法を用いることが必要である。そして宇宙を貫いている法則すなわち天道が、人倫道徳の基準となることを明らかにするのである。これがすなわち哲学的根拠の提示である。

ここに自然法則と倫理法則は、果たして対応するのか、すなわち自然法則をそのまま倫理法則に適用できるのかという問題が提起される。統一思想によれば、すべての存在は性相と形状の両側面を統一的に備えている。したがって性相面の法則である倫理法則と、形状面の法則である自然法則には対応関係があるという結論が自動的に導かれるのである。

ここで重要なことは、いかにして自然を正しく理解するかということである。すでに存在論において指摘したように、マルクス主義弁証法は対立物の闘争によって自然は発展していると、自然を誤って把握した。したがって、そのような自然に対する誤った把握の上に立てられた闘争的な人間像は誤った人間像となったのである。

統一思想から見れば、宇宙（自然）に作用している根本法則は弁証法ではなく授受法（授受作用の法則）である。そして存在論で述べたように、授受法には次のような特徴がある。すなわち、相対性、目的性と中心性、調和性、秩序性と位置性、個別性と関係性、自己同一性と発展性、円環運動性などである。そこで宇宙の法則に基づいて、新しい価値観（統一価値観）を論じていくことにする。

宇宙には縦的な秩序と横的な秩序がある。月は地球を中心として回り、地球は太陽を中心として回り、太陽系は銀河系の中心核を中心として回り、銀河系は宇宙の中心を中心として回っている。これが宇宙における縦的な秩序である。一方、太陽を中心として、水星、金星、地球、火星、木星、土星、天王星、海王星、冥王星《めいおう》が一定の軌道を描いて回っている。これが宇宙における横的な秩序体系の一つである。これらはみな調和的な秩序体系であって、矛盾とか闘争は全く見られない。この宇宙の秩序体系を縮小したものが家庭秩序である。したがって、家庭にも縦的秩序と横的秩序が成立する。

家庭の縦的秩序から縦的価値観が成立する。家庭において、父母は子女に慈愛を施し、子女は父母に孝行する。これが家庭における縦的価値観である。これを社会、国家に適用すれば、いろいろな縦的価値観が出てくる。君主の国民や臣下に対する矜恤《きょうじゅつ》や善政、国民や臣下の君主に対する忠誠、師の弟子に対する師道、弟子の師に対する尊敬と服従、年長者の年少者に対する愛護、年少者の年長者に対する尊敬、上官の部下に対する権威と命令、部下の上官に対する服従などがそうである。

家庭の横的秩序において横的価値観が成立する。家庭において、夫婦には和愛があり、兄弟姉妹には友愛がある。そしてこれが同僚、隣人、同胞、社会、人類などに対する価値観として拡大し、展開される。したがって和解、寛容、義理、信義、礼儀、謙譲《けんじょう》、憐憫《れんぴん》、協助、奉仕、同情などの徳目が横的価値観として成立するようになるのである。

このような縦的および横的な価値がよく守られれば、社会は平和を保ち健全に発展するが、そうでなければ社会は混乱に陥る。このような価値観は共産主義者たちがいうように、封建社会の遺物や残滓《ざんし》では決してなく、人間が永遠に守らなければならない普遍的な人間行為の規範なのである。なぜならば、宇宙の法則が永遠であるように、人間社会の法則も宇宙の法則に対応して永遠だからである。

さらに宇宙の法則には個別性の法則があるが、これに対応しているのが個人的価値観である。宇宙のすべての個体は、それぞれの特性をもちながら、宇宙の秩序に参加している。だから人間社会においても、各人は個有の人格を形成しながら、相互に関係を結んでいるのである。個人的価値観には、純粋、正直、正義、節制、勇気、知恵、克己、忍耐、自立、自助、自主、公正、勤勉、浄潔《じょうけつ》などがある。これらはみな個人として、自己を修養するための徳目である。

ところで、このような縦的価値観、横的価値観、個人的価値観は、徳目としては特別に新しいものではなく、孔子、釈迦《しゃか》、イエス、マホメットなどが、すでに教えていたものである。ただ従来の価値観は、哲学的根拠が漠然としていたために、今日に至り、説得力を失ってしまったのである。そこで、ここに確固たる哲学的根拠を提示して、伝統的な価値観を蘇生《そせい》できるようにするのである。

歴史的根拠の提示

新しい価値観は歴史的に実証されうるであろうか。共産主義は、自然現象が闘争によって発展しているように、人類歴史もやはり闘争（階級闘争）によって発展してきたと主張している。しかし「歴史論」において説明するように、歴史は決して闘争によって発展したのではない。歴史の発展はあくまでも主体と対象（指導者と大衆）の調和的な授受作用によってなされたのである。

歴史上に闘争があったのは事実であるが、それは階級闘争ではなかった。より善なる勢力と、より悪なる勢力との戦いであった。価値観という観点から見るとき、それは価値観と価値観の戦いであったといえる。すなわち、天道に近い側（善の側）の価値観と天道から遠い側（悪の側）の戦いであった。そして一時的には善の側が悪の側に敗れる場合もあったが、結局は、天道に近い善の側が勝ったのである。孟子も、そのことを「天に順《したが》う者は存し、天に逆らう者は亡びる」といった。ところで善悪の闘争は歴史を発展させるものではなくて、歴史をより善の方向に転換させるためのものであった（第八章「歴史論」を参照）。

歴史を顧みれば、国家の主権は興亡を繰り返したのに対して、善を標榜《ひょうぼう》する宗教は継続して今日まで存続してきた。また聖人や義人たちが、たとえ悪の勢力によって犠牲になった場合が多かったとしても、聖人や義人たちの教えと業績は後世の人々の教訓と亀鑑《きかん》となったのである。そのような歴史的事実は、天道がそのまま歴史に作用してきたことを証明しているのである。すなわち、いかなる主権者であっても、天道を拒否することができないのであり、天道を拒否すれば悲運に見舞われるという事実を知るようになるのである。

それからもう一つの歴史の法則は、歴史の出発点にすでに目標が立てられていたということである。宇宙は目的（創造目的）を中心として、理法（ロゴス）に従って創造された。生物の成長を見ても、種子（あるいは卵）の中に、すでに理法が内在しており、その理法に従って種子は成長する。それと同様に、民族の歴史、人類の歴史においても、やはり出発点に一定の理念があり、それを目指して歴史は発展してきたのである。すなわち歴史が到達すべき目標が、歴史の出発点にすでにあったのである。それが神話や伝説などに象徴的に表された人類や民族の理想、建国の理想であった。

人間始祖の堕落によって人類歴史は罪悪歴史として出発したが、神は復帰すべき創造理想の世界像を、象徴と比喩《ひゆ》を含んだ一種の神話形式で人間に知らされたのであった。創世記のエデンの園の出来事や、イザヤ書や黙示録の中の予言的な記録、そして韓民族の檀君《だんくん》神話などがその例である。およそ今日までの民族の理想、人類の理想とは、善なる明るい平和な世界であり、幸福な世界の実現であった。それがすなわち天道にかなった世界である。そのように歴史の出発点にすでに歴史の目標が立てられていたことを、神は神話や予言によって教えてくださったのであった。したがって歴史が目標としている未来の世界は、天道にかなった世界であり、価値観の確立した世界なのである。

八　価値観の歴史的変遷

従来の西洋の価値観の変遷を歴史的に考察することにする。それは絶対的価値を探求したギリシア哲学とキリスト教価値観が、相対的な価値観に圧倒され、結局は無力化してしまった歴史的な経過をとらえるためであり、新しい価値観（絶対的価値観）によらなければ、今日の世界の混乱を収拾できないということを明らかにするためである。

(一)　ギリシア時代の価値観

唯物論的価値観

紀元前六世紀に、ギリシアの植民地であったイオニア地方に、唯物論的な自然哲学が出現した。その当時、ギリシアは氏族社会であり、神話を中心とした時代であったが、イオニアの哲学者たちは自然現象に対する神話的な説明にあきたらず、世界と人生を自然法則を通じて説明しようとしたのである。イオニア地方にはミレトスという都市があったが、そこは非常に貿易が盛んで、商人たちは地中海の全域にわたって活動していた。彼らは現実的であり、行動的であった。そのような雰囲気の中で、人々は次第に神話的な考え方を捨てるようになったのである。

その貿易都市ミレトスに紀元前六世紀ごろから唯物論的な哲学者たちが出現した。彼らはミレトス学派というが、タレス、アナクシマンドロス、アナクシメネスなどがその代表者であった。彼らは主として万物の根源（アルケー）に対して論じたのであった。万物の根本に関して、タレスは水、アナクシマンドロスは無限定なもの（アペイロン）、アナクシメネスは空気であると説いた。その他にも、ヘラクレイトスは火であるといい、デモクリトスは原子であるといった。そのような自然哲学（唯物論）とともに、客観的、合理的な考え方がはぐくまれたのである。

恣意的価値観（詭弁的価値観）

紀元前五世紀ごろ、ギリシアではアテネを中心として民主政治が発達した。青年たちは立身出世のために知識を学ぼうとしていたが、そのためには、特に弁論術が必要とされた。そこで青年たちに弁論術を教えて、一定の報酬を受け取る学者たちが現れた。人々は彼らをソフィストと呼んだ。

それまでギリシアの哲学は、自然を学問の対象と見なしていたが、自然哲学だけでは人間の問題は解決されない事実に気づき、人間社会の問題に目を向けるようになった。ところが自然の法則が客観性をもっているのに対して、人間社会を支えている法や道徳は国によって異なり、また時代によって異なっていた。したがって法や道徳には、客観性や普遍性がないとして、人々は社会の問題の解決において、主として相対主義や懐疑主義的な態度を取るようになった。プロタゴラス（Protagoras, ca.481-411 B.C.）の「人間は万物の尺度である」という言葉は、真理の尺度は人によって異なるということであって、真理は相対的なものであるという相対主義を示すものであった。

ソフィストたちの活動は、初めは民衆を覚醒《かくせい》させるという一種の啓蒙的な効果を与えた。しかし、次第に懐疑論の立場を取りながら、真理は全く存在しないとまで主張するように至った。そして彼らは、弁論の方法のみを重んじ、詭弁《きべん》を弄《ろう》してでも議論に打ち勝とうとするに至り、のちに詭弁家ともいわれるようになった。

絶対的価値観

そのような状況のもとにソクラテス（Sōkratēs, 470-399 B.C.）が現れて、そのような現状を大いに嘆いた。彼は「ソフィストは知った風をするけれども、実際は何も知ってはいないのだ。人間はまず自分が無知であるということを知らなければならない」と指摘しながら、まず自らの無知を知ることが真の知に至る出発点であることを力説した。そして道徳の根拠を人間の内面に内在する神（ダイモニオン）に求め、道徳は絶対的、普遍的であると主張した。ソクラテスの説く徳とは、真実に生きるための知を愛求することであり、「徳は知である」というのが彼の根本思想であった。また彼は徳を知ったならば必ず実践しなくてはならないと言って、知行合一を説いた。

それでは、人間はどのようにして真の知を得ることができるのであろうか。真の知は他人から来るものではなく、自己自身によって悟るものでもない。他人との対話（問答）を通じて、自分も他人も共に納得できる普遍的真理（真の知）に至ることができるとソクラテスは考えた。そして彼は絶対的、普遍的な徳を確立することによって、アテネを社会的混乱から救おうとしたのである。

プラトン（Platōn, 427-347 B.C.）は、移り変わっていく現象界（感覚界）の背後に、不変なる本質の世界があると見て、それをイデア界（叡知界《えいち》）と呼んだ。ところが人間は魂が肉体にとらわれているために、普通、感覚界を真なる実在の世界であると考えている。人間の魂は肉体に宿る前はイデア界にあったが、肉体に宿ることによってイデア界から離れてしまったのである。したがって人間の魂は絶えず真の実在であるイデア界に憧れる。プラトンにおいて、イデアの認識とは、魂が以前に知っていたことを想起することにほかならなかった。倫理的なイデアには、正義のイデア、善のイデア、美のイデアがあるが、中でも善のイデアは最高のイデアとされた。

プラトンは人間のもつべき徳として、知恵、勇気、節制、正義の四つの徳を挙げた。特に、国家を統治するものは知恵の徳をもつ哲学者でなくてはならないと考えた。それがすなわち善のイデアを認識した人であった。プラトンにおいて、善のイデアはすべての価値の根源であった。プラトンはソクラテスの精神を引き継いで、絶対的な価値を探求したのである。

（二）ヘレニズム・ローマ時代の価値観

ヘレニズム時代とは、アレクサンドロス大王（Aleksandros, 356-323 B.C.）がペルシア帝国を滅ぼしてから、ローマ軍がエジプトを征服して、地中海世界を統一するまでの約三世紀間をいう。この時代は、ひたすら個人の安心立命を求める個人主義の風潮が支配した。ポリス国家の崩壊により、国家を中心とした価値観は役に立たなくなってしまい、ギリシア人たちは不安定な社会情勢のもとにあって、やむなく個人の生き方に重点を置くようになったのである。それと同時に、国家の枠を越えた四海同胞主義（コスモポリタニズム）が高まった。この時代の代表的な思想が、ストア学派、エピクロス学派、懐疑派であった。

ところがこのような個人主義の風潮の中で、人間は自己の無力さを痛感するようになった。そこでローマ時代に至ると、人間は人間以上の位置にある、何かの存在に頼ることを願うようになり、次第に宗教的な傾向が見られるようになった。新プラトン主義がその結実であった。

ストア学派

宇宙万物にはロゴス（法則、理性）が宿っており、宇宙は法則に従って秩序整然と運行している。同様に、人間にもロゴスが宿っている。ゆえに人間は理性によって宇宙の法則を知り、「自然に従って生きる」べきであるというのがストア学派の主張であった。

ストア学派は人間が苦痛を感じるのは情欲があるためだと考えた。そこで情欲を離れてアパテイア（apatheia）――何ものにも惑わされない、完全に平静な心の状態（離欲状態）――に到達すべきであるといって、禁欲を説いた。すなわちアパテイアが最高の徳であった。

ギリシア人であれ東方の人であれ、みな宇宙の法則に従わなくてはならない。ストア学派において、ロゴスは神であった。したがって、人間はみな神の子として同胞なのである。そのようにして四海同胞主義（コスモポリタニズム）を打ち立てた。ストア学派の創始者はキュプロスのゼノン（Zēnōn, 336-264 B.C.）であった。

エピクロス学派

禁欲を説いたストア学派とは反対に、快楽を善として説いたのが、エピクロス（Epikouros, 341-270 B.C.）を創始者とするエピクロス学派である。エピクロスは現世における個人的快楽がそのまま徳と一致すると考えた。しかしその快楽は肉体的な快楽を意味するのでなく、「肉体において苦しみのないことと霊魂において乱されないこと」を意味していた。エピクロスは苦しみのない平静な心の状態をアタラクシア（ataraxia）——離苦状態——と呼び、これを最高の境地とした。

懐疑派

人間は事物に対してあれこれと判断しようとするから苦しいのであって心の平安を求めるためには、一切の判断を停止せよとエリスのピュロン（Pyrrhōn, ca.356-275 B.C.）は説いた。これを判断中止（エポケー、epokē）という。人間にとって真理は認識できないのだから、一切の判断を差し控えることが望ましいというのが懐疑派の主張であった。

ストア学派のアパテイアも、エピクロス学派のアタラクシアも、懐疑派のエポケーも、みな個人の心の平安を求めようとする試みであった、ここに至り、ソクラテスやプラトンの探求した価値の絶対性は疑問視されるようになったのである。

新プラトン主義

ヘレニズム時代に続くローマ時代においても、ギリシア哲学はそのまま継続していったが、ヘレニズム・ローマ時代の哲学は、究極においてプロティノス（Plōtinos, 205-270）の新プラトン主義に到達した。

プロティノスは、一切のものは神から流れ出たとする流出説を唱えた。すなわち、初めは神の完全性に近いヌース（理性）、次に霊魂、そして最も不完全な物質というように、段階的に神から流出すると主張した。従来、ギリシア哲学は神と物質が対立する二元論の立場であったが、プロティノスは、神が一切であるとして、一元論を主張したのであった。

人間の魂は、一方では感性的な物質世界に流れていくと同時に、他方ではヌースから神へと戻ろうとしている。そこで人間は感性的なものから離れて神を直観することにより、神と一つになるべきであって、そうするのが最大の徳であるとされた。そうして忘我《ぼうが》（エクスタシス）の状態において神と完全に一つになるといい、それを最高の境地であるとした。ギリシア風の哲学はプロティノスと共に終わりを告げたが、新プラトン主義は次に現れるキリスト教の哲学に大きな影響を与えた。

（三）中世の価値観

キリスト教信仰を哲学的に基礎づけたのがアウグスティヌス（Augustinus, 354-430）であった。アウグスティヌスによれば、神は永遠、不変、全知、全能であり、最高の善、最高の愛、最高の美なる存在であり、宇宙の創造主とされた。プラトンにおいて、イデアの世界はそれ自体で独立した世界であったが、アウグスティヌスはイデアを神の精神のうちに存在するものと見て、すべてのものはイデアを原型として創造されたと主張した。また世界は、神から必然的に流出したものとする新プラトン主義に対して、神はいかなる材料も用いることなく、全くの無から自由に世界を創造したという創造論を主張した。それでは人間は、なぜ罪深い存在なのであろうか。人間始祖のアダムが、自由を悪用して神に背いて堕落したためである。堕落した人間は神の恩寵《おんちょう》によってのみ救われる。アウグスティヌスは神を信じ、神の救いを希望し、神と隣人を愛することが真の幸福へ至る道であるとして、信仰、希望、愛の三つの徳を勧めた。

キリスト教神学を確立したトマス・アクィナス（Thomas Aquinas, 1225-1274）は、徳として神学的なものと倫理的なものを挙げた。神学的徳はキリスト教の三元徳、すなわち信仰、希望、愛であり、倫理徳はギリシア哲学の四元徳、すなわち知恵、勇気、節制、正義である。神学的徳は人間を至福へ導くものであるが、その中でも愛が究極的なものであって、神と隣人を愛することによって、人間は至福を受けるにふさわしいものとなる。一方、倫理徳は、理性の秩序に服することである。倫理徳は神学的徳に至るための手段と見なされた。

(四) 近世の価値観

中世が過ぎて近世に至ると、取り立てて目新しい価値観は現れなかった。近世の価値観は、ギリシア哲学やキリスト教の価値観の延長または変形であると見ることができよう。

デカルト（Descartes, 1596-1650）は、従来のあらゆる定立された価値を疑うところから出発した。しかしそれはいわゆる懐疑主義ではなくて、懐疑を通じて、さらに確かなものを見いだそうとする試みであった。その結果、彼は「われ思う、ゆえにわれあり」という根本原理に到達した。彼は人間の理性を判断の基準と見なしたのである。ここに人間は理性によって情念を支配しながら、確固たる意志をもって行為すべきであるというデカルトの道徳観が生まれた。

パスカル（Pascal, 1623-1662）は、人間を偉大さもあれば愚かさもある矛盾的存在であると見た。そのことを彼は「人間は考える葦である」と表現した。人間は自然の中では最も弱いが、考えることによって最も偉大なのである。しかし人間の真の幸福は、理性によるのではなく、信仰によって、すなわち心情によって神に至ることにあると主張した。[13]

カント（Kant, 1724-1804）は、『純粋理性批判』、『実践理性批判』、『判断力批判』において、それぞれ真、善、美はいかにして成立するかを論じ、人間はこのような価値を実現すべきものであると説いた。特に善の価値の実現、すなわち道徳において、人間は実践理性からくるところの

「何々すべし」という無条件的な命令（定言命法）に従って行為すべきことを主張した。

ベンサム（Bentham, 1748-1832）は、苦痛のない快楽の状態を幸福であるといい、「最大多数の最大幸福」の原理に基づいて功利主義を主張した。彼は快苦を量的に計算することによって、人間の行為の価値を決定することができると考えた。ベンサムの功利主義は産業革命を背景にして生じた価値観であり、形状的な価値観であるといえる。

キルケゴール（Kierkegaard, 1813-55）は、人間は美的実存段階、倫理的実存段階を経て、宗教的実存段階に至らなくてはならないと実存の三段階を説いた。すなわち人間は快楽の中に生きるのではなく、また倫理を守りながら良心的に生きるだけでも不十分であり、信仰をもって神の前に立って生きなければならないと説いたのである。キルケゴールは真なるキリスト教の価値観を復興しようとしたのである。

ニーチェ（Nietzsche, 1844-1900）は、十九世紀末のヨーロッパをあらゆる価値が崩壊しつつあるニヒリズムの時代であると見た。ニーチェにとって、キリスト教は強者を退けて人間を平均化する奴隷道徳であり、ニヒリズムを招来させた最大の原因であった。そこで彼は「権力への意志」を基準とする新しい価値観を提示したのである。神なき世界を力強く生きようというのが、ニーチェの主張であった。

真善美の価値を統一的に取り上げながら、価値を哲学の中心問題として扱ったのは新カント派のヴィンデルバント（Windelband, 1848-1915）であった。カントは事実問題と権利問題を区別したが、それを受けてヴィンデルバントは事実判断と価値判断を区別した。そして、哲学の任務は価値判断を扱うことにあると主張した。

事実判断は事実を客観的に認識する命題であり、価値判断は事実に対して主観的な評価を下した命題である。例えば、「この花は赤い」とか「彼は……をした」というのは事実判断であるが、「この花は美しい」とか「彼の行いは善である」というのは価値判断である。そして今日に至るまで、自然科学が扱うのは事実判断であり、哲学が扱うのは価値判断であるというように、事実と価値は完全に分離して扱われるようになったのである。

二十世紀に至ると、「言語の論理的分析」を哲学の方法として採用する分析哲学が生まれた。分析哲学は価値論に関して次のような立場を取った。①価値は直覚によって知る以外にない。②価値判断とは発言者の道徳的賛成・不賛成の感情の表明にすぎない。③価値論は価値言語の分析のみに意義がある。そのように分析哲学はおしなべて、哲学から価値観を排除しようとするものであった。

デューイ（Dewey, 1859-1952）によって代表されるプラグマティズムは、生活に対する有用性を価値判断の基準とした。したがって真善美のような価値概念も事物を有効に処理するための手段であり、道具でしかないと見なされるようになった。このような立場において、何が価値であるかは人によって異なり、たとえ同一人物においても時によって異なるのである。そのようなデューイの立場は相対的な価値多元論であった。

最後に、共産主義の価値観を挙げる。共産主義の価値観としては、例えばトゥガリノフ（B.P. Tugarinov, 1898-1978）の次のような定義がある。「価値とは歴史的に特定な社会または階級に属する人々に、現実のものとして、または目的ないし理想として有用であり、必要であるところの、自然および社会の現象である」[14]。すなわち共産主義においては、プロレタリア階級にとって有用であるということが、価値の基準であった。ここにおいて、ブルジョア的な価値観とされる、既存の宗教的価値観を否定し破壊することが、共産主義の価値観の前提になっていたのである。そして共産主義における道徳とは、共産主義社会建設のために行う集団生活を推進するためのものであって、献身、服従、誠実、同志愛、相互扶助などがその内容であった。

（五）新しい価値観の出現の必要性

このように歴史上に多くの価値観が現れたが、それは絶対的な価値を樹立しようとした試みが、みな崩壊してきた歴史であったと見ることができる。

古代ギリシアにおいて、ソクラテスやプラトンが真の知を追求し、絶対的な価値を樹立しようとした。しかしポリス社会の崩壊とともに、ギリシア哲学の価値観も崩壊してしまった。次にキリスト教が神の愛（アガペー）を中心として絶対的な価値を樹立しようとした。キリスト教の価値観は中世社会を支配したが、中世社会の崩壊とともに、次第に力を失ってしまった。

近代に至り、デカルトやカントはギリシア哲学と同様に、理性を中心とした価値観を樹立した。しかし価値観の根拠となる神の把握が曖昧《あいまい》であり、その価値観は絶対的なものとはなりえなかった。一方、パスカルやキルケゴールは真なるキリスト教の価値観を復興しようとしたが、確固たる価値観を樹立するには至らなかった。

新カント派は価値の問題を哲学上の主要な問題として扱ったが、価値を扱う哲学と事実を扱う自然科学を完全に分離してしまった。その結果、今日、多くの問題が生じている。科学者たちが価値を度外視して事実のみを研究した結果、人類を大量に殺戮《さつりく》する兵器の開発、自然環境の破壊、公害問題などを招くに至ったからである。

功利主義やプラグマティズムは物質的な価値観であり、完全に相対的な価値観となった。分析哲学は価値不在の哲学であった。そしてニーチェの哲学や共産主義は伝統的な価値観に対する反価値の哲学であったということができる。

ギリシア哲学やキリスト教を基盤とした伝統的な価値観は、今日では、それ以上、効力のないものと見られるようになった。伝統的な価値観は脆弱《ぜいじゃく》化し、自然科学から分離され、ついには哲学の領域からも排除されるに至ったのである。そして今日、社会混乱は極に達しているのである。ここに伝統的な価値を蘇生《そせい》せしめながら、絶対的価値を樹立することのできる新しい価値観の出現が切に要請されている。新しい価値観は唯物論を克服し、正しい価値観でもって科学を導くものでなくてはならない。価値と事実は性相と形状の関係にあるのであり、事物において性相と形状が統一されているように、価値と事実も本来一つになっているからである。そのような時代的要請に答えようとして現れたのが本価値論なのである。

第五章　教育論

今日、青少年の脱線、性道徳の退廃、校内暴力事件の頻発などに見られるように、民主主義社会の教育は危機に瀕している。しかし、このような混乱を救いうる教育理念は見あたらず、今日の教育は方向感覚を失っている。師弟の道も崩壊している。すなわち生徒は先生を尊敬せず、先生は権威と情熱を失っている。その結果、先生は知識を売り、生徒は知識を買うというような関係になって、学校は知識の売買場にまで転落する傾向が見られるのである。このような状況に共産主義が大学界に浸透し、学内を争乱の場とさせてきたのである。

民主主義の教育理念とは、主権在民、多数決主義、権利の平等などの民主主義の原則を守りながら、他人の権利を尊重し、自己の責任を果たし、その上で自己の権利を主張する市民、すなわち民主的市民を養成することであるといえよう。

ところでこのような教育理論に対して、共産主義者たちは次のように攻撃した。階級社会において、支配層が労働者や農民の権利を尊重しうるだろうか。階級社会において義務と使命を果たすとは、権力層の忠実な僕《しもべ》となることではないか。それは真なる民主主義ではない。真なる民主主義とは、人民大衆である労働者や農民のための民主主義、すなわち人民民主主義である。したがって真なる民主主義教育は人民のための教育でなくてはならず、真なる教育を行うためには資本主義社会を打倒し、社会主義社会を建設しなくてはならない。そのように宣伝した。

共産主義のこのような讒訴《ざんそ》は資本主義社会における搾取、抑圧、不正、腐敗などの社会的構造悪が残っている限り、説得力を失わないであろう。したがって、なんとしても、このような社会悪を除かなくてはならない。そのためには神の真の愛を基盤とした、新しい価値観運動が展開されなくてはならず、新しい教育理念が確立されなくてはならないのである。

新しい教育理念は、人間の成長に対して本来神が願われた基準を根拠として立てられなければならない。それは混迷した今日の教育に方向性を提示し、未来社会に対して教育のビジョンを提示しうるものでなければならない。すなわち、来たるべき未来の理想社会に対備するための教育論でなければならない。本教育論（統一教育論）はまさにそのような教育論として提示されるものである。

ところで教育理論には二つの側面がある。一つは教育の理念、目標、方法などに関するもので、いわゆる教育哲学がそれに当たる。他の一つは、客観的な立場で教育現象を扱うものであって、教育科学がそれにあたる。教育課程（カリキュラム）、教育評価、学習指導、生徒指導、教育行政、教育経営などを研究するものである。

教育において、この二つの側面は、性相と形状の関係にある。つまり教育哲学は性相的教育学であり、教育科学は形状的教育学であるということができる。ところが今日、教育科学が科学尊重の潮流の中で大きく発展したにもかかわらず、教育哲学は軽視され、衰退している。今日の教育が方向感覚を失っているということは、とりもなおさず教育哲学の不在を意味する。したがって、今日、切に要求されているのは、新しい教育哲学の確立である。統一教育論はまさにそのような要望に答えようとするものである

一　統一教育論の原理的根拠

(一)　神への相似性と三大祝福

神は御自身のかたちに人間を創造された（創世記一・二七）。そして創造が終わると神は人間に「生めよ、ふえよ、地に満ちよ、地を従わせよ。海の魚と、空の鳥と、地に動くすべての生きものとを治めよ」（創世記一・二八）という祝福（三大祝福）を与えられた。それが教育の根拠となる。すなわち教育とは、神に似るように子女を養育せしめることであり、子女が神に似るように導く努力である。神に似るとは、神相と神性に似ることをいう。人間は生まれながらにして、神相（性相と形状、陽性と陰性、個別相）をもっているが、それは極めて未熟な状態にあるのであり、成長しながら次第に神の神相に似ていくのである。神性の場合はなおさらそうである。それで神に似るとは、神相においては、神の性相と形状、陽性と陰性、個別相に、神性においては、神の心情、理法、創造性に似るようになることを意味する。

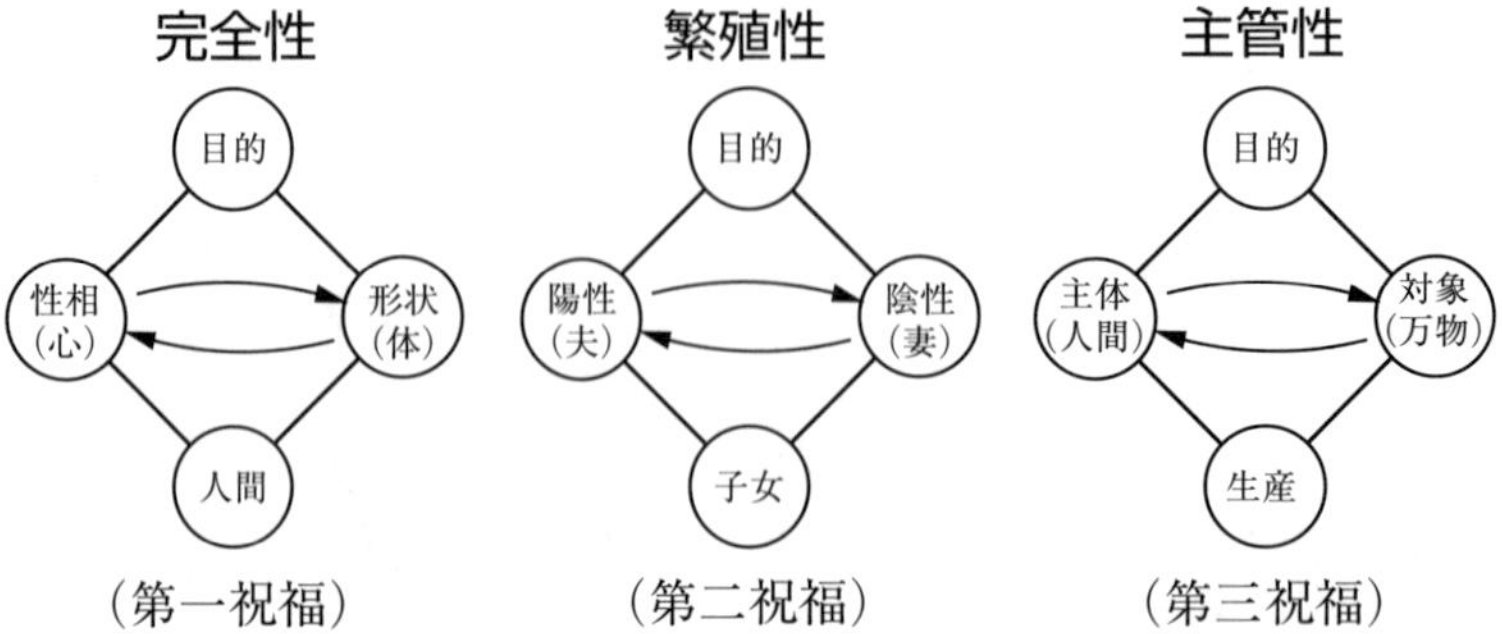

図5―1　神への相似性と三大祝福

神が人間に与えた祝福において、「生めよ」（be fruitful）とは個体の人格を完成せよという意味であり、「ふえよ、地に満ちよ」とは、夫婦になって子孫を繁殖しなさいという意味であり、「地を従わせよ……すべての生きものを治めよ」とは、万物を主管せよという意味である。この三大祝福を成就することによって、人間は神の神相とともに、神の神性つまり心情、理法、創造性を受け継いで、完全性、繁殖性、主管性において、神に似るようになるのである（図5―1）。次に完全性、繁殖性、主管性に関して具体的に説明することにする。この三大祝福において教育の理念が立てられるためである。

完全性

イエスは「あなた方の天の父が完全であられるように、あなた方も完全な者となりなさい」（マタイ五・四八）といわれた。これは神の完全性に似なさいということである。完全性とは性相と形状の統一のことをいう。神において、性相と形状は主体と対象の関係において、心情を中心として円満な授受作用を行い、合性一体化をなしている。この状態が完全性である。

したがって神の完全性に似るとは、人間においても、心情を中心として性相と形状が一つになることを意味する。本性論で述べたように、人間の性相と形状には四つの類型があるが、ここではそのうち生心と肉心のことをいう。生心と肉心が一つになるためには、生心が主体、肉心が対象にならなければならない。すなわち生心が肉心を主管しなければならない。生心は真善美の価値を追求し、肉心は衣食住および性を追求する。したがって生心と肉心が一つになるとは、真善美の生活を第一次的に、衣食住の生活を第二次的に追求することを意味するのである。

生心と肉心の授受作用の中心は心情であり、愛である。結局、愛を基盤とした真善美の生活を中心にして、衣食住の生活が営まれなければならないのである。それがすなわち神の完全性に似ることである。人間は幼い時には、真善美の価値はよく分からないが、成長するにつれて、次第に心情が発達して、愛を中心とした真なる生活、善なる生活、美なる生活をするようになる。そうして次第に神の完全性に似ていくのである。

ところで人間は霊人体と肉身の二重的存在であるから、人間の成長には霊人体の成長と肉身の成長がある。人間に与えられた「生育せよ」という第一祝福は、肉身の成長の意味もあるが、主として霊人体の成長すなわち心霊基準の向上を意味しているのである。しかし霊人体も肉身を土台にして、すなわち肉身との授受作用によって成長するのである。そのようにして成長すれば神の完全性を相続させるということである。したがってこれは第一の予約祝福である。

繁殖性

次は神の繁殖性に似るということ、すなわち人間が子女繁殖の段階にまで成長するということである。それは神が陽性と陰性の調和体であるように、その陽性と陰性の調和に似るということである。人間における陽性と陰性の調和とは夫婦の調和をいう。神の属性である性相と形状の授受作用（統一）と、陽性と陰性の調和によって人間が創造されたのであるが、それは神の繁殖性によるのである。それで人間も心と体の統一と陽性と陰性の調和によって、子女を繁殖するのである。

神の繁殖性に似なさいとは、神のように陽性と陰性が円満な授受作用をなすことのできる能力を備えなさいということを意味する。それは一人の男性と一人の女性が結婚して子女を繁殖する資格を備えるように成長しなさいという意味である。すなわち男性は男性としての資格を完全に備え、女性は女性としての資格を完全に備えなさいということである。言い換えれば、夫としての道理、妻としての道理を果たすことができる段階にまで成長しなさいということである。そしてそのような資格を備えるようになったら、結婚して子女を繁殖しなさいということである。したがってこれは第二の予約祝福である。

主管性

さらに人間は神の主管性に似なければならない。主管性に似るということは、神の創造性に似るということである。神の創造性とは、心情（愛）を中心として対象（新生体）をつくる能力をいう。神はその創造性をもって人間および万物を創造し、主管されようとしたのである。本来、人間はそのような神の創造性を与えられている。したがって人間は、心情を中心として万物を主管するようになっているのである。すなわち人間は成長すればそのような能力を備えるようになるのであり、それが第三の予約祝福である。

すべての産業活動も万物主管である。例えば農民は田畑を耕すが、それは人間の土地に対する主管である。労働者は工場で機械を用いて原料を製品にするが、それは機械や原料に対する主管である。また漁業は海や魚に対する主管であり、林業は山や木に対する主管である。

万物を主管するということは、万物に対して創造性を発揮することである。創造性を四位基台の側面から見れば、内的四位基台と外的四位基台を形成する能力をいう。したがって農業においては、農民はアイデアに基づいて創意的に、さらに多くの収穫をあげようと努力するのである。商業においてもアイデアと創意がなければ成功できない。要するに農業、鉱業、工業、商業、林業、漁業などは、みな人間の創造性発揮の対象であり、万物主管の営みである。科学や芸術も万物主管の範疇《はんちゅう》に入る。さらに社会を主管すること、すなわち政治も万物主管の中に入る。

ところが、人間は堕落によって神の創造性を受け継ぐことができなかった。神の創造性は心情を中心とした創造性であるが、堕落のために、心情を中心としないで、利己心を中心とした創造性になってしまった。そのために人間は、そのような自己中心的な創造性でもって、社会や自然に被害を及ぼすことが多かったのである。戦争の武器の生産だとか、公害の増大などが、その例である。したがって教師は新しい教育論の立場から、学生たちが心情を中心とした創造性を発揮するように、すなわち神の主管性に似るように導かなくてはならない。

(二) 人間の成長過程

人間は神に似るように造られたが、生まれるとすぐ神に似るわけではない。神に似るようになるためには、一定の成長期間がなければならない。被造世界は時間・空間の世界であるからである。それで人間は蘇生《そせい》、長成、完成の三段階を経過して成長して、初めて神に似るようになる。すなわち完全性、繁殖性、主管性において神に似るようになるのである。したがって成長とは神に似てゆく過程であるが、それは神の人格的な側面と神の陽陰の調和の側面、そして神の創造性に似ていく過程のことをいうのである。

神が人間に与えた三大祝福とは、人間が成長したとき、神の完全性、繁殖性、主管性を相続するという意味の祝福である。だから三大祝福は三大予約祝福である。ところが人間始祖の堕落によって、人間に与えられた三大祝福は成就されなかった。この三大祝福は創世記に書かれているように、「……せよ」という命令形式の祝福である。たとえ人間が堕落したとしても、神の命令が取り消されたのではなくて、命令(祝福)それ自体は今日まで有効である。これは天意が人間の潜在意識を通じて、三大命令すなわち三大祝福を成就するように働きかけてきたことを意味する。それで人間は、無意識のうちにも、三大祝福を実現する方向に努力してきたのである。すなわち堕落社会にあっても、人間はみな我知らず、そのような天意に従って、たとえ不十分であるとしても、人格的に成長し、良い相手を見つけて家庭を築き、自然を支配し、社会を改善しようと努力してきたのである。人間に成長欲、結婚欲、支配欲、改善欲などがあるのはそのためである。そうであるとしても、そのような欲望は今日まで完全には達成されなかった。それは人間始祖の堕落のためであった。

そのように本然の世界において、人間は三大祝福を完成するために成長してゆかなければならない。人間以外の万物も成長するが、万物の場合、原理自体の自律性と主管性によって成長する。生命の赴くままに任せておけば、自然に成長するのである。原理自体の自律性と主管性とは、まさに生命を意味するのである。ところが人間の場合、肉身は万物と同様に原理自体の自律性と主管性によって成長するが、霊人体の成長はそうではない。霊人体は責任分担を全うすることによって成長するようになっているのである。人間に責任分担が課せられているのはそのためである。責任分担によって成長するとは、人間が自らの責任と努力によって人格を向上させていくことを意味する。したがって人間は自由意志によって規範（原理）を守りながら、神の心情を体恤《たいじゅつ》するように努力しなければならないのである。

人類始祖であるアダムとエバは、神の戒めを守りながら成長して、神の心情を体恤したあと、夫婦となり、神の真の愛を実現しなくてはならなかった。そしてアダムとエバは全人類を代表した最初の人類の先祖とならなくてはならなかったので、彼らには自己の責任分担のみならず、後孫の責任分担の大部分までも担わされていたのである。だから神は、アダムとエバの責任分担には絶対に干渉されなかった。

アダムとエバが神のみ言《ことば》を守りながら、自らの力でそのような厳しい責任分担を全うしていたならば、その子孫たちはいたって少ない責任分担だけで、すなわち父母の教えに従順に従うだけで完成できるようになっていた。そのような内容のためにアダムとエバの場合は、誰かの助けを受けることなく、純粋に自分たちの責任だけで三大祝福を完成しなければならなかった。ここでアダムとエバが完成したのちに、子女が父母の教えに従順に従うということは、父母の教え、すなわち父母の教育を受けなくてはならないことを意味するのである。

ここに父母の子女に対する教育の必要性が生じる。子女が果たすべき責任分担のために父母による教育が必要なのである。ここに教育の理念が立てられる。すなわち、父母が子女を教えて三大祝福を完成できるように導くというのが教育理念となるのである。したがって教育の本来の場は父母が常に住んでいる家庭でなくてはならない。しかし文化の発達とともに、情報量や教育内容が増大するようになり、現実的には不可能なので、教育の場は必然的に家庭から教育を専門にする学校へ移るしかなかった。その代わり、学校では先生は父母の代わりに教育するのである。したがって教師は父母の心情で、父母の代身として学生を教えなければならない。それが本来の教育のあり方である。

(三)　教育の三大理念

統一教育論において、教育の目標とは、被教育者が神の完全性、繁殖性、主管性に似るようにせしめるということである。それが統一教育論の教育の理念となる。

ここで神の完全性に似るということは、個体完成(個性完成)をいう。個体完成は第一祝福の完成であり、人格の完成をいう。また繁殖性に似るとは家庭完成をいう。これは男性と女性が将来、結婚して、夫婦の調和を現し、円満な家庭を実現することをいう。すなわち第二祝福の完成をいう。そして主管性に似るとは主管性完成をいう。これは万物の主管のために神の創造性に似ることをいう。すなわち第三祝福の完成をいうのである。

このように統一教育論における教育の理念は三大理念からなるが、それは第一祝福完成のための個体完成(個性完成)、第二祝福完成のための家庭完成、そして第三祝福完成のための主管性完成をいうのである。

二　教育の三形態

このような理念を基盤とするとき、人間にはいかなる教育が必要なのであろうか。個体完成のためには心情教育が必要であり、家庭完成のためには規範教育が必要であり、主管性完成のためには技術教育、知識教育、体育などの主管教育が必要である。次にこの三つの教育の形態について説明する。

(一) 心情教育

個体完成のための教育

神の完全性に似るようにする教育が心情教育である。神の完全性に似るとは、性相と形状の統一性に似ることであり、それは生心と肉心が主体と対象の関係において授受作用を行って、一つになった状態をいう。神において、性相と形状は心情を中心にして授受作用を行って、統一をなしている。したがって生心と肉心が一つになるためには、心情が生心と肉心の授受作用の中心にならなくてはならない。心情が生心と肉心の中心になるためには、神の心情を体恤《たいじゅつ》して、個人の心情が神の心情と一致しなければならない。個人の心情が神の心情と一致するようにする教育を心情教育という。ゆえに心情教育が個体完成のための教育となるのである。

心情教育とは、言い換えれば、神が人間を愛するように、子女を万民や万物を愛しうるような人間に育てる教育である。そのような人間に育てるためには、子女が神の心情を体恤するようにさせなくてはならない。それでは、子女はいかにして神の心情を体恤するようになるのであろうか。そのためにはまず神の心情を理解させなければならない。

神の心情の表現形態

神の心情は創造と復帰の摂理を通じて三つの形態に表現される。すなわち希望の心情、悲しみの心情、苦痛の心情である。

① 希望の心情

希望の心情とは、宇宙創造における神の心情であって、無限の愛を注ぎうる最愛の最初の子女、アダムとエバを得る期待と希望に満ちた喜びの感情をいう。その希望の心情が達成されたとき、神はいうことのできない満足に満ちた喜びを感じるのであった。実際にアダムとエバが生まれたとき、神の喜びは表現することのできない満足に満ちた喜びであったのである。

最近の物理学によれば、約百五十億年前に宇宙は生成し始めたのであった。これは統一思想から見るとき、約百五十億年前に、宇宙が創造され始めたということである。神がそのように長い時間をかけて、宇宙を創造された理由は何であったのだろうか。それは最愛なる子女、アダムとエバを創造されるためであった。その子女を得る一時を望みながら、神はいかなる苦労をもいとわず、そのような長い期間をかけながら宇宙を創造されたのである。希望に満ちた神は、宇宙創造の過程がいかに長く、困難であろうとも、それが長いとか、苦しいとは感じなかったのである。

そのような事実をわれわれは経験を通じて知ることができる。すなわち、喜ばしい結果を期待しながら仕事をする時には、いくら苦しさが予想されても実際にぶつかって見ると、それほど苦しさを感じないだけでなく、その期間が早く過ぎていくのである。それは喜びが近づいているという希望があるからである。喜びの結果に対する神の期待は、われわれ人間が経験するものより、はるかに大きいものであった。そして実際に、アダムとエバが生まれたとき、神の喜びはたとえようもなく大きく、深いものであった。

② 悲しみの心情

悲しみの心情とは、アダムとエバが堕落し、死亡圏内（サタンの支配下）に落ちた時の神の心情をいう。子女を失って悲しむ父母のような神の感情をいうのである。教会の初創期に、文《ムン》先生はアダムとエバの堕落に及ぶと、その時の神の悲しい心情を紹介しながら、いたく痛哭《つうこく》されたのであった。

アダムとエバが堕落した直後から復帰摂理が始まったのであるが、そのとき神は、未来にみ旨が実現される、その喜びと希望の世界を見つめながら摂理を進めてこられたのである。ところが堕落した人々は、自分たちはそのような神の摂理にはかかわりないといって、退廃と暴力をこととしてきたのであり、神はそのような光景を見つめながら、その度に嘆き悲しまれたのである。そのような歴史を摂理してこられた神は、悲しみの神であると同時に恨《ハン》の神であった。創造の時の期待と希望があまりにも大きかったために、堕落によってもたらされた神の失望の悲しみは、それだけに、さらに大きかったのである。

この世においても、愛する子供が死ぬとき、父母は、そしてとりわけ母は非常に悲しむ。たとえ子供の病気が重くて、不治の病であると宣告されても、そしてついに子供の息が絶えても、悲しみのために、どうしていいか分からないというような母が少なくないのである。アダムとエバが堕落した時の神の悲しい心情と、監獄のようなサタンの世界において苦労するアダムとエバとその後孫たちの姿を見つめておられる神の悲しみの心情は、子供を失った、この世の父母の悲しみとは比較することができないほど大きなものであった。歴史が始まって以来、神のように悲しんだ人間はかつて、この世にいなかったというのが、文先生が語られた神の心情の一つの姿であった。

③　苦痛の心情

苦痛の心情とは、復帰摂理を進める過程において、摂理歴史の中心人物たちがサタンとその手先たちから迫害され、苦しんでいるのを見つめる時の神のつらい感情のことをいう。神は堕落した人間を捨てないで、再び生かすために予言者や聖賢たちを送られたにもかかわらず、人々は彼らの教えに従わないで、むしろ彼らを迫害し、時には虐殺するまでに及んだのであるが、そのような光景を見られるたびごとに、神の胸は釘《くぎ》が打ち込まれ、槍で突かれるように痛んだのである。

彼らは堕落世界の人間を何としても救おうとして神が送られた聖賢、義人たちであった。したがって、彼らが受ける蔑視《べっし》、嘲笑《ちょうしょう》、迫害、賤《いや》しめなどは、まさに神自身に対して与えられたものとして感じられたのである。そのように復帰摂理路程における神のもう一つの心情は苦痛の心情であったのである。

神の心情の理解

心情教育のためには、このような神の三つの心情を被教育者に理解させなければならない。特に復帰路程における神の心情を教えることが必要である。そこで参考として、アダム家庭、ノア家庭、アブラハム家庭、モーセ路程、イエス路程など、復帰路程に現れた神の心情を紹介することにする。以下は文《ムン》先生が紹介された神の心情に関する内容である。

① アダムの家庭における神の心情

希望の中でアダムとエバを創造された神は限りない希望と喜びでいっぱいであったが、アダムとエバが堕落したので限りなく悲しまれた。そこでアダムの家庭を救うために、アダムとエバの子供であるカインとアベルに献祭をさせたのであるが、そのとき神は彼らが献祭に成功するだろうという大きな希望をもって臨まれたのである。

神は全知全能であるからアダムとエバや、カインとアベルが失敗するということは、初めから分かっていたのではなかろうか。そうであるならば、神が嘆き悲しむというようなことがありえるだろうか。そのように考える人がいるかもしれない。しかし、そうではない。

神はたとえ人間が堕落することもありうる可能性を知っていたとしても、神は心情の神であり、希望の神であるために、堕落しないことを願う心が堕落の可能性を予知する心に対して、比較できないくらい強かったのである。

献祭においても同じである。献祭にかけた神の期待は大変大きく、希望は強かったために、献祭の失敗の可能性に対する予知は完全に忘れてしまっていたのと同じであった。ここに心情と理性の違いがあるのである。心情の衝動力は理性を圧倒するほど強力なのである。

そのようにアダムとエバの時も、カインとアベルの時も、神は成功のみを願う、期待と希望の神であった。ところがアダムとエバも、カインとアベルも失敗してしまった。その悲しみは例えようもなく大きかった。ここに指摘することは、神はその悲しみを外に表されなかったという事実である。それはそうした場面ごとに、サタンが共にいて注視していたからである。もし神が悲しみを表したとしたら、悲しみでぬれたその姿はサタンにとって、威信も権威もなく、神らしくない、みすぼらしい姿として映るだけだからである。それゆえ神はただ黙して、顔を伏せて、わき上がる悲しみを抑えながら、悲壮な面持ちでその場を立ち去られたのである。これが、草創期に文先生が明らかにされたアダム家庭における神の心情である。

②　ノア家庭における神の心情

アダムの家庭を離れた神は、千六百年という長い間、荒野の道を歩きながら、地上の協力者を探してさまよわれた。その間、人間はみな神に背を向けるばかりで、誰も神を迎える者がいなかった。したがって地上には、神が宿ることのできる一軒の家もなければ、立つことのできる一寸の土地もなく、相対することのできる一人の人間もいなかった。文字どおり天涯《てんがい》孤独な哀れな身の上となって、寂しい道を歩まれたのである。そういう中で、ついに神は一人の協力者、ノアに出会ったのである。その時の神の喜びは例えようもなかった。しかし神は摂理的な事情のために、愛するノアに対して厳しい命令を与えなければならなかった。それが、まさに方舟《はこぶね》を造れという命令であった。神の命令を受けたノアは、人々からあらゆる嘲笑《ちょうしょう》と蔑視《べっし》を受けながら、あらゆる精誠を尽くして、百二十年間、方舟を造ったのである。

ノアは神の前に立てられた僕《しもべ》であり、義人であっただけで、神の子ではなかった。しかし、たとえ僕であっても、神はそのようなノアに出会ったことを、それほどまで喜び、神自ら、僕の立場に下りてノアと共に苦労の道を歩まれたのであった。

ところが洪水審判を経たあとに、ノアの子ハムが責任分担を果たさなかったために、洪水審判で生き残ったただ一つの家庭であるノアの家庭にサタンが侵入する結果となってしまった。そのとき神は胸が張り裂けるような痛みと悲しみを感じながら、再び悄然《しょうぜん》としてノアの家庭を立ち去られたのであった。

③　アブラハム家庭における神の心情

その後、四百年を経て神はアブラハムを探し立てた。アブラハムの路程において一番深刻だったのは、アブラハムが百歳の時に得た、ひとり子イサクを供え物として捧げる時であった。鳩と羊と雌牛を捧げる象徴献祭に失敗したアブラハムに対して、神は息子のイサクを供え物として捧げよと命令された。そのとき、人倫に従って子を生かすべきか、天命に従って子を捧げるべきか、人倫か天倫か、アブラハムは苦しんだのである。イサクを捧げる代わりに、自分自身を供え物にして、イサクを生かしたいというのがアブラハムの心情であった。けれども彼は結局、神の命令に従ってイサクを供え物として捧げようとしたのである。人倫を断ち切り、天倫に従うことを決意したのである。モリヤ山に向かって行く三日間の期間は、アブラハムにとっては、天倫か、人倫か、いずれかを選ばなくてはならない苦悩の時であった。そのとき神は遠くからただ眺めていたのではなかった。「子を捧げよ」という厳しい命令を発してからは、アブラハムの苦しむ姿を見ながら神はアブラハムと共に、否それ以上に苦しまれたのである。

アブラハムはモリヤ山で最愛のわが子イサクを祭物として捧げようと、刀を取って殺そうとした時、神は慌ててアブラハムがイサクを殺すのをやめさせ、「あなたが神を恐れる者であることを今知った」（創世記二二・一二）といわれた。

そのとき、アブラハムの神のみ旨に対する心情と、神に対する絶対的な信仰と従順と忠誠は、すでに彼をしてイサクを殺したという立場に立たせたのである。したがってイサクを殺さなくても殺したのと同じ条件が成立したのである。それで神はアブラハムにイサクを殺すのをやめさせ、その代わりに雄羊を燔祭《はんさい》として捧げさせた。「あなたが神を恐れる者であることを今知った」という言《ことば》の中には、象徴献祭に失敗したアブラハムに対する神の悔しさと、イサク献祭において見られたアブラハムの忠誠に対する神の喜びが、共に含まれていたのである。

④　モーセの路程における神の心情

エジプトの王子として育てられたモーセは、同胞であるイスラエル民族の受けている苦痛の現場を目撃したあと、神のみ旨に従って彼らをカナンの地へ復帰させようとして、千辛万苦ののちに、彼らを荒野に導いたのであった。しかしイスラエル民族は困難にぶつかるたびに指導者であるモーセに反逆した。モーセがシナイ山で四十日間の断食を行ったのち、二枚の石板を受けて山から降りて見ると、イスラエル民族は金の子牛を造って拝んでいた。モーセは、そのような神を冒瀆《ぼうとく》する不信の行為を見て激しく怒り、石板を投げつけて壊してしまったのである。そのとき神は「わたしはこの民を見た。これはかたくなな民である。それで、私をとめるな。わたしの怒りは彼らにむかって燃え、彼らを滅ぼしつくすであろう。しかし、わたしはあなたを大いなる国民とするであろう」（出エジプト記三二・九―一〇）といわれた。

そのとき、モーセの心情はいかなるものであったのだろうか。イスラエル民族の不信を叱責して、「この民族を滅ぼしつくそう」という神の怒りに直面して、瞬間的に彼の民族愛、愛国の心情がほとばしったのである。そして彼はいかなる困難があろうとも、この民族を生かしたいと思い、できれば彼らとともにカナンの地に入ろうとしたのである。そこで彼は神にすがりついて、「どうかあなたの激しい怒りをやめ、あなたの民に下そうとされるこの災を思い直し……」（出エジプト記三二・一二）といいながら、民族を救おうと哀願したのである。神はモーセのそのような民族愛の訴えの祈りを受け入れて、ついにイスラエルを滅ぼすことを思いとどまられたのであった。

ところが四十年間、荒野を流浪したあと、カデシ・バルネアに到着した時、イスラエル民族は「ここは食べるものもない」と再びモーセを恨んだのであった。その時、モーセは不信するイスラエル民族に対する怒りから、一度打つべき岩を二度打ってしまった。これは神のみ旨に反することであった。そしてその後、神はモーセをピスガの頂きに呼んで、イスラエル民族が入って行くカナンの地を見せながら、「あなたはカナンの地に入ることはできない」（申命記三二・五二）と告げられたのであった。八十歳の老いた体を駆《か》って、四十日間の断食を二回も行ったモーセ、不信の民族を抱えて四十年間もシンの荒野で苦労をしてきたモーセであった。事実上、出エジプトの主役であったモーセをカナンの地へ導き入れたい神であったが、サタンの讒訴《ざんそ》のために、やむを得ず目前にあるその地を見せながら彼を見捨てるしかなかった。そこに神の深い悲しみと痛みと切なさがあったのである。

⑤　イエスの路程における神の心情

旧約聖書に予言されていたように（イザヤ書九・六）、イエスは地上にメシヤとして来られた。全地がもろ手を挙げて歓迎しなければならない救い主であったにもかかわらず、彼は幼い時から排斥された。家族がイエスを追い出し、ユダヤ教がイエスを不信し、結局、イスラエル民族がイエスを追い出したのである。どこにも行くところがないイエスであった。

イエスは三年間の公生涯路程を含めて三十三年間、寂しい孤独な生涯を送られた。「きつねには穴があり、空の鳥には巣がある。しかし、人の子にはまくらする所がない」（ルカ九・五八）といわれ、その孤独な心情を吐露《とろ》された。そしてエルサレムの城を眺めて涙を流しながら、「城内の一つの石も他の石の上に残して置かない日が来るであろう。それは、おまえが神のおとずれの時を知らないでいたからである」(ルカ一九・四四)といって、イスラエル民族を叱責《しっせき》されたのである。

ある時には、ガリラヤの浜辺をさまよいながら、選民ではないサマリヤの女に話しかけたりして寂しさを紛らせたり(ヨハネ四・七—二六)、ユダヤ人の指導者たちより取税人や遊女たちが先に天国に入るであろうといって(マタイ二一・三一)、救い主である自分を追いやる教団に対して寂しさを告白されたのであった。そのとき、神もイエスと共に、孤独な道を歩まれたのであった。

そしてついに十字架にかけられた、神のひとり子イエスの悲惨な姿を見られる神の心情は、いかなるものであったのだろうか。あまりにも悲惨な姿を見るに忍びず、そして十字架からイエスを下ろすことのできない事情を嘆きながら、神は顔をそむけられた。イエスの十字架を見ておられる神の苦しみは、イエスの苦しみ以上であったのである。

神の心情の紹介

以上はすべて草創期に文《ムン》先生が、説教の度に泣きながら紹介された内容である。すなわち、アダム、ノア、アブラハム、モーセ、イエスにおける神の心情であった。そればかりでなく、その他の宗教や民族における聖賢、義人たちの受難の路程の背後にも、彼らを導いた神の心情があった。心情教育において、このような神の心情を父母や教師が子女や生徒に知らせなくてはならない。直接話して聞かせるだけでなく、テレビ、ラジオ、映画、ビデオや、小説、演劇、絵画などの作品を通じて教えることができる。

実践を通じた心情教育

神の心情を言葉で教えるだけでなく、愛の実践を通じて直接、見せることも必要である。そのためには、まず家庭において父母が子供を真剣に愛さなければならない。食べさせ、着せ、住まわせる、礼節を教えることなど、子供を育てるのに常に真心をもって温かく愛さなければならない。それが父母が子供に与える真の愛である。このような愛を父母が子供に与え続けたら、子供たちは父母を心から尊敬し、親孝行をするのはもちろんのこと、子供たちも互いに愛し合うようになる。神の心情が父母の真の愛の実践を通して子供たちに伝えられるからである。

学校教育の場合も同様である。教師は言葉や行動の実践を通じて、神の真の愛を見せなければならない。科目ごとに真心を尽くして教えるのはもちろん、生徒一人一人に対して自分の子供のように、父母の心情をもって真心を尽くして導かなければならない。学校教育は家庭教育の延長であるからである。

教師の日常の言動に神の愛が込められなければならない。先生の公私の生活における一言一言、行動の一つ一つが生徒たちにとって、みな学ぶ教材となり、人格形成の素材となるからである。そのような愛がみなぎる学校教育を受けると、生徒たちは深く感動し先生を尊敬し、従うようになる。そして、そのような先生に似た真の愛の実践者になろうとするのである。以上が、家庭と学校における実践を通じた心情教育である。

(二) 規範教育

家庭完成のための教育

家庭完成のための教育とは、一人の男性と一人の女性が夫婦となったとき、神の陽陰の調和に似るようにするための教育であり、本然の夫婦となれる資格を備えるための教育である。人間堕落が規範（神の戒め）を守らなかったことにあったので、この教育はまず神の戒めを守るようにするための規範教育である。規範教育は夫婦となって家庭を形成する資格を備えるための教育である。男性は夫としての道理を、女性は妻としての道理を身につけなければならない。また家庭における父母と子女の本然のあり方や兄弟姉妹のあり方も、規範教育に含まれる。

規範教育において、特に重要なのは、性の神聖性、神秘性について教えることである。性は結婚を通じて初めて体験するものであって、それまでは決して冒《おか》してはならないのである。聖書によれば、神はアダムとエバに「善悪を知る木からは取って食べてはならない」（創世記二・一七）といわれた。善悪の果はエバの性的愛（『原理講論』一〇三頁）を意味するために、「善悪の果を取って食べてはならない」ということは、性（性の器官）は神聖なものであって、性の領域を汚《けが》すことによって、性を冒してはいけないということを意味する。

この戒めはアダムとエバだけのものではなくて、現在も有効であり、未来にも有効な永遠なる天の至上命令である。これはまた男女が結婚したあとにも、他の異性と脱線行為をすることは決して許されないという至上命令でもある。したがって規範教育とは、神の戒めを守りながら神の陽陰の調和に似るようにするための教育、すなわち夫婦の資格を備えるための資格教育なのである。

理法的存在になるための教育

人間はロゴス（理法）によって創造されたために、規範教育はまた人間がロゴス的存在、理法的存在になるように、すなわち天道に従うようにするための教育であり、理法教育ともいう。天道とは、宇宙を貫いて作用している法則であって、授受作用の法則のことをいう。天道から自然法則と価値法則が導かれるが、そのうち価値法則が規範となるものである。宇宙に縦的秩序と横的秩序があるように、家庭にも縦的秩序と横的秩序がある。したがって家庭にはこの二つの秩序に対応する価値観、すなわち縦的価値観と横的価値観が成立する。そのほかにも個人的価値観がある。それらについては、すでに価値論において述べた。

規範教育は、心情教育と並行して行われなくてはならない。規範教育そのものは義務だけを強要しがちだからである。規範とは、「……してはならない」とか、「……しなければならない」という形式で行為を規定するものであるために、そこに愛がなければ、その規範は形式化され律法的なものになりやすい。したがって、規範教育は愛の雰囲気の中で実施されなければならないのである。

規範のない盲目的な愛のことを一般的に溺愛《できあい》という。そのような愛で子供に対すれば、子供は結局、分別力がなくなり父母や教師を軽視するようになる。父母の愛や教師の愛には、どことなく権威がなくてはならない。そのような愛はロゴスにかなった愛でなくてはならないのである。一方、愛は少なく、規範だけを強調すれば、子供は拘束感を感じて親や教師に反発するようになる。愛は規範の下にあるのではなく、上になければならないのである。したがって子供がたとえ規範を一、二度守らなかったとしても、温かい愛をもって許してやらなければならないのである。

愛はすべてを許し受け入れようとするが、規範は厳しく規制しようとする。愛は円満で丸いが規範は直線的である。人間において、愛と規範は統一されなくてはならない。愛は円満であり、規範は直線的であるから、愛と規範の統一された人間は、円と直線を統一したような人格者となる。すなわち人格者とは、最も円満でありながら厳しい面を統一的に備えた人をいうのである。このような人格をもつ人は、ある時にはとても優しく、またある時には非常に厳しくというように、時と場所に応じて、いつでもふさわしい態度を取ることができるのである。

それゆえ規範教育は心情教育と統一されなければならない。すなわち家庭と学校において、愛の雰囲気の中で子供の規範教育が実施されなければならない。規範のために愛が冷えればその規範は形式化してしまうからである。

（三）主管教育（知識教育、技術教育、体育）

主管性完成のための教育

主管教育は主管性完成のための教育である。主管性完成のためには、まず主管の対象に対する情報、すなわち知識を習得しなければならない。そのために、まず知識教育（知育）が必要である。次に、対象を主管するのに必要な創造性を開発するための技術を習得する教育も必要である。そのような教育が技術教育（技育）である。そして主管をよくするには、主管の主体である人間の体力を増進させなければならない。そのための教育が体育である。以上の知育、技育、体育を合わせて主管教育という。

知識教育において、主管に必要な知識を学ぶのであるが、それは主管の対象の領域によって、自然科学をはじめ、政治、経済、社会、文化など、広範囲の分野にわたっている。それらはみな、万物主管の概念に含まれるのである。技術教育において、習得する技術は万物主管の直接的な手法として主管教育の中心となるのであり、体育における体位の向上と体力の増進も、万物主管に肝要なのはもちろんである。そして技術教育や体育にも、さらに細分された専門分野がある。芸術教育すなわち芸能教育も、一種の技術教育と見なすことができよう。

要するに、主管教育は、創造性を発揮するための手段を学ぶものである。創造性は天賦のもので、人間には誰でも先天的な可能性として備わっているのであるが、これを現実的に発揮するためには主管教育が必要なのである。

創造性の開発と二段構造の形成

創造性を開発するとは、要するに神の創造の二段構造に倣って内的四位基台形成の能力を増大させ、外的四位基台形成の熟練度を高めることを意味する。

内的四位基台形成の能力とは、ロゴスの形成の能力、すなわち構想の能力をいう。そのためには知識教育を通じて知識を多く獲得して、内的形状（観念、概念など）の内容を質的、量的に高めなければならない。得られた知識（情報）が多ければ多いほど構想は豊富になる。ロゴスを形成するとは、いわゆるアイデアを開発することであり、産業における技術革新（イノベーション）も、絶え間ないロゴス形成の反復によってなされるのである。

次に、外的四位基台形成の能力を養うとは、一定の構想に従い、道具や材料を用いて、その構想を実体化する能力を高めること、すなわち外的授受作用の熟練度を高めることをいう。そのためには技術教育が必要となる。また身体的条件が必要であることはいうまでもない。したがって、体育による体力の増進も必要である。

普遍教育を基盤とした主管教育

主管教育は心情教育および規範教育を基盤として、それらと並行して行われなければならない。知識教育や技術教育や体育は、心情（愛）と規範に基づいて初めて健全なものとなり、創造性が

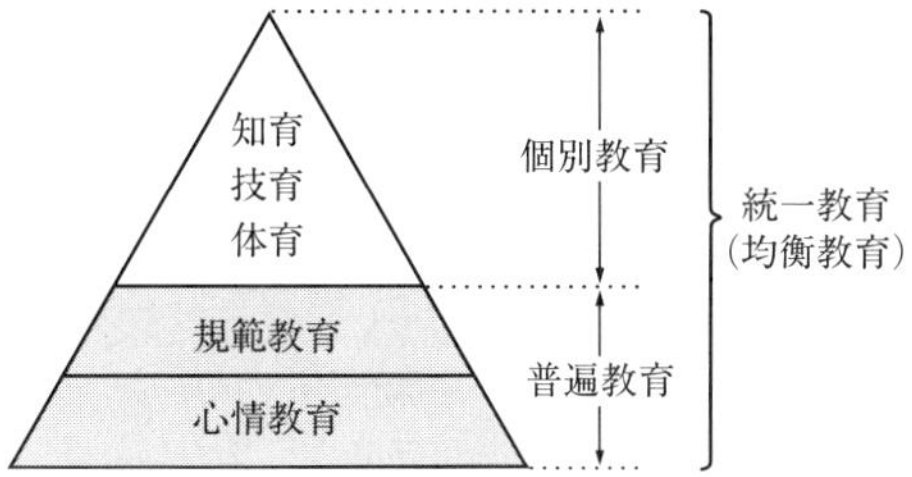

図５―２　教育の普遍性と個別性

十分に発揮されるようになるからである。

心情教育と規範教育は、全人類が共通に受けなければならない教育であるから普遍教育という。それに対して主管教育は、個人の資質によって学ぶ領域が異なるから、ある人は自然科学、ある人は文学、またある人は経済学を専攻するというように、原則的に個別教育となる。

ここに普遍教育と個別教育は、性相と形状の関係にあるといえよう。心情教育と規範教育は精神的な教育、すなわち心を対象とする教育であり、主管教育は万物を主管する教育だからである。したがって普遍教育（心情教育、規範教育）と個別教育（主管教育）は主体と対象の関係において、並行して行われなくてはならない。それが均衡教育（balanced education）である（図５―２）。

ギリシア時代や中世、近世には、たとえ完全なものではなかったにしても、愛の教育があり、倫理・道徳の教育があった。しかし今日では、それらがほとんど無視されるようになって、ほとんどの場合、知識偏重、技術偏重のいわゆる不均衡教育が行われるようになった。その結果、人間性の健全な成長が妨げられているのである。そこで、ここに新しい教育論が現れて、新しい次元において、真の愛の教育、倫理・道徳教育を行わなければならない。そしてその基盤の上で知識教育と技術教育が行われるべきである。そのような均衡教育が実施されるとき、初めて科学技術は善なる方向に向かっていくようになる。そうすれば公害問題や自然破壊などの問題も自然に解決していくであろう。また教師たちも、そのような教育を通じて教師としての権威を取り戻すことができるようになるのである。

ここで付記すべきことは、教育の原点は家庭教育にあるということである。家庭教育の延長、拡大、発展したものが学校教育である。したがって、家庭教育と学校教育が一体とならなくてはならない。そうでなければ、普遍教育としての心情教育と規範教育はそのままでは成立しにくく、したがって教育の統一性は期待されにくいのである。

三　被教育者の理想像

歴史始まって以来、今日まで多く学者たちによって、いろいろな教育論が発表されてきた。また、それぞれの教育の理念に応じて養成される人間像があった。統一教育論においても、やはり教育によって養成される人間の理想像がある。統一教育論における被教育者の理想像とは、第一に人格者、第二に善民、第三に天才である。それぞれ心情教育、規範教育、主管教育に対応した理想像である。したがって教育を理想的人間像という面から見れば、心情教育は人格者教育、規範教育は善民教育、主管教育は天才教育ということができる。

人格者教育

人格者とは心情教育によって形成される人間像である。したがって人格者教育とは、被教育者をして神の心情を体恤《たいじゅつ》し、日常生活において神の愛を実践するよう指導し、人格者として育てるための教育である。心情は愛の源泉であり、人格の核心である。心情（愛）が乏しければ、いくら知識をたくさんもっていても、いくら体力があっても、いくら強大な権力があっても、人格者とはなりえない。世俗的概念では、人格者とは一定の徳性と知識と健康を備えた人間をいうのであるが、統一思想において、人格者とは神の心情を体恤し、愛を実践する人をいうのである。

それでは理想的な人格者の姿は、果たしていかなるものであろうか。それは心情（愛）を基盤として、知情意の機能が均衡的に発達した全人《ぜんじん》的品格を完成した人間をいう。人格者は何よりも神の心情を体恤しながら生きるために、万人と万物に対していつも真の愛を実践しようと努力する。神に対しては忠孝の真心で神の悲しみと苦痛を慰めてあげるのであり、神の怨讐《おんしゅう》に対しては公的な敵愾心《てきがいしん》すなわち公憤心をもちながらも、神の真の愛を受け継いで涙ながらに怨讐を許すのである。普段はいつも温柔、謙遜《けんそん》の徳と温情にあふれる姿勢をもって、縦的、横的価値観を実践する。法道と愛の実践者であるので、他人に対しては最も優しく、自分に対しては最も厳しいのである。対人関係においては、愛と法道の統一を生活化する。法道のない愛は子供を惰弱《だじゃく》にし、愛のない法道は拘束感だけを与えるからである。これが心情教育によって形成される人格者の姿である。一言で表現すれば、人格者とは万人と万物に対して神の真の愛を実践する人である。

善民教育

善民とは性品が善なる国民であるという意味であって、規範教育において形成される人間の理想像である。規範教育は普通、学校でも行われるが、その基盤は家庭にある。家庭は宇宙秩序の縮小体であり、社会、国家、世界は家庭の秩序体系を拡大したものとなっている。したがって、家庭において規範教育をよく受けた人は、社会、国家、世界における規範生活をよく行うことができる。そのような人は、善なる家庭人でありながら、善なる社会人であり、善なる国家人であり、善なる世界人となるのである。すなわち、規範教育を通じて善なる家庭人となれば、社会、国家、世界など、どこにおいても、その時、その時の規範にふさわしく行動するようになるのである。

なお地上において善民として生活すれば、霊界に行っても同様に善なる霊界人となる。地上においても霊界においても、善なる生活をする善民を善なる天宙人という。家庭、社会、国家、世界、天宙における善民の生活がすなわち天国における生活である。

天才教育

主管教育によって形成される人間の理想像が天才である。天才とは創造性の豊かな人をいうが、人間は本来みな天才である。なぜならば人間はおよそ、神の創造性を与えられた創造的存在だからである。「天才」という言葉そのものが「天が与えた才能」という意味であり、神の創造性を受け継いだことを意味するのである。つまり人間は生まれた時から、可能性として神の創造性を与えられているのである。したがって先天的に欠陥をもって生まれた人を除けば、すべての人間は、与えられた創造性を一〇〇パーセント発揮すれば、天才となるのである。しかし創造性をそのごとくに発揮するためには教育が必要である。その教育が主管教育である。

先に述べたように、主管教育は心情教育と規範教育を基盤として並行して行われる。すなわち主管教育は均衡教育の一環として行われなくてはならない。そうするとき、初めて真の創造性が現れる。心情教育や規範教育が不十分であるか、全く行われないなら、創造性は十分に発揮されない。例えば音楽的な創造性をもった子供がいて、ピアノを習っているとしよう。ところが父母がいつも不和であって、子供に冷たくあたったり、虐待《ぎゃくたい》したりすることが多い場合には、その子は心情的に傷を受けながら学校に通うことになる。そうすると、ピアノを弾いても、手が思うように動かない。感情が不安な状態でピアノを弾くからである。そういう子供は、どんなに立派な音楽家としての創造性を可能性としてもっていても、不和な家庭環境のために、その創造性の発露が妨げられるのである。

人間には個性が与えられているから、創造性にも特性がある。ある人には音楽的な創造性が、ある人には数学的な創造性が、ある人には政治的な創造性が、またある人には事業的な創造性が与えられているのである。そして各人が自分に与えられた創造性を十分に発揮すれば、音楽の天才となり、数学の天才になり、政治の天才になり、企業経営の天才になるのである。すなわち各人は個性にかなった特有の天才になり得るのである。

しかし人間は堕落した環境に住んでいるために、神から授かった創造性を十分に発揮できなくなり、天才になりにくい状況になってしまった。現実は数万人に一人が天才になりうる程度であって、大部分の人間はみな凡才にとどまるしかないのである。これが、堕落した社会における主管教育の一つの断面である。

さらに天才教育において、霊界の協助を受けるようになる。ことに神を中心とした家庭を基盤として均衡教育を行えば、善霊たちが霊的に協助するために、子供の天才的素質はすみやかに発揮されるようになるのである。

四　従来の教育観

次に、従来の代表的な教育観の要点を紹介する。従来の教育観と統一教育論を比較することによって、統一教育論の歴史的な意義がさらに明瞭に示されるからである。

ギリシアの教育観（プラトンの教育観）

プラトン（Platōn, 427-347 B.C.）によれば、人間の魂には情欲的部分、気概的部分、理性的部分の三つの部分があるが、情欲的部分の徳を節制、気概的部分の徳を勇気、理性的部分の徳を知恵という。そして、この三つの徳を調和せしめるときに現れる徳を正義という。国家にはこの魂の三つの部分に対応する三つの階級がある。農・工・商の庶民は情欲的部分に対応する下級階級であり、軍人・官史は気概的部分に対応する中間階級であり、哲学者は理性的部分に対応する上層階級であるとされた。

善のイデアを認識した哲学者が国家を統治するとき、初めて理想国家が実現されるとプラトンは考えた。プラトンにおいて教育の目的は、人々をイデアの世界に導くことであった。それは少数の支配階級たる哲学者を養成する教育であった。理想的人間像は「愛智者（哲学者）」であり、同時に、心身が調和し、知恵、勇気、節制、正義の四徳を兼備した「調和的人間」であった。そして教育の究極的な目的は、善のイデアが実現した理想国家を実現することであった。

中世のキリスト教的教育観

ギリシア時代の教育が、社会に奉仕する善なる人間を目標としていたのに対して、中世のキリスト教社会においては、キリスト教を理想とする人間の育成を目標とした。神を愛し、神を敬い、隣人を愛する「宗教的人間」が理想的人間像であった。特に修道院において、そのような人間像を目指す厳格な教育がなされたが、それは純潔、清貧、服従を徳として、完全な霊的生活を営もうとする教育であった。すなわち、教育の目的はキリスト教的人間の育成であると同時に、来世の生活に対する準備であった。

ルネサンス時代の教育観

ルネサンス時代に入ると、服従や禁欲を徳とした神本主義の世界観を打ち破って、人間性の尊厳を重んずる人本主義の世界観が出現した。人本主義の教育観を代表するのがエラスムス（D. Erasmus, 1466-1515）であった。教育の目的は、本性的に自由人である人間をして、その人間性の完全な発達を遂げさせるということであり、個性的な、豊かな教養を身につけさせることを説いた。そして文学、美術、科学などの人文的教養を強調した。また、中世において無視されていた体育にも関心をもつようになった。ルネサンス時代の理想的人間像は心身が調和的に発達した「万能の教養人」であった。エラスムスの人間本性への復帰の思想は、コメニウスやルソーへと引き継がれていった。

コメニウスの教育観

コメニウス（J.A. Comenius, 1592-1670）において、人生の究極の理想は、神と一つになって来世において永遠の幸福を得ることであり、現世の生活はその準備であった。そのために人間は、(1)すべての事物を知り、(2)事物および自己を統御することを知る者となり、(3)神の似姿にならなくてはならないとして、知的教育、道徳的教育、宗教的教育の三教育の必要性を説いた。「あらゆる人にあらゆることがらを教える」ことが、コメニウスの教育論の主題であり、この教育思想は汎知主義（pansophia）といわれた。[1]

コメニウスは、教育によって達成される素質は本来、人間に内在するものであり、この内在する素質すなわち「自然」を引き出すことが、教育の役割であると考えた。コメニウスはまた、教育は本来、父母が責任をもつべきものであるが、それができない場合、父母に代わって学校が必要になるといった。

コメニウスによれば、理想的人間像は神と自然と人間に関する真なる知識のすべてを知った「汎知人」であり、教育の目的はすべてを知った実践的なキリスト者を育成し、キリスト教による世界の平和統一を実現するということであった。

ルソーの教育観

啓蒙時代の人物であるルソー（J.J. Rousseau, 1712-78）は『エミール』という教育小説を著し、「［人間は］万物をつくる者の手をはなれるとき、すべてはよいものであるが、人間の手にうつるとすべてが悪くなる」(2)と述べて、子供を自然のままに教育することを主張した。人間は本来、内在する「自然の善性」をもっているから、それをそのままの姿で開発すべきであるというのである。人間の自然能力の開発に対して妨害となる要因――既成の体系的文化や道徳的・宗教的観念の注入――を除去しながら、人間を自然のままに成長させていくというのが、ルソーの主張する教育である。ところが現実の堕落した社会において、自然のままの人間は社会には適応できない。しかし、理想的な共和制社会では自然のままの人間と社会の中の市民は両立すると考えて、社会人教育の必要性も説いた。

ルソーの教育観における理想的人間像は「自然人」であり、教育の目的は自然人を育成し、自然人が市民となる理想的な共和制社会を実現することであった。ルソーの教育観は、カント、ペスタロッチ、ヘルバルト、デューイなど受け継がれていった。

カントの教育観

カント（I. Kant, 1724-1804）は、「人間は教育されなくてはならない唯一の被造物である」[3]、「人間は、教育によってだけ人間になることができる」[4]といって、教育の重要性を説いた。教育の使命は、人間の自然的素質を調和的に発達せしめ、道徳律に従いつつ自由に行動しうる人間を養成することであった。そこにはルソーの影響があった。またカントは、教育は特定の社会に順応することを目標とするものではなくて、一般に人間そのものの完成を目標として、世界主義的でなくてはならないと主張した。

一方でカントは、人間の本性には根本悪があることを認めた。悪とは、道徳律を自己愛に従属させることによって成立するものであった。ゆえに内的な転換（回心）によって、道徳律を上位におかなくてはならないといい、義務がそうであることを命じているといった。道徳の尊重、科学への信頼、そして神への畏敬《いけい》がカントの教育観・人間観の特徴であった。カントにおいて理想的人間像は「善なる人」であり、教育の目的は世界主義的な人間性の完成であり、究極的には国際的な永久平和の確立であった。

ペスタロッチの教育観

ペスタロッチ（J.H. Pestalozzi, 1741-1827）は、ルソーの影響のもとに、「自然」に即した教育を主張し、人間に内在する高貴な素質である人間性を解放しようとした。単純なもの、純粋なものを基礎としながら、根本原理を直感することによって、人間は善の行いをするようになると彼は考えた。そして教育は家庭における母の愛から始まるとして、家庭教育が教育の基礎になると主張した。

ペスタロッチは人間性を構成するのに三つの根本力、すなわち精神力、心情力、技術力があるといい、それぞれ頭、心臓、手に相当すると考えた。そして精神力の教育が知識の教育であり、心情力の教育が道徳・宗教教育であり、技術力の教育が技術教育（体育を含む）であるとした。これらを統一する内的な力が愛である。愛は心情力の基本であり、道徳・宗教教育の推進力である。したがって道徳・宗教教育を中心として、この三つの教育は調和的に統一されると主張した。[5]

ペスタロッチの考えた理想的人間像は三つの根本となる力が調和的に発達した人間、すなわち「全人《ぜんじん》」であった。彼は愛と信仰を中心とした全人格的教育を主張したのである。教育の目的は、人間性を陶冶《とうや》し、道徳的・宗教的な国家社会を建設することであった。

フレーベルの教育観

ペスタロッチを信奉し、ペスタロッチの人間教育を体系的に構成したのがフレーベル（F. Fröbel, 1782-1852）であった。フレーベルによれば、自然と人間は神によって統一され、神の法則によって動いている。神性が万物の本性を形成しており、その本性を表現し、啓示し、発展させることが万物の使命である。したがって、人間は人間に内在する神性を生活の中に現さなくてはならないのであり、教育はそのような方向に導くものとなるのである。彼は、次のように述べている。「このような神的なものの表現こそ、まさにすべての教育、すべての生命の目的であると共に、努力の目標であり、同時に人間の唯一の使命なのである」(6)。

フレーベルは、特に幼児教育と家庭教育の重要性を強調した。幼児を自然のままに成長させる場所は家庭であり、教師は父母であるというのが、フレーベルの主張する教育の基本である。そしてペスタロッチと同様に、母の役割を強調した。また、家庭の教育を補うために幼稚園(Kindergarten)が必要であると主張し、幼稚園の創立者となった。

ルソーの唱えた善性をもつ「自然人」は、ペスタロッチに至ると高貴な人間性をもつ「全人《ぜんじん》」となったが、フレーベルにおいて、理想的人間像は「神性をもつ人間」となったのである。

ヘルバルトの教育観

ヘルバルト(J.F. Herbart, 1776-1841)は、教育学を科学的に体系化しようとしたが、その際、倫理学と心理学を基礎科学として取り入れようと試みた。すなわち倫理学を基礎として教育の目的を、心理学を基礎として教育の方法を打ち立てようとしたのである。

まずヘルバルトは、カントに倣って理想的人間像を「善なる人」とし、教育の目的を道徳的品性の陶治《とうや》であるとした。次に、心理学の立場から教育の方法を追求した。ヘルバルトは、人間の精神生活の基礎をなすものは「表象《ひょうしょう》」であり、表象の集合である「思想圏」(Gedankenkreis)を陶冶することによって、道徳的品性が陶冶されると考えた。つまり知識を教授し、それによって道徳的品性を形成しようとしたのである。

ヘルバルトは表象の形成にあたって、教えること、すなわち教授（Unterricht）の重要性を指摘し、教授の過程について説明した。ヘルバルトの理論をのちに修正したヘルバルト学派によれば、教授の過程は予備、提示、比較、総括、応用の五段階であった。

デューイの教育観

十九世紀の後半に、アメリカでは、行動を人生の中心におくプラグマティズムの人生観が生まれた。デューイ（J. Dewey, 1859-1952）は、知性は行動に役立つ道具であり、思考は人間が環境を統御する努力の過程で発展すると主張し、道具主義（instrumentalism）を唱えた。

デューイは、「教育は成長することと全く一体のものであり、それはそれ自体を越えるいかなる目的ももたない[7]」といい、あらかじめ提示されるような教育の目的を否定し、成長としての教育を主張した。教育とは、生活上の通信（communication）による伝達（transmission）であり[8]、「経験を絶え間なく再組織（reorganization）ないし改造（reconstruction）することである[9]」という。そして伝達は、直接、成人（教師）から子供にというのではなくて、環境という媒介物を通してなされなくてはならないと言った。このような教育によって社会は発展していくのである。デューイが意図したのは、社会の改造を目指す実践的な技術教育であった。デューイの教育観における理想的人間像は「行動的人間」であった。

共産主義の教育観

マルクスやレーニンは、資本主義社会の教育を次のように鋭く批判している。マルクスによれば、ブルジョア社会の教育政策は愚民化《ぐみん》政策であり、[10] 教師たちは企業家の致富《ちふ》のために児童の頭脳を加工する生産労働者である。[11] レーニンによれば、資本主義教育は「ブルジョアジーの階級的な支配の道具」[12]であり、「ブルジョアジーのために従順ですばしこい従僕《じゅうぼく》、資本の意志の執行者、資本の奴隷」[13]を育てることを引き受けているのである。

そのような資本主義社会の教育に対してレーニンは、社会主義社会では「学校はプロレタリアートの独裁の道具とならなければならない」[14]と主張し、教師は労働者大衆に共産主義の精神を植えつける軍隊とならなければならないといった。[15]

共産主義教育の目的は、「国民教育基本法」（一九七三年）の前文に次のように示されている。「ソ連邦の国民教育の目的は、マルクス・レーニン主義の思想で育てられ、ソビエト法と社会主義秩序の尊重、労働に対する共産主義的態度の精神で育てられた、高い教養をもち、全面的に発達した共産主義社会の積極的な建設者の育成である」[16]。すなわち教育の目的は、共産主義社会の建設に献身的な人間を育成することである。そして理想的人間像は「全面的に発達した人間」[17]である。

それでは共産主義教育は、いかなる内容をもっているのであろうか。まず個別的な技術教育に反対し、総合技術教育（ポリテフニズム）を重視する。そして総合技術教育は労働と結びつけてなされなければならないと主張する。さらに社会主義社会では個人と集団に利害の対立はなく、また集団を離れた個人はありえないとして、集団主義教育の必要性を主張する。総合技術教育を体系化したのがクルプスカヤ（N.K. Krupskaya, 1869-1939）であり、集団主義教育を体系化したのがマカレンコ（A.S. Makarenko, 1888-1939）であった。

民主主義の教育観

民主主義の教育理念とは、民主主義思想に基づいた教育の考え方であるが、民主主義教育観の形成に対して、デューイの教育観が二十世紀の前半を通じて大きな役割を演じた。ここでは第二次世界大戦後の民主主義の教育理念を代表するものとして、「アメリカ教育使節団報告書」から引用することにする。[18] まず民主主義とは何かについて、次のように述べている。

民主主義とは、宗旨《しゅうし》ではなく、人間の解放された力をあらゆる多様性の中で発揮できるようにするための有効な手段なのである。民主主義をもっとも良く理解するためには、それは、どんなに輝かしいものであれ、遥《はる》か彼方《かなた》の目標としてではなく、現存するすべての自由の浸透的な精神としてとらえなければならない。責任は、この自由の本質をなすものである。義務は、権利が互いに相殺することを防ぐ。分かれたる権利についてであれ、背負われる義務についてであれ、平等な取り扱いの吟味は、民主主義の根本なのである。[19]

そして民主主義教育について次のように述べている。

民主主義の生活に適応した教育制度は、個人の価値と尊厳との認識をその基本とするであろう。それは、各人の能力と適性に応じて、教育の機会を与えるよう組織されるであろう。教授の内容および方法を通じて、それは、学問の自由、批判的に分析する能力の訓練を大切にするであろう。それは、異なった発達段階にある生徒の能力の範囲内で、事実的知識についての広範な討論を奨励するであろう。これらの目的は、学校の仕事があらかじめ規定された教科過程や、各教科についてただ一つだけ認められた教科書に限定されていたのでは、遂げられることはできない。民主主義における教育の成功は、画一性や標準化によって測られることはできないのである。教育は個人を、社会の責任ある、協力的な一員となるよう準備しなければならない。[20]

民主主義の教育理念はこのような民主主義の原理を遵守しながら、そして自らの人格完成を目指しながら、他人の人格を尊重し、自己の責任と義務を果したうえで、自己の権利を主張する市民、すなわち民主的市民を養成することである。そして教育の目的は、人格の完成をなさしめ、社会の責任ある成員を育成することであり、民主主義教育の理想的人間像は「尊厳なる個人」である。

五　統一教育論から見た従来の教育観

それでは従来の教育論を統一思想の立場から評価してみよう。

プラトンは善のイデアを認識した哲学者を理想的人間像として、そのような哲学者が国家を統治すれば、理想国家が実現されると考えた。しかしギリシア時代において、国家を統治しうるような哲学者は現れず、また善のイデアは国家（ポリス）において実現されなかった。そしてヘレニズム時代に至ると、ポリスの崩壊とともにイデアの理想は崩壊してしまった。善のイデアの思想が漠然としていたからである。神が宇宙と人間を創造された目的が明らかにされない限り、善の基準を定めることはできず、したがってその理想を実現することはできないのである。

中世のキリスト教は神を愛し、隣人を愛する人間となるように教育するとしていたが、その愛とはアガペー的な愛であって、十字架上のイエスの犠牲の愛であった。しかしなぜ神の愛はそのような犠牲の愛でなければならないのか、そしていったい、人間はなぜ愛さなければならないのか、明らかにされていなかった。したがってそのようなキリスト教の教育観では、人間性に目覚めた近代人を確信をもって導くことは難しかったのである。

ルネサンス時代の教育は抑圧されてきた人間性を解放した点においては高く評価されるが、十六世紀の中ごろからは、古典を学習することに限られ、教育は形式化していった。また人間中心に偏ったために、被教育者は次第に宗教的な道徳性を失っていった。

コメニウスは人間の内在する素質（自然）を引き出すことが教育の役割であるといったが、その内在する素質とはいかなるものか、明確ではなかった。また真なる知識を得れば、それがそのまま徳と信仰につながるという汎知主義には問題がある。統一思想から見れば、真の知識教育は心情教育と規範教育を基盤として初めて成立するからである。しかしコメニウスの主張した三つの教育は統一教育論の心情教育、規範教育、主管教育に通じるものであるといえよう。

ルソーも人間を自然のままに成長させることを主張したが、ルソーのいう人間の「自然」も曖《あい》昧《まい》であった。人間の性質を無条件に善と規定したところも問題である。神の心情（愛）を中心とした心情教育と規範教育を施さなければ、いかに自然のままに育てるといっても、本来の人間の姿に成長させることは不可能である。

カントは道徳教育に重点を置いたが、その道徳教育には確固たる基盤がなかった。道徳の基盤となるべき神は要請されるだけの存在にすぎず、実在しているかどうか曖昧だったからである。またカントにおいては個人的規範としての道徳のみが問題にされているが、それだけでは不十分である。人間相互の規範としての倫理も重要だからである。

ペスタロッチは知識教育、道徳・宗教教育、技術教育の三つが愛によって統一されなくてはならないと主張したが、これは統一思想のいう心情教育を基盤とした規範教育、主管教育の考え方と似ている（ペスタロッチの知識教育と技術教育は統一思想の主管教育に相当し、道徳・宗教教育は規範教育に相当する）。また全人格的教育という考え方も、家庭が教育の基礎であるという考え方も、統一教育論と一致している。しかし、教育の目的が三大祝福の完成にあるということが明確にされていなかった。また道徳・宗教教育の根拠となる神に関する理解が十分でなかった。そのために、ペスタロッチの教育理念も確固たるものとなりえなかったのである。

ペスタロッチの教育論を継承したフレーベルに対しても、同様なことがいえよう。フレーベルは理想的人間像を「神性をもつ人間」としたが、これは神に似るように人間を成長せしめることが教育の本質であるとする統一教育論の立場と全く一致している。

ヘルバルトは観念（表象）とその相互関係が、感情や意志などのあらゆる精神活動を起こす根源であると考えて、思想圏を陶冶《とうや》することによって道徳的品性が実現されると主張した。しかし統一思想から見るとき、思想の陶冶によって道徳性が実現されるのではない。心情（愛）を中心として、善の価値を追求し、規範を守ることによって、道徳性が実現されるのである。

デューイは教育に目的を認めず、ただ成長と進歩を強調した。しかし目的が明確に設定されないまま、成長や進歩を主張しても、人間の本性の疎外や社会問題は解決されない。実際、科学文明の発達とともに、今日、デューイの教育法が実施された当のアメリカ社会では、多くの社会的な病弊《びょうへい》が生まれてきたのである。デューイの目指した実践的な技術教育は、心情教育と規範教育に裏づけられない限り、健全な人間と社会を形成することはできないのである。

マルクス・レーニン主義のいう「ブルジョアジーの階級的支配の道具」としての資本主義教育や、「プロレタリアートの独裁の道具」としての共産主義教育は、階級闘争という面から社会を見つめた教育観にすぎない。唯物弁証法や唯物史観が間違っている以上は、この理論の上に立てられた共産主義の教育観も間違っているのである。また、マルクス・レーニン主義は「全面的に発達した人間」を目指すと主張したが、それは知情意の機能が均衡的に発達した人格をいうのではなくて、いかなる労働でもなしうるように、労働者の労働の能力を全面的に発達せしめることを意味していた。また労働と結びついた総合技術教育を主張したが、労働に重点を置いた教育であるために、総合技術教育は単なる労働技能の教育になってしまった。また集団主義教育は個性の尊厳性と人間の自由を抑圧する結果をもたらした。

終わりに、民主主義教育は個人の価値と尊厳を基本としたものであるが、個人の権利を尊重するあまり個人主義、利己主義の風潮を生んだ。また人道主義に基づいて人間性を主張しているので価値観が相対的になった。その結果、社会の混乱が不可避となった。神の絶対的愛に基づいた心情教育と規範教育がなされるとき、初めて個人の価値と尊厳性が確固たるものとなり、社会の調和と秩序が保たれるのである。

第六章　倫理論

今日の世界を見るとき、最も慨嘆《がいたん》すべきことは道徳観念、倫理観念が急速に消え失せつつあるという事実である。それと同時に反道徳的な考え方が急速に増大し、人間が考えることは、いかなることを行っても構わないというような考え方が蔓延《まんえん》している。その結果、各種の社会犯罪が続出し、秩序は乱れ、社会は大混乱の渦の中に陥っているのである。このような社会混乱の原因の一つは、人間の思考方式が物質主義に流れたことであり、もう一つは従来の価値観と倫理観の崩壊にある。そこで今日の社会の大混乱を収拾して社会秩序を正しく立てるためには、新しい倫理観が樹立され、提示されなくてはならないのである。

また未来社会に対備するために新しい倫理論が要請される。未来社会は神の愛を中心として真善美の価値が実現される社会であり、真実と芸術と倫理が渾然《こんぜん》一体となった、永遠なる愛の世界である。したがって未来社会は真実社会であると同時に、芸術社会であり、倫理社会である。

倫理社会は善を実践する善なる人たちが住む社会である。善を実践する社会を実現するためには、新しい倫理論が樹立されなければならない。すなわち既存の価値観の欠点を補いながら新しい倫理観を代案として提示し、混乱した倫理観を正すと同時に、新しい倫理生活を示すことのできる理論体系が求められる。

未来の倫理社会とは、全人類が神を父母として侍る中で互いに兄弟姉妹の関係を結んで生きる社会であり、神の愛を中心として人間が互いに愛し合う社会である。そのような社会において、愛の実践方案となるのが倫理論である。一方、人間は地上世界と霊界の和動の中心となるために、倫理社会は地上世界だけでなく霊界まで含んだ倫理社会である。したがって新しい倫理論の提示する規範は、地上世界の混乱を解決するだけでなく、霊界の混乱までも解決しうるようになるのである。こうした役割を果たすために立てられたのが本統一倫理論である。

一 統一倫理論の原理的根拠

統一原理の中に、本倫理論が成立する三つの根拠がある。第一は、神の真の愛であり、第二は、家庭的四位基台の理論であり、第三は、三対象目的の概念である。これらに関してさらに具体的に説明することにする。

第一の原理的根拠は神の愛である。愛の主体である神は、その愛の実体対象として人間を創造し、人間が完成したあと、神の心情と愛を相続し、日常生活を通じて愛を実践するようにされたのである。

神の愛は真善美の価値の基盤となる。真善美にそれぞれ対応する学問である教育論、倫理論、芸術論の成立の根拠も神の愛である。特に倫理論においてはそうである。それゆえ神の真の愛は倫理論の成立において究極的な根拠となるのである。

原理的根拠の第二は家庭的四位基台である。神の愛が完全に実現するためには家庭的四位基台が必要となる。ゆえに神の愛は、現実的には家庭的四位基台（神、父、母、子女の四位置）を通じて分性的愛（分性愛）として、すなわち父母の愛、夫婦の愛、子女の愛として現れる。ところで神を中心として見るとき、父母や夫婦や子女はみな神の対象となる。父母は神の第一の対象となり、夫婦は神の第二の対象となり、子女は神の第三の対象となる。それゆえ神を中心とした、父母の愛、夫婦の愛、子女の愛を合わせて三対象の愛というのである。それゆえ本倫理論は、家庭内の四つの位置を中心とした愛の関係を全面的に扱うことになる。

原理的根拠の第三は、三対象目的である。完成した男性と女性が神を中心として夫婦となり、互いに愛し合うとき[1]、神に似た子女が生まれる。そのとき、神を中心として父（夫）と母（妻）と子女の四つの位置において家庭的四位基台が形成される。そして祖父母がいれば、祖父母は家庭において神を代身する立場に立つのであり、祖父母を中心とした父と母と子女によって家庭的四位基台が形成されるのである。

祖父母を中心とした家庭的四位基台において、各々の位置は三つの対象に対するようになる。すなわち祖父母は父、母、子女を、父は祖父母、母（妻）、子女を、母は祖父母、父（夫）、子女を、子女は祖父母、父、母を対象として対するのである。そのように家庭的四位基台の四つの位置はそれぞれ三対象に対するようになるのであるが、家庭における人間の被造目的は、この三対象に対することによって（愛することによって）実現されるのである。そのときの創造目的（被造目的）を三対象目的という。したがって、四位基台の各位置において三対象を愛するとき、三対象目的が達成されるようになる。(2)

三対象目的の実現は、三つの対象に向かって神の愛を実現するということである。神の愛は絶対的愛であるが、家庭的四位基台における位置と方向性に応じて、分性化（分離）されて分性的愛（分離愛ともいう）として現れる。分性的愛は、基本的には父母の愛、夫婦の愛、子女の愛の三種類の愛、すなわち三対象の愛である（すでに述べたように、三対象とは、神の第一対象である父母、第二対象である夫婦、第三対象である子女を意味する）。

父母の愛は、父母から子女に向かう下向性の愛（下向愛）であり、夫婦の愛は、夫婦間の横的な愛（横的愛）であり、子女の愛は、子女から父母に向かう上向性の愛（上向愛）である。ところでこのような分性的な愛と同時に、家庭的四位基台の四つの位置においてそれぞれ三対象に相対する愛があるために、正確にいえば、愛には十二の方向性がある。その結果、家庭愛には、ニュアンスの異なるいろいろな愛が現れるのである。そして、それぞれの愛の実現に際して、それぞれにふさわしい徳目が必要になるのである。

以上のことを要約すれば、次のようになる。神の創造理想とは、人間が家庭を通じて神の愛を実現することであり、家庭的四位基台を完成することである。したがって統一倫理論の目的は、家庭的四位基台を基盤とする愛の徳目を扱うことにある。

二　倫理と道徳

倫理と道徳の定義

家庭における各構成員は、個人すなわち個性真理体として、内部に心と体または生心と肉心の授受作用による四位基台を形成している。それが内的四位基台である。そして家族構成員相互間にも、授受作用によって四位基台が形成されるが、それが外的四位基台である。

生心と肉心の授受作用によって内的四位基台が形成されるとき、生心が主体、肉心が対象である。しかし人間始祖の堕落以後、生心と肉心の関係が逆転してしまった。すなわち肉心が主体となり、生心を支配するようになった。そして肉心の目指す衣食住と性の生活の営みが先次的になり、生心による価値生活は二次的になってしまった。したがって、生心と肉心の関係を元に戻す努力が今日まで続けられてきたのである。聖賢たちによって強調されてきた修道生活、人格陶冶《とうや》などがそれである。これは個人の完成のための努力であるが、また一方では、家庭の完成、すなわち家庭的四位基台の完成のための努力も、歴史を通じて、たゆみなく続けられてきたのである。

ここで、倫理と道徳に関して定義してみよう。倫理とは、家庭において家庭の構成員が守るべき行為の規範である。すなわち家庭を基盤とする人間行為の規範であり、家庭における愛を中心とした授受法に従う人間行為の規範であり、家庭的四位基台を形成するときの規範である。したがって倫理は、連体としての規範であると同時に、第二祝福である家庭完成のための規範でもある。

それに対して道徳とは、個人が守るべき行為の規範である。すなわち、個人生活における人間行為の規範であり、個人の内面生活における心情を中心とした授受法に従う行為の規範であり、個体的四位基台を形成するときの規範である。したがって道徳は、個性真理体としての規範であると同時に、第一祝福である個性完成のための規範である。したがって、倫理が客観的な規範であるのに対して、道徳は主観的な規範なのである。

倫理と秩序

家庭的四位基台の一定の位置で、一定の目標に向かった行為——三方向（三対象）に向かう行為——の規範が倫理である。そのとき、行為の内容はもちろん愛である。したがって、倫理は愛の位置すなわち秩序において成立する。言い換えれば、倫理は秩序を離れては立てることができない。ところが今日、家庭において、父母と子女間の秩序、夫婦間の秩序、兄弟姉妹間の秩序が軽視ないしは無視され、家庭における秩序が乱れている。そして、それが社会秩序の崩壊の主要な原因となっている。本来、社会の秩序体系の基礎であるはずの家庭が、今日では社会の秩序崩壊の始発点となってしまったのである。

愛の秩序は、性の秩序と密接な関係にある。したがって倫理は、愛の秩序であると同時に、性の秩序でもある。性の秩序とは、性的結合の秩序、すなわち男女間の秩序をいう。父母と子供夫婦の間に秩序があるのはもちろん、兄夫婦と弟夫婦の間にも秩序がなくてはならない。すなわち、弟は兄嫁を性的に愛してはいけないし、兄は弟の嫁を性的に愛してはならないのである。

ところが今日に至り、性の秩序が著しく崩壊し、男女の不倫な性関係はますます加速されているのである。このような性の秩序の破壊をもたらした原因の一つは、既存の価値観の崩壊によって形成された動物的人間観のためであり、他の一つは、官能的な性文化を助長する一部のマスコミのためである。そのために性の神聖性は失われ、性の退廃状態は今日、とても目を開けて見ることのできないところにまで至ったのである。

これはあたかも、エデンの園において、エバが天使長に誘惑されて、天使長と不倫なる関係を結ぶことによって、愛の秩序とともに性の秩序を破壊するようになった状態と、まさに同じである。家庭を本来の姿に戻すためには、新しい価値観が要請される。それは、愛の秩序と性の秩序を確立することのできるものでなくてはならない。統一倫理論が提示される理由がここにある。

倫理・道徳と天道

人間は、宇宙を構成する要素を総合した実体相であり、宇宙を縮小した小宇宙であるが、家庭は宇宙の秩序体系を縮小した小宇宙体系である。宇宙を貫いている法則が天道であるが、それを理法ともいう。したがって家庭の規範すなわち倫理は、宇宙の法則（理法）が縮小して現れたものである。それゆえ家庭倫理は、まさに天道なのである。

宇宙には、例えば太陽系の場合、月—地球—太陽—銀河系の中心—宇宙の中心という縦的秩序と、太陽系における太陽を中心とした、水星—金星—地球—火星—木星—土星—天王星—海王星—冥王星《めいおう》という横的秩序があるように、家庭にも、孫—子女—父母—祖父母—曾《そう》祖父母と連なる縦的秩序と、兄弟姉妹のような横的秩序がある。そしてそのような秩序に対応するのが、祖父母や父母の子女に対する慈愛、子女の父母や祖父母に対する孝誠・孝行などの縦的な徳目であり、夫婦の和愛、兄弟の友愛、姉妹愛などのような横的な徳目である。

すでに述べたように、倫理は連体として家族相互間に守るべき規範であるのに対して、道徳は家庭において個人が個性真理体として守るべき規範であるが、道徳も天道すなわち宇宙の法則に似たものである。宇宙内のすべての天体（個体）は、一定の位置において必ず内的四位基台を形成している。すなわち、その内部の主体と対象の間において、必ず円満な授受作用が行われている。それと同じように、人間も個人として一定の位置において、必ず内的に生心と肉心の間に円満な授受作用が行われ、内的四位基台が形成されなければならないのである。このような内的四位基台を形成する際の行為の規範が道徳である。ゆえに、道徳も天道である。この内的な授受作用は、神の心情または創造目的を中心とした授受作用であるのはもちろんである。道徳上の徳目は、純真、正直、正義、節制、勇気、知恵、克己、忍耐、自立、自助、自主、公正、勤勉、浄潔《じょうけつ》などである。

家庭倫理の拡大適用としての社会倫理

統一思想から見るとき、社会における人間関係は、家庭における家族関係がそのまま拡大されたものである。例えば年長者と年少者がいて、その年齢の差が三十歳またはそれ以上の場合、年長者は年少者を子女のように愛し、年少者は年長者を父母のように尊敬しなければならない。また年齢の差が十歳以内の場合、年長者は年少者を弟や妹のように愛し、年少者は年長者を兄や姉のように尊敬しなければならないのである。

そのように見るとき、家庭倫理はすべての倫理の基礎になるものである。家庭倫理を社会に適用すれば社会倫理となり、企業に適用すれば企業倫理となり、国家に適用すれば国家倫理となるのである。そこで、次のような徳目または価値観が成立する。

国家において、大統領や政府は父母の立場で国民を愛し、善なる政治を行い、国民は大統領や政府を父母のように尊敬しなくてはならない。学校において、先生は父母のような立場ですべての真心を注いで学生を教え、学生は先生を父母のように尊敬しなくてはならない。社会において、年長者は年少者を愛護し、年少者は年長者を尊敬しなくてはならない。会社において、上司は部下をよく指導し、部下は上司に従わなくてはならない。これらは、家庭における縦的な価値観(徳目)が拡大適用されたものである。

家庭における兄弟姉妹の愛の範囲が、同僚、隣人、社会、国家、世界へと拡大されるとき、その愛は、和解、寛容、義理、信義、礼儀、謙譲《けんじょう》、憐憫《れんびん》、協助、奉仕、同情などの横的な価値観(徳目)として現れるのである。

ところが今日、社会も国家も世界も大混乱状態に陥り、どうにも収拾できないでいる。このように混乱状態が継続する根本原因は、社会倫理、国家倫理の基礎となる家庭倫理がすたれているからである。したがって、混乱状態に陥った今日の社会を救う道は、新しい家庭倫理すなわち新しい倫理観を確立することである。そうすることによってのみ、家庭を破綻《はたん》から救うと同時に、世界を混乱から救うことができるのである。

資本主義社会が形成されてから約二百年になるが、その間、常に問題となったのが階級的搾取《さくしゅ》と抑圧の問題であり、労資間の紛争の問題であった。マルクスやレーニンのような共産主義者たちが現れたのも、この問題を根本的に解決するためであった。彼らは暴力革命によってこの問題を解決しようとしたが、その結果は完全な失敗であった。そればかりでなく、共産主義それ自体が地上から消滅するに至った。搾取や抑圧の問題、労資問題の根本的な解決は、家庭倫理に基づいた企業倫理が確立する時にのみ可能なのである。これが統一倫理論の立場である。

三　秩序と平等

今日までの秩序と平等

近代以後、民主主義は中世以来の身分制度とその身分制度に伴った特権を廃止し、法の前での平等と政治参加における平等、すなわち普通選挙制度を実現したのであった。しかし、法の前での平等が実現されても経済的な平等は実現されず、階級間の貧富の差はさらに開いていった。この貧富の格差が解消されない限り、法の前での平等は名目上の平等であるだけで、実質的な平等にはなれないのである。そこでマルクスは、経済的な平等を実現しようとして、私有財産の廃止による無階級社会の共産主義を唱えたのである。しかしロシア革命後、七十余年間、共産主義を実践してみた結果、新たな特権階級の出現によって、新たな形態の貧富の格差が生まれたのであった。そのように人間は、歴史が始まってから今日まで平等を求めてきたのであるが、いまだに真の平等は実現されていないのである。

民主主義世界において、平等といえば権利の平等を意味するのであり、権利の平等が民主主義の基本原理の一つになっているのは周知の事実である。ところで、このような意味の平等の概念は、一般的に秩序の概念と相反する関係にあるように思われている。すなわち、平等を強調すれば秩序が無視されがちであり、秩序の確立を強調すれば平等が無視されやすいのである。これが、今日までの秩序と平等に関する一般的な見解であった。

ここに、秩序と平等という問題が提起される。すべての人間が権利において完全に平等であるとするならば、治める者と治められる者という差を認めないということになり、社会は無政府の無秩序状態となってしまう。また一方で、秩序を重んじれば平等がそこなわれることになる。そこで人間が本心から求めている真の平等は何かということ、そして秩序と平等の問題をいかに解決すべきかということを考えてみなければならない。

原理的な秩序と平等

統一思想から見るとき、原理的な平等は愛の平等であり、人格の平等である。なぜならば人間が真に求める平等とは、父なる神の愛のもとでの子女の平等であるからである。それは太陽の光が万物を等しく照らすように、神の愛が万民に等しく与えられる平等である。したがって原理的な平等とは、主体である神によって与えられる平等であって、対象である人間が気ままに得ようとする平等ではない。

神の愛は、家庭において秩序を通じて分性的に現れる。したがって愛の平等は、秩序を通じた平等である。秩序を通じた愛の平等とは、愛の充満度の平等である。すなわち、すべての個人の位置と個性に合うように、愛が充満するときに与えられる平等が愛の平等である。愛の充満とは、満足であり、喜びであり、感謝である。したがって原理的な平等は、満足の平等であり、喜びの平等であり、感謝の平等である。

このような神の愛の充満は、人間が完全な対象意識――神に侍る心、神に感謝する心――をもつとき、初めて感じるようになる。対象意識をもたない限り、いかに神の愛が大きくても充足感を感じることはできず、不満をもつようになるのである。

ところで、先に述べた「権利の平等」における権利とは、ロックの自然権（生命、自由、財産を守るための権利）をはじめとして、フランス革命の時の「人権宣言」（一七八九年）、米国の「独立宣言」（一七七六年）、国連総会において採択された「世界人権宣言」（一九四八年）などに見られるように、自然権をいうのであるが、ここでは職位上の権利と平等の問題を考えてみることにする。職位には必ず職責と義務が与えられると同時に、それぞれの職位にふさわしい権利が与えられるために、当然のことながら職位上の権利は平等ではありえない。しかし本然の世界においては、このような職位上の権利の差異にもかかわらず、そこに差異を超えた平等の側面があるはずである。それがまさに愛の平等、人格の平等、満足の平等なのである。

ここで、男女の平等に関して考えてみよう。有史以来、女性は男性に比べて、地位、権利、機会などの面において、常に劣っていたばかりでなく、男性の支配を受けてきたのである。今日、女性たちがそのことを意識的に自覚し、男性と同等の権利を要求し始めたのであるが、女性解放運動という名のもとで、この運動が始まったのはフランス革命の時からである。民主主義の基本理念は自然権（生命、自由、財産に対する権利）の平等であるために、民主主義の革命とともに、女性の自然権の平等に対する主張は、極めて合理的なもののように思われたのである。

この運動はその後、様々な社会運動と表裏一体となって、うまずたゆまず展開されてきたのであるが、第二次世界大戦後からは、女性解放運動の要求が、全面的に自由国家の法律に反映されるようになった。その主なものは地位の平等、権利の平等、機会の平等であった。このような女性の平等への要求を法律によって保障したのは、共産主義国家においても同じであった。

そして一九六〇年後半から女性解放問題が新たな高まりを見せた。男女の平等は法律上において保障されただけで、実際には部分的に実施されただけであり、多くの領域においては、依然として男女の不平等関係が続けられていたからである。

ところが法律的に男女の平等が保障された結果、男女が権利において同等であるという考え方が広がり、夫婦間の不和が日常茶飯事になった。その結果、様々な悲劇と家庭の破綻《はたん》が頻繁《ひんぱん》に起こるようになった。その理由は何であろうか。

それは権利に関する限り、基本的に完全な男女平等はありえないからである。そして権利とは、使命を遂行するための要件であるからである。生理的に男女は使命が異なっている。男性における筋肉の発達、臀部《でんぶ》が締まっていること、広がった肩などは、男性の使命が対外的で力強い活動にあることを示しているのであり、女性における、か弱い筋肉、臀部や乳房の発達、狭い肩などは、女性の使命が家庭における出産と養育にあることを示している。このような生理的条件を無視し、権利の平等を主張することは、男女の使命の同一性を主張することと同じになるので、ありえないことである。男性が女性の出産と授乳の役割をすることができないように、女性も男性の役割である力のいる仕事をすることはできないのである。それはあたかも、「鵜《う》のまねをする烏《からす》は水におぼれる」という、例えと同じである。

それでは、男女間（夫婦）に平等は成立しえないのであろうか。そうではない。男女（夫婦）の間にも平等は必要ではあるが、それは権利の平等ではなく、愛の平等であり、人格の平等であり、喜びの平等である。夫婦が神の愛を授け受けるとき、差別感や不平等感は消えて、同位圏に立っていることを自覚すると同時に、十分なる喜びを感じるようになるのである。

ここで、地位の平等について述べる。女性は、男性と同様に社会的地位を享受《きょうじゅ》できるということである。女性として学校の校長にもなれるし、会社の社長にもなることができる。しかし、これは男女の同等権のためではない。学校や会社は家庭の拡大型であるために、家庭において、母が父を代身して家長の仕事をすることができるのと同様に、会社においても、女性が会社の母として社長にもなれるし、学校においても、女性が学校の母として校長となることができるのである。

特に世界平和の実現のためには、むしろ女性が先頭に立つことが望ましいのである。なぜならば、家庭における平和の主役は母であるからである。言い換えれば、真の世界平和を実現するためには、強く攻撃的なことに適した男性よりも、体質的に平和なことに適した女性たちが先頭に立つことが必要ですらあるのである。以上、男女平等について、原理的な見解を明らかにした。

四　統一倫理論から見た従来の倫理観

最後に、既存の倫理観の中で、近代を代表するものとしてカントとベンサムの倫理観を、また現代を代表するものとして分析哲学とプラグマティズムの倫理観の要点を紹介し、統一思想の立場からその内容を検討してみることにする。

(一)　カント

カントの倫理観

カント（I. Kant, 1724-1804）は『実践理性批判』において、真の道徳律は「何かの目的を実現するためには何々すべし」という仮言命法（Hypothetischer Imperativ）であってはならず、無条件に「何々すべし」という定言命法（Kategorisher Imperativ）でなければならないと主張した。例えば「立派な人だといわれるために正直にせよ」というのではなく、「正直であれ」という無条件的な命令でなくてはならないという。定言命法は実践理性によって立てられるものであるが、それがわれわれの意志に命令を与えるのである（このような実践理性を「立法者」という）。この実践理性の命令を受けた意志が善意志である。そして善意志が行動を促すのである。

カントは、道徳の根本法則を次のようにいい表した。「汝《なんじ》の意志の格率《かくりつ》が、いつでも同時に普遍的立法の原理として妥当するように行為せよ」(3)。ここで格率（Maxime）とは、個々人が主観的に決める実践の原則をいうのであり、そのような主観的な原理（格率）が普遍性を帯びるような立場において行為せよということであった。カントは、あたかも自然法則のように、矛盾なく普遍的に妥当するものを善とし、そうでないものを悪としたのである。

カントは、人間の内なる道徳律は義務の声としてわれわれに迫ってくるといった。「義務よ！君の崇高にして偉大なる名よ。この名を帯びる君は、媚《こ》び諂《へつら》って諸人《もろびと》に好かれるものを何ひとつ持合わせていないのに、ひたすら服従を要求する。……おのずと人の心に入り来たり、いやでも敬意を獲ち得るような法則を打ち立てるだけである」(4)。カントの主張した道徳は、義務の道徳であった。

カントはまた、善意志が何ものによっても規定されないためには、自由が要請されなければならず、不完全な人間が完全に善を実現しようとする限り、霊魂の不滅が要請されなければならず、また完全なる善すなわち最高善を追求するとき、それが幸福と一致することが可能になるためには、神の存在が要請されなければならないといった。このようにしてカントは霊魂の存在と神の存在を実践理性の要請（Postulat）として認めたのである。

統一思想から見たカントの倫理観

カントは純粋理性（理論理性）と実践理性を区別した。純粋理性とは認識のための理性であり、実践理性とは意志を規定し行為へと導く理性である。ここに純粋理性と実践理性を分離したことによって、定言命法による行為がなぜ善なのかという問題が生じざるをえない。ある行為が善かどうかを決定しなければならない場合、その行為の結果を確認しなければならないからである。ところがカントは、結果がいかなるものにせよ、「何々すべし」という定言命法に従った行為であれば善だというのである。

Aという人が道で苦しんでいるBという人に出会ったとする。そこで「Bを助けよ」という内面からの定言命法に従って、AはBを病院に連れていこうとしたとする。ところがBは人の世話になることを願わない人であるかもしれない。するとBは助けを断って、一人で病院に行こうとするであろう。しかしAは実践理性の下した定言命法に従ったのだから、それによって満足するであろう。そのときAの行為はAには無条件に善になるであろうが、Bには有り難迷惑であって善とは感じられないのである。

そのように、結果を確認しないで動機だけ良ければそれで足りるとするのがカントの立場であって、それは常識的な善の概念に合わないのである。これはカントが純粋理性と実践理性を、すなわち認識と実践を分離したために生じたアポリア（難点）である。実際は純粋理性と実践理性は二つに分かれたものではない。理性は一つであって、その一つの理性に従って結果を確認しながら行為するのが、実際のあり方なのである。

またカントの道徳律において、主観的な格率を普遍化させる場合、その基準は何か、そしていかにしてそのような普遍化が可能になるかということも問題となる。またカントは一方で、すべての人々が完全に道徳的になれば、それによって幸福が実現されるであろうといいながら、他方では、幸福を目的とする行為は仮言的だから善とはいえないという。人間が幸福を求めていることを知りながら、幸福を目的として行動してはならないというのである。そして彼は神を要請して、完全に善を行えばその状態が幸福であろうという。

このようなカントのいろいろな問題点は、すべてカントが神の創造目的が分からなかったことに起因している。彼は、目的といえば、無条件に自愛的、利己的なものであると考えたのである。統一思想から見れば、創造目的には全体目的と個体目的があるのであって、人間は本来、全体目的を先に立てながら個体目的を追求するようになっている。ところが彼は、目的というとき、もっぱら個体目的だけを考えたのである。その結果、彼はすべての目的を否定してしまい、その道徳律は基準が曖昧《あいまい》なものとなってしまったのである。

さらにカントは、一方では、道徳律が成立するためには霊魂の不滅と神の存在が要請されなければならないと主張したが、他方では、『純粋理性批判』において明らかにしているように、神や霊魂には感性的内容がないから、その認識は不可能であるといって、それらを排除したのである。そこにカント哲学のアポリアがあった。カントは神を要請するといったが、それは仮定的な神であって、真の神や実在する神ではないために、決してわれわれが信じ、頼ることのできる神ではなかったのである。

そしてカントは、実践理性に基づく義務感だけを善の基準と見なした。しかしながら、義務それ自体は冷たいものであるので、カントのいう善の世界は冷たい義務の世界、冷え冷えとした規律だけを守らなくてはならない兵営のような世界であった。統一思想から見れば、義務や規律はそれ自体で目的とはなりえない。目的は真なる愛を実現することにあるのであり、義務や規律は真なる愛を実践するための方便にすぎないからである。

(二) ベンサム

ベンサムの倫理観

ベンサム（J. Bentham, 1748-1832）の善悪観は次のような前提から出発した。「自然は人類を苦痛と快楽という、二人の主権者の支配のもとにおいてきた。われわれが何をしなければならないかということを指示し、またわれわれが何をするであろうかということを決定するのは、ただ苦痛と快楽だけである」[5]。この前提において、ベンサムは快楽（pleasure）と苦痛（pain）を善悪の基準とする「功利性の原理」（principle of utility）を唱えた。

　ベンサムは快楽と苦痛を量的に計算して、最も多くの快楽をもたらす行為が善であると見て、「最大多数の最大幸福」（the greatest happiness of the greatest number）をその原理とした。彼は人間に快楽と苦痛をもたらすものとして、「四つの区別される源泉があり、それらは……物理的、政治的、道徳的および宗教的源泉と名づけられている」[6]という。その中でも、最も根本的なものを物理的な源泉であるとしている。それは、物理的な快楽と苦痛が客観的に計算できるからである。彼は、できるだけ多くの人々が均等に物質的な富を得ることが最も望ましいと考えた。

カントは、目的とか物質的利益にとらわれない純粋な善を主張したが、ベンサムは、善の行いは人間に最大の幸福をもたらすものでなければならないと主張し、特に物質的な幸福を追求することを積極的に肯定する立場を取った。彼の思想は、イギリスの産業革命をその背景とするものであった。

彼の思想は、社会主義運動家、ロバート・オーエン（R. Owen, 1771-1858）らに影響を与えた。オーエンは、ベンサムの説いた「最大多数の最大幸福」を自らの思想の基準とし、またフランスの啓蒙主義思想と唯物論の影響を受けて環境の改善運動を展開した。人間は環境の産物であるから、環境を良くすれば人間の性格は善良になり、幸福な社会が実現すると考えたのである。そしてその理想を実現するために、アメリカのインディアナ州に「ニュー・ハーモニー平等村」を建設したのであるが、彼の努力は仲間同士の内部分裂によって失敗してしまった。

そのような社会主義運動の影響のもとで、功利主義者たちは社会改革の運動を展開した。すなわち選挙法の改正、貧民法の改正、訴訟手続きの簡素化、穀物条例の廃止、植民地の奴隷解放、参政権の拡大、労働者の生活条件の改善などの運動を推進し、資本主義社会の矛盾の改革に大きく寄与したのである。

統一思想から見たベンサムの倫理観

ベンサムはカントが主張したような義務としての善でなくて、善の行いそれ自体が人間に幸福を与えるものでなくてはならないと主張したが、その点に関する限り統一思想と一致していると見ることができる。しかし幸福を物質的な快楽にあると見る彼の見解は、統一思想とは異なる。物質的な快楽によっては、人間の真の幸福は実現できないからである。実際、今日、先進国では多くの人々が物質的繁栄を享受するようになったが、自ら幸福であると自認する人はそれほど多くないのである。なぜならば物質的繁栄とともに、社会混乱と各種の犯罪が増大しており、そのために多くの人々は苦しみに直面しているからである。これは、功利主義によっては真の幸福は実現できないということを証明する事実である。

統一思想から見る場合、ベンサムの思想は環境復帰のためのものであったということができる。理想社会の実現のためには、人間復帰とともに、環境復帰がなされなくてはならない。だから摂理的に見るとき、再臨の時が近づくにつれて、このような思想が現れるのは必然的なことである。ベンサムとは対照的に、カントの場合は人間復帰のための思想であったといえよう。

すでに指摘したように、功利主義思想は不十分なものであり、人間の幸福を実現することはできなかった。その後に現れた共産主義も環境復帰のための思想であった。ところが、共産主義は暴力革命という間違った方向に行ってしまった。その結果、幸福な社会を実現するどころか、かえってより悲惨な社会をつくってしまったのである。人間の真の幸福は、精神的幸福と物質的幸福が統一したものとならなければならない。したがって、人間が抱えている精神的問題と物質的問題を統一的に解決することのできる善の基準が立てられるとき、初めて真の幸福が実現されるのである。

(三)分析哲学の倫理観

分析哲学の倫理観

哲学の任務は一定の世界観を打ち立てることではないと主張し、言語の論理的分析を通じて、哲学を一種の科学的な学問にしようとしたのが分析哲学である。ムーア(G.E. Moore, 1873-1958)、ラッセル(B. Russell, 1872-1970)、ヴィトゲンシュタイン(L. Wittgenstein, 1889-1951)などのケンブリッジ分析学派、シュリック(M. Schlick, 1882-1936)、カルナップ(R. Carnap, 1891-1971)、エイヤー(A.J. Ayer, 1910-1971)などのウィーン学派または論理実証主義(logical positivism)、そして現代イギリスの日常言語学派などを総称したのが分析哲学である。

分析哲学の中の倫理学説の代表的なものを挙げれば、ムーアの直覚説(intuitionism)とシュリック、エイヤーの情緒説(emotive theory)などがある。

ムーアによれば、善とは、定義しえないものである。彼は次のようにいっている。「"善"とは、"黄色"が単純な観念であるのと全く同じく、やはり単純な観念であるということ、そして諸君が黄色とは何であるかということを、すでに黄色を知っている人に対してでなければ、いかなる方法によっても説明しえないのと同様に、善とは何であるかということも説明しえないということである」(7)。そして彼は、「"善とは何であるか"と問われるならば、私の答は善とは善であるということであり、それで終りである」(8)といって、善とは直覚(intuition)によって把握する以外にないとした。ムーアにおいて、価値判断は事実判断から全く独立したものであった。

またシュリックやエイヤーによれば、善とは、主観的な情緒を表現している言葉にすぎず、客観的に検証できない疑似概念とされた。したがって「お金を盗むことは悪い」というような倫理的命題は、発言者の道徳的不賛成の感情または気分の表明にすぎず、真でも偽でもないのである。

統一思想から見た分析哲学の倫理観

第一に、分析哲学者の倫理観の特徴は、事実判断と価値判断を分離したことである。しかし統一思想から見れば、事実判断も価値判断も、どちらも客観的なものであり、一体となっている。ただ事実判断は誰でも感覚によって認めることのできる現象に関する判断であるから、容易に客観性が認められるのに対して、価値判断は限られた宗教や哲学者によって説かれたものであり、一般的に誰しもが十分に理解しえるというものではなく、主観的な印象を与えているのである。しかし人間の心霊基準が高まって、宇宙を貫いて作用している価値法則を万人が正確に把握するようになれば、価値判断も普遍妥当性を帯びるようになるのである。

自然科学は今日まで、事実判断のみを扱いながら事物の因果関係を追究してきた。しかし今日に至り、自然科学者たちは、因果関係の追究だけでは自然現象を根本的には理解できないという時点に到達しており、自然現象の意味や理由を問うようになり、事実判断とともに価値判断を必要とするようになった。事実と価値、すなわち科学と倫理は、統一された課題として解決されなければならないというのが統一思想の見解である。

第二に、分析哲学者たちの倫理観の特徴は、善とは定義しえないもの、あるいは疑似概念であるとしたことである。しかし統一思想から見れば、善は明確に定義することができる。すなわち、人間は家庭的四位基台を通じて神の愛を実現するという明確な目的をもっているのであり、その目的にかなう愛の行為を心の意的機能で評価したものが善である。そして、そのような善は現実的な事実生活（行為）に対する評価であるので、価値と事実は分離することはできないのである。

(四) プラグマティズム

プラグマティズムの倫理観

形而上学を排し経験的、科学的認識を重んずる点では、プラグマティズムも分析哲学と同じ基盤に立っていたといえる。パース（C.S. Peirce, 1839-1914）によって提唱されたプラグマティズムはジェームズ（W. James, 1842-1910）によって一般化された。

ジェームズは「有効なもの」（It works）が真理であるといった。例えば、誰かが玄関に来て、「いらっしゃいますか」と尋ねる気配がしたとき、主人は部屋の中で彼に会う前に、その声だけ聞いて、彼がK氏であると考えたとしよう。そして玄関に出て行って見て、実際にK氏であったということが確認されたとすると、主人は自分が考えたことが真理であると見なすようになる。すなわち、行為を通じて検証された知識が真理なのである。言い換えれば、真理とは作業価値（working value）をもつか否かによって決定されるというのである。彼は次のようにいう。

> ひとつの観念の真理とはその観念に内属する動かぬ性質などではない。……出来事によって真となされるのである。真理の真理性は、事実において、ひとつの出来事、ひとつの過程たるにある。すなわち、真理が自己みずからを真理となして行く過程、真理の真理化の過程たるにある。真理の効力とは真理の効力化の過程なのである。(9)

このような真理の基準がそのまま価値の基準、善の基準とされる。そして、ある倫理的命題は理論的に論証しうるものではなくて、心の満足や安らぎを与えるという点で真理であり、また善である。したがって善とは、絶対不変のものではなく、人類全体の経験によって日々新たに修正、改善されていくものであるとされた。

プラグマティズムの完成者はデューイ（J. Dewey, 1859-1952）であった。デューイは、知性は未来の経験に対して道具的に働くもの、すなわち知性は諸問題を有効に処理するための手段であるという道具主義（instrumentalism）を唱えた。ジェームズの場合は宗教的な真理も認めていたが、デューイは日常生活の立場に立って、形而上学的な思考を完全に排除した。

このようなデューイの考え方は、人間を一つの生命体または有機体と見る人間観に由来する。生命体は常に環境との相互作用にあるが、不安定な状態に陥れば、そこから脱して安定な状態に移ろうとする。そのとき、道具として活用されるのが知性であり、このような知性に基づいて豊かな社会、幸福な社会をつくることが善なる行為であるという。

デューイは、科学的認識と価値認識を同質的なものと見た。知性を用いて合理的に行動しさえすれば、必ず良い状態が到来すると考えられたからである。そこには、事実と価値の分裂はなかった。善とは、欲望を充足するように、生活の要求に応じて一歩一歩、認識を発展させながら実現されるものであって、一挙に認識されるような究極的な善を否定した。善の概念も問題を有効に処理するための道具または手段にすぎなかった。彼は次のようにいっている。

道徳的原理というものは、一定の仕方で行動をせよとか、行動することをひかえよとかいう命令ではない。原理は、ある特別状況を分析するための道具であり、正邪は、規則そのものによってではなく、全体としての状況によって規定されるのである。[10]

統一思想から見たプラグマティズムの倫理観

ジェームズは有効なもの、役立つものを真理であり価値であると見た。これは、日常の生活に知識や価値を従属させたことを意味する。しかし統一思想から見れば、衣食住の日常生活に知識や価値を従属させることは転倒した考え方である。衣食住の日常生活は真善美の価値を基準とすべきであり、真善美の価値は創造目的を基準とすべきである。創造目的とは、真なる愛（神の愛）を実現するということである。したがって、創造目的に一致する行為が善となるのであって、生活に役立つ行為が必ずしも善なのではない。もちろん、生活に役立つ行為が神の創造目的にかなっていれば善となる。ジェームズは生活に役立つということを、真理と善の基準にしたが、生活は何のためにあるのか、人間は何のために生きるのか、ということを追究しなければならなかったのである。

デューイによれば、善の概念も含めて知性は道具である。しかし、知性は道具であるという説は正しいであろうか。統一思想から見れば、心情（愛）あるいは目的を中心として、内的性相と内的形状が授受作用することによってロゴス（思想）が形成される。内的性相は知情意の機能であり、内的形状は観念、概念、数理、原則などである。ここで内的性相と内的形状は主体と対象の関係にあるから、内的形状は内的性相の道具であるといえる。また内的性相である知情意の機能も、愛の実現のための道具であるといえる。しかしデューイの場合、知性も善の概念もすべて社会改良のための道具にすぎなかったのである。

デューイの道具主義が神の創造目的を中心としているものであれば間違いではない。しかし単に日常生活の豊かさを目的とする限り、それは正しくない。概念の中には、生活の目的とはなっても、その手段とはなりえないものもあるからであり、善の概念はまさに生活の手段ではなくて目的となるものである。

デューイはまた、社会を改善するために科学を発展させれば、それはそのまま価値と一致すると考えた。しかし、科学の発達はそのまま価値と一致するのではない。科学が創造目的の実現――神の愛の実現――を目指すようになるとき、初めて事実と価値が統一されるようになるのである。

第七章　芸術論

一般的に広い意味で、文化とは政治、経済、教育、宗教、思想、哲学、科学、芸術などのあらゆる人間活動の総合したものというのであるが、その中で最も中心的なものが芸術である。すなわち芸術は文化の精髄《せいずい》である。ところが今日、自由主義社会、旧共産主義社会を問わず、先進国、後進国を問わず、世界的に芸術はどんどん低俗化していく傾向を示している。退廃した芸術は退廃した文化を生む。今日の低俗化の状態がこのまま継続すれば、世界の文化は一大危機に直面せざるをえない。したがって新文化創建のためには、真なる芸術社会を建設しなくてはならず、そのためには新しい芸術論が切に必要とされるのである。

過去の歴史を振り返って見るとき、新しい時代が到来する度に、芸術は常に指導的役割を果たしてきた。例えば十五世紀ごろのルネサンス時代においても、その時代の先駆者的な役割を果たしたのは芸術家たちであった。また、かつて共産主義革命においても、芸術家たちの貢献が少なくなかった。特に、ロシア革命においては、ゴーリキーの作品が、また中国革命においては、魯《ろ》迅《じん》の作品が革命運動に大きく寄与したことはよく知られている事実である。したがって、これからの新文化創建に際しても、真なる芸術活動が展開されなくてはならないのである。

ソ連を中心とした共産主義の芸術は、社会主義リアリズムと呼ばれた。共産主義者たちは芸術を革命のための重要な武器の一つと見ており、芸術を通じて資本主義社会の矛盾を暴露し、人々を革命へと駆り立てようとしたのであった。今日、共産主義社会の消滅とともに、否それ以前にすでに社会主義リアリズムは消え去っていたのであるが、一時は共産主義社会の芸術界を風靡《ふうび》していた。社会主義リアリズムは、唯物弁証法と唯物史観という確固たる信念に基づいた芸術論であった。それに対して、哲学的根拠の希薄な自由主義社会の芸術論は、脆弱《ぜいじゃくせい》性を露呈してきたのである。

したがって今日、たとえ社会主義リアリズムが消え去ったとしても、それが克服されないまま消えたために、その消滅は表面上の消滅であり、再び現れる可能性を全く排除することはできない。したがってその再現の可能性までも完全に一掃するためには、徹底した克服が要求されるのである。すなわち社会主義リアリズムを克服するために、新しい芸術論が必要となるのである。

このような立場から、ここに新しい芸術論として、統一思想の芸術論、すなわち統一芸術論を提示しようとするのである。言い換えれば、統一芸術論は今日の芸術の低俗化現象を阻止しようとするものであるだけでなく、過去の社会主義リアリズムを批判克服しながら、新しい哲学に基づいた代案を提示しようとするのである。それは新文化社会の創建に貢献するためである。神の摂理から見るとき、未来社会は真実社会であり、倫理社会であるだけでなく、芸術社会でもあるために、新しい芸術論の提示はなおさら必要なのである。

一　芸術論の原理的根拠

新しい芸術論は、もちろん統一原理を根拠としている。その原理的根拠の中で最も重要なのは、神の創造目的と創造性、喜びと相似の創造、授受作用などに関する理論である。

まず神の創造目的と創造性について説明する。神の宇宙創造の目的は、愛を通じて喜びを実現することであった。そのために神は、喜びの対象として宇宙を造られたのである。神が宇宙を創造されたということは、神は偉大な芸術家であって、宇宙は神の作品であるということを意味する。さらに具体的に表現すれば、神が喜びを得るために宇宙を造られたということは、直接的には人間を喜びの対象として造られたのであり、人間を喜ばせるために人間の喜びの対象として万物を造られたということを意味するのである。

人間に対する神の創造目的を人間を中心として見るときには、造られた目的すなわち被造目的となるが、それが全体目的と個体目的である。全体目的は神または全体（民族、国家、人類など個人に対する全体）に喜びを与えるということであり、個体目的は他人や全体から自分の喜びを得ることである。神は、人間がそのような被造目的を達成するように、人間に欲望を与えたのである。したがって人間は、神または全体を喜ばせながら自身も喜ぼうとする衝動（欲望）を常にもっている。人間の芸術活動は神の宇宙創造に由来しているが、創作活動は全体目的すなわち他者を喜ばせようとする欲望から出発し、鑑賞活動は個体目的すなわち自身の喜びを得ようとする欲望から出発しているのである。

神の創造性は原相における内的発展的四位基台と外的発展的四位基台の形成能力すなわち創造の二段構造の形成能力である。内的発展的四位基台の形成とは、ロゴス（構想）を形成することであり、外的発展的四位基台の形成とは、ロゴスに基づいて形状である質料を用いて万物を造るということである。神のそのような創造過程がそのまま人間の芸術活動における創作の二段構造の形成として現れる。すなわち、まず構想を立て、次に材料を用いて構想を実体化して作品をつくるのである。

次は喜びと相似の創造について説明する。すでに述べたように、神は喜びの対象として人間と万物を造られた。主体の喜びは自己の性相と形状に似た対象からくる刺激によって得られる。(1)したがって神は、神の二性性相に似るように形象的実体対象として人間を造られ、また象徴的実体対象として万物を造られたのである。(2)これを芸術論に適用すれば、芸術家は喜びを得るために、自己の性相と形状に似せて作品を作るのであり、鑑賞者は作品を通じて自己の性相と形状を相対的に感知して喜ぶという論理になる。

最後に授受作用について説明する。神において性相と形状は、主体と対象の相対的関係のもとで授受作用を行って合性体または繁殖体を成している。(3)繁殖体を成すとは、万物を創造するということである。神の原相内のこのような授受作用を芸術論に適用すれば、創作は主体（芸術家）と対象（素材）の授受作用によって行われ、鑑賞も主体（鑑賞者）と対象（作品）の授受作用によって行われるということになる。したがって創作においても鑑賞においても、主体のもつべき条件と対象のもつべき条件が必要となるのである。価値論において述べたように、価値（真善美）は主体的条件と対象的条件との相対関係によって決定されるからである。

二　芸術と美

芸術とは何か

人間の心には知情意の三つの機能があるが、それぞれの機能に対応した活動によって、文化活動の様々の分野が形成される。知的な活動によって、哲学・科学などの分野が形成され、意的な活動によって道徳・倫理などの実践的分野が形成され、情的な活動によって芸術分野が立てられる。したがって芸術とは、「美を創造し鑑賞する情的な活動」であるといえる。

それでは芸術の目的は何であろうか。神が人間と宇宙を創造された目的は、対象を愛することによって喜びを得るためであった。同様に、芸術家の対象である作品を創作あるいは鑑賞するのも喜びを得るためである。したがって芸術とは、「美の創作と鑑賞による喜びの創造活動」ということができる。

イギリスの美術評論家、ハーバート・リード（H. Read, 1893-1968）は、「すべての芸術家は……人を喜ばせたいという意欲をもっているのである。したがって芸術とは心楽しい形式をつくる試みである」(4)といっている。これは、統一思想の芸術の定義とよく似た芸術観である。

芸術と喜び

すでに述べたように、芸術とは美の創造すなわち喜びの創造である。それでは喜びとはいかなるものであろうか。

『原理講論』に「無形のものであろうと、実体であろうと、自己の性相と形状のとおりに展開された対象があって、それからくる刺激によって自体の性相と形状とを相対的に感じるとき、ここに初めて喜びが生ずるのである」（六五頁）と書かれているように、対象の性相と形状が、主体の性相と形状と互いに似ているとき、喜びが生じるのである。

存在論と認識論において述べるように、人間は宇宙を総合した実体相であるから、人体の中には宇宙のすべての性相と形状が潜在的にある。それゆえ、例えば花の場合、その花の色、形、やわらかさなどの原型がわれわれに備わっているのであり、その原型と現実の花が授受作用を通じて一致する体験がまさに認識であって、その一致から喜びの感情が生まれるのである。したがって対象の美を感知しようとすれば、まずその原型が心の中に浮かんでこなければならない。

それでは原型はいかにして浮かんでくるだろうか。第一に必要なのは、心霊の清さである。心霊が清ければ原型は自ら直観的に浮かんでくる。次は、教養である。美の様々な形態を体験的に理論的に学ぶことによって、認識に際して、潜在意識の中にあった原型がたやすく刺激され表面化されやすいのである。

性相の相似性

主体と対象が性相的に似るということは、思想、構想、個性、趣味、教養、心情などの一部分または全部が主体および対象間で互いに似ることを意味する。その中で、特に重要なものは思想である。対象の中に自分と同じような思想を発見するとき、美しく見える。したがって思想を豊富に、深くもっているならば、それだけ喜びの範囲が広がり、深い感動を受けるようになる。

そのように性相の相似性とは、対象（作品）の中にある作者の心情、思想などの性相的な側面と主体（鑑賞者）の心情、思想などの性相的な側面が互いに似ていることを意味するのである。

形状の相似性

次は、形状の相似性である。対象の形状に属するものは事物の形態、色、音、匂《にお》い、香りなど五官で感じる要素である。それらが主体である、われわれの中にある原型と一致するとき、美しさが感じられ、喜びの感情がわいてくる。

認識論において述べるように、外的世界は人間の心を拡大させ、展開したものであるから、外界のすべての要素は原型的に人間に備えられている。すなわち事物（万物、作品）の形態、色、音、匂いなどの形状的要素は、原型的に、縮小された形態として、われわれの中にすでに備わっているのであり、それがすなわち形状の相似性である。その似ている要素が、認識において互いに一致しながら情を刺激するとき、喜びが得られるのである。

相補性

さらに喜びの内容である相似性には、相補性という一面もある。つまり、主体は対象の中に自分に不足している特性を見て喜ぶのである。例えば、男性は女性の中に、自分に不足しているやわらかさや美しさを見て喜ぶのである。

それは第一に、人間は単独では全一者《ぜんいっしゃ》にはなりえず、神の陽性を属性としてもつ男性と、神の陰性を属性としてもつ女性として分立され、両者が合性一体化することによって、神の二性性相の中和の姿に完全に似るように造られたからである。

ところで、この相補性を一種の相似性として見るのは、人間は誰でも、心の潜在意識の中に自己に不足している部分が満たされることを願う映像をもっているので、現実的にその映像どおりの対象に対するとき、不足した部分が実際に満たされ（相補性）、喜びを感じるようになるからである。そのとき、その対象は鑑賞者の心の中にあった映像と同じであるために、その点において相補性は相似性の性格をもつようになるのである。

そして第二に、神は人間が神の一つ一つの個別相を分けもって、自己に不足した面を互いに他人を通じて発見し、互いに授受することによって喜ぶように創造されたからである。美のこうした側面も相補性といい、広義の意味で相似性に含まれる概念である。それは本来、人間が神において一つであったものが二つ（陽と陰）あるいは多数の個別性に分立、展開されたものであって、彼らが合一してより完全なものとなるからである。

机と椅子のように、互いに相補って、二つのものが一つの完全なものになる場合も多い。より完全なものになるということは、それだけ創造目的がより多く実現することを意味し、そこに満足と喜びが生じるのである。ただし、そのような相補性が成立するためには、その根底により深い次元における相似性がなくてはならない。共通目的や相似性のような共通性のない、単純な差異からは、美や喜びは生じえないのである。(5)

美とは何か

『原理講論』によれば、愛とは「主体が対象に授ける情的な力」（七二頁）であり、美とは「対象が主体に与える情的な力」（七二頁）である。対象が鉱物や植物の場合、対象からくるのは物質的な力であるが、主体（人間）はそれを情的な刺激として受け止めることができる。ところがたとえ対象が主体に刺激（力）を与えたとしても、主体がそれを情的に受け止めない場合がある。その場合、そのような刺激は情的な刺激とはなりえない。問題は、主体が対象からくる要素を情的なものとして受け取るかどうかという点にある。対象からくる要素を主体が情的に受け取れば、その刺激は情的な刺激となるのである。したがって美とは「対象が主体に与える情的な力であると同時に情的な刺激」であるということができる。美は真や善とともに価値の一つである。したがって、別の表現でいえば、美とは「情的刺激として感じられるところの対象価値」である。

先に主体が対象に与える情的な力を愛とし、対象が主体に与える情的な刺激を美としたが、実際には、人間同士では、主体と対象が共に愛と美を与え合い、受け合うのである。すなわち対象も主体を愛するのであり、また主体も対象に美を与えるのである。なぜかといえば「主体と対象とが合性一体化すれば、美にも愛が、愛にも美が内包される」(『原理講論』七二頁)からである。主体から対象に、あるいは対象から主体に、情的な力が送られるとき、送る側ではそれを愛として送り、受ける側では情的な刺激すなわち美として受け止めるのである。

以上、統一思想の立場から美を定義したが、従来の哲学者たちによる美の定義は次のようなものであった。プラトンは、対象の中に存在する「美そのもの」すなわち美のイデアを美の本質と見て、「美とは聴覚と視覚とを通じて与えられる快感である」[6]といった。カントは美を「対象の主観的合目的性」あるいは「対象の合目的性の形式」であると説明した。[7]これは自然の対象には作られた目的はないとしても、人間が主観的に、そこに目的があるように考えて、それによって快感が得られれば、人間にその快感をもたらすものが美であるという意味である。

美の決定

美はいかにして決定されるのであろうか。『原理講論』には次のように書かれている。

ある個性体の創造本然の価値は、それ自体の内に絶対的なものとして内在するものではなく、その個性体が、神の創造理想を中心として、ある対象として存在する目的と、それに対する人間主体の創造本然の価値追求欲が相対的関係を結ぶことによって決定される。……例を挙げれば、花の美はいかにして決定されるのだろうか。それは、神がその花を創造された目的と、その花の美を求める、人間の美に対する創造本然の追求欲が合致するとき、言い換えれば、神の創造目的に立脚した人間の美に対する追求欲が、その花からくる情的な刺激によって満たされ、人間が完全な喜びを感ずるとき、その創造本然の美が決定される（七〇―七一頁）。

美は客観的にあるものではなくて、価値追求欲をもった主体が対象と授受作用するときに決定される。すなわち対象からくる情的な刺激を、主体が情的に、主観的に、判断することによって、美は決定されるのである。

美の要素

美は客観的に「ある」ものではなく、「感じられる」ものである。対象の中にある要素が主体に情的な刺激を与えて、それが美として感じられるのである。それでは主体を情的に刺激する要因になったもの、すなわち美の要素は何であろうか。それは対象の創造目的と物理的諸要素の調和である。すなわち絵画における線、形、色彩、空間、音楽における音の高低、長短などの物理的諸要素が、創造目的を中心としてよく調和しているとき、目的を中心とした調和が主体に情的な刺激を与えるならば、主体はそれを主観的に判断し、美として感じるのである。そして主体によって判断された美が現実的美である。

調和には、空間的調和と時間的調和がある。空間的調和とは、空間的な配置における調和であり、時間的調和とは、時間的流れを通じて生じる調和である。空間的調和をもつ芸術には、絵画、建築、彫刻、工芸などがある。また時間的調和をもつ芸術としては、文芸、音楽などがある。これらをそれぞれ空間芸術、時間芸術という。その外にも、演劇、舞踊などの芸術があるが、これらの芸術は時間的調和と空間的調和を共に表すので、時空間的芸術または総合芸術ともいう。いずれにせよ、調和が美の感情を起こす要因である。

アリストテレスは『形而上学』において、美とは、秩序と均衡と被限定性（限定された大きさをもつこと）の中にあるといった[8]。またリードは「芸術作品には重力の中心にたとえられるような、想像上のある照合点があって、この点をめぐって線、面、量塊《りょうかい》が完全な均衡をもって安定するように分配されている。すべてこうした方式の構成上の目的は調和ということであり、調和はすなわち我々の美感の満足である[9]」といった。両者共に、美の要素が調和にあるという立場において一致している。

三　芸術活動の二重目的と創作および鑑賞

芸術活動には創作と鑑賞の二つの側面がある。芸術活動のこのような二側面は分離された別々の活動ではなくて、統一的な一つの活動の二つの側面である。すなわち創作においても鑑賞しながら行うのであり、鑑賞においても主観作用による付加創造（後述）が加えられるのである。すなわち創造と鑑賞は分けられない不可分の関係にあるのである。

それでは、なぜ芸術活動には創作と鑑賞の二側面があるのだろうか。創作は何のために、鑑賞は何のために必要なのだろうか。創作と鑑賞はなぜ不可分の関係にあるのだろうか。そのことについて考えてみよう。

統一思想から見れば、創作と鑑賞は二つの欲望に基づいてなされる実践活動である。すなわち創作は価値実現欲に基づいて、鑑賞は価値追求欲に基づいて行われる。それでは人間は何のために、二つの欲望をもつようになったのであろうか。それは二重目的を達成するためである。すなわち価値実現欲は全体目的を達成するために、価値追求欲は個体目的を達成するために、人間に与えられたのである。つまり神は、人間をして創造目的を達成させるのに必要な推進力、衝動力として、人間に欲望を与えたのである。

全体目的は、たとえ自覚されないにしても、人間の潜在意識の中にある。そして全体目的を実現するのに必要な欲望が共に、潜在意識の中に与えられているのである。だから人間は真実に生き、善の行為をなし、美の創造をして、人類に奉仕し、神を喜ばせようとするのである。そのようにに創作は全体目的を遂行《すいこう》しようとする欲望（価値実現欲）に基づいているのである。人間はまた自分自身のためにも生きている。したがって人間は、対象から価値を見いだすことによって喜びを得ようとするのである。それが価値追求欲である。鑑賞はこの価値追求欲に基づいている。そのように鑑賞は、個体目的を遂行しようとする欲望に起因しているのである。

ところで全体目的と個体目的は、神の創造目的からきている。神は喜びを得るために人間を創造された。それは神の側から見れば創造目的であるが、人間の側から見れば被造目的である。その目的には、神と全体を喜ばせようとする全体目的と自分も喜ぼうとする個体目的の二つがあるのである。

このように創作は、作者が対象の立場において、主体すなわち神と人類などの全体のために価値（美）を表す行為であり、鑑賞は鑑賞者が主体の立場において、対象である作品から価値（美）を享受《きょうじゅ》する行為である。いずれも究極的には、神の創造目的に由来するものである。ところが今日、多くの芸術家はそのような本来の立場から離れて、自己中心的な芸術に陥っているのである。それは実に嘆かわしい現状であるといわざるをえない。しかし、創作と鑑賞の真の意味が明らかになれば、芸術家は使命感をもって本来の芸術活動を行うようになるであろう。

四　創作の要件

芸術における創作活動の側面を理解しようとすれば、創作の要件を明らかにする必要がある。創作には、主体（作者）が備えるべき要件すなわち主体の要件と、対象（作品）が備えるべき要件すなわち対象の要件がある。さらに創作の技巧、素材、様式なども、創作において重要な要件である。まず主体の要件を説明する。

（一）主体の要件

主体の要件としてはモチーフ、主題、構想、対象意識、個性などが扱われる。

モチーフ、主題、構想

芸術作品の創作において、まず創作の動機すなわちモチーフがあるが、そのモチーフに基づいて、一定の作品を造ろうという創作目的が立てられる。次に主題（テーマ）と構想が立てられる。主題とは、創作において扱う中心的な課題をいい、構想はその主題に合うように作品が備える内容や形式に対する具体的な計画をいう。

例えばある画家が秋の景色を見て、美しさに感動して、絵を描く場合を考えてみよう。そのときの感動がモチーフとなり、その動機から秋の景色を描こうという目的が立てられ、その目的をもとにして主題が立てられる。そして特に、もみじの木から受けた印象が強くて、それを中心にして秋を表現しようとすれば、「秋のもみじ」というような主題が決定されるであろう。主題が決まれば、次は山、木、川、空、雲などの配置や色はどうするかなど、具体的な構想が立てられるのである。

神の被造世界の創造も、芸術家の創作と同じように表現することができる。すなわち、まず創造の動機としてのモチーフがある。それが「愛して喜びたい」という情的な衝動、つまり神の心

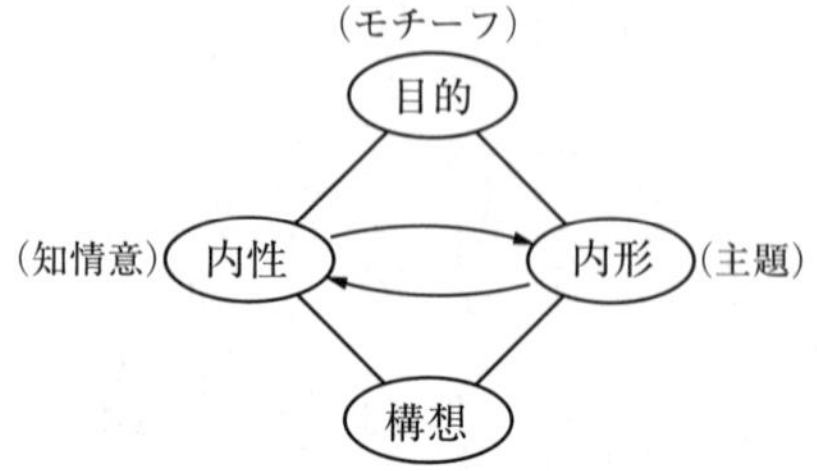

図7―1　創作における内的四位基台の形成

情であった。そして御自身に似た愛の対象を創造しようという創造目的が生じた。次に人間「アダムとエバ」という主題が定められた。それから具体的な人間と万物に対する構想、すなわちロゴスが立てられたというように表現できるのである。

神の創造に際して、神の性相の内部において、心情を土台とした目的を中心として内的性相（知情意）と内的形状（観念、概念、法則など）が授受作用を行って、構想（ロゴス）が形成されたのであるが、この四位基台形成はそのまま創作の場合にも適用される。すなわち芸術家たちは、モチーフ（目的）を中心として主題を立て、その主題を実現する方向に内的性相と内的形状の授受作用を行って構想を立てるのである。これは神の創造における内的発展的四位基台の形成に該当する（図7―1）。

ロダン（Rodin, 1840-1917）の作品の一つである「考える人」は、ダンテ（Dante, 1265-1321）の『神曲』の中の「地獄編」に基づいて構想された「地獄の門」の、上段の中央に座している詩人の像である。これは、不安と恐怖と激高《げっこう》のなかに呻吟《しんぎん》する地獄の人々を見つめながら瞑想《めいそう》にふけっている一人の詩人の姿である。「考える人」を造る時のロダンのモチーフは、ダンテの神曲（地獄編）を読んだときに受けた、地獄の苦痛を免れるためには、地上において人間は誰でも善なる生活をしなければならないという強い衝動であったに違いない。そして主題は「考える人」にほかならず、うずくまって深く瞑想している男の姿は、まさに彼の構想の産物である。

ところで主題が同じ「考える人」である、韓国の新羅《しらぎ》時代の作品として知られている弥勒菩薩《みろくぼさつ》半跏思惟像《はんかしいぞう》がある。しかし、それはロダンの作品とは全く異なる姿として現れている。弥勒菩薩半跏思惟像は、釈迦《しゃか》の最も優秀な弟子であったといわれる弥勒《みろく》が、衆生《しゅじょう》を救うために再び来られるのを待ちわびる民衆の心が、そのモチーフとなっている。その口もとには衆生の救いに対する自信感に満ちた微笑が漂っている。ロダンの「考える人」の場合は知的な苦悶《くもん》の面を強く漂わせているが、弥勒菩薩の場合は浄化された情が中心となっており、非常に尊く聖なる像として表現されている。同一の主題のもとでのこのような両者の差異は、動機と構想の内容が異なるところに基因しているのである。

対象意識

創作とは、芸術家が対象の立場に立って美の価値を表すことによって、主体である神や全体（人類、国家、民族）を喜ばせる活動であるから、作者はまず対象意識を確立しなければならない。そのとき、最高の主体である神を喜ばせ、神の栄光を表す姿勢が対象意識の極致となる。その内容を見てみよう。

第一に、人類歴史を通じて悲しんでこられた神の心情を慰める姿勢をもたなくてはならない。

神は喜びを得るために人間と宇宙を創造され、人間に創造性までも与えられた。したがって人間の本来の目的は何よりも神を喜ばせようとすることであり、創造活動も、まず神を喜ばせるために行われるべきであった。ところが人間は神から離れ、神を喜ばせようという意識をなくしてしまった。それが今日まで、神の悲しみとして残されてきたのである。それゆえ芸術家は、まず何よりも、神の歴史的な悲しみを慰める立場に立たなくてはならない。

第二に、芸術家は神とともに復帰の道を歩まれた、イエスをはじめとする多くの聖人や義人たちを慰める姿勢をもたなくてはならない。彼らを慰めることは、彼らと苦しみと悲しみを共にされた神を慰めることになるのである。

第三に、芸術家は過去と現在の善なる人々、義なる人々の行為を表現しようという姿勢をもたなくてはならない。すなわち芸術家は、罪悪世界の人々によって迫害され、今も迫害され続けている人々の行いを作品に描くことによって、神の摂理に協助しようという姿勢をもたなくてはならない。

第四に、芸術家は来たるべき理想世界の到来を人々に知らせなくてはならない。したがって芸術家は未来に対する希望と確信をもって作品を作らなくてはならない。そういう行為を通じて神の栄光が表現されるのである。

第五に、芸術家は自然の美と神秘を描くことによって、創造主たる神を讃美する姿勢をもたなくてはならない。神は人間の喜びのために自然を造られたのであるが、人間は堕落によって自然の美を通じて喜びを得ることが少なくなってしまった。だから芸術家は神の属性の表れである自然に対して畏敬《いけい》の念を抱きながら、自然の深くて玄妙《げんみょう》なる美を発見して、神の創造の神秘を讃美し、人々を喜ばせなくてはならない。

芸術家がこのような対象意識をもち、創作に全力を投入するとき、神からの恩恵と霊界からの協助を受けることができる。そしてそこに真なる芸術作品が生まれるのである。そのとき、その作品は芸術家と神との共同作品ともいうことができる。

実際、ルネサンス時代の芸術家たちの中には、そのような対象意識をもって創作活動を行った者が少なくはなかった。例えばレオナルド・ダ・ヴィンチ（Leonardo da Vinci, 1452-1519）、ラファエロ（Raffaello, 1483-1520）、ミケランジェロ（Michelangelo, 1475-1564）などがそうであった。古典主義音楽の完成者ベートーヴェン（Beethoven, 1770-1827）もそのような対象意識をもって作曲を行った[10]。それゆえ彼らの作品は不朽《ふきゅう》の名作となったのである。

個　性

人間は神の個別相の一つ一つに似せて造られた個性体である。したがって創作においても、芸術家の個性が作品を通じて表現されなければならない。創作は作者の個性——神来性《しんらいせい》の個別相——の芸術的表現であるからである。そして芸術家は個性を発揮することによって、神を喜ばせ人を喜ばせるのである。実際、偉大な芸術作品には作者の個性が十分に現れている。だから作品には、ベートーヴェンの田園交響曲とか、シューベルトの未完成交響曲というように、作者の名前がついているのである。

(二) 対象の要件

作者のモチーフ(目的)、主題、構想などの性相的条件が作品の中によく反映されているということが、対象である作品のもつべき要件である。そのためにはその性相的条件を表すのに最も適した材料を用いる必要がある。そしてその材料を用いて創作するとき、作品において物理的要素(構成要素)が最高の調和を表すようにしなくてはならない。それが形状的条件である。

芸術作品において物理的要素(構成要素)がよく調和していなくてはならないということは、すでに述べたように、多くの芸術家や美学者たちが共通にいっていることである。物理的要素の調和とは、線の律動、形態の集合の調和、空間の調和、明暗の調和、色彩の調和、音律の調和、絵画における量感の調和、線分分割の調和、舞踊における動作の調和などをいう。

例を挙げれば、線分分割の調和には、古くから知られている黄金分割というのがある。それは、与えられた線分を短い辺と長い辺の比が、長い辺と全体の比に等しくなるように切ることであって、およそ五対八の比に分けることである。この比例を用いれば、形態的に安定して美が感じられるというのである。例えば絵画において、地平線の上下の空間の関係、前景と背景の関係をそのような比にすれば調和がもたらされる。ピラミッド、ゴシック寺院の尖塔《せんとう》においても、そのような分割が適用されている。

五　創作の技巧、素材、様式

次に、創作の要件と関連した創作の技巧、素材、様式に関して説明する。

技巧と素材

原相において創造の二段構造とは、目的を中心として内的性相と内的形状が授受作用してロゴスが形成され、次に目的を中心としてロゴス（本性相）が形状（本形状）と授受作用して被造物が造られるという二段階の構造のことである。人間の創造活動も、すべてこのような過程を通じてなされる。例えば工場で物を作るとか、農民が田畑を耕すとか、学者が研究したり発明することなどは、すべて創造の二段構造に従ってなされるのである。

芸術作品の創作の場合もそうである。内的四位基台の形成については、主体の要件においてはすでに説明した。すなわちモチーフ（目的）を中心として、内的性相（知情意）と内的形状が授受作用して構想を作り上げることが内的四位基台の形成である。次に内的四位基台形成によってできた構想に従って、素材を用いて作品を作り上げるのであるが、これが外的四位基台の形成過程である。すなわち外的四位基台はモチーフ（目的）を中心とした性相（構想）と形状（素材）の授受作用によって形成されるのである。外的四位基台の形成において、特殊な技術または能力が必要であるが、これを創作における技巧という。

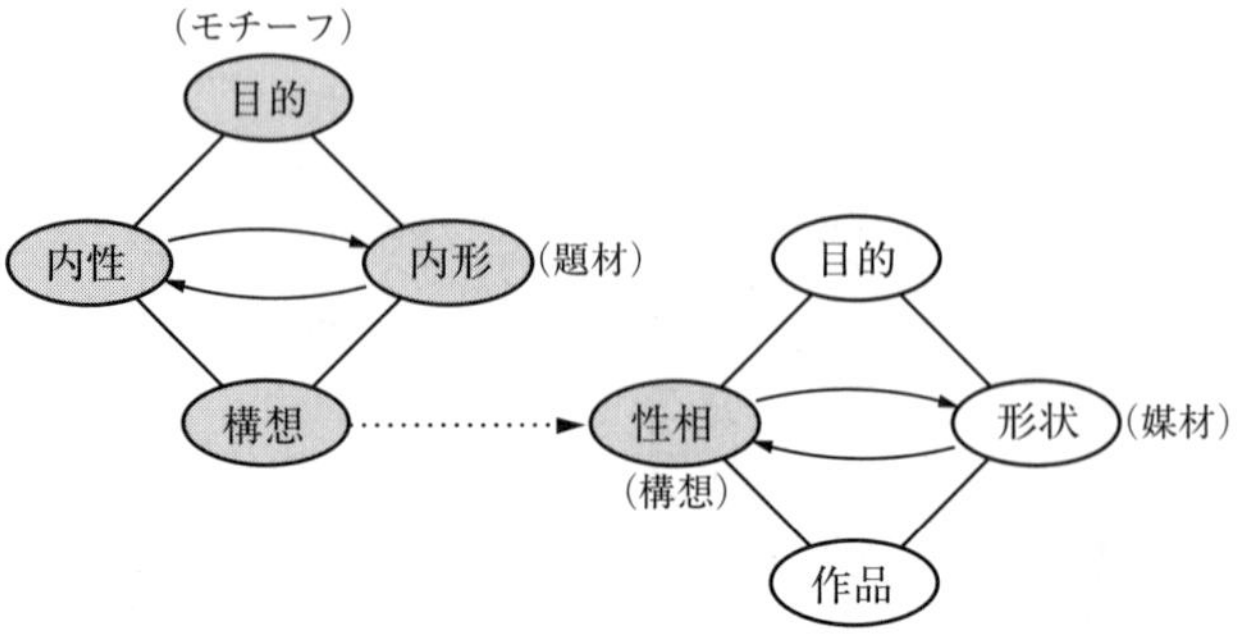

図7—2　創作の二段構造

次に作品を作る際に必要となる素材について説明する。素材には性相的な素材すなわち表現対象としての素材と、形状的な素材すなわち表現手段としての素材がある。性相的な素材のことを題材（subject）という。小説を書くに際しては、架空のことにせよ、あるいは実際にあったことにせよ、作品の中に描かれる行為や事件が題材である。絵画の場合には人物や風景などをいう。したがって題材は、主題の内容を意味する。

形状的な素材すなわち物理的な素材のことを媒材（medium）という。彫刻であれば、ノミとか、大理石、木材、ブロンズなどの素材が必要である。絵画においては、絵の具やカンバスなどが必要である。芸術家は作品を造るに際して、このような物理的素材の質と量を決定し、具体的に創作を始めるのである。

このように創作においては、まず構想を作り上げ、次に一定の材料を用いて構想を作品に仕上げるのである。このような過程を創作の二段構造という[11]。創作における二段構造を図示すれば図7—2のようになる。

創作の様式と流派

創作の様式とは芸術的表現の方式のことをいうが、これは要するに創作の二段構造をいかなる方法で形成していくかという問題である。その中でも、とりわけ内的四位基台の形成をいかにするかということ、すなわち構想の様式が基本的なものとなる。内的四位基台はモチーフ（目的）を中心にして内的性相（知情意）と内的形状（主題）が授受作用して形成される。したがってモチーフ（目的）が違えば、作品は全く違うものとなる。モチーフ（目的）が同じであっても、内的性相が違えば作品は違ってくる。また内的形状が違っても作品は違ってくる。すなわち内的四位基台の中の三つの位置に立てられる定着物の違いによって結果（構想）は違ってくるのである。言い換えれば、この三つの定着物のうち、一つでも違えば、形成される構想は異なり、その結果、作品も異なったものとなるのである。

このような過程を通じて生まれる創作の多様性から、いろいろな創作の様式（style）が形成される。流派（school）もその一例である。次に、歴史的に現れた代表的な流派を見てみよう。

① 理想主義（Idealism）

これは人間または世界を理想化して、調和のとれた理想の美を表現しようとする立場である。十六世紀のルネサンス時代の芸術家の多くが理想主義的であったが、ラファエロがその代表である。

② 古典主義（Classicism）

ギリシア・ローマの芸術の表現形成を範とする十七―十八世紀の芸術傾向をいう。形式の統一性、均衡を重んじた。代表的文学作品としては、ゲーテ（Goethe, 1749-1832）の「ファウスト」がある。画家としてはダヴィド（David, 1748-1825）、アングル（Ingres, 1780-1867）を挙げることができる。

③ ロマン主義（Romanticism）

形式を強調する古典主義に対する反動として起きたのがロマン主義であるが、人間の内面的な情熱を端的に描こうとする十八―十九世紀の芸術の傾向をいう。作家のユゴー（Hougo, 1802-85）、詩人のバイロン（Byron, 1788-1824）、画家のドラクロア（Delacroix, 1798-1863）などを挙げることができる。

④ 写実主義（Realism）・自然主義（Naturalism）

写実主義は現実主義ともいう。これはロマン主義に対する反動として現れたものであり、現実をありのままに描写しようとするものであって、十九世紀中ごろから後半にかけて現れた。画家のコロー（Corot, 1796-1875）、ミレー（Millet, 1814-75）、クールベ（Courbet, 1819-77）、作家のフロベール（Flaubert, 1821-80）などがその代表である。写実主義はさらに実証的・科学的傾向を強めて自然主義へと移行した。自然主義の作家の代表としてゾラ（Zola, 1840-1920）を挙げることができるが、美術上においては写実主義と自然主義の区別はなかった。

⑤　象徴主義（Symbolism）

象徴主義は現実主義や自然主義への反動として、十九世紀後半から二十世紀初頭にかけて起きたもので、従来の伝統や形式を捨てて、感情を象徴によって表現しようとした文学の一派である。詩人のランボー（Rimbaud, 1854-91）が代表であるといえる。

⑥　印象主義（Impressionism）

これは瞬間的にとらえられた姿こそ事物の真実の姿であるとして、個別的、瞬間的な形や色彩をとらえようとするものであった。十九世紀の後半に、フランスを中心に展開された運動である。マネ（Manet, 1832-83）、モネ（Monet, 1840-1926）、ルノアール（Renoir, 1841-1919）、ドガ（Degas, 1834-1917）などがその代表的な画家である。

⑦　表現主義（Expressionism）

印象主義が外から入ってくる印象を描き出すのに対して、逆に人間の内面の感情を外部に表現しようとするものが表現主義である。二十世紀の初頭に印象主義に対する反動として生じたものである。画家のカンディンスキー（Kandinsky, 1866-1944）、マルク（Marc, 1880-1916）、作家の

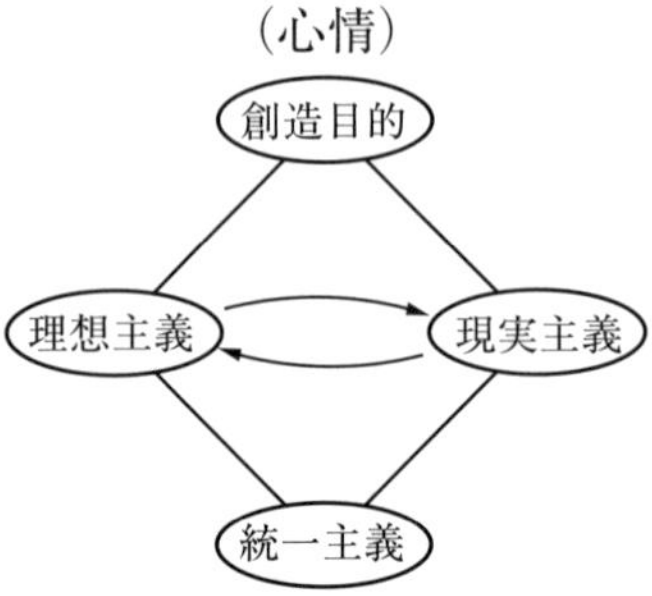

図7―3　統一主義の創作様式

ウェルフェル（Werfel, 1890-1945）などがその代表である。

⑧ 立体主義（Cubism）

二十世紀初頭の美術運動であって、その特色は幾何学的形体を単位とする構成にあるのであり、対象をいったん単純な形体に分解したのち、それを自己の主観によって再構成しようとするものである。その代表的な画家がピカソ（Picasso, 1881-1973）である。

⑨ 統一主義（Unificationism）

それでは統一芸術論の創作態度はどのようなものであろうか。それは創造目的を中心として理想主義と現実主義が統一されたものであり、統一主義という（図7―3）。

統一主義は地上天国の実現を目標としているから現実を重視する。だから現実主義となる。しかし同時に、現実に生きながらも本然の世界に復帰するという理想をもっているから理想主義でもある。したがって現実と理想の統一が原理的な創作態度である。例えば、現実の罪悪世界の中で創造理想世界を憧憬《どうけい》しながら、苦難を克服していく希望に満ちた人間像を描くのが統一主義である。統一主義は神の心情を中心とした心情主義である。したがって統一主義は神を中心とした理想的な愛を表現するものとなる。そこにはロマン主義的要素も当然含まれる。しかし従来のロマン主義をそのまま含むのではない。男女の愛を描くとしても、神の愛、人類の真の父母の愛を中心とした理想的かつ現実的な男女の愛を描くのである。

ところで上記のいろいろな様式や流派を大別すれば、広い意味で現実主義と理想主義に分けられる。この場合の現実主義は、現実をありのままに描写するという意味の現実主義ではなく、ある時に「現在流行している流派」という意味の現実主義であり、また理想主義は、人間や世界を理想化して描写するという意味での理想主義でなく、その時の「現在の流派」に対して「未来志向的に新しく起こそうとする流派」という意味での理想主義なのである。したがって過去の流派は、どんなものであれ、初めは理想主義であったが、あとになってみな現実主義の立場になったのである。統一主義は、こういう意味での現実主義と理想主義の統一を意味する創作様式または創作態度である。

ところでこの統一主義の様式は、神の心情と創造目的を中心とした神の創造方式に似た様式であって、そこに作者の個別的な差異が現れるとしても、様式自体は永遠に変わりないのである。

六　鑑賞の要件

芸術作品の鑑賞も授受作用の一形態であって、そこにも主体（鑑賞者）と対象（作品）がそれぞれ備えなくてはならない要件がある。まず主体が備えなくてはならない要件について説明する。

主体の要件

まず性相的要件として、鑑賞者は作品に対して積極的な関心をもつことが必要である。その積極的な関心に基づいて、美を享受（enjoyment）しようとする基本姿勢もって、作品を観照（intuition）または静観（contemplation）しなければならない。すなわち雑念を払い、清い心境になって作品を見つめなければならない。そのためには生心と肉心が調和をもつこと、すなわち生心と肉心が心情を中心として主体と対象の関係をもつことが必要となる。生心と肉心が主体と対象の関係をもつとは、真善美の価値の追求を第一次的に、物質的な価値の追求を第二次的にすることを意味する。

次に、鑑賞者は一定の教養、趣味、思想、個性などを備えていなくてはならない。そして作品を造った作者の性相面、すなわちモチーフ（目的）、主題、構想や作者の思想、時代的・社会的環境などを理解することが必要である。作品を理解するとは、鑑賞者が自己の性相を作品の性相に合わせるということである。そうすることによって、鑑賞者は作品との相似性を高めることができるからである。

例えば、ミレーの作品を深く鑑賞しようとするならば、当時の社会的環境を理解することも必要である。一八四八年の二月革命の当時、フランスは社会主義運動の雰囲気の中に包まれていたが、ミレーはそれを嫌っていたといわれる。そして彼は自然と共に生きる農民の純朴な姿にいたく心を引かれて、農民の生活をありのままに描こうとしたのである[12]。そのようなミレーの心境を知れば、彼の絵に対して美が、いっそう深く感じられるのである。

さらに鑑賞者は作品との相似性をより高めるために、鑑賞しながら主観作用（subject effect）による付加創造を並行する。主観作用とは、鑑賞者が自己の主観的な要素を対象（作品）に付加し、作家が作った価値（要素）に新しい価値（要素）を主観的に加えて、その合わさった価値を対象価値として享受することをいう。主観作用はリップスの感情移入（Einfühlung, empathy）に相当するものである[13]。例えば演劇とか映画において、俳優は演技をしながら、ある場合には泣くふりをする。しかしそのとき、観客は俳優が本当に悲しんでいると思って、一緒に泣くことがある。観客が自分の感情を俳優に投影して主観的に対象を判断するからである。これは感情移入、つまり主観作用の一例である。主観作用によって鑑賞者は作品とより強く一体化し、いっそう深い喜びを得るのである。

それから鑑賞者は観照によって発見した、いろいろな物理的要素の調和を総合し、その全体的、統一的調和と作品の中にある作家の性相（構想）を結びつける。すなわち作品における性相と形状の調和を見いだすのである。

最後に、主体（鑑賞者）の形状的要件、すなわち身体的条件について述べる。鑑賞者は健全な視聴覚の感覚器官、神経、大脳などをもたなくてはならない。人間は性相と形状の統一体であるから、性相的な美の鑑賞に際しても健全な身体的条件が必要となるのである。

対象の要件

次は対象の要件について説明する。対象（作品）がもつべき要件は、まず美の要素すなわち物理的諸要素（構成要素）が創造目的を中心として調和をなしているということである。それから作品の性相（モチーフ、目的、主題、構想）と形状（物理的諸要素）が調和していなければならないし、陽性と陰性も調和していなければならない。

鑑賞に際しては、作品は鑑賞者の前におかれた完成品であるから、作品のもっている条件を鑑賞者が勝手に変更することはできない。しかしながら先に述べたように、鑑賞者は主観作用によって、作品との間の相似性を高めることができるのである。また鑑賞により適した雰囲気をつくるために、作品の展示において、位置、背景、照明などの環境を適切に整えることも重要である。

美の判断

次は、美の判断について述べる。「価値は主体と対象の相対的関係（授受作用の関係）から決定される」という原理により、以上のような鑑賞の条件を備えた主体（鑑賞者）と対象（作品）との授受作用によって美が判断（決定）される。つまり鑑賞者の美に対する追求欲が作品からく

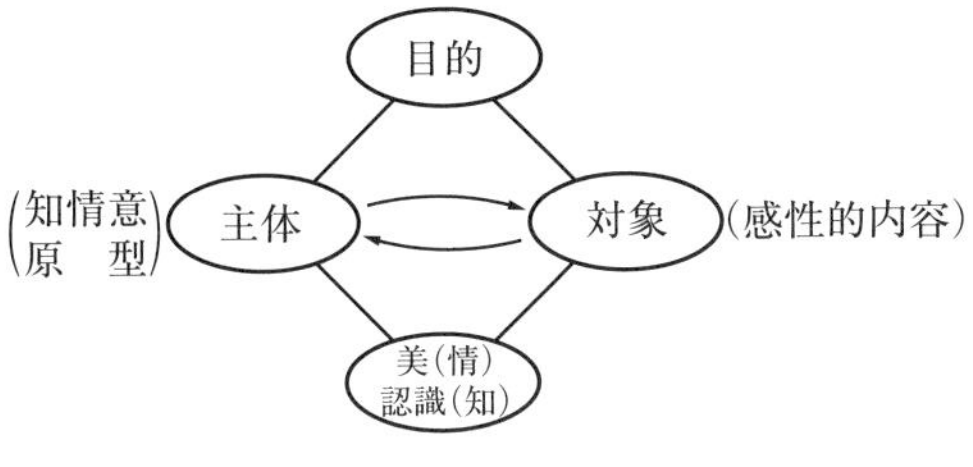

図７—４　美的判断と認識

る情的刺激によって満たされることによって、美が判断され、決定されるのである。作品からくる情的刺激とは、作品の中の美の要素が主体の情的機能を刺激することをいう。そのように美そのものが客観的にあるのではなくて、作品の中にある美の要素が鑑賞者の情的機能を刺激して、鑑賞者によって美しいと判断されて、初めて現実的な美となるのである。

次に、美の判断と認識における判断の差異について述べる。認識における判断は、主体（内的要素——原型）と対象（外的要素——感性的内容）の照合によってなされる。美的判断も同様に主体と対象の照合によって成立する。この照合の段階において、知的機能が作用すれば認識となり、情的機能が作用すれば美的判断となるのである。つまり対象のもつ物理的要素の調和を知的にとらえれば認識となり、情的にとらえれば美的判断となるのである。しかるに知と情の機能は全く別のものではありえないから、美的判断にも認識が伴うのが常である。例えば「この花は美しい」という美的判断は、「これは花である」というような認識を伴っているのである。この関係を図に表せば図７—４のようになる。

七　芸術の統一性

次は、芸術の統一性について説明する。芸術活動にはいくつかの相対的な二つの側面（要素）がある。例えば先に述べた創作と鑑賞をはじめとして、内容と形式、普遍性と個別性、永遠と瞬間などである。これらの相対的な側面（要素）は本来分離しているものでなくて統一されたものである。ところが今日までの芸術活動においては、このような相対的な要素を分離したり、一方のみを強調する傾向があった。そこで統一芸術論において、これらの相対的側面の統一性を明確にするのである。

創作と鑑賞の統一

普通、創作は芸術家が行い、鑑賞は一般の人が行うというように分離して考えられている。しかし統一思想から見れば、両者は主管活動の二つの契機にすぎない。万物を主管するためには認識と実践の相対的な二つの側面が必要であるが、情的機能を中心として行われる認識と実践が、まさに芸術における鑑賞と創作に相当するのである。認識と実践はそれぞれ主体（人間）と対象（万物）の授受作用の二つの回路の一方を形成するものであって、認識のない実践はありえず、実践のない認識もありえない。したがって創作と鑑賞においても、創作のない鑑賞はありえず、鑑賞のない創作もまたありえないのである。

芸術家は創作をしながら自己の作品を鑑賞する。また鑑賞者も作品を鑑賞しながら創作を行っているのである。鑑賞における創作とは、すでに述べた主観作用による付加創造のことをいう。

内容と形式の統一

今日まで、形式を重んじる古典主義や、形式を無視して内容を重んじる流派があったが、芸術作品において、内容と形式の関係は性相と形状の関係であるから、本来は統一されたものでなくてはならない。すなわちモチーフ、目的、主題、構想などの性相的な内容と、素材（形状）を用いて内容を作品に表現するときの形式がよく合ったものでなくてはならない。日本の美学者、井《い》島勉《じまつとむ》は「形式とは実は内容の形式であり、内容とは形式の内容にほかならない[14]」といっているが、適切な言葉である。それはまさに、内容と形式は統一されたものだという意味である。

普遍性と個別性の統一

すべての被造物において、普遍相と個別相の統一がなされているように、芸術においても普遍性と個別性の統一が現れる。まず芸術家自身が普遍性と個別性の統一である。芸術家はそれぞれ独特な個性をもっている。同時に彼は一定の流派に属するとか、一定の地域的、時代的に共通な創作の方法をもっている。前者は個別性であり、後者は普遍性である。

このように芸術家自身が普遍性と個別性を統一的にもっているために、その作品は必然的に普遍性と個別性の統一として表現されるようになる。すなわち作品には、個別的な美と普遍的な美が統一的に表れるのである。

文化においても普遍性と個別性が統一して現れる。すなわち、ある地域の文化はその地域の特性をもちながら、その文化が属しているより広い地域の文化と共通性をもっているのである。例えば韓国の石窟庵《せっくつあん》の仏像は新羅《しらぎ》文化の代表的なものであるが、その中にギリシア芸術と仏教文化を融合させた国際的なガンダーラ美術の要素が共に含まれていることが知られている。つまり石窟庵の仏像は、民族的要素（新羅芸術）と超民族的要素（ガンダーラ美術）の統一、すなわち個別性と普遍性の統一である。

ここに民族文化と統一文化の関係の問題がある。各民族はそれぞれ伝統的な文化をもっているが、将来、統一文化が形成されるにあたって、伝統的な民族文化をいかに取り扱うべきかという問題である。芸術の党派性と上部構造論を主張するマルクス主義芸術論は、伝統的な民族文化を無視したが、統一主義の立場はそうではない。統一主義はそれぞれの民族の民族文化を保存しながら統一文化を形成するのである。すなわち個性の違った各民族文化の精髄《せいずい》を保存しながら、さらに次元の高い、普遍的な宗教と芸術をもって統一文化を形成するのである。

永遠と瞬間の統一

すべての被造物は自同的四位基台（静的四位基台）と発展的四位基台（動的四位基台）の統一体であるから、不変と変化の統一をなしている。ここで不変は永遠を意味し、変化はその時その時の変化であるために瞬間を意味するのである。したがって被造物が不変と変化の統一をなしているということは、被造物が永遠と瞬間の統一をなしていることを意味する。同様に、芸術作品においても、永遠的な要素と瞬間的な要素が統一をなしているのである。

例えばミレーの「晩鐘」には、教会とお祈りをする農家の夫婦と、田舎の風景などが描かれているが、そこにも永遠的な要素と瞬間的な要素の統一を見ることができる。教会とお祈りをする姿などは、時代を越えた永遠に属するものであるが、田舎の風景や夫婦の着ている衣服などは、その時代すなわち瞬間に属するものだからである。

もう一つの例として、水盤に生けられた花を挙げることができる。水盤に生けられている花自体は昔からあるものであるが、花の生け方や水盤はある時代に特有なものである。したがって生け花にも永遠と瞬間の統一が表れるのである。

作品を鑑賞する時にも、このような「永遠の中の瞬間」あるいは「瞬間の中の永遠」を感じながら鑑賞すれば、美はいっそう際立つことであろう。

八　芸術と倫理

最近になって芸術の低俗化がしばしば指摘されている。それは芸術と倫理の関係が問題になっていることを意味する。芸術は万物主管の一つの形式であるが、本来、人間は蘇生《そせい》、長成、完成の三段階の成長過程を経て完成したのちに万物を主管するようになっている。完成するとは、愛の完成、人格の完成を意味する。したがって人間はまず愛の人間、すなわち倫理人となったのちに、万物主管を行うようになっていたのである。これは芸術家は同時に倫理人でなくてはならないことを意味している。

愛と美の関係から倫理と芸術の関係を導き出すことができる。愛は主体が対象に与える情的な力であり、美は主体が対象から受ける情的な刺激である。したがって愛と美は表裏一体の関係にあるのである。だから愛を扱う倫理と美を扱う芸術は、不可分の密接な関係にあることが分かる。このような観点から見るとき、真の美は真の愛に基づいて成立するという結論になる。

ところが今日まで、芸術家たちはそのようになっていなかった。それは、芸術家たちが倫理性を備えなければならないという確固たる哲学的根拠がなかったからである。それで多くの芸術家たち、特に作家たちが愛をテーマにして作品を造ってきたが、ほとんどの場合、その愛は堕落した世界の非原理的な愛であった。

芸術至上主義者として知られているオスカー・ワイルド（O. Wilde, 1854-1900）は、耽美《たんび》主義を唱えたが、彼は同性愛によって投獄され、失意と窮乏のうちに没した。またロマン主義の詩人バイロン（G.G. Byron, 1788-1824）も放らつな女性遍歴を続けながら創作を行い、さすらいの生活を送った。彼らの作品は、彼らの堕落した愛を表現したもの、あるいはその苦悩を表現したものにほかならなかった。

一方で、真の愛を表現した作家もいた。トルストイ（L.N. Tolstoi, 1828-1910）がそうである。彼はロシアの堕落した上流社会の生活を暴露《ばくろ》しながら、真の愛を表現したのである。すなわち彼の作風は、一方では現実を描写するリアリズムでありながら、他方では理想を追求する理想主義となっている。しかしトルストイのように、真の愛を表現した作品を残したり、真の愛を追求しながら創作活動を行った芸術家は、あまり多くはなかったのである。

九　美の類型

次は、美の類型を扱うことにする。従来の美学が美の類型を扱ってきたために、それに対する代案を提示する意味でこのような題目を扱うのである。

(一) 統一思想から見た愛と美の類型

目的を中心として主体と対象が授受作用することによって美が決定される。したがって見る人(主体)によって決定される美は異なり、また対象(芸術作品、自然物)の種類によっても美は異なるのである。そのように美には無限な多様性があるが、似かよった美をまとめることによって、美の類型が立てられる。従来の学者たちの中にもそのような美の類型を提示した者がいたのである。

統一思想から見れば、すでに指摘したように愛は美と不可分の関係にあって、美は愛を離れてはありえない。父母が子供を愛すれば愛するほど子供はそれだけ美しく見えるように、愛が量的に大きくなれば美も量的に大きく感じられるのである。愛と美は主体と対象の授受作用によって相対的な回路を成しているからである。つまり主体と対象が愛を授受するとき、与える側は愛を与え、受ける側はそれを美として受け取るのである。そのように愛と美は表裏一体を成している。したがって美の類型を考えようとするならば、まず愛の類型を考えればよいのである。

神の愛は家庭を通じて分性的に現れる。父母の愛、夫婦の愛、子女の愛の三つの分性的な愛がそれである（子女の愛に含まれている兄弟姉妹の愛を別にすると四つの分性的愛になる）。この三つの形態の分性的愛が愛の基本形であって、その基本型の愛は、さらに、(1)父性愛、母性愛、(2)夫の愛、妻の愛、(3)息子の愛、娘の愛、に分けられる。

三つの分性的愛が両性に分化され、それぞれ対になった片側的な愛（片側愛）となるのである。そしてその六種類の片側愛はそれぞれ細分化され、さらに多様な愛として現れる。例えば父は厳格さ、雅量《がりょう》、広さ、荘重さ、深さ、畏敬などをもっているために、父の愛は、厳しい愛、雅量のある愛、広い愛、荘重《そうちょう》な愛、深い愛、畏敬の愛などとして現れる。それに対して母は温和で、平和的な面をもっているために、母の愛は優雅な愛、高尚な愛、温かい愛、繊細な愛、柔和《にゅうわ》な愛、多情な愛などとして現れる。

そして夫の愛は男性的な愛であって、妻に対して、積極的な愛、頼もしい愛、悲壮な愛、果断性のある愛として現れる。妻の愛は女性的な愛であって、夫に対して、消極的な愛、内助的な愛、柔順な愛、つつましい愛として現れる。

また子女の愛は、父母に対する孝行な愛、服従する愛、頼る愛、甘える愛、滑稽《こっけい》な愛として現れる。その他、兄の弟や妹に対する愛、姉の弟や妹に対する愛、弟の兄や姉に対する愛、妹の兄や姉に対する愛もあるが、これらはみな子女相互間の愛として子女の愛の概念に含まれる。このように三つの愛の基本型が片側化され、さらに多様化されて、無数の色あいをもつ愛となって現れるのである。

このような愛の類型に対応して美の類型が現れる。まず愛の三形態に対応する、父母美、夫婦美、子女美という三形態の美の基本型が立てられる。それがさらに⑴父性美、母性美、⑵夫の美、妻の美、⑶息子の美、娘の美、という六つの片側美として区分される。そして、それらはさらにいろいろな特性をもつ美として細分化されるが、それは次のようになる。

父性美……厳格美、雅量美、広闊《こうかつ》美、荘重《そうちょう》美、深奥《しんおう》美、畏敬美
母性美……優雅美、高尚美、温情美、繊細美、柔和《にゅうわ》美、多情美
夫の美……男性美、積極美、信頼美、悲壮美、果断美、勇敢美、慎重美
妻の美……女性美、消極美、内助美、従順美、悲哀美、優しい美（明朗美）、つつましい美
息子の美…男児的な特性をもつ孝誠《こうせい》美、服従美、頼る美、幼若《ようにゃく》美、滑稽《こっけい》美、甘える美
娘の美……女児的な特性をもつ孝誠美、服従美、頼る美、幼若美、滑稽美、甘える美

父は子供に対して、いつも穏やかな温かい愛ばかり与えるのではない。子供が間違ったことをしたときは厳しくしかったりする。そのとき、子供は気分が悪いかもしれないが、あとになって感謝する。春のような温かい愛だけではなく、冬のような厳しい愛も愛の一形態なのである。そ

ういう厳しい愛も子供にとっては美として感じられるのであるが、それがすなわち厳格美である。あるいは子供が何か大きな間違いをして、父にしかられるだろうと思いつめて家に帰ってきたとする。すると父が「まあ、いいよ」と許してくれる時がある。子供はそのとき、父から海のように広い美を感ずるようになる。それが雅量美である。すなわち、父からいろいろな愛を受ければ、それに応じて子供はいろいろなニュアンスの美を感ずるのである。それに対して母の愛は父の愛とは違っている。母の愛はとても温和であり、平和的である。そのような母からの愛を子供は優雅美、柔和美などとして感じるのである。

夫の愛は、妻にとっては男性らしさ、凛々《りり》しさとして感じられる。それがすなわち男性美である。そして妻の愛は、夫には女性らしさ、和《なご》やかさ、優しさとして感じられる。それが女性美である。

父母を喜ばせようとするのが子供の本性である。子供は勉強をしたり、絵を描いたり、踊ったりすることによって、父母を喜ばせようとする。それが子女の愛である。そして父母はそれを美としてかわいらしく感じるのである。あるいは滑稽でたまらない場合もある。それを滑稽美という。しかも子供が成長するにつれて、年齢に相応した美が父母に感じられる。また同じ子女の美であっても、男の子から感じる美と女の子から感じる美は異なる。前者は息子の美であり、後者は娘の美である。子女同士、すなわち兄弟姉妹の間にも、兄弟の愛と姉妹の愛に対応して特有の美が現れる。すなわち兄弟美と姉妹美が現れる。そのように人間が幼い時、家庭において成長する間、多様な美の感情を体験するようになるのである。

ところで以上のような多様な美の感情が複合、分離または変形されて、千態万象の美が感じられる。自然や芸術作品に対する時に感じられる美の感情は、すべてそのように家庭において形成された美の類型に由来しているのである。すなわち、家庭を基盤とした人間関係において形成されるいろいろな形態の美が、自然に転移され、作品に転移されたのが、自然美、作品美の美の類型なのである。

例えば峻険《しゅんけん》な高い山や、高い崖《がけ》から落ちる滝を見るとき、人は荘厳な美を感じるが、それは父性美の延長または変形である。静かな湖や、のどかな平野から感じる美は、母性美の延長、変形である。また動物の仔《こ》や植物が芽を出すときのかわいらしさは、子女美の延長、変形である。芸術作品の美の場合も同様である。聖母マリアの絵や像は、母性美の表現である。またゴシック様式の建築は、父性美の延長、変形と見ることができる。

(二)　従来の美の類型

美学において、基本的な美の類型とされたのは、優美（Grazie）と崇高美（Erhabenheit）である。優美とは、全く肯定的に、直接的に、快感を与える美であり、均整のとれた調和の美である。一方、崇高美とは、高くそびえた山とか、逆巻く荒々しい波涛《はとう》のように、驚異の感動、畏敬の感情などを与える美である。

カントはさらに、美（優美）には自由美（freie Schönheit）と附庸《ふよう》美（anhängende Schönheit）が

あるとした。自由美とは、一般的に誰でも共通に感じる美であって、何ら特定の概念によって拘束されない美をいう。附庸美とは、着るのにふさわしく、あるいは住むのにふさわしいがゆえに、美しいと感じられるような、ある目的（あるいは概念）に依存する美をいう。その他、一般的に芸術論で挙げられているものとして、純粋美（Reinschöne）、悲壮美（Tragische）、滑稽《こっけい》美（Komische）などがある。

しかしこのような従来の美の類型は経験を通じてなされたものであって、何を基準として分類されるのか曖昧《あいまい》である。それに対して統一芸術論における美の類型は、すでに述べたように、明確な原理、つまり愛の類型に基づいているのである。

十　社会主義リアリズム批判

(一)　社会主義リアリズム

共産主義の革命運動において重要な役割を果たしたものの一つに芸術活動があったが、その創作方法が社会主義リアリズムである。では社会主義リアリズムとは、いかなるものであろうか。レーニンは、芸術はプロレタリアートの立場に立つものでなくてはならないと次のように述べた。

芸術は人民のものである。芸術のもっとも深い根源を広範な労働者階級におかなければならない。……芸術は彼らの感情や思想や要求を基礎とし、またこれらのものとともに成長してゆかなければならない。[15]

文学は党のものとならなければならない。……無党的文学者をほうむれ！　超人文学者をほうむれ！　文学の仕事は全プロレタリア的仕事の一部、すべての労働者階級のすべての意識的な前衛によって運転される一つの単一な、偉大な社会民主主義的機械の「歯車とねじ」にならなければならない。[16]

また社会主義リアリズム文学の創始者ゴーリキー（M. Gorkii, 1868-1936）は、社会主義リアリズムについて次のように述べた。

われわれ作家にとっては、資本主義の汚い犯罪のすべてを、その卑劣な血まみれの意図のすべてをはっきりと見ることのできる、またプロレタリアートの英雄的な活動の偉大さのすべてを見ることのできる、その高い観点に――ただその観点に立つことが、生活的にも創作のうえでも必要である。[17]

作家は現代にあって同時にふたつの役割、［社会主義に対する］助産婦と［資本主義に対す

る」墓掘人の役割を演ずる使命を帯びているのだ。(18)

社会主義リアリズムの主要な目標は社会主義的な、革命的な世界観、世界感覚を鼓吹することにある。(19)

つまり詩を作るのも、小説を書くのも、絵を描くのも、すべて資本主義の犯罪を暴《あば》き、社会主義を誉めたたえるためになすべきであり、読む人、見る人が、正義心に燃えながら、革命に奮《ふる》い立つような作品を作らなくてはならないということであった。

一九三二年、スターリンの指導のもとに、ソ連芸術家によって社会主義リアリズムが定式化され、文学、演劇、映画、絵画、彫刻、音楽、建築など、すべての芸術の分野に適用されるようになった。その主張は次のようであった。

① 現実をその革命的発展において、歴史的具体性をもって正確に描くこと。
② 芸術的表現と社会主義精神におけるイデオロギーの革新、および労働者の教育という課題を合致させること。

では、このような社会主義リアリズムを生じせしめた理論的根拠は何であろうか。それはマルクスの「土台と上部構造」に関する理論であった。マルクスは『経済学批判』の序言で、次のようにいっている。

この生産諸関係の総体は社会の経済的機構を形づくっており、これが現実の土台となって、そのうえに、法律的、政治的上部構造がそびえたち、また、一定の社会的意識諸形態［芸術を含む］は、この現実の土台に対応している[20]。

またスターリンは「土台と上部構造」の理論を次のように説明している。

上部構造はうまれでてくると、最大の能動的な力となり、自分の土台がかたちづくられ、つよくなるように能動的に協力し……。上部構造が土台によってつくられるのは、土台に奉仕するためであり、土台がかたちづくられ、つよくなるのを能動的に援助するためである[21]。

上部構造は、ある経済的土台が生きてはたらく一時代の産物である。だから、上部構造が生きているのは長いことではなく、ある経済的土台の根絶とともに、根絶され消滅する[22]。

以上を総合し要約すると、「共産主義芸術は、資本主義制度とその上部構造である政治、法律、芸術などを根絶させることに積極的に協助しなければならないし、共産主義社会（社会主義社会）では労働者を教育しながら、その経済体制の維持強化に積極的に奉仕せねばならない」という意味になる。このような理論を根拠として、社会主義リアリズムが立てられたのであった。

(二) 社会主義リアリズムに対する批判

「文学は党のものとならなければならない」というレーニンの言葉、「作家は人間精神の技師」であるというスターリンの言葉、「作家は社会主義の助産婦であり、資本主義の墓掘人である」というゴーリキーの言葉のように、芸術家や作家には党の命令への絶対服従のみが要求され、芸術家や作家の個性や自由は完全に無視されるようになった。その結果、革命以後、共産主義体制が崩壊するまで、ソ連では芸術家・作家たちは監視と抑圧の中で生きてきた。そして特にスターリンが社会主義リアリズムを推進した三十年代の後半には、多くの芸術家や作家が異端のレッテルをはられて逮捕され、粛清《しゅくせい》されたのであった[23]。スターリンの死後も社会主義リアリズムは相当な期間、芸術理論として君臨し続けたのであり、その間、多くの芸術家・作家たちが反体制に回ることになった。

社会主義リアリズムを批判した美術評論家リードは「社会主義リアリズムは、知的または独断的な目的を芸術にいたずらに押し込めようとする企画にすぎない[24]」といった。

スターリン賞を受賞したが、のちにスターリンを批判したソ連の作家イリヤ・エーレンブルグ(I. Ehrenburg, 1891-1967)は、「紡績工場の女織工を描いた本の中で描写されているのは人間ではなく機械であり、人間の感情でなく生産過程にすぎない[25]」といって、社会主義リアリズムにおいて描かれる人間像を批判した。

韓国の芸術評論家、趙要翰《チョウヨハン》も、社会主義リアリズムにおける人間像を次のように批判した。

彼等［ソ連の作家］が描写した農民と労働者達は、皆同じく一抹《いちまつ》の不安もうかがいみることのできない、たぐいまれな主人公達であった。それは無葛藤《むかっとう》の理論が流布されたからなおさらであった。すなわち人間的な深い苦悶《くもん》と関連がないかのように見える。自己の独特な生活のない主人公達であった。……ゆえにそこには人間の内的世界が表現できるはずがない。(26)

一九八六年四月、ソ連・ウクライナ共和国のチェルノブイリ原子力発電所で爆発事故が起きた。それに関連してゴルバチョフは、チェルノブイリ原発の惨事の原因はソ連の官僚主義に責任があることを確認して、「これは悲劇である。惨事も問題であるが、われわれの社会に官僚主義がこのように根を深く下していることを確認することがより悲しいことである」と嘆き、党と政府の次元で試みて失敗した官僚主義の清算の努力を作家たちに訴えるに至ったのである。ゴルバチョフは一九八六年六月末の第八回ソ連作家同盟全国大会に臨んで、「官吏《かんり》たちの偽善を風刺したゴーリキーに見ならって、作家の皆さんは官吏たちに対してもっと批判的な文を書いてくれ」と訴えた。すると一部の作家たちは、「それならば文学作品の事前検閲を廃止せよ」と要求した。ソ連の芸術家・作家たちは、長い間、社会主義リアリズムの名のもとに自由を奪われていたからであった。

中共では、毛沢東の文化大革命の前に、百家争鳴《ひゃっかそうめい》政策の一環として、一時文化人たちに自由が与えられたことがあったが、その時、文化人たちの大部分は社会主義政策を批判した。その後、鄧小平《とうしょうへい》が実権を握ると、実用主義を採用し、文化人たちに少しずつ自由を許し始めた。すると中共の著名な理論家王若水《おうじゃくすい》は、社会主義にも資本主義と同じく、人間の疎外があることを暴露した。

このように、プロレタリア革命のための芸術、そして党の方針に順応した芸術としての社会主義リアリズムが完全に偽りの芸術であったことが分かるのである。

(三) 作家による共産主義の告発

共産主義の指導者は、芸術家や作家たちに対して、社会主義リアリズムの立場から共産主義を讃美することを強要したのであるが、真なる芸術を追求する芸術家や作家たちは、かえって共産主義時代においても、共産主義の虚偽を辛辣《しんらつ》に告発した。

かつて共産主義に魅惑されていたフランスの作家アンドレ・ジード（Gide, 1869-1951）は一九三六年、ゴーリキーの葬儀に招かれて参席したのち、約一か月間、ソ連を旅行したことがあった。その時、実際に見たソ連社会に対する失望を『ソヴィエト旅行記』の中で率直に表現した。彼はまず序言で次のように述べている。

既に三年前に、私は、ソヴィエト連邦に対する讃嘆と愛着の情を敢えて声明しておいた。かの国では前代未聞の実験が試みられていた。それは、われわれの心を希望でふくらませ、またそれに対してわれわれは無限の進歩と人類をひきずってゆくだけの飛躍を期待したのであった。……われわれの心の精神のうちで、文化そのものの将来をしっかりとソヴィエト連邦の輝かしい運命に結びつけていた。(27)

ところが彼は、一か月間の旅行においてソ連の民衆たちと接した感想を次のように書き記した。

ソヴィエトにおいては何事たるを問わず、すべてのことに、一定の意見しかもてないということは、前もって、しかも断乎として認められているのである。……だから、一人のロシヤ人と話していても、まるでロシヤ人全体と話しているような気がする。(28)

そしてついに彼はソ連社会を、次のように烈《はげ》しく非難した。

今日ソヴィエトで要求されているものは、すべてを受諾する精神であり順応主義である。……私は思う。今日、いかなる国において、たとえヒットラーのドイツにおいてすら、人間の精神が、このようにまで不自由で、このようにまで圧迫され、恐怖におびえ、従属させられているだろうか。(29)

ソ連の作家、パステルナーク（Pasternak, 1890-1960）は、誰にも知られないように密かに『ドクトル・ジバゴ』を書き、ロシア革命に対する幻滅を吐露《とろ》し、愛の思想を訴えた。その本はソ連では出版されず、外国で出版されて非常な好評を博した。そして彼にノーベル文学賞が与えられることが決定された。しかしその結果、彼は国内においては、作家同盟から除名され、反動的・反ソ作家として非難されるようになったのである。パステルナークは、その本の中で彼自身の良心を象徴するジバゴを通じて次のように語っている。

マルクス主義が科学？　……マルクス主義は、科学であるためにはあまりにも自制がたりないと思いますね。科学というものはもっと均衡のとれたもののはずですよ。マルクス主義が客観的ですって？　ぼくに言わせれば、マルクス主義ぐらい自己閉鎖的で、あれくらい事実から遊離している思想はほかにありませんね。(30)

彼はまた、革命家が彼ら知識人に対して取った態度を非難して次のようにいった。

最初は願ってもない調子だったんだがね。「誠実な仕事はいつでも大歓迎だぜ。思想、とくに新しい思想を出してくれれば、なおさらだ。歓迎して当然じゃないか。しっかりやってくれたまえ。仕事に打ちこみ、闘争心をもって、探求してくれ」とね。ところが、いざ実地に当ってみると、思想とかいうのはただの見せかけでね、革命と権力の座にある者を謳《おう》歌《か》する言葉のアクセサリーのことでしかなかった。(31)

(四)　統一思想から見た共産主義芸術論の誤り

社会主義リアリズムの誤りの原因は何であろうか。

第一の原因は、芸術を「作家の個性を生かしながら全体のため（創作）、また自身のためにする（鑑賞）、美と喜びの創造活動」と見ないで、党の方針に順応しながら、人民を教育する御用手段としての芸術と見たところにある。芸術家は作品の中に、個性を最大に発揮するようにしなくてはならない。そうすることによって、神を喜ばせ、人類を喜ばせるからである。ところが社会主義リアリズムでは、個性を奪い、作品を画一化させたのである。したがって、そこには真なる芸術作品が生まれるすべがなかったのである。

第二の原因は、神を否定することによって、芸術活動の根本基準を喪失したところにある。そして党の方針に従って、勝手な基準を立て、芸術家や作家たちをそれに合うように強要したということである。

第三の原因は、美と愛は表裏の関係にあるから、芸術と倫理も表裏の関係でなければならないのに、それを知らないところにある。そして共産主義社会は愛の倫理を否定するために、芸術は愛のない芸術、または共産党の人民支配の道具としての芸術に転落してしまったのである。

第四の原因は、芸術は決して上部構造でないにもかかわらず、社会主義リアリズムは芸術を上部構造と見たところにある。そのために芸術は経済体系（土台）の侍女に転落してしまった。しかし芸術は、経済体系によって規定されているわけではない。マルクス自身、『経済学批判』の最後の部分にある「序説」において、次のように告白している。

けれども困難は、ギリシアの芸術や叙事詩がある社会的な発展形態とむすびついていることを理解する点にあるのではない。困難は、それらのものがわれわれにたいしてなお芸術的なたのしみをあたえ、しかもある点では規範としての、到達できない模範としての意義をもっているということを理解する点にある。(32)

唯物史観によれば、ギリシアの上部構造の一部である芸術や文学は今では（マルクス当時）、跡かたもなく消え去るべきであり、人々はそれに何の興味も感じないはずである。しかしギリシアの芸術やイリアス（Ilias）、オデュッセイア（Odyssia）のような叙事詩が、今日の人々にも喜びを与えるのみならず、生活の模範にまでなっているという事実を唯物史観では説明できないために、マルクスは困難を感じると吐露《とろ》しているのである。これはまさしくマルクス自身が「土台と上部構造」の理論の誤謬《ごびゅう》を自証したことにほかならない。

人間には真善美の価値を追求しようとする欲望（基本的欲望）がある。それはいかに堕落した人間であっても、誰でも、いつの時代でも、普遍的にもっているものである。したがって作品の中に真善美の価値が表れているならば、それはいつでも万人の心をとらえるのである。ギリシアの芸術が今日まで人々に楽しみを与えてきたということは、そこに大なり小なり人間が願う永遠なる真善美の価値が含まれていることを意味しているのである。

最後に、ほぼ同時代に、同じくソ連社会の腐敗を共に告発しながら、作風において全く異なった二人の作家、ゴーリキーとトルストイについて考えてみよう。

ゴーリキーは暴力によって資本主義社会を打倒しようとする共産主義に同調し、芸術家の使命は革命を鼓舞することにあると主張する共産主義芸術家であった。そして彼は革命運動を美化する作品を表したのであった。ゴーリキーの作品である『母』は、社会主義リアリズム文学の代表作として知られている。それは一人の労働者の無学な母親が、革命運動で投獄されたひとり息子の身を案ずる一心から、何度も息子を説得しようとしたが、かえって息子に説得されて社会の矛盾性を自覚し、ついに革命運動の積極的な参加者となる姿を描いたものであった。

他方、トルストイは社会悪を告発しながら、その解決の道は愛による真の人間性の回復にあると説いた。トルストイの代表作の一つが『復活』である。陪審員として法廷に出た一人の貴族の青年が、自分の若き時の一瞬の過ちにより誘惑した下女が罪を犯して裁判を受けている事実を知る。彼は良心の呵責《かしゃく》に悩んだ末に、悔い改めて、彼女を救おうと決意する。そしてついに女性は更生し、青年も新しい人生へ出発するという内容であった。

ゴーリキーが選んだのは外的な社会革命の道であり、トルストイが選んだのは内的な精神革命の道であった。いずれが正しい道であったのだろうか。ゴーリキーの選んだ暴力革命への道は、その後の社会主義社会の実体が示しているように、人間性の抑圧と官僚主義の腐敗という結果をもたらしたのであった。他方、トルストイの選んだ道は、社会全体を救うということでは成功できなかった点があったが、人間性の回復という点では真なる方向の道であった。

統一思想は、人間と社会が共に本然の姿に変革される真なる道を追求する。それは神を正確に理解することによって可能になるのである。すなわち人間と世界を創造された神の属性を正確に知ることによって、本来の人間の姿、本来の社会の姿を知ることができるのであり、その方向に向かって人間と社会を変革していけばよいのである。すでに述べたように、統一思想の主張する新しい芸術は、神の心情（愛）を中心として理想主義と現実主義が統一された統一主義芸術である。それは本来の人間と社会という理想に向かって現実を変革していこうとするものである。

第八章　歴史論

ここで扱う歴史論は、史実をそのまま記述するものではない。人類歴史はいかにして始まり、いかなる法則によって進んできて、またいかなる方向に向かって進んでいくのかなど、歴史解釈に対する見解を明らかにするものである。それは統一思想に基づいた歴史解釈をいうのであり、一つの歴史哲学である。ゆえにこの歴史論を統一歴史論または統一史観ともいう。

それでは歴史論が必要な理由は何であろうか。それは人類の未来像を確立することにより、歴史の正しい方向性を提示するためである。それによって現実問題を解決する方案が導かれるからである。言い換えれば、今日の複雑な世界の問題の根本的解決は、明確なるビジョンをもった確固たる歴史観なくしては不可能である。

今日まで多くの歴史観が学者たちによって立てられたが、共産主義の歴史観すなわち唯物史観ほど影響力のある歴史観はなかった。唯物史観は人類歴史を階級闘争の歴史であると規定する。そして資本主義社会は、ブルジョアジーとプロレタリアートの階級闘争、すなわち革命によって倒れて、必然的に共産主義社会が到来すると主張した。したがって、それなりの未来のビジョンを提示したのである。共産主義者たちにとって、唯物史観は革命を起こすための信念の原動力であった。したがって共産主義と自由主義との対決は歴史観と歴史観の対決であったといっても過言ではないのである。

しかるに自由主義世界には、唯物史観に対処しうるような既存の歴史観を見いだすことはできない。そのために自由主義世界は、その間、絶えず共産主義の攻勢と脅威《きょうい》に苦しめられるほかはなかった。ところがそのような唯物史観も結局、倒れてしまった。それはまさに文《ムン》先生の統一歴史論のためであるといっても言いすぎではない。統一史観は新しい神観に基づいた史観であるが、今日までの数十年間、共産主義との理論的対決において唯物史観の虚構性を鋭く暴露してきたのである。そして歴史的な史実をもって、人類歴史が神の摂理により統一された創造理想世界を目指して進んできたことを実証的に解釈しているのである。

一　統一史観の基本的立場

統一史観の基本的立場は、統一原理の復帰原理に基づいた立場であるが、歴史を三つの観点から説明している。第一に罪悪史として、第二に再創造歴史として、第三に復帰歴史として、歴史を見るのである。それから歴史の解釈にあたって、歴史に法則が作用してきたのかという問題や、歴史の始元や方向の問題も提起されるために、そのような問題に関してもここで扱うことにする。

罪悪史

まず統一史観が見る罪悪史について説明する。歴史は人間の堕落によって出発した罪悪史である。そのために人類歴史は原理的、正常的な歴史として出発することができず、対立と葛藤《かっとう》、戦争と苦痛、悲しみと惨状などでつづられる混乱の歴史になった。したがって歴史上に提起されるいろいろな問題の根本的な解決は、この堕落問題の解決なくしては不可能である。

再創造歴史

次は人類歴史が再創造歴史であるということについて説明する。人類始祖の堕落のために、人類は本然の人間と本然の世界を喪失した。したがって本然の人間は霊的な死の状態に陥った。そして本然の人間と世界は未完成のまま失われてしまった。そのため神は歴史を通じて人間を再創造し、世界を再建する摂理をなされるようになった。ゆえに摂理歴史は再創造歴史となったのである。

したがって神が初めに人間と宇宙を創造されたときの法則（創造の法則）とみ言《ことば》（ロゴス）が、そのまま歴史の摂理にも適用された。神の創造はみ言で始められたから、再創造もみ言によってなされたのである。しかし再創造といっても宇宙を再び造るわけではない。堕落は人間だけの堕落であるから、再創造は人間だけの再創造である。すなわち人間だけをみ言で再創造すればよいのである。それで神は聖人、義人、預言者などの精神的指導者を立てて、彼らを通じて人々に真理（み言）を伝え、人々を霊的に導いてこられたのである。

復帰歴史

次は復帰歴史について説明する。人類始祖の堕落によって、人間は本然の世界（エデンの園）から追放され、本然の人間の姿を失い、非本然の姿または非原理的な姿になり、非原理的な世界でさまようようになった。したがって本然の世界と本然の人間は、再び回復されなければならない理想として残されたのである。

一方、神においても創造が失敗に終わらないためには、いかにしても非原理的な世界と人間を本然の状態に復帰させなければならなかった。そのために神は、人類歴史の始まりと同時に、罪悪の人間と罪悪の世界を本然の状態に復帰する摂理（復帰摂理）をなされたのである。人類歴史が復帰摂理歴史となったのはそのような理由のためである。ところで神は原理の神であり、人間の堕落は人間が一定の条件を守らないところにあったので、復帰の摂理においても、一定の法則が作用するようになった。それが復帰の法則であった。

歴史の法則性

歴史観を立てるに際して、歴史の中に法則を発見することは最も必要な条件の一つである。しかし今日まで、歴史法則を提示した宗教家や学者はほとんどいなかった。例えばキリスト教の摂理史観を見るとき、説得力のある法則は提示されなかった。そのために、キリスト教史観は今日、科学（社会科学）とは認められず、学問分野から追い出されるようになったのである。

近世に至り、ヘーゲルが歴史の説明に弁証法（観念弁証法）を適用して、人類歴史は絶対精神（理性）が弁証法的に自己自身を外部の世界に展開してきた弁証法的発展の過程であって、最後には自由が完全に実現する理性国家に到達すると主張した。ところがヘーゲルが理性国家であると考えていたプロシアは、自由が実現されないまま、歴史とともに流れてしまった。ヘーゲルのいう歴史法則は現実から遊離したものであった。また二十世紀に入って、トインビーが壮大な文明史観を打ち立て、文明の発生、成長、崩壊、解体の過程を詳細に分析したが、そこにも明確な歴史法則は提示されなかった。しかるにマルクスの唯物史観が歴史の法則を明示し、科学的な歴史観であると自称してきたのである。

統一史観は、歴史に法則が作用してきたと主張するのはもちろん、その法則に創造の法則と復帰の法則という二組の法則があることを明らかにしている。この法則こそ、実際に歴史に作用した真の法則である。そのような歴史の法則が提示されることによって、唯物史観の虚構性が如実《にょじつ》に暴かれる。唯物史観の主張する法則とは、実は似非《えせ》法則であり、独断的な主張にすぎないことが明らかになるからである。統一史観は、神学的立場でありながらも、見事に歴史法則を定立しているのであり、それによって今日まで非科学的と見なされてきた神学的歴史観も社会科学として扱われるようになるのである。

歴史の始元と方向と目標

歴史はいつ、いかにして始まったのかという歴史の始元に関しては、統一史観は人間の創造と堕落を歴史の始元と見る。これはキリスト教の摂理史観と同じ立場である。また人類の始祖に関して、一元論（monogenism）か多元論（polygenism）かという問題があるが、統一史観は人類の始祖はアダム・エバであるとする一元論を主張する。「創造は一から始まる」というのが創造原理の法則であるからである。

それから歴史の目標は高い次元における創造理想世界への復帰であり、歴史の方向はその復帰の方向である。したがって歴史の目標と方向は決定的である。しかし、いかにしてその目標に到達するかは、決定されているのではない。神の摂理のもとで人間の――特に摂理的な中心人物たちの――責任分担が果たされる時に、その時その時の摂理のみ旨が成功裡《り》に達成されるようになるのである。したがって歴史のたどる過程が直行か迂回《うかい》か、短縮か延長か、それは全く人間の努力いかんにかかっているのである。すなわち歴史の過程は非決定的であって、人間の自由意志に委ねられているのである。特に摂理的人物たちが、与えられた使命をいかに果たすかどうかにかかっているのである。これを責任分担遂行あるいはただ責任分担という。

このように目標は決定的であるが過程は非決定的であると見る立場、すなわち歴史の進行過程が人間の責任分担あるいは自由意志にかかっていると見る見解を責任分担論（theory of respohsibility, responsibilism）と呼ぶ。

二　創造の法則

歴史の法則をもう少し具体的に見てみよう。すでに述べたように、人類歴史は再創造歴史であると同時に復帰歴史である。したがって歴史の変遷には創造の法則と復帰の法則が作用したのである。ここでまず創造の法則について説明する。創造の法則には、⑴相対性の法則、⑵授受作用の法則、⑶相克の法則、⑷中心の主管の法則、⑸三段階完成の法則、⑹六数期間の法則、⑺責任分担の法則がある。

(一)　相対性の法則

被造物一つ一つは、内的に互いに相対関係を結んでいる二つの要素をもっている。主体的要素と対象的要素がそうである。それだけでなく、個体は外的に他の個体との間に主体と対象の相対的関係を結ぶことによって、存在し、運動する。このような関係のもとで生物は生存し、繁殖し、発展する。ここで主体と対象が相対関係を結ぶということは両者が相対することを意味する。ところで主体と対象が向かい合って対するに際して、共通目的を中心として対する時と、共通目的なしに対する時がある。ここで主体と対象が共通目的を中心として互いに向かい合って対すること、すなわち相対関係を結ぶことを特に「相対基準を造成する」という。

このように一つの個体が必ず他者と主体と対象の相対関係を結ぶという事実を「相対性の法則」という。したがって社会（歴史）が発展するための必須条件は、政治、経済、文化、科学などのすべての分野において、主体と対象の相対的要素（相対物）が相対関係を結ぶことである。このような相対関係が形成されなくては発展がなされない。主体と対象の相対的要素とは、性相と形状、陽性と陰性、主要素と従要素（主個体と従個体）のことをいう。

その例として、精神と肉体、心と体、イデオロギーと経済的条件（物質的条件）、精神的文化と物質的文明、政府と国民、経営者と労働者、労働者と生産用具、機械の主要部分と従属部分などを挙げることができる。そのような例はそれ以外にも数多くある。そしてそのような相対的要素が主体と対象の関係を結ぶことによって、政治、経済、文化、科学などのすべての領域での発展がなされるのである。

（二）授受作用の法則

事物の内部において、主体と対象の二つの要素が相対関係を結ぶとき、一定の要素または力を授け受けする作用が起きる。主体と対象間のこのような相互作用を授受作用という。この授受作用が行われるところで発展がなされる。歴史の発展もこのような授受作用によってなされてきた。したがって歴史においても、あらゆる社会の分野で主体と対象の相対的要素（相対物）が相対関係を結んだのちに、共通目的を中心として円満な授受作用を行うときに、各分野での発展がなされたのである。

例えば国家が存在し繁栄するためには、政府と国民が国家の繁栄を目的として、主体と対象の関係を結んで円満な授受作用を行わなくてはならない。また企業の繁栄のためには、資本家、経営者、労働者、技術者、機械などが相互に主体と対象の関係をなして、円満な授受作用を行わなくてはならない。したがって「相対性の法則」と「授受作用の法則」は表裏一体の関係にあるのであり、この二つの法則を合わせて広義の「授受作用の法則」ともいう。

授受作用は調和的であり、決して対立的、相衝《そうしょう》的ではない。ところが唯物史観は対立物の闘争によって歴史は発展すると主張する。しかし闘争は発展のための一つの契機とはなりえても、闘争が行われる間は、かえって発展は停止するか、あるいは後退するだけである。だから発展に関する限り、唯物史観の主張は全く間違いであり、階級闘争を合理化するための偽装理論にすぎなかったのである。

(三) 相克の法則

授受作用は主体と対象の相対的要素または相対的個体の間に行われるが、主体と主体（あるいは対象と対象）は互いに排斥し合う。このような排斥現象を相克作用という。相克作用は自然界においては、本来、潜在的なものにすぎないのであって、表面化されるものではなく、主体と対象の授受作用を強化あるいは補完する役割をもっている。

例えば自然界において、陽電気と陽電気（あるいは陰電気と陰電気）は互いに排斥し合うが、これは主体（陽電気）と対象（陰電気）の授受作用を強化、補完するための作用なのであり、それ自体としては表面化されるものではない。したがって自然界においてはこのような相克作用によって秩序が乱されることはない。

ところが人間社会における主体と主体の相克作用は、二つの指導者の間の対立として現れる。革命時における新しい指導者と過去の指導者の対立がその例である。このような相克作用において、二つの主体（保守派の主体と改革派の主体）はそれぞれの対象層（人民大衆）と授受作用を行って各自の勢力を形成し、その結果、二つの勢力が対決するようになるのである。そのとき、二つの主体（指導者）の中の、一方は神の摂理により近い立場に立っており、他方はより遠い立場に立つようになる。前者を善の側といい、後者を悪の側という。したがって社会における主体と主体の相克作用は善悪の闘争として現れる。そしてその闘争において善の側が勝利すれば、歴史の進む方向は少しずつ善の方向へ転換してゆくのである。

しかし、たとえ堕落した社会であっても、相克作用はその本来の授受作用の補完性を現す場合もなくはなかった。例えば国家と国家、または民族と民族が平和的に競争しながら、文化的、経済的に共に発展していくという場合がそうである。

主体と対象の授受作用において、主体が中心となり、対象は主体の主管を受けるようになる。その結果、対象は主体を中心として円環運動を行うようになる。自然界においては、地球が太陽を中心として回り、電子が核を中心として回るというように、物理的な円環運動が行われる。ところが人間社会における主体と対象の関係は、主体の心と対象の心の関係であるから、対象の心が主体の命令、指示、依頼などによく従うという意味での円環運動が行われるのである。

復帰歴史において、神は中心人物を立てて、彼を通じて神の摂理にかなう方向、すなわち善なる方向へ社会を導かれるのであるが、その場合、社会環境を先に造成しておいて、そののちに、中心人物をして、環境を神の摂理にかなう方向に収拾せしめられる。したがって中心人物には、常に環境を収拾（主管）すべき責任分担が与えられるのである。そのように神の摂理において、中心人物が社会環境を主管することを中心の主管の法則という。それは選民のみならず、あらゆる民族や国家の歴史においても適用される法則であった。

(四)　中心の主管の法則

神は人類歴史の中心史として、旧約時代にはイスラエル民族史を、イエス以後のキリスト教を中心とした新約時代には西洋史を摂理してこられた。旧約時代のノア、アブラハム、ヤコブ、モーセ、列王、預言者たち、そして新約時代のアウグスティヌス、法王、ルター、カルヴァンなどのキリスト教の指導者や、フランク王国のカール大帝、英国のヘンリー八世、アメリカ合衆国のワシントン、リンカーンなどの政治的指導者たちも、各時代に立てられた中心人物たちであった。

一方、神の摂理を妨害するサタンも、自己を中心とした支配圏を確立しようとして、サタン側の中心人物を立てて、彼を通じて神の摂理を妨害しながら、社会環境を主管しようとしてきた。汎ゲルマン主義を唱えて世界を制覇しようとしたヴィルヘルム二世（カイゼル）やヒトラー、共産主義思想を確立したマルクス、共産主義革命を指導したレーニン、スターリン、毛沢東などが、そのような人物たちであった。彼らの思想や指導力なくして全体主義の台頭や共産主義革命は決して起こりえなかった。

トインビーは「文明の成長は創造的個人もしくは創造的少数者によってなしとげられる事業である」[1]と述べた。そして多数者である大衆は創造的個人または創造的少数者に指導を受けて、彼らに従っていくという。トインビーのこの主張は、歴史に中心の主管の法則が通用されてきたことを語っている。

唯物史観は唯物論の立場から、指導者よりも環境（社会環境）をより重視して、社会環境の基盤である人民大衆が社会発展において決定的役割を果たすのであり、指導者は一定の社会的条件の制約を受けながら活動するだけであると主張する。これは、精神は物質から発生するので精神は物質の制約を受けるように、指導者の精神は物質的環境である社会環境の制約を受けるという唯物論を根拠とした主張である。そのように共産主義は、社会環境（人民大衆）を物質的概念として、中心人物（指導者）を精神的概念として扱っているのである。しかしこれは正しい見解ではない。指導者が主体、人民大衆は対象であって、指導者はその宗教的あるいは政治的な理念をもって、大衆や社会を一定の方向へと導いているのである。

（五）　三段階完成の法則

創造原理によれば、すべての事物の成長や発展は、蘇生《そせい》、長成、完成の三段階の過程を通じてなされる。例えば植物は、種から芽が出る段階、茎が伸び葉が茂る段階、花が咲き果実が実る段階を通じて完成する。この法則が歴史にも適用されて、三段階の過程を通じて再創造の摂理がなされた。すなわち、ある一つの摂理的な行事が失敗に終われば、同様な摂理が三次まで繰り返されて、三段階目には必ず完成するという法則である。

例えば復帰摂理の基台を立てようとした摂理は、カインとアベルの献祭の失敗によって、アダム家庭においてなされなかったが、ノア家庭を経てアブラハム家庭に至り、初めて果たされたのである。またアブラハム家庭においても、アブラハムの代においてなそうとした復帰基台造成の摂理が、アブラハムの祭物失敗により、イサクの代を経て三代目であるヤコブに至って初めて果たされるようになったのである。後のアダムであるメシヤの降臨においても同じである。アダムが堕落することによって創造目的を実現することができなかったために、神は第二のアダムとしてイエスを送られた。しかし十字架刑によって、イエスも創造目的を完全には果たすことができなかったために、第三のアダムとして再臨主を降臨させられるのである。

再臨主を迎えるための準備期間である近世において、ヘブライズム復興運動とヘレニズム復興運動が、それぞれ三段階の過程を通じて展開された。ヘブライズム復興運動とは、神本主義運動すなわち宗教改革をいうのであるが、ルター、カルヴァンを中心とする第一次宗教革命に続いて、ウェスレー、フォックスらによる第二次宗教改革が起こり、そして今日、統一教会を中心として第三次宗教改革（第三次神本主義運動）が展開されている。他方、ヘレニズム復興運動とは、人本主義運動をいうのであるが、第一次人本主義運動であるルネサンス（文芸復興）に続いて、第二次人本主義運動として啓蒙思想運動が起こり、さらに今日、第三次人本主義運動である共産主義運動が展開したのである。

ヘブライズムの復興運動（神本主義運動）は神の側の復興運動として展開され、ヘレニズムの復興運動は人本主義運動として展開された。人本主義運動は人間を次第に神から分離させるサタン側の運動であった。この運動が最後に無神論（共産主義）に流れたのはそのためである。ところで神本主義運動が三段階を通じて成功すれば、サタン側の思想運動である人本主義運動は必然的に失敗するようになる。したがって神側の三段階完成の法則は、サタン側においては三段階必滅の法則となるのである。すなわち第三次神本主義運動である統一教会運動の成功と、第三次人本主義運動である共産主義運動の滅亡は、共に必然的なことなのである。

(六)　六数期間の法則

聖書によれば、神の宇宙創造において、アダムの創造までに六日かかったとされている。すなわち、アダムの創造は六数期間を前に立てて行われたのであり、この期間はアダムをつくるための準備期間であった。同様に、再創造歴史においても、第二アダムであるメシヤ（イエス）降臨の六数期間前、すなわち前六世紀から神はメシヤを迎えるための準備を始められたのである。

紀元前六世紀ごろ、神はユダヤ民族をバビロンの捕虜にせしめて彼らが不信仰を悔い改めるようにさせられたが、それは六世紀後に降臨されるメシヤを迎えるための準備であった。紀元前六世紀ごろ、中国には孔子（ca.551-479 B.C.）が現れて儒教を立てた。そして孔子以後、六世紀をかけて、諸子百家《しょしひゃっか》として知られている多くの思想家が現れ、中国思想の黄金時代を築き上げた。インドにおいても、紀元前六世紀に釈迦《しゃか》（ca.565-485 B.C.）が現れて仏教を立てた。またそれと前後してウパニシャッド（奥義書《おうぎしょ》）と呼ばれる古代インド哲学書が出現した。同じころ、中東地方ではゾロアスター教が起こり、ギリシアでは哲学、芸術、科学などが飛躍的に発展した。これらはみなメシヤを迎えるための準備であった。神はこのようにして、それぞれの地域の人々を彼らに適した方法で宗教的または思想的に善なる方向に導いて、彼らがメシヤを迎えることができるように準備されたのである。

実存主義哲学者であるヤスパースは、紀元前五〇〇年ごろを前後して、シナ、インド、イラン、パレスチナ、ギリシアなどで相互に何の関係もなく、精神的指導者たち（宗教の開祖や哲人）が現れたことに注目し、その時代を「枢軸時代」と呼んだ(2)。ほぼ同じ時代に、そのような精神的指導者たちが、互いに約束でもしたかのように世界各地に現れた理由は何であろうか。彼はそれを歴史的な秘密であり、解くことのできない謎《なぞ》であるといった(3)。その謎は、六数期間の法則を理解することによって解けるようになるのである。

再臨の時にも同様である。第三アダムである再臨のメシヤを迎える時にも、メシヤ降臨の六数期間前から神は再臨を迎える準備を始められたのである。それが十四世紀ごろから胎動し始めて、十六世紀になって本格化した、宗教改革とルネサンスであった。(4) 十八世紀末に起きた産業革命、そしてその後の科学と経済の飛躍的な発展も、やはりそのための準備であった。すなわち神は復帰摂理歴史において、二十世紀に再臨主を地上に送るために、そのような準備をなされたのである。

イエスを迎えるために、六世紀前に現れた宗教家、哲学者たちは、メシヤの道を準備する使命をもつ天使長の立場にあった。したがって彼らの語った愛と真理は完全なものではなく、部分的なものであった。神の子であるメシヤだけが真の愛を実践し、絶対的な真理を説くことができ、その愛と真理を通じて、初めてそれまでの宗教や思想のすべての未解決の問題を解決することができるのである。それまでの宗教の教理や哲学の内容は、神が天使を通じて教えた、不完全な愛であり、不完全な真理であるために、メシヤが降臨する時が来れば、結局、未解決の問題があらわになる。そして無力化するようになる。そのときメシヤが降臨して、従来の無力化した宗教や思想を絶対的な真の愛と真の真理によって補強し、蘇生《そせい》せしめ、宗教統一、思想統一を成し遂げながら、統一世界を実現するようになっていたのである。

しかしイエスが十字架で亡くなられたために、統一世界は実現できないまま、イエスの使命は再臨主にゆだねられたのであった。したがって儒教、仏教、東洋哲学、ギリシア哲学などは統一されないまま、再臨の時まで残ることになったのである。それゆえ初臨の時になされなければならなかった、宗教統一、思想統一の課題は、再臨の時に初めて完成されるようになるのである。すなわち再臨主は、それまでの宗教や思想の未解決の問題を神の真の愛と真の真理によって解決し、宗教統一、思想統一を成し遂げて、統一世界を実現されるのである。

ここで留意すべきことは、再臨主を迎える六世紀前からの準備期間は、メシヤ初臨の六世紀前のように新しく宗教や哲学を立てる必要はなく、既存の宗教や哲学を残せばよかったということである。今日まで、仏教などが生き残ってきたのはそのためである。ただし中東におけるゾロアスター教は、善悪二神の宗教だったために、七世紀ごろ、唯一神教であるイスラム教によって取って代わられたのである。

(七)　責任分担の法則

人間始祖のアダムとエバには、神も干渉できない責任分担が与えられていた。それは人間に万物の主管主としての資格を得させるためであった。すなわち神の責任分担の上に、アダムとエバは彼らに与えられた人間の責任分担を完遂することによって、万物に対する主管主にならなくてはならなかった。ところが、彼らはその責任分担を果たすことができないで堕落してしまった。

再創造の摂理においても、神の責任分担と人間（特に摂理的な中心人物）の責任分担が完全に合わさることによって摂理は成就するようになっていた。ここに人間の責任分担とは、人間（摂理的人物たち）に与えられた使命を、人間が自らの自由意志でもって、責任をもって完遂することを意味する。

したがって、摂理的人物が自らの知恵と努力によって神のみ旨にかなうように責任分担を果たせば、摂理は新しい段階に発展するが、もし彼が責任分担を果たさなければ、彼を中心とした摂理は失敗に帰する。そして摂理は延長されて、一定の数理的期間を経過したのちに、神は新しい人物を召命されて、同一の摂理を再び反復されるのである。

人類歴史が罪悪歴史として今日まで延長してきたのは、摂理的人物たちが継続して責任分担を果たせなかったためである。イエスが十字架にかけられて統一世界を実現できなかったのは、洗礼ヨハネや祭司長、律法学者などの当時のユダヤの指導者たちが責任分担を果たせなかったからである。今日まで共産主義が全世界を混乱に陥れた理由は、産業革命以後、キリスト教国家の指導者たちが責任分担を果たせなかったからである。

共産主義が崩れた現在においても、民主主義の指導者たちは、大いに覚醒《かくせい》して神のみ旨にかなうように責任分担を果たさなければならない。すなわち神の真なるみ言《ことば》と真の愛をもって、共産主義国家の人々までも導いて、神の側に立たせなければならないのである。そうすることによって、真の平和世界とともに地上天国の実現が可能となるのである。

三　復帰の法則

人類の歴史は再創造の歴史であると同時に、堕落によって失われた創造理想世界を回復するための復帰歴史である。ここに創造の法則とは異なる別の法則が歴史に作用することになった。それが一連の復帰の法則である。その法則には、(1)蕩減《とうげん》の法則、(2)分立の法則、(3)四数復帰の法則、(4)条件的摂理の法則、(5)偽と真の先後の法則、(6)縦の横的展開の法則、(7)同時性摂理の法則がある。

(一)　蕩減の法則

堕落とは、人間が本来の位置と状態を失ったことをいう。そして復帰とは、その失った本来の位置と状態を回復することである。しかるに本来の位置と状態を回復するためには、一定の条件を立てなければならない。復帰のためのその条件を蕩減条件という。

人間が立てなくてはならない蕩減条件とは、第一に信仰基台であり、第二に実体基台である。信仰基台を立てるとは、神が立てた指導者（中心人物）に出会い、その指導者を中心として一定の数理的蕩減期間を通じて、一定の条件物を立てることである。そして実体基台を立てるとは、神が立てられた指導者に罪ある人々が従順に従うことである。

しかしながら歴史を顧みるとき、罪悪社会の人々は神が立てた指導者に従順でなく、かえって彼らを迫害した。したがって義人や聖賢たちの歩む道は常に苦難の路程になったのである。しかし神は、このような義人たちの苦難を祭物的な蕩滅《とうげん》条件と見なして、罪悪世界の人々を屈伏せしめ、神の側に復帰してこられた。すなわち義人たちの苦難を条件として、神は罪人たちを悔い改めさせたのである。これが蕩滅の法則である。その典型的な例がイエスの十字架であった。イエスの十字架を信ずることによって、多くの罪悪世界の人々は自分たちの罪を自覚し、悔い改めたのである。

今日まで共産主義者は数多くの宗教人、義人、善良な人々を迫害し、殺害してきた。神は彼らの受難を条件として、ついには共産独裁政権を屈伏せしめ、共産世界の人々を解放するように導かれたのである。したがって蕩滅の法則から見て、共産主義の滅亡は必然的であったのである。

(二) 分立の法則

創造主は神のみであるために、創造本然の人間は常に神とのみ関係を結ぶようになっていた。しかし堕落によって、アダムはサタンとも関係を結ぶようになってしまった。それでアダムは神も相対することができ、サタンにも相対することができる中間位置に置かれるようになったのである。それゆえ神がアダムに相対しようとすれば、サタンもアダムに相対できるようになったのである。神はそのような非原理的な立場にあるアダムを通じて原理的な摂理をすることができなかった。そこで神はアダムが二人の息子を生むようにさせて、それぞれ神の側とサタンの側に分立されたのであり、神の側には弟のアベル、サタンの側には兄のカインを立てられたのであった。[5]

神はカインがアベルに従順に屈伏することによって、カインとアベルを共に神の側に復帰しようとされた。神の側にあった人間（アダム）がサタンの誘惑に屈伏して堕落したために、蕩減復帰によって、サタンの側のカインが神の側のアベルに従順に屈伏しなければならないのが原理であったからである。したがってカインとアベルが神に供え物をするとき、サタン側の立場のカインは直接神に供え物をするのではなくて、アベルを通じてなさなければならなかった。ところがカインは直接神に供え物をなしただけでなく、ついにはアベルを打ち殺してしまった。その結果、歴史は罪悪歴史として出発するようになったのである。[6]しかし神の側の立場に分立されたアベルが最後まで神に忠誠を尽くした心情の基台が残っていたので、それを条件として、神は歴史を通じてサタン世界から善の側の人間を分立することができるようになったのである。[7]

神は善の側の個人を立てるところから始めて、善の側の家庭、氏族、民族、国家、世界を分立しながら、次第に善の側の版図を拡大された。ところが神の摂理に対抗するサタンも同様に、神に先立って、悪の側の個人から始めて悪の側の家庭、氏族、民族、国家、世界を立てながら悪の版図を拡大してきたのであり、そうすることによって神の摂理を妨害してきたのである。

歴史的に善の側の人々（聖賢たち）は神のみ言《ことば》を悪の側の人々に伝えようとしたが、悪の側の人々は聞き入れず、かえって武力でもって迫害し攻撃を加えてきた。そこで神の側がそれに応戦するという立場で闘争が展開されてきた。それゆえ歴史上には、善の側の個人と悪の側の個人、善の側の家庭と悪の側の家庭、善の側の氏族と悪の側の氏族、善の側の民族と悪の側の民族、善の側の国家と悪の側の国家、善の側の世界と悪の側の世界の間に闘いが展開され、今日まで続いてきたのである。したがって歴史は善悪闘争歴史としてつづられてきたのである。

しかし、いくら一方が善であり他方が悪であるといっても、復帰歴史の過程においては完全なる善や完全なる悪はありえない。相対的に神の摂理により近い方が善の側に、遠い方が悪の側に分立されたのである。

つい最近まで、世界は善の側の世界と悪の側の世界の二大陣営に分けられていた。それが、とりもなおさず自由世界と共産世界、すなわち宗教（特にキリスト教）を認める国家群と宗教を否定する国家群であった。

神が世界を善の側と悪の側に分立された目的は、悪の側が善の側に屈伏することによって、悪の側をも救って神の側に復帰するためであった。したがって、この両陣営の闘争は神の摂理により、最後には善の側が勝利するようになっていたのであり、また実際にそうなったのである。今日、最終的には、自由世界と共産世界の統一はメシヤを迎えることによってなされる。アダムの不信仰によってカインとアベルに分立されたのであるから、後のアダムであるメシヤによってカイン側とアベル側の統一が成し遂げられるのである。

（三）　四数復帰の法則

神の創造目的は家庭的四位基台を通じて神の愛を実現することにあった。すなわちアダムとエバが神のみ言《ことば》に従って成長し、完成し、神を中心として夫婦となり、合性一体化して子女を繁殖することであり、そうすることによって、神、アダム（夫）、エバ（妻）、子女から成る家庭的四位基台が成されて、そこにおいて神の愛（縦的な愛）が充満する家庭が実現されたのであった。しかしアダムとエバの堕落によって、神を中心とした家庭的四位基台が形成できなくなり、サタンを中心とした家庭的四位基台が形成され、全被造世界がサタン主管圏に入ってしまった。したがって神の縦的な愛を中心とする家庭的四位基台を復帰することが復帰歴史の中心的な目的であったのである。

四位基台を復帰するために、神はまず四数期間をもって、象徴的、条件的な摂理をなされた。これを四数復帰の法則という。ここに四数期間とは家庭的四位基台を数理的に回復する蕩減《とうげん》条件である。四数期間は、四十日、四十年、四百年などの期間を意味するが、この期間はサタンによって混乱が引き起こされる期間であって、その間、神の側の人々は苦しみを受けるようになるのである。

その例がノアの四十日間の洪水、モーセの荒野路程四十年、キリスト教徒に対するローマ帝国迫害時代四百年などである。この蕩減期間が過ぎれば、条件的に四位基台を復帰したという意味で、混乱は収拾されて神の復帰摂理は新しい段階に進んでいったのである。四数復帰の法則はイスラエル民族の歴史のみならず、その他の民族や国家の歴史においても適用されたのであった。

トインビーは四百年の混乱期（動乱時代）を経たのちに統一を達成した世界国家の例を挙げている。例えばギリシア・ローマ文明の時代において、ペロポネソス戦争からローマの統一までの四百年（前四三一—三一年）、中国の歴史において、春秋戦国時代から秦・漢帝国による統一までの約四百年（前六三四—二二一年）、日本の歴史において、鎌倉・足利時代の封建的無政府状態から豊臣秀吉が全国を統一し、徳川幕府の成立に至るまでの約四百年（一一八五—一五九七年）などの例がそうである。しかしトインビーは、なぜそのような四百年期間が現れるのか、明らかにできなかった(8)。

その外に、韓国に対する日本の支配期間四十年——一九〇五年の乙巳《いっし》保護条約から一九四五年の韓国の解放まで——もその一例である。

(四) 条件的摂理の法則

条件的摂理の法則とは、摂理的なある事件において、中心人物が神のみ旨にかなうように責任分担を果たすか否かによって、その後の摂理時代の性格が決定されることをいう。摂理的な事件は、それ自体としても、復帰摂理の過程において、その時その時の現実的な意味をもつのはもちろんであるが、その後に起こる摂理的な事件の性格を決定する条件となったのである。

例えば旧約時代の摂理において、モーセが荒野で磐石《ばんせき》を二度打って水を出した事件があった（民数記二〇章）。そのモーセの行為には、それ自体として、その時の現実的な必要性、すなわち荒野で渇いた民に水を飲ませなければならないという状況において必要な行為であった。しかし同時に、その行為は将来、イエス降臨の時の神の摂理の内容を象徴的に条件づけたのであった。『原理講論』には次のように書かれている。(9)

磐石とはアダムを象徴するものであって、モーセが打つ前の水の出ない磐石は第一のアダムを、そしてモーセが一度打って水が出るようになった磐石は第二アダムであるイエスを象徴していた。なぜならば水は生命を象徴しているから、堕落によって霊的に死んだ状態にある第一のアダムは、水を出さない磐石にたとえられ、死んだ人々を生かすために来られる第二アダムであるイエスは水を出す磐石にたとえられるからである。ところがモーセは不信仰なるイスラエル民族に対する怒りから、一度打って水が出るようになった磐石をもう一度打ってしまった。その結果、将来イエスが来られたとき、イスラエル民族が不信仰に陥るならば、サタンは磐石の実体であるイエスを打つことができるという条件が成立したのである。

そして、実際、イエスはイスラエル民族の不信仰のゆえに十字架にかけられたのであるが、それはモーセの磐石二度打ちがメシヤ降臨時の摂理を条件づけたためである。
これは旧約聖書に記されている史実の一例にすぎないが、その他に摂理的に意義のある歴史的な事件にも、同様にこの法則が作用した。すなわち摂理的事件は偶発的な事件ではなくて、それ以前の様々な要因によって、ある程度、条件づけられていたのである。そのように一時代の摂理的な事件がいかに展開したかによって、その後に展開される歴史的事件の性格が条件づけられるのである。このような内容を条件的摂理の法則という。

(五) 偽と真の先後の法則

これは真なるものが現れる前に偽なるものが先に現れるという法則である。サタンは人間始祖を堕落せしめることによって、神が創造された被造世界を占有した。それゆえサタンは神に先立って、神のなさる摂理をまねて、原理型の非原理世界をつくってきたのである。神はアダムが責任分担を果たさないで堕落してしまったために、サタンが非原理世界を造るのを許さざるをえなかった。その代わりに神は、サタンのあとを追いながら、サタンが造った非原理世界を原理世界に取り戻す摂理を行ってきたのである。そしてサタンによる非原理世界は、たとえ繁栄を見せたとしても、それは偽なるものであるがゆえに、その繁栄は一時的であって、神の摂理が進展するにつれて、必ず崩壊していかざるをえなかったのである。

復帰摂理の究極の目的は、地上に神を中心とした創造理想の実現した世界、すなわち全世界が一つに統一された国家を実現することであった。それがすなわち神（神を代身した人類の真の父母）を最高の主権者として侍る神の国であり、地上天国であって、それはメシヤが降臨することによって初めて実現されることになっていた。しかしサタンはそのような神の摂理を知っていたために、その摂理の意図を先取りして、メシヤ降臨（または再降臨）の前に、サタン側のメシヤ的な人物を立てて、サタン側の理想国家をつくろうと企てたのである。そのために偽のメシヤと偽の統一世界が先に現れたのである。

イエスが来られる前に現れたローマ帝国がその良い例である。ローマにカエサル（ジュリアス・シーザー）が現れて、全ガリアを征服して属州に加え、ローマの統一を成し遂げた（前四五年）。彼が暗殺されると、オクタヴィアヌス（アウグストゥス）はローマの内乱を収拾し（前三一年）、全地中海を統一して、文字どおりの世界帝国を実現した。ローマ帝国の繁栄は「ローマの平和」（Pax Romana）といわれ、約二世紀間続いたのである。カエサルやオクタヴィアヌスはサタン側のメシヤ的人物であった。彼らは真のメシヤ（イエス）が降臨して、永遠なる愛と平和と繁栄の統一世界を成されるに先立って、偽の平和と繁栄の統一世界をつくり上げたのである。ところが結局、イエスは使命未完成のまま十字架で亡くなられたので、真の統一世界、真の理想世界は実際には現れなかったのである。

再臨の時にも、この法則に従って、偽の再臨主と偽の統一世界が、再臨の摂理に先立って現れる。それがスターリンと共産主義世界であった。事実、スターリンは当時、人類の太陽を自認し、メシヤのごとく崇《あが》められ、共産主義による世界統一を目標としたのである。スターリンは一九五三年に死去したが、摂理的に見れば、そのときが再臨摂理の公式的路程が出発する時であった。そして国際共産主義のその後の分裂は、偽の統一世界の崩壊と、メシヤによる真の統一世界の実現の進展を見せたのである。

(六) 縦の横的展開の法則

これは復帰歴史の終末期において、縦的な歴史的事件を横的に再び展開させるという法則である。縦とは時間の流れをいい、横とは空間的広がりをいう。すなわち縦は歴史であり、横は現実世界を意味する。したがって縦の横的展開とは、歴史上のすべての摂理的な事件と人物を終末時に世界的に再現させて摂理するということである。そうすることによって神は、歴史上の摂理的人物たちの失敗によって、その時ごとに未解決に終わった様々な歴史的事件を、終末において一時にみ旨にかなうように成し遂げて復帰摂理歴史を完結させようとされたのである。

例えばアダムからアブラハムまでの二千年間の復帰摂理において、サタンに侵入された縦的な蕩減《とうげん》条件を、アブラハムとイサクとヤコブは三代でもって蕩減復帰した。しかしそれは条件的なものであった。すなわちアダム家庭の摂理とノア家庭の摂理は、共に未解決で失敗に終わったのであるが、アブラハム家庭において、いったん条件的なままで摂理がなされたのである。またイエスの時には、神はアダムからイエスまでの四千年の歴史において、サタンの侵入によって失敗に終わった、いろいろな摂理的事件を横的に展開して、それらを一気に蕩減復帰しようとされたのである。しかしイエスが十字架にかかることによってなされなかった。

そして再臨の摂理が行われる時には、アダム以後再臨主までの六千年の歴史において、サタンに侵入されて、条件的に解決しただけのすべての事件を再び横的に展開して、それらを再臨主を中心にして、総体的に、根本的に蕩減復帰し、罪悪歴史の摂理を完結させるのである。歴史上の事件が未解決のまま残されている限り、地上の真の平和は実現しえない。歴史上のこれらのすべての事件を、終わりの日に根本的に解決することによってのみ、現実社会の問題も完全に解決されるようになり、そこに初めて真の平和の世界が実現するようになるのである。

例えば今日のイスラエルとアラブ諸国の対立は、たとえ今日の問題であるとしても、根源をたどってゆけば、旧約時代におけるイスラエル民族と周辺民族との闘いが、今日、再現された性格の闘いであることが分かる。したがって今日のイスラエルとアラブの対立を単に政治的な問題として把握しただけでは解決は不可能である。すなわち歴史をさかのぼってその根本的な原因を見いだし、その原因を根本的に解決しなければ、イスラエルとアラブとの対立は終わらないのである。

そのように終末の時が来れば、縦的な歴史上の様々な事件が再現され、様々な予想しない事態が続発するようになり、そのため世界は大混乱に陥るようになる。縦の横的展開の法則によって、終末において、そのように世界が混乱に陥るようになるので、聖書は、このような状況を「大きな患難《かんなん》」と表現しながら、「その時には、世の初めから現在に至るまで、かつてなく今後もないような大きな患難が起る」（マタイ二四・二一）というイエスのみ言《ことば》を伝えている。このような混乱は、人類が再臨主を迎えて、その方の真のみ言と真の愛の教えに従うことによってのみ、根本的に解決されるようになるのである。

神がこのように歴史の諸事件を終末時に再現させて、それらが再臨主によって根本的に解決するように摂理をなさるのは、第一に、六千年の罪悪歴史において人間が過ちを犯さないで成し遂げてきたという勝利の条件を立てることによって、神と人類の心から、歴史上の数多くの悲惨なる事件の記憶を永遠に払拭《ふっしょく》されるためであり、第二に、サタンの讒訴《ざんそ》条件を一掃してサタンまでも永遠に救うためである。

(七) 同時性摂理の法則

過去の歴史において起きた一定の摂理的事件が、時代ごとに反復して現れることを同時性摂理の法則という。同時性の関係にある摂理的時代は、中心人物、事件、数理的期間などにおいて、よく似た様相を示す。これは復帰歴史において、ある摂理的中心人物がその責任分担を果たさなかったとき、その人物を中心とした摂理の一時代は終わってしまい、一定の期間を経たのちに、類似した他の人物が立てられて、前の時代の摂理を蕩滅《とうげん》復帰するために、同様な摂理の役事が反復されるためである。ところが、そのとき、復帰摂理の延長とともに、蕩滅条件が次第に加算されて現れるので、完全に前の時代と同じように反復するのではない。ただ次元を高めた形で反復する。その結果、歴史は螺旋形《らせんけい》を描きながら発展するようになるのである。

それでは同時性摂理の法則はどのように歴史に作用したのであろうか。アダムからアブラハムまでの二千年間(復帰基台摂理時代)の家庭を中心とした復帰摂理が失敗することによってメシヤが降臨できなかったので、それに対する同時性摂理として、アブラハムからイエスまでの二千

復帰摂理時代	復帰摂理延長時代
エジプト苦役時代(400年)	ローマ帝国迫害時代(400年)
士師時代(400年)	教区長制キリスト教会時代(400年)
統一王国時代(120年)	キリスト王国時代(120年)
南北王朝分立時代(400年)	東西王朝分立時代(400年)
ユダヤ民族捕虜時代(70年) ユダヤ民族帰還時代(140年)	教皇捕虜時代(70年) 教皇帰還時代(140年)
メシヤ降臨準備時代(400年) 信仰の刷新、ギリシア文明	メシヤ再降臨準備時代(400年) 宗教改革、文芸復興(ルネサンス)

表8―1　復帰摂理時代と復帰摂理延長時代における摂理的同時性

年間のイスラエル民族を中心とした復帰摂理（復帰摂理時代）が同時性摂理として展開したのである。またアブラハムからイエスまでの二千年間のイスラエル民族を中心とした復帰摂理がイエスの十字架によって失敗したので、イエス以後、今日までの二千年間のキリスト教を中心とした復帰摂理（復帰摂理延長時代）が再びそれに対する同時性摂理として展開したのである。ここでアブラハムからイエスまでの二千年間と、イエスから今日までの二千年間の、二つの時代における同時性の内容を整理すれば、表8―1のようになる。

歴史の中に同時性を見いだしたのはシュペングラーであった。彼は、すべての文化は同一の形式に従って発展するのであり、したがって二つの文化の間には対応する類似した事象が現れるといい、対応する事象を「同時的」であると呼んだ[10]。

シュペングラーとほぼ同じころに、歴史の同時性を発見したのがトインビーであった。トインビーはツキディデスを講義しながら、古代ギリシアの歴史と近代西洋史が同時代的であるという事実を把握したと、次のように語っている。

一九一四年という年が、オックスフォード大学で古典ギリシア史を教えていたわたしをとらえた。一九一四年八月、紀元前五世紀の歴史家ツキディデスは、いまわたしをひっつかもうとしているのと同じ経験をすでにもっていたのだという考えがわたしの心にひらめいた。彼は、わたしと同様に、自分の属する世界が政治的に分割されて生じたところの諸国家がはじめた骨肉相食《あいは》む大戦争によってつかまれていたのだ。ツキディデスは、彼の世代の大戦争が彼の世界にとって画期的なものであることを予見していた。そしてその後の経過は、彼が正しかったことを証している。わたしはいま古典ギリシア史と近代西洋史が、経験という点では相互に同時代的であることを見た。この二つのコースは平行している。これらは比較研究できる。(11)

このようにトインビーは古代ギリシア歴史と近代西洋史を同時性として扱ったが、統一史観から見れば、古代ギリシア史はメシヤ降臨準備時代であり、近代西洋史はメシヤ再降臨準備時代であり、共にメシヤを迎える準備時代という点において、同時性の本質的な意義があったのである。

四　歴史の変遷

以上、列挙した創造の法則と復帰の法則は、みな歴史の変遷に作用した法則であるが、中でも特に重要なものは、授受作用の法則、相克の法則、蕩減《とうげん》の法則、分立の法則である。そのうち授受作用の法則は歴史の変遷における「発展の法則」となり、他の三つは合わせて「転換の法則」となる（「転換の法則」は「善悪闘争の法則」ともいう）。

歴史が授受作用によって発展してきたことは、すでに説明したとおりである。すなわち精神と物質、人間と環境（自然、社会）、政府と国民、団体と団体、個人と個人、人間と機械などの、様々な主体と対象の間の授受作用が円満になされることによって、政治、経済、社会、文化など、あらゆる分野の発展がなされてきたのである。

発展とは、成長、発育、向上などをいう。また新しい質の出現のことをいう。これらはみな不可逆的な前進運動である。それは主体と対象の相対要素が共通目的を中心として調和的な授受作用を行う時に現れる現象である。それに対して、闘争は互いに目的が異なり、利害が異なる主体と主体の間に生ずるものである。闘争が行われる時は、発展は停止するか、またはかえって後退するのである。したがって、歴史上に現れたいかなる種類の発展も、例外なく、授受作用によってなされたのである。

主体と主体は相克の法則に従って対立し、闘争するが、歴史上における主体と主体の相克とは、指導者と指導者の対立をいうのである。例えばフランス革命の際の中産市民層（ブルジョアジー）の指導者たちとルイ十六世を中心とした王党派貴族たち、すなわち新しい指導者たちと古い指導者たちの闘争がその例である。両者は分立の法則に従って、相対的に善の側の立場（神の摂理にかなう立場）と悪の側の立場（神の摂理を妨害する立場）に分けられたのである。そして各々の主体が、対象であるところの大衆を互いに自身の方へ引きつけることによって（その時、大衆は二分される）、善の側の陣営と悪の側の陣営を形成して闘ったのである。指導者のうち、どちらが善でどちらが悪の立場であるかは、いかに神の摂理に寄与しているかによって決定される。大体において、古い社会の指導者は自己中心的に傾いて専制的支配をこととしたのであり、したがって神の摂理を妨害する悪の方へ傾くようになったのである。その時、神は摂理の進行に役に立つような新しい指導者を善の立場に立て、彼を通じて摂理されたのである。

善悪の闘争において、善の側が勝てば歴史の進む方向はより善の方向へ転換する。その後、歴史が一定の新しい段階に達すれば、それまでの指導者は悪の側に傾くようになる。そこにより善なる指導者が現れる。そして再び善悪の闘争が行われる。ここで善の側が勝てば、歴史の方向はさらに善なる方向に転換するのである。そうして、ついには完全なる善の段階、すなわち創造理想世界が実現する段階に到達するようになる。そのとき、初めて善悪の闘争は終わりを告げる。そのように、闘争は決して発展をもたらすものではなくて、ただ歴史発展の方向を転換させる役割を果たすだけである。

善の側の主体と悪の側の主体の闘争において、悪の側が強力である場合、神は蕩滅《とうげん》の法則を通じて悪の側を屈伏させたのであった。すなわち善の側の指導者をして悪の側の勢力の迫害や攻撃を受けながら、苦難と逆境の道を歩むようにせしめて、それを条件として悪の側の指導者を自然屈伏させたのである。万一、それでも悪の側の指導者が屈伏しない時は善側の指導者の受難を条件として、すべての民衆を感化せしめて、悪の指導者を孤立させたのである。そのようにすれば、悪の側の指導者たちも、結局は屈伏せざるをえなくなるのである。これが善悪闘争の法則の内容である。したがってこの法則を「打たれて奪う法則」または「打たれて奪う戦術」とも呼ぶ。今日まで宗教が迫害を受けながら全世界に伝播していったのは、まさにこの法則によるものであった。

善悪の闘争において、善の側の責任分担が十分に果たされず悪の側が勝利を収める場合、もちろん歴史は善なる方向に転換されず、そのまま延長する。しかし、そのような場合、ある一定の期間が経過すれば、神は再びより善なる指導者を立てて悪の側を屈伏せしめられる。したがって結局は善の側に転換するように、神が背後から絶えず歴史を導かれたのである。それゆえ、今日までの人類歴史は階級闘争によって発展してきたのではなく、善悪闘争によって変遷してきたのである。

そのようにして、歴史は主体と対象の授受作用によって発展してきたのであり、善悪の闘争によって方向を転換してきたのである。すなわち発展と転換の過程を反復しながら、歴史は変遷してきたのである。歴史変遷の過程を図に表せば図８—１のようになる。

以上で歴史は二つの方向に向かって変遷してきたことが分かる。一つは発展（前進）の方向で

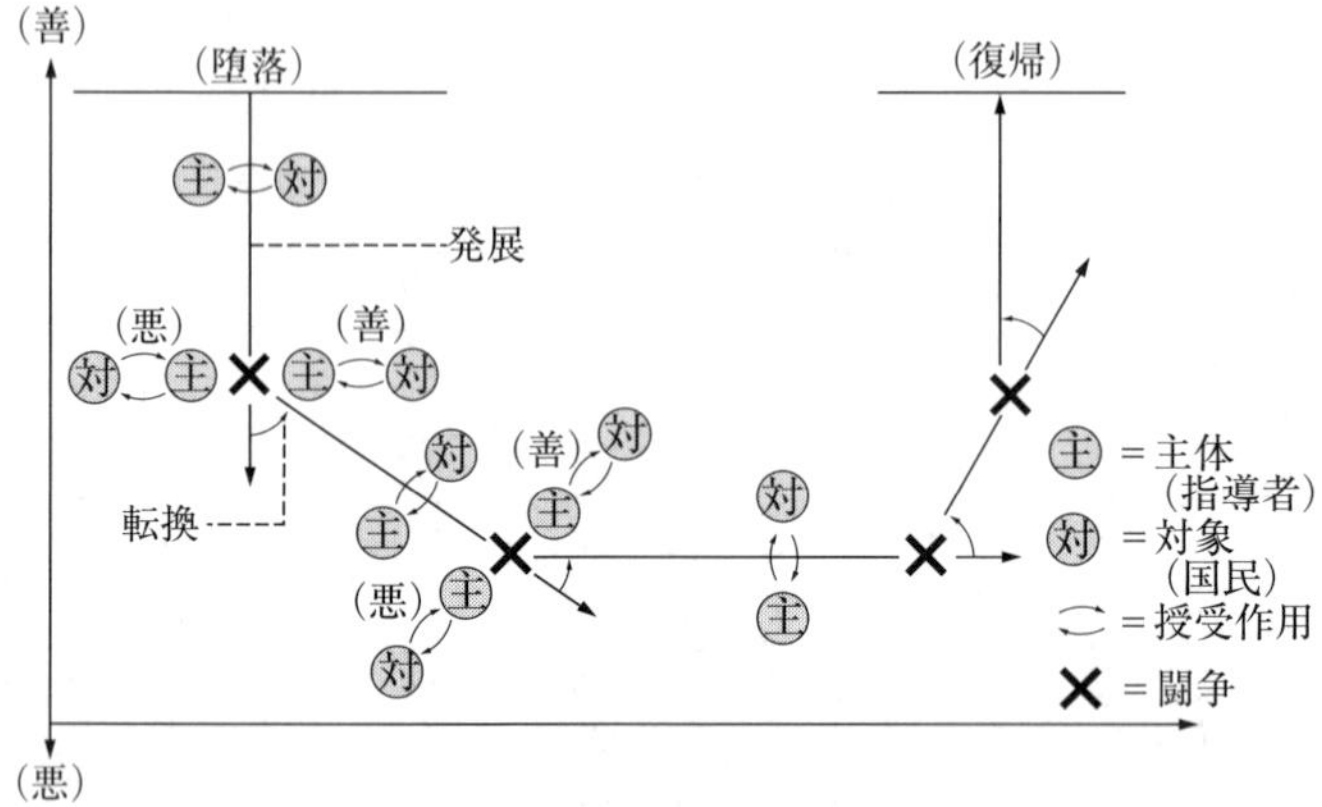

図8―1　授受作用および善悪の闘争による歴史の変遷

あり、他の一つは復帰（転換）の方向である。発展とは、科学や経済や文化が発展することを意味し、復帰とは、失った創造理想世界――愛と平和の世界――を回復することを意味する。このように歴史に二つの方向が生じたのは、人類歴史が再創造歴史であると同時に復帰摂理歴史であるからである。未来世界は高度に発達した科学文明の世界であると同時に高度の倫理社会であるが、科学文明の世界は発展によって達成され、倫理社会は復帰によって達成されるのである。

　復帰は善悪闘争によってなされるが、それは必ずしも武力的な闘争を意味するのではない。悪の側が善の側に従順に屈伏すれば、平和的な転換がなされることも可能なのである。実際に、善悪の闘争を終結させる最後の闘争、すなわちメシヤが直接サタンを屈伏させる闘争は、名前が闘争であるだけで、本当は真の愛をもって平和的にサタンを屈伏させるのである。このように歴史は発展と復帰という二つの方向を目指して螺《ら》旋形《せんけい》を描きながら変遷してきたのであるが、発展は永遠に継続するのに対して、復帰は創造理想世界（善の世界）が回復すればそれで終わるのであり、その後は平和と真の愛の理想世界が永遠に継続するようになるのである。

五　従来の歴史観

次は代表的な従来の歴史観の要点を紹介する。従来の歴史観と統一史観の比較において、参考になるからである。

循環史観（運命史観）

ギリシア人は、毎年、春夏秋冬が反復し、循環しているように、歴史も循環的に変化していると考えた。歴史的事件の発生と消滅は運命的なものであって、人間の力ではどうすることもできないだけでなく、歴史には意味もなく目標もないと見る立場が循環史観または運命史観の立場である。代表的な歴史家は「歴史の父」と呼ばれ、『歴史』（Historiai）を書いたヘロドトス（Herodotos, ca.484-425 B.C.）と、『ペロポネソス戦史』を書いたツキディデス（Thukydides, ca. 460-400 B.C.）である。運命論者であるヘロドトスは、ペルシア戦争のくだりを物語的に描き、ツキディデスはペロポネソス戦争を始めから終わりまで忠実に写実的に描いた。両者共に共通するのは、歴史は繰り返しているという考え方であった[12]。

循環史観は歴史の経路を必然的（運命的）なものとして理解したのであり、人間の努力によって歴史の動向が左右される事実を認めず、また歴史には目標はないのだから未来像を提示することもできなかった。

摂理史観

歴史には始まりも終わりもなく、目標もなく、循環運動を反復するだけであると見るギリシアの歴史観に対して、キリスト教は歴史には始まりがあり、一定の目標に向かって直線的に進行するなど、循環史観とは根本的に違う歴史観を提示した。すなわち歴史は人間の創造と堕落から始まり、最後の審判に至る救済の歴史であり、歴史を動かしているのは神の摂理であるという主張である。これを摂理史観またはキリスト教史観という。

キリスト教史観を体系化したのがアウグスティヌス（Augustinus, 354-430）である。アウグスティヌスは、彼の書いた『神国論』において、歴史は神を愛する人々の住む神の国（Civitas Dei）と悪魔に誘惑された人々の住む地の国（Civitas terrena）との闘争の歴史であると見たのであり、最後に神の国が勝利して永遠の平安を得るとした。このような歴史の進行は、神があらかじめ定めた計画に従うものであった。

彼は堕落から救済に至るまでの人類の歴史を次の六つに区分した。(1)アダムからノアの洪水まで、(2)ノアからアブラハムまで、(3)アブラハムからダビデまで、(4)ダビデからバビロン捕囚まで、(5)バビロン捕囚からキリストの誕生まで、そして(6)キリストの初臨から再臨までである。最後の六番目の期間がどのくらい続くかは明らかにしなかった。

このようなキリスト教史観によって、歴史は目標に向かう意味ある歴史として映るようになったが、人間は神によって動かされる道具的存在にすぎなかった。そしてその歴史観の内容は神秘的なものを含んでおり、論理性や法則性が欠如していて、今日に至っては社会科学として受け入れがたいものとなっている。

精神史観（進歩史観）

ルネサンス時代に入ると、神学的な歴史観が次第に影をひそめ、十八世紀の啓蒙主義に至ると、歴史を動かしているのは神の摂理ではなくて人間であると考える、新しい歴史観が出現した。歴史は人間の精神の進歩に従って、ほぼ一直線に、そして必然的に進歩していくと見る立場であった。これを精神史観あるいは進歩史観という。

ヴィコ（G. Vico, 1668-1744）は、歴史における神の摂理を認めていたが、世俗の世界は人間がつくったものであるから、歴史は神の意志だけでは説明することはできないといった。歴史の把握において、神は背後に隠れ、人間が前面に出されたのである。[13]

ヴォルテール（Voltaire, 1694-1778）は、歴史に作用する神の力を排除した。歴史を動かしているのは神ではなくて、高い教育を受けた科学を取り入れた人々、すなわち啓蒙家であるといった。コンドルセ（Condorcet, 1743-94）は、人間の理性を覚醒《かくせい》すれば、歴史は科学的にも倫理的にも調和しながら進歩すると主張した。

カント（I. Kant, 1724-1804）は、歴史の目的は人間のあらゆる高貴な才能の、諸民族の結合体における実現であるとして、「世界市民的意図における人類の歴史」を提言した。ロマン主義の哲学者ヘルダー（J.G. Herder, 1744-1803）は、人間性の発展が歴史の目標であるといった。

ヘーゲル（Hegel, 1770-1831）は、歴史を「精神の自己実現」あるいは「理念の自己実現」と見た。理性が世界を支配し、世界史は理性的に進行するという見解であり、世界を支配している理性を彼は世界精神と呼んだ。世界を支配している理性は、人間を操りながら活動しているとい い、それを理性の詭計《きけい》と称した。ヘーゲルの歴史観は特に精神史観または観念史観といわれている。ヘーゲルはプロシアにおいて自由の理念が実現した理性国家が到来すると見たが、実際はそうではなく、かえって搾取や人間疎外などの反理性的な社会問題が深まってきた。そのようなヘーゲルの歴史哲学に反旗を翻して現れたのが唯物史観であった。

唯物史観

ヘーゲルは理性または理念が歴史を動かしているという精神史観を主張したが、それに対してマルクスは歴史を動かしている原動力は物質的な力であると主張し、唯物史観（革命史観ともいう）を提示した。

唯物史観によれば、歴史を動かしているのは理念とか精神の発展ではなくて、生産力の発展である。生産力の発展に相応して一定の生産関係が成立するが、生産関係はいったん成立すると、間もなく固定化して、ついには生産力の発展に対して桎梏《しっこく》化する。そこに古い生産関係を維持しようとする階級（支配階級）と、新しい生産関係を求める階級（被支配階級）との間に階級闘争が展開される。したがって歴史は階級闘争の歴史とならざるをえない。資本主義社会において階級闘争が極に達すると、被支配階級であるプロレタリアートが支配階級であるブルジョアジーを打倒する。そして階級のない「自由の王国」である共産主義社会が実現するというのである。

この唯物史観が誤りであったことは今日の共産主義の終焉《しゅうえん》がよく物語っている。理論的な面から見ると、唯物史観の法則はみな独断的な主張にすぎなかった。例えば唯物史観は生産力の発展を物質的な発展と見ているが、生産力がいかにして発展するのかということに対して唯物弁証法的な説明がなされなかった。また人類歴史は階級闘争による社会変革の歴史であるというが、そう主張するだけで実際に階級闘争によって社会が変革された例は一度もなかった。このように唯物史観はすべてが虚構の理論であったのである。

生の哲学の史観

ディルタイ（W. Dilthey, 1833-1911）およびジンメル（T. Simmel, 1858-1918）は「生の成長」とともに歴史は成長すると主張した。これを生の哲学の史観という。

ディルタイによれば、生は人間的体験であるが、体験は必ず表現されて外の世界に表れるようになる。そうして現れたものが歴史的世界であり、文化の世界である。したがって宗教、哲学、芸術、科学、政治、法律などの人間の文化体系は生の客観化したものである。

ジンメルも同様に、歴史とは生の表現であると主張した。生とは無限に続く流動である。そして生（精神的な生）の生成の流れが歴史となるのである。[14]
ところで生の哲学の史観によれば、歴史上に現れる人間の苦痛や不幸を生の成長に付随して現れる不可避的な現象と見なす。したがって人間がいかにして苦痛や不幸から解放されるかという問題は、この哲学によっては解決することはできなかった。

文化史観

第一次世界大戦前まで、ヨーロッパにおいて、歴史の進歩や発展に対する信頼は基本的には揺らいでいなかった。そして歴史はヨーロッパを中心として発展していると人々は信じていた。そのような直線的で、ヨーロッパ中心の歴史像を粉砕したのがシュペングラー（O. Spengler, 1880-1936）であった。

シュペングラーは歴史の基礎は文化であるとして文化史観を唱えた。彼は、文化は有機体であると見た。有機体である以上、文化は生まれるとともに成長し、やがて滅びるのであり、文化の死滅は不可避的な運命であるとした。そして彼は西洋文明の中に、ギリシア＝ローマの没落に対応する徴候を見いだして、西洋の没落を預言した。そのように西洋の没落を予知しながらも、ペシミズムに陥ることなく、不可避的な運命をたじろがないで引き受けて生きることを説いた。そこにはニーチェとの強いつながりがあった。シュペングラーの歴史観は決定論的であった。

シュペングラーの影響を受けながら、独自の文明史観を打ち立てたのがトインビー（A.J. Toynbee, 1889-1975）である。トインビーによれば、世界史を構成する究極的な単位は地域でも、民族でも、国家でもなく、個々の文明であった。そして文明は誕生（genesis）、成長（growth）、挫折（breakdown）、解体（disintegration）、消滅（dissolution）の段階を経るとした。

　文明発生の原因は、自然環境や社会環境からの挑戦（challenge）に対する人間の応戦（response）にある。創造的少数者が大衆を導きながら文明を成長させてゆくが、やがて創造的少数者が創造性を失うと文明は挫折する。そのとき創造的少数者は支配的少数者に転化し、文明の内部には「内的プロレタリアート」が、周辺には「外的プロレタリアート」が生まれ、支配的少数者から離反する。そうして世が乱れ、混乱期を迎えるようになるが、やがて支配的少数者のうちの最強のものによって、「世界国家」が打ち立てられて混乱期は終わる。世界国家による圧政のもとで、内的プロレタリアートは「高等宗教」をはぐくみ、外的プロレタリアート（周辺の蛮族）は「戦闘集団」（侵略勢力）を形成する。そして世界国家、高等宗教、戦闘集団の三者が鼎立《ていりつ》する。やがて高等宗教は支配層を改宗させることにより「世界宗教」となるが、世界国家は間もなく崩壊し、それとともに文明は死を迎えるのである。

　こうして一つの文明が消滅したのちに、外的プロレタリアートが侵入するが、外的プロレタリアートが高等宗教に改宗することによって次代の文明を誕生させる。この文明の受け継ぎを「親子関係」という。世界史の中で発生し、十分に成長した文明は二十一であったが、現存する文明はすべて三代目に属するのであって、キリスト教文明（西洋とギリシア正教圏）、イスラム教文明、ヒンドゥー教文明、極東文明の四つの系譜に分かれているという。トインビーの主張した三代にわたる文明の継承は、統一史観における、復帰基台摂理時代、復帰摂理時代、復帰摂理延長時代という三代の摂理的同時性と対応するものと見ることができる。
トインビーの歴史観の特徴は決定論を排除し、非決定論、自由意志論を主張したことにある。つまり挑戦に対していかに応戦するかということは、人間の自由意志にかかっているのである。したがって歴史の進む道は決して、あらかじめ決定されているのではなく、人間は未来を選ぶことができるのである。
トインビーは人類歴史の未来像として明らかに神の国（Civitas Dei）を描いている。しかし非決定論の立場から、「神の国」か「闇《やみ》の国か」という未来の選択は、人類の自由意志にかかっているとした。彼は次のようにいっている。

神自身の「存在」の法である愛の法のもとで、神の自己犠牲は、人類の前に霊的な完成という理想を据えることで、人類に挑戦している。そして人類には、この挑戦を受けいれるか拒否するかの完全な自由がある。愛の法は、人類が罪人になるか聖者になるかを人類の自由に任せている。つまり、愛の法は、人類の個人的および社会的生活を「神の国」への前進たらしめるか、闇の国への前進たらしめるかの選択を人類の自由に任せているのである。(15)

トインビーの歴史観のもう一つの特徴は、近代社会が忘却したかに見えた神を歴史観の中に再び導入したということである。彼は次のように語っている。

自分は、歴史とは、真剣に神を求める人々に、御業によって自らを示し給う神の御姿の、朧《おぼ》ろげでまた不完全な影像に外ならないと思う。(16)

歴史観の変遷と統一史観

以上、従来の歴史観の概略について述べたが、ここで従来の歴史観と統一史観を比較し、統一史観が従来の歴史観を統一しうるものであることを見てみよう。

第一に、歴史を円環運動と見るか直線運動と見るかという問題がある。ギリシアの循環史観、シュペングラーの文化史観は歴史を円環運動としてとらえたが、キリスト教史観や進歩史観、唯物史観は歴史を直線運動としてとらえた。一方、生の哲学史観は流動する生の成長とともに歴史は発展するとしたが、これは進歩史観の変形と見ることができよう。

歴史を直線運動としてとらえると歴史の発展に希望を抱くことができるが、人類歴史における挫折と復興の意義が理解できない。他方、歴史を円環運動としてとらえるとき、国家や文化の滅亡は運命的なものとなって希望を見いだすことはできない。

統一史観は、再創造と復帰という二つの面から、歴史を直線的な前進運動と円環運動の二側面をもった螺旋形《らせんけい》運動としてとらえる。すなわち歴史は目標――創造理想世界の実現――に向かって発展していくという前進的性格とともに、摂理的人物を立てて、蕩滅《とうげん》の法則によって、失われた創造理想世界を復帰するという円環運動の性格を合わせてもった螺旋形運動の歴史であったと見るのである。

第二に、決定論か非決定論かという問題がある。歴史は運命に従って必然的に運行するというギリシアの運命史観やシュペングラーの文化史観は決定論であった。歴史は神の摂理に従って進行しているとする摂理史観も決定論であった。理性または世界精神が歴史を動かしているとするヘーゲルの精神史観や、歴史は生産力の発展に従って必然的に共産主義社会に到達するという唯物史観も決定論であった。これらはみな人間を超えた、ある力が歴史を動かしているという見解であった。このような決定論から見るとき、人間は常に歴史の力や法則に引きずられている受動的な存在にすぎず、人間の自由意志による努力によって、歴史を変えていくことは不可能となっていた。

一方、トインビーは自由意志論の立場から非決定論を主張した。つまり、人間の自由意志によって歴史の進む道は選択されると主張した。しかしトインビーの非決定論の立場においては、歴史の未来像は不明であって、未来に希望をもつことができなかった。

それに対して統一史観は、歴史の目標は決定的であるが、摂理的な事件の成就には神の責任分担のほかに人間の責任分担の遂行を必要とするという観点から、歴史の過程は非決定的であると見る。すなわち統一史観は決定論と非決定論の両側面をもつのであり、このような理論を責任分担論という。

このように従来の歴史観と統一史観を比較してみると、従来の歴史観はそれぞれ統一史観の一側面を強調していたことが分かると同時に、統一史観が総合的、統一的な歴史観であることが分かる。ところでトインビーの歴史観には統一史観に似た内容が多くある。摂理的に見るとき、トインビーの歴史観は統一史観が出現するための前段階を準備した史観であるといえる。言い換えれば、トインビーの歴史観は従来の歴史観と統一史観を連結する橋の使命をもっていたと見ることができる。

六　摂理史観と唯物史観と統一史観の比較

最後に、従来の史観の中で代表的なものといえる摂理史観（キリスト教史観）と唯物史観および統一史観をいろいろな側面から比較して見ることにする。すなわち歴史の始まり、性格、発展の原動力、変遷の法則、闘争、終末の現象、事件、終末を告げる歴史、理想世界などの項目をもって比較してみることにする。相互に比較することによって、それぞれの史観の特徴をより端的に、明瞭に理解を深めることができるからである。

①　歴史の始まり

摂理史観は創造された人間の堕落から歴史は始まったと見ている。したがって人類歴史は罪悪史として出発したと見るのである。それに対して唯物史観は、人間が動物界から分かれた時に人類歴史は始まり、最初の社会は原始共同体社会であるとしている。統一史観は摂理史観と同様、創造された人間の堕落から歴史は始まったのであり、人類歴史は罪悪史として出発したと見る。

② 歴史の性格

摂理史観は歴史は神による救済の歴史であると見ている。唯物史観は歴史を階級闘争史と見ている。それに対して統一史観は、再創造歴史と復帰歴史という二つの側面から歴史をとらえるのである。

③ 歴史を発展させた原動力

摂理史観において、歴史を発展させた原動力は神の摂理である。唯物史観においては、物質的な力である生産力の発展が歴史を動かす基本的な力であると見ている。それに対して統一史観は、歴史を動かしたのは神の摂理と人間の責任分担であったと見る。摂理史観によれば、神が歴史全体を摂理しているのだから、歴史上のあらゆる悲惨な事件も神によって容認されたものだという論理が成立する。しかし統一史観から見れば、人間が責任分担を果たせなかったために、神のみ旨どおりにならなかったのであり、したがって歴史上のあらゆる悲惨な事件の責任は人間にあると見るのである。

④ 歴史変遷の法則

摂理史観では、神を信ずる者たちの「神の国」と悪魔に従う者たちの「地の国」が闘い、最後に神の国が勝つということのほかは、いかなる歴史の法則も提示できないでいる。一方、唯物史観は唯物弁証法を歴史に適用し、「人間は社会生活において人間の意志から独立した一定の生産関係を結ぶ」、「生産関係は生産力の一定の発展段階に対応する」、「生産関係が土台であり意識諸形態は上部構造である」、「人間の社会的存在が意識を決定する」、「生産関係が生産力の発展に対して桎梏《しっこく》となるとき革命が起こる」などを唯物史観の法則であると見なした。それに対して統一史観は、歴史に作用した法則として、創造の法則と復帰の法則を提示したのである。

⑤　終末に現れる闘争

摂理史観においては、摂理歴史が終末に至ると「神の国」と「地の国」の間に最後の闘争が行われると見る。聖書には、天では神に仕える天使（ミカエル）と悪魔が闘うとされている。唯物史観においては、歴史の最後の階級社会である資本主義社会において、ブルジョアジーとプロレタリアートの熾烈《しれつ》なる階級闘争が行われると見る。統一史観においては、歴史は善悪闘争歴史であり、終末期において善悪の闘争は世界的な規模で展開されるのであるが、民主主義世界と共産主義世界の闘争がまさにそれである。この闘争において共産世界が敗北し自由世界が勝利するが、最終的には、メシヤによって双方の和解がなされ、統一されるようになる。

⑥　終末の現象

聖書に「しかし、その時に起る患難の後、たちまち日は暗くなり、月はその光を放つことをやめ、星は空から落ち、天体は揺り動かされるであろう」(マタイ二四・二九)とある聖句に基づいて、摂理史観は、終末において天変地異が起きるとしている。唯物史観では、資本主義社会において、貧困、抑圧、隷属、堕落、搾取がますます増大し、経済破綻《はたん》と社会混乱が起きるとしている。しかし統一史観は、歴史の終末に至ると、既成のすべての価値観が無視され、崩壊し、特に性道徳の退廃が極に達し、社会は収拾のできない大混乱に陥ると見る。

⑦ 終末の出来事

摂理史観によれば、終末に「最後の審判」が行われる。すなわち聖書によれば、終末の審判の時、羊を右に山羊《やぎ》を左におき(マタイ二五・三三)、羊の側に属する者すなわち神に従う者には祝福を与え(マタイ二五・三四)、山羊の側に属する者すなわち悪魔に従う者は永遠の火の中に投げ入れるとされている(マタイ二五・四一)。唯物史観によれば、暴力革命によって、被支配階級であるプロレタリアートが支配階級であるブルジョアジーを打倒することによって、人類の前史は終わるとされている。統一史観は、終末において、世界的な規模で善の側と悪の側が分立され、善の側が悪の側に神の真理と愛を伝えることによって、悪の側を自然屈伏させると見る。

⑧ 終わりを告げる歴史

これは「終末には何が終わるのか」すなわち「終末の時には、いかなる歴史が終わるか」

ということをいう。キリスト教では終末の時に罪悪歴史が終わるという。すなわち摂理史観によれば、神の国が地の国に勝利することによって、罪悪歴史が終わりを告げる。唯物史観によれば、プロレタリアートがブルジョアジーを打倒することによって、階級闘争歴史が終わりを告げる。しかるに統一史観においては、善の側が真の愛で悪の側を自然屈伏させ、長子権を復帰することによって、罪悪歴史と善悪闘争歴史が終わりを告げるようになる。

⑨　到来する理想世界

歴史が終末を告げたあとの世界はいかなる世界なのだろうか。摂理史観によれば、終末の審判が終わった後には、新しい天と新しい地の時代が到来するとされている（黙示録二一―二二章）。しかし、新しい天と新しい地の時代が具体的にいかなる時代なのか、全く明らかになっていない。唯物史観によれば、革命のあとには階級のない自由の王国である共産主義社会が実現するという。統一史観においては、全人類が真の父母であるメシヤを迎えることにより、一家族世界を成した創造理想世界、すなわち地上天国が実現されると見る。

以上の三つの史観に関する九つの項目の要点を一つにまとめると、表8―2のようになる。そこで見られるように、キリスト教史観はいかにも神秘的で非合理的であって、今日に至っては説得力をもちえないということが分かる。歴史を神の摂理と見てはいるが、法則が提示されていないために、摂理がいかに進行するのか不明である。終末に至り、左の側の山羊に相当する人々に

	歴史の始まり	歴史の性格	原動力	変遷の法則	終末の闘争	終末の現象	終末の事件	終わりを告げる歴史	到来する理想世界
摂理史観	人間の創造と堕落（罪悪史）	救援摂理史	神の摂理	（無）	神の国と地の国の闘争（天使と悪魔の闘争）	天変地異	最後の審判	罪悪歴史	新天地
唯物史観	原始共同体	階級闘争史	生産力の発展	唯物弁証法	ブルジョアジーとプロレタリアートの闘争	経済破綻 社会の混乱	暴力革命	階級闘争史	共産主義世界
統一史観	人間の創造と堕落（罪悪史）	再創造史 復帰摂理史 （善悪闘争史）	神の摂理と人間の責任分担	創造の法則 復帰の法則	善悪の闘争	価値観崩壊 社会大混乱	神の真理と愛の伝播（善悪の分立）	罪悪歴史 善悪闘争史	創造理想世界（地上天国）

表８―２　摂理史観、唯物史観、統一史観の比較

は永遠の罰を与えるというのも理解しがたい。また終末の新しい天と新しい地が具体的にいかなるものであるか、明らかにされていないのである。

唯物史観は、キリスト教史観に比べれば、むしろ現実性と合理性をもっているので説得力があり、最近まで多くの若者たちの心を捕らえてきた。そして一時は、世界のおよそ半分を赤化するまでになったのである。しかし今日に至っては、共産主義社会は自由の王国でもなく、富のあふれる社会でもないばかりでなく、全くその逆であった事実があらわになり、今ではその社会は地上から滅びてしまったのである。本来、共産主義はトインビーがいったように、キリスト教がその使命を果たさないで世俗化したため、キリスト教に対するサタン側からの讒訴《ざんそ》状、告発状として現れたものであった。したがって唯物史観はまさにキリスト教史観を裏返したような外形を見せていたのである。それに関連して、カール・レーヴィトも次のように述べている。

史的唯物論の理想主義的な土台を説明するものは……古いユダヤのメシヤニズムと予言者主義、それにユダヤ的なあくことのない絶対的な正義の固執とである。『共産党宣言』は、科学的な予言という転倒したかたちで〈希望をよせるものにたいする確かな確信〉という信仰の特徴を、はっきりとどめている。だから二つの敵対する陣営の、つまり、ブルジョアジーとプロレタリアートとの最後の敵対が、歴史の最後の時期におけるキリストと反キリストとの最後のたたかいにたいする信仰に見あっており、またプロレタリアートの課題が、選ばれた民の世界史的な使命に類似しているのは、なんら偶然ではない。被抑圧階級の世界的な救済の役目は、十字架復活との宗教的弁証法に見あい、必然の国が自由の国へと変ずることは、古いアイオーンが新しいアイオーンへと変ずることに見あっている。『共産党宣言』で叙述されているような全歴史過程は、歴史をば有意義な最終目標にむかう摂理による救済の出来事と解する、ユダヤ＝キリスト教的な解釈の一般的な図式を反映している。史的唯物論は、政治経済学の言葉使いによった救済史である。(17)

統一史観はキリスト教史観の延長上に生まれたものであるが、キリスト教史観の神秘性、非合理性を克服し、現実的で合理的な歴史観として提示されたものであり、共産主義のキリスト教史観に対する讒訴《ざんそ》を克服しうる唯一の史観である。キリスト教史観は、悪魔に従った地の国の人々は永遠に罰を受けるとし、唯物史観では、プロレタリアートがブルジョアジーを暴力的に打倒するという。しかし統一史観は、善の側が悪の側を真の愛をもって自然屈伏させ、悪の側をも善の側に復帰することにより、全人類を救うことを明らかにしているのである。真の理想世界では、全人類がみな幸福にならなくてはならない。統一史観こそ、それを保証するものである。

また唯物史観はキリスト教史観を迷信または神話として攻撃し、それに対して唯物史観は法則性をもった科学的な歴史観であると誇った。しかし唯物史観の提示した法則は、歴史的事実に合わない、虚構の法則にすぎず、革命を合理化するための恣意《しい》的な似非《えせ》法則にすぎなかった。それに対して統一史観の法則は、例外なく、歴史的事実に一致する文字どおりの法則なのである。

第九章　認識論

認識論は、認識（Erkenntnis）についての様々な根本問題を解決しようとする哲学の一部門として、客観についての知識がいかにして得られるか、またいかにして正しい知識が得られるかということに関する理論をいう。すなわち認識の起源、対象は何であり、認識の方法と発展はいかにしてなされるかなどを明らかにする理論である。

認識論の英語である epistemology は、ギリシア語の知識を意味する epistēmē と、学問を意味する logia を結びつけた言葉で、フェリアー（J.F. Ferrier, 1808-64）が初めて使用したといわれる。

また、ドイツ語のErkenntnistheorie はラインホルト（K.L. Reinhold, 1758-1823）によって使われた言葉であるといわれている。

認識論は、すでに古代および中世の哲学においても存在していたが、近世に至り、人間性の回復や人間による自然への主管の高まりとともに、哲学の中心的な課題として登場してきた。そして、存在論と並んで哲学の主要な部門を形成するに至ったのである。

すでに言及したように、統一思想は多くの現実問題を根本的に解決することのできる基準をもっている。特に今日に至って、認識論に対する研究熱が次第に冷えていき、認識に関する問題は哲学の領域から医学の領域に移されたような印象を与えている。しかし、医学がその問題を完全に解決したかというとそうではない。医学が認識の過程に対する生理学的基礎を確立したという点で、認識に関する問題点の解決に貢献したということは事実である。しかし医学的な認識の理論にも、まだ解決されていない点がある。このような未解決の問題を含めて、従来の一切の認識論上の問題を一括して解決したのが統一認識論である。

認識論は、観念論と唯物論の対立という本体論的な問題ともかかわっている。また認識は、実践活動とも密接につながっている。したがって正しい認識論を確立しなければ、現実の問題を正しく解決できないということになる。そこで、従来の認識論の問題点を解決しうる新しい認識論が必要となるのである。ここにそのような要請にこたえるべく提示されたのが、統一思想に基づいた統一認識論である。

まず従来の主要な認識論について、その要点を紹介し、それらがもっている問題点を指摘することにする。次に統一認識論を紹介し、従来の認識論が解決できない問題を本認識論によって見事に解決することができるということと、従来のすべての認識論の核心が本認識論に含まれており、本認識論は文字どおりの「統一認識論」であることを明らかにしようとするのである。最後に、本統一認識論も他の部門と同様に、文鮮明《ムンソンミョン》先生の指導のもとで体系化されたことを明らかにしておく。

一　従来の認識論

　認識論に関する研究はすでに古代から行われてきたが、それが哲学の中心課題として提起されたのは近世に入ってからである。認識論を初めて体系的に説いたのはロック（J. Locke, 1632-1704）であり、彼の『人間悟性論』はその画期的な労作として知られている。

　対象をいかに正しく認識するかということを、従来の認識論は主として次のような三つの側面において扱っているが、それがまさに認識の三つの論点である。認識の三つの側面の論点とは、第一は、認識の起源に関するものであり、第二は、認識の対象に関するものであり、第三は、認識の方法に関するものである。そしてそれぞれの論点において、互いに対立する二つの立場があるのである。

　認識の起源に関しては、認識が感覚によって得られるという経験論と、生得《しょうとく》観念によって得られるという理性論（または合理論）の二つの立場が対立するようになり、認識の対象に関しては、対象が客観的に実在するという実在論と、認識の対象は主観（主体）の観念または表象だけであるという主観的観念論の二つの立場が対立するようになり、認識の方法に関しては、主として先験的方法と弁証法的方法の二つの主張があった。

　経験論と理性論の対立において、経験論はのちに懐疑論に陥り、理性論は独断論に陥るようになった。そしてカントは、この両者を批判的方法あるいは先験的方法によって総合する立場を取った。[1] それがカントの、認識の対象は主観によって構成されるとする「先天的総合判断」の理論である。

その後、ヘーゲルの弁証法を唯物論的に焼き直したマルクスの唯物弁証法が現れたが、この唯物弁証法的方法による認識論が、まさにマルクス主義認識論すなわち弁証法的認識論である。これは、認識の内容と形式（思考形式）は外界の事物の反映であると見る共産主義の反映論または模写説である。

ここで特に明らかにしておきたいことは、本項目において従来の認識論を扱うことは、従来の認識論の内容を具体的、学術的に紹介しようとするのではないということである。ただ統一認識論が、従来の認識論が抱えている未解決の諸問題点を解決したということを参考として示すために、その問題点と関連のある事項を簡単に紹介しただけである。したがって本統一認識論それ自体を理解するには、「従来の認識論」の項目は省略してもよいくらいである。

(一) 認識の起源

すべての知識は経験から得られると見るのが経験論であり、それに対して真なる認識は経験から独立した理性の作用によって得られると見るのが理性論または合理論である。いずれも十七―十八世紀に現れたのであるが、イギリスの哲学者たちは経験論を説き、大陸の哲学者たちは理性論を説いた。

(1) 経験論

ベーコン

経験論の基礎を確立したのはフランシス・ベーコン（F. Bacon, 1561-1626）である。彼は著名な著作『ノーウム・オルガヌム』（新オルガノン、Novum Organum, 1620）において、彼は伝統的な学問は無用な言葉の連続にすぎず、内容的には空虚であるといい、正しい認識は自然の観察と実験によって得られると主張した。そのとき、正しい認識を得るためには、まず先入的な偏見を捨て去らねばならないとして、その偏見として四つの偶像（Idola、イドラ）を挙げた。

第一は、種族の偶像（Idola Tribus）である。これは、人の知性は平らでない鏡のようなものであるために、事物の本性をゆがめて写しやすいという、人間が一般に陥りやすい偏見をいう。例えば、自然を疑人化させて見る傾向がそうである。

第二は、洞窟の偶像（Idola Specus）である。これは、あたかも洞窟の中から世界を眺めるように、個人の独特な性質や習慣や狭い先入観などによって生じる偏見である。

第三は、市場の偶像（Idola Fori）である。これは、知性が言葉によって影響されるところからくる偏見をいう。そのため全く存在しないものに対して言葉が作られ、空虚な論争がなされることもある。

第四は、劇場の偶像（Idola Theatri）である。これは、権威や伝統に頼ろうとするところから来る偏見をいう。例えば、権威のある思想や哲学に無条件に頼ろうとするところからくる偏見などがそれである。

このような四つの偶像を取り除いてから、われわれは自然を直接観察して、個々の現象の中にある本質を見いださなければならないといって、ベーコンは帰納法を提示した。

ロック

経験論を体系づけたのはロック（J. Locke, 1632-1704）であり、主著『人間悟性論』において、その主張を詳細に展開した。彼はまず、認識における生得観念を退けた。生得観念とは、人間が生まれつきもっている、認識に必要な観念のことをいうのである。彼は、人間の心は本来、白紙（タブラ・ラサ、tabula rasa）のようなものであり、白紙に文字や絵を書けばそのまま残るように、心に入った観念は心の白紙にそのまま書かれる（認識される）といった。つまり彼は、認識は外部から心に入ってくる観念によってなされると見たのである。[2]

ところで、観念は二つの方向から心に入ってくるのであるが、一つは感覚（sensation）の方向であり、もう一つは反省（reflection）の方向である。それが認識の起源である。すなわちロックにおいては、感覚や反省を通じた経験が認識の起源である。感覚とは、感覚器官に映る対象の知覚のことをいう。すなわち黄色い、白い、熱い、冷たい、柔らかい、堅い、苦い、甘いなどの観念をいうのである。反省とは、心の作用をいい、考える、疑う、信ずる、推理する、意志するなどがそれである。この反省の時にも観念が得られる。

ところで、観念には単純観念（simple idea）と複合観念（complex idea）があるという。単純観念とは、感覚と反省によって得られる、個々ばらばらに入ってくる観念であり、それらが悟性の働きによって、結合、比較、抽象されることによって、より高次の観念をなしたものが複合観念である。

そして単純観念には、固体性（solidity）、延長（extension）、形象（figure）、運動（motion）、静止（rest）、数（number）のように、対象自体に客観的に備わっている性質と、色（color）、香（smell）、味（taste）、音（sound）のように、主観的にわれわれに与えられる性質があるとして、前者を第一性質、後者を第二性質と呼んだ。

複合観念には、様相（mode）、実体（substance）、関係（relation）の三つがある。様相とは、空間の様相（距離、平面、図形など）、時間の様相（継起、持続、永遠など）、思惟の様相（知覚、想起、推理）、数の様相、力の様相など、事物の状態や性質、つまり属性を表す観念である。実体とは、単純観念を起こす物自体をいうのであり、諸性質を担っている基体（substratum）いわゆる物自体に対する観念である。そして関係とは、因果の観念のように、二つの観念を比較することによって生ずる観念（同一、差異、原因、結果など）をいう。

ロックは、「［認識とは］われわれのもつ観念の間にある結合と一致、または不一致と背反の知覚である」[3]と見た。そして、「およそ真理とは、観念の一致不一致をそのとおりに言葉で記すことである」[4]と述べた。そして彼は、観念の分析を行うことによって、認識の起源の問題に答えようとしたのである。

ロックは、直覚的に認識される精神と、論理的に認識される神の存在を確実なものと考えた。ところで、外界における物体の存在は否定できないとしても、感覚的にしか知りえないから確実性をもつことはできないとした。

バークリ

バークリ（G. Berkeley, 1685-1753）は、ロックのいう物体の第一性質と第二性質の区別を否定し、第一性質も第二性質と同様に主観的であるといった。例えば距離は、客観的に存在するもの（延長）、つまり第一性質の観念のように見えるが、それも主観的なものだというのである。距離の観念は、次のようにして得られる。すなわち、われわれは一定の距離の向こう側にある事物を目で見て、次にそこまで足で地を踏んで歩いて行き、手で触れる。そのような過程を繰り返すとき、ある種の視覚はやがてある種の触覚（例えば歩く時の足の裏の触覚）を伴うであろうことを、あらかじめ予想するようになる。そこに距離の観念が生じるのである。つまり、われわれは延長としての距離をそのまま客観的に見ているのではないのである。

バークリは、ロックのいう諸性質の担い手としての実体をも否定し、事物は観念の集合（collection of ideas）にすぎないとした。そして、「存在とは知覚されるということである」（esse is percipi）と主張した。このようにしてバークリは、物体という実体の存在を否定したが、知覚する実体としての精神の存在については少しも疑わなかった。

ヒューム

経験論を究極まで追究したのがヒューム（D. Hume, 1711-76）であった。彼は、われわれの知識は印象（impression）と観念（idea）に基づいていると考えた。印象とは、感覚と反省による直接的な表象をいい、観念とは、印象が消えたのちに記憶または想像によって心に表れる表象をいう。そして、印象と観念の両者を総称して知覚（perception）と呼んだ。

彼は、単純観念の複合に際して、類似（resemblance）、接近（contiguity）、因果性（cause & effect）を三つの連想法則として挙げた。ここで、類似と接近に関する認識は確実なものであって問題はないが、因果性に関しては問題があるという。

彼は、因果性に関する例として、稲妻が光ったのちに雷の音を聞いたとすれば、普通、人は稲妻が原因であり、雷鳴が結果であると考えるが、ヒュームは単なる印象としての両者を原因と結果として結びつける理由は何もないといい、因果性の観念は主観的な習慣や信念に基づいて成立するものであるという。また鶏が鳴いたのちに、しばらくして太陽が上るということは経験的に誰でも知っている現象であるが、そのとき、鶏が鳴くことが原因で、太陽が上るのがその結果だとはいえない。因果性として考えられている認識は、そのように主観的な習慣や信念に基づくものであるという。

このようにして経験論はヒュームに至り、懐疑論に陥ってしまった。彼はまた、実体性の観念については、バークリと同様に、物体という実体の存在を疑った。さらに彼は、精神（心）という実体の存在までも疑ったのであり、それは知覚の束（bundle of perceptions）にほかならないと考えた。

(2) 理性論

以上のような英国の経験論に対して、感覚によっては正しい認識は不可能であり、理性による演繹《えんえき》的、論理的な推理によってこそ正しい認識が得られると見る立場が、デカルト、スピノザ、ライプニッツ、ヴォルフなどを中心とした大陸の理性論（合理論）である。

デカルト

理性論の始祖とされるデカルト（R. Descartes, 1596-1650）は、真の認識に至るために、すべてのものを疑うことから出発する。それがいわゆる方法的懐疑（methodical doubt）と呼ばれるものである。

彼はまず、感覚はわれわれを欺くと考えて、すべての感覚的なものを疑った。なぜ彼はそのような方法を取ったのだろうか。それは真なる真理を得るためであった。すなわちこの世界のすべてを疑い、甚だしくは自分自身までも疑ってみて、それでもなお疑いえないものがあるとすれば、それはまさに真実であり、真理であるからである。それで彼は、可能な限りあらゆるものを疑い、また疑ったのである。その結果、一つの事実のみは疑いえないことを彼は悟ったのである。それはわれわれが疑う（思推する）という事実である。そこで彼は、「われ思う、ゆえにわれあり」（Cogito, ergo sum）という有名な命題を立てたのである。

この「われ思う、ゆえにわれあり」というデカルトのいう哲学の第一原理であるが、[5] この命題が間違いなく確実であるのは、この認識が明晰《めいせき》（clear）かつ判明（distinct）であるからだという。したがってここに、「われわれがきわめて明晰に判明に理解するところのものはすべて真である」[6] という一般的規則（第二原理）が引き出されるのである。ここで明晰（clear）とは、事物が精神に明確に現れることをいい、判明（distinct）とは、明晰であるとともに、他のものから確実に区別され、粉らわしくないことをいう。[7] 明晰の反対が曖昧《あいまい》（obscure）であり、判明の反対が混同（confused）である。

ここに、思惟を属性とする精神と、延長を属性とする物体の存在が確実なものとして認められる。すなわち、第一原理と第二原理からデカルトの物心二元論が成立する。第一原理から「心」（思惟）の実在が、第二原理から「物質」（延長）の実在が証明されるのである。

ところで、明晰かつ判明なる認識が確実であることが保証されるためには、悪霊がひそかに人を欺いているというようなことがあってはならない。そのためには神の存在が必要とされる。誠実なる神が人間を欺くことはありえないから、神が存在するとすれば、認識に誤りが生ずるはずがないのである。そして彼は、次のようにして神の存在を証明した。

第一に、神の観念はわれわれのうちにある生得《しょうとく》観念（本有観念）であるが、その観念が存在するためには、必ずその原因がなくてはならないのである。

第二に、不完全なわれわれが完全な存在者（神）の観念をもつということから神の存在が論証される。

第三に、最も完全な存在者（神）の概念は、その本質としての実体が必然的に存在するということを含んでいることから、神の存在が論証される。

このようにして神の存在が証明された。したがって神の本質である無限、全知、全能が明らかになり、さらに神の属性の一つとして誠実性（veracitas）が保証される。そして明晰・判明なる認識に確実な保証が与えられるようになるのである。デカルトは、神と精神と物体（物質）の存在を確実なものとしたが、その中で真の意味での独立的な存在は神のみであり、精神と物体は神に依存している存在であると考えた。そして精神と物体は、それぞれ思惟と延長をその属性とする、相互に全く独立した実体であるとして、彼は二元論を主張した。

以上のように、デカルトは明晰・判明なる認識は間違いなく確実であるということを論証したが、彼はそれによって数学的方法に基づいた合理的な認識の確実さを主張しようとしたのである。

スピノザ

スピノザ（B. de Spinoza, 1632-77）も、デカルトと同様に、厳密な論証によって真理を認識することができると考え、特に幾何学的方法を哲学に用いて論理的な理論展開をしようとした。

理性によって、一切の真理を認識することができるというのがスピノザの哲学の前提である。すなわち、理性によって「永遠の相のもとに」事物をとらえ、さらに神との必然の関係において全体的、直覚的にとらえるとき、真なる認識が得られるのである。ここで「永遠の相のもとに」事物をとらえるということは、すべてのものを必然の過程において（必然の連続から）理解するという意味である。そうした立場からすべての事物を見るとき、人ははかない事物、流れいく現象に執着し、心を煩わされなくてもよいのであり、むしろ今まで、はかないものと思っていた事物や現象、さらにはわれわれ自身までも、神の永遠の真理の表現として、貴重なものとしてとらえられるようになるのである。そのとき、真なる生命を得て、完全に到達し、無限な喜び、真なる幸福を得るようになるのである。これが永遠の相のもとに事物をとらえるということの意味である。

またそれは、明晰・判明な理性と霊感によって得られる自覚であるという。彼は認識を「感性知」、「理性知」、「直覚知」の三つに分けた。そのうち、知性による秩序づけのない「感性知」は不完全なものであり、「理性知」と「直覚知」によって真なる認識が成立すると考えた。ここにスピノザのいう直覚知とは、あくまで理性に基づいたものであった。

デカルトが精神と物質を、それぞれ思惟と延長をその属性とする互いに独立した実体であると考えたのに対して、スピノザは実体は神のみであり、思惟と延長は神の属性であるとした。彼は神と自然の関係を、能産的自然（natura naturans）と所産的自然（natura naturata）の関係であると見て、両者は切り離すことができないといい、「神は自然である」という汎神論的思想を展開した。

ライプニッツ

ライプニッツ（G.W. Leibniz, 1646-1716）も数学的方法を重んじ、少数の根本原理からあらゆる命題を導いてゆくことを理想と考えた。彼は、人間の認識する真理を二つに分けた。すなわち、第一に純粋に理性によって論理的に見いだされるもの、第二に経験によって得られるものに分けて、前者を「永遠の真理」または「理性の真理」と名づけ、後者を「事実の真理」または「偶然の真理」と名づけた。理性の真理を保証しているのは同一律と矛盾律であるが、事実の真理を保証するのは「いかなるものも十分な理由なくして存在しえない」という充足理由律であるとした。

しかしこのような真理の区別は、人間の知性に対してのみあてはまるものであり、人間において事実の真理と見なされるものも、神は論理的必然性によって認識しうると見ているのである。ゆえにライプニッツにおいて、究極的に理性的認識が理想的なものと思われたのである。

彼はまた、真なる実体は宇宙を反映する「宇宙の生ける鏡」としてのモナド（monade、単子）であるとした。モナドは、知覚と欲求の作用をもつ非空間的な実体であり、無意識的な微小知覚（petite perception）から、その集合としての統覚《とうかく》（apperception）が生じるといった。そしてモナドには、物質の次元の「眠れるモナド」、感覚と記憶をもつ動物の次元の「魂のモナド」（または「夢みるモナド」）、普遍的認識をもつ人間の次元の「精神のモナド」の三段階のモナドがあり、最高次元のモナドが神であるといった。

ヴォルフ

ライプニッツの哲学を基調にしながら、さらに理性的な立場を体系化したのがヴォルフ（C. Wolff, 1679-1754）である。ところがその理論の体系化過程において、ライプニッツの真の精神が薄れたり歪曲《わいきょく》されたりしたのであり、さらにライプニッツの主要部分が彼の理論体系から抜けていたのである。特にライプニッツのモナド論や予定調和論は歪曲された。カントは、初めはこのヴォルフ学派に属していたが、のちに彼を合理主義的な独断論の代表者として鋭く批判した。ヴォルフは、根本原理から論理的必然性によって導かれる理性的な認識こそ真の認識であるといい、すべての真理は同一律（矛盾律）に基づいて成立すると考えた。彼は、事実に関する経験的認識の存在も認めていたが、理性的認識と経験的認識には何ら関係性はなく、経験的認識は真の認識とはなりえないとした。

このようにして大陸の理性論は事実に関する認識を軽視して、一切を理性によって、合理的に認識しうると考えるようになり、結局、ヴォルフに至って独断論に陥るようになった(8)。

(二)　認識の対象の本質

次は、認識の対象の本質をいかなるものと見るかという問題である。認識の対象は主体から独立して客観的に存在するという主張が実在論であり、認識の対象は客観世界にあるのではなくて、主体の意識の中に観念としてのみあるという主張が主観的観念論である。

実在論

実在論には、次のようなものがある。すなわち素朴実在論、科学的実在論、観念実在論（概念実在論）、そして弁証法的唯物論などである。第一の素朴実在論は、自然的実在論ともいうが、物質からなる対象が主観に対して独立にあるという立場であり、われわれの目に見えるとおりに事物が存在するという常識的な見解をいう。言い換えれば、われわれの知覚は対象を正確に模写していると見る立場である。

第二の科学的実在論は、次のようである。すなわち、対象は主観と独立して存在しているが、感性的認識はそのままでは客観的認識とはなりえないとして、感覚を越えた悟性の作用によって、対象から得た経験的事実に科学的な反省を加えることによって、実在を正しく知りうるという見解である。例えば色彩は視覚的現象であるが、科学はこれに科学的批判を加えて、色彩（例えば赤色）は一定の波長をもつ電磁波（光線）に基づいた感覚であると見るのである。また視覚上の稲光りと聴覚上の雷鳴は、科学的には空中で起こる放電現象によるものと見るのである。このように、常識的な実在観に科学的な反省を加えた理論が科学的実在論である。

第三の観念実在論は、客観的観念論ともいう。対象の本質は人間の意識を超えた精神的な客観的なものであるという見解をいう。すなわち精神は人間のみにあるのでなく、人間が出現する前から世界の根源として存在したのであり、この根源的な精神こそ世界の真の実在であり、宇宙の原型であり、万物はその表現にすぎないと見る立場である。例えばプラトンは、事物の本質であるイデアを真なる実在と考え、世界はイデアの影にすぎないと主張した。またヘーゲルは、世界は絶対精神の自己展開であると主張した。

さらに弁証法的唯物論において、対象は意識から独立して存在し、意識に反映される客観的実在と見るために、やはり実在論である。それは事物が鏡に映るように、外部の万物が人間の意識（脳髄）に反映されたものが認識であると見る立場である。しかし反映された内容それ自体が必ずそのままでは真実ではないのであり、実践（検証）によってその真実性が確認されるとき、初めて真実となると見るのであって、それが弁証法的認識論すなわち共産主義認識論である。

主観的観念論

実在論は上述したように、認識の対象が、物体であるか観念であるかにかかわらず、主観と独立して存在すると見るのである。それに対して、認識の対象は人間の意識から独立して存在せず、人間の意識に現れる限りにおいて、その存在が認められるというのが主観的観念論である。バークリがその代表であるが、「実在とは知覚されるということである」（esse is percipi）という命題がその主張をよく表している。また「自我の働きを離れて非我（対象）が存在するかどうかは全くいうことができない」というフィヒテ（J.G. Fichte, 1762-1814）や、「世界は私の表象である」（Die Welt ist meine Vorstellung）といったショーペンハウアー（A. Schopenhauer, 1788-1860）も全く同じ立場にある。

（三）方法から見た認識論

すでに述べたように、認識の起源を経験と見た経験論は懐疑論に陥り、認識の起源を理性にあると見た理性論は独断論に陥った。そのような結果に陥ったのは、経験がいかにして認識になるのか、また理性によっていかに認識が成立するのかという問題、すなわち認識の方法を考察しなかったためである。このような認識の方法を重視し、これを本格的に扱ったのが、カントの先験的方法とヘーゲルやマルクスの弁証法的方法である。ここでは、カントとマルクスの方法について要点を紹介することにする。

(1) カントの先験的方法

英国の経験論は懐疑論に、大陸の合理論は独断論に陥ったが、この二つの立場を総合して新しい見解を立てたのがカント（I. Kant, 1724-1804）である。経験論は認識の起源を経験であると見て理性の働きを無視することによって、そして理性論は理性を万能なものと見なすことによって、両者共に誤ったとカントは考えた。そこでカントは、正しい認識を得るためには、経験がいかにして認識となりうるかということに対する分析から始めなければならないのであり、そのためには理性の働きの検討すなわち批判をしなければならないと考えた。

カントは『純粋理性批判』、『実践理性批判』、『判断力批判』の三つの批判書を著したが、それぞれ真理はいかにして可能であるか、善はいかにして可能であるか、美はいかにして可能であるか、という真善美の価値の実現に関する内容を扱っている。そのうち認識論に関するのが『純粋理性批判』である。

『純粋理性批判』の要点

カントは、知識は経験を通じて増大するという事実と、正しい知識は普遍妥当性をもたなければならないという事実を根拠として、経験論と理性論を統一しようとした。経験によって初めて認識能力が作用することは自明のことであるが、そこにおいてカントが見いだしたのは、認識する主観のうちに先天的な認識の形式（観念）が存在するということであった。すなわち、対象から来る感性的内容（感覚、質料、感覚の多様、感覚的素材ともいう）が主観の先天的形式によって秩序づけられることによって、認識の対象（経験の対象）が成立することであった。従来の経験論や理性論が、いずれも対象を直接的に把握するのに対して、カントは、認識の対象は主観によって構成されるといい、その考え方を「コペルニクス的転回」と自賛した。カントの認識論は、このように対象そのものの認識を目指すものではなくて、客観的真理性はいかにして獲得されるかを明らかにしようとするものであって、これを先験的（超越的ともいう、transzendental）方法と名づけた。

カントによれば、認識は判断である。判断は命題であるが、そこには主語と述語がある。したがって認識を通じて知識が増えるということは、判断（命題）において、主語の概念の中になかった新しい概念が述語の中に含まれていることを意味する。カントはそのような判断を総合判断という。それに対して、主語の概念の中に述語の概念がすでに含まれている判断を分析判断という。結局、総合判断によってのみ新しい知識が得られるのである。

カントが挙げている分析判断と総合判断の例には、次のようなものがある。「物体は延長をもっている」という判断は、物体の概念の中にすでに延長の意味が含まれているから分析判断である。他方、「直線は二点間の最短の線である」という判断は総合判断である。直線という概念は長短という量を含まず、ただまっすぐであるという性質を示しているにすぎないからである。すなわち最短という概念は全く新たに付け加わったものである。

しかし総合判断によって新しい知識を得るとしても、その知識が普遍妥当性をもたなければ、それは正しい知識とはなりえない。知識が普遍妥当性をもつためには、それは単なる経験的認識であってはならず、経験から独立した先天的（アプリオリ）な要素をもたなくてはならない。つまり総合判断が普遍妥当性をもつためには、それは先天的な認識すなわち先天的総合判断でなければならない。そこでカントが取り組んだ問題は、「アプリオリな総合判断はいかにして可能であるか」[9]ということであった。

内容と形式

カントは、内容と形式の統一として、経験論と理性論の総合を成し遂げようとした。内容とは、外界の事物からの刺激によってわれわれの感性に与えられた表象すなわち意識内容をいう。内容は認識の素材（Stoff）または質料（Materie）であって、外来的なものであるから後天的、経験的な要素である。

他方、形式とは質料すなわち感覚の多様を総合・統一する限定性であり、枠組みである。すなわち感性的段階において形成された各種の質料を統一する骨格である。この形式こそ先天的なものであり、その感性的内容に統一性を与える枠である。この先天的形式には二つある。一つは感覚の多様を直観的に時間的・空間的に限定する枠としての直観形式であり、もう一つは悟性の思惟を限定する思惟形式である。このような先天的な形式によって普遍妥当性をもつ総合判断が可能となるというのである。

時間的、空間的概念としての直観形式は、感性的段階において感覚の多様を時間的、空間的にとらえる直感的な形式である。しかし、感性的段階における直観のみでは認識は成立しない。認識が成立するためには、対象が悟性によって思惟される過程が必要である。したがって悟性段階における思惟を限定する枠組みとしての先天的な形式、つまり先天的な概念としての思惟形式が存在すると主張した。つまり、直観形式でとらえた内容と思惟形式（概念）の結合によって、認識が成立するとしたのである。そのことをカントは、「内容なき思惟は空虚であり、概念なき直感は盲目である」[10]という言葉で表現した。

カントは、悟性における先天的な概念（思惟形式）を純粋悟性概念（reiner Verstandesbegriff）またはカテゴリー（範疇《はんちゅう》、Kategorie）と名づけた。そしてカントは、アリストテレス以来の一般論理学における判断の形式（悟性形式）を整理することによって、次のような十二のカテゴリーを導いた。

1　分量（Quantität）
- 単一性（Einheit）
- 数多性（Vielheit）
- 総体性（Allheit）

2　性質（Qualität）
- 実在性（Realität）
- 否定性（Negation）
- 制限性（Limitation）

3　関係（Relation）
- 実体性（Substanz）
- 因果性（Kausalität）
- 相互性（Gemeinschaft）

4　様相（Modalität）
- 可能性（Möglichkeit）
- 現実性（Wirklichkeit）
- 必然性（Notwendigkeit）

このように、カントは対象の感性的内容が直感形式を通じて直感され、思惟形式（カテゴリー）を通じて思惟されることによって、認識は可能になると主張した。ところで、感性的段階における感性的内容（直観的内容）と悟性的段階における思惟形式は自動的に総合されるものではない。感性と悟性は同じ認識能力の一部分ではあるが、本質的には異質的なものである。ここに、両要素を共有する第三の力が必要である。それが構想力（創造力、Einbildungskraft）であり、この構想力によって直観的内容と思惟形式が統一され、多様な質料の断片が総合、統一されるようになる。

このように感性的段階の直観的内容と悟性的段階の思惟形式が構想力によって総合・統一されてできた構成物が、まさにカントにおける認識の対象である。したがって、カントにおける認識の対象は客観的に外界に実在するものではなく、認識の過程において構成されるのである。

ここでカントの認識の対象は、経験論の後天的要素と理性論の先天的な要素が一つに統一されたものであることが分かる。そのとき、認識するわれわれの意識は経験的な断片的な意識であってはならず、経験的な意識の根底にある統一力をもつ純粋意識でなくてはならない。カントは、それを意識一般（Bewusstsein Überhaupt）とか、純粋統覚（reine Apperzeption）とか、先験的統覚（transzendentale Apperzeption）と呼んだ。さらに、感性と悟性の働きがいかに結びつけられるかということに対しては、すでに述べたように、カントは構想力（Einbildungskraft）がその媒介の役割を果たしているといった。

形而上学の否定と物自体

このようにして、現象世界における認識、すなわち自然科学や数学において、いかにして確実な認識が成立しうるかということを論じたのちに、カントは形而上学が果たして可能であるかどうかを検討した。感性的な内容のない形而上学は、感性的直感の対象になりえず、したがって認識することはできない。ところが人間の理性の働きは、悟性のみに関するのであって感性とは直接関係しないために、現実に存在しないものをあたかも存在しているかのように錯覚する場合がある。そのような錯覚をカントは、先験的仮象（transzendentaler Schein）と名づけた。先験的仮象には、霊魂の理念、宇宙（世界）の理念、および神の理念の三つがある。(11)

そのうち、宇宙の理念すなわち宇宙論的仮象を純粋理性の二律背反（アンチノミー、Antinomie）と呼んだ。それは理性が無制約者（無限なる宇宙）を追究するとき、同一の論拠から二つの全く相反する結論に到達してしまうことを意味している。例えば「世界は時間における始まりをもち、空間に関しても限界をもつ」（定立）、「世界は時間における始まりをもたず、空間についても限界をもたない」（反定立）という二つの相反する命題がその例である。これは、感性に与えられた内容をそのまま世界全体として把握しようとするところからくる誤りであるとした。

カントは、対象から来る感性的内容が、主観の先天的な形式によって構成される限りにおいて認識が成立するのであって、対象それ自体、すなわち物自体（Ding an sich）は、決して認識することはできないとした。物自体の世界とは、現象的世界の背後にあるとされる世界であり、叡《えい》智《ち》界ともいう。しかしカントは、物自体の世界を否定し去ったのではなかった。『実践理性批判』において、それは道徳を実現するために要請される世界であるとした。そして叡智界が成立するためには、自由と魂の不死と神の存在が要請されなくてはならないといった。

(2) マルクス主義の認識論

次は、唯物弁証法に基づいた認識論について説明する。唯物弁証法による認識論は、マルクス主義認識論または弁証法的唯物論の認識論といわれる。

反映論（模写説）

唯物弁証法によれば、精神（意識）は脳の産物または機能である[12]。そして、客観的実在が意識に反映する（模写される）ことによって認識がなされると見ている。これを反映論または模写説（teoriya otrazhenia, copy theory）という。そのことをエンゲルスは「われわれは……ふたたび唯物論的にわれわれの頭脳のなかの概念を現実の事物の模写と解した[13]」といい、レーニンは「人間の意識は（人間の意識が存在している場合に）それから独立して存在しておりかつ発展している外界を反映する[14]」といった。

マルクス主義認識論においては、カントのいう感性的内容がそのまま客観的実在の意識への反映であるのみならず、思惟形式も客観世界の実在形式の意識への反映であると見ている。

感性的認識、理性的認識、実践

認識は、単に客観世界の反映ではない。反映された内容は必ず実践を通じて検証されなくてはならない。レーニンはその過程を次のように説明している。「生き生きとした直観から抽象的思考へ、そしてこれから実践へ——これが真理の認識の、すなわち、客観実在の認識の、弁証法な道すじである」[15]。

唯物弁証法的認識の過程をさらに具体的に説明したのが毛沢東である。彼は、次のように述べている。

> 認識は実践にもとづいて浅いものから深いものへとすすむというのが、認識の発展過程に関する弁証法的唯物論の理論である。……すなわち認識は低い段階では感性的なものとしてあらわれ、高い段階では論理的なものとしてあらわれるが、いずれの段階も一つの統一的な認識過程のなかの段階である。感性と理性という二つのものの性質はちがっているが、だからといって、それらはたがいに切りはなされたものでなく、実践の基礎のうえで統一されているのである[16]。

認識の過程の第一歩は、外界の事物に接触しはじめることであって、それは感覚の段階である［感性的認識の段階］。第二歩は、感覚された材料を綜合して、整理し改造することであって、それは概念、判断および推理の段階である［理性的認識の段階］[17]。

このように認識は、感性的認識から理性的認識（または論理的認識）へ、理性的認識から実践へと進んでいくのである。ところで、認識と実践は一回きりのものではない。「実践、認識、再実践、再認識という形式が循環往復して、無限にくりかえされ、そして各循環ごとに実践と認識の内容が一段と高い段階にすすむ[18]」のである。

カントは、主観が対象を構成する限りにおいて認識がなされるのであり、現象の背後にある「物自体」は認識不可能であるといって、不可知論を主張した。それに対してマルクス主義は、現象を通じてのみ事物の本質は認識されるのであり、実践によって事実を完全に認識できると主張し、現象から離れた「物自体」の存在を否定したのである。エンゲルスは、カントに反論して次のようにいっている。

カントの時代には自然の物体に関するわれわれの知識は、極めて断片的であったので、カントもその自然物についてわれわれの僅かな知識の背後に何かまだ神秘な「物自体」があるかもしれぬといったのであろう。だが、科学のすばらしい進歩によってこれらのわかりにくかったものがつぎつぎに把握され、分析されたのである。それどころか、再生産（reproduce）されるまでになったのだ。いやしくも、われわれが作りうるものを、われわれが認識しえないとは考えられない[19]。

ところで認識と実践の過程において、実践がより重要であるという。すなわち毛沢東は「弁証法的唯物論の認識論は、実践を第一の地位におき、人間の認識は少しも実践からはなれることはできない[20]」というのである。そして実践というとき、一般的には人間の自然に対する働きかけや、人間のいろいろな社会活動をいうが、マルクス主義の場合、その中でも革命を最高の実践であると見ている。したがって、認識の最終的な目的は革命にあるといえる。実際、毛沢東は次のように述べている。「認識の能動的作用は、感性的認識から理性的認識への能動的な飛躍にあらわれるばかりでない。もっと重要なことは、それがさらに理性的認識から革命的実践へという飛躍にもあらわれなければならないということである[21]」。

ここで、論理的認識（理性的認識）における思惟形式について述べる。論理的認識は概念を媒介とした判断、推理などの思惟活動をいうが、そのとき、思惟形式が重要な役割を果たしている。反映論を主張するマルクス主義は、思惟形式は客観世界における諸過程の意識への反映、すなわち存在形式の意識への反映であると見ている。マルクス主義におけるカテゴリー（実在形式・思惟形式）には次のようなものがある[22]。

物質	限度
運動	矛盾
空間	個別と普遍

時間　原因と結果
意識　必然性と偶然性
有限と無限　可能性と現実性
量　内容と形式
質　本質と現象

絶対的真理と相対的真理

認識と実践の反復によって知識が発展していくのであるが、知識の発展とは、知識の内容が豊富になることと、知識の正確度がいっそう高くなることを意味する。したがってここに、知識（真理）の相対性と絶対性が問題になるのである。

マルクス主義は、客観的実在を正確に反映したものが真理であるという。すなわち、「われわれの感覚、知覚、表象、概念、理論が客観世界に一致し、それを正しく反映するならば、それらのものは真であるという。また真なる言明、判断または理論を真理とよぶ[23]」といっている。

さらにマルクス主義は、実践――結局は革命的実践――が真理の基準であると主張する。すなわち認識が真であるかどうかは、実践を通じて現実と比較し、認識が現実に一致しているかどうかを確かめればよいというのである。このことをマルクスは「実践のうちで人間はその思考の真理を、言いかえれば、その思考の現実性と力、此岸《しがん》性を証明しなければならない[24]」といい、毛沢東は「マルクス主義者は、人々の社会的実践だけが、外界について人々の認識が真理であるかどうかの基準であると考える」[25]といった。結局、革命的実践が真理の基準であるということになるのである。

ところで、ある特定の時代の知識は部分的、不完全であって相対的真理にとどまるが、科学の発展によって知識は、完全な絶対的真理に限りなく近づくといい、絶対的真理の存在を承認する。それゆえ「相対的真理と絶対的真理のあいだにはこえがたい境界は存在しない」[26]とレーニンはいう。そしてまた相対的な真理の中に絶対的に真なる内容が含まれていて、それが不断に蓄積されたとき、絶対的真理になるというのである。[27]

以上で「従来の認識論」の項目をすべて終える。初めに述べたように、以上は従来の認識論の要点を参考として紹介しただけである。

二　統一認識論

以上、従来の認識論の概略を見てきたが、次に統一思想による認識論すなわち統一認識論を説明する。統一認識論は、統一原理の中の認識に関連した概念と、文鮮明《ムンソンミョン》先生の説教、講演の中のこれに関連した内容、そして著者の質問に対する文先生の解答などを根拠として立てた認識に関する理論体系である。[28]

(一)　統一認識論の概要

統一認識論は、従来の認識論に対する代案としての性格も持っている。そこで、従来の認識論が扱った問題、例えば認識の起源、認識の対象、認識の方法などを扱いながら統一認識論を紹介することにする。

認識の起源

すでに述べたように、十七世紀から十八世紀にかけて、認識の根源が経験にあると見る経験論と理性にあると見る理性論（合理論）が形成されたが、経験論はヒュームに至って懐疑論に陥り、合理論はヴォルフに至って独断論に陥った。そのような問題を解決するために、カントは先験的方法によって、経験論と合理論の統一を図った。しかしカントは、物自体を不可知の世界に残してしまった。それに対して統一認識論の立場を紹介することにする。

今日までの認識論は、認識の主体（人間）と認識の対象（万物）の関係が明らかでなかった。そして人間と万物の関係が明らかでなかったために、理性論のように、認識の主体に重点を置いて、理性（あるいは悟性）が推論するままに認識はなされると主張したり、経験論のように、対象に重点を置いて、感覚を通じて対象をそのままとらえることによって、認識はなされると主張したのである。

カントは、対象から来る感性的要素と主体のもつ思惟形式が構想力によって総合・統一され、認識の対象が構成されることによって、認識が成立すると見た。これは主体（人間）のもつ要素と対象（万物）のもつ要素との総合によって、認識はなされることを意味する。しかし彼は両者（主体と対象）の必然的な関係が分かっていなかったために、主体のカテゴリーの枠内でしか認識できないという論理になり、結局、物自体は不可知になったのである。

ヘーゲルは、絶対精神の自己展開において、理念が自己を外部に疎外して自然となるが、のちに人間の精神を通じて本来の自己を回復するといった。そこでは自然は、人間の精神を生じるまでの一つの過程的存在にすぎず、恒久的な存在としての積極的な意味をもてなかった。そしてマルクス主義においては、人間と自然は互いに対立し合う偶然的な関係に置かれているのである。

このように見るとき、認識の主体（人間）と認識の対象（万物）の関係をいかに正しくとらえることができるかが問題となるのである。無神論の立場から見るとき、人間と万物の間には必然的な関係は成立しない。また宇宙はおのずから生じたとする宇宙生成説の立場から見ても、人間と万物は互いに偶然的な存在でしかない。神によって人間と万物が創造された事実が明らかになるとき、初めて人間と万物の必然的関係が確認されるようになるのである。

統一思想から見るとき、人間と万物はいずれも被造物として主体と対象の関係にある。すなわち人間は万物の主管主、主管の主体であり、万物は人間に対して喜びの対象、美の対象であり、主管の対象である。主体と対象は不可分の関係にある。例えていえば、機械における原動機と作業機の関係と同じである。原動機のない作業機は存在する必要がなく、また作業機のない原動機も存在することはできない。両者は主体と対象という必然的な関係を結ぶように制作されているからである。同様に、人間と万物も主体と対象という必然的な関係を結ぶように創造されているのである。

認識とは、主体である人間が喜びの対象であり、美の対象であり、主管の対象である万物を判断する行為である。そのとき、認識すなわち判断には「経験」を伴うと同時に、判断自体は「理性」の働きによってなされる。したがって認識には経験と理性が同時に必要である。このように統一認識論において、経験と理性は両者が共に必須のものであり、両者が統一されることによって、認識が成立すると見るのである。そして人間と万物は主体と対象の関係にあるから、人間は万物を完全にそして正確に認識することができるのである。

認識の対象

統一思想はまず、人間の外部に万物が存在していること、すなわち実在論を認める。人間は万物に対して主体であるから、万物を主管し――万物を栽培、養育したり、取り扱い、加工し、利用したりすること――万物を認識するのである。そのために万物は認識の対象として、また主管の対象として、人間と独立して人間の外部に存在しなければならないのである。

統一認識論はまた、人間は万物の総合実体相として、宇宙の縮小体すなわち小宇宙であるために、人間は万物の構造、要素、素性をことごとく備えていると見る。言い換えれば、人間の体を標本として象徴的に人間に似せて創造されたのが万物である。したがって、人間の体と万物は相似性をなしているのである。さらに、人間において、体は心に似せて造られているのである。

認識は必ず判断を伴うが、判断とは一種の測定作用であると見ることができる。測定には基準（尺度）が必要であるが、認識における基準となっているのが、人間の心の中にある観念であり、それを「原型」という。原型は心の中にある映像であり、内的な対象である。この心の中の映像（内的映像）と外界の対象から来る映像（外的映像）が照合されて、認識がなされるのである。

今日まで実在論は、人間のなかにある先在的な観念を無視して外界の存在だけを主張した。反映論を唱えるマルクス主義は、その代表である。またその反対に、人間の意識の中の観念だけが認識の対象になると主張したのが、バークリによって代表される主観的観念論である。ところが統一認識論においては、実在論と観念論（主観的観念論）が統一されているのである。

認識の方法

統一認識論の方法は、カントの先験的方法やマルクスの弁証法的方法とは異なっている。授受法、すなわち主体と対象の授受作用の原理が統一認識論の方法である。したがって方法から見るとき、統一認識論は授受法的認識論となるのである。

認識は主体（人間）と対象（万物）の授受作用によってなされるが、主体と対象にはそれぞれもたなくてはならない条件がある。あたかも芸術の鑑賞において、主体と対象がそれぞれ備えるべき条件があるのと同じである。作品を鑑賞するとき、主体が備えるべき条件は対象への関心と価値追求欲および主観的要素などであり、対象が備えるべき条件は創造目的と相対的要素の調和である。それと同様に、認識においても主体と対象に条件が必要になる。主体的条件とは、主体が「原型」と「関心」をもつことであり、対象的条件とは、対象が「属性（内容）」と「形式」をもつということである。

ところで授受作用には、存在の二段構造の原則に従って内的授受作用と外的授受作用がある。まず外的授受作用が行われ、続いて内的授受作用が行われることによって認識は成立する。そのように、授受作用によって認識がなされるという理論を授受法的認識論という。

関心をもつ主体（人間）と、対象的条件を備えた万物との間に授受作用が行われる。そのとき、まず感性的段階の心（感性）に対象の属性（内容）と形式（存在形式）が反映されて、映像としての内容（感性的内容）と形式（感性的形式）が形成される。これを「外的映像」という。外的授受作用（または外的四位基台）から現れる映像であるからである。この内容と形式（外的映像）と、主体が前から持っている原型（内容と形式：内的映像）との間にまた授受作用（対比型の授受作用）が行われる。それが内的授受作用（または内的四位基台の形成）である。この授受作用によって初めて認識が成立するのである。

ここで、統一認識論の方法とカントの先験的方法およびマルクス主義の弁証法的方法との差異について述べる。カントにおいて、内容（感性的内容）は外界（対象）から受け入れるものであり、形式つまり直観形式と思惟形式は主体が持っている先天的かつ主観的な要素である。したがって内容は対象に属し、形式は主体に属しているといえる。ところで、カントは物自体を不可知の世界に渡してしまったために、その感性的内容は実体のない内容、つまり主体（主観）のみに属する内容となってしまったのである。そして結局、カントにおいては内容も形式もすべて主体に属するということができる。カントがよく観念論者と呼ばれるのは、そのためである。しかるに授受法的方法においては、内容と形式は主体にも対象にも属する。すなわち、主体も内容と形式を備えており、対象も内容と形式を備えている。

マルクス主義の弁証法的方法においては、内容と形式はすべて客観的実在である対象にだけ属するものであり、主体の意識はただ、これを反映しているにすぎないのである。このように見るとき、統一思想の授受法的方法は先験的方法と弁証法的方法を共に備える立場にあるということができる。すなわち統一認識論においては、外的授受作用に反映論的要素があり、内的授受作用に先験的要素があるのであり、弁証法的方法（反映論）と先験的方法が統一されているのである。

(二) 認識における内容と形式

一般的に内容と形式をいうとき、事物の中にあるものを内容といい、外に現れた形を形式というが、認識論で扱う内容は事物の属性をいい、形式はその属性が規制されて現れる一定の枠組みのことをいう（すなわち属性が一定の枠組みを通して現れるとき、その枠組みを形式という）。

対象の内容と主体の内容

認識の対象は万物または事物であるから、対象の内容とは、万物（事物）がもっている、いろいろな属性、すなわち形態、重量、長さ、運動、色、音、匂《にお》い、味などをいう。したがって対象の内容は、物質的内容つまり形状的内容である。一方、認識の主体は人間であるから、主体の内容とは、人間がもっている、いろいろな属性をいうが、その属性も万物（事物）の属性と同じく、形態、重量、長さ、運動、色、音、匂い、味などの物質的内容である。

普通、人間の属性といえば、理性、自由、霊性などをいう場合が多いが、認識論では内容の相似性を扱っているために、対象（万物）と同じ属性を扱うのである。人間は宇宙の縮小体（小宇宙）であり、万物の総合実体相であるから、人間は万物のもつ構造、要素、素性などをすべて、統一的に（縮小的に）もっている。したがって人間は、万物のもっている属性と同じ属性を備えているのである。

しかし、主体（人間）と対象（万物）が同じ属性をもっているというだけでは、認識における授受作用は成立しない。認識は一種の思惟現象であるから、内容は主体の心にも備わっていなくてはならない。主体の心の中にある内容が原型である。正確にいえば、これは原型の中の内容の部分であって、原意識（生命体のもつ潜在意識…後述）の中に現れる原映像をいう。この原映像は人間の体の属性に対応した心的映像であるが、人間の体の属性は外界の万物の属性（物質的内容）に対応している。それゆえ心的映像つまり原映像は、万物の属性（物質的内容）に対応する心的内容となるのである。そのように人間の体の属性は万物の属性（物質的内容）に対応し、人間の心的映像（原映像）は人間の体の属性に対応しているのである。結局、人間の心的映像は万物の属性に対応している。したがって認識において、主体（人間）の心的映像（原映像）と対象の物質的内容（感性的内容）が互いに対応するようになり、主体と対象の間に授受作用が行われることによって、認識がなされるのである。

対象の形式と主体の形式

認識の対象である万物（事物）の属性は、必ず一定の枠組み（フレーム）をもって現れる。この一定の枠組みが存在形式である。存在形式は事物の属性の関係形式でもある。そして、この存在形式または関係形式が認識における対象の形式となるのである。

人間の体は宇宙の縮小体（小宇宙）であり万物の総合実体相であるから、人間の体は万物がもっている存在形式と同じ存在形式をもっている。ところで、認識における形式は心の中の形式すなわち思惟形式でなくてはならない。これは体の存在形式が原意識の中に反映したもの、すなわち形式像（または関係像）であって、原型の一部を成している。

原型の構成要素

認識において、判断の基準（尺度）となる主体の中の心的映像を原型というが、原型は次のような要素から構成されている。

まず第一に、原映像がある。これは、人体の構成要素である細胞や組織の属性が原意識に反映された映像である。つまり、原意識という鏡に映った細胞や組織の属性の映像が原映像なのである。原型を構成する第二の要素は、関係像すなわち思惟形式である。原意識には、人体の細胞や組織の属性だけでなく、属性の存在形式（関係形式）も原意識に反映されて、映像をなしている。それが関係像であって、この関係像が顕在意識の思考作用に一定の制約を与える思惟形式となっているのである。

以上の原映像と関係像（思惟形式）は経験とは関係のない観念、すなわち先天的な観念であって、原型にはそのほかに、過去および直前までの経験によって付加された後天的な観念もある。すなわち認識に先立つそれまでの経験によって得られた観念（経験的観念）は、その後の認識においては原型の一部を成すのである。したがって、われわれは一度経験した事物と同様な事物に出会うとき、容易にそれを判断しうるのである。そのように原型は原映像、関係像（思惟形式）、経験的観念の三つの要素から構成されているのである。

以上述べたように、原型は経験に先立っている先天的な要素と、経験を通じて得られた要素すなわち経験的要素から成っている。先天的な要素とは、本来の意味の原型のことであり、原意識に現れた原映像と関係像をいう。これは、経験とは関係のない「先天的な原型」である。それを「原初的原型」ともいう。そして経験的要素とは、日常生活の体験において心の中に映像として現れた経験的観念をいい、一度現れると、その後、原型の一部となるのである。それを「経験的原型」という。そのような先天的原型と経験的原型が結合した原型を「複合原型」という。日常生活における原型は、みな複合原型である。

原型の先在性とその発達

原型には先天的要素と経験的要素があるために、ある瞬間の判断は、それ以前に形成された原型（複合原型）がその判断の基準（尺度）となる。このように認識において、判断基準（原型）が必ずあらかじめ備わっているのである。この事実を「原型の先在性」という。カントは認識の主体がもっている形式を先天的（アプリオリ）であると主張したが、統一認識論では主体がもっている原型の先在性を主張するのである。

ところで人間が生まれながらもっている原型（原映像と関係像）は、出生直後の幼児の場合、細胞、組織、器官、神経、感覚器官、脳などの未発達のために、まだ不完全なものである。したがって認識は不明瞭なものとならざるをえない。しかし幼児が成長するにしたがって、体の発達とともに、原映像や関係像は次第に明瞭になってくる。それに経験によって得られた新しい観念が次々に加わってくる。そうして原型は、質的にも量的にも発達する。これは記憶量の増大または新しい知識の増大を意味するのと同時に、経験的原型の発達、さらには複合原型の発達を意味する。

（三）　原意識、原意識像および範疇《はんちゅう》

原意識

『原理講論』には「被造物は原理自体の主管性または自律性によって成長する」（七九頁）と

ある。ここにいう主管性や自律性は生命力の特徴のことである。生命とは、生物体の細胞や組織に入っている潜在意識であって、潜在している感知力、覚知力、合目的的な能力である。言い換えれば、生命とは、感知性、覚知性、合目的性をもつ潜在意識である。ここに感知性とは、事物に関する情報を直観的に分かる能力をいい、覚知性は分かった状態を持続する能力をいい、合目的性は一定の目的をもちながらその目的を実現しようとする意志力をいう。原意識とは、根本となる意識という意味であるが、それは細胞や組織の中に入っている宇宙意識（生命）のことである。心の機能から見るとき、原意識は低次元の心である。[29]したがってそれは、細胞の中に入った低次元の宇宙心、または低次元の神の心であるということができる。

原意識は同時にまた生命である。宇宙意識が細胞や組織に入って個別化されたものが原意識であり、生命である。つまり細胞や組織の中に入った宇宙意識が生命である。あたかも電波がラジオに入って音声を出すように、宇宙意識が細胞や組織に入り込んで、それらを生かしているのである。[30]結局、原意識とは生命であって、それは感知性、覚知性、合目的性をもつ潜在意識である。

統一思想によれば、神はロゴスでもって宇宙を創造されるとき、生物の各個体の継代のために、すなわち繁殖によって種族を保存するために、その個体に固有なすべての情報（ロゴス）を物質的形態の記録（暗号）として細胞の中に封入されたと見る。その暗号がまさにＤＮＡ（デオキシリボ核酸）の遺伝情報であって、アデニン、グアニン、チミン、シトシンの四種類の塩基の一定の配列なのである。

創世記二章七節には、「主なる神は土のちりで人を造り、命の息をその鼻に吹き入れられた。

そこで人は生きた者となった」とある。万物に対しても同様に、「神は土で細胞を造り、生命を吹きいれられた。そこで細胞は生きた細胞となった」といえる。細胞に吹き入れられた宇宙意識が原意識であり生命である。すなわち、宇宙意識が細胞、組織に吹き入れられることにより、生物体は生きたものとなるのである。

原意識の機能

次は、原意識の機能について説明する。原意識の機能は多様である。すなわち遺伝情報（暗号）の解読と情報の指示事項の遂行、そして情報の伝達などが、その代表的なものである。これについて具体的に説明する。まず宇宙意識は細胞にしみ込んで原意識になると、そこに入っている細胞のＤＮＡの遺伝情報（暗号）を解読する。そして原意識はその情報の指示に従って、細胞や組織を活動せしめるのである。そしてまた、生体の成長にしたがって、細胞や組織の増大、新器官の形成と成長、各細胞間および組織間の相互関係の形成などを実現するための機能を発揮する。

一方で、必要によって、各細胞や組織に新しく発生する情報を末梢《まっしょう》神経（求心神経）を通じて中枢神経に伝達し、中枢は再び末梢神経（遠心神経）を通じて細胞や組織に新しい指令（情報）を下すのであるが、そのとき、その情報を原意識が伝えるのである。そのように細胞や組織と中枢との間で情報を授受する伝達者の役割も、原意識が引き受けるようになるのである。それらが原意識の機能である。

そのような機能はみな、原意識（潜在意識）の感知性、覚知性、合目的性に基因する。そして、原意識がこのような機能を発揮する間に原映像や関係像が発達するようになるのである。

原意識像の形成

生物体の中の潜在意識すなわち原意識は、感知性をもっている。したがって原意識は、直感的に細胞や組織の構造、成分、特性などを感知する。さらに、細胞や組織の状況変化までも原意識は感知している。そのとき原意識が感知した内容、すなわち原意識に反映した映像が「原映像」である。原意識に原映像が生じるということを比喩《ひゆ》的に表現すれば、物体が鏡に映ること、またはフィルムの露出によって物体がフィルムに映ることと同じであるといえる。

また原意識は、覚知性をもつ。それは感知した状態を持続すること、すなわち原映像を保持することであって、保持性ということもできる。

細胞、組織、器官などの体内の諸要素は、それぞれ個性真理体および連体として、内的または外的な授受作用を行うことによって、存在し、作用し、成長している。例えば、ある一つの細胞の場合、その細胞内の諸要素（核と細胞質）間に起きる授受作用が内的授受作用であり、その細胞と他の細胞との間に起きる授受作用が外的授受作用である。そのとき授受の関係が成立するが、それに必要ないろいろな条件を「関係形式」という。万物は例外なく、そのような条件を備えた状況のもとでのみ存在しうるために、この関係形式は「存在形式」ともいう。存在形式は、万物が存在する際に組み立てられた枠組みである。

この存在形式が原意識に反映されてできる映像のことを「関係像」あるいは「形式像」とい

う。原意識は原映像と関係像（形式像）をもっているが、原映像と関係像を合わせたものを「原意識像」という。

思惟形式の形成

すでに述べたように、認識主体（人間）のもつ内容には、物質的内容（形状的内容）と心的内容（性相的内容）があるが、物質的内容は対象（事物）の属性と同じものであり、心的内容は原映像である。ここにおいて、物質的内容が心的内容の対応源となっているのである。ここで対応源とは、一対一の対応関係にある二要素の中で因果的関係にある要素をいう。それは例えば、物体と影のような関係と同じものである。物体が動けば影もそれにしたがって動き、物体が停止すれば影も停止する。そのとき、物体は影の対応源という。

体と心の関係において、体が健康であるとき、心が健全になり、体が弱いとき心も弱くなるとすれば、そのとき体は心の対応源となるのである。同様に、認識主体がもつ物質的形式（形状的形式）と心的形式（性相的形式）において、物質的形式は心的形式の対応源となるのである。ここで物質的形式は、まさに対象（事物）の存在形式である。

すでに述べたように、人間の体は万物の総合実体相であるため、万物の属性がそのまま体の属性となり、体の属性が原意識に反映されて原映像すなわち心的内容となるのである。そのように、万物の存在形式もそのまま体の存在形式となり、それが原意識に反映されて心的形式すなわち関係像となる。心的形式とは、まさに思惟形式である。つまり、思惟形式の根は存在形式である。したがって存在形式は、思惟形式の対応源となるのである。

細胞や組織における関係形式（存在形式）が原意識に反映して関係像となるが、原意識の関係像は一種の情報となって大脳中枢に伝達される。まず数多くの関係像は、末梢《まっしょう》神経を通って下位中枢を経たのち、大脳の上位中枢（皮質中枢）に集まる。その過程において、いろいろな関係像が整理され、分類されながら、思惟形式が確定され、皮質中枢に到達すると見るのである。すなわち、外界の存在形式に対応する心的形式としての思惟形式が心理の中に形成されるのである。

この思惟形式が人間が思考するときに、その思考が従うべき枠組みとなる。すなわち、人間の思考は思惟形式に従ってなされる。そのことを「思惟形式が思考を規定する」という。思惟形式は最も根本的、一般的な基本概念を意味する範疇《はんちゅう》（カテゴリー）と同じものである。

存在形式と思惟形式

思惟形式の対応源が存在形式であるから、思惟形式を知るためには、まず存在形式を理解しなくてはならない。事物が存在するためには、個体と個体（または要素と要素）が関係を結ばなくてはならないが、その時の形式すなわち関係形式がとりもなおさず存在形式である。統一思想から見るとき、最も基本的な存在形式として次の十個がある。

①　存在と力……すべての個体が存在するとき、必ずそこには力が作用している。存在を離れた力はなく、力を離れた存在もない。神からの原力が万物に作用して万物を存在せし

めているからである。

②　性相と形状……すべての個体は内的な無形なる機能的要素と外的な有形なる質量、構造、形態から成っている。

③　陽性と陰性……すべての個体は性相と形状の属性として陽性と陰性をもっている。陽性と陰性は、空間的にも時間的にも常に作用しており、陽陰の調和によって美が現れる。

④　主体と対象……すべての個体は、自体内の相対的要素間において、あるいはその個体と他の個体との間において、主体と対象の関係を結んで授受作用を行いながら存在している。

⑤　位置と定着……すべての個体は一定の位置に定着して存在している。すなわち各位置にはそこにふさわしい個体が定着している。

⑥　不変と変化……すべての個体は必ず変化する面と変化しない面をもっている。被造物はすべて自同的四位基台（静的四位基台）と発展的四位基台（動的四位基台）の統一をなしているからである。

⑦　作用と結果……すべての個体おいて、主体と対象の相対的要素が授受作用をすれば必ずそこに結果が現れる。すなわち授受作用によって合性体を成すか、新生体を生じる。

⑧　時間と空間……すべての個体は時間と空間の中に存在する時空的存在である。存在するということは、四位基台（空間的基台）を形成し、正分合作用（時間的作用）を行うことを意味する。

⑨　数と原則……すべての個体は数的存在であると同時に法則的存在である。すなわ

ち、数は必ず法則または原則と一体になっている。[31]

⑩　有限と無限……すべての個体は有限的（瞬間的）でありながら、無限性（持続性）をもっている。

以上は統一原理の四位基台、授受作用、正分合作用を基盤として立てた、最も基本的な存在形式である。これは認識の対象である万物の存在形式であると同時に、認識の主体である人間の体の構成要素の存在形式なのである。

これらの存在形式に対応する心的な形式が思惟形式である。すなわち、①存在と力、②性相と形状、③陽性と陰性、④主体と対象、⑤位置と定着、⑥不変と変化、⑦作用と結果、⑧時間と空間、⑨数と原則、⑩有限と無限などが、そのまま思惟形式となるのである。存在形式は物質的な関係形式であるが、思惟形式は観念の関係の形式であり、基本的概念なのである。

もちろん、このほかにも存在形式や思惟形式はありえるが、ここに挙げたものは統一思想から見た最も基本的なものである。カントが主張したように、思惟形式は存在と無関係な状態にあるのではない。またマルクス主義が主張したように、外界の実在形式が反映して思惟形式となるのではさらにない。人間自身がもとより、外界の存在形式に対応した思惟形式を備えているのである。例えば人間自身、もとより時間性と空間性を備えた存在であるがゆえに、時間と空間の思惟形式をもっているのであり、もとより主体性と対象性を備えた存在であるがゆえに、主体と対象の思惟形式をもっているのである。そのように、十個の存在形式に正確に対応する思惟形式が人間の心に備わっているのである。

(四) 認識の方法

授受作用

『原理講論』には、主体と対象が相対基準を造成して授受作用を行えば、「生存と繁殖と作用などのための力を発生する」(五〇頁)とされている。ここで「繁殖」とは、広い意味で出現、発生、増大、発展などを意味する。また「作用」は運動、変化、反応などを意味する。認識は知識の獲得や増大を意味するから、授受作用による「繁殖」の概念に含まれるのである。したがって認識は「主体と対象の授受作用によってなされる」という命題が立てられるのである。

認識における主体は一定の条件、すなわち対象への関心と原型を備えた人間をいい、対象は内容(属性)と形式(存在形式)を備えた万物(事物)をいう。この両者の授受作用によって認識がなされるのである。

四位基台の形成

主体と対象の授受作用は必ず目的を中心としてなされるのであるが、その授受作用の結果として認識が成立するのである。したがって認識は、四位基台形成によってなされるのである(図9―1)。四位基台は、中心、主体、対象、結果という四つの位置から成る。次に、それぞれの位

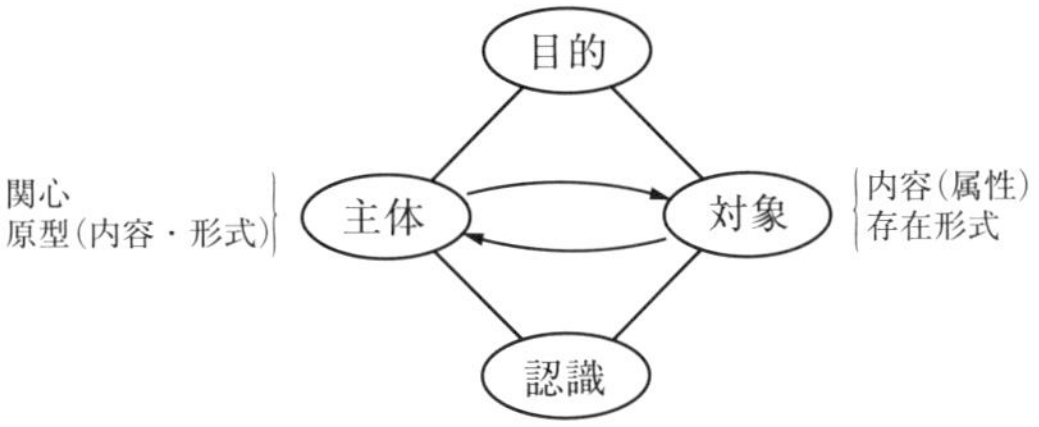

図９—１　認識における四位基台の形成

置について説明することにする。

① 中　心

授受作用の中心になるのは目的であるが、目的には原理的な目的と日常的現実的な目的がある。原理的な目的は、神が被造物を造られた創造目的であるが、それは被造物から見れば、被造物の存在目的すなわち被造目的である。神の創造目的は心情（愛）がその動機となっているために、人間も愛を動機として万物を認識するのが本来の認識のあり方である。

創造目的（被造目的）には性相的目的と形状的目的があるが、それぞれに全体目的と個体目的がある。認識における人間の全体目的とは、隣人、社会、国家、世界に奉仕するために知識を得ることであり、個体目的とは、個人の衣食住の生活と文化生活のために知識を得ることである。一方、対象である万物の全体目的は、人間に知識と美を与えたり、人間に主管されて人間を喜ばせることであり、個体目的は人間から認められ愛されることである。しかし人間の堕落のために、万物はそのような創造目的（被造目的）を完遂することができず、そのために万物は、うめき苦しんでいるのである（ローマ八・二二）。

日常的な目的（または現実的な目的）とは、原理的な目的を土台とした個別的な目的、すなわち日常生活における各個人の目的をいう。例えば植物学者が自然を見るとき、学問的な立場から自然界の植物に対する知識を得ようとするであろう。画家が同じ自然に対するとき、美の追求のための知識を得ようとするであろう。また経済人が自然に対するときは、自然を開発して事業を起こすという立場で自然に対する知識を得ようとするであろう。それはみな喜びを得ようとするためである。そのように喜びを得るという原理的な目的は同じであっても、各人の日常的な目的は人によって千差万別であるといえる。

② 主　体

認識において、主体が対象に対して関心をもつということは、主体のもつべき要件の一つである。関心がなければ、主体と対象の間に相対基準が成立できなくなり、授受作用ができなくなるからである。

例えばある人が道を歩いていて、友人に出会ったとしよう。彼が何か熱心に考えながら道を歩いていたとすれば、関心がそのことだけに注がれていたので、友人に気がつかないまま通り過ぎてしまうことであろう。また灯台守の夫人が寝ているとき、波の音では眠りは覚めないが、波の音よりも小さい自分の子供の泣き声によって目を覚ますことができる。これは波の音には関心がないから認識されないが、子供の泣き声にはいつも関心があるから小さな声でも感じるようになるのである。

しかし実際には、偶然に事物を認識する場合も多い。予期していないのに、急に稲妻を見て、雷の音を聞く場合はその顕著な例である。そういう場合には、主体に関心がなくても認識は可能であるかのようであるが、そのような場合にも、無意識的（潜在意識的）ではあるが、必ず関心が作用しているのである。人間は誰でも幼い時に、あらゆることに驚きと好奇心をもって接したことを記憶するであろう。その驚き、好奇心がまさに関心に由来するのである。また人は外国の地に初めて行った時にも、すべての事物に対して関心をもって接するであろう。しかし成長するにしたがって、あるいは、たびたび外国旅行をするにしたがって、関心は習慣化され潜在意識化されてしまう。そのとき関心がなくなったのではなく、潜在意識の中から関心が作用しているのである。

主体のもつべきもう一つの要件は、原型をもつことである。いくら対象に対して関心をもっても、原型がなければ認識はなされない。例えば初めて外国語を聞いた場合、その言葉が何を意味しているのか分からない。また一度も会ったことのない人に対するとき、その人は「見慣れない顔」に見えるが、過去に会ったことがあれば、たとえ忘れてしまったとしても何となく「見慣れた顔」と感じられることであろう。そのように、認識がなされるためには、主体の中に判断の基準となる原型が必ず備えられていなければならないのである。

③ 対　象

統一原理によれば、万物は人間の対象として、人間は万物の主体（主管主）として造られたために、主体である人間は対象である万物を愛でもって主管するようになっている。したがって人間は、万物を鑑賞したり、認識しながら主管するのである。そして万物は、美の対象、認識の対象となり得る要素を備えているのである。それが内容としての万物の属性と、形式としての存在形式（関係形式）である。そのような内容と形式が万物の備えるべき条件ではあるが、実は万物が自ら備えたものではなくて、神によって万物に与えられたものである。人間は万物の総合実体相であり、宇宙の縮小体であるから、万物のもっている内容と形式に対応して、縮小した形態として、やはり内容と形式を備えているのである。なお認識の対象には、自然の万物だけでなく、人間社会における事物や事件、人物などがある。

④ 結　果

目的を中心として主体と対象が授受作用すれば、必ず結果が現れる。ここで結果の性格を理解するためには、四位基台の性格をまず理解しなくてはならない。原相論で説明したように、四位基台には内的自同的四位基台、外的自同的四位基台、内的発展的四位基台、外的発展的四位基台の四種類がある。

認識は基本的には、主体の「内容と形式」と対象の「内容と形式」が授受作用を通じて照合され、合性一体化していく過程である。したがって、そのとき自同的四位基台が形成される。一方、創造や主管の場合には発展的四位基台が形成される。認識は、主管と密接な関係にある。認識のない主管も、主管のない認識も、いずれも完全なものとはなりえないのである。認識と主管は、人間と万物の授受作用において相対的な回路をなしている。つまり認識過程は、授受作用においても対象から主体へと向かう回路であり、主管の過程は主体から対象へと向かう回路である。

ここで主管における発展的四位基台と、認識における自同的四位基台の関係を考えてみよう。主管とは、創造性を発揮することであるから、主管の四位基台は創造の四位基台と同じである。原相論で説明したように、神は創造の二段構造、すなわち内的発展的四位基台（ロゴスの形成）と外的発展的四位基台を通じて万物を創造された。これらの発展的四位基台において、まず内的発展的四位基台が形成され、次に外的発展的四位基台が形成されたのである。すなわち、「内的な四位基台から外的な四位基台へ」という順序で万物が創造されたのである。ところが認識のための自同的四位基台の形成は、まず外的自同的四位基台が形成され、次に内的自同的四位基台が形成される。すなわち、「外的な四位基台から内的な四位基台へ」という順序に従って認識はなされるのである。

かくして認識は、内的自同的四位基台が形成されることによって、その結果としてなされるのであるが、直接的には外的な要素と内的な要素の照合によって成立するのである。

それでは、認識の過程は具体的にいかなるものであろうか。そのことを次に明らかにする。

（五）認識の過程

人間は認識を通じて十分な知識を得るが、そのとき一定の過程を経るようになる。その過程が

図9―2　外的自同的四位基台の形成

蘇生《そせい》、長成、完成の三段階としての感性的段階、悟性的段階、理性的段階である。万物が成長するのに蘇生、長成、完成の三段階を経るのと同様である。

感性的段階の認識

これは認識過程の蘇生的段階である。この段階では、まず外的自同的四位基台が形成される。意識的あるいは無意識的な目的を中心として、主体（人間）と対象（万物）の間に授受作用が行われ、対象の内容と形式が主体の感覚中枢（感性）に反映されて、映像または表象を形成する。それが感性的内容と感性的形式であって、これを「感性的認識像」という（図9―2）。

この段階が認識の感性的段階である。そのとき主体（感性）は関心と原型を備えているが、この感性的段階の原型はまだ認識作用に積極的に関与していない。感性的段階において形成される感性的内容や感性的形式は断片的な映像の集合にすぎないのであって、対象に似た統一的な映像とはなりえない。したがってこの段階では、対象が具体的に何なのか知ることはできない。

悟性的段階の認識

悟性的段階は、認識過程の長成的段階である。この段階において、内的な自同的授受作用によって内的な自同的四位基台が形成されるが、そのとき感性的段階から伝えられた断片的な映像が統一される。

この内的授受作用の中心となる目的は、感性的段階における外的四位基台の目的と同じであって、原理的および現実的目的がその中心となる。そのとき主体の位置にくるのは内的性相すなわち心の機能的部分であるが、認識において、それは知情意の統一体となっている。また心は、生心と肉心の合性体としての本心であって、それは動物の本能の場合とは次元が異なっている。認識において生心の機能は価値判断を主管し、肉心の機能は感覚を主管し、両者が合わせて記憶を主管する。したがって生心と肉心の合性体である本心は、認識において価値（真善美）を指向しながら、感覚を統括し、記憶を主管するのである。

そこで認識において、そのような心（本心）の機能的部分を特に「霊的統覚《とうかく》」と呼ぶことにする[32]。そのように認識において内的性相は、統覚力、対比力、価値判断力、記憶力として作用するが、実践においては、主体性としての価値実践力としても作用するのである。

内的四位基台の対象の位置すなわち内的形状には、感性的段階の外的四位基台において形成された感性的認識像すなわち感性的内容と感性的形式が移されてくる。すると、この感性的内容と感性的形式に対応する原映像と思惟形式すなわち原型が、霊的統覚によって記憶の中から引き出されてくる。そしてこの二つの要素、すなわち感性的認識像と原型が共に内的形状を成すのであ

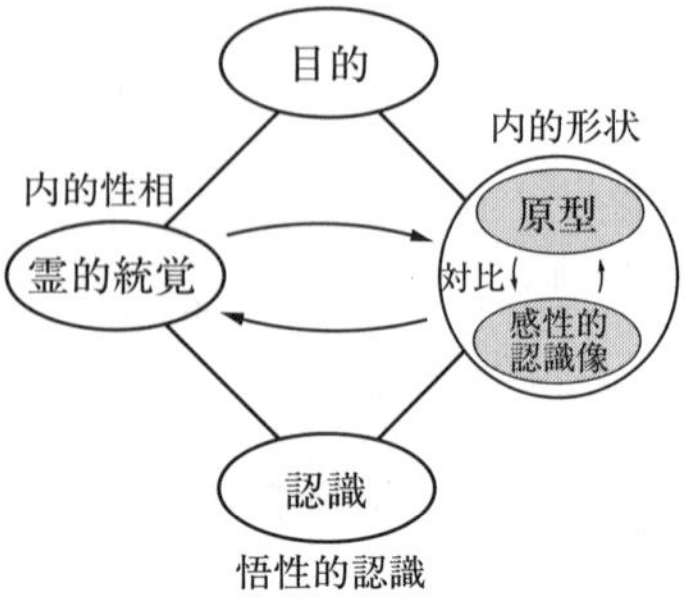

図9—3　内的自同的四位基台の形成

る。

そのような状況において授受作用が行われるが、その授受作用は対比型の授受作用である。主体である霊的統覚が原型と感性的認識像という二つの要素を対比（対照）して、その一致または不一致を判別するからである。そのような内容を図で表せば、図9—3のようになる。

この対比によって認識がなされるのであるが、そのような対比を統一認識論は照合（collation）という。ここに認識は照合によってなされるという結論になる。したがって、統一認識論を方法から見れば照合論となるのである。それに対してマルクス主義認識論は反映論であり、カントの認識論は構成論であった。

しかし、悟性的段階においてなされる一回の認識（内的授受作用）では、認識が不十分であるか、認識が成立しない場合がある[33]。その時は、新しい知識を得るまで、実践（実験、観察、経験など）を行いながら内的授受作用を継続していくのである。

理性的段階の認識

理性的段階は、認識の過程における完成的段階である。ここで理性とは、概念（観念）による思惟の能力をいう。理性は悟性的段階の認識においても、判断力、概念化の能力として作用するが、理性的段階の認識においては、悟性的段階において得られた知識を資料として、思惟作用によって新しい知識を得るのである。

結局、理性的段階における認識とは思考である。これは原相における内的発展的四位基台による構想（ロゴス）の形成に相当するものである。思考は心の中の授受作用によってなされるが、それは対比型の授受作用である。すなわち、以前からもっている内的形状の中のいろいろな要素（観念、概念、数理、法則など）から必要なものを選んで、内的性相がそれらを連合、分離、分析、総合することによって、いろいろな観念（概念）をあれこれと操作するのである。観念（概念）の操作とは、内的性相が内的形状の諸観念や諸概念を対比することによって、すなわち対比型の授受作用を行うことによって、新しい観念（概念）を得ることを意味する。例えば、いろいろな観念の中から「父」という観念と「息子」という観念を対比して、適当であると感じられたならば、この二つの観念を結合して「父子」という新しい観念を得るのである。

またもう一つの例として、いろいろな多くの概念の中から「社会」という概念と「制度」という概念を対比して、適当であると感じたならば、この二つの概念を合わせて「社会制度」という新しい概念を作る。そのように、いろいろな観念や概念の中から必要なものを選び出し、結合させて、新しい観念や概念を作ることを観念（概念）の操作というのである。そのような観念（概念）の操作を繰り返しながら知識は増大していくのである。この内的な授受作用において、内的性相は霊的統覚としての機能を果たしているのである。理性的段階の認識は、内的発展的四位基

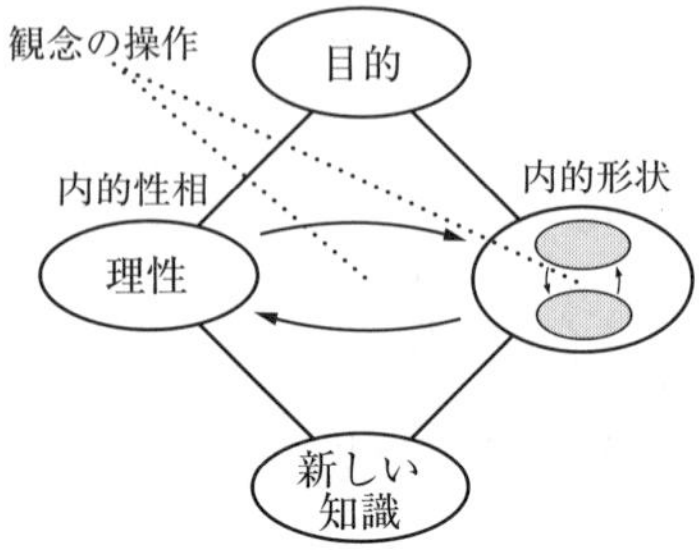

図9—4　内的発展的四位基台の形成

台の形成を通じてなされている（図9—4）。

理性的段階の認識において、新しい知識の獲得はその度ごとに判断の完結を伴いながら連続的になされる。すなわちいったん得られた新しい知識（完結した判断）は思考の資料として内的形状の中に移されて、次の段階の新しい知識の形成に利用される。そのようにして知識（思考）は発展していくのである。かくして内的発展的四位基台形成を反復しながら、知識は発展していくのである（図9—5）。

内的四位基台の発展は実践を並行しながら行われている。すなわち実践を通じて得られた結果（新生体）が内的四位基台の内的形状に移されて、新しい知識の獲得に利用される。新しい知識が得られれば、再び新たな実践を通じてその真偽が検証される。そのようにして、反復的な実践すなわち反復的な外的発展的四位基台形成が認識のための内的発展的四位基台の形成に並行して行われるのである（図9—6）。

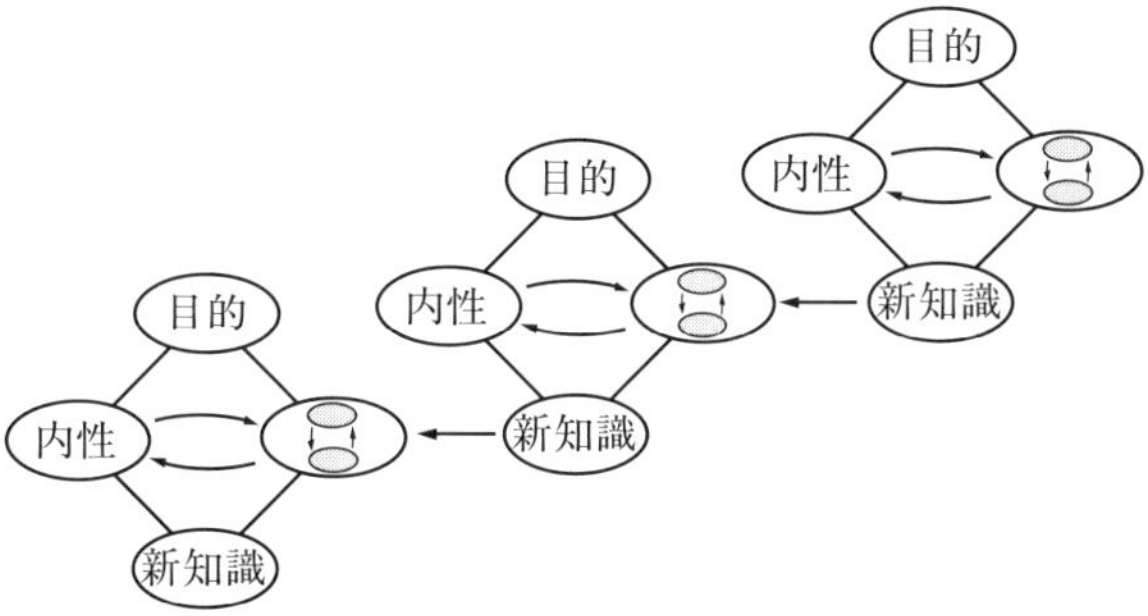

図９―５　内的発展的四位基台形成（推理）の反復

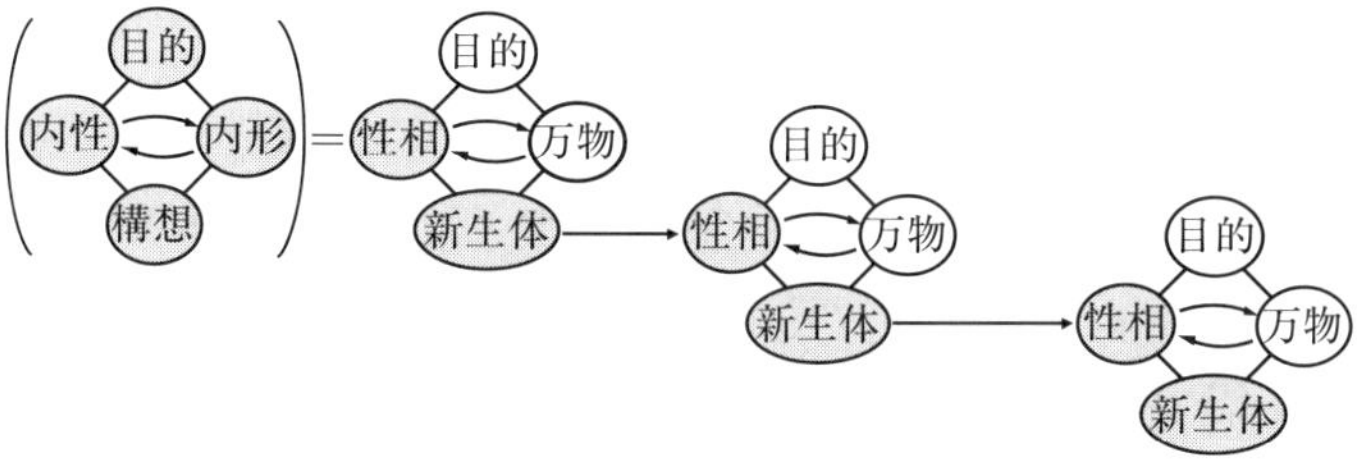

図９―６　外的発展的四位基台形成（実践）の反復

(六) 認識過程と身体的条件

統一認識論は統一原理または統一思想を根拠とした認識論であるから、従来の認識論と異なる点があるのは当然である。ところで統一認識論の主張が科学的見解に反するとか、それと距離があるとしたら、統一認識論も過去の認識論と同じく、主唱者の単なる主張として終わり、普遍妥当性は認められないであろう。

従来の認識論、すなわち経験論も、理性論も、カントの先験的認識論も、マルクス主義認識論も、みな科学的な見解と無関係な理論であったか、または今日の科学的見解と合わなくなっている。したがって、科学の発達している今日において、それらはほとんど説得力をもつことができない。ところが、統一認識論は科学的な立場から見ても妥当な理論であるといえる。そのことを以下に論じることにする。

心理作用と生理作用の並行性

統一思想は、二性性相である原相に似せて万物は創造されたという理論に基づいて、すべての存在は性相と形状の二性性相として存在することを主張する。人間は心と体の二重的存在であるが、人体を構成している細胞、組織、器官なども、すべて心的要素と物質的要素の統一体なのである。そればかりでなく、人間のあらゆる活動や作用も二重的であって、そこには必ず心理作用

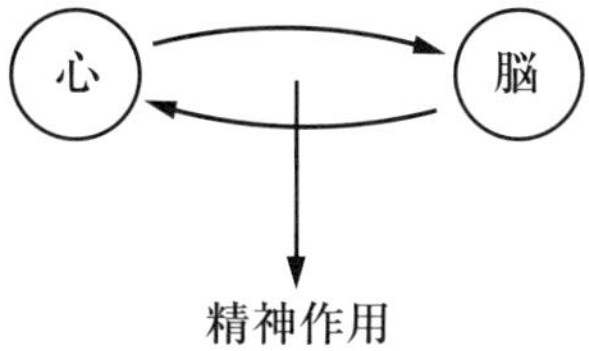

図9―7　心と脳の授受作用による精神作用

と生理作用が統一的に並行して行われているのである。したがって統一思想から見れば、認識作用においても、必ず心理的過程と生理的過程が並行しているのである。例えば、心と脳の授受作用によって精神作用（意識作用）が現れるのである（図9―7）。ここにおいて、心とは生心（霊人体の心）と肉心（肉身の心）の合性体である。

脳の研究の世界的権威であるペンフィールド（W. Penfield, 1891-1976）は、脳をコンピュータにたとえ、「脳はコンピュータ、心はプログラマー」であると述べた[34]。同じく著名な脳の研究者であるエックルス（J.C. Eccles, 1903-97）も、心と脳は別のものであり、心と脳の相互作用として心身問題をとらえなくてはならないといった[35]。彼らの主張は、心と脳の授受作用によって精神作用が営まれるという統一思想の見解と一致するものである。これは、統一認識論の主張が科学的見解と一致する実例の一つとなるのである。

原意識、原映像の対応源

次に、統一認識論における独特な概念である原意識と原映像に対して、それを裏づける科学者の見解を見てみよう。

すでに説明したように、原意識は細胞や組織に浸み込んだ宇宙意識または生命であり、原映像はこの意識のフィルムに写された映像である。ここに原意識は目的意識であり、原映像は情報にほかならない。これは細胞が目的意識をもちながら、情報に基づいて一定の機能を果たすことを意味している。

ここで、サイバネティックスの理論によって原意識と原映像を検証してみよう。サイバネティックスとは、機械における情報の伝達と制御の自動化方式に関する科学のことをいう。生物においては、情報が感覚器官を通じて中枢に伝達され、中枢がそれを統合して適切な指令を末梢《まっしょう》神経を通じて効果器（筋肉）に送るが、この現象は自動機械の自動操作と同じようなものなので、生物におけるサイバネティックス現象と呼ばれる。しかし生物の場合、その自動現象は文字どおりの自動操作ではなく、生物がもっている自律性による自律的な操作である。

このようなサイバネティックスの現象は、一個の細胞においても見られる。すなわち、細胞質から核への情報の伝達とこれに対する核の反応が絶えず自律的に繰り返されながら、細胞の生存、増殖などが営まれている。このようなサイバネティックスの現象を通じて、一個の細胞においても自律性があることを見いだすことができる。この細胞における自律性こそ、生命であり、原意識にほかならない。

例えばフランスの生理学者、アンドレ・グド＝ペロ（Andrée Goudot-Perrot）は、その著『生物のサイバネティックス』の中で次のように説明している。細胞の情報源をもっている細胞核が細胞質の小器官（ミトコンドリア、ゴルジ体など）に命令を与えて、細胞の生活に必要な化学反応を行っている。[36] ここに細胞の情報とは、生物の解剖学的形態および本質的機能に関する一切の情報をいうのである。[37]

ここに、次のような疑問が当然生じてくる。第一に、情報は解読され記憶されなければならないが、その解読と記憶の主体は何かということである。第二に、細胞の生活に必要な化学反応を起こすために、細胞核が命令を発しようとすれば、細胞核は細胞内部の状況を正確に覚知していなければならないが、その覚知の主体は何かということである。

それに対して現象面のみを扱っている科学（生理学）の立場からは答えることができない。しかし二性性相の理論をもつ統一思想は、そこに性相として合目的な要素すなわち意識が作用していることを明言することができる。細胞の中にあるこの意識がまさに原意識であり、情報が原映像なのである。

認識の三段階の対応源

以上、認識における三段階である感性的段階、悟性的段階、理性的段階について説明した。ところで今日の大脳生理学において、大脳皮質にこのような認識の三段階に対応する生理過程があると考えられている。

大脳皮質は大きく分けて、感覚器からの信号を受け取る感覚野、随意運動に関係する信号を送り出す運動野、そしてそれ以外の連合野に分けられる。連合野は前頭連合野、頭頂連合野、側頭連合野に分けられる。前頭連合野は意志、創造、思考などの機能にかかわり、頭頂連合野は知覚、判断、理解などの機能にかかわり、側頭連合野は記憶のメカニズムに関係していると考えら

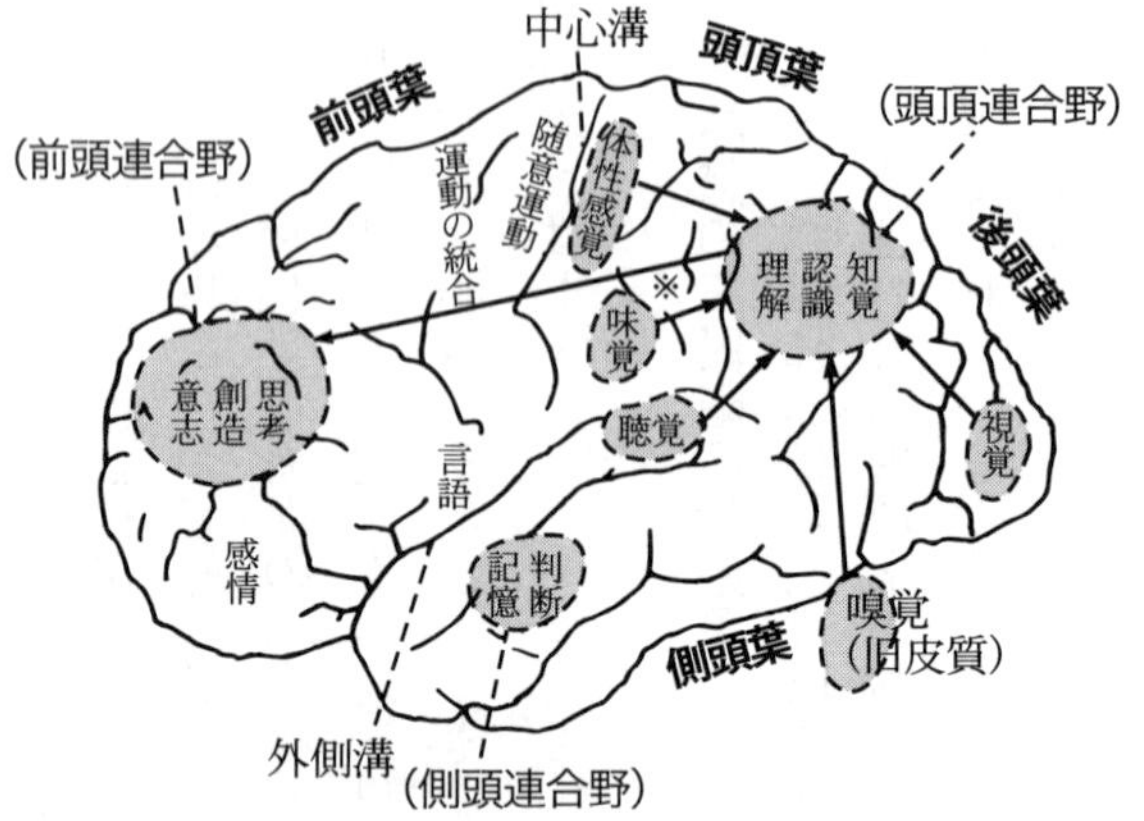

※味覚中枢の所在についてはまだはっきりとは分かっていない

図9—8　大脳皮質の分業と認識

れている。

まず、光、音、味、香り、触覚などの情報が、末《まっ》梢《しょう》神経を通じて、それぞれ視覚、聴覚、味覚、嗅《きゅう》覚《かく》、皮膚感覚（体性感覚）などの感覚野に伝わる。感覚野における生理的過程が感性的段階の認識に対応するものである。次に、感覚野の情報は頭頂連合野に集められて、そこで知覚され、判断（理解）されるのであるが、これが悟性的段階の認識に対応する生理的過程である。そして、この理解、判断に基づいて前頭連合野において思考がなされ、創造活動が行われるのであるが、これが理性的段階の認識に対応する過程である。このように三段階の認識には、それぞれ大脳の生理的な過程が対応しているのである。これを図で表すと、図9—8のようになる。[38]

情報伝達における
心理的過程と生理的過程の対応関係

人体において、絶えず体の外部や内部から様々な

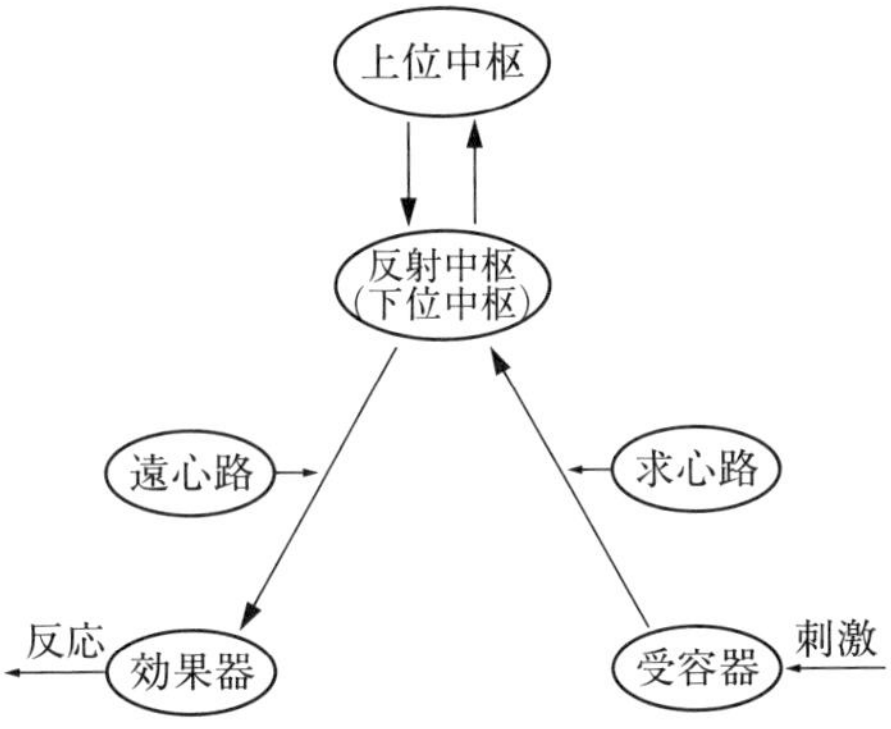

図9―9　情報の伝達の経路

情報を受け入れて、それを処理し、それに対応する働きがなされている。目、耳、皮膚などの受容器（感覚器）が受け入れた刺激は、インパルスとなって神経線維の求心路を通って中枢神経に至る。中枢神経はその情報を処理して指令を送るのであるが、その指令がインパルスとして神経線維の遠心路を通って、筋肉、分《ぶん》泌《ぴ》腺《せん》などの効果器に伝達されて反応を生じさせるのである（図9―9）。

ある刺激を受けたとき、無意識のうちに、すなわち上位中枢とは無関係に反応が起きる場合を反射という。その場合、脊髄《せきずい》、延髄、中脳などが、その反射中枢となって、刺激に対して適切な指令を送っているのである。

では受容器を通じて入った情報は、いかにして伝わるのであろうか。受容器に入った情報は、神経細胞において電気的な神経インパルスに変わる。神経インパルスとは、神経線維の興奮部と興奮していない部分との間の膜電位の変動をいうが、それが神経

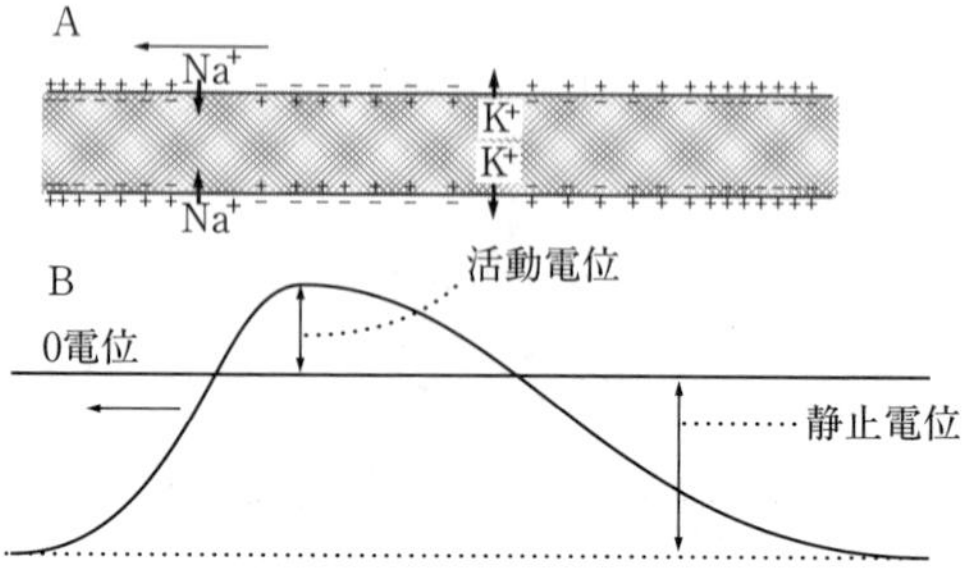

出典：J.C.Eccles.The Understanding of the Brain
(New York：McGraw-Hillook Company,1972),p.23.

図9―10　神経インパルスの伝導

線維に沿って移動するのである。そのとき生じる電位の変化を活動電位という。神経線維の膜は静止状態において内部が負に帯電しているが、インパルスが通過するとき、荷電が逆転して、内側が正に帯電する。これは、ナトリウムイオンが内側に流れ込むことによって起こる現象である。次いで、カリウムイオンが外側に流れ出ることによって荷電はもとの状態を回復する。このようにして膜電位の変動が起り、それが移動していくのである（図9―10）。

　次に、神経細胞の連結部、すなわちシナプスでは神経インパルスはいかにして伝達されるのであろうか。シナプスは体液が入っている空間であるが、電気的なインパルスがシナプスに至り、化学的な伝達物質に変換されて、シナプスの間隙を移動する。そしてその化学物質が次の神経線維に達すれば、そこで再び電気的インパルスに変換される。すなわち、一つの神経細胞の神経線維を流れる電気的な信号が、シナプスでは化学的な信号（化学物質）に変わ

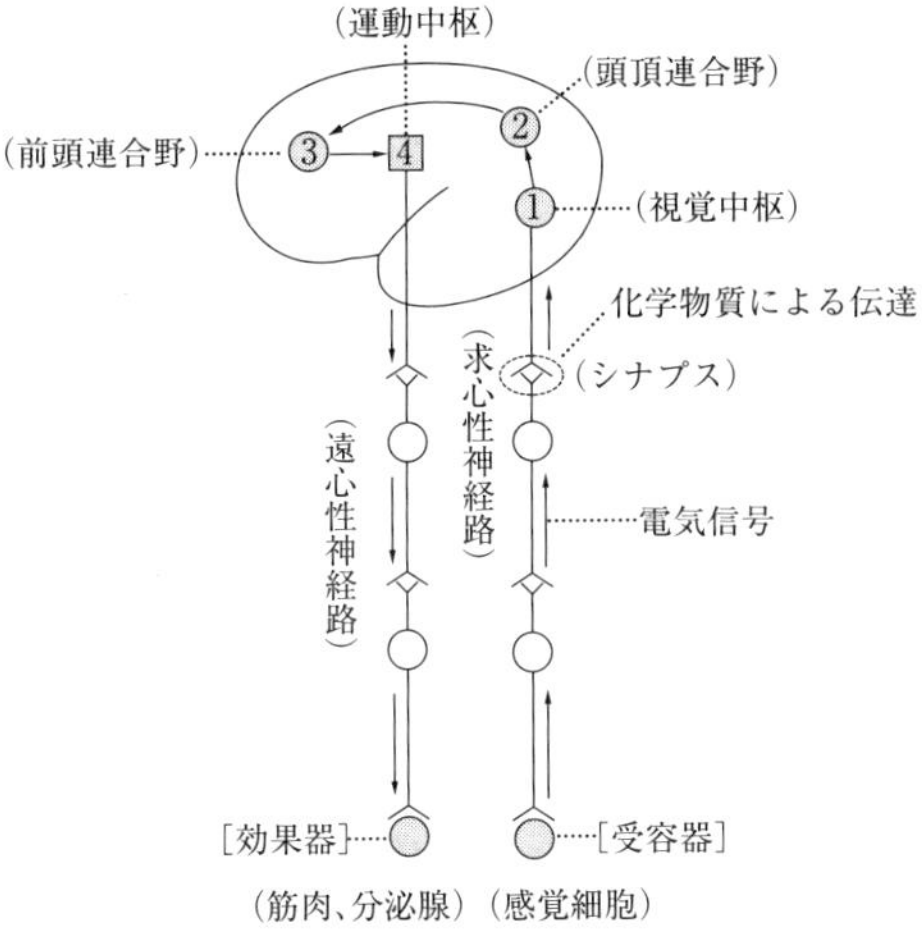

図9—11　情報伝達のメカニズム

り、この化学的信号が次の神経細胞の神経線維に達すると、再び電気的な信号に変わるのである。シナプスにおける神経伝達物質は、電気インパルスが流れる神経が運動神経や副交感神経の場合はアセチルコリンであり、交感神経の場合はノルアドレナリンであるといわれている。以上説明した情報伝達のメカニズムを図で表せば、図9—11のようになる。

以上が情報伝達に対する生理的過程であるが、統一思想から見れば、この生理的過程の背後に必ず意識過程が存在しているのである。すなわち神経線維における活動電位や、シナプスにおける化学物質の移動の背後において、原意識が作用しており、原意識の情報の内容を覚知しながら情報を中枢へ伝達していると見るのである。言い換えれば、原意識を情報の伝達者と見なすことができる。それで神経線維における活動電位やシナプスにおける化学物質の出現は、情報の伝達者である原意識によって起こる物理的現象と見るのである。

原型の形成における対応関係

先に原映像と関係像の対応源が、それぞれ細胞や組織の内容と、諸要素の相互関係であることを明らかにしたが、それらをそれぞれ末端原映像と末端関係像と呼ぶことにする。それに対して、認識の悟性的段階において現れる原映像と関係像を中枢原映像と中枢関係像と呼ぶことにする。

末端原映像が神経路を通じて上位中枢に至る過程において、中枢神経系の各位において選別され、さらに複合、連合されて中枢原映像となるのである。末端関係像の場合も、中枢神経系の各位において選別され、さらに複合、連合されて中枢関係像となるが、それが大脳皮質に至って思惟形式となるのである。なお、その際、中枢神経系の各位は、それぞれがその位置における原映像と関係像を保管しているのである。

認識の原型を構成しているものには、このような原映像と思惟形式のほかに経験的映像または経験的観念と呼ばれるものがある。それは、それまでの経験において得られた映像（観念）が、記憶中枢に保管されているものであって、それもその後の認識において原型の一部になるのである。そのとき、すでに述べたように、原映像と思惟形式を「先天的原型」（または「原初的原型」）といい、経験的映像を「経験的原型」というのである。

中枢神経系において、情報が下位から上位へと移行するにしたがって、情報の受容量（入力）と放出量（出力）が増大すると同時に、情報の処理の仕方は、よりいっそう包括化され普遍化される。これは、一国の行政において、行政組織が上位になるにしたがって、扱う情報量が増大し、情報の処理方式もより包括的、普遍的になるのと同じである。

最も上位の中枢すなわち大脳皮質において、情報の受容はとりもなおさず認識であり、情報の保管は記憶であり、情報の放出は構想（思考）と創造と実践である。このような大脳皮質の統合作用とは次元が異なるけれども、下位中枢の統合作用も、その方式は大脳皮質の場合と同様であって、意識による合目的的な統合作用がそれぞれの中枢において行われているのである。合目的的な統合作用とは、生理的統合作用と意識的（精神的）統合作用の統一をいう。つまり、中枢神経系の各位において、生理的な統合作用と意識的な統合作用が並行して統一的に行われているのである。したがって、中枢神経の情報（神経インパルス）の伝達という生理過程には、必ず、判断、記憶、構想などの心理過程が対応しているのである。

関係像（形式像）の伝達という観点から見るとき、下位の中枢から上位の中枢に移行するにしたがって多様な情報が処理されて次第に単純化されるが、これは末端の個別的な関係像が上位に移るにしたがって次第に普遍化され一般化されることを意味する。そして大脳皮質に至ると、完全に概念化されて思惟形式すなわち範疇《はんちゅう》となるのである。これは、あたかも行政施策が行政組織の末端に行くほど、より個別性、特殊性を帯びるようになり、中央に行くほど、一般性、普遍性を帯びるようになるのと同じである。

原型と生理学

原型とは、認識に際して主体があらかじめもっている観念や概念をいうが、これを別の言葉で

当するといえる。(39)

記憶ということができる。先に、人間は先天的な原型と経験的な原型をもっていることを説明したが、それらは生理学者の表現を借りれば、「遺伝的記憶」と経験による「獲得した記憶」に相当するといえる。[39]

生物体としての人間の細胞や組織に関する情報である「遺伝的記憶」は大脳辺縁系――大脳の、新皮質に包み込まれている古い皮質からなる部分――などに蓄えられていると大脳生理学は見ている。それでは「獲得した記憶」が医学的に見て、いかにしてどこに蓄えられているのであろうか。

記憶には、数秒間持続する短期の記憶と、数時間から数年間にわたって持続する長期の記憶がある。短期の記憶は、電気的な反復回路に基づいているとされている。一方、長期の記憶に対しては「ニューロン回路説」と「記憶物質説」の二つの説が唱えられてきた。ニューロン回路説は、個々の記憶は接合部（シナプス）に変化がもたらされた特殊なニューロンの回路網に蓄えられるという立場であり、記憶物質説は個々の記憶に対して、RNAやペプチドなどの記憶物質が関係していると見る立場である。しかし最近では、記憶物質説を主張する研究者は少なくなっている。[40]

長期の記憶の座に関しては、次のように考えられている。大脳の内部の大脳辺縁系《へんえんけい》には海馬と呼ばれる部分がある。この海馬が情報の記憶の役割を果たし、その後、記憶は大脳新皮質（側頭葉）に永続的に蓄えられるとされている。[41] すなわち記憶は、海馬を通じて側頭葉に蓄えられると見ているのである。

認識に際して、このような記憶（蓄積されている知識）が、感覚器官を通じて入ってきた外界からの対象の情報と照合され、判断されるということを、アンドレ・グド＝ペロ（Andrée

Goudot-Perrot）は次のように述べている。「感覚受容器によって受けとられる情報——これらの情報は、大脳皮質感覚中枢によって獲得され《記憶》のなかに貯蔵されている知識と照合され、判断される」[42]。これは、外界から入ってきた情報（外的映像）が原型（内的映像）と照合されて一致・不一致が判断されることが認識であるという統一認識論の主張と、軌を一にする見解である[43]。

観念の記号化と記号の観念化

最後に、記号の観念化と観念の記号化について述べる。主体である人間が対象を認識するとき、対象の情報が感覚器に達すれば、それはインパルスとなって感覚神経を伝わって上位中枢に達し、大脳皮質の感覚中枢において、インパルス（一種の記号）は観念化されて、意識の鏡に一定の映像（観念）として映る。これは「記号の観念化」である。それに対して実践の場合、ある一定の観念に基づいて行動がなされるが、そのとき観念がインパルスとなって運動神経を伝わっていき効果器（筋肉）を動かす。インパルスは一種の記号であるから、これは「観念の記号化」である。

今日の大脳生理学によれば、認識において生じた観念が、記憶として脳の一定の場所に貯蔵されるとき、その観念はニューロンの特殊な結合の様式として記号化され、またその記号化された記憶が必要に応じて想起されるとき、意識は記号を解読して観念として理解するという。これは記憶の貯蔵と想起においても「観念の記号化」と「記号の観念化」が行われていることを意味する。例えば、大脳生理学者ガザニガ（M.S. Gazzaniga）とレドゥー（J.E. LeDoux）は次のように述べている。

我々の経験は非常に多くの特徴を持っているから、経験の個々の特徴が脳の中でそれぞれ特異的に符号化されるとみなされる。(44)

記憶の貯蔵と符号化および符号の解読が多面的な過程で、脳の中で多重的につかさどられているという事実は今後もっと明らかにされるであろう。(45)

このような「観念」と「記号」の相互の転換は、あたかも一次コイルと二次コイルの間を誘導によって電流が移動するように、「観念」を担っている性相的な心的コイルと、「記号」を担っている形状的な物質的コイル（ニューロン）との間に生じる、一種の誘導現象であると見なすことができる。「観念」と「記号」の相互転換は、認識作用が心的過程と生理的過程の授受作用によって営まれていることを裏づけるものである。

三　統一認識論から見たカントとマルクス主義の認識論

次に、従来の「方法から見た認識論」の中で、代表的なカントの認識論とマルクス主義の認識論を統一思想の立場から批判してみることにする。

(一)　カントの認識論の批判

先験的方法の批判

カントは、主体（主観）には先天的な思惟形式（カテゴリー）が備わっていると主張した。しかし、カントのいう思惟形式をよく検討してみれば、客観的な存在形式でもある。例えば客観世界のすべての事物は、時間と空間という形式の上で存在し、運動している。また科学者は、客観世界の時間と空間という形式の上で、一定の現象を人為的に起こすことができる。したがって、時間と空間の形式は主観的であるだけでなく、客観的な形式でもあるのである。因果性の形式についても同様である。科学者は、自然界の現象の中から多くの因果関係を発見し、その因果関係に従って同様な現象を実際に起こすこともできる。これは、客観世界に実際に因果関係があることを示している。

またカントは、主観（主体）の形式と対象から来る内容が結合することによって、認識がなされるといったが、統一思想から見れば、主体（人間）も対象（万物）も、内容と形式を共にもっているのである。すなわち主体が備えているのは、カントのいう先天的な形式だけではなくて、内容と形式が統一された先在性の原型（複合原型）であり、また対象から来るのは、混沌とした感覚の多様ではなくて、存在形式によって秩序づけられている感性的内容なのである。

しかも主体（人間）と対象（万物）は相対的な関係にあって、相似性をなしている。したがって、主観が対象を構成することによって認識がなされるのではない。主体のもっている「内容と形式」（原型）が、対象のもっている「内容と形式」と授受作用によって照合され、判断されることによって、認識がなされるのである。

不可知論に対する批判

カントは、現象的世界における自然科学的な知識のみを真なる認識であるとして、物自体の世界（叡智《えいち》界）は認識できないものと規定した。そうすることによって、感性界と叡智界を全く分離してしまった。それは、純粋理性と実践理性の分離を意味し、科学と宗教の分離を意味していた。

統一思想から見るとき、物自体は事物の性相であり、それに対して感性的内容は形状である。事物において性相と形状は統一されたものであり、しかも性相は形状を通じて表現されるから、われわれは形状を通してその事物の性相を知ることができるのである。

さらに統一思想によれば、人間は万物の主管主であり、万物は人間の喜びの対象として、人間に似せて創造されたものである。万物が人間に似せて造られたということは、構造や要素において人間と万物が似ていること、したがって内容と形式も似ていることを意味する。それゆえ認識において、主体（人間）のもつ「内容と形式」と、対象（万物）のもつ「内容と形式」は相似性をなしていて、互いに照合することができるのであり、しかもその内容（感性的内容）を通じて物自体すなわち対象の性相が表現されるから、主体は対象の形状（感性的内容と形式）のみならず、性相（物自体）までも完全に認識することができるのである。カントは、人間と万物の原理的な関係が分からなかったために、また人間が霊人体と肉身の統一体であることが分からなかったために、不可知論に陥ってしまったのである。

（二）マルクス主義認識論の批判

反映論への批判

すでに述べたように、いくら外界が意識に反映したとしても、判断の基準（尺度）として、認識主体の中に外界の事物に対応する原型がなければ認識は成立しえない。さらに認識は主体と対象の授受作用によってなされるから、主体が対象に対して関心をもつことが必要である。外界の対象が主体の意識に反映したとしても、主体が対象に関心をもたなければ認識は成立しないからである。すなわち反映というような受動的な物質的過程だけでは認識は成立せず、積極的な心的過程（対象への関心や照合の機能）が関与することによって、初めて認識は可能となるのである。

感性的認識、理性的認識、実践への批判

マルクス主義認識論では、認識過程は感性的認識、理性的認識（論理的認識）、そして実践（革命的実践）の三段階よりなっている。

ここでまず問題となるのは、脳の産物あるいは機能であり、客観的実在を反映するという意識

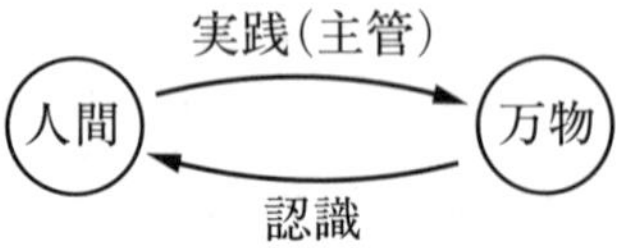

図９—１２　認識と実践の相対性

が、いかにして論理的な認識（抽象、判断、推理）などを行いうるか、またいかにして実践を指令しうるかということである。外界を反映する受動的な過程と、論理的な認識や能動的な実践の過程との間には、非常に大きなギャップがあるにもかかわらず、これについては何ら合理的な説明がなされていない。すなわち、論理が飛躍しているのである。

統一思想から見るとき、論理的な認識や実践は、脳における生理的過程のみでは決して説明されない。認識作用は、心（精神）と脳の授受作用によってなされるからである。すなわち論理的な認識や実践は、悟性や理性の働きをもつ心と、脳が授受作用することによってなされるのである。

次に問題になるのは、認識における実践の役割である。レーニンは認識は実践へ移行するといい、毛沢東は認識と実践の不可分性を主張しているが、その点に関しては統一思想は何ら異論はない。万物は人間の喜びの対象として創造されたのであり、人間は創造目的に従って万物を主管（実践）するようになっている。したがって人間は、主管のために万物を認識するのである。認識と実践は、人間と万物の授受作用の相対的な回路をなしているのであり（図９—12）、実践（主管）を離れた認識はなく、認識を離れた実践（主管）もないのである。

ところでマルクス主義の主張する実践とは、最終的には革命を目標とするものであった。それに対して統一思想は、認識と実践は、革命を目的としてなされるものでは決してなく、創造目的の実現のためになされなくてはならないことを主張する。創造目的の実現とは、神は人間を愛することによって喜ばれ、人間は万物を愛で主管し、喜びを得るような世界を実現することである。それゆえ認識も実践も、愛を通じて喜びを実現するために行われるのである。

絶対的真理と相対的真理に対する批判

レーニンと毛沢東は、絶対的真理の存在を承認し、人間は認識と実践を繰り返すことによって絶対的真理に限りなく近づくといった。しかし、彼らのいう絶対的真理における「絶対」の概念は曖昧である。レーニンは、相対的真理の総和が絶対的真理であるという。しかし、相対的真理をいくら総和しても、それは総和された相対的真理であるのみであって、絶対的な真理とはなりえない。

絶対的真理とは、普遍的でありながら、永遠性をもっている真理をいう。したがって、絶対者を基準としなければ絶対の概念が成立しない。絶対的真理は、価値論で説明したように、神の絶対的愛と表裏一体になっている。あたかも太陽の光の暖かさと明るさが表裏一体であって分けられないのと同じである。したがって、神の絶対的な愛を離れて絶対的真理はありえないのである。ゆえに神の愛を中心とするとき、人間は初めて万物の創造目的を理解し、万物に関する真なる知識を得るようになるのである。したがって、神を否定して、いくら実践したとしても、絶対的真理が得られるわけはないのである。

第十章　論理学

論理学は、思考の法則とか形式について研究する学問である。人間は、心身の二重体であり、心と身体は一定の形式や法則に支配されながら生きている。身体は生理作用によって健康を維持しているが、生理作用は一定の形式や法則の支配のもとで持続している。例えば、血液は全身を循環しながら養分と酸素を末端の細胞や組織に供給している。それは、血液が「循環の形式」を通じて養分と酸素を全身に供給することを意味している。

人体の知覚や運動は、求心神経や遠心神経を通じて神経の信号が伝達されることによってなされる。これは知覚や運動が、神経における「信号伝達」の形式によってなされることを意味する。

また人体の血液では、常に酵素の触媒作用によって化学反応が起きているが、この反応は一定の法則のもとに行われる。また血管内の血液の流れは、流体の法則のもとに行われる。

このように人体の生理作用は、すべて一定の形式と法則のもとに行われている。

それと同様に、心の思考方式も一定の形式や法則のもとに行われる。人間の思考だけは、法則や形式にとらわれることなく、思いのままにできると考えやすいが、そうではない。

アリストテレス（形式論理学の創始者）以後、形式論理学は、様々な思考がもっているところの、共通な法則や形式だけを扱ってきたが、それに対してヘーゲルやマルクスの論理学（弁証法）は、思考だけでなく自然の発展過程における法則と形式を扱ってきた。

本章において、まず従来の論理学、中でも特に形式論理学とヘーゲル論理学の要点を紹介する。続いて、統一原理に基づいた統一論理学を紹介したのちに、統一論理学の立場から従来の論理学を検討する。

一　従来の論理学

本項目において、主として形式論理学、ヘーゲル論理学、マルクス主義論理学、記号論理学、先験的論理学を扱う。そのうち形式論理学は統一論理学と関連が深いために比較的十分な説明を加えるが、その他は簡単に要点のみを紹介する。その理由は、認識論の場合と同様に、ただ従来の論理学が抱えている問題点も統一論理学が解決しうるということを示すために、その問題点に関する部分だけを紹介するからである。

ところでその中で、ヘーゲル論理学を比較的に詳しく扱ったように見えるのは、統一論理学から見ると、ヘーゲル論理学全体に問題が多いために、その問題の要点を扱ったところ、長くなっただけである。したがって、統一論理学それ自体を理解するには、本項目は省略してもよいのである。

（一）形式論理学

形式論理学は、アリストテレスによって立てられた論理学として、純粋に、思考（判断や推理）の法則や形式のみを研究する学問であり、判断や推理の対象（内容）は一切取り扱っていない。カントは、「ところで論理学が、かかる確実な道をずっと古い時代から歩んできたことは、この学がアリストテレス以来、いささかも後退する必要がなかったところから見ても明白である。……更に論理学について奇異なことは、この学が今日に至るまでいささかも進歩を遂げ得ず、従って打ち見たところそれ自体としてはすでに自己完了している観があるという事実である」[1]（『純粋理性批判』第二版序文）といっている。形式論理学はアリストテレス以来、約二千年間、ほとんど変更なく継続してきたものである。それは、この論理学が思考に関する限り、それなりの客観的な真理を含んでいるからである。統一論理学を紹介するにあたって、まず形式論理学を紹介するのは、この論理学のどの部分が真理であるかを明らかにすると同時に、不十分な点も指摘するためである。以下、形式論理学の要点を紹介する。

（1）思考の原理

形式論理学は思考の法則として、次の四つの原理を挙げている。

① 同一律（law of identity ）
② 矛盾律（law of contradiction）
③ 排中律（law of excluded middle）
④ 充足理由律（law of sufficient reason）

同一律は、「AはAである」という形式で表される。例えば「花は花である」というのがそれである。これは現象の変化にもかかわらず、花であるという事実それ自体は不変であるということを意味している。また思考そのものの一致性をも意味する。すなわち「花」という概念は、いかなる場合にも、同一の意味を有しているということである。さらに「鳥は動物である」というように、二つの概念（鳥と動物）が一致していることをも意味する場合もある。

矛盾律は「Aは非Aではない」という形式で表されるが、これは同一律を裏返したものである。「これは非花ではない」というのは「これは花である」というのと同じ意味であり、「鳥は非動物ではない」というのも「鳥は動物である」というのと同じである。一方は肯定的な表現であり、他方は否定的な表現であるが、内容は同じである。

排中律は、「AはBか非Bのいずれかである」と表される。その意味は、Bと非Bという二つの矛盾する主張の間に、第三の主張はありえないということである。

充足理由律は、ライプニッツによって初めて説かれたものであるが、「すべての思考は必ずしかるべき理由があって存在する」ということである。これを一般的にいえば、「すべて存在するものはその存在の十分な理由を有する」という因果律になる。ところで、この理由には二つの意味がある。一つは根拠（論拠）を意味し、もう一つは原因を意味する。根拠は帰結に対する相対的な概念であり、原因は結果に対する相対的概念である。したがってこの法則は、思考には必ずその論拠があり、存在には必ずその原因があるということを意味するのである。

そのほかいろいろな法則（原理）があるが、それらはみな、この四つの根本原理から演繹《えんえき》されてくるものである。形式論理学は、また三つの根本的な要素（思想の三要素）——概念（concept）、判断（judgment）、推理（inference）——から成り立っている。次にそのことについて説明する。

(2) 概　念

概念とは、事物の本質的な特徴をとらえた一般的な表象《ひょうしょう》（または考え）をいうが、概念には「内包」（intension）と「外延」（extension）という二つの側面がある。内包は各概念に共通な性質をいい、外延はその概念が適用される対象の範囲をいう。それについて、生物の例を取って説明してみよう。

生物は、動物、脊椎《せきつい》動物、哺乳《ほにゅう》類、霊長類、人類というように、いろいろな段階の概念に分類される。生物は生命のあるものである。動物にはもちろん生命があるが、その上に感覚器官がある。脊椎動物には、それに加えて脊椎がある。哺乳類には、それに加えて哺乳をするという性質がある。霊長類は、それに加えて物を握る能力をもっている。人類は、さらに理性がある。そのように、それぞれの概念を代表する各段階の生物は共通な性質をもっているが、ある概念のその

	内包	外延
		外　延
生　物	生命	動物,植物
動　物	生命,感覚	脊椎動物,軟体動物,節足動物 等
脊椎動物	生命,感覚,脊椎	哺乳類,爬虫類,鳥類 等
哺乳類	生命,感覚,脊椎,哺乳	霊長類,食肉類 等
霊長類	生命,感覚,脊椎,哺乳,握力	人類,サル類 等
人　類	生命,感覚,脊椎,哺乳,握力,理性	個人
	内　包	

図１０—１　内包と外延

ような共通な性質のことを、その概念の内包というのである。

生物には動物と植物があり、動物には軟体動物、節足動物、脊椎《せきつい》動物などがあり、脊椎動物には爬虫《はちゅう》類、鳥類、哺乳《ほにゅう》類などがあり、哺乳類には霊長類とか食肉類などがあり、霊長類にはいろいろなサルと人類がいる。以上、ある概念が適用される対象の範囲について述べた。そのような範囲をその概念の外延と呼ぶが、それを図で表せば、図10—1のようになる。

ある二つの概念を比較するとき、外延がより狭く、内包がより広い概念を「種概念」（下位概念）といい、外延がより広く、内包がより狭いものを「類概念」（上位概念）という。たとえば脊椎動物と爬虫類、鳥類、哺乳類などの概念を比べれば、前者は類概念であり、後者は種概念である。また動物という概念と軟体動物、節足動物、脊椎動物などの概念を比べれば、前者が類概念で後者が種概念となる。さらに生物という概念と動物や植物の概念を比べれば、前者が類概念、後者が種概念となる。このような操作を何度も繰り返していくと、それ以上さかのぼれない最高の類概念に至るが、それを範疇《はんちゅう》（カテゴリー、Kategorie）という（図10—2）。

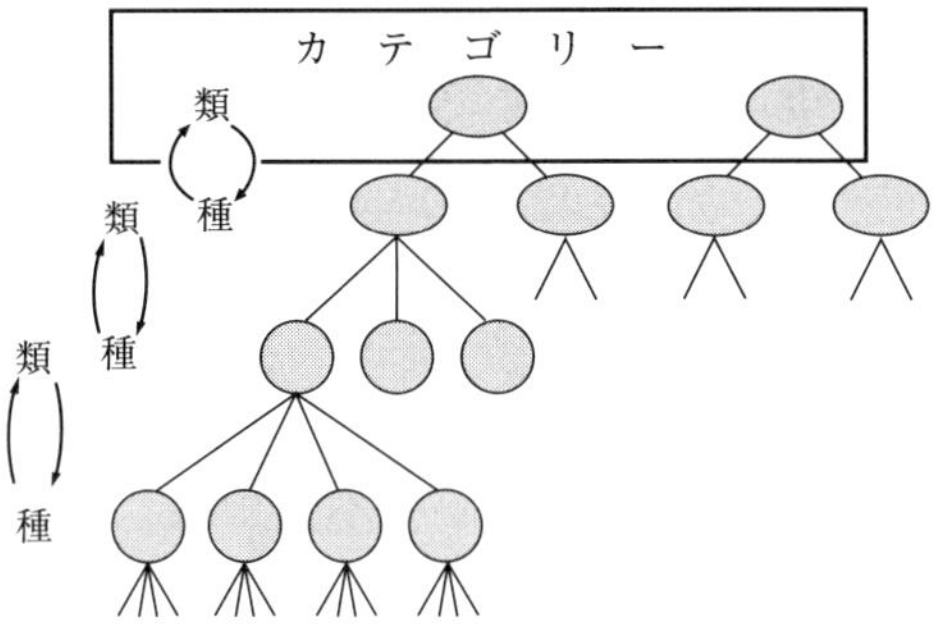

図１０―２　カテゴリーに至る系列

また先天的に理性に備わっている、経験によらない純粋概念も、やはり範疇と呼ばれている。範疇は学者によって異なっている。なぜかというと、それぞれの学者の思想体系において、最も重要な基本的な概念のことを範疇と呼んでいる場合が多いからである。

初めて範疇を定めたのはアリストテレスであるが、彼は文法を手がかりとして、次のような十個の範疇を立てた。

① 実体（substance）
② 量（quantity）
③ 質（quality）
④ 関係（relation）
⑤ 場所（place）
⑥ 時間（time）
⑦ 位置（position）
⑧ 状態（condition）
⑨ 能動（action）
⑩ 被動（passivity）

近世に至り、カントは十二個（四綱十二目）の範疇《はんちゅう》を立てたが、それらはカントの十二の判断形式（後述）から導き出したものであった。カントの範疇については、すでに認識論において紹介したとおりである。

(3) 判　断

判断とは何か

判断（judgment）とは、ある対象について、あることを主張することであるが、それは二つの概念の一致あるいは不一致の区別を断定することをいう。それを言語で表現したものが命題（proposition ）である。

判断は「主語概念」（主辞、主語、subject ）、「述語概念」（賓辞《ひんじ》、述語、predicate ）、および「繋辞《けいじ》」（連結辞、copula）の三要素から成っている。思考の対象となっている事物が主語概念であり、その内容を規定するのが述語概念であり、これら二つの概念を連結するのが繋辞である。一般的に、主語概念をS、述語概念をP、繋辞を—で表して、判断はS—Pと定式化される。

判断の種類

判断の種類としては、カントの十二の判断形式（四綱十二形式）があるが、それが今日の形式論理学において、そのまま用いられている。カントの十二の判断形式とは、分量、性質、関係、様相の四綱をそれぞれ三つに分けたもので、次のようである。

分量（Quantität）
- 全称判断（allgemeine Urteil）…すべてのSはPである。
- 特称判断（besondere Urteil）……若干のSはPである。
- 単称判断（einzelne Urteil）……このSはPである。

性質（Qualität）
- 肯定判断（bejahende Urteil）……SはPである。
- 否定判断（verneinde Urteil）……SはPでない。
- 無限判断（unendliche Urteil）…Sは非Pである。

関係（Relation）
- 定言判断（kategorische Urteil）…SはPである。
- 仮言判断（hypothetische Urteil）…AがBならばCはDである。
- 選言判断（disjunktive Urteil）……AはBであるかCである。

様相（Modalität）
- 蓋然判断（problematische Urteil）……SはPであろう。
- 実然判断（assertorische Urteil）……SはPである。
- 必然判断（apodiktische Urteil）…SはPでなければならない。

上記のように、カントは四個の分量、性質、関係、様相の綱目において、それぞれを三つに分けたのである。われわれは日常生活において、様々な事件や状況に直面する。そしてそれらに対処するためにいろいろな方案を考える。そうした思考の内容は、人によって千差万別であるのはいうまでもない。しかし、判断に関する限り、上述の四つの綱目の形式に従ってなされているのである。すなわち分量（多いか、少ないか）に関する判断と、性質（…であるか、否か）に関する判断と、概念の相互関係に関する判断と、それから様相（確実性はどうであるか）に関する判断である。

基本的形式

以上の判断形式のうち最も基本となるものが定言判断であるが、それに全称と特称の、量に関する判断形式と、肯定と否定の、質に関する判断形式を組み合わせれば、次の四種の判断が得られる。

全称肯定判断……すべてのSはPである（A）
全称否定判断……すべてのSはPでない（E）
特称肯定判断……あるSはPである（I）
特称否定判断……あるSはPでない（O）

ところで上記の十二の判断形式の中の選言判断と仮言判断を除けば、残りはすべて定言判断に直すことができる。そこでこの定言判断を質と量の立場から分類すれば、仮言判断、選言判断以外の形式はすべて以上の四つの形式（ＡＥＩＯ）に収斂《しゅうれん》されるようになる。それでこの四つのＡＥＩＯの形式を「判断の基本的形式」という。Ａ、Ｅ、Ｉ、Ｏの記号は、ラテン語の affirmo（肯定）とnego（否定）のそれぞれの初めの二つの母音からとったものである。

周延と不周延

定言判断において、その判断が誤謬《ごびゅう》に陥らないためには、主語と述語の外延の関係が検討されなくてはならない。ある判断において、概念が対象の全範囲にわたって適用される場合もあれば、一部分に限って適用される場合もある。概念の適用範囲が外延全体に及ぶ場合、その概念は「周延《しゅうえん》」または「周延されている」という。そして概念の適用範囲が外延の一部だけに及ぶ場合、その概念は「不周延」または「周延されていない」という。

この周延・不周延は判断において、主概念と賓《ひん》概念の関係を知るのに重要である。判断にはＳ（主概念）とＰ（賓概念）が共に周延してもよい場合があるが、ＳとＰが共に周延してはならない場合もあり、またＳとＰのうちの一方だけが周延すべき場合もあるからである。

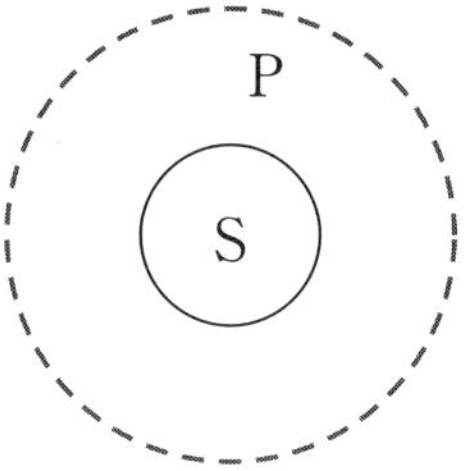

図１０—３　全称肯定判断（Ａ）

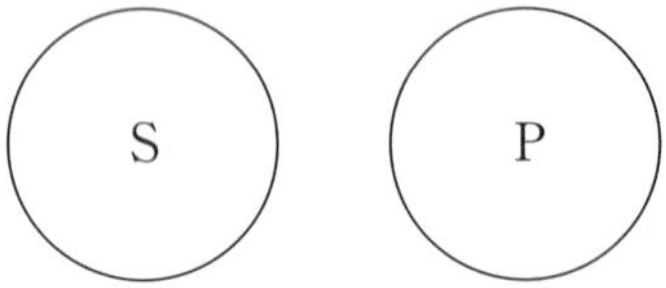

図１０―４　全称否定判断（E）

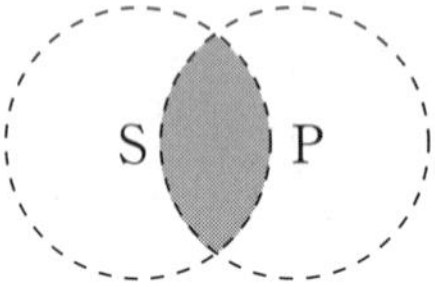

図１０―５　特称肯定判断（I）

例えば「すべての人間（S）は動物（P）である」において、Sは周延、Pは不周延である。これは「全称肯定判断」（A）の主賓関係である（図10―3）。

「すべての鳥（S）は哺乳動物（P）ではない」という判断においては、主概念と賓《ひん》概念が共に周延《しゅうえん》されている。これは、「全称否定判断」（E）の主賓関係である（図10―4）。

「ある花（S）は赤い（P）」において、Sは不周延、Pも不周延である。これは、特称肯定判断（I）の主賓関係である（図10―5）。

「ある鳥（S）は肉食動物（P）ではない」という判断において、Sの一部（主概念の外延の一部）がP（賓概念）の範囲外にあることを表している。つまりSは不周延であり、Pは周延している。これは、特称否定判断（O）の主賓関係である（図10―6）。

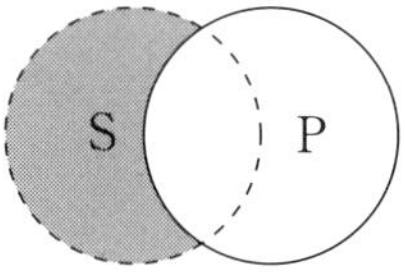

図１０―６　特称否定判断（Ｏ）

以上のＡＥＩＯの判断において、主概念と賓概念の周延・不周延の関係はそのまま規則となっており、この規則を離れたらその判断は誤謬《ごびゅう》に陥る。例えば「すべての仁者《じんしゃ》は好山家である」という判断から「すべての好山家は仁者である」という判断を導き出したとしたら、不当周延の虚偽に陥るために、その判断は誤りである。全称肯定判断においてＳは周延、Ｐは不周延であるにもかかわらず、結論の判断ではＳもＰも周延されているからである。

(4) 推理

推理（inference）とは、既知の判断を根拠にして新しい判断を導く思考をいう。つまり既知の判断を理由にして、「ゆえに……である」という「結論」（conclusion）を導き出すことを推理という。そのとき、すでに知られている判断を「前提」（premise ）という。推理において、前提となる判断が一つだけある場合と、二つ以上ある場合があるが、前者を「直接推理」(direct inference)、後者を「間接推理」（indirect inference）という。間接推理には三段論法、帰納推理、類比推理などがある。ここでは間接推理のそれぞれについて簡単に紹介する。

演繹推理（演繹法）

間接推理は、二つ以上の前提から結論を導くものである。また普遍的、一般的原理をもつ前提から特殊な内容の結論を導く推理を演繹《えんえき》推理（演繹法）という。演繹推理の代表的なものが、二つの前提から結論を導き出す間接推理としての三段論法である。

三段論法（定言的三段論法）において二つの前提があるが、初めの前提を大前提といい、次の前提を小前提という。そして大前提には大概念（P）と中概念（M）が、小前提には小概念（S）と中概念（M）が含まれるのであり、結論には小概念（S）と大概念（P）が含まれるようになる。ここで中概念（M）を媒概念ともいう。例えば次のようになる。

大前提：すべての人間（M）は死すべきものである（P）。
小前提：すべての英雄（S）は人間（M）である。
結　論：ゆえに、すべての英雄（S）は死すべきものである（P）。

これを符号だけで表示すれば次のようになる。

MはPである
SはMである
ゆえに、SはPである

この三段論法において大概念（P）の外延が最も大きく、中概念（M）がその次に大きく、小概念（S）の外延が最も狭い。これを図で表示すれば、図10―7のようになる。

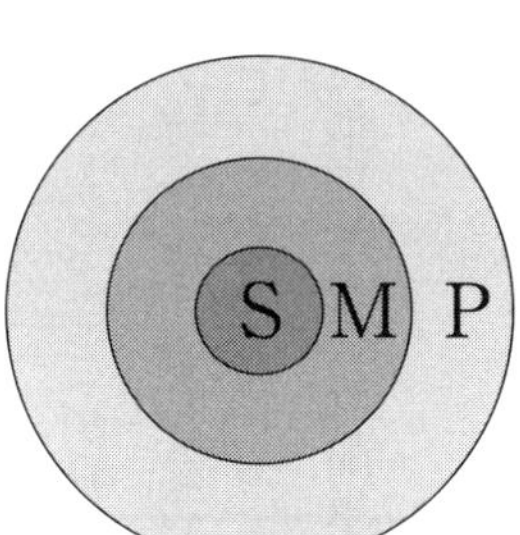

図１０―７　大概念、中概念、小概念の関係

帰納推理（帰納法）

間接推理において、二つ以上の前提が特殊な事実を包含する場合、その特殊な内容からより普遍的な真理を結論として導こうとする推理または方法を「帰納推理」（inductive inference）または帰納法という。例を挙げれば、次のようになる。

馬、犬、鶏、牛は死ぬものである。
馬、犬、鶏、牛は動物である。
ゆえに、すべての動物は死ぬものである。

ところでこの帰納推理の結論（「ゆえにすべての動物は死ぬ」）は、判断形式から見ると正しいものであろうか。この結論は「全称肯定判断」である。したがって、動物の概念は周延《しゅうえん》しなければならない。ところがこの帰納法では不周延である。馬、犬、鶏、牛だけでは動物の一部だからである。図10―3のように全称肯定判断でなければならないにもかかわらず、図10―5のように特称肯定判断からなっている。

つまり判断形式から見れば、この間接推理は誤っている。しかし、自然界には少数の観察から全体の性質を認識可能ならしめる「斉一性の原理」が働いている。また、自然界に働いている「因果律」が、同一原因から同一結果の想定を可能ならしめている。したがって、帰納推理は大体において正当であることが体験によって証明されているのである。

類比推理（類推）

推理において、また一つ重要なのが類比推理である。今ここに、AとBという二つの観察の対象があるとしよう。そして観察によって、AとBが共に共通な性質、例えばa、b、c、dの性質をもつことが分かっており、Aには、Bにない、もう一つの性質eがあることが分かったとしよう。そしてBはそれ以上詳しく観察しにくい条件下にあるとする。そのとき観察者は、A、Bがa、b、c、dの性質を共通にもっているという事実を根拠として、Aがもっているeの性質を、Bももっているであろうと推理できる。このような推理を「類比推理」または簡単に「類推」という。

例を挙げれば、地球と火星を比較して火星にも地球と同じような生物がいるだろうと推理することがそれである。例えば、両者が次のような共通な性質をもっているとする。

a. 両者共に惑星であり、自転しながら太陽の周りを公転している。
b. 大気をもっている。
c. ほとんど同じような気温をもっている。
d. 四季の変化があり、水もある。

そうすると、これらの事実を根拠として、地球には生物がいるから火星にも生物がいるであろうと推理することができる。これが、すなわち類推である。

ところでこの類推は、われわれの日常生活において、しばしば使われる推理である。今日の発達した科学的知識も、初期には、この類推によって得られたものが多かった。そればかりでなく、日常の家庭生活、団体生活、学校生活、企業生活、創作活動などにおいて、類推は重要な役割を果たしている。したがって、ここに類推の正確性が必要になってくる。その正確性の必要条件は、次のようである。

① 比較される事物に類似点がなるべく多くあること。
② その類似点は偶然的ではなく、本質的であること。
③ 両者の類似点に対して両立しえない性質があってはならない。

以上で、類推に関する説明を終える。形式論理学には、このほかにも、直接推理、仮言的三段論法、選言的三段論法、誤謬《ごびゅう》論など扱うべき項目がまだあるが、ここでは、ただ形式論理学の要点だけを紹介するのが目的であるから、この程度で終えることにする。

(二) ヘーゲル論理学

ヘーゲル論理学の特徴

ヘーゲル論理学の特徴は、「思考の法則と形式」に関する理論ではなく「思考の発展の法則と形式」に関する理論であるという点にある。しかもその思考は、人間の思考ではなく、神の思考である。したがってヘーゲル論理学は、「神の思考がいかなる法則や形式によって発展したのか」を研究する学問である。

この神の思考は、神自体に関する思考から、一定の法則に従って自然に関する思考に発展し、ついで歴史に関する思考、国家に関する思考に発展し、ついに芸術、宗教、哲学に関する思考にまで発展する。このような思考の発展に関する法則と形式が、まさにヘーゲル論理学の特徴である。

ヘーゲル自ら述べているように、ヘーゲル論理学は世界創造以前の神の思考の展開を取り扱っており、「天上の論理」すなわち「創造以前の永遠な本質の中にある叙述」である[2]。しかし、それは形式論理学のように、単に形式的な思考の法則を取り扱うのではない。神の思考の展開であるとしながらも、現実的なものの最も普遍的な諸規定、諸法則を取り扱おうとするものである。

ヘーゲル論理学の骨格

ヘーゲル論理学は「有論」、「本質論」、「概念論」の三部門から成っており、この三部門はまたおのおの細分化されている。すなわち「有論」は「質」、「量」、「質量」から成り、「本質論」は「本質」、「現象」、「現実性」から成り、「概念論」は「主観的概念」、「客観的概念」、「理念」から成っている。そして、これらはまたおのおの細分化されている。例えば「有論」の「質」は「有」、「定有」、「向自有」から成り、さらに「有」は「有」、「無」、「成」から成っているのである。

ヘーゲル論理学において論理展開の出発点となっているのが、有─無─成の弁証法である。この三段階を通過して「有」が「定有」に移行する。そして「定有」にまた三段階があって、それを通過すれば「定有」は「向自有」に移行する。「向自有」にまた三段階があって、これを通過すると「質」が「量」へ移る。「量」が三段階を通過して「質量」に移り、「質量」が再び三段階を通過すれば、「有」に関する理論が終わる。

次は、「本質」に関する理論であるが、「本質」から「現象」へ、「現象」から「現実性」へと移行する。次は、「概念」に関する理論となる。概念は、「主観的概念」から「客観的概念」へ、「客観的概念」から「理念」へと移行する。「理念」の中では、「生命」、「認識」、「絶対理念」という三つの段階がある。そのようにして、「絶対理念」が論理の発展における最後の到達点となっている。

次に、論理の世界すなわち理念の世界は、真に自己を実現するために、かえって自己を否定し

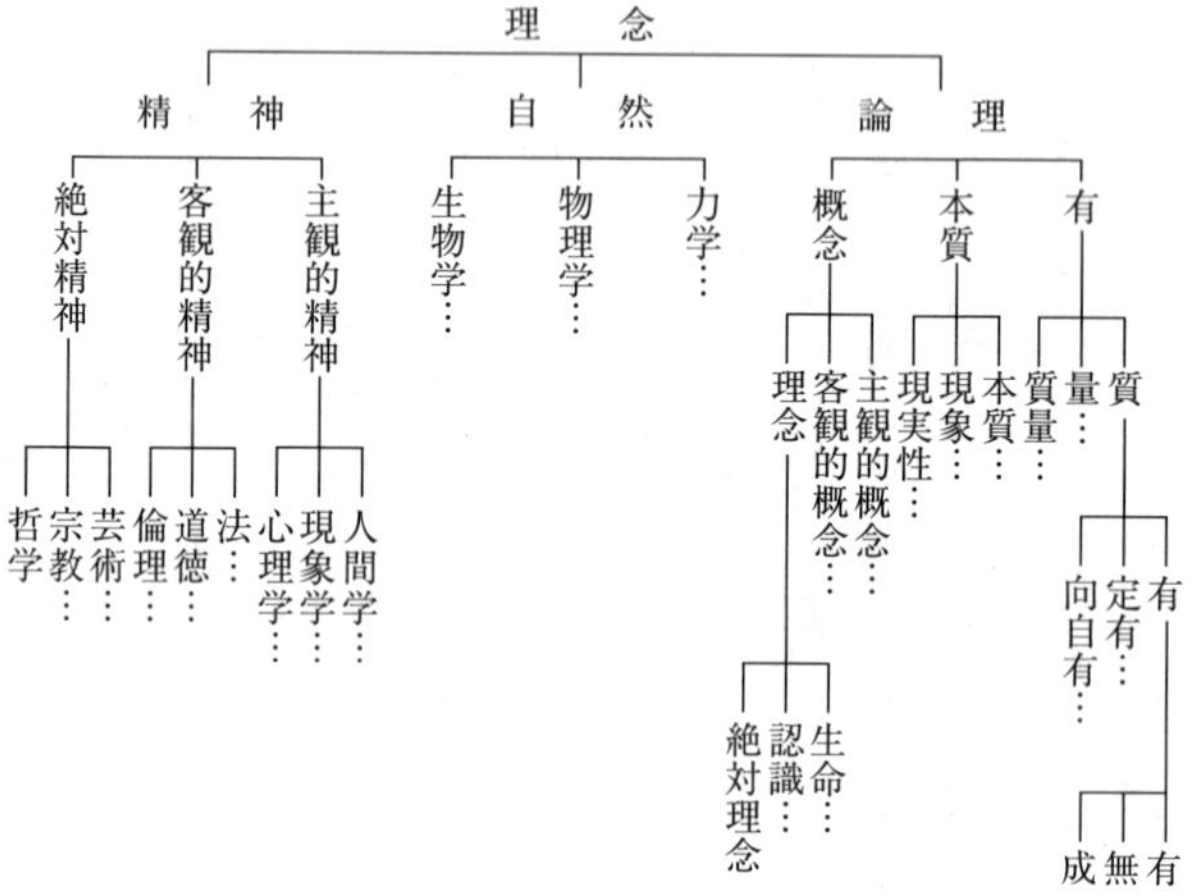

（……は、さらに分かれていることを示す）

図10—8　ヘーゲル論理学の体系

て自然の領域に移行する。ヘーゲルはこれを「理念自身の他なるものへ移りゆく」といい、自然は「理念の自己疎外、自己否定」（Selbstentfremdung, Selbstverneinung derIdee）、または他在の形式(die Form des Andersseins）における理念であるという。自然界においては、「力学」、「物理学」、「生物学」の三段階を通過する。

　このように、自己を否定して自ら外に現れ自然界となった理念は、その否定をさらに否定して本来の自己に戻るという。人間を通じて自己を回復した理念が精神である。精神は「主観的精神」、「客観的精神」、「絶対精神」の三段階を通過するが、ここに「絶対精神」が精神の発展の最後の段階である。そこにおいて「絶対精神」は「芸術」、「宗教」、「哲学」の三段階を通過してついに本来の自己（絶対理念）を復帰するのである。ヘーゲルの体系を図示すれば、図10—8のようになる。

有—無—成の弁証法

ヘーゲル論理学においては、有から出発して絶対理念に至るまでを扱っているが、有は有論において扱われており、有—無—成の弁証法から始まっている。したがってヘーゲル論理学の性格を理解するためには、有—無—成の弁証法について調べてみる必要がある。この部分がヘーゲル論理学（弁証法）の出発点であると同時に核心となっているからである。

ヘーゲルの論理学は、有から始まる。[3] 有とは、単に「ある」ということであるが、それは最も抽象的な概念であり、全く無規定性な空虚な思考である。ゆえにそれは否定的なもの、すなわち「無」であるという。ヘーゲルにおいては、有と無は共に空虚な概念であり、両者にはほとんど区別がない。[4]

次にヘーゲルは、有と無の統一が成であるという。そこにおいて、有も無も、共に空虚で抽象的であるが、両者は対立の状態において統一をなしたのちに、最初の具体的な思考としての成となる。[5] この有—無—成の論理を基本として、普通ヘーゲルの方法と考えられている、正—反—合、肯定—否定—否定の否定、定立—反定立—総合の弁証法的論理が成立しているのである。

定有への移行

次は、「定有」について述べる。定有とは、一定の形態をもつ有、具体的に考察された有であり、有が単に「ある」を意味しているのに対して、定有は「何ものかである」ことを意味している。有―無―成から定有への移行は、要するに抽象的なものから具体的なものへの移行を意味しているのである。成はそのうちに有と無の矛盾を含んでいるが、この矛盾によって、成は自己を止揚して、つまり一層高められて、定有となるのである。

このように定有とは、特定の有、規定された有である。ヘーゲルはこの定有の規定性のことを「質」と呼んだ。しかしいくら特定されるといっても、ここで考察されているのは、単純な規定性のことであり、規定性一般にすぎない。

有を定有とする規定性は、一方では「或るものである」という肯定的な内容であると同時に、他方では限られたもの、すなわち制限を意味している。したがって、或るものを或るものとする質は、「或るものである」という肯定面から見れば、実在性であり、限られたもの、他のものでないという面から見れば、否定性である。したがって定有においては、実在性と否定性の統一、肯定と否定の統一がなされている。次に、定有は向自有へと移行する。向自有とは、他のものと連関せず、また他のものへ変化せず、どこまでも自分自身にとどまっている有のことである。

有―本質―概念

ヘーゲルが「有論」において論じたのは、「あるということ」はどういうことかということから始まって、変化の論理、生成消滅の論理に関することであった。次に「有論」は「本質論」へと移るが、そこでは、事物のうちにある不変なもの（本質）、および事物の相互関連性が論じられている。次に「有論」と「本質論」の統一としての「概念論」へと移る。そこでは、他者に変化しながら自己であることをやめない事物のあり方、すなわち自己発展が考察されている。この発展の原動力をなすものが、概念であり、生命である。

なぜ神の思考が有―本質―概念というように進んだといえるのであろうか。それは、事物を外側から内側へと関心を移していく人間の認識の過程を見れば分かるという。例えば、ある花を認識する場合、まず外的に現象的に花の存在をとらえたのちに花の内的な本質を理解する。そして、花の存在と花の本質が一つになった花の概念を得るようになるというのである。

論理―自然―精神

すでに述べたように、ヘーゲルによれば、自然とは他在の形式における理念、自己疎外した理念である。したがって論理学を「正」とすれば、自然哲学は「反」となる。次に、理念は人間を通じて再び意識と自由を回復するが、それがすなわち精神である。したがって、精神哲学は「合」となる。

自然界も、正―反―合の弁証法的発展をしているが、それが力学、物理学、生物学の三段階である。しかし、それは自然界そのものが発展する過程ではなくて、自然界の背後にある理念が現れていく過程である。まず力の概念が、次に物理的現象の概念が、その次に生物の概念が現れるというのである。

そしてついに人間が現れ、人間を通じて精神が発展する。それがすなわち主観的精神、客観的

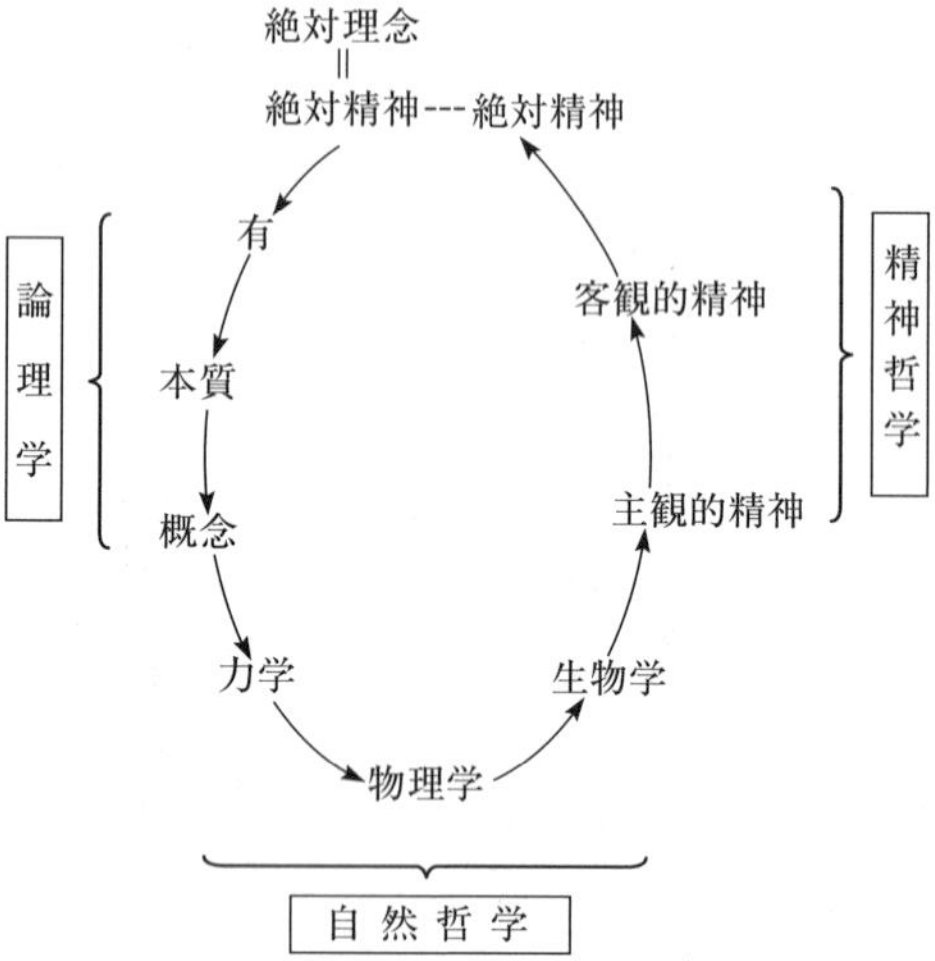

図１０—９　ヘーゲル弁証法の帰還性

精神、絶対精神の三段階の発展である。主観的精神とは、人間個人の精神のことであるが、客観的精神とは個体を越えて社会化された精神、対象化された精神をいう。

客観的精神には、法、道徳、倫理の三段階がある。法とは、国家における憲法のように整備されたものではなく、集団としての人間関係における初歩的な形式をいう。次に、人間は他人の権利を尊重して、道徳的生活をするようになる。しかしそこには、まだ多分に主観的な面（個人的な面）がある。そこで、すべての人が共通に守るべき規範として倫理が現れる。

倫理の第一の段階は、家庭である。家庭では愛によって家族が互いに結ばれており、自由が生かされている。第二の段階は、市民社会である。ところが市民社会に至ると、個人の利害が互いに対立し、自由は拘束されるようになる。そこで第三の段階として、家庭と市民社会を総合する国家が現れるようになる。ヘーゲルは、国家を通じて理念が完全に自己を実現すると考えた。理念の実現した国家が理性国家である。そこでは、人間の自由が完全に実現される。

最後に現れるのが絶対精神であるが、絶対精神は芸術、宗教、哲学の三段階を通じて自らを展開する。そして哲学に至って理念は完全に自己を回復する。このようにして理念は、弁証法的運動を通じて原点に帰る。すなわち自然、人間、国家、芸術、宗教、哲学などの段階を通過して、ついに最初の完全なる絶対理念（神）に帰る。この帰還がなされることによって発展の全過程が終わる（図10—9）[6]。

ヘーゲル論理学のトリアーデ構造

すでに説明したように、ヘーゲル弁証法の始まりは有—無—成というトリアーデ（三段階過程）であり、この三段階は矛盾による正—反—合の三段階である。このようなトリアーデがレベルを高めながら反復することによって、論理学—自然哲学—精神哲学という最高のトリアーデを形成するのである。

論理学を構成する三段階過程は有—本質—概念であるが、この概念の段階において絶対精神（神の思考）は理念つまり絶対理念となる。ところで絶対精神は、論理学の段階を通過して、絶対理念となって外部に現れたのち、自然界となり（自然哲学）、さらに人間を通じて主観的精神—客観的精神—絶対的精神となる。そして一番最後には、最初に出発した自己自身、すなわち絶対理念に戻る。

自然哲学や精神哲学は、論理学とは全く別の分野のように考えがちであるが、そうではない。論理学は、三段階過程の初めの段階であるが、その中に自然哲学や精神哲学の原型がすべて含まれているのである。

すでに述べたように、絶対精神は有—本質—概念というトリアーデの概念の段階において理念となるのであるが、この理念は自然哲学と精神哲学の内容のすべての原型となっている。それはいわば、宇宙の設計図をもっている精神である。つまり自然哲学や精神哲学は、この理念の中の原型がそのまま外部に現れた映像にすぎないのである。あたかも映画のフィルムの画像が、スクリーンに映ったものが映画であるのと同じである。言い換えればヘーゲルの論理学は最高のトリアーデの初期段階であり、自然哲学や精神哲学の原型であって、それらをすべて包含しているのである。それゆえ、論理学においてヘーゲルの哲学体系全体を扱っているのである。絶対精神の発展を扱う、このようなヘーゲルの弁証法は普通、観念弁証法と呼ばれている。

ヘーゲル弁証法の円環性と法則と形式

すでに述べたように、ヘーゲル弁証法は、正—反—合の三段階の発展の反復を通じて高い水準において元の位置に戻ってくる復帰性の運動であり、円環性の運動である。これは低いレベルのトリアーデにおいても、高いレベルのトリアーデにおいても、同じなのである。ところでヘーゲル弁証法のもう一つの特徴は、発展運動が円環性（復帰性）であると同時に完結性であるということである。絶対精神が自己内復帰を終えれば、それ以上の発展はなくなるからである。

ここで、ヘーゲル論理学における法則と形式について述べる。形式論理学における法則は、同一律、矛盾律などであった。そして形式は、判断形式や推理形式であった。ところでヘーゲル論理学の法則は、弁証法の内容である「矛盾の法則」、「量から質への転化の法則」、「否定の否定の法則」などであり、形式は、弁証法の発展形式である正―反―合の三段階過程による発展形式を意味する。このような三段階発展の形式を扱う論理学は普通、弁証法的論理学と呼ばれている。

(三) マルクス主義論理学

ヘーゲルによれば、概念が物質の衣を着て現れたのが自然であるから、観念(概念)は客観的存在である。ところがマルクスは逆に、物質こそ客観的な存在であって、観念(概念)は物質世界が人間の意識に反映したものにすぎないと主張した。しかしマルクスは、ヘーゲルの正反合の弁証法をそのまま受け入れて、それを物質の発展形式とした。したがってヘーゲルの観念弁証法に対して、マルクスの場合は唯物弁証法というのである。

この唯物弁証法に基づいてマルクス主義の論理学が立てられた。ところで唯物弁証法も弁証法、すなわち正反合の三段階過程を内容としている点においては観念弁証法と同一であるために、マルクス主義論理学もやはり弁証法的論理学である。その特徴は本来、形式論理学、特に同一律・矛盾律に反対するということである。[7] すなわち、事物が発展するためには「AはAであると同時にAは非Aである」でなくてはならず、思考の法則はその反映であると考えたからである。そして唯物史観の立場から、思考の形式と法則を扱う形式論理学は上部構造に属し、階級性をもつ論理学であるとして、これを拒否し、唯物弁証法による弁証法的論理学を立てたのである(8)。

ところが形式論理学を拒否することによって、必然的に次のような困難にぶつかるようになった。すなわち、形式論理学におけるような前後に矛盾のない、終始一貫した正確な思考をすることができなくなってしまうという困難に陥らざるをえなかった。

言語学も同様な困難に陥っていた。言語も上部構造に属し、階級性をもつという主張とともに、共産主義体制下において、それまで常用していたロシア語に代わる新しいソビエト言語を使用する必要性が論じられるようになった(9)。

そこで一九五〇年にスターリンが「マルクス主義と言語学の諸問題」という論文を発表し、「言語は上部構造ではなく、階級的なものでもない」と言明した。言語学におけるこの問題は論理学における問題でもあったため、この論文を契機として、一九五〇年から五一年にかけて、ソ連で形式論理学の評価をめぐって大々的な討論が行われた。その討論によって、形式論理学の思考の形式と法則は上部構造ではなく、階級性をもたないという結論が下された。そして形式論理学と弁証法的論理学との関係に対しては、「形式論理学は、思惟の初等的法則と形式にかんする学であるが、弁証法的論理学は、客観的実在とその反映たる思惟との発展法則にかんする高等論理学である(10)」と規定されたのであった。

ところで、唯物弁証法に基づいた論理学すなわち弁証法論理学は、上述のように形式論理学の同一律、矛盾律などを批判しただけで、論理学として体系化された内容は誰によっても提示されていないのである。[11]

(四)　記号論理学

記号論理学は、形式論理学を発展させたものであり、数学的記号を用いて、正しい判断の仕方を正確に研究しようとするものである。形式論理学では、概念の外延の包摂《ほうせつ》関係、すなわち判断における主概念と賓《ひん》概念の包摂関係を主題としていた。それに対して記号論理学では概念と概念、命題と命題の結合関係に注目し、数学的記号によって思考の法則や形式を研究することがその主題となった。

命題の結合の五つの基本的形式とされているものは、次のようなものである。（p、qを任意の二つの命題とする。）

① 否定（negation）「pでない」……$\sim p$（または $\bar{p}$）
② 選立（disjunction）「pまたはq」……$p \vee q$
③ 両立（conjunction）「pとq」……$p \cdot q$
④ 含立（implication）「pならばq」……$p \supset q$
⑤ 等立（equivalence）「pはqに等しい」……$p \equiv q$

この五つの基本的形式の結合によって、いかなる複雑な演繹的推理も正確に表現される。例えば形式論理学の基本的な原理である、同一律、矛盾律、排中律は次のように記号化される。

同一律……$p \supset p$ または $p \equiv p$

矛盾律……$\sim(p \cdot \sim p)$ または $\overline{p \cdot \overline{p}}$

排中律……$p \vee \sim p$ または $p \vee \overline{p}$

哲学は、それぞれ膨大な体系性をもっているが、その論理構成が正しいかどうかが問題である。その正しさを見分けるのに、数学的記号を用いて計算してみればよいというのである。そのような立場からできたのが記号論理学である。

(五) 先験的論理学

先験的論理学（超越的論理学）とは、カントの論理学のことをいう。カントは、客観的な真理性はいかにして得られるかという問いに対して、直感形式を通じて得られた感性的内容を思惟形式と結合すること、すなわち思惟することによって得られると考えた。

すでに述べたように、思考には形式がある。形式論理学の判断形式や推理形式がそれであり、ヘーゲル論理学の弁証法の三段階発展の形式も思考の形式である。同様にカントにおいても、思考するのに一定の形式があるのである。それが彼の直観形式と思惟形式（カテゴリー）である。カントの思惟形式には十二の形式があるが、それは十二の判断形式に基づいて分類したものである。カントは判断の種類を量、質、関係、様相の四つに分け、さらにそれぞれを三つに分けて、十二の判断の形式を提示した。そして、この十二の判断形式に対応する十二の思惟形式すなわちカテゴリー（範疇《はんちゅう》）を立てた。カテゴリーとは、われわれが考える時に必ず従うようになる根本的な思考の枠組みをいうのである。

カントは、直観形式や思惟形式は共に先天的な概念であり、経験によって得られるものではないとした。そのようなカントの論理学は先験的論理学と呼ばれている。ところで認識においては、この先天的な形式だけでは役に立たないのであり、必ず外部からの感性的内容と結合して、認識の対象を構成することによって初めて認識が成立する。つまり思惟形式は、認識のための形式である。カントの思惟形式は概念であり、範疇である。概念とは、内容のない空っぽの器のようなものである。その中に内容が入らないと無意味である。例えて言えば、「動物」というとき、「動物」それ自体は内容のない単純な概念であるだけで、実際に客観世界にあるのは「鶏」、「犬」、「馬」、「さめ」などの具体的な個物なのである。

ところで、カントにおいては、鶏、犬などのそれ自体（物自体）は実際は不可知である。実際は鶏や犬などの物自体が多様な刺激を発し、それでもって人間の感覚器の感性を触発し、物自体の様々な性質に対応する雑多な映像の断片を直観させるのであるが、そのとき、直観された映像の断片を感性的内容または感性的性質という。この感性的性質と心の中の「動物」という概念が合わさって、初めて鶏や犬となって認識の対象となるのである。

それと同様に、思惟形式それ自体は内部が空になっている枠組みにすぎないのであり、外部からの性質によって満たされたとき、初めて認識の対象が構成されるということ、そしてその構成された対象を認識するというのがカントの主張である。

アリストテレス以来の一般論理学（形式論理学）は、認識の対象とは無関係に、思考の一般的形式を扱ってきたが、カントの論理学は認識の対象に関する真理を確認する認識論理学であった。

二　統一論理学

（一）　基本的立場

思考の出発点と方向

従来の論理学は思考の法則や形式を扱っているが、統一論理学は、まず第一に、「思考の出発点」について考えるところから始める。すなわち「なぜ思考が必要なのか」ということから出発して、それから思考の法則や形式について考えるのである。

人間はなぜ考えるのであろうか。それは神が宇宙の創造に先立って、まず考えられたからである。つまり神は宇宙の創造に先立って、心情を動機として愛を実現しようとする目的を立てて、その目的に一致する内容を心の中に構想されたのである。それが思考であり、ロゴス（言《ことば》）である。

したがって神に似せて造られた人間も、心情を動機として愛を実現するために、目的を立てて、その目的達成のために考えるのが本来の思考のあり方である。ここで目的とは、被造物においては被造目的であるが、そこには全体目的と個体目的がある。全体目的とは、愛でもって家族、隣人、民族、人類などの全体に奉仕して、全体を喜ばせようとすることであり、ひいては神に奉仕して神を喜ばせようとすることである。個体目的とは、自己の個人的な欲望を満足させようとすることである。結局、この二つの目的が人間の生きる目的であり、その目的を達成するために人間は考えるのである。全体目的と個体目的において、全体目的が優先されなくてはならない。したがって人間の思考は、一次的には全体目的を実現するために、二次的には個体目的を実現するためになされなければならない。個体目的も結局は全体目的のためにある。すなわち人間は本来、自己の利益を中心として考えるのではなくて、他人を愛するために考えるのである。これが本来の思考の出発点であり、方向である。

思考の基準

何が思考の基準になるのであろうか。存在論においても認識論においてもそうであるが、統一論理学はどの部門においても、論理展開の根拠を原相においている。だから思考の基準も原相にあるのであり、それは原相の論理的構造である。すなわちロゴス（構想）が新生される時に形成される、内的発展的四位基台である。それは、心情を基盤とした創造目的を中心として、内的性相と内的形状の間に行われる円満で調和のある授受作用のことをいう。

関連分野

統一論理学の本論に入る前に、もう一つ述べておきたいのは論理学の関連分野である。形式論理学は、他の分野との関連を扱っていない。そのため、その代案として弁証法的論理学や認識論理学が出現したのである。統一論理学における思考の出発点は神の愛に基づいた創造目的の実現にあり、その基準は原相の論理構造にあるので、関連分野は大変広いのである。なぜならば、思考の起源は神のみ言《ことば》（ロゴス）つまり構想であるが、構想なしに営まれる文化分野は何一つないからである。

原相において、ロゴスが形成される内的発展的四位基台は、すべての万物が創造される「創造の二段構造」の一部である。したがってロゴスはみ言であると同時に、宇宙の法則として万物すべてを網羅しているのである。同様にロゴス（思考）の学問としての論理学も、すべての他の領域と密接に関連している。内的発展的四位基台は、外的発展的四位基台とともに創造の二段構造の一部だからである。

創造の二段構造における内的四位基台は論理構造となり、外的四位基台は認識構造や主管構造となる。認識構造とは、万物から認識を得る場合の四位基台として、主として科学（自然科学）研究の場合に造成される四位基台であり、主管構造は生産や実践、つまり産業、政治、経済、教育、芸術などの場合に造成される四位基台である。したがって論理構造を基盤とする論理学は、認識構造や主管構造を基盤とする、すべての文化領域と密接に関連しているのである。

原相の構造

ここで、原相の構造についてさらに説明する。すでに述べたように、原相の構造は内外二段の四位基台から成っている。それを「原相の二段構造」という。それに似た被造物の二段構造を「存在の二段構造」という。ところで原相構造における内外の四位基台は、心情中心の自同性と目的中心の発展性をそれぞれもつようになり、自同的および発展的四位基台となる。その際、内外の四位基台が共に発展的となる場合の原相構造を「創造の二段構造」という。

被造物は例外なく、すべてこの二種の二段構造に似せて造られたので、各個性真理体はみな「存在の二段構造」と「創造の二段構造」をもっている。だから人間において、論理構造、認識構造、存在構造、主管構造などはみな、それぞれ二段構造である。したがって、日常生活において人間が関連しているすべての四位基台は必ず二段の四位基台、つまり二段構造である。

これはまた、内的四位基台の形成に重点を置く領域と、外的四位基台形成に重点を置く領域は互いに補完関係にあることを意味する。例えば内的構造に重点を置く論理学や、外的構造に重点を置きながら主管活動の一分野を扱う教育論などは、相互補完関係にあるのである。要約すれば、人間社会のすべての二段構造は原相の二段構造に由来するのであり、すべて相互関連があるということができる（図10―10）。

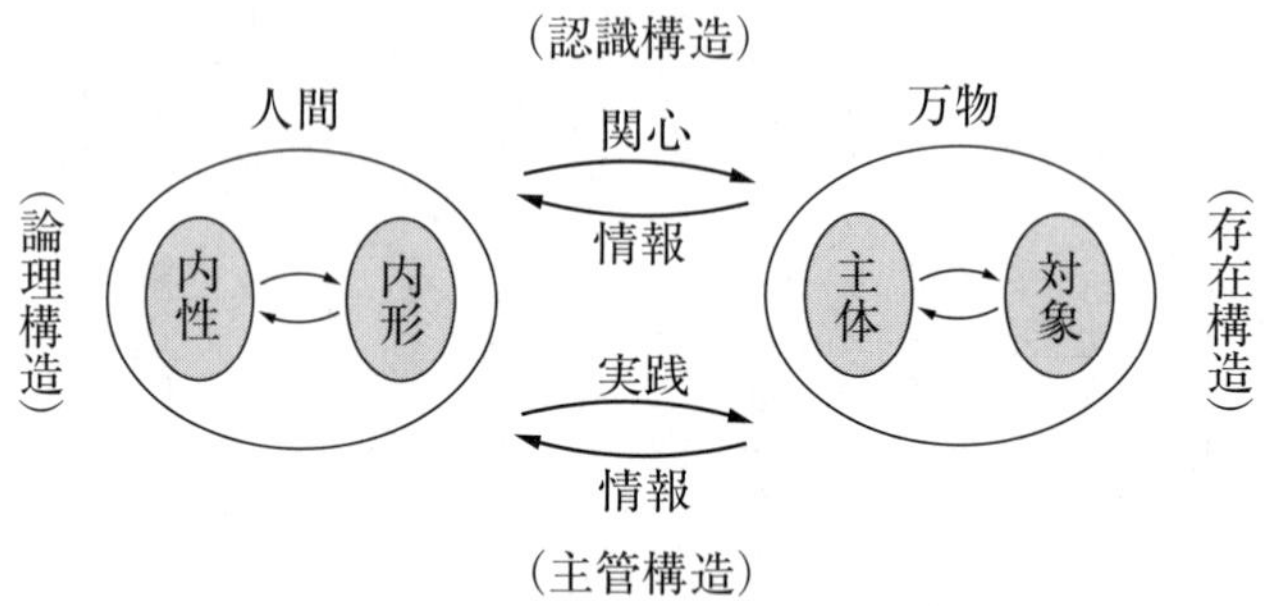

図１０—１０　論理構造と認識構造および主管構造との関連性

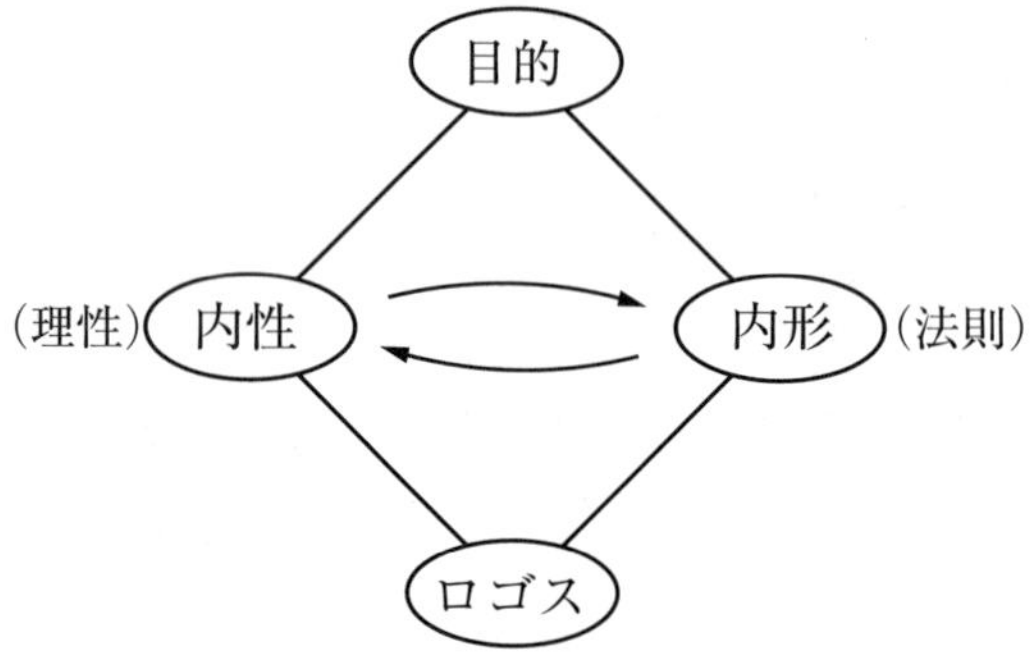

図１０—１１　内的発展的四位基台

(二) 原相の論理構造

以上で、統一論理学の序論に相当する「基本的立場」の説明を終える。次に統一論理学の本論に入ることにする。

ロゴス形成の構造と内的発展的四位基台

すでに述べたように、論理学は思考の法則と形式に関する学問である。ところで統一論理学の根拠は、原相の本性相内の内的四位基台、特に内的発展的四位基台にある。したがって論理学が思考を取り扱う学問である以上、この内的発展的四位基台において、いかにして思考が発生するかを調べてみなければなければならない。

原相論において述べたように、本性相内の内的発展的四位基台の内的性相は知、情、意であり、内的形状は観念、概念、原則、数理である。内的発展的四位基台において、目的を中心として授受作用が行われるが、目的は心情（愛）を基盤として立てられる。すなわち心情（愛）の目的を実現するために授受作用が行われ、ロゴスつまり構想が形成される。ゆえに構想は、あくまでも愛の目的を実現するための構想である。それが論理構造である。そのように「心情（愛）の目的を実現する内的授受作用によってロゴスを形成する内的四位基台」が、まさに論理構造である（図10―11）。

人間も原相のこのような論理構造に倣って、愛の目的を実現するための内的四位基台を造らなければならない。そうすれば、そこから愛を指向する思考が生まれるようになる。

本来の人間の思考

本来、人間の思考においては、動機が心情または愛でなければならない。すなわち、人間の思考は愛の実践のためのものである。人間に自由が与えられているのも愛の実践のためである。自由をもって悪を行ったり、人を憎むのは自由の濫用《らんよう》である。愛の実現とは、要するに愛の世界の実現であり、創造理想世界の実現である。そして多くの人が愛を目指して思考すればするほど、愛の世界はより早く実現するのである。

創造の二段構造

創造の二段構造については、すでに何度も述べているのであるが、ここではそれと論理学の関係について述べる。創造の二段構造とは、内的発展的四位基台と外的発展的四位基台が連続的に形成されることを意味する。そのとき、内的発展的四位基台からロゴスが形成されるが、その内的発展的四位基台がまさに論理構造である。

それでは、外的発展的四位基台は論理学といかなる関係にあるだろうか。論理学にとって外的発展的四位基台は果たして必要なものだろうか。それは必ず必要なものである。なぜならば統一論理学において、思考は創造目的の実現あるいは愛の実現を指向するのであり、したがって愛の

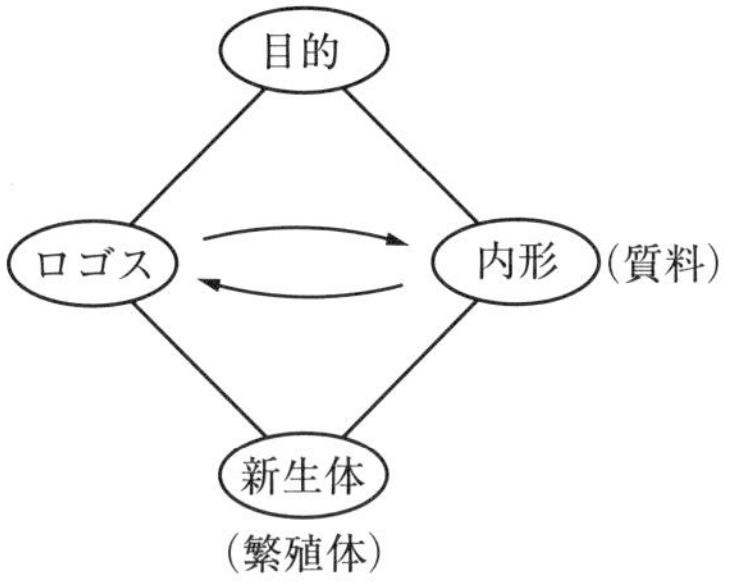

図１０—１２　外的発展的四位基台

実践を前提とするからである。実践するとは、心に思ったことを外部に対して実際に行うことであり、それがまさに外的四位基台の形成を意味するのである。実践の対象は万物であり、人間である。すなわち愛の実践とは、万物を愛し、人間を愛することである。そのように「思考する」ということは、そこには必ず動機と目的と方向があるのであり、必ず実践に移され、行動と結びつかなければならないのである（図10—12）。

そのように思考が実践と結びつくということは、神がそのようになされたからである。すなわち神は構想され（ロゴスを形成し）、創造を開始されたのである。それで「創造の二段構造」という概念が成立したのである。形式論理学では思考そのものだけの形式や法則を扱っているが、統一論理学の立場から見れば、それは間違いではないが不十分である。よく「知行一致」とか「理論と実践の統一」といわれるが、その根拠が創造の二段階構造にあるのである。

(三) 思考過程の二段階と四位基台形成

悟性的段階と理性的段階

認識には、感性的段階、悟性的段階、理性的段階の三段階がある。これは、認識が統一原理のいう三段階完成の法則に対応しているからである。感性的段階は、外部から情報が入る窓口であるから認識の蘇生《そせい》的段階であるが、長成的な悟性的段階と完成的な理性的段階では、思考が営まれるようになる。そのうち悟性的段階の思考は外部からの情報に影響されるが、理性的段階に至れば、思考は外部と関係なしに自由に営まれるようになる。

カントもやはり三段階の認識について論じている。外界から来た感性的内容を、直観形式を通じて受ける段階が感性的段階であり、さらに思考形式(悟性形式)をもって思惟する段階が悟性的段階であり、悟性的認識を統一あるいは統制していくのが理性的段階である[12]。

マルクス主義の場合には、感性的内容が脳に反映するのが感性的段階である。次は論理的段階または理性的段階であって、そこでは判断とか推理が行われる。その次に、実践によって確かめるところの実践の段階がある。マルクス主義の場合、思惟形式は外界の存在形式が意識に反映したものである。

大脳生理学の観点から見れば、「認識論」において説明したように、感性的段階の認識は感覚中枢で、悟性的段階の認識は頭頂連合野で、そして理性的段階の認識は前頭連合野で行われると考えられている。

悟性的段階と理性的段階において、原相の構造と似た論理構造が形成される。悟性的段階において、思考は外界から入ってくる感性的要素（内容）によって規定されている。すなわち、外界の内容と内界の原型が照合されて、認識がひとまず完成する。そのとき認識構造あるいは論理構造として、内的な完結的（自同的）四位基台が形成される。ところが理性的段階では、悟性的段階で得た知識に基づいて、自由に推理を押し進め、新しい構想（新生体）を立てたりする。その時の思考の構造は内的な発展的四位基台である。

認識における大脳の生理過程を来客を迎える過程に比喩《ひゆ》することができる。客が入ってくる玄関は、感覚的中枢（感性）に相当し、主人と会う応接室は頭頂連合野（悟性）に相当し、居間や書斎は前頭連合野（理性）に相当する。お手伝いから、玄関に客が来たことを伝えられると、主人は応接間に来て客に会って対話をする。主人は客と相対しながら、彼の言うことを理解しようとする。そのとき主人は自分勝手な考えをすることはできない。客との対話に必要な話をしなくてはならないから、自分の考えは相手の言葉によって左右されるのである。これは悟性的段階において行われる認識のたとえである。対話が終わると主人は客と別れて、自分の居間や書斎で、客の話を参考にしながら、自由に考えることができる。これが理性的段階である。

理性的段階における思考の発展

理性的段階において、思考はいかにして発展していくのであろうか。思考とは、内的性相と内

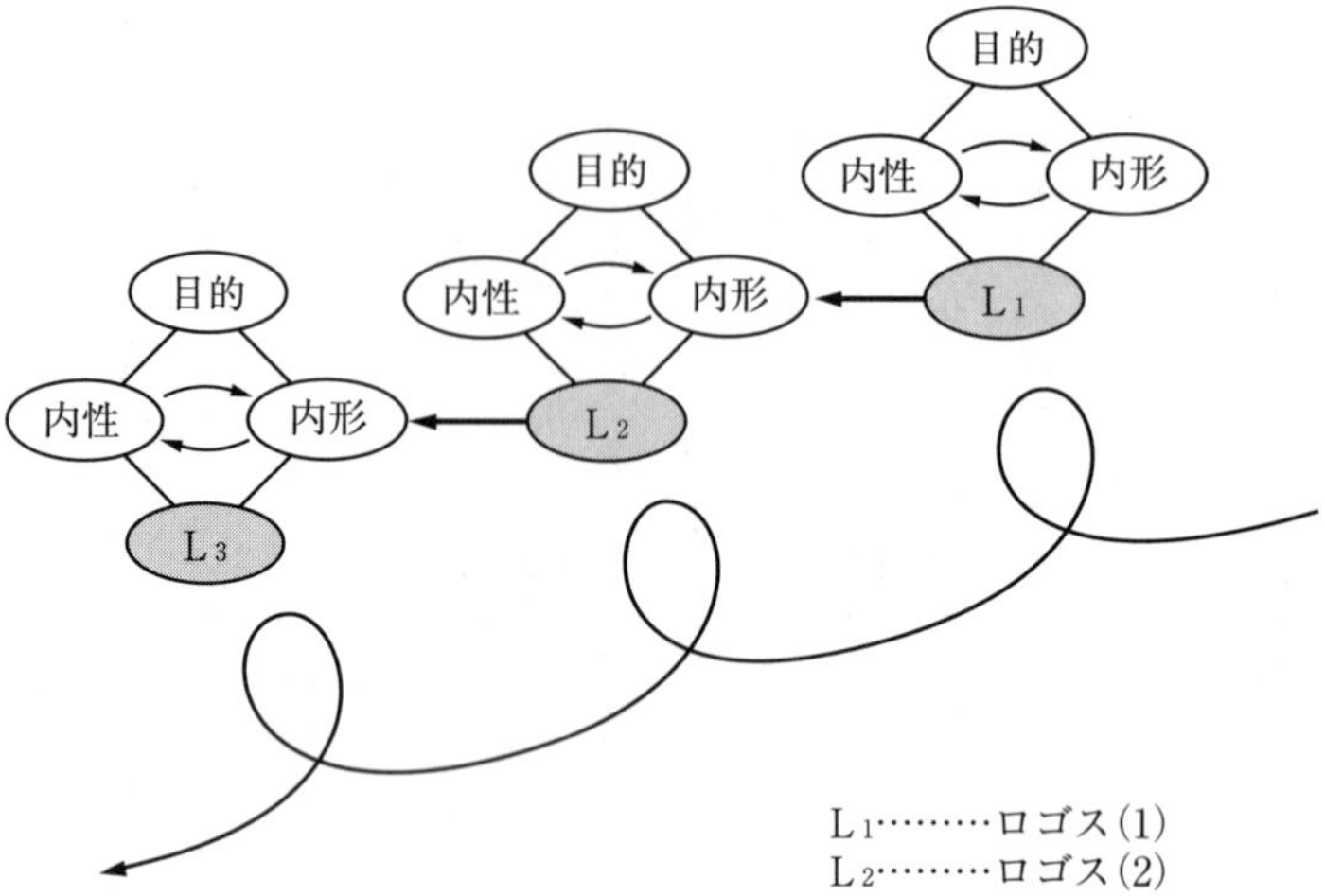

図10—13　理性的階段における思考の螺旋形の発展

的形状の授受作用である。そこでまず内的性相と内的形状の授受作用によって、第一段階のロゴス、すなわち思考の結論としての構想（新生体）が形成される。それで思考が終わる場合もあるが、たいていの場合、その思考の結論（構想）のいかんによっては、次の段階のロゴス（構想）が必要となる。そのとき第一段階で形成されたロゴスは、思考の素材である一つの概念または観念となって、内的形状の中に蓄えられて、第二段階の思考の時に、他の多くの素材（観念、概念）と共に動員される。このようにして第二段階のロゴスができると、それはまた必要に応じて内的形状に移されて、次の思考の時に、動員される。そうして第三段階のロゴスが形成される。同じ方法で、第四、第五の段階へと思考が続けられるのである。そのように、たとえ一つの事項に関する思考であっても、一回限りで終わらないで、継続される場合が多いのである。これが理性的段階における四位基台形成の過程であり、これを思考の螺旋形《らせんけい》の発展という（図10―13）。

このように理性的段階において思考が無限に発展を続けていくのは、それが発展的四位基台であるからである。しかしいくら発展を続けるとしても、それぞれ段階で思考がいったん終わったのちに新しい思考がなされるので、思考の発展は完結的な四位基台形成の連続なのである。したがって思考は完結的段階を繰り返しながら発展していくのである。

思考の基本形式

悟性的段階における思考（あるいは認識）は、目的を中心として感性的内容と原型が授受作用することによってなされる。そこでまず、目的が正しく立てられなくてはならない。正しい目的とは、すでに述べたように、心情（愛）を基盤とした創造目的のことをいう。

認識論で述べたように、細胞や組織の原意識において形成される原映像と形式像が、末梢《まっしょう》神経を通じて下位中枢の潜在意識に至って、統合されて、そこにとどまるようになる。これが人間が先天的に持っている原型（先天的原型）である。その中で形式像が、認識あるいは思考において、一定の規定を与えるところの思惟形式（思考形式）となるのである。

次に、下位中枢の潜在意識が一定の形式（形式像）をもっていることを説明する。例えば盲腸炎が起きた場合を考えてみよう。原意識を統合している下位中枢では、盲腸に固有な性相と形状（機能と構造）に関する情報が絶えず伝えられている。したがって盲腸炎にかかったら、下位中枢はすぐその異常が分かる。そして盲腸が本来の状態に戻るように、適切な指示を送るのである。

胃の運動は、強すぎれば胃けいれんになることがあり、弱すぎれば胃下垂になることがあるが、そのような胃の運動の強弱に関する情報を下位中枢は知っている。そして胃の運動が強すぎたり弱すぎたりすると、適当にこれを調節する。下位中枢の潜在意識がもっているこのような情報は、陽性、陰性に関するものである。

細胞は核と細胞質からなっているが、核が細胞質をコントロールしている。核と細胞質は、主体と対象の関係にある。下位中枢の潜在意識は、そのような細胞における主体と対象の情報をもっている。

潜在意識はまた、時間と空間の感覚をもっている。それで体内のどこかで、またある時に炎症があれば、すぐそこに白血球を送って炎症を直そうとするのである。

有限と無限の関係についても潜在意識は知っている。例えば赤血球はある一定の期間、生命を維持しているが、やがて破壊されて新しい赤血球が生成される。そのように、体内では絶えず新しい細胞が生まれ、古い細胞が滅んでゆくのであるが、潜在意識はそのような有限性を知っている。また体内では、持続性、永遠性、循環性を保ちながら機能している細胞や器官もある。潜在意識は、そのような細胞や器官の機能の無限性を知っているのである。

このようにして下位中枢の潜在意識は、性相と形状、陽性と陰性、主体と対象、時間と空間、有限と無限などの形式を知っているのである。潜在意識に映っているこれらの相対的関係の像が形式像であるが、その形式像が結局、皮質中枢に送られて思考における思惟形式となるのである。思惟型式が思考において果たす役割をサッカーの試合に例えて説明することができる。サッカーの試合において、選手たちは、それぞれ思い思いに走ったり蹴《け》ったりするが、一定のルールに従いながらそうしているのである。同様に、理性は自由に思考を進めるのであるが、形式像に影響されて、思考は、一定の形式をとりながら、つまり規則を守りながらなされるのである。

思惟形式は、範疇《はんちゅう》である。範疇とは、最高の類概念または最も重要な類概念をいうのであり、統一思想においては、四位基台および授受作用の原理を基盤として範疇が立てられる。四位基台と授受作用が統一思想の核心であるからである。そこでまず、十個の基本的な範疇が立てられるが、それぞれの範疇の意味については、「認識論」において説明したとおりである。今日まで、多くの思想家がいろいろな範疇を立てたが、そのうちには、統一思想の範疇に関連するものも少なくない。例えば「本質と現象」という範疇は、統一思想の「性相と形状」に相当するものである。

それで、統一思想の範疇を第一範疇と第二範疇に分けることにする。第一範疇は、統一思想に特有な十個の基本的な形式である。第二範疇は、第一範疇を基礎として展開したものであって、そこには従来の哲学における範疇に相当するものも含まれる。第一範疇と第二範疇を列挙すれば、次のようになる。第二範疇の数には特に制限はなく、ここではその一部だけを挙げるにとどめる。

第一範疇
①　存在と力
②　性相と形状
③　陽性と陰性
④　主体と対象
⑤　位置と定着
⑥　不変と変化
⑦　作用と結果
⑧　時間と空間
⑨　数と原則
⑩　有限と無限

第二範疇
①　質と量
②　内容と形式
③　本質と現象
④　原因と結果
⑤　全体と個体
⑥　抽象と具体
⑦　実体と属性
……
……

第一範疇の「性相と形状」は、第二範疇の「本質と現象」や「内容と形式」と似ているにもかかわらず、なぜこのような目新しく、一般的でない用語を使うのであろうか。

統一思想の基本になっているのは、四位基台、正分合作用、授受作用などの概念である。これらを取り去れば、統一思想は骨格が抜けてしまったのと同然である。したがって統一思想の範疇としては、これらと関係した概念を用いざるをえないのである。範疇と思想は密接な関係をもっているのである。範疇を見れば思想が分かり、思想を見れば範疇が分かるほどである。範疇は思想の看板である。統一思想は新しい思想であるから、それにふさわしい新しい用語の範疇が当然立てられなければならないのである。

マルクスの思想にはマルクス的な範疇があり、カントの思想にはカント的な範疇があり、ヘーゲルの思想にはヘーゲル的な範疇がある。同様に、統一思想の範疇も統一思想の特徴を示すものでなくてはならないのであり、それが第一範疇としての十個の基本的な形式なのである。

思考の基本法則

形式論理学において、思考の根本原理は同一律、矛盾律、排中律、充足理由律であった。しかし統一思想から見た場合には、それよりもっと基本的な法則がある。それが授受法である。この授受法は論理学の法則であるだけでなく、すべての領域の法則である。政治、経済、社会、科学、歴史、芸術、宗教、教育、倫理、道徳、言論、法律、スポーツ、企業、そしてすべての自然科学（物理学、化学、生理学、天文学等）など、実にあらゆる領域を支配する法則である。

それればかりでなく、全被造世界、すなわち全地上世界（宇宙）と全霊界を支配してきた法則である。そして、論理学と直接関係のある認識論の法則でもあるのはいうまでもない。なぜ授受法がこのように広範囲に作用しているのかといえば、それが神の創造の法則であるからである。そしてその根源は、神の属性（本性相と本形状）の間に作用した授受作用にあるのである。そのような神の属性の間の授受作用に似せて、神は万物を創造されたのであるから、被造物においてはそれが法則となっているのである。

このことは、授受法が他のすべての法則までも支配する最も基本的な法則であることを意味する。物理的法則や化学的法則や天文学的法則も、その基盤となっているのは授受法である。したがって形式論理学をはじめとする諸論理学の法則や形式も、実はその根拠が授受法にあったのである。それゆえ授受法は、思考の基本法則である。ここに、その例として、三段論法と授受法を比較してみる。

三段論法と授受法

三段論法は、形式論理学の中の一つの推理形式である。授受法が形式論理学の形式や法則の根拠となるということを、この次のような三段論法の例から説明する。

人は死ぬ。
ソクラテスは人である。
ゆえにソクラテスは死ぬ。

ここで大前提と小前提から導かれた結論は、目的を中心とした大前提と小前提との授受作用（対比）の結果得られたものである。そこにおいて、「人は死ぬ」と「ソクラテスは人である」という二つの命題が対比されて結論が得られているのである。さらに命題自体も二つの概念（主語と述語）の対比によって成立しているのである（図10―14および図10―15）。

メートルとフィートを比べる次のような例も同様である。

ａ　一メートルは三・二八フィートである。

ｂ　この机の横の長さは二メートルである。

ｃ　ゆえに、この机の横の長さは六・五六フィートである。

この場合、結論ｃは、ａ命題とｂ命題を対比（授受作用）して得られたものである。

同一律と授受法

同一律の場合も同様である。例えば「この花はバラである」という命題を考えてみよう。これは「この花」と「バラ」を心の中で比較して、それらが一致したので「……である」と判断したのである。比較するということは、対比型の授受作用を意味する。したがって、同一律も授受法に基づいていることが分かる。矛盾律の場合も同様である。そのようにして、形式論理学の法則や形式は、みな授受法

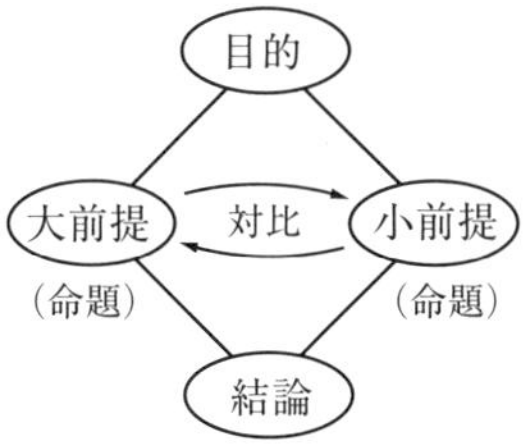

図１０―１４　命題と命題の対比型授受作用

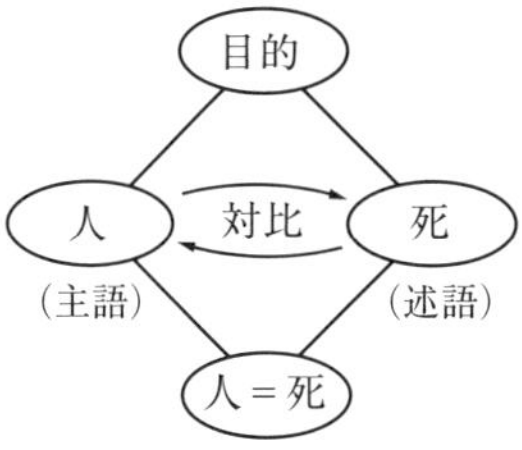

図１０―１５　主語と述語の対比型授受作用

の基盤の上に立てられているのである。

思考と自由

論理学は思考の形式や法則を強調しているので、「自分が考えることまで、いちいち法則や形式の干渉を受けなければならないのか」とか、「いかなる干渉も受けずに自由に考えたい」という思いがするかもしれない。ところが思考に規則や形式があるのは、実は思考に自由を与えるためである。

法則や形式のない思考は一歩も進むことができない。それは、あたかも鉄道がなければ汽車は少しも前進できないのと同様である。われわれは、体も心も法則に従って生きるとき、初めて正常に機能することができるのである。

われわれの体を見ると、すべての生理作用は法則の支配を受けている。呼吸も、消化作用も、血液循環も、神経の伝達作用も、みな一定の生理の法則のもとに営まれている。万一、これらの生理作用が法則を離れれば、すぐ病気になるであろう。人間の思考作用においても同様である。したがって「AはAである」という同一律において、「……である」という論理語を使わないで、例えば「この花はバラである」と言わずに「この花、バラの花」と言ったら、それは何の意味か分からないのである。形式の場合も同じである。「全称肯定判断」という判断形式（すべてのSはPである）において、「すべての人間は動物である」という判断を例に挙げてみよう。この場合も「すべてのSはPである」という形式を取り除けば、ただ「人間、動物」だけが残り、やはり何の意味か全く分からないのである。他人が分からないのはもちろん、時間がたてば自分も分からなくなるであろう。

そのように、思考には必ず一定の法則や形式が必要である。それでは、純粋に自由な思考というものはありうるだろうか。つまり、法則や形式を離れた自由はありえるのだろうか。そうではない。思考に自由はあるが、それは「思考の選択の自由」である。法則や形式に従いながらも、つまり、法則や形式から離れなくても、選択の自由があるのである。

例えば愛の実現に関する思考を例に取れば、愛の実現という共通目的、共通方向を指向しながらも、その具体的な実現においては、個人によってそれぞれの目的や方向は異なるのである。それは選択の自由のためである。つまり選択の自由によって、各自がそれぞれの目的や方向を自由に決定するのである。

それでは、自由な思考がいかにして行われるのであろうか。それは思考（内的授受作用）において、霊的統覚《とうかく》が内的形状内の観念、概念の複合や連合を自由に行うということであり、それはまさに構想の自由である。この構想の自由は、理性の自由性に基因するものである。

三　統一論理学から見た従来の論理学

形式論理学

形式論理学そのものに対しては、統一論理学は何も反対することはない。すなわち、形式論理学の扱っている思考の法則や形式に関する理論はそのまま認めるのである。しかし、人間の思考には、形式の側面だけでなく内容の側面もある。また思考には、理由や目的や方向性があり、ほかの分野との関連性もある。すなわち思考は、思考のための思考ではなく、認識や実践（主管）のための思考であり、創造目的実現のための思考である。つまり、思考の法則や形式は思考が成立し、維持されるために必要な条件にすぎないのである。

ヘーゲル論理学

ヘーゲルの論理学は、神がいかにして宇宙を創造されたのかを哲学的に説明しようとしたものである。ヘーゲルは、神をロゴスまたは概念として理解し、概念が宇宙創造の出発点であると考えた。

ヘーゲルはまず、概念の世界における「有―無―成」の展開について説明した。有はそのままでは発展がないから、有に対立するものとして無を考えた。そして有と無の対立の統一として成が生じるとした。しかし、そこには問題がある。ヘーゲルにおいて本来、無は有の解釈つまり有の意味にすぎないのであって、有と無が分かれているのではない[13]。ところがヘーゲルは、有と無を分けてしまい、あたかも有と無が対立しているかのように説明したのである。したがってヘーゲル哲学は、出発点からすでに誤謬《ごびゅう》があったのである。

次に問題になるのは、概念が自己発展するという点である。統一思想から見れば、原相の構造において、概念は内的形状に属するのであり、目的を中心として、内的性相である知情意の機能

——特に知の機能の中の理性——が内的形状に作用することによって、ロゴス（構想）が形成され、それが新しい概念になるのである。したがってロゴスや概念は、神の心の中に授受作用によって形成されるもの（新生体）であって、それ自体が自己発展するということはありえないのである。テューービンゲン大学総長リューメリンは、ヘーゲルの主張する「概念の自己発展」を批判して、次のように述べている。

ヘーゲルのいわゆる思弁的方法なるものが、その創始者ヘーゲルにとって、一体どんな意味をもっていたかということを理解するために……われわれがどんなに骨を折り頭を悩ましたかは言語に絶する。人々はみな他を顧みて頭をふりながら、こう尋ねたものである。一体君には分かるかね。君が何もしないのに概念は君の頭の中でひとりでに動くかね、と。そうだと答えられるような人は、思弁的な頭脳の持主だと言われた。こういう人とは別なわれわれは、有限な悟性的カテゴリーにおける思考の段階に立っているにすぎなかった。……われわれは、なぜこの方法を十分に理解しなかったかという理由を、われわれ自身の天分の愚かさに求めて、あえてこの方法そのものの不明晰や欠陥にあると考えるだけの勇気がなかったのである。[14]

またヘーゲルの弁証法からは、次のような問題が生じる。ヘーゲルは、自然を理念の自己疎外または他在形式であると見た。これは原相論で指摘したように、汎神論——自然を神そのものの現れと見て、両者に区別をおかない見方——に通じる考え方であった。それは、容易に唯物論に転化する素地となったのである。

ヘーゲルの弁証法において、自然は人間が発生するまでの中間的過程にすぎなかった。建物が出来上がると、途中に組み立てられていた足場は取り去られる。それと同じように、人間が発生してからの自然は、それ自体としては哲学的には無意味なものとなったのである。

彼はまた、歴史の発展において、人間は理性の詭計《きけい》に操られているとしたが、そのために人間は、あたかも絶対精神によって操られる人形のような存在となってしまった。しかし統一思想から見れば、神が一方的に歴史を動かしているのではない。人間の責任分担と神の責任分担が合わさって歴史はつくられたのである。

さらにヘーゲルの正反合の弁証法は円環性であり、帰還性であるので、最終的には完結点に達するようになる。したがってヘーゲルにおいて、プロシアは歴史の終わりに完結点として現れる理性国家とならなければならなかった。しかし、実際は、プロシアは理性国家になれず歴史の中に消えていった。したがって、プロシアの終わりとともに、ヘーゲル哲学も終わりを告げたということになる。

以上のように、ヘーゲル哲学は多くの問題点を抱えていたが、そのような誤りを生じた原因は、彼の論理学にあったと見ざるをえない。そのことを次に検討してみよう。

ヘーゲルは、概念の発展を正反合の弁証法的発展としてとらえた。概念（理念）は自己を疎外して自然となり、その後、人間を通じて精神となり、本来の自身を回復するという。ハンス・ライゼガングによれば、このようなヘーゲルの思考方式は彼の聖書研究に基づいた特有の方式であるという。すなわち、高い総合のうちに止揚されるヘーゲルの対立の哲学は、「一粒の種が地に落ちて死ななければそれはただ一粒のままである。しかし、もし死んだら豊かに実を結ぶようになる」、「私はよみがえりであり命である。わたしを信じる者は、たとえ死んでも生きる」というヨハネ福音書をテーマにしたものだという。[15]

そのような立場からヘーゲルは、神をロゴスまたは概念としてとらえ、そしてそのような神が、あたかも地に蒔《ま》かれた種の生命が外部に自己を現すように、自己を外部の世界に疎外したと見たのである。そこにヘーゲルの犯した誤りの根本原因があった。

統一思想から見れば、神は心情（愛）の神であり、愛を通じて喜ぼうとする情的な衝動によって、創造目的を立て、ロゴスでもって宇宙を創造されたのである。その時のロゴスは神の心の中に形成された創造の構想であるだけで、神そのものではない。しかし、ヘーゲルの概念弁証法において、神には心情（愛）や創造目的は見あたらないだけでなく、神は創造の神ではなくて、発芽して成長する一種の生命体であったのである。

ここで、ヘーゲル論理学と統一論理学の重要な概念を比較してみれば、その意味するところは異なっているが、互いに相応する関係にあることが分かる。ヘーゲルにおけるロゴスは、統一思想では神の構想に相当する。ヘーゲルのロゴスの弁証法は、統一思想では原相の授受作用に対応する。そしてヘーゲルの正反合の形式は、統一思想の正分合の形式に対応する。ヘーゲルの帰還的、完結的な弁証法は、統一思想では、自然界においては創造目的を中心とした授受作用による螺旋形《らせんけい》の発展運動に相当し、歴史においては再創造と復帰の法則に相当する。ヘーゲルは自然を通じて理念を見いだそうとしたが、統一思想は万物を通じて象徴的に、原相（神相と神性）を発見するのである。したがってヘーゲルの汎神論的性格は、統一思想においては汎神相論——すべての被造物において神相が現れているという見方——をもって克服することができる。

マルクス主義論理学

先に述べたように、旧ソ連の思想界において引き起こされた言語学論争を収拾するために、スターリンは「マルクス主義と言語学の諸問題」という論文を発表し、そこで彼は、言語は上部構造に属するものではなく、階級的なものでもないと結論を下したのであった。その結果、形式論理学の矛盾律・同一律は認められるようになったのである。

しかし、形式論理学の同一律・矛盾律は思考の法則であるだけで、客観世界の発展法則ではなかった。したがって思考が同一律・矛盾律に従うことは認めるとしても、客観世界に関する限り、発展は矛盾の法則（対立物の統一と闘争の法則）に従うというのである。形式論理学は自然界を扱うのではなく、思考を扱うからだというのである。しかしそうすると、「思考は客観世界の反映である」[16]という唯物弁証法の本来の主張が崩れるというアポリア（aporia）が生じてしまったのである。

そのようにスターリンの論文が発表されたあとは、唯物弁証法において、客観世界の法則（矛盾の法則）と思考の法則（同一律）が相反するようになってしまった。それに対して、客観世界においても、思考においても、発展性（変化性）と不変性が統一されていると見るのが、統一思想の主張である。

悟性的段階の思考（あるいは認識）は、主として自己同一的である。なぜならば、外界から来た感性的内容と内部の原型が照合することによって、認識がいったん完了するからである。ところが理性的段階における思考は、発展的になる。しかしそうであっても思考は、段階的に発展するから、それぞれの段階において完結的な（すなわち自己同一的な）側面もあるのである。したがって統一思想は同一律・矛盾律も当然認める立場である。

ともかく唯物弁証法において、形式論理学すなわち同一律・矛盾律を認めるようになったということは、何を意味するのであろうか。本来、唯物弁証法の基本的な主張は、事物を不断に変化し、発展するものとしてとらえるということであった。ところが同一律・矛盾律を認めたということは、たとえ思考に関することであるにせよ、不変性を肯定するようになって、唯物弁証法の変質をもたらしたことを意味するのである。これは、弁証法の修正ないしは崩壊を意味するものである。同時に、事物を自己同一性と発展性の統一として把握する統一思想の主張が正しいことを証明するものである。

記号論理学

思考の正確さや厳密さを期するということは意義あることであって、記号論理学に反対する理由はなにもない。しかし、数学的厳密さだけでは、人間の思考を十分にとらえることはできない。

原相において、内的性相と内的形状が授受作用してロゴスが形成されたが、そのとき内的形状は原則と数理を含んでいるので、授受作用を通じて形成されたロゴスも数理性を帯びている。したがって、ロゴスによって創造された万物には数理性が現れる。だから科学者たちは、自然を数学的に研究しているのである。

人間の思考は、ロゴスを基準にしたものである。したがって人間の思考にも当然、数理性があるのである。言い換えれば、思考は数理的正確さに従ってなされるのが望ましい。ここに、記号論理学が思考を数理的に研究する意義が認められるのである。

しかし、そこには留意しなければならない点がある。それは内的性相と内的形状の授受作用において、心情が中心になっているということである。これはロゴス（言《ことば》）の形成において、心情が理性や数理より上位にあることを意味している。したがって、人間は本来、ロゴス的存在（理性的、法則的存在）であるのみならず、より本質的にはパトス的存在（心情的、感情的存在）である。すなわち、思考にたとえ数学的厳密さがなくても、そこに愛あるいは感情がこもっていれば、発言者の意向が十分に相手に伝えられるのである。

例えば、誰かが火事に出会って「火だ！」と叫ぶとき、これは文法的に見れば、「これが火だ」という意味か、「今、火事が起きた」という意味か、分からない。しかし、差し迫った場合には、助けを求める訴えの感情がそこにこもっていれば、その言葉に文法的な正確さがなくても、その意味はすぐ分かるのである。

人間は本来、ロゴスとパトスの合性体である。ロゴスだけに従うのでは、人間としては半面の価値しかない。理性的だけでは人間性が不足しており、情的な側面を共に備えて初めて完全な人間らしさが出るのである。したがって、あまり正確でない言葉の方が、かえって人間らしいという場合もある。つまり人間の思考には、厳密を要する面もあるが、必ずしも常に正確に、論理的に表現しなくてはならないと主張することはできないのである。

イエスの言葉を見ても、非論理的な面がたくさん見られる。しかし、その言葉はなぜ偉大なのであろうか。それはその言葉のうちに、神の愛が含まれているからである。したがって、人間の言葉が正確に論理に従っていなくても、その中にパトス的な要素が適切に含まれているとすれば、その意味するところを十分に相手に伝えることができるのである。

先験的論理学

カントは、対象からの感性的内容と人間悟性の先天的な思惟形式が結合して、認識の対象が構成されることによって、初めて認識と思考がなされると主張した。しかし統一思想から見れば、認識の対象には内容（感性的内容）だけでなく形式（存在形式）もあり、認識主体にも形式（思惟形式）だけでなく内容（内容像）もあるのである。カントのいう先天的な形式と感性的内容だけでは、対象に対する思考の真理性は保証されない。それに対して統一思想では、人間と万物の必然的関係から思考の内容と形式と、客観世界の内容と形式の対応性が導かれ、対象に対する思考の真理性が保証されているのである。

統一論理学と従来の論理学の比較

最後に、統一論理学、形式論理学、弁証法的論理学、先験的論理学を比較して、その特徴を表にまとめれば次のようになる（表10—1）。

	統一論理学	形式論理学	弁証法的論理学	先験的論理学
思考の形式	主・客観的	主観的	客観的	主観的
思考の内容	主・客観的		客観的	客観的
思考の法則	授受法	同一律・矛盾律	弁証法	先験法
思考の基準	原相構造			
要点の特性	照合論	形式論	反映論	構成論

表１０—１　統一論理学と従来の論理学との比較

第十一章　方法論

方法論（methodlogy）とは、人間がいかにして客観的な真理に到達することができるかを論ずるものである。実際、方法を意味する英語のmethodは、ギリシア語のmeta（従って）とhodos（道）に由来している。したがってmethod（方法）とは、何らかの目的を達成するためには、一定の道に従わなくてはならないことを意味しているのである。

古代ギリシア以来、今日まで多くの哲学者が、それぞれ特有な方法論を展開し、事物の道理を探求してきた。ここではまず従来の代表的な方法論の要点を紹介し、次に統一思想における方法論すなわち統一方法論を提示する。そして従来の方法論を統一方法論の立場から論評しようとするのである。

ここで一つ付け加えることは、認識論や論理学の場合と同様に、従来の方法論の内容を具体的にまたは学術的に紹介しようとするのではなく、ただ従来の方法論がもっていた問題点に対して、統一方法論が解決しうることを明らかにするために、その要点だけを紹介するということである。

一　史的考察

ヘラクレイトスの弁証法（運動法）

ヘーゲルによって弁証法の創始者といわれたヘラクレイトス（Hērakleitos, ca.535-475 B.C.）は、宇宙の根源的な物質（アルケー）を火であると考え、火は絶えず変化しつつあると見た。また「万物は流転する」といって、固定不動のものはなく、一切のものは生成と運動のなかにあると見た。彼は「戦いは万物の父であり、万物の王である」という観点から、万物は対立と闘争によって、生成し、変化していると考えた。そのようにヘラクレイトスが万物を生成、変化、流転という側面から扱ったという点で、ヘーゲルはその方法論を弁証法と呼んだのである。しかしヘラクレイトスは生成、変化の中にも、不変なものがあるといい、それがすなわち法則であって、「ロゴス」と名づけた。また彼は、闘争を通じて調和が生ずるといった。

ヘラクレイトスの方法論は、自然の存在のあり方と自然の発展に関する見方をいうものである。それは事物の動的な側面をとらえようとするものであるから、その方法論（弁証法）を運動法ともいうことができよう。

ゼノンの弁証法（静止法）

万物は流転するというヘラクレイトスの主張とは反対に、エレア学派のパルメニデス

（Parmenidēs, ca.515 B.C. 生）は、存在は不生不滅であり、不変不動であるとした。そして、パルメニデスの思想を受け継いだエレアのゼノン（Zēnōn, ca.490-430 B.C.）は、運動を否定し、ただ静止している存在だけがあることを論証しようとした。

物体は動いているように見えても、実は動いていないということを論じた四つの証明があるが、その中の一つが「アキレスは亀を追いこすことができない」というものである。アキレスはトロイ戦争に功労を立てた英雄であって、非常に足が速いが、決して亀を追い越せないというのである。亀が先に出発して、一定の地点にまで進んだとき、アキレスがその後を追いかけたとする。アキレスが亀がいた所に着いたとき、亀はすでにいくらか先に進んでいる。さらにアキレスがそこに着いたとき、亀はすでにさらに少し前に進んでいる。したがって、常に亀はアキレスより先にいるというのである。

もう一つの証明が、「飛ぶ矢は静止している」という飛矢静止論である。A点からC点を目指して飛んでいる矢があるとする。そのとき矢は、AとCの間にある無数の点B_1、B_2、B_3……を通過する。ところがB_1、B_2、B_3……という点を通過するということは、それらの点で一瞬、止まることを意味する。ところがAとCの距離は無数の点の連続であるから、飛ぶということは静止の連続すなわち静止の永続となる。したがって矢は運動せず、静止しているのである。

ゼノンの方法は、相手の主張を認めるとすれば、その主張にどのような矛盾が生じるかを問答式に問い詰めることによって、相手の主張の誤りを暴露《ばくろ》していく対話術であった。

アリストテレスはゼノンを弁証法の創始者と呼んだ。運動を否定して、ただ静止する存在があるということを証明しようとするのがゼノンの弁証法であるから、その弁証法を静止法ともいうことができよう。

ソクラテスの弁証法（対話法）

紀元前五世紀の後半、民主政治が発達したアテネでは、多くの青年たちが政治上の成功すなわち出世のために弁論術を学ぼうとしていた。そこで青年たちに弁論術を教えることを職業とする人々が現れるようになったが、当時彼らはソフィストと呼ばれた。

初期のギリシア哲学は自然を研究の対象と見なしていたが、ソフィストたちは自然哲学から視線を転じて人間の問題を論じた。ところが自然現象は客観性、必然性をもっているのに対して、人間に関する問題はみな相対的であって、主観によって各人の解釈は異なるという相対主義や、その解決をあきらめる懐疑主義が生じてきた。ポリス社会のあちこちを歩き回っていたソフィストたちは、行く場所ごとに価値評価の基準が異なることを目撃し、人間に関する限り、真理は存在しないとまで主張するようになった。そして彼らの教える弁論術は、のちには、いかに相手を論破するかという方法のみを重んじるようになり、そのためには詭弁までもためらわずに用いるようになった。

ソクラテス（Sōkratēs, 470-399 B.C.）は、そのようにソフィストたちが人々を惑わしているのを嘆き、重要なのは、政治的な成功のための技術的な知識ではなくて、真に人間として生きていくための徳であると主張した。そして徳が何であるかを知ることが真の知であるとした。ソクラテスは、真理を得るためには、まず自らの無知なることを知らなくてはいけないとして、「汝《なんじ》自身を知れ」と叫んだ。そして謙虚な心で人と人が対話することによって、真理に到達できると主張した。そのとき、特殊な事柄から出発して一般的な結論に到達するようになるという。

ところで対話を通じて真理に到達するには、まず質問をしてきた相手の魂の中に眠っている真理を対話によって呼び覚まして、それを導き出さなければならないという。ソクラテスはそれを産婆《さんば》術といった。ソクラテスのこのような真理探求の方法は、弁証法ないし対話法（問答法）といわれている。

プラトンの弁証法（分割法）

プラトン（Platōn, 427-347 B.C.）は、師のソクラテスのいう徳に関する真の知がいかにして成立するかを論じた。そこでプラトンは、事物をして事物たらしめるところの非物質的な存在が先に存在しなくてはならないと主張し、それをイデアまたはエイドスと名づけた。そして多くのイデアの中で善のイデアを最高のものであるとし、人間は善のイデアを直観するとき、最高の生活を送ることができるとした。

プラトンによれば、真に実存するものはイデアであって、感覚界はイデア界の影にすぎない。したがってイデアに関する認識こそ真なる知であり、イデアに関する認識の方法を彼は弁証法と呼んだ。

プラトンの弁証法は、イデアとイデアの関係を決定し、善のイデアを頂点とするイデア世界の構造を明らかにしようとするものであった。イデアの認識には、普遍的な類概念を種概念に分割（分析）していく、上から下への方向と、個別的なものを総合しながら最高の概念を目指す、下から上への方向の二つの方式がある。そのうち総合の方向はソクラテスの弁証法と一致するものであるが、普通、プラトンの弁証法というとき、分割の方法をいう。

ソクラテスの場合、人と人の対話によって真なる知を得ようとするのであるが、プラトンの弁証法は概念の分類の方法であって、思惟が自ら問い、自ら答えていく、思惟自身の自問自答であった。

アリストテレスの演繹法

いかにして正しい知識が得られるかという課題に関する理論を、アリストテレス（Aristotelēs, 384-322 B.C.）は、知識についての学、すなわち論理学として体系化した。「オルガノン」（Organon）としてまとめられている論理学は、正しい思考によって真理に至るための道具であって、それは諸学への予備学であるともいわれている。

アリストテレスによれば、真の知識は論証によるべきである。彼は特殊から普遍に進む帰納法も認めていたが、それは完全性に欠けるとして、普遍から特殊を演繹《えんえき》する演繹法こそ確実な知識を与えるとした。その基本となっている形式が三段論法である。三段論法の代表的な例は、次のようである。

すべての人間は死すべきものである（大前提）。
ソクラテスは人間である（小前提）。
ゆえにソクラテスは死すべきである（結論）。

アリストテレスの論理学は中世において、神学や哲学の諸命題を演繹的に証明するための道具として重要視された。そして約二千年間、アリストテレスの三段論法はほとんど変更なく広く認められてきたのである。

ベーコンの帰納法

中世を通じて超越的な存在としてとらえられていた神は、ルネサンスに至り、次第にその超越的性格を失っていった。それればかりでなく、神を自然の中に内在する存在としてとらえる汎神論的な自然哲学が生じた。そのような中世時代が終わり近世が始まる時期に、一人の哲学者が出現して、自然の探求をいかになすべきかという自然研究の新しい方法を提示した。それがフランシス・ベーコン（Frascis Bacon, 1561-1626）であった。

ベーコンによれば、過去の学問は「神に身をささげた修道女のように不妊であった」のであり、それは主としてアリストテレスの方法を用いてきたからであると考えた。

アリストテレスの論理学は、論証のための論理学であったが、そのような論理でもっては、他人を説得することはできても、自然現象から新たな真理を導き出すことはできない。そこで新たな真理を見いだす論理として彼が提示したのが帰納法であり、彼はアリストテレスの「オルガノン」に対抗して、自己の論理学を「新オルガノン」（Novum Organum）と名づけた。

アリストテレスの論理学を根拠としている伝統的な学問は、ただ無用な言葉の論争にすぎないとして、ベーコンは、確実な知識を得るためには、まずわれわれが陥りやすい偏見を取り除いて、自然そのものを直接に探求しなくてはならないと主張した。その偏見には四つの偶像（イドラ）がある。種族の偶像、洞窟の偶像、市場の偶像、劇場の偶像がそれである（「認識論」参照）。そのような偶像を取り除いたのちに、純粋な精神でもって、自然に対して実験と観察を行い、そこから個々の現象の中に潜んでいる共通の本質を見いださなければならないのである。

ベーコン以前にも帰納法はあったが、以前の帰納法が少数の観察と実験から一般的な法則を導こうとしたのに対して、ベーコンはできる限り多くの事例を集めること、反証（否定的事例）を重視することなどにより、確実な知識を得ようとするための、真の帰納法を提示しようと試みたのである。

デカルトの方法的懐疑

ルネサンス時代以後、自然科学の目覚ましい成果に基づいて、十七世紀の哲学は機械的自然観を絶対的な真理と考え、これと矛盾しないように努めた。そして機械的自然観をより根源的なものから基礎づけようとしたのが合理論であり、その代表者がデカルト（René Descartes, 1596-1650）であった。

デカルトは数学的方法を唯一の真なる学問的方法であると考え、数学におけるように、まずだれにとっても明らかな直観的真理を求め、それを基礎として、新たな確実な真理を演繹《えんえき》的に展開しようとした。

そこで哲学の出発点となる直観的真理をいかにして求めるかということが問題となる。彼は一切の知識の原理となるべき絶対確実な真理を探求するために、疑える限りすべてのことを疑ってみた。そして彼は、一切を疑ってみても、われわれが疑いながら存在しているという、その事実だけは疑いえないということに気づいた。彼はそのことを「われ思う、ゆえにわれあり」(Cogito, ergo sum) という有名な命題で表した。ところで、この命題がなぜ、何の証明も必要ない確実な命題なのかといえば、それは明晰《めいせき》かつ判明であるからだとした。そして、そこから「われが明晰判明に理解するところのものはすべて真である」という一般的な真理の基準を導いた。

デカルトの懐疑は、懐疑のための懐疑ではなくて、確実な真理を発見するための懐疑であって、これを「方法的懐疑」という。デカルトは明晰判明に直観される公理から出発して、個々の命題を証明していく数学的方法に倣って、確実な知識を得ようとしたのである。

ヒュームの経験論

デカルトを代表とする合理論に対して、精神的なものを、経験的に得られる自然法則に基づいて説明していこうという立場をとったのが、イギリスを中心として発展した経験論であった。

ヒューム (David Hume, 1711-76) は「諸学の完全な体系」を見いだすために、「真理を確立するための新たな方法」により、心的現象を客観的に分析した。そしてヒュームは、心的世界の不変なる自然的な法則を見いだすことによって、われわれの心に関係するあらゆる世界、つまり諸学の根底を明らかにしようとしたのである。

ヒュームは心的世界の要素である観念を分析した。彼は類似、接近、因果性という連合作用によって、単純観念から複合観念が生じると考えた。そのうち観念の類似と観念の接近は確実な認識であるが、因果性は主観的な信念にすぎないとした。

その結果、ヒュームの経験論は、のちに経験と観察による帰納的推理からは客観的な知識は得られないという懐疑主義に陥った。そして一切の形而上学を否定したのはもとより、自然科学すら確実でないと考えるに至ったのである。

カントの先験的方法

合理主義哲学と自然科学の立場から出発したカント（Immanuel Kant, 1724-1804）は、「ヒュームが独断のまどろみから私をゆりうごかした[1]」といっているように、ヒュームの因果性概念の批判を契機として、因果性の概念がいかにして客観的妥当性をもちうるかを問題にせざるをえなくなった。[2] ヒュームがいうように、因果性の概念が主観的な信念にとどまるものならば、因果律は当然、客観的妥当性を失い、したがって因果律を中心に立てられている自然科学は、客観的妥当性をもつ真理の体系ではなくなるからである。

そこでカントは、いかにして経験一般は可能であるかということ、客観的真理性はいかにして得られるかを問題とした。そのことを明らかにしようとするのが彼の先験的（transzendental）な方法である。

認識がすべて経験的なものであれば、ヒュームのいうように、われわれは決して客観的真理に到達できない。そこで客観的真理性はいかに得られるかを追究したカントは、人間の理性を批判的に検討することにより、われわれの主観の中に先天的（アプリオリ）な要素ないし形式が存在するということを発見した。すなわちカントは一切の経験に先立って、すべての人間に共通な、先天的な形式が存在することを主張したのである。先天的形式とは、時間と空間の直観形式と、純粋悟性概念（カテゴリー）であった。そして対象をあるがままの姿において把握することによって認識が成り立つのではなくて、主観の先天的形式によって、認識の対象は構成されるものであるとした。

ヘーゲルの概念弁証法

カントの方法はいかにして客観的な真理の認識が可能になるかということを目指したものであったが、ヘーゲル（Georg Wilhelm Friedrich Hegel, 1770-1831）の方法は、認識の発展過程としての弁証法であり、それがそのまま存在の発展論理として展開された。

カントは客観的な真理性を保証するためにアプリオリな概念を見いだしたが、ヘーゲルは、概念はアプリオリでありながら、自己を越えて自己運動すると見た。すなわち概念は概念を直接的に肯定する立場から、その概念とは相反する規定（対立）つまり否定が存在することを知るに至り、そしてこの矛盾する二つの規定を止揚（aufheben）して、総合統一する新しい立場、つまり否定の否定の立場に発展していくのである。

ヘーゲルはこの肯定、否定、否定の否定の三つの段階を、即自（an sich）、対自（für sich）、即自対自（an und für sich）と名づけた。この三段階は正・反・合、または定立・反定立・総合ともいわれている。

ヘーゲルは概念の自己展開の推進力となっているものを「矛盾」であると見た。彼は「矛盾は、あらゆる運動と生命性の根本である。ある物は、それ自身の中に矛盾をもつかぎりにおいてのみ運動するのであり、衝動と活動性をもつのである[3]」と述べた。そのように矛盾を推進力とする自己運動の論理が、ヘーゲルの弁証法の根本を成しているのである。

そしてヘーゲルは、概念は自己発展して理念に至り、概念（理念）は自己を否定し、外化して自然として現れ、さらに人間を通じて精神として発展していくという。したがってヘーゲルの弁証法は概念の発展の方法であると同時に、客観的世界の発展の方法でもあった。

マルクスの唯物弁証法

近代において弁証法を発展させたのはドイツ観念論であり、ヘーゲルがその頂点であった。しかしヘーゲルの弁証法は観念論のために歪められているとして、マルクス（Karl Marx, 1818-83）はヘーゲルの観念弁証法を逆立ちさせて、唯物論の立場から弁証法を再構成した。エンゲルス（Friedrich Engels, 1820-95）によれば、マルクスの弁証法は「自然、人間社会および思考の一般的な運動・発展法則に関する科学」[4]であるが、自然と社会の発展の方法の基礎になっているだけでなく、思考の発展もそれに基づいたものであるという。

ヘーゲルの観念弁証法もマルクスの唯物弁証法も、共に正反合の三段階の展開過程として理解される矛盾の弁証法である。矛盾とは、一つの要素が他の要素を排斥（否定）しながらも、相互の関係を維持する状態であるが、ヘーゲルの弁証法の場合、矛盾の概念は総合（統一）に重点が置かれているのに対して、マルクスの弁証法における矛盾の概念は、一方が他方を打倒、絶滅させるというような闘争の意味が加えられている。

エンゲルスによれば、唯物弁証法の基本法則は、①量から質への転化の法則、②対立物の統一と闘争の法則（対立物の相互浸透の法則）、③否定の否定の法則、の三つである。

第一の法則は、質的な変化は量的な変化によって起きるが、量的変化がある一定の段階に達するとき、飛躍的に質的変化が起きるという。

第二の法則は、事物の中にある対立物が、一方では互いに相手を必要としながらも、もう一方では互いに排斥し合うなかで、つまり対立物の統一と闘争によって、事物の発展と運動がなされるという。

第三の法則は、事物の発展において、古い段階が否定されることによって新しい段階に移り、それが再び否定されることによって第三の段階に移るが、この第三の段階への移行は、高い次元における初めの段階への復帰であるという（これを「螺旋形《らせんけい》の発展」という）。

エンゲルスがこの三つの法則を示す際に、ヘーゲルの「論理学」を参照しているが、第一法則は「有論」で、第二法則は「本質論」で、第三法則は「概念論」で展開されたと見ているのである。

唯物弁証法の三つの法則の中で、最も核心的なものが、第二の「対立物の統一と闘争の法則」である。そこにおいて、対立物の統一と闘争が矛盾の本質であるというが、実際は統一よりも闘争にずっと比重を置いている。事実、レーニンは「対立物の統一（一致・同一性・均衡）は条件的、一時的、経過的、相対的である。たがいに排斥しあう対立物の闘争は、発展、運動が絶対的であるように、絶対的である」[5]といい、さらには「発展は対立物の闘争である」[6]とまでいって、闘争を強調しているのである。

フッサールの現象学的方法

フッサール（Edmund Husserl, 1859-1938）は一切の諸科学の基礎を実現する基礎学（Grundwissenshaft）すなわち第一哲学として現象学（Phänomenologie）を提唱した。現象学は、諸科学の理論を構成する意識そのもの、認識を遂行する意識そのものを問題としている。デカルトの「われ思う」（コギト）という絶対的確実性を出発点とし、従来の哲学の根底に潜んでいる形而上学的な独断を排しつつ、厳密な学として、意識の本質を考察した。そして一切の先入観を排しながら、純粋意識を直観的に明らかにしようとしたのである。

そのために「事象そのものへ！」（Zu den Sschen selbst!）をモットーとした。ここで事象とは、経験的事実をいうのではなく、一切の先入観を排除した事実そのものをいうのである。フッサールの現象学は、経験的な事実から経験的なものを排除し、本質的な現象を直感する段階を経て、その外界の対象の本質を内在的な本質に転換させたのち、先験的な純粋意識の構造を分析し、記述するものである。

われわれの前に横たわっている自然的世界を、自明なものと見なす日常的な態度を「自然的態度」（Naturliche Einstellung）という。しかし自然的態度には、根深い習慣性や先入観が働いているのであって、自然的態度によって認識される世界は、事象そのものの世界であるとはいえない。そこで「自然的態度」から「現象学的態度」へ移行しなくてはならないが、そのためには「形相的還元」と「先験的還元」という二つの段階を通過しなくてはならない。事実の世界から本質の世界へ移ることを、フッサールは「形相的還元」（eidetische Reduktion）という。そのときなされるのが、「自由変更」（freie Variation）による「本質直観」（Ideation）である。つまり、存在する個々のものを自由な想像によって変化させてみて、それでも変わらない普遍的なものが直観されるとき、それが本質である。例えば花の本質は、バラ、チューリップ、つぼみ、しおれた花などについて検討し、それらにおいて不変なるものを取り出すことによって得られるのである。

次になされるのが「先験的還元」（transzendentale Reduktion）である。それは外界の存在が確実であるか否かということに関して、判断を停止させることによってなされる。それは外界の存在を否定するとか、疑うことではなく、ただ「判断中止」（epochē）あるいは「括弧入れ」（Einklammern）を行うだけである。

そのとき、括弧に入れられないで（排除されないで）、残ったものが「純粋意識」（reines Bewussutsein）あるいは「先験的意識」とされる。そしてその中に現れてくるのが「純粋現象」

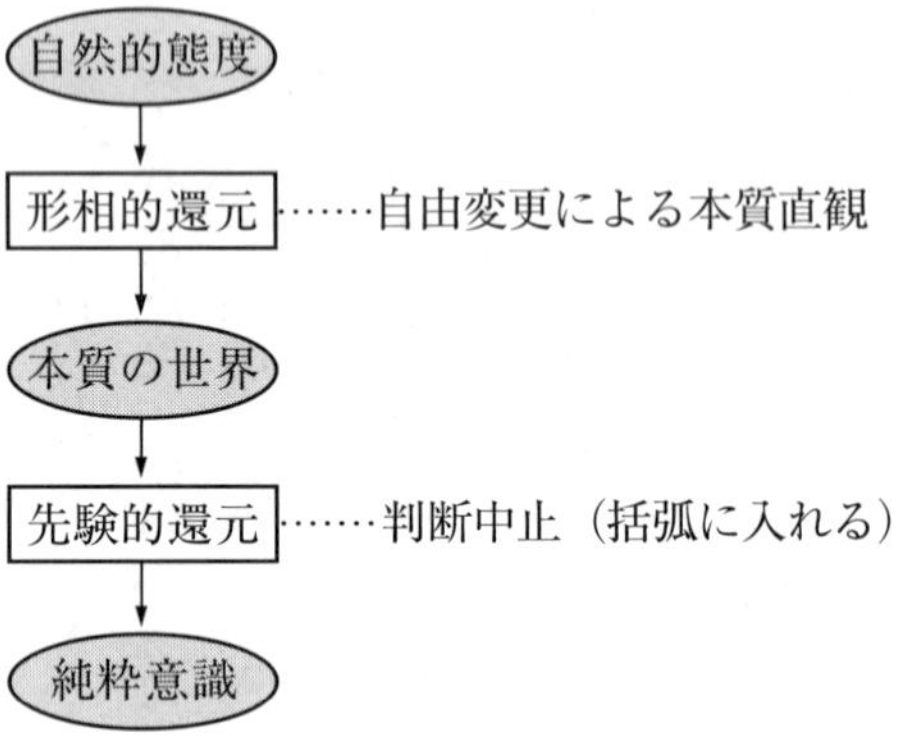

図１１―１　自然的態度から現象学的態度へ

（reines Phänomen）である。このような純粋現象を把握する態度が現象学的態度である（図11―1）。

純粋意識の一般的構造を研究してみると、純粋意識は志向作用であるノエシスと、志向される対象であるノエマから成り立っていることが分かる。その関係は、考えるものと考えられるものの関係といってよい。このように現象学は純粋意識の内在的本質すなわち純粋現象を忠実に記述しようとしたのである。

分析哲学の言語分析

現代の欧米で哲学の主流に一つになっているのが分析哲学である。分析哲学とは、一般的に言語構造の論理的な分析に哲学の主要な任務があると考える立場である。これを初期の論理実証主義（logical positivism）と、後期の日常言語学派（ordinary language school）の二つの立場に分けることができる。

世界は究極の論理的単位である原子的事実の集まりであるという論理的原子論（logical atomism）を唱え

たラッセル（Bertrand Russell, 1872-1970）やヴィトゲンシュタイン（Ludwig Wittgenstein, 1889-1951）の影響を受けて、ウィーンの哲学者シュリック（Moritz Schlick, 1882-1936）やカルナップ（Rudolf Carnap, 1891-1970）を中心にして形成されたのが論理実証主義（別名ウィーン学派）である。

論理実証主義は、経験的知覚によって検証されるものだけが正しい知識であると主張する。ところで、事実についての研究はすべて科学が行うべきものである。そこで哲学の使命は、言語の論理的分析を通じて、日常の言語表現のもっている曖昧《あいまい》性を取り除くことである。そして従来の言語を捨てて、すべての科学に共通な一つの理想的な人工言語の確立を目指した。それは物理学が用いる数学的言語、物理学言語であって、そのような理想言語によって諸科学の統一を図ろうとした。論理実証主義の旗印は、反形而上学、言語・論理の分析、科学主義であった。

ところが、科学的知識ですら検証されない命題に基づいていること、論理実証主義の主張自体が一つのドグマであることなどが分かり、論理実証主義の限界が現れるようになった。そこで、ムーア（George Edward Moore, 1873-1958）やライル（Gilbert Ryle, 1900-76）を中心として日常言語学派が成立することになった。

日常言語学派も、哲学の任務は言語の論理的分析であると考えるが、理想的な人工言語の構成を断念し、日常言語に基づいて概念の意味を明らかにし、論理構造を見いだすことをその任務とした。そのようにして、反形而上学的態度も緩和された。

二　統一方法論（授受法）

統一思想の方法論は、統一原理に基づいた方法論であって、統一方法論という。これはまた、従来の方法論を統一した方法論という意味もある。統一方法論の基本的法則は「授受作用の方法」であるが、簡単に「授受法」という。

(一)　授受法の種類

授受作用は、主体と対象の間の相互作用であるが、この作用にはその契機となる中心がある。そして中心がいかなるものかによって、授受作用の性格が決定される。心情を中心として授受作用が行われるとき、主体と対象が合性一体化して生じる授受作用の結果は合性体となる。ところが心情によって目的が立てられ、目的を中心として授受作用が行われる時、繁殖体または新生体が生じるのである。

原相において、四位基台は神の属性の構造を扱った概念であるが、それは心情（または目的）を中心に、主体と対象、そして合性体（または繁殖体）からなる四位の構造である。これを時間的に見れば、中心である心情（または目的）が先にあり、これを起点として、主体と対象が授受作用を行い、その結果、合性体または繁殖体（新生体）が形成されるのである。そのとき中心で

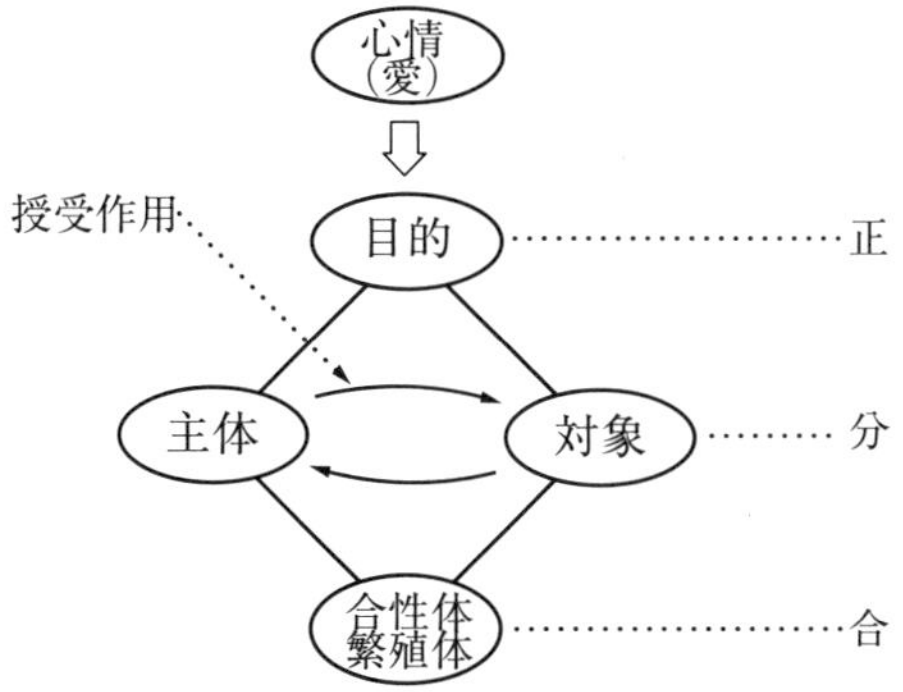

図１１—２　四位基台と正分合作用

ある心情を「正」といい、主体と対象が分立して、互いに相対するという意味で、その主体と対象を「分」といい、合性体または新生体として現れる結果を「合」という。そしてこの授受作用の全過程を正分合作用という（図11—2）。

　正分合作用の「分」は分けるという意味ではない。すなわち「正」が半分に分かれるというのではなく、正を中心として、二つの要素が互いに相対するという意味である。神における分とは、唯一なる神の相対的な二つの属性が相対するようになることを意味する。その二つの相対的な属性が、正を中心として授受作用を行い、合となって一つになるのである。授受作用には自同的授受作用、発展的授受作用、内的授受作用、外的授受作用の四種類がある。そしてそれらに対応して、自同的四位基台、発展的四位基台、内的四位基台、外的四位基台の四種類の四位基台が形成される。

自同的授受作用と発展的授受作用

神の属性の間に行われる授受作用には、心情を中心として性相と形状が授受作用を行って、中和体または合性体を成して永遠に存在するという自己同一的な不変なる側面と、目的（創造目的）を中心として性相と形状が授受作用を行って、繁殖体または新生体である被造物を生ずるという発展的な側面がある。前者が自同的授受作用であり、後者が発展的授受作用である。被造世界のすべての存在も、それと同様に、自同的授受作用と発展的授受作用を行っており、不変な側面と発展する側面を同時にもっている。

宇宙の姿は相対的に、おおむね変わらないと見られている。銀河系は宇宙の中心を回りながらも、いつも同じ凸レンズ型の姿を保っている。その中で太陽系は銀河系の中心（核恒星系）を二億五千万年の周期で回っているが、太陽系は銀河系の中心からいつも同じ相対的位置にある。また太陽系の円盤状の形も不変である。太陽系には九つの惑星が太陽を中心として回りながら、それぞれ不変なる軌道を保っている。そして各惑星は一定の特性を維持している。このように、宇宙には不変なる側面つまり自己同一的な側面がある。

ところが宇宙も、約百五十億年という長い期間を通じて見れば、発展し成長していることが分かる。そのことを科学者たちは、宇宙が膨脹するとか進化するといっている。宇宙はガス状態から固体状態へ変わりながら、無数の大小の天体が形成されたのであり、惑星の一つである地球上には、植物、動物、人間が現れた。この宇宙の変化過程は、一種の成長の過程つまり発展過程と見ることができる。このように宇宙は、自己同一性と発展性の両面性をもっているのである。

生物の場合もやはり、自己同一性を保ちながら発展している。例えば植物は、種子が芽を出し、茎が伸び、葉が出て、花が咲き、果実が実るなどの過程を経ながら成長し、変化する。そうでありながら、特定の植物であるという面においては、いつも不変性を維持しているのであり、毎年同じ花を咲かせ、同じ果実を実らせているのである。つまり植物は自己同一性（不変性）と発展性（変化性）を共にもっている。動物も、同様に自己同一性を保ちながら発展（成長）している。

人間の社会においても同様である。歴史上には今日まで多くの国家が興亡盛衰を重ねてきた。しかし主権者と国民が主体と対象の関係を結んでいるという国家の基本形は、いつの時にも、またどこにおいても、不変であった。家庭の場合も同じである。家庭は環境と時代によって多様な姿を示しながらも、父母と子女の関係、夫と妻の関係などは不変なのである。人間個人を見ても、絶えず成長しながら一生を通じて変わらない個人としての特性を維持しているのである。

このように授受法においては、すべての存在は不変性と発展性（可変性）が統一をなしているのである。

内的授受作用と外的授受作用

神の性相の内部では、心情を中心として内的性相と内的形状が内的授受作用を行って合性体を成している。そのとき形成されるのが内的四位基台であり、それがすなわち神の性相の内部構造である。次に性相と形状が外的授受作用を行って合性体を成しているが、そのとき形成されるのが外的四位基台である。ここに心情の位置に目的が立てられれば、授受作用が動的、発展的な性格を帯びてくる。そのとき内的四位基台において、新生体としてロゴス（構想）が形成され、外的四位基台において、新生体として被造物が形成される。

神におけるこのような内的四位基台と外的四位基台の二段構造は、そのまま被造世界にも適用される。人間と万物（自然）の関係において、人間は内的授受作用によって思考し、構想を立てるが、同時に外的授受作用によって、万物を認識し、主管する。人間において、心の中の生心と肉心の授受作用が内的授受作用であり、人間と人間の授受作用、例えば家庭における夫と妻の授受作用は外的授受作用である。また家庭における家族同士の交わりを内的授受作用とすれば、社会における対外的な他人とに交わりは外的授受作用である。

一つの国家を見ても内外の授受作用がある。国内において政府と国民が主体と対象の立場で関係を結び、政治や経済が営まれている。これは内的授受作用である。同時に、他の国家との間に、政治的、経済的な関係が結ばれているが、それは外的授受作用である。万物世界においても、内的授受作用と外的授受作用がある。太陽系において、太陽と惑星との間に内的授受作用が行われており、同時に、太陽系は他の恒星との間に、外的な授受作用を行っている。また、地球の内部における授受作用を内的授受作用とすれば、地球と太陽の授受作用は外的授受作用となる。生物体において、個々の細胞内では核と細胞質による内的授受作用が行われており、同時に細胞同士は外的授受作用を行っている。

このように、人間相互間においても、人間と万物の関係においても、万物世界においても、内的授受作用と外的授受作用が、いつでも統一的に行われているのである。そして、これらの内外の授受作用が円満に行われることによって、事物は存在し発展しているのである（図11―3）。

ここで演繹《えんえき》法と帰納法と、統一方法論の関係について述べる。演繹法は、人間の心の中で行われる内的授受作用による論理の展開の方法である。それに対して帰納法は、外界の事実を吟味《ぎんみ》していく方法であって、外的授受作用に基づいている。ところで統一方法論においては、内的授受作用と外的授受作用は統一的に行われている。したがって、演繹法と帰納法は別れたものではなくて、統一的になされるものである。

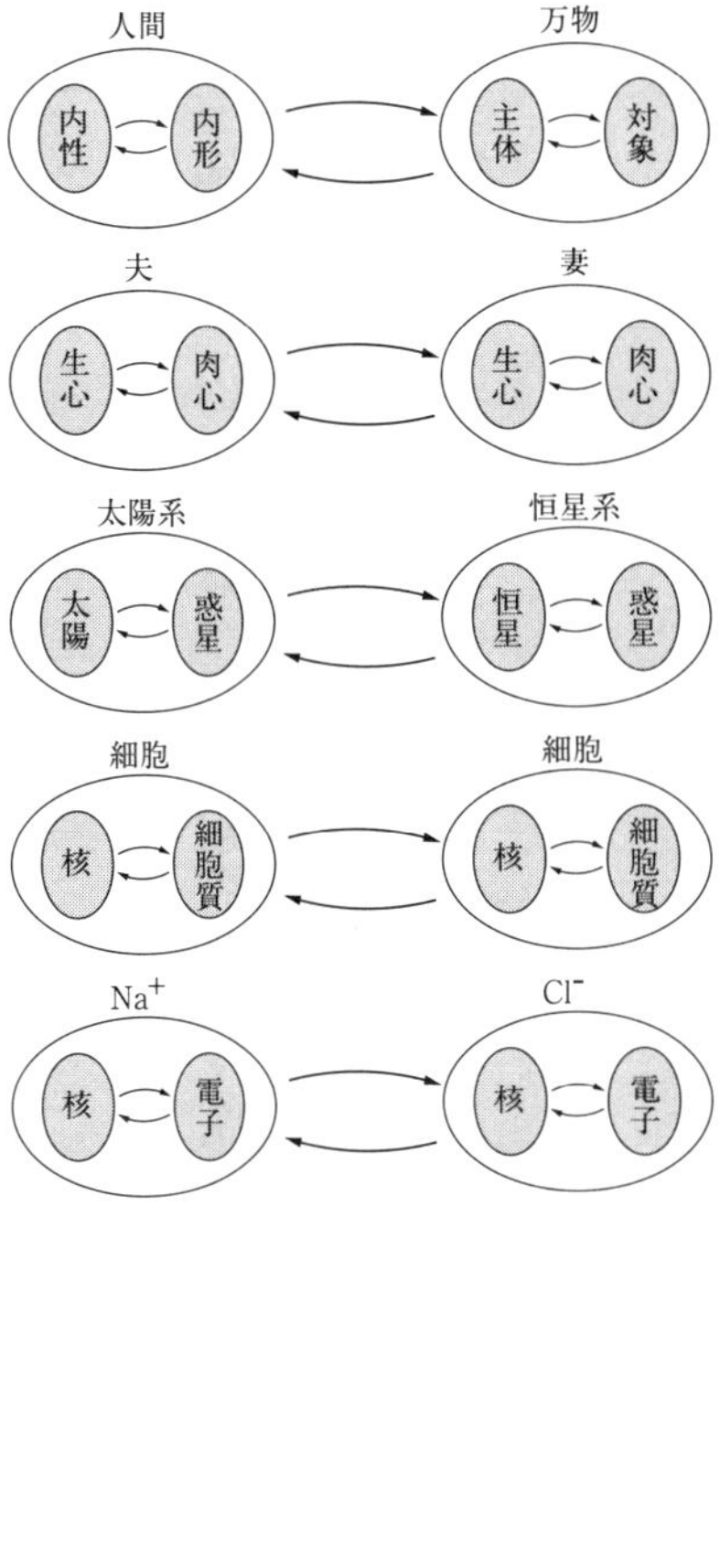

図１１―３　内的授受作用と外的授受作用の例

（二）授受法の範囲

授受法は神と人間と万物（自然）における存在と発展の根本的な方法である。まず神は内的および外的な自同的授受作用によって永遠性を維持しつつ、内的および外的な発展的授受作用によって、人間と万物を創造された。

人間や万物においても、それぞれの個体（個性真理体）は、それ自体の中で主体と対象の相対的要素が内的な授受作用をしながら、同時にまた他の個体と外的な授受作用をすることによって、存在し発展している。

個体同士の授受作用には、次のようなものがある。まず人間相互間の授受作用がある。それは家庭生活や社会生活における、人間と人間の交わりである。教育、倫理、政治、経済活動などがこの授受作用によって営まれている。

次は、人間と万物の授受作用を見てみよう。ここには、人間が万物を主管する場合の授受作用と、人間が万物を認識する場合の二つの授受作用がある。万物の認識の場合の授受作用の例は、自然科学の基礎研究、自然の探求や鑑賞などがあるが、万物主管の例は、自然科学における応用研究、企業活動、経済活動、芸術の創作活動などがある。

さらに、万物相互間にも授受作用が行われている。原子と原子の授受作用、細胞と細胞の授受作用、星と星の授受作用などがその例である。そのように万物世界では数多くの個体が、それぞれ一定の位置において相互に授受作用を行うことによって、有機的、秩序的な世界を成している。機械における部品と部品の相互作用も、その一例である。

人間の思考や会話も授受法によって営まれている。すなわち、思考における主体的な部分（内的性相）である知情意の機能と、対象的部分（内的形状）である観念、概念、法則、数理が授受作用をすることによって思考が営まれる。

思考における判断（命題）も授受法に従っている。例えば「この花はバラである」という判断は、「この花」と「バラ」という二つの観念を比べる対比型の授受作用である。会話も授受法に従っている。もし相手がでたらめに話せば、聞く人は彼が何を言っているのか理解できない。私が相手の言うことを理解できるのは、相手のもっている観念や概念が、私のもっている観念や概念と一致しているからであり、会話において、相手と私の思考の法則が一致しているからである。これも対比型の授受作用である。

（三）授受法の類型

授受法には、次のような五つの類型がある。

①　両側意識型

② 片側意識型
③ 無自覚型
④ 他律型
⑤ 対比型（対照型）

これらについては、すでに存在論で説明した。

(四) 授受法の特徴

授受法には、次のような七つの特徴がある。

① 相対性
② 目的性と中心性
③ 秩序性と位置性
④ 調和性
⑤ 個別性と関係性
⑥ 自己同一性と発展性
⑦ 円環運動性

これらについても、すでに存在論において説明した。

三　統一方法論から見た従来の方法論

以上の統一方法論をもって、従来の方法論を評価してみることにする。

ヘラクレイトスの弁証法（運動法）

ヘラクレイトスは、「万物は流転する」といった。彼は、被造世界における発展的な側面のみをとらえ、自己同一的な側面を軽視したか、見逃したといえる。また彼は「闘争は万物の父である」といい、万物の発展の原因を対立物の闘争に求めているが、万物は相対物の調和的な授受作用によって発展するというのが統一方法論の立場である。

ゼノンの弁証法（静止法）

まずゼノンの「飛矢静止論」について考察してみよう。飛んでいる矢がある点で静止しているというとき、その点は空間をもたない数学的な点を意味しているとしかいえないが、矢の実際の運動は時間、空間の中で行われている。物体の運動する速度（v）は空間中の距離（s）を時間（t）で割ったものであり、v＝s／tで表される。だから物体の運動は、一定の時間と一定の距離において考えなくてはならない。位置だけあって空間のない点（数学的な点）において、物体の運動を論ずることはできないのである。だから、ある点における物体の運動をいうとき、その点がいかに微小であっても、一定の空間のもとで考えるべきであり、またある瞬間における運動をいうとき、その瞬間がいかに微小であっても、一定の時間において考えなくてはならない。そうすれば、運動している物体は静止することなく、ある点を通過するということがはっきりといえるのである。

この問題に関して唯物弁証法は、物体はある瞬間にある場所にありながら、同時にないと主張して、ゼノンのパラドックスを解決し、運動を説明したという。しかし、これもゼノンと同様に詭弁《きべん》にすぎない。運動している物体の位置は時間の関数で表されるのであって、「一定の瞬間」には必ず「一定の場所」が一対一に対応している。したがって「ある瞬間」に「ある場所」にあって、同時にないということはありえないのである。

結局、運動している物体は、(1)静止することなく空間を通過しているのであり、(2)ある瞬間に、ある場所に、運動しつつ「ある」のである。

次は「アキレスと亀」であるが、ゼノンは時間を無視して空間のみで議論したから、アキレスが亀を追い越せないという誤った結論に達したのである。一定の時間の経過から見れば、アキレスは確実に亀を追い越すことができるのである。

ゼノンは、すべてのものは不変不動であり、不生不滅であることを論証しようとした。そのために、詭弁までも用いて運動や生滅を否定しようとした。ゼノンはヘラクレイトスとは逆に、事

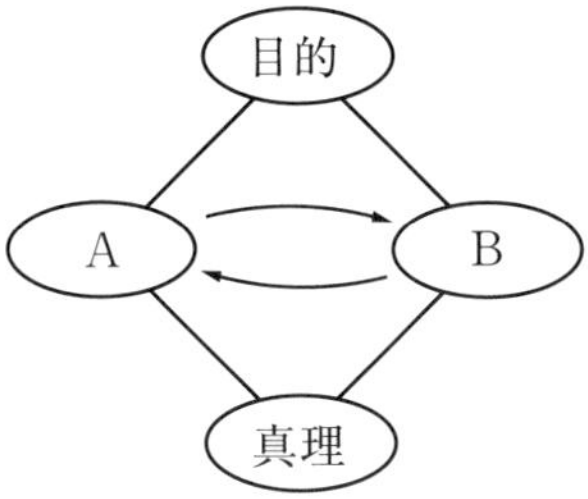

図１１—４　ソクラテスの対話法

物の発展的側面を無視して自己同一的側面のみをとらえたといえる。

ソクラテスの弁証法（対話法）

ソクラテスは、人と人が謙虚な心でもって対話をすることによって真理に到達できると考えた。これは、人と人の間の外的発展的授受作用による真理の繁殖である。ソクラテスは、人と人との間の正しい授受作用のあり方を説いたのである（図11—４）。

プラトンの弁証法（分割法）

プラトンは、イデアの世界について研究した。原相論において、原相の内的形状にはいろいろな観念や概念があることを明らかにしたが、プラトンはそれらの概念の世界をイデア界としてとらえ、分析と総合の方法によって、イデア界のヒエラルキー構造を明らかにしようとした。概念の分析や総合は、概念と概念を比較することによってなされる。これは、対比型の授受作用であり、人間の心の中で行われるから内的授受作用である。結局、プラトンのイデア論は、対比型の内的授受作用の一側面を説いた理論であった（図11—５）。

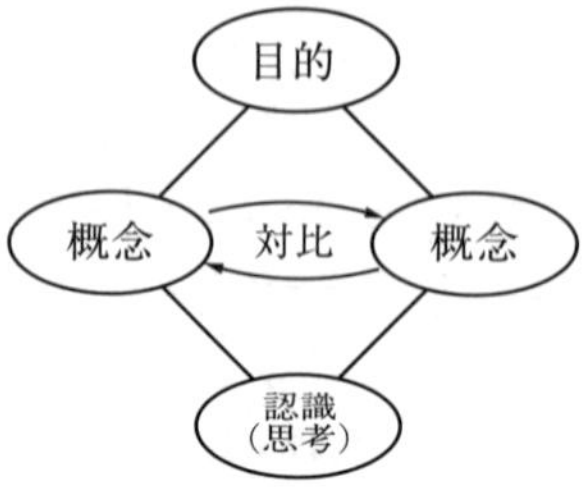

図１１―５　プラトンの弁証法

アリストテレスの演繹法

アリストテレスの演繹《えんえき》法は、三段論法である。まず普遍的真理を立て、次にそれより限定された真理を述べて、それから結論を出す。先の例で言えば、「すべての人間は死すべきものである」という大前提と、「ソクラテスは人間である」という小前提を対比して、「ソクラテスは死すべきである」という結論を出す。これは、命題と命題の間の対比型の授受作用である。

さらに「ソクラテスは人間である」という命題自体、「ソクラテス」と「人間」を対比して得られるものであるから、これも対比型の授受作用である。したがって、アリストテレスの演繹法は、プラトンの場合と同様、対比型の内的授受作用による真理の追究の方法であるといえる。

ベーコンの帰納法

ベーコンは真理を得るためには、まず偏見（イドラ）捨てて、実験と観察によらなければならないと主張した。A、B、C……の実験の結果がすべてPであれば、Pという結論を一般的法則として見

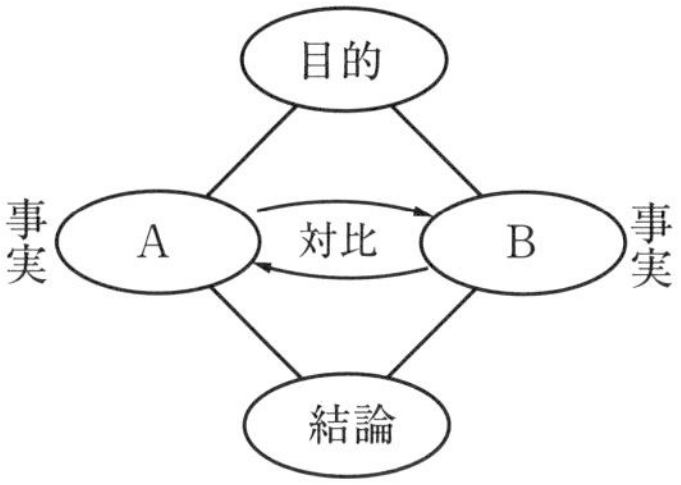

図１１―６　ベーコンの帰納法

なすというのが帰納法である。帰納法は、人間と万物（自然）との外的授受作用に基づいて真理を得ようとする立場である。また実験と観察によって得られた多くの事実を対比して結論を得るから、対比型の授受作用である。したがってベーコンの帰納法は、対比型の外的授受作用による真理の追究の方法であるといえる（図11―6）。

デカルトの方法的懐疑

デカルトは一切のものを疑ってみて、その結果、「われ思う、ゆえにわれあり」という確実な第一原理に達したという。ここでデカルトが一切のものを疑ったということは、すべての万物や現象を否定したことを意味し、したがって統一思想から見れば、神の宇宙創造以前の段階にさかのぼるのと同じ立場にあるといえる。その状況において、「われ思う」は宇宙創造直前の神の構想や考えに相当する。

デカルトは「われ思う、ゆえにわれあり」という前に「われはなぜ思うか」を問うべきであった。そうすれば彼の理性論は、のちに彼の後継者によって独断論に陥らなかったはずである。とにかく、この「われ思う、ゆえにわれあり」の自覚は、統一思想から見れば、

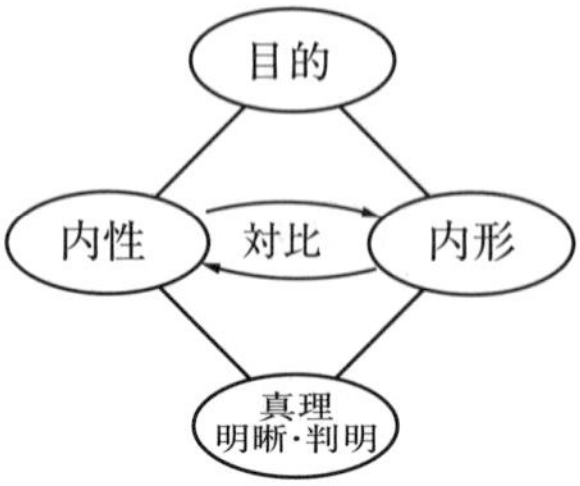

図１１―７　デカルトの方法的懐疑

人間の心の中でなされる内的授受作用は確実な認識であるという意味である。

またデカルトは、上記の第一原理から「われわれが明晰かつ判明に理解するところのものはすべて真である」という一般的な真理の基準を導いたが、これは内的発展的四位基台の形成による真理の繁殖を肯定する命題である（図11―7）。

ヒュームの経験論

ヒュームは因果性を主観的な信念にすぎないとしたが、因果性はヒュームが主張するように主観的なものだけではなくて、主観的であると同時に客観的である。そのことについては、すでに認識論で明らかにしたとおりである。ヒュームはまた、物質的な実体を否定しただけでなく、精神的な実体（自我）をも否定し、存在するものは観念の束にすぎないとした。統一思想から見れば、彼は内的形状（観念）だけを確実なものと見たといえる。ヒュームは心的現象を分析することにより、哲学の完全な体系をつくろうとしたが、ばらばらの印象や観念のみによって、それをなそうとしたところに問題があった。

カントの先験的方法

カントは、対象から来る混沌とした感性的内容が、主観（主体）のもつ先天的形式によって構成されることによって、認識が成立すると主張した。人間主体（主観）と対象の相対関係によって認識が成立するという点では、統一思想も同じである。しかし統一思想から見れば、主体は形式（思惟形式）だけでなく内容（映像）も備えているのであり、両者を合わせて原型という。また対象から来るのは、混沌とした感性的内容ではなくて、存在形式をもった内容である。カントの構成論に対して、統一思想は照合論を主張する。カントの先験的方法に基づいた構成論は、統一思想の授受法に基づいた照合論を、カントの立場から表現したものであると見ることができる。

ヘーゲルの概念弁証法

ヘーゲルは、概念と世界（宇宙）の発展を矛盾の止揚と統一の過程として、あるいは正反合の過程としてとらえた。しかし、統一思想から見れば、矛盾によって発展するのではない。発展は主体と対象の関係にある相対物が、目的を中心として授受作用することによって発展するのであり、その過程は正分合となる。そのとき正は目的を、分は相対物を、合は合性体または繁殖体を意味する。

ヘーゲルのいうように、概念が概念自体の矛盾によってひとりでに発展するのではない。内的性相である知情意の機能が内的形状（観念、概念など）に作用し、新しい概念（思考）を形成しながら思考が発展していくのであり、これはすでに論理学で説明したように、思考の螺旋形《らせんけい》の発展に相当する。統一思想の主張する相対物の授受作用による発展を、ヘーゲルは対立する要素の相互作用という立場から誤ってとらえたのである。

マルクスの唯物弁証法

マルクスは、物質的存在のあり方を基礎として精神作用はその反映であるとしたが、統一思想から見れば、性相（精神）と形状（物質）は主体と対象の相対的な関係にあるから、精神的な法則（価値法則）と物質的な法則には対応関係があるのである。

「量から質への転化の法則」に対しては、統一思想は「質と量の均衡的発展の法則」を代案として提示する。量から質へではなく、また量的変化がある一点に達するとき、飛躍的な質的変化が起きるのでもない。質と量の関係は性相と形状の関係であり、質と量は同時的、漸次的、段階的に変化するのである。

「対立物の統一と闘争の法則」に対しては、統一思想は「相対物の授受作用の法則」を代案として提示する。対立物の闘争は破壊と破滅を生じるのみであって、決して発展をもたらさない。すべての事物は、共通目的を中心とした相対物の調和的な授受作用によって発展するのである。

「否定の否定の法則」に対しては、統一思想は「肯定的発展の法則」を代案として提示する。自然や社会は、それを構成している主体と対象の相対的要素が円満な授受作用を行うことによっ

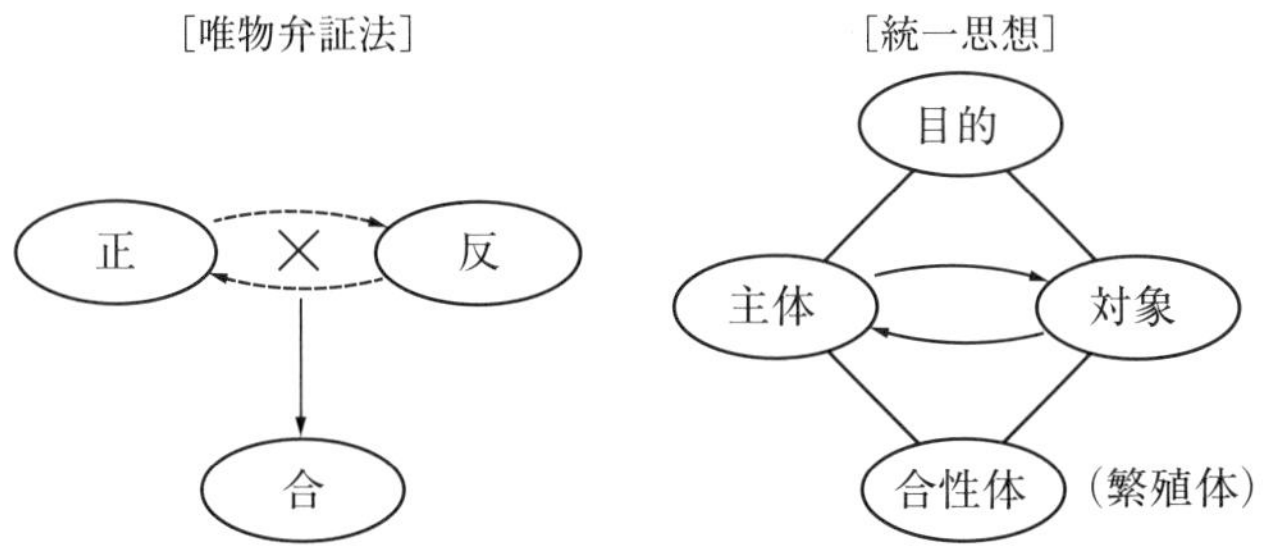

「自然は弁証法の検証である」　「自然は授受法の検証である」

図１１―８　弁証法か、授受法か？

て、肯定的に発展しているのである。そして自然界において、無生物は空間的円環運動を行い、生物は時間的円環運動（螺旋形《らせんけい》運動）を行っているのである。

今日までの方法論のなかで、マルクスの唯物弁証法ほど大きな影響力をもったものはなかった。マルクスの提示した弁証法が自然の発展においても有効であることを証明しようとして、エンゲルスは八年間、自然科学を研究した結果、「自然は弁証法の検証である」[7]という結論を下した。しかし今日に至り、唯物弁証法の間違いは明白なものとなった。そして自然現象の内容をよく検討してみれば、自然は「弁証法の検証」ではなく「弁証法の否定」であり、かえって「授受法の検証」であることが明らかになったのである（図11―8）。

フッサールの現象学的方法

フッサールは、まず自然的世界の事物から出発しているが、事物とは、統一思想から見れば、性相と形状の統一体である。そして形相的還元によって本質直観を行うという

	対　象	対象の本質	主体の心
フッサール	事　物	本　質	ノエシス ⇄ ノエマ
統一思想	性相 ⇄ 形状	性　相	内性 ⇄ 内形

図１１―９　フッサールの現象学的方法と統一思想の比較

が、本質は存在者の性相に相当する。さらにフッサールは、判断を中止して意識（純粋意識）を分析して見れば、ノエシスとノエマの構造があるというが、これは統一思想から見れば、性相（心）の内部構造である内的性相と内的形状にそれぞれ対応するのである。フッサールの現象学的方法を統一思想の観点から見れば、図11―9のようになる。

フッサールもデカルトと同様に、無意識のうちに、統一思想の内的四位基台に関する内容を重要視して、その分析によって、学問を統一しようとしたということができる。

分析哲学の言語分析

言語は、内的発展的授受作用によって形成されるが、内的授受作用には理性を中心とした知的な面（ロゴス的側面）と、情感を中心とした情的な面（パトス的側面）がある。分析哲学は、そのうちロゴス的側面だけをとらえて論理性のみを追究したのである。統一思想から見るとき、言語は本来、愛を実現するためのものであって、言語の論理構造は、愛の実現のために必要な一つの条件にすぎないのである。

ところで言語の営みは、思想の形式であり、それは一種の創造活動である。創造活動の中心になっているのは心情である。したがって、愛を中心とする情的な要素が思想形成に際して主体的な役割をなしているのである。ところが、分析哲学は終始一貫して、言語の論理的な分析だけに重きを置くあまり、言語を通じて形成される思想の創造的側面や心情的、価値的側面を無視する結果になったのである。

付 録

文鮮明《ムンソンミョン》先生の思想を整理する過程において、絶えず新しい教えのみ言《ことば》を下さったのであるが、その中で特に重要な「三大主体思想」と「四大心情圏と三大王権」の内容を補充として紹介することにする。同時に、『原理講論』に収録されている「共生共栄共義主義」に対する解説も合わせて載せることにする。

一 共生共栄共義主義

共生共栄共義主義は、文先生の神主義を経済、政治、倫理の側面から扱った概念であり、共生主義と共栄主義と共義主義の三つの単純概念からなる複合概念である。共生共栄共義主義の意味を正確に理解するためには、それぞれの単純概念を正しく理解する必要がある。そこで、共生主義と共栄主義と共義主義のそれぞれの内容を具体的に説明してみよう。

(一) 共生主義

共生主義は、理想社会の経済的側面を扱った概念であるが、特に所有の側面を扱った概念である。所有の側面から見るとき、資本主義経済や社会主義(共産主義)経済の特徴において、前者は私的(個人的)所有であり、後者は社会的(国家的)所有である。

ところで両者共に、愛という要素は全く排除されている。すなわち私的所有であれ、社会的所有であれ、心理的要素が排除された単純な物質的所有にすぎないというのが、その特徴の一つであると見ることができる。

しかし、これに対して共生主義は、神の真なる愛に基づいた共同所有を意味する。すなわち共同所有とは、第一に神と私の共同所有であり、第二に全体と私、第三に隣人と私の共同所有をいう。ところで、共同所有は単なる物質的所有だけではなく、神の真の愛に基づいた共同所有である。これは神の限りない真の愛によって、その真の愛に満ちた贈り物である一定の神の財産(所有)が、神からわれわれ(私と隣人)に共同管理するようにと授けられたことを意味するのである。

創造原理から見たとき、被造世界は神の所有である。なぜならば被造世界は本来、神の愛の主管下にあるからである(『原理構論』一〇九頁)。聖書には、創造主である神は、地の上、大空には鳥が飛ぶように(創世記一・二〇)、水には魚が群がるように、陸には獣《けもの》が棲《す》むようにされたと書かれている（創世記一・二一―二五）。これは、空は神の真の愛を中心とした鳥たちの共同所有を意味するのであり、水は神の真の愛を中心とした魚たちの共同所有を意味するのであり、陸は神の真の愛を中心とした獣たちの共同所有であることを意味するのである。いくらはげたかのような猛禽《もうきん》であっても、空の一部を独占せず、いくら虎のような猛獣であっても、陸の一部を独占せず、いくら狂暴なサメであっても、海の一部を独占しないのである。

神は万物に対する愛の主管権を人間に与えたので、空や海や陸はもちろん、鳥や魚や獣など、すべての生物を、人間は神の真なる愛を中心とした感謝の心でもって共同所有するようになっていた。すなわち、自然は神と人間の共同所有なのである。

それにもかかわらず、人間だけは堕落によって個人主義に流れて土地や万物（財物）の一部を独占するようになり、今日に至っては、自由民主主義という名のもとに、合法的に広大な土地と莫大《ばくだい》な財産を独占しながら、感謝するどころか、良心の呵責《かしゃく》すら感じなくなっている。隣で人が飢えて倒れるのを見ても、眉《まゆ》一つ動かさずに威勢よく生きている資本家たちの社会が資本主義社会である。彼らはみな、天道に違反した生活をしているのである。

神と人間との関係は、父母と子女の関係である。そして父母と子女の関係の最も基本型は、家庭である。家庭において、すべての財産は父母の財産であると同時に子女たちの財産でもある。家屋、庭園、田畑、家畜などは、父母の所有であると同時に子女たちの所有である。すなわち家庭において、所有権はたとえ法的には父母の名義になっていても、父母と子女の共同所有なのである。そして本然の世界では、父母は常に子女に真なる愛を与えるので、子女たちは常に父母に感謝する心をもって、その所有物を大切にしながら、丁重に取り扱うのである。

家庭においては、祖父母、父母、子女（兄弟姉妹）の三代が共に集まっているのが、その基本型である。したがって共同所有は、厳密にいって三代の共同所有となる。すなわち、真なる愛を中心とした祖父母と父母と子女の共同所有である。ここにおいて祖父母は神を代身する立場にあるから、三代の共同所有は「真なる愛の本体である神（祖父母）と父母と子女の共同所有」であると表現することができる。このように三代が共に所有する形態の、家庭の共同所有は、すべての次元の共同所有の原型となる。このような事実を根拠として、共生主義の共同所有は「神の真なる愛に基づいた、神と私、全体と私、隣人と私」、すなわち三段階の「他者と私」の共同所有なのである。したがって、これを「神と全体と隣人と私」の共同所有であると定式化することができる。

このような家庭の所有形態（共同所有）を拡大したのが団体の共同所有である。これを企業体に例えてみよう。企業体は真なる愛の主体である神と、父母と同じ立場の社長と、子女（兄弟）と同じ立場の従業員の三段階の共同所有であると同時に、神と私、社長と私、従業員と私という、三段階の「他者と私」の共同所有なのである。

企業体は、たとえ企業家が創立したものであるとしても、本然の世界では、いったん神の前に捧げることになっている。捧げて神の所有になったのち、再び神の真なる愛によって、受け賜ることによって、神との共同所有となるのである。このような手続きは、形式的で単純な要式行為では決してない。そのような手続きを経るとき、初めて神の真なる愛による加護と協助が下されるようになるのである。以上は企業体の例にすぎないが、その他の団体においても同じである。

家庭の所有形態を拡大したものが国家レベルの共同所有である。例えば国営企業体の場合、企業体内のすべての財産は例外なく国家と国民の共同所有である。すなわち真なる愛の主体である神と、国家の主権者である大統領と、企業体の全社員との三段階の共同所有であると同時に、神と私、大統領と私、全社員と私、すなわち三段階の「他者と私」の共同所有である。ここにも神の真なる愛の加護と協助が常に下されるのであり、また大統領の愛による関心と政策が常に加えられるので、社員たちは神に感謝し、大統領に感謝しながら、共同所有の観念をもって、すべての財産を大切にしながら丁重に取り扱うのである。これが「国家レベルの共同所有」の概念である。

ここに「理想世界には個人所有はないのか」という疑問が生じるであろうが、理想世界にも個人所有はもちろんあるのであり、またなければならない。なぜならば、人間は神の普遍相と個別相に共に似ているからである。一人の個人は万人と共通な属性（普遍相）をもっていると同時に、彼自身だけに特有な属性（個別相）をもっている。そして人間には、全体目的と個体目的という二重目的が与えられており、欲望とともに、愛を実践するための自由がまた与えられている。そのため、人間には個人所有が許されているのである。この事実を共同所有の原型である家庭的所有形態をもって説明しよう。

家庭において、例えば農家の場合、家屋、庭園、田畑、家畜など共同所有の財産を家族が共同で真心を込めて管理し、保存するのは、目的という側面から見れば、全体目的を達成するためである。そして、このような全体目的の達成のために、家族は共同に衣食住の生活をする。すなわち同じ家で、共同の家計によって、着たり、食べたり、住んだりして暮しているのである。しかし同時に、各個人は独特な個性（個別相）をもっているので、衣食住において、自分の独特な事情や趣味に合う生活をするようになる。また父母や子女は、それぞれ個人的に専用する部屋や衣服や、いくらかの生活必需品などが必要な場合が多い。だから父母は、子女に小遣いを与えるのである。これらは、個体目的を遂行するための所有であり、個人所有にほかならない。

ところで、個人所有は個体目的の達成のために必要であるが、同時に全体目的を達成するためにも必要である。すなわち、全体目的は共同の所有物をもって共同生活を通じて達成することもできるが、個人の所有物をもって個別的な方式を通しても達成できるのである。

例えば、子女たちは父母に孝行して父母を喜ばせようとするが、それは彼らの全体目的の達成である。例を挙げれば、兄は自分の個人所有物である本をたくさん読んで、学校で優秀な成績を収めることによって父母を喜ばせ、弟は自分の個人所有物である絵の具を使って立派な絵を描いて、展覧会に出品して、特選に入賞して父母を喜ばせ、姉は自分の個人所有物であるバイオリンを弾いて、演奏会で聴衆の絶賛を受けて父母を喜ばせたとしよう。そのとき、兄や弟や姉は、彼らの個人所有物をもって全体目的を達成したのである。

そのように、個人所有物は、個体目的の達成ばかりでなく全体目的の達成のためにも必要なのである。人間には、欲望とともに愛と自由が与えられている。すなわち人間には、自分の独特な個性を生かし、自分の個人所有物を活用しながら、自由意志によって、他人に愛を継続的に施すために、つまり全体目的の達成のために、欲望と愛と自由が与えられているのである。

それでは、個人所有はどの程度まで許されるのであろうか。それは自己の分に合う程度、すなわち適正所有によって決めればよい。そして自分の分に会う程度、すなわち適正な量と質の程度はそれぞれ自分の良心によって決めればよい。本然の人間において、良心は本心であって、堕落した人間とは違って、自分が必要とする所有物の量や、種類、質がよく分かるようになるのである。

人間は心に感じる欲望の程度、感謝の程度、満足の程度などの心理上の分量をしばしば物質量で表示する。例えば人の世話になったとき、心に感ずる感謝の程度（感謝量）を贈り物の種類と量でもって、または一定の金額でもって表示する場合がある。

同様に、自分の個人所有に対しても、自己の分に合うと感じる心理上の量や種類を物質的な量や種類でもって表示することができるのである。自己の心理量（心理上の多少の程度）を物質量で表示することは、自分以外には他の誰もできない。しかし、自分の分に合った心理量の決定はたやすくなされる。われわれが食事をするとき、少なく食べれば体力が弱まり、食べすぎれば、おなかをこわしやすいことを各自がよく知っていて、適切な量と質の食事を取るように、各自の良心が清まれば、神がその良心を通じて各自の分に合った心理量を教えてくださるからである。そして分に合った心理量の決定がたやすくなされるのである。

ところで、ここで一つ明らかにしておきたいのは、いくら良心によって、各自の分に合う個人所有の適正な量と質が決定されるとしても、すべての人においてその量と質は決して同一ではないということである。そこには、いくつかの理由がある。第一に、個人ごとに独特な個別相をもっていて性格と趣味がそれぞれ違うからである。第二に、個々人はみな個性真理体であると同時に連体であるからである。連体とは、個人が一定の格位（連体格位）において、上下、前後、左右に、愛の対象に相対している存在であるということである。だから、そこには最小限の、一定量の、対象に施すための物質が必要となる。そのような物質の質と量は、その格位が高くなるほど、増大する場合がある。そのような理由によって、分に合う質と量は各人各様にならざるをえない。したがって、それが他人に対して真なる愛を投入するために必要な個人所有であるならば、多少、多くても、それは適正所有になるのである。

このように共生主義は、共同所有に基づいた共同経済に関する理論である。ここで「経済」という概念は、まず従来と同じように、「第一産業、第二産業、第三産業に基づいた財貨の生産、交換、分配、消費などに関する活動の総和」を意味する。けれども、すでに述べたように、未来社会の経済は、神の真なる愛を中心とした共同所有がその基盤となっているために、その経済活動の様相は従来のものとは全く異なる。一言でいえば、経済活動のすべての過程は、物質的な財貨の流通過程であるが、それは心情と愛、感謝と調和が共に流れるところの、物心一如《いちによ》の統一的過程である。財貨それ自体も、真心と愛が共に宿っている物心一如的な個体であり、流通過程それ自体も、関係者たちの真心と愛が共に流れるところの物心一如的な過程なのである。

そして未来世界の経済の特徴は、未来世界は国境のない統一世界であるために、全世界はいくつかの地域的なブロック経済が有機的、調和的に統一された、一つの経済圏を成すということである。すなわち地域的特殊性に合うような地域的特殊産業と、汎域的・普遍的産業が調和と統一をなす、統一産業を形成するということである。それは、すべての個体は普遍相（普遍性）と個別相（特殊性）の統一体であるという統一原理から導かれる結論である。

未来社会のすべての産業は、企業家の利潤を目的とするのではなく、人類全体の福祉の増進を目的としている。したがって、すべての産業活動の直接的な結果は財物の増殖なのである。未来社会において、経済政策が解決すべき最も深刻な問題は、幾何級数的に膨脹する人口のための食糧問題である。かつてマルサス（T. Malthas）も『人口論』でこの問題を憂慮したのであり、七〇年代以来、ローマクラブも、この問題に対して警告を発してきた。しかるに、この難問題は、養殖法の開発などによる水産業の振興によって解決されるようになる。それは、海は女性を象徴し、女性は生産がその主な使命であるという、統一原理から導き出される結論である。

(二) 共栄主義

共栄主義は、理想社会の政治的な側面を扱った概念である。これは特に、資本主義の政治理念である民主主義に対する代案としての側面から、未来社会の政治的特性を扱った概念である。周知のごとく、資本主義社会の民主主義は「自由民主主義」であるが、それは英国の清教徒革命、アメリカの独立戦争、フランス革命において、自由、平等、そして博愛などのスローガンをもって出発した政治理念である。

民主主義は「人民が主人となって政治を行う」という思想であり、理念である。それはアメリカの十六代大統領、リンカーン（A.Lincoln）の「人民の、人民による、人民のための政治」という有名なゲティスバーグの演説によく表れている。民主主義は本質的に、人民の自由と平等を実現するための理念である。民主主義が多数決原理と議会政治を主張する最終目的も、人民の自由と平等の実現にあったのである。自由と平等は表裏の関係にあって、自由なき平等はなく、平等なき自由もありえないのである。

それでは「人民」とは何であろうか。市民革命当時の人民は、絶対王朝の下で支配を受けていた被支配層を意味していた。しかし今日、人民とは、概して階級を超越した国民大衆の意味で使用されている。けれども今日、権力層がしばしば独裁に流れる傾向があるので、人民とは、権力層や富裕特権層を除いた「大多数の国民」の意味に解釈してよいのであろう。

ところで民主主義が実施されて、すでに二百年が過ぎたが、果たして人民の自由と平等は実現されたであろうか。それに対する答えは「否」というしかない。なぜならば、自由民主主義は資本主義を政治的に支えてきたのであるが、資本主義はその構造的矛盾によって、富の格差、富の遍在を招いて、大多数の国民（人民）に経済的な不平等と不自由をもたらしたからである。そして経済的な不平等、経済的な不自由は、そのまま政治的な不平等、政治的な不自由に連なっている事実を、われわれは何度も目撃してきたのである。

特に大多数の貧民層の自由と人権は、しばしば自由民主主義という名のもとに、踏みにじられる傾向が強かった。そのうえ主権は名目上、人民の主権であるだけで、実質的には、政党人たちが選挙という名前のもとに、莫大《ばくだい》な資金を投入して勝ち取る彼らだけの利権に転落してしまった。そのため選挙戦とは、要するに政治的な利権の争奪戦にほかならないのである。したがって「人民の、人民による、人民のための政治」という神聖なる政治とはなりえず、「政党人の、政党人による、政党人のための政治」という風土が醸成《じょうせい》されたのである。

自由民主主義の、このような欠陥のために、「自由民主主義は権力層や富裕層のためのブルジョア民主主義にすぎず、人民大衆のための民主主義ではない」と共産主義者たちは告発したのであった。そして第二次世界大戦以後、彼らは労働者、農民のための共産主義こそ真の人民民主主義であると主張してきたのである。それでは人民の真なる自由と平等と博愛を実現しうると思われた民主主義が、二百余年が過ぎた今日に至るまで、その目的を達成できない原因はどこにあるのであろうか。

それは市民革命によって、専制君主制が打倒されて出現した当時の民主主義が、基本的に個人の権利と自由と平等を主張する個人主義の内容をもって成立したからである。個人の個性と人格と価値を重要視するという点で、個人主義は尊重されてよい。しかし政教分離政策によって、個人精神の指導原理としてのキリスト教が機能しえなくなり、個人主義は利己主義に流れるようになった。それによって、民主主義は利己主義的な個人主義を基盤として成立したという結果になってしまったのである。

このような利己主義的な個人主義が経済人の精神を支配し、政治家の精神を支配したために、資本家たちは、絶えず利潤の極大化を追求するようになり、政治家たちは政権を利権視するようになった。今日、政治家たちは公明選挙の名のもとに、あたかも利権獲得のために投資するような気分で、莫大な選挙費用を投入している。そして資本家、企業家たちの執拗《しつよう》な利潤追求と、政治家たちのあくなき政権欲によって、今日の民主主義社会には、あらゆる不正腐敗や各種の犯罪が氾濫しているのである。

これは、民主主義には初めからその標語である自由・平等・博愛を完全には実現しえない限界性があったことを意味しているのである。すなわち、政教分離政策による民主主義において、個人主義は必然的に利己主義に流れざるをえないという限界性を見せたのである。しかし、自由民主主義がすべての面において失敗したのではなかった。自由民主主義は、宗教（信仰）の自由を保証するという役割を明らかに果たしたのである。すなわち自由民主主義国家において、春に様々の花が満開になるように、各種の宗教と信仰の花が満開となったのである。

ここで、神の摂理史的な観点から民主主義の出現の意義を考えてみよう。民主主義が宗教（信仰）の自由を保証したのは、神の摂理と関係があったからである。神の摂理から見るとき、民主主義はメシヤ王国の前段階において現れた政治理念である。ここでわれわれは、民主主義が絶対君主体制を打倒した市民革命によって立てられたという事実に留意する必要がある。もし当時の体制が絶対君主制ではなくて、神の真なる愛を実現するためのメシヤ王国であったならば、市民革命は起きなかったであろう。そして人類はメシヤ王国において、真なる自由と平等と博愛を満喫《まんきつ》しながら、幸福な生活を楽しんだはずである。

「もし絶対君主制ではなくて、メシヤ王国であったならば」という前提は、単なる仮定ではない。神の摂理から見れば、実際、当時にメシヤ王国が立てられるようになっていたのである。そのことについてもう少し具体的に説明しよう。

西洋史によれば、八世紀末から九世紀の初めにかけて、フランク王国を大きく発展させて西ローマ帝国を復活させた国王がカール大帝である。神の復帰摂理から見れば、新約時代のカール大帝は旧約時代のイスラエル王国（統一王国）のサウル王に相当する君主である。アブラハムから八百年のころ、サウルはサムエル預言者によって頭に油を注がれたあと、イスラエル王国の最初の王となった。同様に、カール大帝は八〇〇年ごろに、法王レオ三世によって戴冠されて、西ローマ帝国の皇帝になったのである。統一原理では、カール大帝のこの治世を旧約時代のイスラエル王国（統一王国）に対応する概念で、キリスト王国と呼んでいる。

旧約時代のイスラエル王国において、初臨のメシヤが降臨して世界を統一し、神の真なる愛を中心としてメシヤ王国を立てることが神の摂理であった。新約時代にはキリスト王国に再臨のメシヤが降臨して、神の真なる愛を中心としてメシヤ王国を立てるのが神の摂理であった。ところが旧約時代のイスラエル王国において、王たちは三代にわたって神のみ旨にかなうような摂理的な条件を立てられなかったために、神はイスラエル王国を南北朝に分立させたのであり、ついには北朝はサタン側の王国であるアッシリアに、南朝は新バビロニアに占領され、王たちは捕虜になるようにせしめられたのである。それにより、イスラエル王国を通じてメシヤ王国を建てようとされた神の摂理は失敗に終わってしまった。それと同様に、新約時代のキリスト王国の王たちも神のみ旨にかなうように摂理的な条件を立てられなかったので、神はキリスト王国を東西王朝に分立させ、十字軍戦争の受難と法王のアヴィニョン捕囚の受難まで与えるようになったのである。そしてキリスト王国の王たちが責任を果たさなかったために、サタン側の王国である絶対君主政体が形成されるようになった。

かくして上から、国王を通じてメシヤを迎えて、メシヤ王国を地上に立てようとされた神の摂理は、旧約時代と同様に挫折したのである。しかし、だからといって、神のメシヤ王国実現の摂理が放棄されたのでは決してなく、新しい方式によってメシヤを迎える摂理が開始されたのであった。それはまさしく下から、民意によってメシヤを迎える摂理であった。この摂理は旧約時代にも、新約時代にも行われたものである。

民意によってメシヤを迎えるためには、神の摂理を遮るサタン側の王国や君主制を崩壊させて、民意が自由に現れるような社会環境を造成しなければならなかった。そのために、神は個人の意志が尊重される民主主義思想を普遍化させたのであった。

旧約時代には、神はアベル側の異邦民族であるペルシアを立てて、イスラエル民族を捕虜にした新バビロニア王国を打倒させたのち、イスラエル民族を故郷に帰還させ、マラキ預言者をつかわしたのち、メシヤ降臨の準備期を迎えるよう摂理された。その一環として、イスラエル民族の王位を空位にしておいたのち、紀元前四世紀末からイスラエル民族をヘレニズム文化圏に属するようにされたのである。ヘレニズム文化圏は、個人の個性を尊重する民主主義思想を基盤とした文化圏であったので、イスラエル民族はこの文化圏の中で個人の意志を自由に表すことができたのであり、民意によってメシヤを迎えることが可能になったのである。統一原理では、このような社会を「民主主義型の社会」と表現している（『原理講論』四九二頁）。

神は、それと類似した摂理を新約時代にも行われた。すなわち神の摂理を妨害するサタン側の勢力を崩壊させる摂理を行われたのである。十六世紀の初めにマルティン・ルターを立てて、サタンによって世俗化したキリスト教（旧教）を改革する、いわゆる宗教改革運動を起こす一方、十六世紀末から十八世紀末にかけて、人間の理性を尊重しながら、旧時代の権威や特権および社会的な不自由や不平等に反対する啓蒙主義運動を、全ヨーロッパにわたって展開させたのである。この運動を土台として、ついには「自由・平等・博愛」をモットーとする市民革命（フランス革命）を起こさせて、サタン側の君主制である絶対君主政体を崩壊させたのである。そのようにして近代民主主義が成立したのであるが、先に述べたように、民主主義はどこまでも民意によって再臨のメシヤを迎えるために立てた政治理念にすぎないのであって、真なる自由・平等・博愛を実現しうる理念では決してなかったのである。

さらに旧時代の宗教において、人間の個性や自由や権利を無視するなど、あまりにも誤りが多かったために、民主主義政治は出発とともに政教分離政策を実施せざるをえなかった。そのような理由のために、民主主義は人間の精神が従わなければならない価値観の絶対基準（神）を喪失するようになったのであり、その結果、必然的に利己主義的な民主主義に転落したのであった。そして民主主義社会は、今日のような大混乱を引き起こすようになったのである。

すべての問題は、神の真なる真理と真なる愛によってのみ根本的に解決される。したがって、真なる真理と真なる愛をもってこられる再臨のメシヤを中心とする王国が建てられるとき、初めてすべての問題の根本的な解決が可能になるのである。

以上、神の摂理的観点から見た、今日の自由民主主義の限界性と、民意によって再臨のメシヤを自由に迎えることが可能となるように、信仰の自由を保証したという点で、民主主義が責任を果たしたということ、すなわち民主主義の功績について指摘した。

一言でいえば、共栄主義は共同政治に関する理論である。共同政治とは、万人が共に参加する政治をいう。「万人共同参加の政治」こそ、真の意味で民主主義の理念にかなう概念である。万人の共同参加とは、もちろん代議員選出を通じた政治への参加を意味する。ここで「代議員選出による政治参加」が共栄主義における共同政治であるとすれば、今日の民主主義政治と何ら異なるところがないではないか、という疑問が生じるかもしれない。けれども、そこには基本的な違いがある。そのことについて説明する。

共栄主義の共同政治では、まず第一に、代議員選挙の立候補者間の相互関係はライバル関係ではなく、真なる愛を中心として、神の代身者であるメシヤを人類の父母として侍って生活する家族的な兄弟姉妹の関係である。第二に、代議員選挙のとき、立候補者たちの出馬は自分の意志によるものではなく、多くの隣人（兄弟）たち、すなわち他意の推薦による出馬である。それは真なる愛を中心として兄弟姉妹の関係にある有能な人材は、お互いに譲り合うからである。第三に、選挙は莫大《ばくだい》な費用と副作用を伴う投票方式ではない。初段階の簡略な投票方式に続いて行われる、厳粛なる祈りと儀式を伴った抽選方式でなされるのである。そのとき、当選した候補者も、当選しなかった候補者も、共に当落が神意によることを知って感謝し、全国民も神意に感謝しながら、その結果を喜んで心から受け入れるようになるのである。

このように共栄主義における、共同政治は全世界が一つに統一されたメシヤ王国の政治であるために、神の真なる愛を中心とした「共同参加の政治」である。また神の代身者であるメシヤを父母として侍り、万民がその父母の愛を受け継いだ兄弟姉妹の立場で共同政治に参加するために、そのような共同政治は「人民の、人民による、人民のための政治」でなくて、「人類の真の父母を中心とした、兄弟の、兄弟による、兄弟のための政治」であって、その政治は厳密にいって、民主主義政治ではなく、「天父を中心とした兄弟主義政治」なのである。

ところで、民主主義が実現しようとして今日まで実現できなかった真なる自由、平等、人権尊重、博愛などは、この「天父を中心とした兄弟主義政治」によって初めて完全に実現されるようになる。そういう意味において、共栄主義の共同政治を「兄弟主義的民主主義政治」であると表現することもできる。ここで特に指摘したいのは、兄弟主義それ自体は常識的な意味の同胞主義であるとしても、ここでいう兄弟主義は今日のような国境の中に閉じ込められた地域的な国家の国民が、互いに兄弟の関係を結ぶような同胞主義ではないということである。それは全世界が一つの国家に統一され、全人類が一つの中心である父母に侍り、その父母の子女として互いに兄弟姉妹の関係を結ぶ方式の同胞主義である。それが真なる意味の四海同胞主義である。

今日まで、四海同胞主義の理念があっても、その理念が実現を見なかった理由は、第一に、世界統一がなされていなかったからであり、第二に、人類の真なる父母が出現していなかったからである。その点においては、民主主義も同じである。今日まで、民主主義の理念が一〇〇パーセントは実現できなかったのは、すでに述べたように、いくつかの理由のほかに、民主主義理念自体は超民族的、超国家的であるにもかかわらず、現実は民族的、国家的特殊性の制約を受けていたからである。

そしてその点においては、メシヤ王国も同じである。先にメシヤ王国について何度か述べたが、メシヤ王国もまた一つの地域的な国家ではなくて、超民族的、超国家的なのである。メシヤの降臨は一つの地域的国家である選民国家においてなされるが、メシヤ王国の形成は世界統一がなされたのちに初めて可能になるのである。しかし共生共栄共義主義は、世界統一以前でも、指導者たちが努力さえすれば、神を真の父母として侍りながら、ある程度まで実施されると見るのである。そうすることによって、現在の各種の混乱をひとまず収拾することが可能なのである。現在の資本主義の次には共生共栄共義主義社会が来ざるをえないというのは、そのような理由のためである。

最後に、共栄主義における共同政治と三権分立の関係について説明する。われわれは民主主義政治が立憲政治であり、立憲政治は律法、司法、行政の三権分立を骨格とする政治であることを知っている。そして共栄主義の共同政治も、やはり代議員が政務に参加する政治であって、三権分立を認めるのはいうまでもない。

しかし共栄主義の場合における三権分立は、モンテスキューの主張のように、権力の乱用を避けるために権力を三分するという意味での三権分立ではなく、立法、司法、行政の業務の円満な調和のために、「三府の業務分担」という意味での三権分立である。そして、権力の概念も従来のものとは異なる。従来の権力の概念は、国民を強制的に服従させる物理的な力を意味したのであるが、共栄主義における権力は、真なる愛の権威をいうのであって、対象は主体の真なる愛に対して、心から感謝しながら、その主体の意志に自ら進んで従うのである。

あたかも人体のいろいろな器官が、人体を生かすという共同目的のもとに、様々な種類の生理的機能をそれぞれ分担して互いに有機的に協調しているように、三府も国家存立の三大機能（立法、司法、行政）をそれぞれ分担して、共同理念のもとに、有機的で調和ある協調体制を成すところに、三権分立の真なる意味があるのである。

それで統一原理には、このような協調関係にある立法府、司法府、行政府をそれぞれ人体の肺、心臓、胃腸に比喩《ひゆ》している。あたかも各臓器に分布している末梢《まっしょう》神経が頭脳の命令に従って、少しの誤りもなく、緊密な協調をなして、人体の生理作用を円満になしているように、理想社会において、立法府、司法府、行政府も、真なる愛の主体である神のみ旨が一定の伝達機関を通じて伝達されて、円滑に協調するようになっているのである。

ここで特に明らかにしておくことは、神の創造において、地上天国の理想像は人体を見本として構想されたという事実である。したがって、理想世界の国家の構造は人体構造に似ているのである。先に立法府、司法府、行政府を肺、心臓、胃腸に比喩したが、実は肺、心臓、胃腸をモデルとして、三つの機関が立てられたのである。

人間の堕落によって、国家は本然のあり方を失い、非原理的国家になったが、理想国家の構造の骨格は、そのまま人体構造に似ているのである。そして、人体の臓器（肺、心臓、胃腸）とその機能が永遠不変であるように、立法、司法、行政の三府とその機能も、原理の世界では永遠不変である。ところで、理想世界の立法、司法、行政の内容は、非原理的な現行のものとは一致しない。非原理的な権力が物理的な強制力であるのに対して、原理的な権力は真なる愛の情的な力であるという点で、両者は違うのである（ただし、ここでは原理的な立法府、司法府、行政府の機能についての説明は省略する）。

（三）共義主義

共義主義は、共同倫理の思想をいう。これは、すべての人が公的にも私的にも道徳・倫理を遵守し、実践することによって、健全な道義社会すなわち共同倫理社会を実現しなければならないという思想である。今日、資本主義社会や共産主義社会（ソ連、東ヨーロッパなどの前共産主義社会、および中国や北韓などの現共産主義社会）を問わず、人民大衆が持たなければならない価値観、すなわち道徳観念や倫理観念は、ほとんど消えてしまったために、それによって、様々な不正腐敗の現象や社会的犯罪が氾濫し、世界は今、大混乱に陥っている。そして人々は、今日のこのような価値観の崩壊を見て嘆きながらも、その収拾方案を提示しえないでいるのである。

共義主義はまさしく、このような価値観の崩壊を根本的に収拾して、誰でも、いつでも、どこでも、道徳と倫理を守るような、健全な道義社会を地上に立てようという理念である。言い換えれば、資本主義社会と共産主義社会の次の段階として到来するようになる理想社会は、先に説明した共生共栄の社会であると同時に、万人が地位の上下を問わず、共同に同一なる倫理観をもって生活する共同倫理の社会なのである。ところで、共義主義は未来社会、つまり共生共栄共義主義社会の基本となるものであるが、共義主義社会の具体的な内容は三大主体思想が実施される社会である（後述）。

未来の理想社会において、宗教は必要でなくなる。なぜならば、宗教の目的がすでに達成されているからである。キリスト教の教えの目的は、最終的には再臨のメシヤを迎える時まで信仰を強調することにある。儒教の目的は、最終目的には地上に大同世界を成す時まで儒教の徳目を実践することにある。仏教の目的は、理想社会である蓮華蔵《れんげぞう》世界が地上に出現する時まで仏道を修め、仏法を守ることにある。したがって、再臨のメシヤを迎えることによって、創造理想世界が実現すれば、キリスト教の目的は達成されるのであり、地上に大同世界が実現すれば、それによって儒教の目的も達成されるのであり、地上に蓮華蔵世界が実現すれば、それによって仏教の目的も達成されるのである。

ところで、すべての宗教の目的が達成された世界が共生共栄共義主義社会であって、それがまさに再臨のメシヤを中心とした社会である。したがって再臨のメシヤの教えは、キリスト教の中心真理を含んだ教えであり、儒教の真髄を含んだ教えであり、仏教の核心を含んだ教えである。そして、そのことが明らかになるために、あえて一教派の看板に固執する必要はなくなるのである。同時に、共生共栄共義主義社会は今までの宗教が教えてきたように、未来を準備するための理念としての社会ではなくて、メシヤとともに現実の中で真の愛の生活、すなわち天国生活を営む社会である。その社会は、万人が同一なる価値観をもって生活するために、今までの信仰に重きを置いた宗教教理は実践に重きを置いた生活倫理となる。未来社会のそのような側面を指して、共同倫理社会すなわち共義主義社会というのである。

それでは、共同倫理社会の特徴は何であろうか。第一に、社会生活は三大主体思想に基づいた三大主体の真なる愛の運動によって支えられるようになる。三大主体思想により、一次的には、三大の中心すなわち家庭の中心である父母と、学校の中心である先生と、主管の中心である管理責任者（社長、団体長、国家元首など）の三大主体が、神の真の愛をそれぞれの対象である子女、学生、従業員（国民）に対して、絶えず限りなく施し与えるのであり、二次的には、その対象（子女、学生、従業員、国民）の相互の愛が誘発されるようになり、全社会が愛の園すなわち、倫理の社会となるのである。

そのとき、すべての格差は真なる愛によって消え去るようになる。貧困は、少しでもより多く持つ人たちの真なる愛によって消えてしまう。疎外された者は、管理責任者の真なる愛によって、すぐ慰められる。知識の枯渇を感じる者は、有識者の真なる愛によって、すぐその渇きが癒《いや》される。このような社会が、愛の園すなわち倫理の社会になるということの意味である。かわいそうな人を見れば、助けたくてたまらないのが、神の真なる愛であるからである。

そのとき、先生の真の愛を中心とした学校や、管理責任者の真なる愛を中心とした職場や国家は、すべて家庭倫理を拡大した倫理体系となるのである。すなわち先生を中心とする学校は、父母の真の愛を中心とする家庭が教育の側面で拡大された拡大家庭であり、管理責任者の真なる愛を中心とした職場や国家は、家庭が管理や統治の面において拡大された拡大家庭形なのである。そのようにして、社会全体が神の愛によって満たされる。それが共義主義の実体であり、真骨頂《しんこっちょう》である。したがって共生共栄共義主義は、まさに三大主体思想に基づいた社会体制なのである。

第二に、このような共生共栄共義主義社会の基本単位となるのは、あくまでも家庭である。言い換えれば、三大主体の愛が実施される場合に、最も基本となるのが家庭である。実は家庭には四大格位がある。すなわち祖父母、父母（夫婦）、兄弟姉妹、子女の位置がそれである。この四つの格位の間に神の愛が授受されるのである。すなわち、祖父母の愛、父母（夫婦）の愛、兄弟姉妹の愛、子女の愛が授受されるのである。家庭において、そのような愛が授受されれば、自動的に秩序が立てられ、家法が立てられるようになる。そのようにして、家庭秩序と家庭規範が根づくと同時に、思いやりのある、むつまじい家庭の平和が定着する。このような家庭がまさに理想家庭である。

このような家庭を土台とした経済、政治、倫理の社会がまさに共生共栄共義主義社会である。このようにして長い間の人間の念願と、数多くの思想家や宗教者たちの理想がついに成就されるようになるのであり、六千年の間、神がそれほどまで願われた創造理想世界が実現されるのである。

結び

以上でもって、共生共栄共義主義の単純概念としての共生主義、共栄主義、共義主義のそれぞれについて説明した。ところですでに見たように、共生主義、共栄主義、共義主義はそれぞれが分かれることのできない、渾然《こんぜん》一体となった理念であり、思想である。そのような主義が実現されるとき、初めて神が構想された創造理想世界が実現されるようになる。そのような理由のために、一つの名称として、共生共栄共義主義と呼ぶのである。そして共義主義は、理想家庭の理念を基盤とする三大主体思想がその内容となっているのである。以上、共生共栄共義主義について説明した。

二　三大主体思想

三大主体思想は、文《ムン》先生によって使用され始めた用語であるが、ここで三大主体とは、父母と師（先生）と主人をいう。三大主体は、言い換えれば、三大中心を意味する。父母は家庭の中心であり、師（先生）は学校の中心であり、主人は主管の中心である。ここで主管の中心とは、団体、企業体、会社、国家などの中心を意味しており、管理、統治の責任者を意味している。したがって団体の長（例：組合長、政党党首、連合会会長など）や、企業体や会社の社長、道知事、国家の大統領などが、みな総括的に主人の概念に含まれる。このような主体に関する理論が三大主体思想であって、この三大主体が神の真の愛を実践するという理論である。

神の真の愛

神の愛とは、要するに神の絶対愛をいう。神は絶対者であるために、神の愛は絶対的愛である。

ここでいう絶対とは、世俗的な意味の絶対とは異なる。ここでの絶対は、永遠不変性、無限性、普遍性をいう。神は永遠的存在であり、存在しないところがない（無所不在）のであって、いつでも、どこでも存在されるのである。したがって神の愛もまた永遠であり、存在しないところがないのである。このような内容をもつ愛が絶対的愛であり、真の愛である。

例えていえば、真の愛は太陽光線のようである。太陽光線は地球上のどこでも照らさない所がなく、常に休みなく継続して永遠に照らしている。それと同じく、真の愛とは、包括的であり、全人類だけでなく、すべての万物に対してまでも、施し与えられる愛である。被造物全体が真の愛の対象である。真の愛の対象から除外される存在は、この宇宙にはない。普通、愛といえば、人間同士が与えて受ける愛のことをいうが、真の愛とは、人間同士はもちろん、敵までも、ひいては万物までも愛する、そのような愛である。

人間は上下、前後、左右にいろいろな階層の人々とつきあっている。上には父母、上司、年長者たち、下には子供、部下、年少者たち、前には先生、先輩、指導者たち、のちには弟子、後輩、追従者たち、右には兄弟姉妹、親友、同僚たち、左には自分と性格の合わない者、または自分に反対する者までも対しながら生活している。そのようないろいろな階層の人々をすべて愛するのが真なる愛である。それればかりでなく、自然万物までも愛するのが真なる愛である。そして、そのような神の真なる愛を実践に移そうとするのが三大主体思想である。

それでは愛とは何であろうか。愛とは、人間や万物に温情を施しながら、その対象を喜ばせることであり、対象のために与えることである。自分のためではない。世俗的な愛は、自分の利益を得るために他人を愛する利己的な愛であるが、文先生の教える愛とは、「愛において、何も得ようとするのではなく、ただ他人のために与えること」である。そのように、愛とは温情を他人に限りなく施すことであるが、いかなる方式で施すかといえば、「親しく話す」とか、「相手を理解する」とか、「物質や金銭を与える」、「協助する」、「奉仕する」、「助ける」、「苦境から救う」、「抱擁する」、「怨讐《おんしゅう》を許す」、「親切に教える」など、いろいろな愛の方式があるのである。そのような方式で、温情を施しながら、他のために与えて、また与えるのが真なる愛である。したがって、このような精神を利他《りた》主義、または為他《いた》主義という。

三大主体の真なる愛

そのように神の真なる愛とは、他のために与えて、また与える愛である。限りなく与えて、また与えるのである。ちょうど温泉の泉が限りなくわいてくるように、限りなく、また絶え間なく、他人に温情の泉を注ぐのである。そのような愛を三大主体が日常生活において実践するという思想が三大主体思想である。すなわち、父母がそのような神の真なる愛を子女に対して実践すること、また師がこのような神の真なる愛を弟子に対して実践すること、そして主人の立場にある者が部下や構成員たちに対して神の真なる愛を実践することである。

ところで、真の愛をいかに実践するのであろうか。主体の役割を通じて真の愛を実践するのである。父母の子供に対する役割は子供を養育することである。ここで「養」とは子供を育てること、すなわち食べさせ、着せ、寝かせ、住居を与えることである。そのような役割を通じて真の愛を施すのである。すなわち食べさせ、着せ、住ませながら、父母の愛すなわち温情を施すのである。食べさせるにも温情をもって食べさせ、着せるにも温情をもって着せ、寝かせるにも温かい心をもって寝かせるのである。次に、「育」とは教育することである。家法を立てて、礼儀作法や倫理、道徳を正しく教え、また必要な知識も教えるのである。ここにも父母の深い温情が必要である。

そのように父母が子女の養育を通じて、神の真なる愛を施すのである。子供を愛するのは、子供が成長したのちに父母が子供から利益を得ようとするためであってはいけない。子供を育て、学ばせて、将来、子供を通じて金もうけをするとか、権力を得ようというような考えを持ってはいけない。子供が善なる立派な人間、人格を備えた知識人、奉仕することを知る社会人になることをひたすら願いながら、温情に満ちた養育をするのが父母の役割である。そのような養育を通じた愛の実践が父母の真なる愛の実践である。

そして師の役割は教えることである。知識教育、技術教育、体育、芸育などがそうである。そのような教育を通じて、親切に、真心を込めて生徒を育てることである。生徒たちから質問があれば誠意をもって答え、生徒たちに難しい問題があれば可能な限りその難問を解決できるように助けながら神の真の愛を実践するのが、師の役割を通じた真の愛の実践である。ただ収入のために教えるのは、知識を売買することにほかならない。そのような方式では絶対に正しい教育となることはできない。そこには愛が宿るはずがないからである。金を得るのは二次的な問題として、真心を込めて学生に教えることを最優先の目標としなければならない。そしてその教えは、学生が成長したのち、社会に奉仕しうる人格の所有者になることのできる内容でなければならない。そのためには、先生自身が、まず人格的な姿勢、奉仕の姿勢をもたなければならない。そのような姿勢でもって、すべての真心と温情を施しながら、学生に教えるのが師の真なる愛である。すなわち師の真の愛とは、そのような師の役割を通じて愛を実現することである。

次は主人の役割を通じた主人の愛について説明する。主人の役割とは何であろうか。大統領の役割は、国民をよく治めて国民がよい生活をするようにすることであり、道知事の役割は道民のために道政を円満に行うことであり、企業体の長の役割は従業員や職員たちのためによく与えることである。ここで企業体の場合について、もう少し具体的に説明しよう。企業体の長は部下や従業員たちに仕事ばかりさせて、自分だけ金をたくさんもうけて蓄財しようという考えは捨てなければならない。企業体であるから、お金をもうけなければならないが、もうけてからは必ず与えなければならない。未来社会の企業は、与えるためにもうける精神が要求されるのである。

企業体の主人は利他主義の奉仕精神をもち、温情をもって各級の職員や従業員たちのために与え、愛さなければならないのであり、衣食住の問題において困難に直面していないかと、彼らの世話をしなければならない。それが愛による主管である。主管には部下に命令するという主管もある。命令それ自体は冷たいものであるが、温かい温情の心をもって命令すれば、命令を受ける部下は感謝の心でもって受け入れるのであり、命令は温かく感じられるのである。

ところで主管には建物や施設の管理も含まれる。聖書には、人間に対する神の三大祝福に関する記録があるが、その中の第三祝福は、愛でもって万物を主管せよという命令である。一次産業、二次産業、三次産業、そして物質を扱うすべての活動は万物主管の概念に含まれるが、主管は必ず愛でもって行うのである。したがって建物や施設も私の物である前に、公的なもの、神のものであると見なければならないのである。

それで財産や施設を真心を込めて管理し、維持、保存する精神も、「愛で万物を主管する」という主管精神であり、管理精神である。このごろ深刻に取り上げられている公害問題は、みなこのような本然の主管精神、管理精神が失われたために生じた必然的な結果である。そのような万物に対する愛の精神、すなわち主管精神、管理精神も、やはり主人の真なる愛である。

以上を要約すれば、三大主体がその役割を通じて神の真なる愛を実践するという理論が三大主体思想なのである。

一つの中心の三主体性、および三大主体思想

一つの中心の三主体性とは、一つの中心が父母、師、主人の三主体の役割と愛を同時に行うことをいう。父母と師と主人の機能はそれぞれ別のものであるが、父母は同時に師であり、主人であるということである。

父母は、単独で三主体の役割を通じた真の愛を実践するのである。すなわち父母は、主として父母としての役割を果たしながら、師の役割、主人の役割まで果たしつつ、対象を温情をもって愛するのである。学校の先生は、主として先生の仕事を行いながら、父母として学生を子女のように養育し、また主人として部下のように治めなければならない。また主人は主管し、管理し、

治めるなどを主にしながら、父母としての役割や師としての役割も果たし、部下や従業員に愛を施すのである。例えば管理者（主人）は、管理することのほかに、子供を養育するような心で、従業員に対して寝食をはじめとして、いろいろな便宜を図ることに常に関心を示しながら、温情を施さなくてはならないのである。また師の立場に立って、部下や従業員に規範や知識を教えることもなさなければならないのである。

そのように、一つの主体または一つの中心が三主体性を同時に遂行するということが三大主体思想である。すなわち、父母の三主体性、師の三主体性、主人の三主体性の実践に関する思想が三大主体思想である。ところで、父母、師、主人の愛はそれぞれ子女、生徒、部下に対する愛であるから下向性の愛である。そのように一主体が三つの役割を通じて下向性の愛を実践しなくてはならないという思想が三大主体思想である。

すでに述べたように、自己中心的に何かの利益を得ようとするのではなくて、他人に限りなく与えようとするのが真の愛である。そして真の愛のもう一つの特徴は「完全投入して忘れること」である。与えてまた与えるのであるが、そのとき与えたことを完全に忘れてしまうのである。どんなにたくさん愛したとしても、そのことを忘れてしまって、私が愛したという考えをしないのである。

忘れてしまえば、心が空になり、謙虚になるのである。私があの人をたくさん愛したのに、なぜ反応がないのか、けしからんというような心を抱けば、私は傲慢《ごうまん》になってしまう。一度、心が傲慢になれば、次からは真なる愛を与えるのが難しくなる。それゆえ、愛を施しては忘れなければならないのであり、そうしてこそ、また愛したい思いがわき上がってくるというのである。神の真なる愛が、その空になった心を満たすからである。このようにして、いつも新しい気分で愛し、また愛するようになるのである。父母も先生も主人も、みなそのようにしなければならないというのが、すなわち真なる愛である。

愛の拡散

父母が子女に真の愛を与えるならば、子女はじっとしていない。愛は誘発効果を引き起こすのである。子女は父母の愛に感銘して、感謝の心をもって、父母に孝行するようになる。父母が真心を込めて愛するので、子女は親に真心を込めて孝行したくなるのである。それは「上向性の愛」である。また子女が父母の真の愛を受ければ、父母に対する孝行の心はもちろんのこと、子女相互間、すなわち兄弟姉妹同士も互いに愛するようになる。これは「横的な愛」（水平の愛）である。そればかりでなく、息子と嫁すなわち夫婦同士も真の愛すなわち夫婦の愛を授受するようになるが、これも横的な愛である。したがって父母の愛によって、上向性の愛と横的な愛（水平の愛）が誘発されて、家庭が愛で満たされるようになる。したがって家庭において、父母の愛（下向性の愛）が最も重要である。

学校における先生の愛も同じである。先生の真の愛（下向性の愛）を受ける学生たちは、自動的に先生を心から尊敬するようになる。「本当に私たちの先生は偉大で立派な方である」と考えて、先生の前に自然と頭が下がるようになるのである。学生たちは、知的な欲望が満たされて、る。

先生の教えに感化される。そして先生を尊敬せざるをえなくなるが、それは上向性の愛である。そればかりでなく、先生の真なる愛に感銘して、学生同士が愛し合うようになる。すなわち横的な愛を授受するのである。このような誘発効果を起こすのが、また先生の愛（下向性の愛）である。

数年前、ある大学で学生が先生を殴るという、かんばしくない事件があった。そのとき、新聞はみな学生たちを非難した。それ自体は間違いではないが、問題の接近方式を知らない論評であった。学生の過ちは二次的な問題であり、一次的な責任は先生にあったのである。先生が誤って教えたので学生がそのようになったのである。これは殴られた先生個人の問題ではない。一般的に、先生たちが平素から三主体性を実践し、師道を行っていたならば、学生たちが先生を殴るというようなことがありえたであろうか。その時の学生たちの暴行は、「先生はなぜ自分たちを正しく教えてくれなかったのか」という不満の表現形態であったといえるのである。

また、学生たちの父母にも責任がある。父母が子女に平素から下向性の愛を与えていなかったに違いないからである。だから、父母と同じような先生を尊敬したいという考えが出てくるはずがないのである。したがって「学生の教師に対する暴行」という問題の対処は、この三大主体思想でもってこそ、なされるのである。

すでに述べたように、三大主体の愛は、父母が子供に、師が弟子に、主人が部下に与える愛すなわち下向性の愛であるが、この下向性の愛が原則的に先である。このような下向性の愛によって、二次的に誘発されて表れる愛が上向性の愛と水平の愛である。

愛は誘発効果と相互反応を起こすから、例えば下位者の上向性の愛がまずなされても、それに対する反応としてのちに上位者の下向性の愛が誘発されうるということはもちろんである。すなわち、子供が先に父母に孝行し、弟子が先に師を尊敬し、部下が先に上司（主人）を尊敬することによって、それぞれ父母の愛、師の愛、主人の愛が後次的に誘発されるのも事実である。しかし原則的に、下向性の愛が先次的であって、上向性の愛や横的な愛（水平の愛）は後次的である。なぜならば、下向性の愛が先である場合には、上向性の愛と水平の愛は一〇〇パーセント誘発されるが、上向性の愛が先の場合には、下向性の愛が一〇〇パーセント誘発されるという保証はないからである。それは、水平の愛においても同じである。そのように真なる愛の出発は下向性の愛にあるのである。真なる愛の根源が神であるからであり、神からは、すべてがまず下りてくるからである。

したがって例えば、一企業体の長が従業員たちを真に愛すれば、従業員たちは受けてだけいて、だまっているということはできない。必ず反応するようになる。すなわち企業主（社長）が温情をもって、多くもうけただけ、従業員たちにたくさん与えようと、たゆまず努力すれば、従業員たちは企業主を仰ぎ見て、感謝するようになる。そのような企業主がもし困難に直面したとするならば、従業員たちは「自分たちの給料は上げなくてもよいです。その費用で工場をもっと発展させてください」というようになるのである。そのように企業主が真の愛を施しさえすれば、従業員たちは企業主を愛するようになり、従業員相互間にも愛がゆきわたる。それればかりでなく、従業員は工場の施設や器物までも愛するようになる。そのように主体の愛（下向性の愛）、すなわち父母の愛、師の愛、主人の愛がいつも先次的なのである。

そのようにして、真なる愛が家庭に拡散し、学校に拡散し、企業に拡散すれば、結局、このような愛が全国に拡散し、ひいては全世界にまで拡散するようになって、この地球村は神の愛で充満していくのである。そのとき、初めて地上のすべての犯罪は跡形もなく消えていき、真なる平和、永遠なる平和が実現されるのである。

三大主体思想の根源は神である

三大主体思想において、三大主体の根源はどこにあるのかという疑問が生じるであろう。それはまさに神である。すべての主体の根は神であるからである。主体の中で最も代表的な主体がこの三大主体であり、その根がまさに神である。

まず神は人間の父母である。われわれがお祈りするとき、神を父または天のお父様と呼ぶが、ある人は天のお母様と呼んだりする。神は陽陰の原理をもっておられるから、人間の父母なのである。そして神は、人間を息子・娘として造られたのである。堕落のために人間は罪人となったが、本来人間は決して罪人ではなく、神の息子・娘である。したがって神は、人間の父母であると同時に真なる愛の本体である。そして神は、ロゴスでもって宇宙を創造された。それは、ヨハネ福音書の一章一節以下に記されているとおりである。ロゴスは真理であり、言である。したがって神は、真理の主体である。真理の主体とは、何を意味するのであろうか。師を意味するのである。すなわち神は、愛の主体であると同時に真理の先生でもあるのである。神はまた主人でもある。神は創造主であるが、創造主は同時に主管の主人であるからである。

最も根源となる父母、師、主人のことを韓国古来の表現でいえば、「君師父」である。君は国の主人、師は先生、父は父母に相当する。韓民族は、古来、そのような君師父の思想をもっていたが、その君師父の根がまさに神である。神御自身が父母であり、師であり、主人であるために、君師父は文字の順序が違うだけで、まさに三大主体と同じ意味の用語である。

韓国の愛国歌に「ハヌニムが保護されるわが国万歳！」という句があるが、ここでハヌニム（天）はまさにハナニム（神）と同じ意味の創造主である。神は何でもってこの国を保護してくださるのであろうか。父母の真なる愛、師の真なる愛、主人の真なる愛で保護されるのである。そのように父母、師、主人、すなわち君師父の根が神である。三大主体の愛は天道であり、天道は絶対的である。したがって三大主体思想は絶対的であり、絶対に滅びることはない。この天道に背いた者、この思想を守らなかった者があればかえって被害を受けるようになるのである。

今日、社会がこのように混乱しているのは何のためであろうか。三大主体の愛、すなわち天道を守らなかったからである。われわれは自然法則に逆らうと肉体の被害を受けるので、自然法則を守りながら生きている。それと同じように、心は天道に従って生きなければならない。そして三大主体思想は神に根をおく天道であるから、守らないわけにはいかない。守れば平和になり、守らなければ混乱が生じるのである。従来の宗教が愛を強調した理由はここにあったのである。

仏教は慈悲を行うように教えたのであり、儒教は仁を、キリスト教は愛を行うように教えたが、なぜそうしなければならないかということが、今日まで明らかにされなかった。それは、慈悲や仁や愛の根が神の真なる愛だからである。神の真なる愛であると同時に、三大主体の愛であるからである。父母と子女の関係を規定する儒教の三綱五倫も、三大主体思想の中にみな含まれる。仏教の修道に関する徳目も、キリスト教の愛の徳目もそうである。愛に関する聖賢たちのすべての主張や教えは、みな例外なく、三大主体の愛のカテゴリーの中に含まれるのである。

今日、従来の価値観が衰退するようになったのは、慈悲や仁や愛の根が神の真なる愛であることを知らなかったからであり、これらが三大主体の愛の形態として現れたものであることを知らなかったからである。言い換えれば、従来のすべての宗教の徳目の根が神の真なる愛であり、したがってすべての徳目の内容は三大主体の愛に基づいていることが明らかになるとき、従来のすべての徳目が活性化される。そして、今日の人類の心を指導することができる能力を再び回復できるようになるのである。

共生共栄共義主義および理想家庭の理念との関係

次は、三大主体思想と共生共栄共義主義の関係、および三大主体思想と理想家庭の理念の関係について説明する。共生共栄共義主義は、未来社会（理想社会）の経済的、政治的体制の特徴を表す用語である。すなわち共義主義（共同倫理）によって運営される経済体制であり、政治体制であるという点が未来社会体制の特性となっている。同時に、共義主義の実質的な内容は、三大主体思想の実践であり、三大主体思想の最も核心部分は理想家庭の理念なのである。したがって以上を要約すれば、未来社会は理想家庭の理念を基礎とし、三大主体思想を内容とする共義主義によって運営される経済および政治体制の社会なのである。

新しい価値観の定立

終わりに、このような三大主体思想を基礎として新しい価値観が立てられるという点について説明する。三大主体の真なる愛の行為と、その愛によって誘発されるすべての対象の愛の行為、すなわち下向性の愛の行為と、上向性の愛の行為、および横的愛の行為などを倫理的側面から見れば、それは真なる善となるのであり、知的、教育的側面から見るとき、その行為は真なる真となるのであり、芸術的側面から見るとき、その行為は真なる美となるのである。行為に関する限り、真、善、美は分かれているのではない。真なる愛の行為が、評価する角度によって真となり、善となり、美となるのである。そして従来のすべての徳目にこの新しい価値観、すなわち三大主体思想を注入すれば、それらの徳目が活性化され、蘇生《そせい》するのである。

三　四大心情圏と三大王権の意義

文鮮明《ムンソンミョン》先生は、成約時代の理想家庭を実現するために「四大心情圏と三大王権」の概念を明らかにされた。理想家庭は理想社会実現において最も基本となる単位となるために、理想家庭を実現するためには、四大心情圏と三大王権の概念に対する十分な理解が要求されるのである。まず、四大心情圏について見てみよう。

(一) 四大心情圏

心情の概念

「四大心情圏」が意味することを理解するためには、まず心情の概念を知らなくてはならない。心情とは、「愛を通じて喜びを得ようとする情的な衝動」を意味する。言い換えれば、心情とは「愛したくてたまらない情的な衝動」をいう。神はそのような情的な衝動のために、すなわち対象を愛したくてたまらない衝動のために、その対象として人間を創造され、人間の喜びの対象として万物を創造されたのである。

心情圏

ここで心情圏とは、心情の対象の範囲のことをいう。例えば、文化圏といえば、一つの文化の範囲のことであり、勢力圏といえば、勢力が及ぶ範囲をいうのである。したがって心情圏とは、心情の対象の範囲、すなわち愛の対象の範囲のことをいう。心情は愛したい情的な衝動であるために、その衝動は必ず行動となって現れるようになっているが、その時の行動がすなわち愛である。それゆえ、心情と愛は表裏一体の関係にある。したがって、心情の対象の範囲とは、愛の対象の範囲となるのである。

四大心情とは、父母の心情、夫婦の心情、兄弟姉妹の心情、子女の心情の四つの心情をいう。

心情は愛と表裏一体であるために、四大心情はまさに四大愛を意味する。すなわち父母の愛、夫婦の愛、兄弟姉妹の愛、子女の愛の四つの愛を意味するのである。

縦的な愛と横的な愛、および家庭的愛

四大心情または四大愛を正確に理解するためには、愛の方向性すなわち縦的な愛と横的な愛に対する理解が必要である。縦的な愛とは、神の人間に対する愛、父母の子女に対する愛のような下向性の愛、すなわち上から下に向かう愛、および人間の神に対する愛、子女の父母に対する愛のような上向性の愛、すなわち下から上に向かう愛をいうのである。横的な愛は、横に向かう愛のことで、兄弟姉妹間の愛や夫婦間の愛をいうのである。ここで兄弟姉妹間の愛とは、兄弟同士の愛と姉妹同士の愛、および兄弟と姉妹の間の愛をいう。そして父母の愛、夫婦の愛、兄弟姉妹の愛、子女の愛は、みな家庭で行われる愛であるために、これらは家庭的愛となるのである。

ところで父母の愛、夫婦の愛、子女の愛の三つの愛を、原理では「三対象の愛」と呼んでいる。神を主体と見たとき、父母や夫婦や子女はみな神の対象であるために、父母の愛、夫婦の愛、子女の愛を「三対象の愛」というのである。したがって、四大心情を基盤とする四大愛は、三対象の愛に兄弟姉妹の愛を加えたものである。

四大心情圏と愛の成長

文《ムン》先生は愛も成長するといわれる。すなわち、人間が子供から成長していくにつれて、愛も成

長していくのである。子供は生まれた時には愛が何であるか全く分からない状態にあるが、父母の愛のもとで成長しながら、少しずつ父母に対する愛が芽生えてくる。それが子女の愛である。ここで子女とは、息子と娘というのではなくて、二人の幼児または双生児のような意味である。男の子と女の子というような性的な概念をもっていない純粋な幼児、児童、子供のような意味の子女である。すなわち、ここでいう子女の概念は、性を超越した中性のような意味である。そのような幼児が、少しずつ父母に対して愛（子女の愛）を感じながら成長して父母となるのである。

次に、兄弟姉妹の間にも愛が芽生えて成長するのであるが、やはり父母の愛を土台として兄弟間の愛、姉妹間の愛、また兄弟と姉妹の間に愛が成長するのである。再言すれば、父母の下向性の愛を受けながら、子女の愛と同様に、兄弟の間に愛が生まれ、姉妹間に愛が生まれ、また兄弟と姉妹間に愛が生まれて、身体の成長とともに、その愛も成長していくのである。それが愛の誘発効果である。そのようにして兄弟や姉妹が成熟すれば、兄弟は他の家庭の姉妹と、そして姉妹は他の家庭の兄弟と婚約し、結婚して、夫婦となる。その時の夫婦間の愛が、まさに夫婦の愛である。

ところですでに述べたように、子女（児童）が完成して成熟すれば、父母（親）となる。そのとき、父母の概念も性別の概念、すなわち父と母という概念ではなくて、子女に対する親という意味の単純概念である。子女すなわち児童が成長を完了すれば、親となって父母（親）は子女を生み、子女に対して父母の愛（親の愛）を実践するようになる。以上が、子女の愛、兄弟姉妹の愛の成長と、夫婦の愛および父母（親）の愛に関する説明である。

ここで特に指摘したいのは、例えば夫婦の愛の場合、兄弟姉妹が成熟して結婚すれば、急に夫婦の愛が生じるのではなくて、成長する中で無意識のうちに、兄弟と姉妹間に夫婦の愛の前段階に相当する異性愛が、少しずつ芽生えていたということである。その理由は、兄弟と姉妹が成長するということは、夫婦となりうる資格を少しずつ備えてゆきながら成長していくことを意味するからである。そのために、肉身の成長につれて無意識のうちに、おぼろげながらも異性愛（夫婦愛の前段階の愛）が芽生えて成長するのである。

父母の愛も同じである。子供が成長し、親となり、そして急に父母の愛が生じるのではない。子供は成長するにつれて、無意識のうちに父母の愛を心の中に感じながら成長するのである。すなわち父母の愛の中で成長するので、自分を育ててくれた父母の愛がどんなものであるかを学びながら成長するのである。そのように、子女の愛と兄弟姉妹の愛の場合だけでなく、夫婦の愛、父母の愛においても愛の成長がなされていることが分かるのである。

愛の内包性

内包性とは、何かの中に含まれる属性のことをいう。したがって愛の内包性とは、一つの愛が他の愛をその内部に含んでいる性質を意味する。そのように他の愛をその中に包含する愛とは、主に兄弟姉妹の愛、夫婦の愛、父母の愛をいう。

兄弟姉妹の愛は、子女の愛を内包している。なぜならば兄弟姉妹は子供として成長する過程で、兄弟姉妹の関係を結ぶようになるからである。次に夫婦の愛は、子女の愛のほかに兄弟姉妹の愛も内包している。なぜならば、兄弟姉妹が成長して夫婦となるからである。もちろん、一つの家庭内の兄弟と姉妹が夫婦となるのではない。一家庭の兄弟は、他の家庭の姉妹と夫婦となり、一家庭の姉妹は、他の家庭の兄弟と夫婦となるのである。兄弟と姉妹が成長すれば夫婦となるので、夫婦の愛の中には子女の愛のほかに兄弟姉妹の愛も内包するようになる。そして父母の愛は、以上の愛をすべて含んでいる。すなわち、子女の愛、兄弟姉妹の愛、そして夫婦の愛までも含んでいる。

以上を心情という側面から見るとき、兄弟姉妹の心情は子女の心情を内包しており、夫婦の心情は子女の心情と兄弟姉妹の心情を内包しており、父母の心情は以上の心情すべてを内包しているということが分かる。したがって、心情圏すなわち心情の対象の範囲という側面から見るとき、子女の心情圏は最も狭く、兄弟姉妹の心情圏はそれよりも広く、夫婦の心情圏はさらに範囲が広く、父母の心情圏は範囲が最も広いということが分かる。

これを具体的にいえば、子女の愛（心情）の対象は父母（親）として一つである。兄弟姉妹の愛（心情）の対象は少なくとも父母と兄弟姉妹の二つである。夫婦の愛（心情）の対象は一つだけのように感じられやすいが、そうではない。統一原理の夫婦観においては、夫は一家庭の男性全体を代表し、妻は一家庭の女性全体を代表している。すなわち夫は夫であると同時に、祖父、父、兄弟を代表する立場であり、妻は妻であると同時に、祖母、母、姉妹を代表する立場である。したがって、夫婦それぞれの愛（心情）の対象は少なくとも相対者、父母、兄弟姉妹の三つである。このように、夫婦の愛の対象は互いに一つのように見えるが実際は三つ以上である。次に、父母の愛の対象はもっと範囲が広くて以上の対象をみな含むようになる。父母は夫婦でもあり、

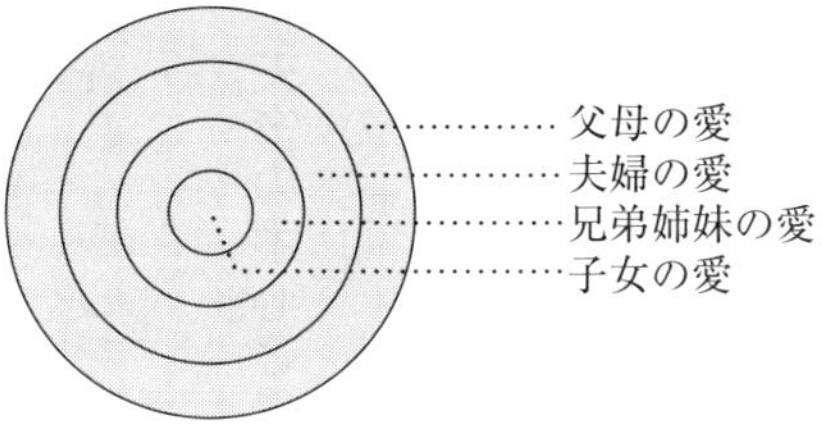

図１２—１　愛の同心円

父母の愛は夫婦の愛を含むからである。

ここで一つ付け加えることは、四つの愛、すなわち子女の愛、兄弟姉妹の愛、夫婦の愛、父母の愛は、おのおの神の愛のもとで行われるために、神に対して感謝すると同時に、意識的または無意識的に、神を愛の対象とするようになるという事実である。そして愛の対象の範囲の大きさという面から見るとき、子女の愛、兄弟姉妹の愛、夫婦の愛、父母の愛は、四つの同心円で表現することができる。これを図示すれば、図12—1のようになる。

代表愛としての夫婦愛

以上の四種類の愛、すなわち子女の愛、兄弟姉妹の愛、夫婦の愛、父母の愛の中で、代表となる愛（代表愛）が夫婦愛である。なぜならば、すでに述べたように、夫は家庭内のすべての男性を代表し、妻は家庭内のすべての女性を代表するばかりでなく、おのおの神の一性をも代表するからである。さらには、夫は人類の半分である全男性を代表する立場であり、妻は人類の半分である全女性を代表する立場であり、ひいては夫は全宇宙の個性真理体の陽的な面を代表し、妻は全宇宙の個性真理体の陰的な面を代表する立場であるからである。

すなわち夫婦間の愛は、家庭内の男性の側と女性の側の愛を代表し、神の陽と陰の愛を代表し、人類の男性と女性の愛を代表し、全宇宙の半分である陽的側面と陰的側面の愛（結合力）をそれぞれ代表するために、夫婦愛が最も代表的な愛になるのである。すなわち夫婦愛の中には神の愛のみならず、人間を含む被造世界のすべての愛が内包されている。それゆえ、夫婦愛が家庭的愛の代表となるのである。

天宙の中心と愛の結実体

以上の説明によって、夫婦の愛は単なる男一人と女一人だけの愛ではなくて、神の愛と家庭的愛と被造世界の愛を総合した総合愛であることを明らかにした。愛が総合されれば相乗作用を起こして、抑制しがたい激発力、発動力となって現れる。このような夫婦の結合の位置は、天宙を代表した位置、すなわち天宙の中心の位置であると同時に、創造理想を完成した位置であり、第二の創造主の位置なのである。メシヤすなわち人類の真の父母は、まさにこのような第二の創造主の標準型として来られるお方である。それほどまでにこの位置は、尊く聖なる位置であり、神に似た位置である。

したがって家庭外的なすべての愛（民族愛、人類愛、万物愛、同胞愛、祖国愛など）の根源は、この夫婦の愛にある。なぜならば、夫婦の愛は単なる陽性と陰性の間の愛であるだけではなく、すべての種類の主体と対象の間の愛を代表しているからである。すなわち、性相（心）と形状（体）

の愛はもちろんのこと、主要素と従要素（主個体と従個体）の愛も代表しているからである。

例えば、夫（男）は天であり、妻（女）は地である。すなわち夫婦は、主体の神と対象の被造世界との関係である。したがって、夫婦の愛は、神と被造物（人間）との愛を代表するのである。また夫は心でもって妻に指示し、妻は体でもって行動するから、夫婦の関係は性相と形状としての主体と対象の関係である。したがって、そういう意味において、夫婦の愛は、宇宙のすべての無形的存在と有形的存在の間の愛をも代表するのである。また男は主人であり、妻は従う者である。そういう意味で、夫婦の関係は、主従関係つまり主体と対象の関係である。したがって夫婦の愛は、すべての類型の中心（主人）と従う者との間の愛を代表するのである。例えば、師と弟子、政府と国民、太陽と地球、核と細胞質などがそうである。

また、夫は人類の半分である男性の代身存在であり、妻もまた人類の半分である女性の代身存在である。したがって、男女の結合は人類の統一を現し、夫婦愛は人類愛ともいえるのである。そしてまた、夫は全宇宙と霊界の陽的な側面を代表し、妻は全宇宙と霊界の陰的な側面を代表する。したがって夫婦の結合は、全天宙を代表する中心となる。このように見たとき、夫婦の愛は、被造世界のすべての類型の愛を代表している。そのような愛は、みな神の愛が分化したものである。したがって代表愛、総合愛としての夫婦の愛は、まさに神の愛それ自体である。したがって総合愛を現す夫婦の結合の位置は、天宙の中心の位置であり、第二の創造主の位置であり、創造理想が完成した位置である。

このように本然の夫婦の愛は、実に限りなく広く、深いのである。したがって夫婦の愛によって生まれる子女は、そのような聖なる総合愛の実であり、結実体である。夫婦の愛がそのように神の愛と全被造世界の愛を総合した愛であるために、その愛によって新たに生まれる子女すなわち新生体（新生子女）は、神の子女であると同時に、宇宙を総合した実体相であり、小宇宙の価値をもつようになる。

ここで一つ付け加えたいことは、地上世界において起きる現象は事実上、二次的な現象であって、一次的には、天上世界すなわち霊界において、先に行われるということである。したがって、地上世界に子女が生まれて、成長して夫婦となり、父母となる現象、すなわち人間（アダムとエバ）が生まれ、子女として、そして兄弟姉妹として、愛を少しずつ感じながら成長していく現象が、天上で、さらに正確にいえば神の心の中で、先に起きるのである。すなわち先に述べた子女の成長、兄弟姉妹の成長、夫婦となること、父母となることなどが、地上に現れる前に、天上の神の心の中で理想的な姿として先に現れるのである。

再言すれば、神はアダムとエバを創造する前に、神の心の中でそのような内容を理想的なものとして構想された。そしてのちに、その構想どおりに、アダムとエバが子女として創造され、その構想どおりに、兄弟姉妹として成長し、夫婦となり、その構想どおりに、父母となるようになっていたのである。

ここで、神の構想の中のアダムとエバ、子女、兄弟姉妹、夫婦、父母をそれぞれ霊的アダムと霊的エバ、霊的子女、霊的兄弟姉妹、霊的夫婦、霊的父母として表現する。以上、説明した内容を図で表現すれば、図12―2のようになる。

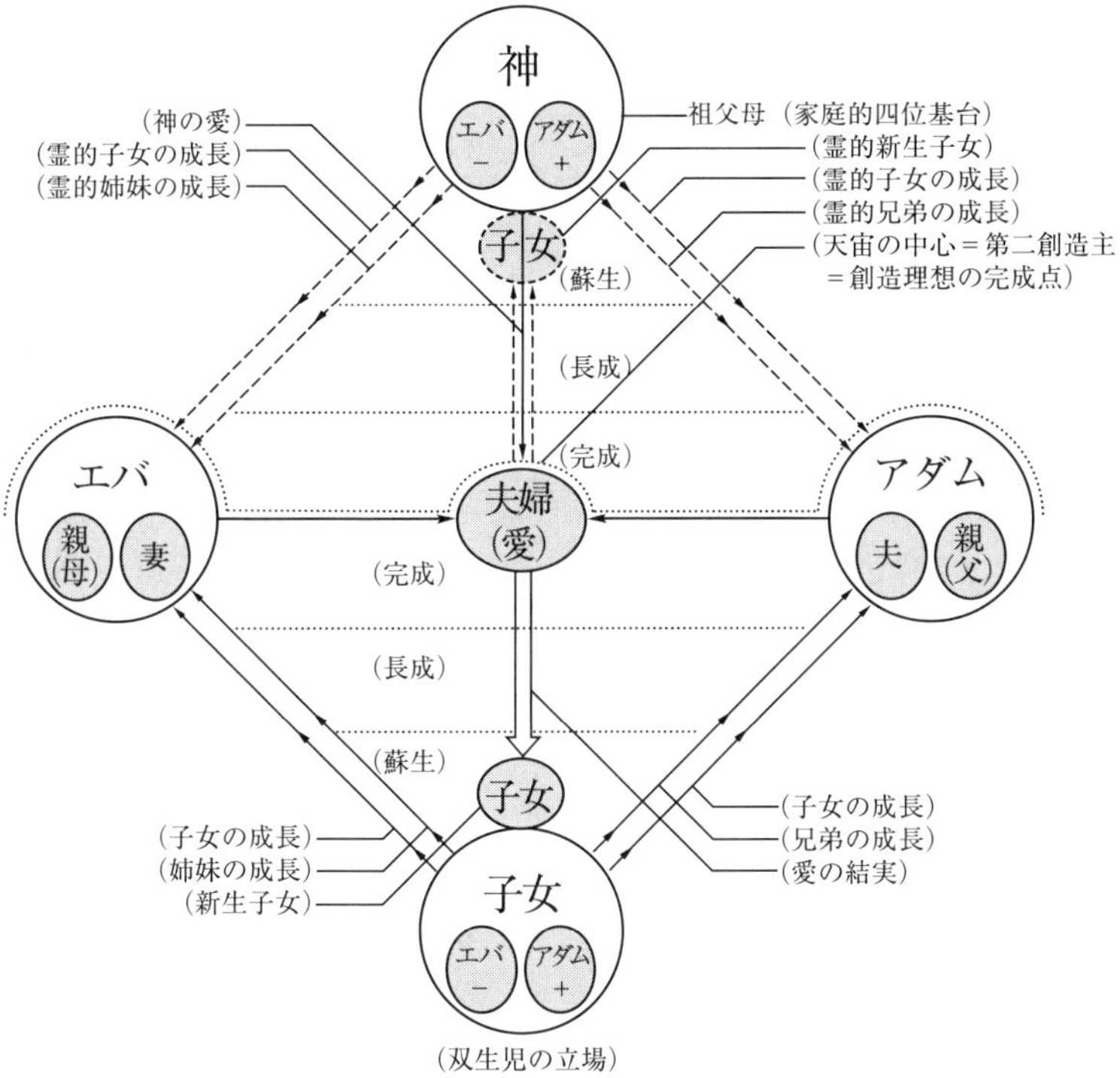

図１２—２　四大心情（四大愛）を基盤とする夫婦愛

四大心情圏の拡大形としての世界的心情圏

四大愛は家庭的愛であり、四大心情も家庭的心情である。子女の心情圏は家庭内での子女の心情圏であり、兄弟姉妹の心情圏も家庭内での兄弟姉妹の心情圏であり、夫婦の心情圏も同じく家庭内での夫婦相互間の心情圏であり、父母の心情圏も家庭内での父母の心情圏である。したがって、四大心情圏の基本形は家庭的四大心情圏なのである。

統一原理によれば、全人類が人類の真の父母を頂点として侍り、大家族社会を成すのが本然の社会の姿である。すなわち世界人類が真の父母を中心とした一大家族を成すのである。言い換えれば、創造理想世界において、人類社会は家庭を拡大した拡大形としての大家族社会となり、個々の家庭は人類の大家族社会を縮小した小家族社会であるといえる。

ゆえに、家庭的子女の心情圏は世界的な子女の心情圏に拡大することができ、兄弟姉妹の心情圏も世界的な兄弟姉妹の心情圏に、夫婦の心情圏も世界的な夫婦の心情圏に、そして父母の心情圏も世界的な父母の心情圏に拡大することができるのである。したがって、人類大家族社会は世界的な四大心情圏となるのである。

すでに述べたように、心情圏とは心情の対象の範囲を意味するのであり、それは愛の対象の範囲を意味するのである。それで世界的な四大心情圏とは、全人類を四大愛の対象と見て、その対象の範囲をいうのである。家庭における子女の心情圏は、子女の愛の圏をいい、したがって子女が愛を捧げる対象すなわち父母をいうのである。それでは、世界的な四大心情圏の中での子女の心情圏とは何であろうか。それは父母と同じような年齢層の大人たちである。すなわち子女の立場から見れば、世界的な大人たちは、子女が父母のように尊敬し、侍るべき大人たちの層である。

兄弟姉妹の心情圏も同じである。家庭内での兄弟心情圏、姉妹心情圏はそのまま家庭内の兄弟と姉妹であるが、世界的な兄弟姉妹の心情圏は、自分の兄弟や姉妹のような年齢層の男女をすべて含むのである。すなわち、これらの年齢層の人々がみな兄弟姉妹の心情圏、愛圏に含まれるのである。したがって、世界のどこに行っても、兄弟や姉妹のような年齢層の男女に会えば、実の兄弟姉妹のように愛を授受するようになるのである。

それでは夫婦の心情圏も同じであろうか。そうではない。夫婦の心情圏はその性格が違っている。世界のどこに行っても、自分の夫と似た年齢の男性、あるいは自分の妻と似た年齢の女性に会えば、自分の夫に、または自分の妻に与える愛と同じような愛を与えてよいかといえば、そうではない。なぜならば、夫婦は一夫一婦制の上に成立する異性の関係だからである。すなわち、夫婦の愛は必ず夫婦の生活つまり性生活が伴う愛であるために、夫婦の愛は夫婦間以外には決して許されないのである。その代わり、似た年齢層の男女に対しては、自分の実の兄弟姉妹に対するように愛すればよい。この点が、他の世界的な心情圏と違う点である。

父母の心情圏は、子女の心情圏や兄弟姉妹の心情圏と同じである。世界のどこに行っても、自分の息子や娘と同じ年齢層の子供たちに会うとき、父母の立場で自分の子女に対するのと同じ父母の心情、父母の愛をもって彼らに接すればよいのである。

(二) 三大王権

三大王権の意義

三大王権というとき、まず三大王権は三大主体とどのような関係があるのか、という疑問が生じるかもしれない。「三大主体思想」において述べたように、三大主体は家庭の中心、学校の中心、職場の中心をいうのであり、その三つの中心が主体ということである。一国の王は、国の中心であるためにやはり主体である。ここに三大王は王が三人であるから、三大主体のように感じられるであろう。しかし、三大王と三大主体は同じではない。

三大王権の「王」は、世俗的な王のように一国の王を意味するのではない。それは家庭の中心、すなわち家長を意味するのである。家長は父母である。したがって三大王権の三大王は、三代にわたる父母を意味する。具体的にいえば、祖父母、父母、子女の三代をいうのである。ここで祖父母、父母、子女の「三だい」の「だい」は大きい「大」という字ではなく、世代の「代」をいう。しかし三大王権という時の「だい」は「大」という字であって、三つの大きな王権という意味である。同じ「だい」であるけれども、その意味はそれぞれ違っているのである。

ところで、王権はまさに王の権限をいう。世俗的には、王はすべての国民を王権でもって治める頂上的な存在、すなわち最高の位置にある存在である。ところが天国においては、すでに述べたように、王は家庭の中心である家長、すなわち父母というのである。家庭においては父母が王である。国の王は国の父母である。企業体も天国では拡大された家庭であるために、企業体の長は企業体の父母の立場であって、やはり王である。

それでは、家庭において、なぜ王が三人いるようになるのであろうか。家庭の父母は一つであるから王も一人だけであるはずなのに、なぜ王が三人になるのかという疑問が生じるのである。しかし過去、現在、未来から見るとき、王が三人になることが分かる。すなわち、過去の父母、現在の父母、未来の父母がそうである。したがって三大王とは、祖父母、父母、子女をいうのである。祖父母は過去の王であり、父母は現在の王であり、子女は未来の王である。

そのようにして祖父母も王であり、父母も王であり、子女も王であるために、祖父母にも、父母にも、子女にも、王の権限が与えられている。したがって、三大王権というのである。しかしその性格は異なっているのである。

三大王権の性格

祖父母は、過去に属する方であるから過去の王である。過去の王とは、過去に地上を代表した王であったということである。では今は何でもないかといえば、今も王である。しかし今は地上を代表した王ではなく、霊界を代表した王である。過去には父母の立場に立つ地上の王であったが、今は祖父母として霊界を代表する王なのである。そればかりでなく、神をも代表した立場が祖父母である。すなわち祖父母は、家庭において霊界を代表し、神を代表しているのである。したがって、原理でいう神を中心とした四位基台は、本然の世界では祖父母を中心とした四位基台となるのである。

本来、家庭の四位基台の中心は神または人類の真の父母であるが、祖父母がそれを代身する立場で四位基台の中心となるのである。したがって、これからは祖父母の位置が神の位置になるのである。祖父母は家庭において最高となり、神の立場になる。したがって子女も父母も、共に祖父母に最高に侍らなければならない。

そして父母は、現在の地上を代表する王である。祖父母は霊界の王であり、父母は地上の王である。また父母は、家庭を代表するために、家庭における王である。そして子女は、未来の家長である。現在は王ではなくて、王子、王女の立場であるが、王子や王女は未来の王や女王となるのである。そのように子女は、未来の地上の王であり、家庭の王である。そうでありながら、またすべての後孫を代表する立場である。子女に続いて孫、曾孫《ひまご》などが生まれるが、すべて未来の王であり、未来を代表する立場である。

(三)　三大王権の表現が必要な理由

ここで、次のような疑問が生じうる。すなわち慣例に従って、そのまま祖父母、父母、子女といえばよいのに、なぜ王といわなくてはならないのか、ということである。それは、王といえば最高に尊貴な位置であるからである。今まで、われわれは祖父母や父母や子女の概念をもっていたが、それらは創造本然の概念とは全く異なっていた。今までわれわれは原理を学んで、家庭の貴さや、父母、夫婦、子女の貴さを知っているが、神が見られる父母、夫婦、子女と、われわれが原理的に知っているものとは、まだとても大きな違いがあるのである。

王や王子などの用語は、最高の貴さを表している。すべての人間は、王のように最高に尊貴な存在である。われわれは原理を聞いたといっても、人間がどれほど貴いのか、実感をもって感じることはできなかった。その貴さは、ぼろの着物を着て、賤民《せんみん》の中に隠れている王子に例えてみることができる。

逆臣の謀反《むほん》によって王位を失い、父王のもとを離れて、みすぼらしい着物を着て、遠く山中の僻地《へきち》に身を隠して住んでいる一人の不運な王子がいるとしよう。のちに、村の長老たちがこの事実を知って、「万乗《ばんじょう》の貴き方が、どうしたことでしょうか。われわれはつゆ知らず、お仕えすることができず、大罪を犯しました。不忠をお許しください」と謝りながら、それからは、王子に最高の真心を尽くし、最高の高い位置に立てて、最高に気持ちよく侍ったとしよう。そのとき、その王子が受ける最高の真心、最高の高い位置、最高の侍奉《じほう》は、その王子の尊貴《そんき》さを表すのである。それと同じように、神が見られる人間の価値はそのように、いやそれ以上に貴いのである。

父母も同じであり、祖父母も同じである。今までわれわれが知っていたような概念の祖父母や父母や子女では決してない。非常に貴い概念の祖父母であり、父母であり、子女である。そのように貴くて、尊厳で、栄光なることを表現するためには、「王」という概念を用いるしかない。地上において王は、地位や身分において最高だからである。それゆえ理想世界において、人間はそのように貴い存在であって、そこに祖父母と父母と子女がいるので、三大王という概念で表現したのである。

したがって、いくら子供であっても、父母は彼らをむやみに扱ってはいけない。王が王子に対するように、自分の子供に対さなければならない。この世の王も、自分の息子を世継ぎに定めたなら、王子がいくら幼くても、その言葉をいたずらに無視したりしない。たとえ息子の言葉が理屈に合わないようであっても、その言葉に耳を傾けるのである。そのように、未来社会において子供をいたずらに無視してはならない。そして子供たちは、父母を王や王女として、祖父母を大王と大妃（霊界の王と王女）として侍らなくてはならないのはもちろんである。

王権とその概念

王には王が持つべき権勢すなわち王権が与えられているので、祖父母、父母、子女の王権を三大王権という。三大王に与えられた権限という意味である。そのような観点で、われわれは自分の家族や他人の家族を再認識しなければならない。家族は王のように貴いのであり、家庭はまさに王宮となるのである。

王宮において、王は地上の王位を子供に譲ってからは、祖父母となり、大王として、霊界と神を代表する家庭の中心の位置にとどまるようになる。そして家庭は、王宮のように尊貴な場所となるのである。したがって、家法は王宮の法となる。真の父母の家庭がまさにその標本となる。そして理想世界になれば、すべての家庭は真の父母の家庭に似るようになる。

最後に、王権における権力の概念について説明する。権力とは、主管の対象に対して一種の恐ろしさを与えて、対象を主管の主体に服従させようとする力のことをいう。世俗的な権力（主権）は物理的な拘束力である。例を挙げれば、警察力や軍事力などを用いて国民を強制的に主権の前に服従させる権威である。しかし天国の権力は、対象が自ら感謝の心をもって主体に従うようにさせる力のことであって、そのような力はまさに神の真の愛の力なのである。

ところで、天国の権力すなわち真の愛も、対象に恐ろしさを与える権威をもっている。それは神の真の愛に背いたり、逆らう時の生命の死に対する予感からくる恐ろしさである。愛は生命の源泉であり、愛の喪失は生命の喪失すなわち生命の死とつながるために、主体の愛を無視したり、逆らう時には、その結果（生命の死）を潜在意識が感知して、恐ろしさを感じるようになるのである。神の愛を限りなく喜びながらも、恐ろしさを感じるのはそのためである。

そこに共産世界における主体（独裁者）に対する人民の服従と、天国における主体に対する国民の服従との差異があるのである。共産世界の独裁者は恐怖の手段でもって人々の生命を脅かしながら、人民を強制的に服従させてきたが、神の国においては、真の愛によって、国民が喜んで自ら主体に服従するようになるのである。そこに、両世界の根本的な差異があるのである。

しかし、服従しなかったとき、生命に不利益を受けるという点においてはどちらも同じである。共産世界では、独裁者に服従しなければ、すぐさま地上で生命が脅かされたり、粛清《しゅくせい》されたりするが、天国では主体の愛の命令に従わなければ、その程度によって、軽くあるいは重く、そしてまた、その場であるいは一定の期間ののちに、生命の萎縮《いしゅく》あるいは脅威を感じるようになるのである。このように、愛にも権威があることが分かるのである。

神の権威に対する聖書の記録を見れば、アブラハムが献祭の失敗により、その蕩滅《とうげん》として、ひとり子のイサクを供えものとして捧げるとき、神が「あなたが神を恐れる者であることをわたしは今知った」（創世記二二・一二）といわれた聖句がある。これは神の愛に威厳（恐しさ）が伴っていることを表す聖句である。

このように、世俗的な権力は強制性をもつ拘束力であるが、神の国の権力は自発的な従順を誘発する真の愛の力である。王権は行使されるものである。三大王権の行使とは、祖父母と父母と子女が、それぞれこのような真の愛の力を絶えず対象に施すことを意味するのである。

注

第一章　原相論

（1）相補的な関係の顕著な例は、陽性と陰性の関係または男性と女性の関係である。

『原理講論』では性相と形状の関係も、陽性と陰性の関係または男性と女性の関係であると、次のように説明している。

「我々はここにおいて、神における陽性と陰性とを、各々男性と女性と称するのである」（四七頁）。

「神は性相的な男性格主体としてのみおられたので、形状的な女性格対象として、被造世界を創造せざるを得なかったのである」（四七頁）。

「神は本性相と本形状の二性性相の中和的主体であると同時に、本性相的男性と本形状的女性との二性性相の中和的主体としておられ、被造世界に対しては、性相的な男性格主体としていまし給うという事実を知ることができる」（四七頁）。

これにより性相と形状の関係が相補的な関係であると同時に、神と被造世界の関係も、相補的な関係にあることが分かる。

（2） Paul A.M. Dirac et al., *Scientific American Resource Library; Readings in the Physical Sciences*. 谷川安孝・中村誠太郎編・監訳『物理学の魔法の鏡』講談社、一九七二年、七九頁。

（3） 量子力学の創始者ハイゼンベルグ（W. Heisenberg, 1901-76）は、一九五一年ごろから素粒子の統一理論に取り組み、「原物質」という考えを提唱した。原物質は究極の物質であるが、原物質が一定の数学的な形である宇宙方程式に従うことによって、われわれが観測している約三百種類の素粒子が現れるという主張であった。彼はまた原物質とは「原エネルギー」と同じものであって、「あらゆる素粒子、したがって宇宙のすべての物質は原エネルギーからできている」といった（町田茂『素粒子』中央公論社、一九六二年、九八―一一二頁）。ハイゼンベルグの提唱した「原エネルギー」または「原物質」は、統一思想の主張する「前エネルギー」に相当するものと見ることができる。

現在すべての物質はクォークとレプトンからできていることが分かっているが、最近クォークやレプトンがさらにより基本的な粒子からできているとする「元（サブクォーク）」模型が提唱されて盛んに研究がなされている。元模型によれば、すべての物質は元でできており、元には三種類あるというが、これらの三つの元は一つの元の状態の違いであると見てもよく、そうすればすべての物質は一元でできていることになる（寺沢英純「元物理学と原幾何学」、大槻義彦編『物理学最前線2』共立出版社、一九八二年、一七―一二二頁）。これはハイゼンベルグの一元論的統一模型の現代版と見なすことができる。

（4）万有原力は被造世界に作用力として働く力であり、授受作用の力は、その結果として、万物相互間に働く力である。したがって万有原力は被造世界の根本的な力であって、万有原力と授受作用の力は原因と結果の関係にある（編者注）。

（5）ここでいう「同質的要素」、「絶対的属性」の概念に対して具体的に説明することにする。性相と形状がいくら同質的要素の二つの表現態であっても、性相それ自体、形状それ自体は別個のものと見なければならないのではないか、という疑問が提起されるであろう。すなわち、水蒸気と氷は水の二つの表現態であって、その本質は引力と斥力の相互関係という点で同質的であるといっても、引力それ自体、斥力それ自体は別個のものであるのと同様に、性相の中にも形状が含まれており形状の中にも性相が含まれているという点で性相と形状が同質的であるといっても、性相それ自体、形状それ自体は別個のものではないかという疑問なのである。

これは妥当な疑問のように見えるが、しかしそれは結果の世界の現象と原因の世界の現象とは同じでない場合があるということを理解しえないところからくる短見である。それはあたかも巨視世界の現象と微視世界の現象の差異と同じだといえる。例えば、不確定性原理がそれである。微視世界の粒子では、その粒子の位置と運動量の値を同時に観測することはできない。また光量子として知られている光は、粒子性と波動性という相反する二つの属性を同時にもっていることが知られている。これは巨視世界では見ることのできない現象である。言い換えれば、巨視世界で経験した判断方式をもっては、微視世界の現象を理解することができない場合があり、したがって微視世界を正しく理解するためには、巨視世界で形成された観念や概念を捨てなければならないときもあることを意味するのである。

究極的原因である神の属性を理解する場合も同じである。結果の世界で得られた概念を、そのまま原因の世界でも通用させなければならないと見るのは、必ずしも妥当なことではないのである。上記の水の比喩《ひゆ》においては、引力と斥力の相互関係を共通要素（本質的要素）と見なしているが、引力それ自体、斥力それ自体はやはり別個のものではないかという疑問が提起されうるが、引力と斥力を一つの力から分化したものと見れば問題は解決されるであろう。

結果の世界において、果たして一つの力から引力と斥力が分化したかどうか、まだ知られていないが、原因の世界では、一つの属性から二つの属性への分化が可能だと見るのである。比喩すれば、微視世界に属する光量子は粒子性と波動性として現れるが、「光量子」はアインシュタインがつけた名前であって、本来はただ一つの属性をもった「光」であるだけである。それが現実世界に作用するとき、突き当たる対象に従って二つの様態を現すだけである。すなわち光線の実体は唯一であり、それが現れるとき、二つの様態を見せるものと見なければならないのである。

光は人間に明るさと熱を与える。これもそれぞれ別個のものである明るさと熱が合して光となっているのではなく、一つの光が人間の視覚と触覚によって二つの属性に分化されて感じられただけである。同様に、神の性相と形状も、本来全く別々の二つの属性ではなくて、一つの絶対属性が、創造において相対的な二つの属性に分化されたものと見るべきなのである。なぜならば、もし性相と形状が本来から異質的な属性であったとすれば、その間に授受作用がなされるはずはないからである。

性相と形状をこのように説明すれば、従来の同一説または同一哲学と同じではないかという疑問が生ずるかもしれない。しかし同一哲学は結果の世界（被造世界）の相対要素（精神と物質、または主観と客観）が同一の一つの実体（絶対的同一者）に由来するという理論である。それに対して性相と形状の同質説は、原因者すなわち神の世界を論じているのである。神の世界は無時間の世界であるために、そこでは絶対属性と相対的属性との関係は原因と結果の関係ではない。絶対属性でありながら相対的属性なのである。その点において同一説とは全く異なるのである。

（6）本体論の立場から見るとき、統一論または唯一論は一元論である。しかし唯物論や唯心論（観念論）が一元論であるのとはその性格が違う。唯物論を一元論というのは、精神より物質が先次的であるという意味の一元論を意味し、唯心論を一元論というのは、物質より精神が先次的であるという意味の一元論を意味するのである。そのような意味で唯物論や唯心論は共に相対的な一元論なのである。しかし唯一論は精神と物質の根本が同質的であり、一つであると見る立場であるから、絶対的一元論なのである。

（7）イギリスの著名な理論物理学者ボーム（David Bohm）は意識の世界まで探求し、独自の宇宙論を展開している。彼は次のように語っている。「もっともっと物質の奥深くにまで内在を求めてゆけば、最終的に、われわれがそれを心としても体験するような、それゆえ心と物質が融合した流れに行きつくと思いますね」（傍点は引用者）（K. Wilber ed, *The Holographic Paradigm and Other Paradoxes*. Shambhala, 1985. 井上忠他訳『空像としての世界』青土社、一九八三年、三五〇頁）。これは自然科学者の立場から意識世界まで探求した結果、統一思想の主張する唯一論（統一論）と同じ内容に至ったものと見ることができる。

（8）ゲーリンクスの機会原因論の考え方を、マールブランシュ（N. de Malebranche, 1638-1715）は認識問題に適用した。精神と物体が全く異なる実体であるならば、精神は物体をいかにして認識することができるであろうか。マールブランシュは、神のうちに事物の原型たる永遠の観念があるのであり、われわれは事物の認識に際して、直接的に事物を認識するのでなく、神のうちにある観念を認識すると説明した。そのことを彼は「我々はすべてのものを神のうちにおいて見る」といった。その結果、我々は神と関係しているだけとなり、物体の存在の意識が薄れてしまった（岩崎武雄『西洋哲学史』有斐閣、一九七五年、一四七頁）。

（9）人間において、愛の実現とは、具体的にいえば温情を施したり対象を喜ばせることであり、結局、神に喜びを返すことを意味する。ところで温情を施すには、現実的に、知的、情的、意的な行動（活動）が必要になる。言い換えれば、知的活動、情的活動、意的活動の目標は愛の実現にあるのである。

（10）『原理講論』には万有原力が神に属するものと表現されており（五〇―五一頁）、『原理解説』にはそれが万物に属しているものと表現されている（韓国語版、三五頁）。統一思想はそのうち後者を選んでいる。神からの力と万物相互間の力を区別するためである。

（11）原力が縦的な力であり、万有原力が横的な力であるというとき、縦的、横的とは、原因的、結果的と同じ意味である。したがって万有原力は原力との関係から見れば横的な力であるが、授受作用の力との関係から見れば縦的な力なのである（編者注）。

（12）ただし万物の格位に従って、神の愛の力は次元を異にしながら現れる。人間において、その愛は全面的に現れるようになっている。

（13）この両者（内的性相と内的形状）を合わせて「内的二性性相」と呼ぶこともできる。したがって必要な時には、これと比較して、性相と形状を「外的二性性相」とも呼ぶことができよう。同様に、「内的主体対象」、「外的主体対象」の概念も成立する。

（14）ここにおいて自動車の運転手が交通規則を守ることは、主体性をもって自由意志に従って能動的に守ることであり、強要によって受動的に守るのではない。したがって自由性と必然性の関係は主体性と対象性の関係でもある。

（15）検流計は非常に微弱な電気を計る計器であって、これを人体に付着させて、人間の思考や感情の変化に従って現れる生体電気の流れの変動を指針を通じてグラフで確認することができる。この原理を利用して、米国の最高のうそ発見検査官であるクリーブ・バクスターは、ある日、自分の実験室にある観葉植物のドラセナの葉にポリグラフ（うそ発見器）の電極を付着させて、容疑者に対してするのと同様に、脅迫《きょうはく》的な方法で検流計に現れる変化を観察してみた。ところが意外にも、検流計の針の動きに劇的な変化が起きた。ドラセナはバクスターの意図を感知して、反応を示したのである。彼はその後、同じ実験を二十五種類以上の植物や果実に対しても行ったが、結果はみな同じであった。その結果、バクスターは植物にも心があるという結論を出したのである（Peter Tompkins & Christopher Bird, *The Secret Life of Plants*. New York: Harper and Row Publishers, 1973. P・トムプキンズ、C・バード著、新井昭廣訳『植物の神秘生活』工作舎、一九八七年、二六―三〇頁）。

（16）パリ大学の理論物理学者であるJ・E・シャロンは、複素相対論によって、電子や光子は「記憶」と「思考」のメカニズムを備えた別次元世界としての「小宇宙」を内臓していると説明している。

ここで複素相対論とは、実数と虚数を組み合わせた数である複素数を使って相対論を拡張した理論であるという。物理学では、通常三次元の空間と一次元の時間を実数で表し、それを「ものさし」として自然現象を記述する。通常の相対論では実数の四次元時空の中で現象が記述される。しかし複素相対論では、この実数の四次元時空にさらに虚数の四次元時空を加えるので、結局八次元の時空内の中で現象を記述する。ところで実（実数）の時空世界は一定の「広がり」を持っているので観測可能であるが、虚（虚数）の時空世界は「広がり」がない「閉じられた世界」であり、実の世界からの観測が不可能な世界だという。シャロンはこの虚の世界を人間の意識と類似した実在の世界だという。結局宇宙は、次元が全く異なる実の物質的実在と虚の意識の実在で構成されており、「私」という主体は、この二つの実在を認識することのできる存在だという（石川光男『ニューサイエンスの世界観』たま出版、一九八五年、一七六―一八〇頁）。

(17)　主管は原則的に万物に対する主管であるが、人間の相互関係において、主体が対象に対するとき、例えば政府が国民を治めるときにも、主管の概念が適用される。そのとき、主体は愛に基づいて創造性をもって対象を主管するのである。

(18)　ここで「性相と形状の相対的関係」を扱う場合、当然、提起される問題は、それが「性相と形状の本質的同質性」といかなる関係にあるかということである。すでに「原相の内容」の「性相と形状の異同性」のところで、性相と形状は神の絶対属性が創造（構想）に先立って分化されたあと、相対化されたものであるから同質であると述べた。ここに本質的に同質ならば、性相が形状であり形状が性相であるということになって、相対的関係とか授受作用は不可能になるのではないかという疑問が起きるかもしれない。しかしそうではない。性相と形状がたとえ絶対的属性から分化して相対化されたものであるとしても、性相と形状はそれぞれ異なる属性も持つようになるので、相対的関係も授受作用も、共に可能になるのである。

(19) ここで留意しなくてはならないことは、すでに明らかにしたように、結果には合性体と新生体という二つの種類があるということである。結果が合性体であるとは、性相と形状が授受作用をして一つに統一される場合をいい、結果が新生体であるとは、性相と形状が授受作用をして新しい個体や要素を生じる場合をいう。

(20) この四位基台は、元来、東西南北の四位置に対応する空間的概念として使われたものであるが、実際には観念上の抽象的概念としても使われている。

(21) 例えば、地球が自転しながら太陽の周囲を公転すること、電子が自転しながら原子核の周囲を回ることがそれである。そのとき自転運動は内的授受作用に起因し、公転運動は外的授受作用に起因する。

(22) 原相において、自己同一的四位基台すなわち合性体を成す授受作用の時の中心は心情であり、発展的四位基台すなわち新生体を形成する時の授受作用の中心は目的(創造目的)である。しかし被造世界においては、合性体を成す場合(自同的四位基台)も新生体を成す場合(発展的四位基台)も、その中心はすべて目的である。なぜなら被造物において、合性体を成すことも新生体を成すことも、すべて創造目的を果たすためのものだからである。ところで創造目的も実は心情を基盤としているために、目的が中心ということは同時に心情が中心でもあるのである。

(23) 太陽と地球の間に働いている力を太陽と地球の授受作用の結果として見るとき万有引力というが、太陽と地球を授受作用をせしめている原因的な力と見るとき、万有原力というのである(編者注)。

(24) 内的自同的四位基台と外的自同的四位基台も二段階の四位基台を成すゆえに「原相の二段構造」の概念に含まれる。

(25) ここで発展の概念を説明する。統一原理から見るとき、発展とは新しい性質の個体(新生体）が繁殖することをいうが、発展は創造を結果的な面から見たときの概念なのである。経済発展は経済財の増殖を意味し、文化発展は文化財の増殖を、科学発展は発明、発見の増加を意味する。すべて四位基台を土台とした授受作用の所産なのである。

(26) 人間以外の動物の中にも、次元は違うが創造性をもったものが少なくない。例えば蜂《はち》、蟻《あり》、くも、かささぎなどがその例である。それらの創造性は本能的創造性であって、人間の創造性とは次元が異なるが、彼らもやはり内的発展的四位基台形成の能力をもっていると見るのである。それに対して人間の創造性は本能的創造性と理性的創造性の統一である。

(27) 性相内部の内的性相は知情意の統一体であるという観点も、現実問題解決の一つの基準となる。それは自由の問題に関することである。すなわち自由とは、理性の自由か、感情の自由か、意志の自由か、という問題である。『原理講論』では「自由意志」、「自由行動」などの表現により、自由が意志の自由であることを認めている（『原理講論』一一五頁）。哲学上においても、選択の自由の意味で意志の自由が主張される場合が多かったが、ヘーゲルは理性の自由を強調し、カントは意志がそれ自身の法則に従うことを自由といい、十八世紀末のドイツの感情哲学は信仰と感情の中に人間の自由を求めた。

このように見ると、自由は理性の自由のようでもあり、感情の自由のようでもあり、意志の自由のようでもある。しかしこの問題は知情意を統一体と見るとき、容易に解決される。

すなわち理性の自由というとき、その中に意志の自由も感情の自由も共にあるのであり、またそうでなければならないのである。例えば選択の自由は意志の決定による自由であるから、意志の自由であるのは事実である（そのような意味で『原理講論』の「自由意志」は正当な表現である）。しかし選択とは、二つの中の一つを選ぶもので、二つの中の一つを選択する前に、どちらがより利益になるかということを判断または確認しなければならない。この確認する自由が理性の自由である。また選択するということは、感情的に喜ぼうとする選択であり、不快のための選択ではないので、その点で感情の自由でもあるのである。

ところでこの三つの自由が同時に成立するとしても、最も先次的な自由は理性の自由である。なぜなら選択を決定する前に選択の対象を確認しなければならならず、確認したのちには、選択を決定する意志に方向を提示しなければならないからである。この対象確認の能力も、意志への方向提示の能力も、理性にあるのである。感情的選択には、一種の美的批判が要求されるが、そこにも事実的、論理的判断が伴うために、やはり理性による確認が必要である。

(28) ここで明らかにすべきことは、内的形状内の一つ一つの観念（単純観念）も、それ自体として鋳型《いがた》の役割をなしているが、いろいろな観念の組み立てによって形成される複合観念も鋳型の役割をなすという事実である。ところで人間が作った鋳型の場合は、同一の鋳型でもって多数の鋳物をつくるが、神が人間を造る場合、神の内的形状の一つ一つの鋳型は人間を一人一人を造ることで終わるのである。一つ一つの鋳型《いがた》とはまさに個別相のことである。

(29) この事実は、論理学上のまた一つの問題点を解決する基準にもなる。これまでの論理学は考えるということを当然な既定の事実と見て、なぜ考えなければならないのか、どの方向に考えるべきか、ということが重要な問題点であるにもかかわらず、それに対しては問題視しなかった。そのため今日の論理学は壁にぶつかってしまったのである。論理学がもっているこの問題点も、本性相の内的発展的四位基台の理論によって解けるようになる。

(30) ここで汎神論と汎神相論の差異を明らかにする。それは統一原理、統一思想の立場が汎神論ではなく、汎神相論の立場であることを明らかにするためである。汎神論は自然のすべてのものを神と見る立場であり、したがって神と自然の質的差異を認めない宗教観、哲学観をいう。スピノザらの立場がそうであり、古代インドのバラモン思想、仏教思想、そしてエジプトやギリシアの思想にも見ることができる。この汎神論は、一方では、すべてのものに神性を認めて万象を良いものと見る楽観論を生じ、他方では、すべてのものを神の無差別的な現れと見ることによって、善と悪、真と偽の区別が無意味になり、道徳的努力の根拠が失われるという悲観論を生じた。そして現実問題の解決という点から見るとき、この二つの観点は共に役に立たない立場になっているのはもちろんである。

問題解決における汎神論のこのような無用性は、神は「人格の神」であり「創造の神」

であることを忘れたところに、その原因があるのである。そのために汎神論者たちは「創造の心情動機説」のようなものは、夢にさえ考えることができなかったのである。すでに明らかにしたように、統一思想は創造の心情動機説と相似の創造説に立脚した理論体系であるから、いかなる現実的な難問題に対しても、その根本的解決が可能なのである。

それでは統一思想は汎神論に対して、いかなる立場を取っているのであろうか。統一思想の立場は汎神論でなく汎神相論である。万物は創造目的を中心として相似の法則に従って創造されたと見る立場、すなわち万物は神の姿（神相）に似た被造物であると見る立場なのである。言い換えれば万物は神が現れたものではなく、神の姿（神相）に似たものと見る立場である。したがって神と万物の関係を創造者と被造物の関係、無限と有限の関係、原品《げんぴん》と模造《もぞう》との関係と見る観点であり、特に神と人間の関係を父母と子女の関係と見る立場なのである。

(31)　これに関して『原理講論』には次のように書かれている。「被造世界は、無形の神の本性相と本形状が、その創造目的を中心として、授受作用をすることによって、それが実体的に展開されて繁殖したものである」（六三頁）。

(32)　ここで「生命をもつ鋳型性観念」、「生きている鋳型」の意味を具体的に説明する。鋳型性観念は鋳型または模型となる観念であるが、それが生きているとは、どういうことであろうか。観念は映像であるから、生きている観念とは、とりあえず映画のスクリーンに現れるような、動いている映像と見てもよいであろう。しかし映画の映像は、実際に生きている映像ではなくて、ただフィルム上の静的映像が映写機を通じてスクリーンに映る時に現れる仮の運動にすぎないのである。しかしここでいう鋳型《いがた》性観念は真の生命力をもっているために、文字どおり生きているのである。これに関する適当な比喩《ひゆ》はないが、若干似た例を挙げてみる。夢の中で、今まで一度も見たことのない人に会って、その翌日、実際に全く同じ人に会ったと告白する人が時々いる。そのとき夢の中の人物と実際の人物が同じ人であったとすれば、夢の中の人物の映像は「生きている鋳型性観念」に相当し、実際の人物はその鋳型性観念に質料が満たされて現れた被造物としての人間に相当すると見ることができよう。また夢の中で、人物のみならず、動物、植物を含んだ山河の光景を見たあと、数日後に旅行をして全く同じ光景に接して驚く人もいるであろう。これは人間だけでなく、動物、植物、鉱物などすべての被造物にも本来生きている鋳型性観念があって、それに質料が満たされることによって創造されたことを理解しうる例だといってもよいであろう。

(33) ここでまた明らかにすべきことは、同じロゴスであっても、人間を創造したロゴスと万物を創造したロゴスではその内的性相の性格に差異があるということである。万物の場合、低次元の知情意の機能が内的性相をなしているが、人間の場合、高次元の知情意の機能が低次元の機能と合わさって内的性相をなしている。人間が完全な被造物として現れるときには、その低次元の知情意の機能は肉心として現れ、高次元の知情意の機能は生心すなわち霊人体の心として現れるのである。

（34）『原理講論』では、被造物が成長するとき、必ず蘇生《そせい》期、長成期、完成期の三段階の過程を通じなければならないとされている（七七頁）。この主張は「神は絶対者でありながら、相対的な二性性相の中和的存在であられるので、三数的な存在である」（同上）ということに基づいているのである。この命題は同時に、絶対＝心情、相対＝主体と対象、中和＝合性体という意味で四位基台の原型にもなり、また絶対＝正、相対＝分、中和＝合という意味で正分合作用の原型にもなるのである。

（35）ここで神の存在を証明する方法について述べることにする。統一思想は神をその始発点としているために、神の存在証明を扱わざるをえないのである。

（一）従来の神の存在証明

①　本体論的証明（ontological argument）

これは人間がもっている神の概念を根拠として、神の存在の必然性を証明する方式である。例えばアンセルムス（Anselmus, 1033-1109）は、彼の著書である『プロスロギオン』（神への語)』(Proslogion) において「人間が神を最も完全な存在として理解しているのは神が実際に存在しているからである。万一、存在という属性を神がもたないならば、神は最も完全な　存在と見ることができない。したがって神は存在しなければならない」と言った。このよう　な証明方式をデカルトも使用している。しかしこのような証明はフォイエルバッハのような無神論者の「神は人間の類的本質と完全欲が対象化されたもの以外の何者でもない」という反論を克服し難いのである。

② 宇宙論的証明(cosmological argument)

これはトマス・アクィナス(Thomas Aquinas, 1224-1275)の見解であるが、彼は自然界の運動の因果関係を逆にさかのぼっていけば最後には究極的な原因、すなわち第一原因に到達するが、それは原動者または自己原因であって、彼はそれを神と見た。これはアリストテレスが不動の動者を認めた方式を模倣した証明方式であって、やはり無神論者、唯物論者を説得するのは難しいのである。なぜならば物質的因果関係の究極的原因としての第一原因が必ず神でなければならない理由は何もないからである。物質の原因をいくらさかのぼっても物質以外のものであるはずはないというのが唯物論者(無神論者)たちの主張であるからである。唯物論の立場では、万一宇宙の第一原因が神であるとしても、その神さえも物質的存在であると主張することが可能なのである。

③　目的論的証明（teleological argument）

この証明方式は「人体の構造や生理現象が合目的性を帯びているように、無数の天体で構成されている宇宙も、一定の合目的的な計画によって形成された一つの巨大な秩序体系であると見て、その計画者がまさに神である」という方式、または「自然界の美と荘厳さから最高の知恵をもった神が世界を創造したと見ざるをえない」という観点から神を証明する方式である。しかしこの証明方式も、無神論や唯物論を克服するのは難しい。なぜなら無神論者たちは宇宙の運動を法則の必然性だけでも説明できると信じているからである。人体器官の構造と運動が合目的性を帯びているからといって、宇宙の現象も合目的的であると見るのは論理の飛躍であって、宇宙の運動はあくまでも合法則的であると見る観点も成り立ちうるのである。

④　道徳的証明（moral argument）

これは日常生活において、人間が従っている道徳法則の源泉として、道徳的な世界秩序の源泉として、神の存在を認める証明方式である。あるいはカントの場合のように、道徳的生活における基準として、神の実在を要請する方式である。良心を神の声と見る立場もこれに属する。しかしこのような理論も、無神論者を克服するのは難しい。なぜなら彼らは、伝統的な道徳や倫理を、封建社会において形成された規範、すなわち封建社会の支配階級がその階級的支配を維持、強化するために造った規範にすぎないと見ているからである。

そのように見るとき、従来の神の存在証明は、みないったん神の実在を信じたうえで、ただ論理上、神の存在を弁明したものにすぎないのである。すなわち初めから有神論的立場に立った上での証明なのである。したがってこのような神の証明の立場は、無神論とは共通の立場になりえないために、初めから平行線をたどる以外はないのである。言い換えれば、無神論者たちに神の存在を認識させるには、無神論と共通の立場に立って論理を展開させなければならないのである。それがまさに仮説的方法による神の証明方式である。次にこの仮説的方法に関して説明することにする。

(二) 仮説的方法

ある事物や現象を説明するに際して、その真偽の確実性が経験的方法ではまだ証明されておらず、ただ仮定として臆説《おくせつ》として説明するとき、その仮定や臆説を仮説という。そして仮説的方法とは、このような仮説を科学的観察や実験を通じて検証することによって、その仮説が真であることを証明する方式をいう。最も卑近な例を挙げれば、医者が患者を治療する際、病気の原因をまず仮定しておいて(例えば、高熱性疾患をインフルエンザと仮定して)、その仮定に従って病気を治療して病気が治ったらその診断は正しい診断になるのであり、万一その病気が治らなかったらその診断は誤診になるのと同じ方式である。

また一つ自然科学上の例を挙げてみる。古代のギリシアの哲学者デモクリトス(Demokritos,

ca.460-370 B.C.）は、すべての物質は原子（アトム）という非常に小さく、それ以上分割することができない微粒子から構成されていると主張した。この主張は自然科学的観察や実験を通じて得られたものではなく、純粋にデモクリトスの単純な仮説にすぎなかった。しかし科学が発達した現代に至り、物質を構成する基本単位の重量と内部構造まで明らかにされることによって、その原子論は科学的に検証された真説として公認されるようになったのである。

このような例を元素の発見においても見ることができる。元素の周期律表を作ったメンデレーエフ（D.I. Mendeleev, 1834-1907）は、その表によって、まだ発見されていない、いくつかの未知の元素の原子量、原子番号およびその性質を予言したが、その後、一八八六年にヴィンクラー（C.A. Winkler）が実際にその中の一つであるゲルマニウムを発見したのである。これも初めに仮説が立てられたのち、検証によってそれが定説になった実例の一つなのである。

このように科学的にはまだ不明な事実をまず仮説として立てておき、その仮説から引き出される（演繹される）結論が、自然科学的な観察や実験によって検証されれば、その仮説は定説または真説に転化するという原則を神の存在の証明に適用したものが、まさに仮説的方法なのであり、より正確に表現すれば、仮説演繹法なのである。科学の発達においては、原子論のみならず、そのほかにも仮説的方法によって定説として公認された例が少なくない。このように仮説的方法は自然科学が認める真理探求の方法の一つになっているから、無神論者であっても認めるほかないのである。言い換えれば、神の存在証明も、このような仮説的方法で行うならば、無神論者たちも受け入れざるをえないということなのである。

原相論と仮説

統一思想において神の存在の証明を仮説的方法で行うということは、無神論者たちに対して神の属性に関する理論(原相論)をいったん仮説として認めさせておき、その仮説から導かれる結論を自然科学の実験や観察の結果と対照してみて、その結果と完全にまた例外なく一致するということを明らかにすることによって、この原相論が真説であることを公認させる方法をいう。

次にその実例を挙げてみることにする。原相論の核心部分は、第一に「神は性相と形状の二性性相の中和的主体であると同時に、陽性と陰性の二性性相の中和的主体であり、陽性と陰性は性相と形状の属性である」ということであり、第二に「神は創造目的を中心として性相と形状の授受作用によって万物を創造されたのであり、授受作用は四位基台を土台としてなされ、四位基台には内的および外的な四位基台と、自同的および発展的な四位基台の四種類がある」ということである。

無神論者たちは神の属性に関するこのような理論を独断であると見なして、決して受け入れようとしないであろう。したがって彼らに対してだけは、この原相論は一つの仮説として取り扱うことにして、その代わりに、その仮説の検証作業に彼らを同参させるのである。すなわち、その仮説から導き出される結論が自然科学的な実験および観察の所見と一致するか否かを、共に調べてみるのである。すでに述べたように、仮説的方法は真理探求の科学的方法の一つであるから、万一、無神論者たちがこのような仮説の検証までも拒否すれば、それは彼らが真理探求を放棄または回避することになってしまい、自ら非科学的態度であることを自認することになるのである。したがって彼らは仕方なくこの仮説の検証作業に参加せざるをえないのであろう。

ところで仮説の検証作業とは、厳格にいえば、その仮説の主唱者が直接科学的に実験し、観察して、そこで得られた所見をその仮説から導かれる結論と比較する作業なのである。しかし自然科学が高度に発達した今日においては、そのような徒労をする必要はないのであり、ただ科学者たちがすでに実験と観察を通じて得た成果とこの仮説的結論を比較して、一致するか否かを確認すればよいのである。無神論者を仮説の検証作業に同席させるということは、彼らと共に自然科学的事実と仮説的結論が一致するか否かを確認することを意味する。そのようにして自然科学的事実と原相論の立場が一致するということが実証されれば、その時には、いくら無神論者であるといっても原相論を受け入れざるを得ないようになるであろう。なぜならそのとき、彼らは原相論が無神論の立派な代案になるということを悟るようになるであろうからである。

すでに述べたように、仮説によって必然的に導き出される結論が自然科学の実験および観察の所見と一致すれば、その仮説は真説または定説になる。次にいくつかの例を挙げて、いったん仮説とした原相論が検証を通じて真説となることが確認されることを見ることにする。

「性相と形状の二性性相」の検証

a　仮　説

原相論の次のような主張をいったん仮説として認定する。すなわち「神は性相と形状の二性性相の中和的主体である。相似の法則によって創造された万物は、神に似ているので二性性相の統一体をなしている」ということを仮説とすれば、次のような結論が導き出される。

b 結 論

「被造万物はすべて神の性相と形状の二性性相に似ているので、必ず無形の性相的側面と有形の形状的側面を備えている。すなわち鉱物、植物、動物、人間など、すべての被造物が、例外なく、そのような性相と形状の相対的側面をもっている」という結論が導き出される。したがって次はこの結論が自然科学的事実(実験と観察の成果)と一致するか否かを検証することが必要になる。

c 検 証

人間、動物、植物、鉱物が果たして性相と形状の相対的側面をもっているか、科学的知識をもって確認することが検証である。ところが以下に示すように、実際、この結論が科学的事実と完全に一致するということを知るようになる。

今日の医学において、人間を精神と肉体の統一体として把握し、この両者の相互関係を研究する分野が発達している。精神身体医学(psychosomatic medicine)、精神物理学(psychophysics)、精神生理学(psychic physiology)などがそうである。精神は心すなわち性相であり、肉体は体すなわち形状である。そのように今日の医学は人間が神の二性性相に似た性相と形状の統一体であることを証明しているのである。

動物にも人間の心に相当する部分があることを科学は明らかにしている。動物心理学がそれである。ところで大脳生理学者のエックルスは、実験を通じて、動物（哺乳類）も人間と同様に意識（五感の意識と内面的意識）をもっているが、人間と動物の差異は、人間は自我意識をもっているが動物はもっていないということだけであるという。これは、たとえ次元は低いとしても、動物にも心があることを科学的に証明しているのである。動物が人間と同じく肉体をもっているのはいうまでもない。そのようにして動物も神の二性性相に似た性相と形状の統一体なのである。

植物も動物と同じく生命体である。生命体の生命現象は生理現象として現れるが、その生理現象を研究する学問が生理学である。植物に関する生理学を植物生理学（plant physiology）という。ところで生命は物質ではない。生命それ自体は無形なる一種の性質であり、環境の刺激に対して反応を示す機能である。それは動物の本能が環境の刺激に対して反応を示す機能であるのと同じであって、植物の生命と動物の本能は次元が異なっているだけである。また植物学には、植物解剖学（plant anatomy）、植物形態学（morphological botany）などがあって、植物の細胞、組織、構造などの物質的有形的側面を扱っている。そのように植物にも機能的、無形的側面と、有形的、物質的側面があることが分かる。したがって植物も性相と形状の二つの側面をもっており、神の二性性相に似ていることが科学によって確認されるのである。

鉱物は無機物であり生命のない物質であるから、性相的側面がないようであるが、決してそうではない。鉱物における性相的な面とは、無形の性質や機能をいう。ここで鉱物に無形の性質や機能があるかないかを知るためには、鉱物の構成要素である元素、すなわち原子と分子に関する科学的成果を調べてみればよい。すべての原子は必ず一定の原子量をもちながら同時に原子量に対応する一定の化学的性質をもっている。それを分かりやすく表したのが元素の周期率表である。一方、すべての原子や分子は一定の力（エネルギー）を現すことのできる作用性をもっている。この作用性がまさに機能である。例えば原子核は核反応を起す作用性すなわち機能をもっているので、その機能のために核反応が起きる。そのとき放出されるエネルギーが原子力である。分子にも作用性がある。その作用性（機能）によって分子間力が生じるのである。そのような性質や機能それ自体は無形的なものであるから、性相的な要素である。そして原子や分子は有形的な側面をもっている。原子の有形的な側面は原子構造であり、原子論でこれを扱っている。分子にもやはり有形的な側面があるがそれが分子構造であり、分子構造論でこれを扱っている。すなわち原子、分子は形状的側面をもっているのである。そのような原子、分子が集って鉱物をなしている。したがって鉱物も性相と形状の統一体であり、神の二性性相に似ていることを科学的成果を通じて確認することができるのである。

以上で神はたとえ無形の存在であり自然科学の研究の対象になることはできないとしても、自然科学的方法の一つである仮説的方法を受け入れるとき、神の存在が証明されるという事実が明らかにされたと思う。

「陽性と陰性の二性性相」の検証

a　仮　説

原相論には「神は陽性と陰性の二性性相の中和的主体としておられ、相似の法則に従って創造された万物は、神のこのような二性性相に似て、全て陽性と陰性の二性性相の相対的関係を結んで存在する」という主張があるが、これも仮説とすれば、次のような結論が導き出される。

b 結論

「被造物は必ず神の陽性と陰性の相対的属性に似て、陽性と陰性の相対的属性をもつか、または陽性個体（要素）および陰性個体（要素）の相対的関係を成して存在する」という結論が導き出される。したがってこの結論が自然科学的事実と一致するか否かが検証されなければならない。

c 検証

結論の中の「被造物は必ず陽性個体（要素）と陰性個体（要素）との相対的関係を成して存在する」という仮説を検証することにする。まず人間に関していえば、人間の陽性は男性であり陰性は女性である。このような男性と女性の差異は、解剖学上にも（頭蓋骨《ずがいこつ》、骨盤、生殖器など）、生理学上にも（音声、月経の有無など）、外貌上にも（顔、乳房、臀部《でんぶ》など）、明らかに現れている。動物における陽性と陰性は雄と雌であるが、動物にも、解剖学上または生理学上、雌雄の差異がよく現れている。植物における陽性と陰性は、雄しべと雌しべ、または雄の木と雌の木、すなわち実を結ばない木と実を結ぶ木（銀杏《いちょう》の例）、そして雄花と雌花として現れている。

ここで参考のために、次のことを明らかにしておく。それは生物の遺伝子であるＤＮＡの分子において、螺旋《らせん》型に結ばれた二つのひもの鎖の間に、二つのひもの鎖を支えるように、添え木の役をする二種類の塩基の対があるということである。その対がＡ―ＴとＧ―Ｃである。ここでＡとＴ、あるいはＧとＣの関係は、それぞれ一方が陽画なら他方は陰画というように、相補的な関係にあることが知られているが、これも陽性と陰性の関係と見ることができるであろう。

次は鉱物に関して調べてみる。すでに述べたように、鉱物の構成要素は原子であるが、原子は陽電気を帯びた核（陽子と中性子）と、その周辺を回る陰電気を帯びた電子によって構成されているということを原子物理学は明らかにしている。

以上で「被造物が必ず陽性個体（要素）と陰性個体（要素）との相対的関係を成して存在する」という仮説的結論が、自然科学（医学、動物学、植物学、原子物理学など）の研究成果と一致することが確認された。したがって「神は陽性と陰性の中和的主体としておられ、相似の法則に従って創造された万物は、神のこのような二性性相に似て、すべて陽性と陰性の相対的関係を結んで存在する」という仮説が真説となるのである。

原相論の核心の残りの部分すなわち「神は創造目的を中心として、性相と形状の授受作用によって万物を創造されたのであり、授受作用は四位基台を土台としてなされ、四位基台には内的および外的な四位基台と、自同的および発展的な四位基台の四種類がある」という主張についても同様である。すなわち、これを仮説と見なして、そこから結論を導き出し、その結論を自然科学的事実から検証するのである。しかし、ここでは紙面の関係もあり、また原相論の「原相の構造」の説明を参考にすれば、その事実を推察しうるものであるから、これ以上、仮説の検証作業は省略することにする。このようにして、「神の存在」が仮説的方法によって、最も正しく証明することができることが明らかにされたと思う。

終わりに一つ付け加えたいことは、いくら無神論者であるとしても、神に関する理論が仮説的方法によって科学的事実と一致するということが、いったん検証されれば、謙虚な心でそれを真説として受け入れるのが科学的態度であるということである。特に共産主義者、唯物論者たちはあまりにも長い間、神を否定してきたために、彼らは神といえば無条件に反対または拒否する心理で固まっていると思われるが、その無条件的な拒否な態度こそ非科学的な態度であるということを知らなければならない。

今日の世界の大混乱を根本的に収拾する道は、地球星から無神論の旗をすべて除去し、神の旗を北極に至るまで高く掲げることである。その神の旗のもとに、人類が一つに集まるようになるとき、すべての混乱が根本的に収拾されるのみならず、全世界が一つに統一されて、ここに初めて人類の長い夢であった愛と自由、繁栄と平和の理想世界が実現されるようになるであろう。

(36) ヒルシュベルガー（J. Hirschberger）は次のように述べている。

「ひとはこのすべてを好んで汎論理主義と呼び、この汎論理主義に関連してヘーゲルを神秘主義的・汎神論的汎即一の説の唱道者と見なしてきた。……スコラ的傾向にある哲学者はおおむね口をそろえて、ヘーゲルを汎神論的同一性の哲学者と見なしてきた」（J. Hirschberger, *Geschichte der Philosophie*, Verlag Herder KG, Freiburg 1963. 高橋憲一訳『西洋哲学史』第三巻、理想社、一九七六年、五一二―五一三頁）。

第二章　存在論

（1）本山博『ヨガと超心理』宗教心理出版、一九七二年、一〇九頁。

（2）意志が直接的に物質に影響を及ぼす現象はＰＫ（サイコキネシス、psychokineses）現象と呼ばれている。ＰＫ現象には、遠隔物体の移動、金属の歪曲、伸長、または硬化、および乱数発生機をしてその偶然性を喪失せしめる可能性などが含まれるという（*Science et Conscience*, Stock & France Culture, 1980. Ｂ・ジョセフソン他、竹本忠雄訳『量子力学と意識の役割』たま出版、一九八四年、一六六―一六七頁）。

（3）一九六六年、アメリカのうそ発見器検査官のクリーブ・バクスターは、うそ発見器の電極を植物の葉にとりつけて植物の反応を調べてみた。そして驚いたことに、植物が人間の心を読み取ることが分かったという。例えば葉を焼いてみようと思い、炎を心に描いた瞬間、マッチに手をのばす間もなく、植物は大きく反応したのであった。引き続いて、いろいろな実験を行ってみた結果、彼は植物には意識・感覚があるようだと結論した。このバクスターの発見は「バクスター効果」と呼ばれている（P. Tompkins & C. Bird, *The Secret of Plants*, New York: Harper and Row Publishers, 1973. 新井昭廣訳『植物の神秘生活』工作舎、一九八七年、二六―二七頁）。

このバクスターが発見した人間と植物のコミュニケーションを再現しようとする試みはソ連でも行われた。そしてV・N・プーシキン等は植物が催眠状態になった人間の情動に反応することを確かめたのである（A・P・ドゥブロフ、V・N・プーシキン著、竹本忠雄監訳『超心理と現代自然科学』［モスクワ、1983］講談社、一九八五年、八七―九一頁）。

（4）ロンドン大学の理論物理学者ボーム（D. Bohm）は次のように述べている。「すべての物質の中にはある種の生命エネルギーがあり、それがわれわれの中では、あるしかたで発現しているが、岩の中ではそのしかたでは発現しないというだけかも知れない。もしこれが事実なら、つまり一種の叡智が自然界を通じて一般的なものなら、生命なき物質がわれわれの思考に反応するかも知れぬという思弁的提案も、ひどく不合理というわけではない」（K. Wilber ed., *The Holographic Paradigm and Other Paradoxes*, Shambhala, 1982. 井上忠他訳『空像としての世界』青土社、一九八三年、三八三頁）。

またパリ大学の理論物理学者シャロン（J.E. Charon）は、電子や光子それ自体が一つの「小宇宙」であって、「記憶」や「思考」のメカニズムを備えているといっている（石川光男『ニューサイエンスの世界観』たま出版、一九八五年、一七八―一七九頁）。

（5）以前は細胞（バクテリア）には性はないものと考えられていたが、一九四六年にJ・レーダーバーグとE・L・テータムによって、初めてバクテリアにも性があることが明らかにされた。バクテリアやゾウリムシにおける性については、例えば樋渡宏一著『性の源をさぐる』（岩波書店＝岩波新書、一九八六年）に詳しく説明されている。

（6） この大爆発説（ビッグバン説）はまだ仮定の段階にあってこれから修正される可能性を排除することはできない。

（7） J.V. Stalin, *Dialectical and Historical Materialism* (*New York*: International Publishers, 1940) スターリン、マルクス・レーニン主義研究所訳『弁証法的唯物論と史的唯物論他』大月書店＝国民文庫、一九五三年、九頁。

（8） *E. Engels, Anti-Dühring*, 1878. エンゲルス、粟田賢三訳『反デューリング論』岩波書店＝岩波文庫、一九五二年、四〇頁。

（9） 時間の類型

ここで参考に時間の類型を考えてみることにする。統一原理には神の復帰摂理歴史に二十一日、四十日、二百十年、四百年などの摂理的期間がしばしば現れる。このような摂理上の時間は一般的な時間とその性格が違う。その事実を明らかにするためにここで時間の類型に関して調べてみよう。時間の中に住んでいるわれわれに参考になるであろう。時間の類型には次の六つを考えることができる。
①　物理学的時間……これは物理力によって生じる無機物の反復的な円環運動に必要とされる時間である。
②　生物学的時間……これは生命力によって生じる生物の成長とライフサイクルの反復運動（継代現象）に必要とされる時間である。
③　歴史的時間……これは人間の精神力によって文化が形成され、発達するのに必要な時間である。
④　摂理的時間……これは摂理的人物たちが信仰および責任分担能力をもって一定の使命を遂行しながら復帰摂理を進行させるのに必要な時間である。
⑤　理想的時間……これは神の創造理想である真の愛の実現のために生きるのに必要とする時間であり、神の三大祝福を完成した人間に必要とされる時間である。
以上、時間の類型を説明したが、時間の中に住んでいる私たち人間はこの五つの時間のうち、いずれか一つか二つの時間を生きているということができる。子女を育て衣食住の問題を解決すること以外にいかなる目的も使命感もなしに生きる人は、動物のような生物学的な時間の中に生きる人であり、一定の精神力をもって文化の発達に寄与している人は歴史的時間の中に生きる人である。また信仰と責任分担の使命感をもって、人類を救おうとする神の復帰摂理のみ旨を実現するために献身する人は摂理的時間の中に生きる人であ

る。将来、神の復帰摂理が完成され理想世界が到来すれば、その時、全人類が理想的時間の中に生きるようになる。

(10) ボームは種子が環境に影響を与えることを次のように述べている。「内臓された秩序に従って、種子は絶えず環境中の無生的物質に、生きた動植物をつくりださせるあらたな情報を与えつづけます。たとえその種子が地面に播かれる以前であっても、その種子に生命が内在していなかったと誰が言えますか」(K・ウィルバー編『空像としての世界』三五〇頁)。

(11) エンゲルス『反デューリング論』(上)一〇一頁。

(12) V.I. Lenin, "On the Question of Dialectics," *Collected Works of Lenin*, Vol. 38 (Moscow: *ProgressPublishers*, 1976). レーニン、松村一人訳『哲学ノート』岩波書店=岩波文庫、一九七五年、(下)一九八頁。

(13) 同上、一九七頁。

(14) 完成した人間がそのように愛でもって万物を主管すれば、動物世界の弱肉強食の現象までも結局は消えるようになるであろう。

第三章　本性論

(1) 文鮮明《ムンソンミョン》先生は次のように語っている。「男性にとって妻は、お母さんの分身であり、結集体です。お姉さんの結集体であり、妹の結集体です。そして宇宙を代表した女性の結集体であり、そのような内容をもっている妻を愛するということは、すべての人類を愛したという結果になりますし、すべての女性を愛した立場に立ち、自分の家のお母さんとお姉さんと妹を愛したことになります。ですから家庭とは、人類愛を教育する代表的修練所です。心情の中心を立たせる代表的場です。だからそこにおいて信頼され、幸福を得る生活を営むということは、全天宙の中心として幸福な生活をし、幸福な愛の中心に据えることを意味します。それが理想圏の始まりです。愛なくしては何もありません。何にもなりません。同じように女性にとっても、旦那さんはお父さんの分身であり、お兄さんの結集体であり、弟の結集体です。これが私たちのなすべき家庭の理想です」(文鮮明『御旨と世界』光言社、一九八五年、六七一―六七二頁)。

(2) 孔子「論語」為政第二、宇野哲人『論語新釈』講談社=学術文庫、一九八〇年、三八頁。

(3) 『原理講論』一三一頁。

（4）文鮮明「絶対価値と新文化革命」、第十四回「科学の統一に関する国際会議」での基調演説。

（5）F. Engels, *Die Entwicklung des Sozialismus von der Utopie zur Wissenschaft*, 1883. エンゲルス、大内兵衛訳『空想より科学へ』岩波書店＝岩波文庫、一九四六年、八九頁。

（6）ロックは『統治論』の中で次のように述べている。「すでに明らかにしたように、人間は生まれながらにして、他のどんな人間とも平等に、すなわち世界中の数多くの人間と平等に、完全な自由を所有し、自然の法の定めるすべての権利と特権を、抑制されずに享受する資格を与えられている。したがって人間は、自分の所有物、すなわち、生命、自由、資産を、他人の侵害や攻撃から守るための権力だけではなく、また、他人が自然の法を犯したときには、これを裁き……死刑にさえ処しうるという権力を生来もっているのである」（*J. Locke, Two Treatise of Government*, 1689. 宮川透訳「統治論」、世界の名著『ロック、ヒューム』中央公論新社、一九八〇年、二四五頁）。

（7）S. Kierkegaard, Sygdommen til Do¨den, 1849. キルケゴール、松波信三郎訳「死にいたる病」、世界の大思想『キルケゴール』河出書房新社、一九七四年、三八四頁。

（8） **S. Kierkegaard,** ***En Literair Anmeldelse af S. Kierkegaard,*** **1846.** キルケゴール、桝田啓三郎訳「現代の批判」、世界の名著『キルケゴール』中央公論新社、一九七九年、四〇三頁。

（9） **F. Nietzsche,** ***Also Sprach Zarathustra,*** **1883-85.** ニーチェ、手塚富雄訳「ツァラトゥストラ」、世界の名著『ニーチェ』中央公論新社、一九六八年、一九〇頁。

（10） **F. Nietzsche,** ***Der Antichrist,*** **1895.** ニーチェ、原佑訳「反キリスト者」、『ニーチェ全集』第一三巻、理想社、一九八〇年、一四四頁。

（11） ニーチェ「ツァラトゥストラ」前掲書、三一八頁。

（12） ニーチェはパウロが「福音」を「禍音」に変え、イエスの教えを彼岸《ひがん》主義に変えたと次のようにいっている。「私はキリスト教のほんとうの歴史を物語る。――すでに『キリスト教』という言葉が一つの誤解である――、根本においてはただ一人にキリスト者がいただけであって、その人は十字架で死んだのである。『福音』は十字架で死んだのである。この瞬間以来『福音』と呼ばれているものは、すでに、その人が生きぬいたものとは反対のものであった。すなわち、『悪しき音信』、禍音であった」（「反キリスト者」前掲書、一九〇頁）。「パウロはあの全生存の重心をこの生存の背後にあっさりと置き移した、――『復活した』

イエスという虚言のうちへと」(同上、一九六頁)。

(13) K. Jaspers, *Philosophie*, 1932. ヤスパース、武藤光朗訳『哲学的世界定位(哲学1)』創文社、一九六四年、二〇頁。

(14) K. Jaspers, *Was ist Philosophie? Ein Lesebuch, Textauswahl und Zusammenstellung von Hans Saner, Piper*, Mu¨nchen 1976. ヤスパース、林田新二訳『哲学とは何か?』白水社、一九七八年、一八頁。

(15) 同上、二二頁。

(16) 同上、二六頁。

(17) ヤスパースは次のように述べている。「その戦いは愛の戦いであって、そこにおいては双方が一切の武器を相手に引き渡す。自由な者と自由な者とが共同をつうじて遠慮なしに対立しあうような交わり、また、他者との交渉はすべてその予備段階たるにすぎず、決定的な点ではあらゆることを要求しあい根底において疑問としあうような交わり、こうした交わりにおいてのみ本来的な存在の確信が得られるのである」(『哲学とは何か?』二五頁)。

(18) ハイデッガーは「ひと」について次のようにいっている。「そのだれかは、このひとでなければ、あのひとでもなく、そのひと自身でもなく、幾人かのひとでもなければ、また、すべての人々の総計でもない。『誰か』は、中性的なものであり、つまり世人[ひと(das Man)]なのである」(M. Heideggar, *Sein und Zeit*, 1927. 原佑・渡辺二郎訳「存在と時間」、世界の名著『ハイデガー』中央公論新社、一九八〇年、二四〇頁)。

(19) ハイデッガー「存在と時間」前掲書、四四四―四四五頁。

(20) J.P. Sartre, *L'existentialisme est un humanisme*, 1946. サルトル、伊吹武彦訳『実存主義とは何か』人文書院、一九八三年、一七頁。

(21) 同上、二〇頁。

(22) J.P. Sartre, *L'être et le néant*, 1943. サルトル、松浪信三郎訳『存在と無』人文書院、一九八五年、(Ⅲ)二七三頁。

(23) サルトル『実存主義とは何か』二九頁。

(24) サルトル『存在と無』(Ⅱ)一三七頁。

(25) 同上、(Ⅱ)四六〇頁。

第四章　価値論

(1) 哲学教材研究会『哲学新講』学友社（韓国ソウル）、一九七八年、一三二頁。

(2) 文鮮明《ムンソンミョン》、*New Hope —Twelve Talks by Sun Myung Moon*. ed. by Rebecca Salonen（New York:HSA-UWC, 1973）五五頁。

(3) 三界《さんがい》とは、衆生《しゅじょう》が生死流転する世界を欲界《よくかい》、色界《しきかい》、無色界の三段階に分けたものである。欲界は、最も下にあって、淫欲《いんよく》、食欲、睡眠欲を有するものの世界をいう。色界は、欲界の上にあって、殊妙な物質（色）よりなる、欲を離れたものの住む世界をいう。そして無色界は、最も上にあって、物質を越えた高度の精神的な世界をいう。

(4) 文鮮明先生は次のように語っている。
「私たちはどんな人種であろうとも、それにかかわらず、そこにはある普遍的な原理が関係していることを認めなくてはなりません。宇宙にはある根本的な法則があり、それを犯す人は、その人の人格や才能がどうであれ、それなりに審判されるでしょう。そのような宇宙の構造の根本精神は何でしょうか。それは、他人のために生きようとする男性や女性を守り支えようとするものです。それはまた、他人を利用し、自分の利益だけを得ようとする人々を排除しようとします。こういうわけで善人とは、他人のために存在する人間のことであり、善行とは、他人の利益になるような行為だと言うことができます」（文鮮明『御旨と世界』光言社、七六三頁）。

（5）「絶対的価値は絶対的愛の中で探し求めるべきである」というのが、「科学の統一に関する国際会議」における文先生の一貫した主張である。

（6）解放神学は第三世界で台頭した新しい神学である。伝統的なキリスト教の来世救済観から脱し、現実問題解決への積極的な参与を主張する。現実問題の中、最も重大な問題は人間の非人間化問題であるが、非人間化の原因は資本主義体制の構造的矛盾と社会悪にあると主張する。したがって人間性の解放のためには、資本主義社会を打倒しなければならないと主張し、共産主義と提携するのである。

（7）第二次大戦後、第三世界は政治的には独立したが、経済的には依然として第一世界に従属し、低開発の状態を免れることができない。従属理論はこの状況を世界資本主義における中心国と周辺国の関係として把握し、これを資本主義社会の階級対立（矛盾）の国際的拡大として解釈している。すなわち労働者階級が資本家階級によって搾取されているように、後進国は多国籍企業を通じて先進国に搾取されていると主張する。したがって第三世界が低開発を免れるためには、多国籍企業の撤収、従属関係の撤廃、買弁資本と権力層の打倒などによって、先進国から解放され、社会主義国家になることだとしている。

（8）『大学』には「物格《いた》りて後知至《のち》り、知至りて後意誠《いまこと》に、意誠にして後心正しく、心正しくして後身修まり、身修まりて後家斉《ととの》い、家斉いて後国治まり、国治まりて後天下平らかなり」（宇野哲人『中国思想』講談社＝学術文庫、一九八〇年、八四頁）と書かれている。なお、『大学』はもと『礼記』の中の一篇であったが、朱子は『論語』『孟子』『中庸』と合わせて『四書』と呼んだ。『大学』は孔子の弟子である子思の著作といわれている。

（9）孔子は「天徳を我に生ぜり」と述べている（宇野哲人『論語新釈』講談社＝学術文庫、一九八〇年、一九九頁）。徳は天から賜ったものということである。また「天は仁なり」と述べたのは董仲舒《とうちゅうじょ》である（鈴木由次郎「董仲舒」、『講座東洋思想2・中国思想Ⅰ儒家思想』東京大学出版会、一九六七年、一四九頁）。

(10) 如来《にょらい》とは「真如より来れる者」という意味であるが、妙法蓮華経《みょうほうれんげきょう》には「如来の室《しつ》とは一切衆生の中の大慈悲心是《これ》なり」（坂本早男・岩本裕訳『法華経』岩波書店＝岩波文庫、一九六四年、(中)一五八頁）と書かれている。したがって真如が慈悲の根本であるということができる。

(11) コーランには次のように書かれている。
おまえたちは言うがよい、「われわれは神を信じ、そしてわれわれに啓示されたものを、アブラハムとイシマエルとヤコブともろもろの支族に啓示されたものを、モーセとイエスに与えられたものを信ずる。また、もろもろの預言者が主から与えられたものを信ずる。われわれはこれらのあいだで、だれかれの差別はしない。われわれは神に帰依《きえ》する」（藤本勝次・伴康哉・池田修訳『コーラン』中央公論新社、一九七九年、七二頁）。

(12) 『コーラン』の第一章、開巻の章には、次のように書かれているが、これがコーランのエッセンスであるといわれている。
1　慈悲ぶかく慈愛あつき神の御名《みな》において。
2　神に讃《たた》えあれ、万有の主、
3　慈悲ぶかく慈愛あつきお方、
4　審判の日の主宰者に。

5　あなたをこそわれわれは崇《あが》めまつる、あなたにこそ助けを求めまつる。
6　われわれを正しい道に導きたまえ、あなたがみ恵みをお下しになった人々の道に、
7　お怒りにふれた者やさまよう者のではなくて。
（『コーラン』五五頁）

(13) パスカルは『パンセ』において次のように述べている。
「信仰のない人間は、真の幸福も正義も知ることができないということ。すべての人間は幸福になることを求めている。これには例外がない。……こんなにもはげしい渇望があるのに、それを果たす力がないというのは、いったい何を告げ知らせているのであろうか。……この無限な深淵を満たすことができるのは、無限で不動な存在、すなわち神のほかに何もないのだから」（B. Pascal, *Pensées*, 1670. 伊藤勝彦著、人類の知的遺産『パスカル』講談社、一九八一年、二三六―二三七頁）。「神を直感するのは心情であって、理性ではない。これがすなわち信仰である。理性にでなく、心情に直感される神」（同上、二五八頁）。

(14) レニングラード大学哲学科編『哲学における価値の問題』一九六六年（森宏一編『哲学辞典』青木書店、一九七三年、六一一頁より引用）。

第五章　教育論

（1）コメニウスは『大教授学』の副題として次のように述べている。

「あらゆる人に　あらゆる事柄を教授する

普遍的な技法を　提示する

大　教　授　学

（別名）

いかなるキリスト教王国のであれ、それの集落、すなわち都市および村落のすべてにわたり、男女両性の全青少年が、ひとりも無視されることなく、学問を教えられ、徳行を磨かれ、敬神の心を養われ、かくして青年期までの年月の間に、現世と来世との生命に属するあらゆる事柄を

僅かな労力で　愉快に　着実に

教わることのできる学校を創設する・的確な・熟考された方法」（J. A. Comenius, *Didactica Magna*. 1657. 鈴木秀男訳『大教授学』明治図書、一九六二年、一三頁）。

（2）J.J. Rousseau, *Émile ou de L'education*, 1762. ルソー、今野一雄訳『エミール』岩波書店＝岩波文庫、一九六二年、(上)二三頁。

（3） I. Kant, *Immanuel Kant über Pädagogik*, herausgegeben von D.F.T. Rink, 1803. カント、尾渡達雄訳「教育学」、『カント全集』第十六巻、理想社、一九六六年、一一三頁。

（4） 同上、一一六頁。

（5） ペスタロッチは『方法における精神と心情』（*Geist und Herz in der Methode*, 1805）の中で、知的教育（精神教育）に対する道徳・宗教教育（心情教育）の優位性について、次のように述べている。「知的教育は本来、私たち自身をより高い神的感覚へと高めるすべての方法を生じさせるところの無邪気と子どもらしい感覚を私たち自身の中に生み出すには全く適していない。茨がいちじくの実をつけず、あざみがぶどうの房をつけないように、心情教育から分離した単なる精神教育は愛の実をつけない。精神教育は、この分離の結果現われる利己心と弱さの犠牲になっているため、それ自身の中に堕落の原因を持っていて、そして、燃料の燃えている容器から燃料が取り出されると焔《ほのお》は自らの力で燃えつきてしまうように、それ自身の力で消耗してしまう」（長尾十三二他訳『シュタンツ便り他』明治図書、一九八〇年、一二二頁）。そして彼は死の直前に書いた『白鳥の歌』（*Schwanen Gesang*, 1826）において、三つの根本力、すなわち精神力、心情力、技術力について明らかにしたのである。そこにおいて、愛（心情力）がそれらを統一する力であるというのが、ペスタロッチの教育論の基本原理であった（荘司雅子監修『現代西洋教育史』亜紀書房、一九六九年、二二三頁）。

（6） F. Fröbel, *Die Menschenerziehung*, 1826. フレーベル、荒井武訳『人間の教育』岩波書店＝岩波文庫、一九六四年、(上)二二頁。

（7） J. Dewey, *Democracy and Education, An Introduction to the Philosophy of Education*, 1916. デューイ、松野安男訳『民主主義と教育』岩波書店＝岩波文庫、一九七五年、(上)九二頁。

（8） 同上、二四頁。

（9） 同上、一二七頁。

（10） K. Marx, *Die Klassenkämpfe in Frankreich* , 1848 bis 1850, 1850. マルクス、中原稔生訳『フランスにおける階級闘争』大月書店＝国民文庫、一九六〇年、一三七頁。

（11） K. Marx, *Das Kapital*, 1867-83. マルクス、向坂逸郎訳『資本論』岩波書店＝岩波文庫、一九六九—七〇年、(3)一〇頁。

（12） マルクス・レーニン主義研究所訳『レーニン全集』大月書店、一九五三—六九年、第二八巻、八一頁。

(13) 同上、四四〇頁。

(14) 同上、第二九巻、一一八頁。

(15) 同上、第三一巻、三七〇頁。

(16) 柴田義松・川野辺敏編『資料ソビエト教育学』新読書社、一九七六年、七〇八頁。

(17) マルクス『資本論』岩波書店＝岩波文庫、(2)五〇一、五〇七頁。
『レーニン全集』第三一巻、三五頁。

(18) 第二次世界大戦に敗れた日本の再建のための教育の指針がアメリカ人によって与えられた。すなわち一九四六年、アメリカから日本の教育改革の方案を提示するために教育使節団が派遣された。そして日本の再建のため、民主主義教育として掲げられたのがこの「アメリカ教育使節団報告書」の内容であった。これは民主主義の教育理念をよく紹介している資料であるので引用した。

(19)　村井実『アメリカ教育使節団報告書』講談社＝学術文庫、一九七九年、一二三頁。

(20)　同上、三〇―三一頁。

第六章　倫理論

(1)　ここで「縦的愛と横的愛」について説明する。同時に、文先生がよく使われる「愛の縦軸と愛の横軸」の用語についても解説する。

神と人間の関係は天と地との関係または父母と子女の関係であるから、上下の関係、すなわち縦的関係である。そして夫婦の関係は、平面的な同一世代の男女関係であるから横的関係である。したがって神の愛は縦的愛であり、夫婦の愛は横的愛である。神の愛はまた、心情の衝動力によるものであるから、その愛の伝達は目に見えないが直進的、直線的に伝わる。それはちょうど光が直進するのと同じである。すなわち神の愛は迂回《うかい》して伝わるのではなく、曲線的に伝わるのでもない。そのことを神の「愛の軸」という。それで神の縦的愛の直進的な形を「愛の縦軸」と表現し、夫婦の横的愛の直進的な形を「愛の横軸」と表現するのである。それはちょうど光の直進的な形を光線というように、愛の直進的な形を愛の軸（「愛の線」という意味）というのである。その愛の縦の線が「愛の縦軸」であり、横の線が「愛の横軸」である。

（2）三対象目的という場合の「対象」の概念と、存在論で説明した主体と対象の関係における「対象」の概念は、若干異なっている。後者の場合、対象とは、主体に対する対象という意味であるが、前者の場合は、一つの存在に相対している他の存在という意味である。

（3）I. Kant, *Kritik der praktischen Vernunft*, 1788. カント、波多野清一他訳『実践理性批判』岩波書店＝岩波文庫、一九七九年、七三頁。

（4）同上、一七九―一八〇頁。

（5）J. Bentham, *Principles of Morals and Legislation*, 1780. ベンサム、山下重一訳「道徳および立法の諸原理序説」、世界の名著『ベンサム、J・S・ミル』中央公論新社、一九七九年、八一頁。

（6）同上、一〇九頁。

（7）G.E. Moore, *Principia Ethica*, New York: Cambrige University Press, 1959. ムーア、岩崎武雄

『倫理学』有斐閣、一九七一年、一〇三頁。

（8）Ibid., Chap.1, Sec.6. 岩崎武雄『倫理学』、一〇四頁。

（9）W. James, *Pragmatism*, 1907. ジェイムズ、桝田啓三郎訳『プラグマティズム』岩波書店＝岩波文庫、一九五七年、一四七頁。

（10）J. Dewey, *Ethics*, 1908. デューイ、久野収訳「倫理学」、世界の大思想『デューイ＝タフツ』、河出書房新社、一九六六年。

第七章　芸術論

（1）『原理講論』六五頁。

（2）同上、四八頁。

（3）『原理講論』には次のように書かれている。

「神は本性相と本形状の二性性相の中和的主体として、すべての存在界の第一原因であられる」（四六頁）。

「被造世界は、無形の神の本性相と本形状が、その創造目的を中心として、授受作用をすることによって、それが実体的に展開されて繁殖したものであると見ることができる」（六三頁）。

（4） H. Read, *The Meaning of Art*,（London: Faber and Faber Ltd., 1972）. リード、滝口修造訳『芸術の意味』みすず書房、一九六六年、一二頁。

（5） 自分に不足した点を対象に発見して喜びを感じる相補性は、単に形状の相似性の場合だけでなく性相の相似性の場合にもしばしば該当する。例えば心の弱い人は心の強い人の性格が好きな場合があり、性格のせっかちで荒っぽい人は性格が静かで沈着な人が好きな場合がよくある。

（6） Plato, *Early Socratic Dialogues*（Harmondsworth: Penguin Books, 1987）. プラトン「大ヒッピアス篇」二九八A、立野清隆『古代と中世の哲学』世界書院、一九七三年、一二八頁より引用。

（7） I. Kant, *Kritik der Urteilskraft*, 1790. カント『判断力批判』岩波書店＝岩波文庫、一九六四

年、(上)一〇二―一〇三頁。

（8） A. Hofstadter and R. Kuhns ed., *Philosophies of Art and Beauty*（Chicago:The University of chicago Press, 1964）p.96.

（9） リード『芸術の意味』二四頁。

（10） ベートーヴェンは「神性へ近づいて、その輝きを人類の上に拡げる仕事以上に美しいことは何もない」（R. Rolland, *Vie de Beethoven*, 1927. ロマン・ロラン、片山敏彦訳『ベートーヴェンの生涯』岩波書店＝岩波文庫、一九六五年、一三六頁）と語っている。またロマン・ロランはベートーヴェン記念祭の講演で次のように語った。「自分の芸術を他人のために役立てようという考えは彼［ベートーヴェン］の手紙の中で絶えず繰り返されている。……彼は自分生活にただ二つの目的を決定している。それは聖なる芸術への（an die göttliche Kunst）献身と、他人を幸福にするための行いとである」（同上、一五九―一六〇頁）。

（11） 一般の美学においては創作の過程を次の四つの段階に区分している（竹内敏雄編集『美学事典』増補版、弘文堂、一九七四年、一七二―一七三頁）。

① 創作的気分（Schaffensstimmung）……漠然とした感情の醗酵状態。

② 着想（Konzeption）……作品の構想がおぼろげながら浮かびあがってくる段階。
③ 内的精練（innere Durchführung）……明瞭な構想が練られる段階。
④ 外的完成、仕上げ（Ausführung）……一定の材料と技巧によって具体的に作品をつくる段階。

統一芸術論から見れば、①、②、③は内的四位基台の形成に、④は外的四位基台の形成に相当している。

(12) ミレーは次のように考えていた。「美術の使命とは愛の使命であって、憎しみの使命ではありません。また美術は、貧者の苦しみを描き示す場合にも、富裕階級に対する嫉みを刺激することを目的としてはなりません」（R. Rolland, *Millet*, 1902. ロマン・ロラン、蛯原徳夫訳『ミレー』岩波書店＝岩波文庫、一九五九年、九頁）。そして労働の苦しみの中に人生の詩と美とをできる限り示すということが、ミレーの信念と芸術との究極の目的であった（同上、一一一―一一二頁）。

(13) 主体が、対象を通じて触発された自己の感情を対象に投射して、その感情を対象に属しているものとして体験することを、リップスは感情移入といっている。

(14) 井島勉『美学』創文社、一九五八年、二一三頁。

(15) Clara Zetkin, *Reminiscences of Lenin* (in German) (Berlin: Diez Verlag, 1957), p.17.

(16)『レーニン全集』大月書店、第十巻、三一頁。

(17) ゴーリキー「沼地と高地」、黒田辰男訳『母』新日本出版社、一九七六年、(下)三五五頁の解説より引用。

(18) ゴーリキー、山村房次訳『文学入門』青木書店＝青木文庫、一九六二年、一三六頁。

(19) 同上、一四八―一四九頁。

(20) K. Marx, *Zur Kritik der politischen Ökonomie*, 1859. マルクス、武田武夫他訳『経済学批判』岩波書店＝岩波文庫、一九五六年、一三頁。

(21) J. V. Stalin, "Concerning Marxism in Linguistics," in *Marxism and Problems of Linguistics* (Peking: Foreign Languages Press, 1972). スターリン、石堂清倫訳「マルクス主義と言語学の諸問題」、『弁証法的唯物論と史的唯物論他二篇』大月書店＝国民文庫、一九五四年、一四

三頁。

(22) 同上、一四五—一四六頁。

(23) スターリン主義を告発した、メドヴェーデフ著『共産主義とは何か』(R.A. Medvedev, *Let History Judge: The Origins and Consequences of Stalinism*, Alfred A Knopf, Inc. 1972. 石堂清倫訳、三一書房、一九七三—一九七四年)には、三〇年代後半におけるソヴィエト文学者と芸術家の弾圧の様相が暴かれている。またその中でメドヴェーデフは、社会主義リアリズムの実態について、それは現実の真実を描くものではなく、かえって共産主義を美化するために現実を粉飾するものとなったと語っている。

「四〇年代には……文学作品の多くは、例証主義と現実美化を特徴とし、欠陥については黙っていた。望ましいことが、きわめてしばしば現実といいくるめられた」(『共産主義とは何か』下巻、五一六頁)。

「現実の粉飾と歪曲、偽造……すべてこうしたことが、作品の芸術的側面にも不可避的に反映した。文学芸術のすべての分野に、大量のつまらない、おもしろくない作品があらわれた」(同上、五一八頁)。

(24) 趙要翰『芸術哲学』京文社(韓国ソウル)、一九七三年、一六八—一六九頁。H. Read, *Art*

and Society, 1905. から引用。

(25) 同上、一六九頁。

(26) 同上、一六八―一六九頁。

(27) André Gide, *Back from the U.S.S.R.* (London: Martin Secker & Warburg, Ltd., 1937). アンドレ・ジード、小松清訳『ソヴェト旅行記』岩波書店＝岩波文庫、一九三七年、一三頁。

(28) 同上、五九頁。

(29) 同上、八五―八六頁。

(30) Boris Pasternak, *Doctor Zhivago* (New York: Ballantine Books, 1981). パステルナーク、江川卓訳『ドクトル・ジバゴ』新潮社、一九八九年、(上)四四九頁。

(31) 同上、(下)二三三頁。

（32）マルクス『経済学批判』三二八頁。

第八章　歴史論

（1）A.J. Toynbee, *A Study of History*, Abridgement by D.C. Somervell (Oxford University Press, 1974). トインビー、長谷川松治訳『歴史の研究』社会思想社、一九七五年、(1)三六二頁。

（2）ヤスパースは次のようにいっている。「この世界史の軸は、はっきりいって紀元前五〇〇年頃、八〇〇年から二〇〇年の間に発生した精神的過程にあると思われる。そこに最も深い歴史の切れ目がある。われわれが今日に至るまで、そのような人間として生きてきたところのその人間が発生したのである。この時代が要するに《枢軸時代》と呼ばれるべきものである」(K. Jaspers, *Vom Ursprung und Ziel der Geschichte*, 1949. 重田英世訳『歴史の起源と目標』理想社、一九六四年、二二頁)。

（3）ヤスパースはまた次のようにいう。「しかしそれは一つの歴史的秘密であり、われわれがこの事実の研究をすすめるに従って、いよいよ大きな秘密となるばかりである。枢軸時代は、今日に至るまでも全人間史を規定するほどの、途方もなく貴重な精神的創造を含むのであるが、この三つの領域において相互に無関係に、相似寄ったもの、相呼応するものが生じたという謎は、どこまでもつきまとうのである」（同上、四二頁）。

（4）十四世紀に英国のウィクリフ（J. Wycliffe, ca.1320-84）は、聖書を英訳し、信仰の基準を法王や僧侶におくべきでなく、聖書自体におくべきことを主張し、教会の腐敗を激しく非難した。ついで、ボヘミアのフス（Jan Huss, ca.1369-1415）がウィクリフの教えを奉じてキリスト教の改革運動を始めたが、異端と宣言されて火刑に処せられた。十五世紀はフィレンツェでサヴォナローラ（G. Savonarola, 1452-98）が教会改革運動を行ったが、やはり弾圧され、火刑に処せられた。そして十六世紀に至り、ルター（M. Lutter, 1483-1546）、カルヴァン（J. Calvin, 1509-64）による宗教改革が行われたのである。

ルネサンスは十四世紀から十六世紀にかけてイタリアから始まって西欧諸国に広まった文化運動であった。フィレンツェのダンテ（Dante, 1265-1321）、ペトラルカ（F. Petrarca, 1304-74）、ボッカチオ（G. Boccaccio, 1313-75）がルネサンス運動の先駆者であった。盛期ルネサンスの中心はフィレンツェからローマに移ったが、レオナルド・ダ・ヴィンチ（Leonardo da Vinci, 1452-1519）、ラファエロ（Raffaello, 1483-1520）、ミケランジェロ（Michelangello, 1475-1564）がその代表的な人物であった。

（5）『原理講論』二九二頁。

（6）同上、三〇〇頁。

（7）同上、三〇二頁。

（8）トインビーは「ローマ帝国」の成立に至るまでの動乱の四百年間について次のように語っている。「歴史はギリシア・ローマ世界が『アクティウムの戦い』の後に、アウグストゥスの治世において勢いのもりかえしに成功したことを認めます。またこれに先立つ挫折が、四世紀以前の『ペロポネソス戦争』の勃興から始まっていることをも認めます。歴史家にとって最も興味ある問題は、紀元前五世紀から左前になり、そのままで紀元前一世紀まで継続した挫折とは、いったい何であろうかということなのです。さてこの問題の解決は、ギリシアとローマの歴史を唯一にして不可分のプロットをもつ、一系の連続物語として研究することによってのみ、はじめて得られるのであります」（*Civilization on Trial*, Oxford University Press, 1948. 深瀬基寛訳『試練に立つ文明』社会思想社、一九六六年、七九頁）。

しかし、「もしもわれわれがこの物語からこの光を得ることに真に成功するならば、まさにその時その物語は確実に驚異的啓示たるに恥じないものとなるのであります」（同上、九五頁）といって、この問題が解決するとすれば、それは啓示のようなものだと結論したのである。

（9）『原理講論』三八六―三八七頁、四一〇―四一一頁。この引用文は『原理講論』の内容を要約したものである。

（10）シュペングラーは次のようにいっている。「歴史的現象の相同性から、すぐにまったく新しい概念が出てくる。自分が同時的と名づける二個の歴史的事実は、それぞれがその文化において正確に同一な――相対的な――位置に現われ、したがって正確に等しい重要さを持つという事実である。……自分の証明したいと思うことは、宗教、芸術、政治、社会、経済、科学の、あらゆる大きな創造と形式とが例外なく、すべての文化において、同時的に発生し、完成し、消失するということ、一つの文化の内的構造が、あらゆる他の文化のそれとまったく一致しているということ……」（*The Decline of the West* [London: George Allen & Unwin,Ltd., 1961]. 村松正俊訳『西洋の没落』五月書房、一九八四年、第一巻、一一八頁）。

そして例えば古代ギリシア・ローマ文化と西欧文化の関係において、政治面においてはアレクサンドロス大王とナポレオン、数学ではピュタゴラスとデカルト等が同時代的な人物であったとしている。

（11）A.J. Toynbee, *A Study of History*, Illustrated, Oxford University Press, 1972. トインビー、桑原武夫他訳『図説・歴史の研究』学習研究社、一九七六年、（I）九―一〇頁。

（12）ヘロドトスは運命論者であって、歴史は運命の糸に操られていることを叙事詩的に記述した。一方、トゥキディデスは現実的、科学的に史実を描いた。しかしトゥキディデスもギリシア人一般の考え方にしたがって、歴史は繰り返されるものと考えていた。彼は次のように述べている。「また、私の記録からは伝説的な要素が除かれているために、これを読んでおもしろいと思う人は少ないかもしれない。しかしながら、やがて今後展開する歴史も、人間性のみちびくところふたたびかつてのごとき、つまりそれと相似た過程をたどるであろうから、人々が出来事の真相を見きわめようとするとき、私の歴史に価値をみとめてくれればそれで充分である。この記述は、今日の読者で媚びて賞を得るためではなく、世々の遺産たるべくつづられた」（Thucydides, *The History of the Pelopnnesian War* [London: J.M. Dent and Sons, Ltd., 1948]. 久保正彰訳「戦史」、世界の名著『ヘロドトス、トゥキディデス』中央公論新社、一九八〇年、三三一—三三二頁）（傍点は引用者）。

（13）啓蒙思想の歴史観においては、歴史を動かすのは人間であるとして神の力は排除されるようになったが、ヴィコにおいては、歴史は人間がつくるとしても、なお神の摂理のもとにあると考えていた。つまり歴史は人間の力と神の摂理の所産なのである。これは統一史観と一致する見解であった。彼はまた歴史は主として進歩または発展の過程にあるとしながら、歴史には発展と衰退のパターンがあるとして、歴史を螺旋《らせん》的な前進としてとらえた。そういう意味では、シュペングラー、トインビーの文化史観の先駆であった。

（14）ジンメルは『歴史哲学の諸問題』の第三版の序文の中で次のように述べている。「精神が、そのなかに自らを認める生成の流れに、その流れの岸と波のリズムとを自分で描いてみせ、そうすることではじめて生成の流れを『歴史』にしたのである」（G. Simmel, *DieProbleme der Geschichtphilosophie. Eine erkenntnistheoretische Studie, 4.* Verlag von Duncker &Humblot, 1922. 生松敬三、亀尾利夫訳『ジンメル著作集』白水社、第一巻、一九七七年、一一頁）。

（15）トインビー『図説・歴史の研究』（Ⅲ）一三三頁。

（16）A.J. Toynbee, *A Study of History*, 1954. Vol. X. p.7.

（17）Karl Löwith, *Weltgeschichte und Heilsgeschehen*, Verlag W. Kohlhammer, Stuttgart, 1953. カール・レーヴィト、信太正三他訳『世界史と救済史』創文社、一九六四年、五九頁。

第九章　認識論

（1）高坂正顕《こうさかまさあき》は次のように述べている。「一七七〇年から十年間の沈黙と沈潜の結果、合理主義と経験主義との両方を批判的に総合する批判主義の立場が確立され、一七八一年に『純粋理性批判』が出版された」（高坂正顕著『西洋哲学史』創文社、一九七一年、三二二頁）。

（2）ロックは次のように述べている。「どのようにして心は観念を備えるようになるか。……どこから心は理性的推理と知識のすべての材料をわがものにするか。これに対して、私は一語で経験からと答える。この経験に私たちのいっさいの知識は根底を持ち、この経験からいっさいの知識は究極的に由来する」（*An Essay concerning Human Understanding* [Oxford: Oxford University Press, 1979]. 大槻春彦訳「人間知性論」、世界の名著『ロック・ヒューム』中央公論新社、一九八〇年、八一頁）。

（3）ロック「人間知性論」同上書、一五三頁。

（4）同上、一六四頁。

（5）René Descartes, "Discourse Concerning Method," in John J. Blom, *René Descartes: The EssentialWritings*（New York: Harper Torchbooks, 1977）. デカルト、野田又夫訳「方法序説」、世界の名著『デカルト』中央公論新社、一九七八年、一八八頁。

（6）同上、一八九頁。

（7）René Descartes, *Principles of Philosophy*, in *The Philosophical Works of Descartes*（New York:Cambridge University Press, 1977）. デカルト、井上庄七・水野和久訳「哲学の原理」、世界の名著『デカルト』三五一頁。

（8）カントは『純粋理性批判』の第二版序文において、独断論とは「理性自身の能力を前もって批判せずに、純粋理性によって行われる独断的処理にほかならない」といい、ヴォルフを独断論的哲学者の代表であると述べた（I. Kant, *Kritik der reinen Vernunft*, 1787. 篠田英雄訳『純粋理性批判』岩波書店＝岩波文庫、一九六一年、(上)四八―四九頁）。

（9）カント『純粋理性批判』岩波文庫、(上)七三頁。

（10）同上、(上)一二四頁。

（11）ここで理念とは理性概念すなわち理性上の概念を意味する。

（12）エンゲルスは「それでは思考と意識とは一体なんであり、またどこから生じたものか、と尋ねるならば、それが人間の脳髄の産物であること、そして人間そのものが自然の一産物として自分の環境のなかで環境とともに発展してきたものであることが分かる」（Anti-Dühring, 1878.『反デューリング論』岩波書店＝岩波文庫、(上)六〇頁）といい、レーニンは「精神は身体から独立には存在せず、精神は第二次的なものであり、脳の機能であり、外界の反映である」（*Materialism and Empirio-criticism*（Moscow: Progress Publishers, 1970）. 唯物論と経験批判論』大月書店＝国民文庫、一九五三年、(1)一一二頁）と述べている。

（13） F. Engels, *Ludwig Feuerbach und der Ausgang der klassischen deutschen Philosophie*, 1888. エンゲルス、藤川覚訳「ルートヴィヒ・フォイエルバッハとドイツ古典哲学の終結」、『マルクス・エンゲルス全集』第二十一巻、大月書店、一九七一年、二九七―二九八頁。

（14） レーニン『唯物論と経験批判論』大月書店＝国民文庫、一九五五年、(2)一一〇頁。

（15） V.I. Lenin, "Conspectus of Hegel's Science of Logic," in V.I. Lenin, *Collected Works*, *Vol. 38*（Moscow: Progress Publishers, 1961）. レーニン、松村一人訳『哲学ノート』岩波書店＝岩波文庫、一九七五年、(上)一四一頁。

（16） 毛沢東、松村一人・竹内実訳「実践論」、『実践論・矛盾論』岩波書店＝岩波文庫、一九五七年、一三一—一四頁。

（17）同上、一九頁。

（18）同上、二八頁。

（19）F. Engels, *Die Entwicklung des Sozialismus von der Utopie zur Wissenschaft*, 1883. エンゲルス、大内兵衛訳『空想より科学へ』岩波書店＝岩波文庫、一九四六年、一〇七頁。

（20）毛沢東「実践論」前掲書、一一頁。

（21）同上、二二頁。

（22）F.V. Konstantinov,ed., *Fundamentals of Marxist-Leninist Philosophy*（Moscow: Progres Publishers, 1982）. ソ連邦アカデミー哲学研究所編、川上洸・大谷孝雄訳『マルクス＝レーニン主義哲学の基礎』青木書店、一九七四年、㊤一四二—一七四頁。

（23）O.W. Kuusinen, et al., *Fundamental of Marxism-Leninism*（Moscow: Foreign LanguagePublishing

House, 1961). O・B・クーシネン監修、マルクス・レーニン主義の基礎刊行会訳『マルクス・レーニン主義の基礎』合同出版、一九六五年、(1)一五七頁。

(24) K. Marx. "Thesis on Feuerbach," *Marx and Engels, Collected Works*, Vol. 5. マルクス、松村一人訳「フォイエルバッハに関するテーゼ」、『フォイエルバッハ論』岩波書店=岩波文庫、一九六〇年、八七頁。

(25) 毛沢東「実践論」前掲書、一〇頁。

(26) レーニン『唯物論と経験批判論』国民文庫、(1)一七八頁。

(27) レーニンは次のようにいっている。

「このようにして人間の思考はその本性上、相対的真理の総和からなりたっている絶対的真理を、われわれにあたえることができるし、またあたえている。科学の発展におけるおのおの段階は、絶対真理というこの総和に新しい粒をつけくわえる」(『唯物論と経験批判論』国民文庫、(1)一七七頁)。

(28) 統一認識論が根拠としている原理の内容の中で主要なものを次に紹介する。

①「神自体内の二性性相が相対基準を造成して授受作用をするようになれば、その授受作用の力は繁殖作用を起こし、神を中心として二性性相の実体対象に分立される」（『原理講論』五四頁）。「繁殖は授受作用による正分合作用によってなされる」（同上、六二頁）。この原理によって、新しい知識が増える現象を説明することができる。

②「霊人体は肉身を土台にしてのみ成長する」（同上、八六頁）。「霊人体のすべての感性も肉身生活の中で、肉身との相対的な関係によって育成される」（同上、八七頁）。「肉身の善行と悪行に従って、霊人体も善化あるいは悪化する」（同上、八五頁）。この原理に基づいて、肉身の五官を通じた認識には必ず霊人体の霊的五官を通じた霊的認識が対応するということと、認識と行動は元来善の目的を成し遂げるためのものであることが分かる。

③「万物世界は美の対象となる」（同上、七二頁）。「人間も万物を主管することのできる資格をもつ」（同上、一三二頁）。「被造世界を創造された目的は人間をして……喜びと平和を感じるようにするためである」（『原理解説』韓国語版、五〇頁）。この原理に基づいて、認識と主管（実践）は不可分の関係にあるということと、認識と主管の目的は喜びと平和の実現にあることが分かる。

④「人間は天宙［万物］を総合した実体相である」（『原理講論』六〇頁）。「人間の細胞にも、生命、意識があり、宇宙の神秘が入っている」（説教）。このことから、外界の万物を認識することができる尺度としての原型と原意識の概念を得ることができる。

⑤「授受作用にはいろいろな型があるが、その中には対照型もある」（質問に対する答え）。

この教えから「認識の照合作用」という概念を得ることができた。

⑥「体は……心の命ずるままに動じ静ずる」（『原理講論』四五頁）。「考えるというのも一種の授受作用である」、「心と体の授受作用」、「心の内部授受作用」（質問に対する答え）。このような原理と教えによって、無形の心と有形の肉身の対応現象、すなわち意志に従う肉身の運動、肉身（神経）を通じて入る情報（記号）に対する心の認識（判断）などの事実を知るようになった。

⑦「神は人間を被造世界の主管者として創造された」（『原理講論』八三頁）。「万物世界に対する人間の直接主管とは……完成した人間が、万物世界を対象に立てて合性一体化することである」（同上、八一頁）。「神は無形実体世界と有形実体世界を創造し、その主管主として人間を創造された」（『原理解説』韓国語版、四四頁）。「被造世界は人間の主体的性相に対する実体対象として創造された」（同上、五〇頁）。以上の原理的根拠から、人間は万物の認識の主体および主管（実践）の主体として創造され、万物は人間の認識対象として、また主管の対象として造られたために、人間と万物の関係はあたかも心と体との関係と同じく、必然の関係であることが分かる。

（29）心の機能には、直観（感知）、覚知、認識、思考、推理、構想、計画、記憶、目的追求、回想、審美などがあるが、この中の一部分の機能、すなわち感知、覚知、目的追求（合目的性）などの機能をもつ心が原意識である。したがって原意識は低次元の心である。宇宙意識とは低次元の宇宙心、神の心（性相）の低次元の表現である。

(30) 宇宙意識は生物体ばかりでなく鉱物質にも入っているが、鉱物質においては、その構造の特性のために、物理化学的作用性としてのみ表面化されている。

(31) 次のような例に見られるように数と法則は不可分の関係にある。

一＝絶対、二＝相対、三＝正分合、四＝四位基台、五＝金・木・水・火・土、六＝創造数、七＝完成・安息、八＝再出発、九＝三×三、十＝帰一数。

その他にも、人間の脊椎《せきつい》の数、呼吸数、脈搏数、体温、一年の四季、季節の三か月、一か月の三十日、一日の二十四時間、一時間の六十分、一分の六十秒、円周は直径の三・一四倍（円周率）のように、数は法則（原則）とともにあるのである。

(32) 生心は霊人体の心であって霊的な要素を含んでいる。それで生心と肉心の合性体（統一体）の機能的部分を認識論において霊的統覚と呼ぶのである。

(33) 悟性的段階の内的四位基台形成において、認識が不成立の場合は、感性的認識像は未決映像となるが、その場合、次のような帰結の中のどれか一つに帰着するようになる。

① 新しい映像（原型）を引き出して再び照合を行う。

② 他人に判断を求める。これを依他《いた》判断または教育判断という。
③ 判断を断念する。この場合、感性的認識像は消去される。
④ 判断を留保する。この場合、感性的認識像は記憶の中に貯蔵される。

（34） ペンフィールドは『脳と心の正体』（*The Mystery of the Mind*, Princeton University Press, 1975. 塚田祐三・山河宏訳、法政大学出版局、一九七八年）において、次のように述べている。
「脳はあらたに獲得された自動的な仕組みの働く、一種のコンピュータである。すべてコンピュータは外部の何者かによってプログラムを与えられ、操作されて、はじめて役に立つ。私達がある事物に注意を向ける場合を考えてみよう。この決定は、脳とは別個に存在する心の働きだと私は考える」（一一〇頁）。

（35） エックルスは次のように述べている。「心を脳の働きだけで説明することができないのは明らかであり、著者は、この事実に基づいて心身問題を考えつづけたすえに、二元論的相互作用説にたどりついたのである。この仮説のいわんとするところは、実はごく常識的なことである。すなわち、私たちの心と脳は密接に結びついてはいるが別ものであり、心は脳を介して外界と連結しながら、個々の人間の意識の世界を形作る。そして自我は、あるいは魂は、私たちが眠っている間は――夢を見ている時は別として――意識を潜在させた存在になりながら、意識の根源的な主体として個々の人格を現していくのである」（J.C.

Eccles, D.N. Robinson, *The Wonder of Being Human*, The Free Press Inc., 1984. J・C・エックルス、D・N・ロビンソン著、大村裕他訳『心は脳を越える』紀伊国屋書店、一九八九年、六四頁)。

(36) AndréeGoudot-Perrot, *Cybernétique et Biologie*. アンドレ・グド＝ペロ、奥田潤・奥田陸子訳『生物のサイバネティックス』白水社、一九七〇年、一五頁。

(37) 同上、一〇五頁。

(38) しかしこれは将来、大脳生理学がもっと発達して、新しい生理学的な認識理論が現れる可能性を排除するものではない。ここではただ自然科学が発達すればするほど、統一原理や統一思想の主張を裏づけるということを証明する一つの例を示したまでである。

(39) グド＝ペロは次のように述べている。「記憶には二種類あると考えることができる。①生以前に受け取り、遺伝子のなかに含まれていた情報のような遺伝的記憶。②出生以後獲得した記憶で、意識をなすもの」（『生物のサイバネティックス』一〇五頁）。

(40) 小林繁他『ブレインサイエンス入門』オーム社、一九八七年、一三四頁。

（41）伊藤正男『脳と行動』日本放送出版協会、一九九〇年、一二五頁。

（42）グド＝ペロ『生物のサイバネティックス』八九頁。

（43）最近の認知科学の見解も統一認識論の原型の概念と照合論を支持している。大島尚編『認知科学』には次のように書かれている。
「われわれは長い期間にわたる環境との接触、交渉の中で多くの典型［プロトタイプ］を心の中に形成してきた。われわれの知識構造はこの典型を中心に構造化されている。……知識は典型を中心にその事例が序列づけられた構造をもっている。……人の話を理解するとき、このように構造化された知識と比較照合し、これとうまく合う部分は正確に知識構造の中に統合されるが、合わない話は理解されないし、なんとか理解しても誤解されることになる」（大島尚編『認知科学』新曜社、一九八六年、六八―六九頁）。

（44）M.S. Gazzaniga & J.E. Ledoux, *The Integrated Mind* (New York: Plenum Press, 1978). M・S・ガザニガ、J・E・レドゥー著、柏原恵龍他訳『二つの脳と一つの心』ミネルヴァ書房、一九八〇年、一一五頁。

（45）同上、一一八頁。

第十章　論理学

（1）I. Kant, *Kritik der reiner Vernunft*, 1787. カント、篠田英雄訳『純粋理性批判』岩波書店＝岩波文庫、一九六一年、(上)二五―二六頁。

（2）ヘーゲルは、『大論理学』の序論にて次のように述べている。「この意味で、われわれは論理学の内容を、自然と有限精神との創造以前の永遠な本質の中にあるところの神の叙述（die Darestellung Göttes, wie der Inhalt in seinem ewigen Wesen vor der Erschaffung der Natür und eines endlichen Geistes ist）だということができる（G.W.F. Hegel, *Wissenschaft der Logik*, 1812-16. 武市健人訳『大論理学』岩波書店、一九五六―六六年、上巻の一、三四頁）。

（3）ヘーゲルは「有論」の「質」の最初の部分で次のように述べている。「純粋な有［あるということ］がはじめをなす。なぜなら、それは純粋な思想であるとともに、無規定で単純な直接態であるからであり、第一のはじめというものは媒介されたものでも、それ以上規定されたものでもありえないからである」（G.W.F. Hegel, *Kleine Encyklopädie*, 1817. 村松一人訳『小論理学』岩波書店＝岩波文庫、一九五一年、(上)二六二頁）。

(4) ヘーゲルは次のように述べている。「ところでこの純粋な有は純粋な抽象、したがって絶対に否定的なものであり、これは同様に直接的にとれば無(Nichts)である」(同上、二六七頁)。

(5) ヘーゲルは次のように述べている。「成は最初の具体的な思想、したがって最初の概念であり、これに反して有と無とは空虚な抽象物である。……成とは、有の真の姿が定立されたものにすぎないのである」(同上、二七五頁)。

(6) ヘーゲルは『精神現象学』の終わりの部分で次のように述べている。「この運動［精神の運動］は、その始まりを前提とし、終わりに至って初めて達せられるような、自己に帰って行く円環である」(G.W.F. Hegel, *Phänomenologie des Geistes*, 1807. 樫山欽四郎訳「精神現象学」、世界の大思想『ヘーゲル』河出書房新社、一九七五年、四四九頁)。

(7) エンゲルスは形式論理学の同一律・矛盾律をあてこすりながら、次のように述べている。「形而上学家にとっては、諸事物とその思想上の模写である諸概念とは、個々ばらばらな、一つ一つ他と関係なく考察すべき、固定した、こわばった、もうこれっきり変わりようのない研究対象である。こういう人はものごとをまったく媒介のない対立によって考える。その言葉は、しかりしかり、いないな、これに過ぐるは悪より出ずるなり、である。こういう人には一つの事物は存在するかしないかのいずれかであり、同様にまた、それ自身でありながら同時に他のものであるというようなこともありえない。積極的と消極的とは絶対的に排斥しあう。同様に原因と結果もたがいにこわばって動きのとれぬ対立をなしている」（粟田賢三訳『反デューリング論』岩波書店＝岩波文庫、一九五二年、(上)三七―三八頁）。

（8）岩崎允胤『現代の論理学』梓出版社、一九七九年、三一頁。

（9）スターリンは「言語は土台のうえに立つ上部構造であるというのは正しいか？」という問いに対して、次のように答えて、従来のロシア語に代わる新しい言語が立てられるという見解をきっぱりと否定した。

「言語は、この点で上部構造とは根本的にちがっている。……最近の三〇年間に、ロシアでは古い資本主義的土台が根絶され、新しい社会主義的土台が建設された。……だが、それにもかかわらず、ロシア語は基本的には十月革命前と同じであった。……ロシア語の基礎をなすその基本単語のたくわえや文法構造はどうかというと、これらのものは、資本主義の土台が根絶されたのちも根絶されず、言語の新しい基本単語のたくわえや新しい文法構造でとりかえられなかったどころか、逆に、そっくりそのまま保持され、なんら重大な変化なしにのこった。まさしく、現代ロシア語の基礎として保持されたのである」（J.V. Stalin, "Concerning Marxism in Linguistics" in *Marxism and Problems of Linguistics*. Peking: Foreign

Language Press, 1972. 石堂清倫訳「マルクス主義と言語学の諸問題」、『弁証法的唯物論他二篇』大月書店＝国民文庫、一九五四年、一四二頁）。

（10）岩崎允胤『現代の論理学』三七頁。

（11）寺沢恒信は『弁証法的論理学試論』（大月書店、一九五七年）を著したが、そのまえがきで次のように述べた。「ヘーゲルが『論理学』（一八一二―一六年）を書いて以来、およそ百五十年が経過したが、その間に、これに代るべき弁証法的論理学の体系は何人によっても書かれていない。ことに、唯物論の立場からの弁証法的論理学は、その必要性がしばしば強調されながらも、いまだ何人によっても体系的に叙述されていない」（I頁）。その後も、体系化された弁証法的論理学は現れていないようである。

（12）カントは次のように述べている。「われわれのすべての認識は、感性に始まって悟性に進み、そして理性に終わる。……理性より高いもの［認識能力］は、われわれのうちには見出だせない。……理性は認識内容をすべて度外視する」（『純粋理性批判』（中一七頁）。

（13）ヘーゲルは次のように述べている。「有がこうした全くの無規定性のうちにあり、全く無規定であるからこそ、それは無なのであり、言いあらわしえないものなのであり、それと無との区別は単なる意向にすぎないのである」（『小論理学』岩波文庫、㊤二六八頁）。

（14）松村一人『ヘーゲルの論理学』勁草書房、一九五九年、四〇頁。

（15）Hirschberger, *Geschichte der Philosophie*（Freiburg: Verlag Herder KG, 1976）. ヒルシュベルガー、高橋憲一訳『西洋哲学史』理想社、㊂五〇九—五一〇頁。

（16）瀬戸明著『現代認識論と弁証法』（汐文社、一九七六年）によれば、一九五〇年代の「論理学論争」の結果として、次のようなアポリアが生じたという。

①　論理反映説のアポリア

同一律や矛盾律は、一方では、客観的現実の相対的不変性の反映として相対的なものであり、他方では、判断や推理などの厳密性を維持する思考形式操作の規則としては絶対的なものであるという主張がなされた。ところが同一律や矛盾律が実在の相対的な反映にすぎないのなら、それらは、思考方法としても当然、相対的な有効性しかもちえないのではないかという反論が生じたのである。

②　論理操作説のアポリア

形式論理学は、思考の真理性にかかわるものでなく、思考の正当性にかかわるものであるという意味で、それは操作の論理学である。したがって同一律・矛盾律は実在を反映したものではなくて純粋に思考の法則、規範であるという主張がなされた。しかし存在とは無関係に独自の思考法則を認めることは、唯物論的基礎づけを失うことになり、カント的なアプリオリズムに陥るという問題が生じたのである。

本書において指摘したアポリアはこの二番目のものである。ところで瀬戸は、以上の二つのアポリアを解決する方案として、矛盾律における二つの矛盾、すなわち弁証法的矛盾と形式論理的矛盾は元来、その性質が異なっていることを認めるべきであると主張している。しかし二つの矛盾が本質的に異なっているとすること自体が唯物論的基礎づけを失うことになる。そして瀬戸が述べているように、「これで万事解決というものではない。……本質の異なった二つの矛盾が、いったいどのような理由から、矛盾律のなかに同時に表現されるがごとき事態が生じたのかという疑問が生じる」（同書、二五〇頁）のであり、結局、問題は何ら解決していないのである。

第十一章　方法論

（1）　I. Kant, *Prolegomena zu Einer Jeden Künftigen Metaphysik, Die als Wissenschaft wird auftreten können*, 1783. カント、篠田英雄訳『プロレゴメナ』岩波書店＝岩波文庫、一九七七年、一九―二〇頁。

（2）カントは次のように述べている。「しかし彼［ヒューム］以外には、何びともこれに思いつくことさえなかった。誰もがこれらの概念［原因と結果との必然的連結という概念］を平気で使用していたにも拘らず、一人としてかかる概念の客観的妥当性の根拠を問題にした者がなかった」（同上、二一頁）。

（3）G.W.F. Hegel, *Wissenschaft der Logik*, 1812-16. ヘーゲル、武市健人訳『大論理学』岩波書店、一九五六―六六年、中巻、七八頁。

（4）F. Engels, *Anti-Dühring*, 1878. エンゲルス、粟田賢三訳『反デューリング論』岩波書店＝岩波文庫、一九五二年、（上）一三七頁。

（5）V.I. Lenin, "Conspectus of Hegel's Science of Logic," in V.I. Lenin, *Collected Works*, Vol. 38（Moscow: Progress Publishers, 1961）. レーニン、松村一人訳『哲学ノート』岩波書店＝岩波文庫、一九七五年、（下）一九八頁。

（6）同上、一九七頁。

（7）エンゲルス『反デューリング論』（上）四〇頁。

参考文献

Bentham, Jeremy. *Principles of Morals and Legislation*. New York: Prometheus, 1988.　山下重一訳「道徳および立法の諸原理序説」、世界の名著『ベンサム、J・S・ミル』中央公論新社、一九七九年。

趙要翰『芸術哲学』京文社（韓国・ソウル）、一九七三年。

Comenius, John Amos. *The Great Didactic*. Translated by M.W. Keating. New York: Russel and Russel, 1967.（コメニウス、鈴木秀男訳『大教授学』明治図書、一九六二年。）

Descartes, René. "Discourse Concerning Method," in John J. Blom, *René Descartes: The Essential Writings*. New York: Harper Torchbooks, 1977.（デカルト、野田又夫訳「方法序説」、世界の名著『デカルト』中央公論新社、一九七八年。）

———. "Principles of Philosophy," in *The Philosophical Works of Descartes*, Vol. 1. New Yorek: Cambridge University Press, 1977.（デカルト、井上庄七・水野和久訳「哲学の原理」、世界の名著『デカルト』中央公論新社、一九七八年。）

Dewey, J. *Democracy and Education, An Introduction to the Philosophy of Education*, New York: Macmillan Publishing Co., Inc, 1916.（デューイ、松野安男訳『民主主義と教育』岩波書店＝岩波文庫、全二巻、一九七五年。）

———. *Theory on the Moral Life*. New York: Holt, Rinehart & Winston, Inc., 1960.（デューイ、久野収訳「倫理学」、世界の大思想『デューイ＝タフツ』河出書房新社、一九六六年。）

Dirac, Paul A.M. et al., *Scientific American Resource Library; Readings in the Physical Sciences*.（ディラック、谷川安孝・中村誠太郎編・監訳『物理学の魔法の鏡』講談社、一九七二年。）

Dubrov, A.P. and V.N. Pushkin.（A・P・ドゥブロフ、V・N・プーシキン著、竹本忠雄監訳『超心理と現代自然科学』講談社、一九八五年。）

Eccles, John C. and D.N. Robinson. *The Wonder of Being Human*. New York: The Free Press, 1984.（ジョン・C・エックルス、ダニエル・N・ロビンソン著、大村裕他訳『心は脳を越える』紀伊国屋書店、一九八九年。）

Engels, Friedrich. *Anti-Dühring*. Moscow: Progress Publishers, 1969.（エンゲルス、粟田賢三訳『反デューリング論』岩波書店＝岩波文庫、全二巻、一九五二―六六年。）

———. "Ludwig Feurbach and the End of Classical German Philosophy," in *Karl Marx and Friedrich Engels, Selected Works*（以下*MESW*）. Vol. 3. Moscow: Progress Publishers, 1970.（エンゲルス、藤川覚訳「ルートヴィヒ・フォイエルバッハとドイツ古典哲学の終結」、『マルクス・エンゲルス全集』第二十一巻、大月書店、一九七一年。）

———. "Socialism: Utopian and Scientific," *MESW*, Vol. 3. Moscow: Progress Publishers, 1970.（エンゲルス、大内兵衛訳『空想より科学へ』岩波書店＝岩波文庫、一九四六年。）

Fröbel, F. *The Education of Man*. Clifton: Augustus M. Kelley Publishers, 1974.（フレーベル、荒井武訳『人間の教育』岩波書店＝岩波文庫、一九六四年。）

Gazzaniga, M. S. and J. E. Ledoux. *The Integrated Mind*, New York: Plenum Press, 1978.（M・S・ガザニガ、J・E・レドゥー著、柏原恵龍他訳『二つの脳と一つの心』ミネルヴァ書房、一九八〇年。）

Gide, André. *Back from the U.S.S.R*. London: Martin Decker and Warburg, Ltd., 1937.（アンドレ・ジイド、小松清訳『ソヴェト旅行記』岩波書店＝岩波文庫、一九三七年。）

ゴーリキー「沼地と高地」、黒田辰夫訳『母』新日本出版社、一九七六年、下巻の解説より引用。

ゴーリキー、山村房次訳『文学入門』青木書店＝青木文庫、一九六二年。

Goudet-Perrot, Andrée. *Cybernétique et Biologie*.（アンドレ・グド＝ペロ、奥田潤・奥田陸子訳『生物のサイバネティックス』白水社、一九七〇年。）

Hegel, G. W. F. *Hegel's Logic*. Translated by William Wallace. Oxford: Oxford University Press, 1975.（ヘーゲル、村松一人訳『小論理学』岩波書店＝岩波文庫、全二巻、一九五六—五二年。）

——. *The Phenomenology of Mind*. Translated by J.B. Baillie. New York: Harper Torchbooks, 1967.（ヘーゲル、樫山欽四朗訳「精神現象学」、世界の大思想『ヘーゲル』河出書房新社、一九七五年。）

——. *The Science of Logic*.（ヘーゲル、武市健人訳『大論理学』岩波書店、全四巻、一九五六—六六年。）

Heidegger, Martin. *Being and Time*. Translated by John Macquarrie and Edward Robinson, Southampton: Basil Blackwell, 1962.（ハイデッガー、原佑・渡辺二郎訳「存在と時間」、世界の名著『ハイデガー』中央公論新社、一九八〇年。）

樋渡宏一著『性の源をさぐる』岩波書店＝岩波新書、一九八六年。

Hirschberger, Johannes. *Geschichte der Philosophie*. Verlag Herder KG, Freiburg, 1976.（ヒルシュベルガー、高橋憲一訳『西洋哲学史』理想社、全四巻、一九六七—七八年。

Hofstadter, A. and Kuhns, R. ed., *Philosophies of Art and Beauty*. Chicago: The University of Chicago Press, 1964.

石川光男『ニューサイエンスの世界観』たま出版、一九八五年。

井島勉『美学』創文社、一九五八年。

伊藤正男『脳と行動』日本放送出版協会、一九九〇年。

岩崎武夫『西洋哲学史』有斐閣、一九七五年。

――――『倫理学』有斐閣、一九七一年。

岩崎允胤『現代の論理学』梓出版社、一九七九年。

James, William. *Pragmatism*. Cambridge: Harvard University Press, 1975.（W・ジェイムズ、桝田啓三郎訳『プラグマティズム』岩波書店＝岩波文庫、一九五七年。）

Jaspers, Karl. *The Origin and Goal of History*. Westport: Greenwood Press Publishers, 1953.（ヤスパース、重田英世訳『歴史の起源と目標』理想社、一九六四年。）

―――. *Philosophy*. 3 Vols. Translated by E. B. Ashton. Chicago: The University of Chicago Press, 1969-71.（ヤスパース、武藤光朗訳『哲学的世界定位（哲学1）』創文社、一九六四年。）

―――. *Was Ist Philosophy? Ein Lesebuch*, Textauswahl und Zusammenstellung von Hans Saner, Piper, München, 1976.（ヤスパース、林田新二訳『哲学とは何か？』白水社、一九七八年。）

Josephson, Brian. et al. *Science et Conscience*, Stock & France Culture, 1980.（B・ジョセフソン他、竹本忠雄訳『量子力学と意識の役割』たま出版、一九八四年。）

Kant, Immanuel. *Critique of Judgement*. Translated by James Creed Meredith. Chicago: Encyclopedia Britannica, Inc. 1952.（カント、『判断力批判』岩波書店＝岩波文庫、全二巻、一九六四年。）

——. *Critique of Pure Reason*. Translated by Norman Smith. London: The Macmillan Press Ltd., 1933.（カント、篠田英雄訳『純粋理性批判』岩波書店＝岩波文庫、全三巻、一九六一—六二年。）

——. *Critique of Practical Reason*. Translated by T. K. Abbott, S.V. Kant. Chicago: Encyclopedia Britannica, Inc. 1952.（カント、波多野精一他訳『実践理性批判』岩波書店＝岩波文庫、一九七九年。）

——. *Education*. Translated by Annette Churton. Chicago: The University of Michigan Press, 1960.（カント、尾渡達雄訳「教育学」、『カント全集』第十六巻、理想社、一九六六年。）

——. "Prolegomena," in *The Philosophy of Kant—Immanuel Kant's Moral and Political Writings*. Edited by Carl J. Friedrich. New York: The Modern Library, 1977.（カント、篠田英雄訳『プロレゴメナ』岩波書店＝岩波文庫、一九七七年。）

Kierkegaard, Sφren. *The Present Age*. New York: Harper and Row Publishers, 1962.（キルケゴール、桝田啓三郎訳「現代の批判」、世界の名著『キルケゴール』中央公論新社、一九七九年。）

————. *The Sickness unto Death*. Princeton: Princeton University Press, 1980.（キルケゴール、松波信三郎訳「死にいたる病」、世界の大思想『キルケゴール』河出書房新社、一九七四年。）

高坂正顕『西洋哲学史』創文社、一九七一年。

小林繁他『ブレインサイエンス入門』オーム社、一九八七年。

The Koran, Translated with notes by N.J. Dawood.New Yorek: Peenguin Books, 1974.（『コーラン』藤本勝次・伴康哉・池田修訳、中央公論社、一九七九年。）

O・B・クーシネン監修、マルクス・レーニン主義の基礎刊行会訳『マルクス・レーニン主義の基礎』合同出版、全四分冊、一九六五年。

Lenin, V.I. *Collected Works*（以下*LCW*）. 45 Vols. Moscow: Progress Publishers, 1960-70.（マルクス・レーニン主義研究所訳『レーニン全集』全四十五巻、大月書店、一九五三―六九年。）

———. *LCW* 38.（レーニン、松村一人訳『哲学ノート』岩波書店＝岩波文庫、全二巻、一九七五年。）

———. *Materialism and Empirio-Criticism*. Moscow: Progress Publishers, 1970.（レーニン、寺沢恒信訳『唯物論と経験批判論』大月書店＝国民文庫、全二巻、一九五三―五五年。）

Locke, John. *An Essay Concerning Human Understanding*. Oxford: Oxford University Press, 1979.（ロック、大槻春彦訳「人間知性論」、世界の名著『ロック、ヒューム』中央公論新社、一九八〇年。）

———. *Two Treatises of Government*. Edited by Peter Laslett. New York: Cambridge University Press, 1988.（ロック、宮川透訳「統治論」、世界の名著『ロック、ヒューム』中央公論新社、一九八〇年。）

Löwith, Karl. *Weltgeschichte und Heilsgeschehen*. Verlag W. Kohlhammer, Stuttgart, 1953.（カール・レーヴィト、信太正三他訳『世界史と救済史』創文社、一九六四年。）

Mao Tse-tung,"On Practice" in Selected Works of Mao Tsetung, Vol.1. Peking: Foreign Languages Press,1976.（毛沢東、松村一人・竹内実訳「実践論」、『実践論・矛盾論』岩波書店＝岩波文庫、一九五七年。）

松村一人『ヘーゲルの論理学』勁草書房、一九五九年。

Marx, Karl. *Capital*. 3 Vols. New York: International Publishers, 1967.（向坂逸郎訳『資本論』岩波書店＝岩波文庫、全九巻、一九六九—七〇年。）

——. "The Class Struggles in France, 1848 to 1885," in K. Marx and F. Engels, *Selected Works*. 3 Vols. Moscow: Progress Publishers, 1969-70.（カール・マルクス、中原稔生訳『フランスにおける階級闘争』大月書店＝国民文庫、一九六〇年。）

——. "A Contribution to the Critique of Political Economy." Moscow: Progress Publishers, 1970.（カール・マルクス、武田武夫他訳『経済学批判』岩波書店＝岩波文庫、一九五六年。）

——. "Thesis on Feuerbach." in K. Marx and F. Engels, *Collected Works*, Vol. 5. New York: International Publishers, 1976.（カール・マルクス、松村一人訳「フォイエルバッハに関するテーゼ」、『フォイエルバッハ論』岩波書店＝岩波文庫、一九六〇年。）

Medvedev, R. A. *Let History Judge: Origins and Consequences of Stalinism*. New York: Alfred Knopf, Inc., 1972.（メドヴェーデフ、石堂清倫訳『共産主義とは何か』三一書房、全二巻、一九七三—七四年。）

Moon, Sun Myung. *New Hope — Twelve Talks by Sun Myung Moon*. Edited by Rebecca Salonen. New York: The Holy Spirit Association for the Unification of World Christianity, 1973.

——. *God's Will and The World*. New York: The Holy Spirit Association for the Unification of World Christianity, 1985.（文鮮明『御旨

と世界』光言社、一九八五年。）

——. "Founder's Address (Fourteenth ICUS)" in *Absolute Values and the New Cultural Revolution*. New York: The International Cultural Foundation, 1986.（文鮮明「絶対価値と新文化革命」、第十四回「科学の統一に関する国際会議」での基調演説。）

Moore, G.E. *Principia Ethica*. New York : Cambridge University Press, 1959.

本山博『ヨガと超心理』宗教心理出版、一九七二年。

森宏一編『哲学辞典』青木書店、一九七四年。

Nietzsche, Friedrich. "The Antichrist," in Walter Kaufmann, editor and translator, *Nietzsche*. New York: Penguin Books, 1976.（ニーチェ、原佑訳「反キリスト者」、『ニーチェ全集』第十三巻、理想社、一九八〇年。）

————. "Thus Spake Zarathustra," in Walter Kaufmann, editor and translator, *Nietzsche*. New York: Penguin Books, 1976.（ニーチェ、手塚富雄訳「ツァラトゥストラ」、世界の名著『ニーチェ』中央公論新社、一九七八年。）

大島尚編『認知科学』新曜社、一九八六年。

Pascal, Blaise. *Pensées*. Translated by A. J. Krailsheimer. New York: Penguin Books, 1966.（パスカル、伊藤勝彦著、人類の知的遺産『パスカル』講談社、一九八一年。）

Pasternak, Boris. *Doctor Zhivago*. Translated by M. Hayward and M. Harari. New York: Ballantine Books, 1981.（パステルナーク、江川卓訳『ドクトル・ジバゴ』新潮社、全二巻、一九八九年。）

Penfield, Wilder. *The Mystery of the Mind*.（ペンフィールド、塚田祐三・山河宏訳『脳と心の正体』法政大学出版局、一九七八年。）

Pestalozzi, J.H. *Geist und Herz in der Methode*, 1805.（ペスタロッチ、長尾十三二他訳「方法における精神と心情」、『シュタンツ便り他』明治図書、一九八〇年。）

Plato. "Hippias Major, Hippias Minor, Euthydemus." Translated by Robin Waterfield in *Early Socrates Dialogues*. New York: Penguin Books, 1987.

Read, Herbert. *The Meaning of Art*. London: Farber and Farber Ltd., 1972.（ハーバート・リード、滝口修造訳『芸術の意味』みすず書房、一九六六年。）

Report of the United States Education Mission to Japan — Submitted to the Supreme Commander for the Allied Powers. Tokyo: March 30, 1946.（村井実『アメリカ教育使節団報告書』講談社＝学術文庫、一九七九年。）

Rollan, Roman. *Millet*, 1902.（ロマン・ロラン、蛯原徳夫訳『ミレー』岩波書店＝岩波文庫、一九五九年。）

———. *Beethoven*. Translated by B.C. Hull, New York: Books for Libraries Press, 1969.（ロマン・ロラン、片山敏彦訳『ベートーヴェンの生涯』岩波書店＝岩波文庫、一九六五年。）

Rousseau, Jean-Jacques.*Émile*. Translated by Barbara Foxley. London: L. M. Dent & Sons Ltd., 1974.（ルソー、今野一雄訳『エミール』岩波書店＝岩波文庫、全三冊、一九六二―六四年。）

坂本幸男・岩本裕訳『法華経』岩波書店＝岩波文庫、全三巻、一九六二―六七年。

Sartre, Jean Paul, *Being and Nothingness*. New York: Washington Square Press, 1956.（サルトル、松波信三郎訳『存在と無』人文書

院、一九八五年。)

——. "Existentialism is a Humanism," in *The Fabric of Existentialism*. Edited by R. Gill & E. Sherman. New York: Meredith Corporation, 1973.（サルトル、伊吹武彦訳『実存主義と何か』人文書院、一九八三年。）

世界基督教統一神霊協会『原理講論』光言社、一九九六年。

瀬戸明『現代認識論と弁証法』汐文社、一九七六年。

柴田義松・川野辺敏編『資料ソビエト教育学』新読書社、一九七六年。

Simmel, G. *Die Probleme der Geschichtphilosophie. Eine erkenntnistheoretische Studie, 4*. Verlag von Duncker & Humblot, 1922.（生松敬三、亀尾利夫訳『ジンメル著作集』白水社、第一巻、一九七七年。）

ソ連邦科学アカデミー哲学研究所編、川上洸・大谷孝雄訳『マルクス＝レーニン主義哲学の基礎』青木書店、全三冊、一九七四—七五年。

Spengler, Oswald. *The Decline of the West*. Translated by C.F. Atkinson, London: George Allen Unwin, Ltd., 1961.（シュペングラー、村松正俊訳『西洋の没落』五月書房、全二巻、一九八四—八七年。）

Stalin, Joseph. "Concerning Marxism in Linguistics" in *Marxism and Problems of Linguistics*. Peking: Foreign Language Press, 1972.（スターリン、石堂清倫訳「マルクス主義と言語学の諸問題」、『弁証法的唯物論と史的唯物論他二篇』大月書店＝国民文庫、一九五四年。）

——. *Dialectical and Historical Materialism*. New York: International Publishers, 1940.（スターリン、マルクス＝レーニン主義研究

所訳『弁証法的唯物論と史的唯物論他』大月書店＝国民文庫、一九五三年。）

鈴木由次郎「董仲舒」、宇野精一他編集『講座東洋思想2・中国思想Ⅰ儒家思想』東京大学出版会、一九六七年。

荘司雅子監修『現代西洋教育史』亜紀書房、一九六九年。

竹内敏雄編修『美学事典』増補版、弘文堂、一九七四年。

立野清隆『古代と中世の哲学』世界書院、一九七三年。

哲学教材研究会『哲学新講』学友社（韓国・ソウル）、一九七八年。

寺沢恒信『弁証法的論理学試論』大月書店、一九五七年。

Thucydides, H. S. *The History of the Peloponnesian War*. London: J.M. Dent & Sons Ltd., 1948.（トゥキディデス、久保正彰訳「戦史」、世界の名著『ヘロドトス、トゥキディデス』中央公論新社、一九八〇年。）

Tompkins, Peter and Christopher Bird. *The Secret Life of Plants*. New York: Harper and Row, 1973.（P・トンプキンズ、C・バード著、新井昭廣訳『植物の神秘生活』工作舎、一九八七年。）

Toynbee, Arnold J. *Civilization on Trial*. New York: Oxford University Press, 1948.（トインビー、深瀬基寛訳『試練に立つ文明』社会思想社、一九六六年。）

———. *A Study of History*. London: Oxford University Press, 1954.

———. *A Study of History*（Abridged by D.C. Somervell）. London: Oxford University Press, 1974.（トインビー、長谷川松治訳『歴史の研究』社会思想社、全三巻、一九七五年。）

———. *A Study of History, Illustrated*. New York: Weathervane Books, 1972.（トインビー、桑原武夫他訳『図説・歴史の研究』学習研究社、全三巻、一九七六年。）

宇野哲人『中国思想』講談社＝学術文庫、一九八〇年。

———『論語新釈』講談社＝学術文庫、一九八〇年。

Wilber, Ken, Editor. *The Holographic Paradigm and Other Paradoxes*. Boston: Shambhala, 1985.（K・ウィルバー編、井上忠他訳『空像としての世界』青土社、一九八三年。）

Zetkin, Clara. *Reminiscences of Lenin*（in German）. Berlin: Diez Verlag, 1950.

新版　統一思想要綱（頭翼思想）

2000（平成12）年９月18日　初版発行　　　定価（本体4,000円＋税）
2005（平成17）年12月１日　初版第５刷発行
2010（平成22）年12月15日　第２版第１刷発行
2014（平成26）年８月８日　第２版第２刷発行

著　者　統一思想研究院
〒330-150　韓国忠清南道牙山市湯井面鮮文路221ギル70
TEL（041）530-8570
訳　者　日本統一思想研究院
〒160-0022　東京都新宿区新宿5-13-2　成約ビル４Ｆ
TEL（03）3341-7811　FAX（03）3341-7814
発行所　株式会社　光言社
〒150-0042　東京都渋谷区宇田川町37-18　トツネビル３Ｆ
TEL（03）3467-3105　FAX（03）3468-5418
印刷所　株式会社　ユニバーサル企画

ISBN978-4-87656-815-4 C0010 ¥4000E

2010000271117

事　項　索　引

ア

イ

ウ

ク

ケ

ス

セ

ソ

チ

ツ

テ

ト

ル

レ

人　名　索　引

ル

レ

ロ

ワ